Fontane Bibliothek

Theodor Fontane

Erinnerungen,
ausgewählte Schriften
und Kritiken

Herausgegeben von
Walter Keitel und
Helmuth Nürnberger

Werke und Schriften
Band 42

Theodor Fontane

# Der Schleswig-Holsteinsche Krieg im Jahre 1864

Mit 4 Porträts, 56 in den Text gedruckten Abbildungen und Plänen in Holzschnitt und 9 Karten in Steindruck

Herausgegeben von
Helmuth Nürnberger

Fontane Bibliothek

Fontane Bibliothek
Ullstein Buch Nr. 4545
im Verlag Ullstein GmbH,
Frankfurt/M – Berlin – Wien

Umschlagentwurf:
Hansbernd Lindemann

Printed in Germany 1981
Gesamtherstellung:
Ebner Ulm
ISBN 3 548 04545 6

Juni 1981

---

CIP-Kurztitelaufnahme
der Deutschen Bibliothek

**Fontane, Theodor:**

Werke und Schriften / Theodor Fontane.
Hrsg. von Walter Keitel u. Helmuth
Nürnberger. – Frankfurt/M; Berlin;
Wien: Ullstein.
Teilw. ohne Angabe d. Hauptsacht. –
Ausg. im Hanser-Verl. u. d. T.:
Fontane, Theodor: Sämtliche Werke
NE: Fontane, Theodor: [Sammlung];
Keitel, Walter [Hrsg.]
Bd. 42: Erinnerungen, ausgew. Schr. u.
Kritiken. Der Schleswig-Holsteinsche
Krieg im Jahre 1864. – 1981.
(Ullstein-Buch; Nr. 4545: Fontane-
Bibliothek)
ISBN 3-548-04545-6
NE: GT

# Der
# Schleswig-Holsteinsche Krieg
## im Jahre 1864.

Von

**Th. Fontane.**

Mit 4 Portraits, 56 in den Text gedruckten Abbildungen und Plänen in Holzschnitt
und 9 Karten in Steindruck.

**Berlin, 1866.**

Verlag der Königlichen Geheimen Ober-Hofbuchdruckerei
(R. v. Decker).

# Inhalts-Verzeichniß.

Seite

## Düppel.



## Der Krieg in Jütland.

## Der Krieg zur See.



## Der letzte Akt des Krieges.

## Anhang

# Einleitung.

I

Lith. Anst. v. W. Loeillot in Berlin.

# Schleswig-Holstein.

## Land und Leute.

Im Norden Mittel-Europa's, wo die Elbe das Meer erreicht, streckt das deutsche Festland, als erhöb' es seinen Arm gen Norden, einen Halbinsel-Damm in das Meer hinaus; dieser Damm heißt die cimbrische Halbinsel. Er theilt die Wassermasse, welche die deutschen Küsten bespült, in zwei Hälften, in eine Ost- und eine Westsee, gemeinhin Nordsee geheißen. Der Damm trennt zwar die Meere, aber zugleich ist er die Brücke zwischen Deutschland und Skandinavien. Seine südliche Hälfte ist Schleswig-Holstein.

Schleswig-Holstein, trotzdem wir es einen Damm nannten, hat den

Charakter der norddeutschen Ebene, von der es ein bloßer Ausläufer ist. Es ist ein Flachland. Wie aber allerorten Hebungen des Bodens unsre norddeutschen Küstenländer durchziehn, so auch hier. Eine solche Hebung läuft rückgrat-artig von Nord nach Süd und theilt die Südhälfte der cimbrischen Halbinsel (wie übrigens auch die Nordhälfte derselben, Jütland) in einen zwanzig Meilen langen Ost- und West-Streifen, zwischen denen sie selbst als Mittelstreifen sich hinzieht. Alle drei sind von einander sehr verschieden, so verschieden, daß die klimatischen Abweichungen, namentlich aber die Verschiedenartigkeiten des Bodens, mehr in der Linie von West nach Ost als in der Linie von Nord nach Süd hervortreten.

**Der Mittelstreifen** (der Höhenzug) gilt als der unfruchtbarste Theil des Landes. Hier sind die Haiden und Moore, die sich bis zur Nordspitze Jütlands hinauf fortsetzen. Die Eisenbahnen zwischen Altona und Flensburg passiren vorzugsweise diese öden Gegenden. Sie sind übrigens landschaftlich wie wirthschaftlich besser als ihr Ruf. Die Einkoppelung der Haiden, die vor ungefähr 20 Jahren angeordnet wurde, hat den Wirthschaftsstand dieser Gegenden sehr wesentlich verbessert. Sumpf und Sand (wie bei uns in der Mark) haben einander aushelfen müssen und haben neue Culturen geschaffen. Weite Distrikte liegen jetzt unterm Pflug, was aber von Oede und Einsamkeit geblieben, das leiht mehr poetischen Reiz als es nimmt. Diese Haiden sind der Schlachtengrund des Landes; hier wurden, durch fast ein Jahrtausend hin, die Schlachten zwischen Nord und Süd geschlagen; hier baute König Waldemar die Waldemar's-Mauer und Königin Margarethe den Margarethen-Wall; hier liegen Bornhöved und die Lohhaide, hier endlich Idstedt, wo sich 1850, auf unheilvolle 14 Jahre hin, die Geschicke des Landes entschieden.

**Der Oststreifen** — jene Landschaften, die, von dem Mittelrücken her, in leiser Senkung nach der Ostsee hin abfallen, — dieser Oststreifen ist der wichtigste Theil des Landes, der wichtigste und zugleich der landschaftlich schönste. Hügel folgt auf Hügel, dazwischen in Holstein kesselartige Vertiefungen, welche zahlreiche Seen bilden. Ueberall Fruchtbarkeit und Cultur. Die Art der Bebauung, das Koppelsystem, schafft eigenthümliche Landschaftsbilder. Statt weiter Feldflächen wie bei uns, die, im Winter kahl und traurig, bis zum Horizonte sich hin dehnen, begegnet man ausschließlich eingefriedigten Parzellen, nicht größer als ein Stück Gartenland, den sogenannten Koppeln, deren Umfassung aus einem zehn Fuß hohen, hoch mit Strauchwerk besetzten Erdwall besteht. Dies sind die vielgenannten »Knicks«. Ueber ihren Werth für die Landwirthschaft ist oft gestritten worden. Für Schleswig-Holstein sind sie höchst wahrscheinlich unerläßlich; die Seewinde, die hier unaufhörlich wehn, werden durch diese hohen Mauern gebrochen und die Saaten vor dem Frost, wie die Felder selbst — wenigstens in der Nähe der Strand-Dünen — vor der Versandung geschützt. Ebenso wirkt der Graben, der die Knickwand umgiebt, als Abzugskanal für das Wasser. Was an Bodenfläche verloren geht (ein Punkt, der vorzugsweise betont worden ist), so darf dem gegenüber nicht vergessen werden, daß die Knicks selber wieder, mehr oder weniger direkt, der Landwirthschaft dienstbar gemacht werden. Die Wände außen und innen stehen dicht in Gras und das hohe Strauchwerk auf der Krone des Erdwalls, ersetzt diesen holzarmen Gegenden, wo die alten Wälder, der Sachsen-Wald, der dänische Wald (»dänisch Wohld«) nur noch im Namen fortleben, das Quantum Holz, dessen der Landwirth nicht entbehren kann. Wie wirthschaftlich die Ansichten über den Werth der Knicks auseinandergehn, so auch landschaftlich. Es ist wahr, sie beschränken den Blick in's Freie oder verbieten ihn auch wohl ganz, aber wenn dadurch einerseits die Möglichkeit verloren geht, in jedem Augenblick ein weites Landschaftsbild vor sich ausgebreitet zu sehn, so erweist sich dies Bild doch um so schöner, wo eine Hügelkuppe, irgend eine hoch gelegene Stelle des Weges, von Zeit zu Zeit Gelegenheit giebt, über den grünen, viel hundertfach quadrirten Teppich dieses Knick- und Koppel-Landes hinzublicken. Wer die Landschaft Angeln an schönen Maitagen passirt hat, wenn abwechselnd Sonnenglanz und leise Nebel über die grünen Felder hinziehn, wird nicht länger zweifeln auch an den landschaftlichen Vorzügen dieser viel bevorzugten Gegenden.

Die größte Schönheit des Ostens sind seine tiefen Buchten, die Fjorde oder Föhrden, die, an der ganzen Küste entlang, die Ostsee bis tief in die Mitte des Landes hinein sendet. Diese Buchten, wie sie den besondern landschaftlichen Reiz dieser Gegenden bilden, bilden auch die besondre Bedeutung derselben. An diesen Buchten liegen die Städte, hier blühten, so weit die Geschichte in die Jahrhunderte zurückzusteigen vermag, Handel und Wandel, hier residirten die Fürsten, hier war das geistige Leben und das politische dazu. All diese Buchten, sieben an der Zahl, nehmen die Richtung von Ost nach West, nur der Kieler Meerbusen macht eine Ausnahme und dringt von Nord nach Süd in das Land ein. Die Namen der sieben Buchten oder Föhrden aber, in der Reihenfolge von Süd nach Nord, sind folgende: die Neustädter Bucht, der Kieler Meerbusen, der Meerbusen von Eckernförde, die Schlei, der Flensburger Meerbusen, die Apenradner und die Hadersleber Föhrde. Drei derselben, der Kieler, der Eckernförder und der Flensburger Meerbusen gelten als vorzügliche Häfen, von denen wiederum der erste und letzte noch große landschaftliche Schönheit zu ihren praktischen Vorzügen gesellen. In dem Wettstreit, der entstanden, scheint der Kieler Hafen berufen, den Preis davon zu tragen. Von Nord nach Süd tief in's Land eindringend, ist er gegen die Ost- und West-Stürme, die an diesen Küsten heimisch sind, geschützter als die andern, auch wohl, um eben dieser Lage willen, gesicherter vor Versandung. Dieser Hafen ist berufen, dem Osten Schleswig-Holsteins eine neue, gesteigerte Bedeutung zu leihn.

Der Weststreifen des Landes ist in eminentem Sinne ein Flachland. Es sind dies die sogenannten Marschen. Viele derselben liegen unter dem Niveau des Meeres, und werden nur durch Dämme und Deiche vor Ueberschwemmung geschützt. Viele Quadratmeilen dieser Marschen sind innerhalb historischer Zeit entstandenes Land, entstanden entweder durch Wachsen des Landes mittelst Anschwemmung (Alluvion) oder durch Fallen des Meeres, vielleicht durch beides. Um anzudeuten wie es hier etwa zur Zeit der hohenstaufischen Kaiser war, nur Folgendes: Ripen, Tondern, Meldorf, Itzehoe, Ortschaften die jetzt eine Meile weit landeinwärts liegen, lagen damals hart am Meere und Hoyer, Garding, Lunden, Hemmingstedt waren Inseln, die sich wie jetzt Nordstrand, Pelworm und die Halligen neben der damaligen Küste hinzogen. Der Weststreifen des Landes, ohnehin schmal, war vor sechs oder achthundert Jahren noch um vieles schmaler und wo jetzt Husum liegt, wie auch an andern Stellen, schnitt die Westsee, in ähnlicher Weise wie die Ostsee, buchtenartig tief in's Land hinein. Die am tiefsten einschneidende Bucht, die Hewer, drang bis nahe an die Schlei vor, so daß die Stadt Schleswig wie auf einer Erdbrücke lag, zwischen Schlei und Hewer, die kaum mehr als die Breite einer Meile hatte. Die Dörfer Groß- und Klein-Rheide (Rhede) bezeichnen noch heute die Punkte, bis wohin, freilich zu einer nicht näher zu bestimmenden Epoche, die Schiffe von Westen her vordrangen.

Dieser Weststreifen des Landes ist der unscheinbarste, aber der reichste. Der Boden hat hier einen höhren Werth, wie vielleicht irgendwo in Deutschland und es ist nichts Ungewöhnliches, daß für einen Morgen altes Weideland 2000 bis 3000 Mark, also 1000 bis 1500 Thlr. gezahlt werden. Wenige sogenannte Geest-strecken abgerechnet, die etwa dem »Höheboden« unsrer Bruchgegenden entsprechen, ist alles Marschland, fett, üppig, zum Getreidebau wie zur Viehzucht gleich vorzüglich geeignet. Marsch ist ein Bodensatz von Thonerde (Klei genannt, das englische clay) mit mehr oder weniger Sand gemischt. Nach dem Maß dieser Beimischung unterscheidet man schweren und leichten Marschboden.

Reicher noch als der Osten, entbehrt der Westen andrerseits all der landschaftlichen Schönheiten, die jener aufweist. Nicht Thal nicht Hügel durchziehn das Land, keine Seen, von Buchenwald eingefaßt, erfreuen den Blick, eine ununterbrochene Ebene, so zieht sich das Marschland hin, von

Deichen eingefaßt, von unzähligen Wassergräben durchschnitten. Nur um die Sommerzeit leiht die Ueppigkeit der Vegetation auch diesen Gegenden einen landschaftlichen Zauber.

Die Küstenmarsch des Herzogthums Schleswig wird in eine nordschleswigsche und eine südschleswigsche Marsch getheilt, zwischen welche sich ein fast zwei Meilen breiter Sandgürtel (bei Hoyer) hineinschiebt; in Holstein aber begegnen wir neben den Marschen an der Elbe (Cremper und Wilster Marsch) vor allem dem Ditmarschenland; eben so berühmt durch seine Wohlhabenheit, wie durch den Unabhängigkeitssinn seiner Bewohner.

Ueber die Inseln (namentlich Sylt und Föhr), die sich an der schleswigschen Westküste hinziehn, sprechen wir an andrer Stelle. Nur das noch sei hier bemerkt, daß die berühmten Austernbänke, die uns die fälschlich sogenannten »Holsteiner Austern« liefern, sämmtlich an der schleswigschen Westküste (bei Husum) anzutreffen sind. Die holsteinsche Küste hat keine Austern.

So viel über die Boden- und Terrain-Verhältnisse.

Noch einige allgemeine Betrachtungen mögen hier Platz finden. Die Lage Schleswig-Holsteins zwischen zwei Meeren hat ihm von früh her eine besondere Bedeutung geliehen. Es ist der Theil des deutschen Gebietes, welcher am meisten an dem Verkehr und den Interessen des Meeres Antheil gehabt hat. Nur die Mündungen des Rheins und die benachbarten holländischen Küsten sind in dieser Beziehung zeitweise voran gewesen. Wenn diese zunächst die Aufforderung hatten, die deutschen Lande mit den fremden Welttheilen in Verbindung zu setzen, so fand dagegen der Verkehr des nördlichen Europa auf jener Halbinsel, deren südliche Hälfte eben Schleswig-Holstein ist, seinen natürlichen Mittelpunkt; man schiffte von hier nach den gegenüberliegenden Küsten der Nord- und der Ostsee; ihre Schiffe, ihre Produkte begegneten sich in den Stapelplätzen, die hier errichtet waren. Lübeck und Hamburg sind nur die Höhenpunkte einer Entwickelung, die hier, mit der ältesten Zeit der Geschichte, ihren Anfang genommen hat.

Es sind auf diesen Wegen aber auch andere Resultate erzielt worden. Wie diese Lande, in den Anfängen der neu-europäischen Geschichte, der brittischen Insel ihre deutsche Bevölkerung gaben, so sind später die fernen Gestade der Ostsee, Livland und Curland, zum großen Theil von hier aus colonisirt und in den Kreis des deutschen Lebens hineingezogen worden.

Darüber ist kein Zweifel, daß eine Erhebung Deutschlands zur See wesentlich von diesen Landen abhängt. Seine größte Handelsstadt (Hamburg) liegt auf holsteinschem Gebiete; nur hier finden sich Kriegshäfen; nur hier ist eine Verbindung der beiden deutschen Meere ohne fremden Einfluß möglich.

Weil so wichtig, waren diese Lande auch von jeher ein Zankapfel. Oft litt die Bevölkerung unter diesen Kämpfen. Dazu gab das Meer nie ganz sein altes Anrecht an diese Küsten auf; Ueberschwemmungen verheerten das Land. Was aber zeitweise die materielle Wohlfahrt gefährdete, das weckte und stärkte andrerseits die Kraft. Wenn ein Theil der Bevölkerung auf den Ackerbau eine lohnende Thätigkeit verwandte, so gab einem anderen Schifffahrt und Handel eine Beschäftigung, die den Blick erweiterte und oft zugleich reichen Ertrag gewährte. Zu der Regsamkeit und Tüchtigkeit ihres Charakters trug es nur bei, daß sie nie ganz gleichartig in den verschiedenen Theilen des Landes war und daß historische Verhältnisse im Lauf der Zeiten größere Gegensätze zu Wege brachten.

Die Bevölkerung war niemals gleichartig, so sagten wir, und sie ist es nicht bis auf den heutigen Tag. Die Bewohner Schleswig-Holsteins, die uns zunächst eine provinzielle Einheit repräsentiren, weisen untereinander wieder eben so viele Stammes- oder doch mindestens Clan-Verschiedenheiten auf, wie etwa die Westphalen, die Brandenburger, die Ostpreußen.

Wie sich Mindner und Münsterländer, Priegnitzer und Oderbrücher, trotz provinzieller Zusammengehörigkeit, doch wieder eigenartig einander gegenüberstehn, ebenso ist es mit den Stämmen, deren Gesammtheit wir uns als »Schleswig-Holsteiner« zu bezeichnen gewöhnt haben. Die nach Sprache und Abstammung skandinavischen Elemente, die den Norden Schleswigs bewohnen, ungerechnet, haben wir, ohne uns auf feinere Nüancirungen einlassen zu wollen, mindestens vier bestimmte Gruppen innerhalb der schleswig-holsteinschen Bevölkerung zu unterscheiden. Diese vier Gruppen sind folgende:

1. Die Niedersachsen. 2. Die Ditmarschen. 3. Die Angler. 4. Die Friesen. Eine Charakterisirung derselben sei wenigstens versucht.

1. **Die Niedersachsen.** Sie bewohnen Holstein, mit Ausnahme Ditmarschens, dazu jenen südöstlichen Theil von Schleswig, der zwischen dem Eiderkanal und der Schlei gelegen ist. Die alten historischen Namen dieser von den Niedersachsen bewohnten Landestheile sind folgende: a. das eigentliche Holstein, in der Mitte des Landes, b. Stormarn im Süden, c. Wagrien im Osten, d. dänisch Wohld und Schwansen in Schleswig. Auch hier, innerhalb der eben aufgezählten Landestheile, treten wieder Verschiedenheiten hervor; in Wagrien mischte sich das sächsische Blut mit wendischen, in Schwansen und dänisch Wohld mit dänischen Elementen; aber die entstehenden Nüancen änderten nichts wesentliches an der niedersächsischen Art.

Diese niedersächsische Art ist nun auch hier dieselbe, wie überall im alten Sachsenlande, auf dem weiten Landstrich zwischen Weser und Elbe. Es ist eine ruhige Art, fest, oft trotzig, allem Geprahle feind, aber selbstbewußt. Muth und Freiheitsliebe sind ein jahrtausend altes Erbe; jedes Jahrhundert sah diese sächsischen Stämme bereit, für ihre Unabhängigkeit in oft ungleichen Kampf zu ziehn. Länger als anderswo hielt sich hier der hohe Freiheitssinn, der immer bereit ist, das eigne Leben um des Ganzen willen einzusetzen und selbst die Auswüchse, an denen kein Mangel war, erscheinen uns nur als die Aeußerungen einer energischen Natur. Erst an der Grenze des 15. Jahrhunderts ließ sich der holsteinsche Bauernstand bewegen, sein Fehderecht aufzugeben. Die lübsche Chronik schreibt darüber wie folgt:

»Es war im Holstenlande eine jämmerlich böse Sitte, also daß ein Bauer den andern todt schlug in seiner Fehde; dies war ihr Brauch und doch Unrecht. Dieses Todtschlages geschah allzuviel und hatte eine wunderliche Weise, die war also: Wurde einem sein Vater oder sein Bruder oder sein Vetter erschlagen, und hatte derjenige, der den Todtschlag gethan hatte, einen Vater, einen Bruder, einen Vetter, oder wer sein Blutsfreund war, den schlugen sie wieder todt wenn sie konnten, obschon es ihm leid war, oder er nicht davon wußte, oder er zur Zeit des Todtschlages über Meer, in Rom oder in Norwegen war. Also ward mancher biderbe Mann erschlagen. Da sandte Gott seinen heiligen Geist in das Herz des Grafen Klaus von Holstein und gab ihm ein, diese Worte zu sprechen: »Wem das Gute und der Friede lieb ist, die gehen zu der rechten Hand, die andern gehen zu der linken.« Da wagte niemand auf der linken Hand zu bleiben, sondern sie gingen alle zu der rechten, da er sie ermahnte, daß Gott unser Herr also sprechen würde in seinem strengen Gerichte. So wurde der Todtschlag unb das Morden abgethan.«

So der lübsche Chronist. Der Geist, der in diesem Fehderecht lebte, wenn auch verzerrt, war der Geist persönlicher Freiheit. Man entäußerte sich endlich freiwillig seiner mißbräuchlichen Anwendung, aber der Geist selber blieb. Das 18. Jahrhundert (wie überall) zeigte auch hier einen Verfall; andrerseits sorgte der nationale Gegensatz dafür, daß die alten Kräfte nicht völlig rosteten. Als der »offene Brief« Christians VIII. erschien, der den Holsteinern das nehmen wollte, was sie als das unveräußerlichste ihrer Rechte für sich in Anspruch nahmen, die Zusammengehörigkeit mit Schleswig, zeigte es sich, daß der alte Sachsengeist nicht erstorben war, das alte »Fehderecht« lebte in den Gemüthern wieder auf Sie führten die Kämpfe von 1848—50 unglücklich aber brav und voll alten

Opfermuths. Die Hauptaufgaben dieses Kampfes, geistig wie materiell, lagen auf den Schultern des niedersächsischen Elements.

2. **Die Ditmarschen.** Sie bewohnen, wie bekannt, das gleichnamige Marschland im westlichen Holstein. Ihren Charakter, wie ihre Geschichte kann man vielleicht am besten als eine Potenzirung des übrigen Holstenthums bezeichnen. Nach Abstammung dem niedersächsischen Element des Landes nah verwandt, werden sie von einigen als Friesen angesehn, die sich mit niedersächsischem Blute, von andern als Niedersachsen, die sich mit friesischem Blute mischten. Der Streit mag unentschieden bleiben. Was zunächst den Namen des Landes »Ditmarschen« angeht, so steht derselbe zu den »Marschen« in keiner Beziehung. Der alte Name war Thietmars-Gau und existirte bereits als die Westküste, statt aus Marschland, noch großentheils aus Geest und einigen Inseln bestand. Nicht die Sache (die Marschen) gab den Namen, sondern aus Thietmars-Gau wurde Ditmars-Gau und endlich Ditmarschen.

Die Geschichte dieses Landestheiles ist von besonderem Interesse; seine Bewohner stehen, in Vertheidigung ihrer Freiheit und Unabhängigkeit, ebenbürtig neben den Schweizern der drei Urkantone; die siegreichen Ditmarsenkämpfe »an der Hamme«, am Oswaldusabend 1404, und am Dusend Düvelswarf bei Hemmingstedt, sind die glänzenden Seitenstücke zu den Tagen von Morgarten, Sempach und Granson. Hier wie dort Bauern gegen Ritter, hier wie dort das Hereinragen elementarer Gewalten, dort niederstürzende Felsblöcke, hier einbrechende Fluth. Und dort wie hier, allen Wandlungen modernen Lebens zum Trotz, freie Gemeinschaften bis auf diesen Tag, ein Sinn, der wenn er nicht mehr der alte ist, doch wenigstens an den alten mahnt. Dieser Sinn ist nicht in allen Stücken gut; er wurzelt in Selbstsucht, sein Blick ist beschränkt, sein Wesen Abwehr, aber innerhalb eng gezogener Grenzen bewährt er sich noch heut. Man geht aufrecht und übt alle Tugenden des Aufrechtgehenden, man spricht die Wahrheit, weil es feig ist zu lügen, man setzt Gut und Leben an das gegebene Wort. Alle Tugenden blühn, die auf dem Boden starken Selbstbewußtseins erblühn können.

3. **Die Angler.** Sie bewohnen jetzt ausschließlich die schöne Halbinsel zwischen der Schlei und dem Flensburger Meerbusen; früher — in Tagen die dem Angelsachsen-Zuge vorausgingen — war ihr Gebiet höchst wahrscheinlich größer und umfaßte die nord- und südwärts von Angeln gelegenen Distrikte. Auch weiter nach Westen hin dehnten sie sich aus. Sie waren durch Kraft und Schönheit ausgezeichnet und bekannt ist das Wort Papst Gregors des Großen, der bei ihrem Anblick ausrief: Non sunt Angli, sunt Angeli. Die Züge nach England hinüber, die wahr-

scheinlich ein Jahrhundert und länger dauerten, entvölkerten die alten Sitze der Sachsen und Angeln, und Dänen rückten von Norden her in derselben Weise vor wie Slaven von Osten her in die leer gewordenen Gebiete zwischen Weichsel und Elbe eindrangen. So entstand in dem alten Lande Angeln eine Mischung von Deutschen mit skandinavischen Elementen.

Ihrer Beschäftigung, ihrem Reichthum, ihrem ruhigen Selbstbewußtsein nach könnte man die Angliter die Ditmarschen der Ostküste nennen, aber in Einem unterscheiden sie sich doch sehr wesentlich von ihnen: es fehlt ihnen das historische Bewußtsein und das gesteigerte Selbstgefühl, das daraus erwächst. Die Glanztage der Ditmarschen, wo Dänemark im Kampf gegen sie unterlag und die siegreich vordringenden Bauern rufen konnten: »wahre di Garde, de Buer kommt«! liegen um wenig mehr als 300 Jahre zurück; die Tradition ist ununterbrochen, Lieder gehen von Mund zu Mund und der Tag von Hemmingstedt wird alljährlich wie ein Volksfest gefeiert. Nicht so der Angelsachsenzug unter Hengist und Horsa. Er ist todt für die Gegenwart und es knüpfen sich keine geistigen Bänder mehr zwischen jetzt und damals. Die Angler erfahren keine Einbuße dadurch. Es kleidet ihnen, daß sie sich nicht als die Träger eines besondren Ruhmes empfinden; ein schönes Maß charakterisirt ihre Haltung. Ihr Muth wird nicht Uebermuth, ihre Festigkeit wird nicht Trotz. In langer Gegnerschaft diplomatisch geschult, zu gute Rechner, um mit Kräften zu rechnen, die nicht da sind, setzen sie den Compromiß über die Fehde.

4. **Die Friesen.** Sie bewohnen die Schleswigsche Westküste und die davor gelegenen Halligen und Inseln; auch Helgoland. Die schleswigschen Friesen bilden den nördlichsten Zweig dieses an der ganzen Nordsee-Küste von der Mündung des Rheins an, einst so mächtigen, nunmehr absterbenden Volksstamms und führen deshalb im Gegensatz zu den West- und Ost-Friesländern, den Namen der Nord-Friesen. Der Name taucht verhältnißmäßig spät in der Geschichte auf. Wahrscheinlich waren es diese Nord-Friesen (nach Ansicht einiger damals Sachsen genannt), die mit den ihnen zur Seite wohnenden Angeln nach England hinübergingen.

Diese Ansicht hat viel für sich. Wäre sie falsch, so bliebe nichts andres übrig, als daß sowohl Sachsen wie Angeln (deren Gebiete nicht unmittelbar an der Nordsee-Küste lagen) ihre Englandzüge, durch das Land der Friesen hindurch, und zwar ohne Widerstand und ohne Betheiligung Seitens dieser gemacht haben müßten, — Annahmen, die sich beide verbieten.

Die Friesen, deren Sprache noch auf einzelnen der Westsee-Inseln, auf Amrum, Föhr, Sylt und den Halligen, gesprochen wird, haben wie die Ditmarschen einzelne glänzende Blätter in der Geschichte der Kämpfe zwischen Dänemark und Nord-Albingien aufzuweisen. Im Kampf mit ihnen (1252) fiel König Abel. Das war in der Schlacht am Milderdamm und der Friese, der dem König Abel den Kopf spaltete, war Wessel Hummer, ein Rademacher von Pelworm. So wurde König Erich gerächt, der von Abel (König Erich's Bruder) hintergangen und ermordet worden war. Einen Sieg von ähnlicher Bedeutung erfochten die Friesen 1410 auf der Sollerupper Haide (zwischen Flensburg und Tondern), aber dieser Sieg bezeichnet zugleich einen Wendepunkt in der Geschichte dieses Stammes. Von da ab glückte es den Dänen, eine bittre Zwietracht zwischen den Friesen in Schleswig und den Ditmarschen in Holstein hervorzurufen, eine Zwietracht, die alsbald zu offner Fehde führte. »Die Kraft der edlen Friesen, so schreibt ein alter schleswigscher Schriftsteller, wurde in diesen Kämpfen gebrochen, ihre Selbstständigkeit ging dahin. Die Ditmarschen, wenn sie auch dem Dänenkönig keinen unmittelbaren Beistand leisteten, thaten ihm doch mittelbar großen Vorschub, indem sie die Friesen, diese treuen Verbündeten der holsteinschen Grafen, mit Mord und Brand überzogen. Eiderstedt (das Südstück des Friesenlandes) wurde zweimal verheert. So unterlagen die Friesen nicht ihrem alten Erbfeinde, sondern ihren Nachbarn und deutschen Stammgenossen, die im Dienste des alten Erbfeindes thätig waren.« Das Jahr 1417 bezeichnet für die Nordfriesen dasselbe, was das Jahr 1548 für die Ditmarschen bedeutet; es sind dies die Jahre der Unterwerfung. Aber freilich diese »Unterwerfung« ist nirgends in dem Sinne zu verstehen, daß nun Knechtschaft an die Stelle persönlicher Freiheit getreten wäre, nur die Gesammtheit hatte einen Herrn über sich. Die Bauern-Republiken in ihrer staatlichen Stellung hörten auf; aber der republikanische Sinn lebte in Haus und Gemeine fort. Dies, was mehr oder weniger von allen Landestheilen Schleswig-Holsteins gilt — nur die Hörigen der adligen Güter in Wagrien machen eine Ausnahme — gilt insbesondre von den Marschbewohnern im Westen, d. h. also von den Ditmarschen und Friesen.

Die Friesen, ihrer Abstammung und ihrem ursprünglichen Charakter nach, den übrigen Bewohnern Schleswig-Holsteins unzweifelhaft nah verwandt, unterscheiden sich dennoch mehr von ihnen, als sich die genannten (Sachsen, Ditmarschen, Angler) unter einander unterscheiden. Der Grund dafür ist lediglich in der Beschäftigung der Friesen zu suchen. Sie waren zu allen Zeiten Seefahrer und sind es (vorwiegend) bis auf den heutigen Tag. Die abweichenden Züge, denen wir bei ihnen begegnen, sind Seemanns-Tugenden und Seemanns-Schwächen. Keine geistig hervorragenden Erscheinungen sind aus ihrer Mitte hervorgegangen, dennoch gelten sie in ihrer Gesammtheit für begabt. Widersprechende

Gaben mischen sich in ihnen: Phantasie und scharfes Denken, Sinn für Romantik und für die mathematischen Wissenschaften. Der Aberglaube (beim niedren Volk) hat noch seine Brutstätten hier und ein melancholischer Zug, wie über allen absterbenden Stämmen, liegt über dem ganzen Volk.

Soweit der Versuch einer Charakteristik der schleswig-holsteinschen Stämme. Pastor Jensen, selbst Schleswig-Holsteiner, hat die Charaktereigenthümlichkeiten seiner Landsleute (einschließlich der dänischen Schleswiger) in folgende Sätze zusammengefaßt:

Der Friese an der Westsee, so sagt er, hat ein starkes Selbstgefühl; er ist der Großmuth fähig und von Großthun oft nicht frei. Der Angler hat Sinn für das Wissen, Beobachtungsgabe und Reflexion, ist vorsichtig und umsichtig, ängstlich und unentschieden, und wiederum doch leicht verleitet zum Eiteln und empfänglich für alle Einflüsse des Zeitgeistes. Der Däne, im Norden Schleswigs, ist ausdauernd und beharrlich; nicht hervortretend, sondern mehr nach innen gekehrt, schwer sich aufschließend, noch schwerer sich anschließend. Der Niedersachse, in Schleswig wie in Holstein, ist offen und treuherzig, dabei ausgiebig mit einer Gradheit, die bis zur Derbheit gehen kann.

Der Versuch einer Charakterisirung der einzelnen Stämme, hat dazu geführt, an mehr als einer Stelle bereits einzelne historische Momente in die Behandlung des Gegenstandes hineinzuziehn. Das folgende Kapitel, von den Details nach Möglichkeit absehend, wird sich der Gesammt-Geschichte des Landes zuwenden, vor allen jenen Ereignissen, aus denen, innerhalb des letzten Vierteljahrhunderts, zunächst die »schleswig-holsteinsche Frage« und im Geleit derselben, zwei schleswig-holsteinsche Kriege erwuchsen.

# Schleswig-Holsteins Geschichte.

## 1. Unter den Schauenburgern bis 1460.

Die Geschichte der Herzogthümer gliedert sich in zwei Hälften, in eine Geschichte bis zum Jahre 1460 und eine Geschichte nach dem Jahre 1460. Die erste Hälfte berühren wir nur in der Kürze, weil sie in einem ziemlich losen Zusammenhange mit allem steht, was wir uns gewöhnt haben, als die »schleswig-holsteinsche Frage« zu betrachten. Erst von 1460 an begegnen wir jener Reihenfolge von Ereignissen und Abmachungen, die wir als die Wurzeln des nun hoffentlich endgültig abgeschlossenen Streites anzusehen haben.

Zunächst also die Geschichte bis 1460. Es ist, nach Dynastien gerechnet, im Wesentlichen eine Geschichte der Schauenburger, wie das was folgt eine Geschichte der Oldenburger ist.

In den ersten Jahrhunderten unsrer Zeitrechnung waren beide Herzogthümer von deutschen Stämmen bewohnt: Friesen, Angeln, Sachsen. Etwa um 400 entvölkerte sich, in Folge der Angelsachsen-Züge, das Land zwischen Königsau und Eider (das heutige Schleswig) und die Dänen rückten von Norden her vor. So standen die Dinge bis zur Zeit Karls des Großen, auch später noch, — die Eider war Grenze zwischen Deutschland und Skandinavien.

Unter Heinrich dem Finkler that das deutsche Element wieder einen Schritt vorwärts. Den Einfällen der Dänen zu begegnen, ward eine Mark errichtet, aber nicht diesseits der Eider, sondern jenseits, also auf einem Gebiet, das, ursprünglich deutsch, seit 500 Jahren dänisch geworden war. Dies war die schleswigsche Mark; sie umfaßte das Gebiet zwischen Eider und Schlei. Sie war errichtet zu Deutschlands Schutz. Aber bald verlor sie diesen Charakter. Kaiser Konrad II., ohne Interesse für die Vorgänge an den Nord-Grenzen, gab eben diese Mark an Dänemark zu Lehn; die Eider wurde wieder Grenze, wie sie's vor Errichtung der Mark gewesen war, und den Sachsenherzögen fiel jetzt die Aufgabe zu Deutschland gegen dänische Uebergriffe von Norden her zu schützen. Die Sachsenherzöge unterzogen sich dieser Aufgabe, aber nicht persönlich, nicht unmittelbar. Ein Statthalter hielt statt ihrer die Wacht, mal dieser, mal jener, verschiedenen Familien angehörig.

So kam das Jahr 1110. In diesem Jahre wurde Adolp von Schauenburg, dessen Geschlecht bis dahin an der Weser ansässig gewesen war, zum Grafen von Holstein und Stormarn ernannt Der Titel »Statthalter« wurde hinfällig; die Schauenburger begannen selbstständig das Land zu regieren; der Schutz Deutschlands, gegen Angriffe von Norden her, war ihnen anvertraut. Sie haben diesem Vertrauen, durch mehr als drei Jahrhunderte hin, entsprochen, nicht allzeit glücklich, immer ruhmvoll. Das erste Jahrhundert war ein Jahrhundert wachsender Gefahren. Dänemark, von einer Reihe großer Könige beherrscht, drang über die Eider vor; auch Holstein stand auf dem Punkte dänisch zu werden. So kam der für diese Landestheile ewig denkwürdige Tag von Bornhöved. Waldemar der Siegreiche wurde geschlagen (1227); Holstein war frei, deutsch.

Dieser Tag bezeichnet einen Wendepunkt in der Geschichte des Landes. Bis dahin in beständiger Gefahr, der dänischen Uebermacht zu unterliegen, erhoben sich jetzt die Schauenburger und schritten ihrerseits zur Eroberung. Gerhard der Große — von den Dänen der »kahle Graf« genannt — tritt für seinen minderjährigen Neffen Waldemar, Herzog von Schleswig, siegreich ein, verficht dessen Anrecht auf die dänische Krone, vertreibt den Usurpator-König, macht sich »zum Vormund des Reiches Dänemark« und erwirkt die Waldemarische Constitution:

»Wonach Schleswig und Dänemark nicht unter einer Krone stehen sollen.«

Zu gleicher Zeit spricht Graf Gerhard sein eigen Anrecht auf Schleswig aus und macht sich zum Inhaber beider Herzogthümer. Zum Zeichen deß, residirt er abwechselnd in Rendsburg und Gottorp. Aber eh er den neuen Staat gefestigt, stirbt er, der Däne Niels Ebbesen erschlägt ihn in Randers. Kämpfe brechen aus, die das Errungene wieder in Frage stellen, bis endlich die streitenden Partheien (Dänemark und die Schauenburger) zu der Verständigung gelangen: »Die Holsten Herren sollen das Herzogthum Schleswig haben.« Das war 1386. Von diesem Jahre ab waren die Schauenburger, wie Grafen zu Holstein, so auch zugleich Herzöge von Schleswig. Es gab ein selbstständiges Land Schleswig-Holstein neben Dänemark. Erst mit dem Erlöschen des Schauenburger Hauses hörte diese Selbstständigkeit auf. Man begab sich derselben. Wie? werden wir im nächsten Abschnitt sehn.

## 2. Schleswig-Holstein von 1460 bis zum „Königs-Gesetz" 1665.

1459 starb Graf Adolf VIII., der letzte Schauenburger aus dem regierenden Hause.

Die Frage entstand: wer soll Erbe sein? Erbe nicht nur in Holstein, sondern auch in Schleswig; denn seit 1386, wie wir gesehen haben, waren beide Länder von demselben Fürstengeschlecht, den Schauenburgern, beherrscht worden. Auch hatte sich bereits ein Gefühl der Zusammengehörigkeit ausgebildet.

Von zwei Seiten her wurden Ansprüche erhoben, beide gut begründet. Eine Abzweigung des Schauenburger Hauses (ein Zweig, der erst 1640 ausstarb) glaubte sich in erster Reihe erbberechtigt; neben ihnen erhob Christian I., mit dem elf Jahre vorher das Oldenburger Haus den dänischen Thron bestiegen hatte, gedoppelte Ansprüche. Diese gründeten sich einerseits persönlich auf Verwandtschaftsgrade, andrerseits auf nicht zu bestreitende Anrechte der Krone Dänemark, freilich nur auf Schleswig. Schleswig war dänisches Lehn. Nach dem Aussterben der Lehnsträger, eben der Schauenburger, fiel das Land an Dänemark zurück. Andrerseits bot Holstein, als deutsches Lehn, schwer zu umgehende Schwierigkeiten. Und doch wollten beide Lande bei einander bleiben.

In diesem Hin und Her widerstreitender Ansprüche gaben endlich die Stände von Schleswig und Holstein den Ausschlag. Sie wählten Christian I. zum Herrn beider Landestheile. Die Schauenburger erhielten eine Entschädigung. Ein Vertrag zwischen König und Ständen wurde abgefaßt, der die Wahlkapitulation von 1460 heißt und später die Aufschrift erhielt: »Das sind der Lande Privilegien, von König Christian bestätigt.«

Darin heißt es: »Die Lande Schleswig und Holstein sollen zu ewigen Zeiten ungetheilt zusammen bleiben; und so oft die Lande offen werden, soll eins von den Kindern des letzten Regenten, und wenn deren keine da sind, ein andres Mitglied des Oldenburgischen Fürstenhauses, einer der nächsten Verwandten des Stammvaters, zu einem Herrn gewählt werden. Hinterläßt der Regent nur Einen Sohn, der König zu Dänemark wäre, so kann dieser zum Landesherrn gewählt werden, insofern er die Landesprivilegien zu bestätigen bereit ist, sonst soll die Wahl auf den nächsten Erben fallen.«

So lautete der Hauptpassus der »Wahlkapitulation«, die bald darauf durch eine »tapfere Verbesserung der Privilegien« erweitert wurde.

In Niedersachsen sah man auf diese Vorgänge, mittelst deren Dänemark bis an die Thore von Hamburg und Lübeck gerückt wurde, nicht ohne Argwohn und die lübecker Chronik schreibt in genanntem Jahre 1460: »Also wurden die Holsten Dänen und verschmähten ihren Erbherrn (den Schauenburger) und gaben sich mit gutem Willen ohne Schwertes Schlag unter den König von Dänemark, da ihre Ahnen und Vorfahren manches Jahr gegen gewesen waren und hinderten das mit wehrender Hand; denn sie führten manchen Krieg und hatten manchen Streit mit den Dänen, wobei ihnen die Städte behülflich waren mit großem Volk und großen Kosten, darum daß sie keine Dänen sein wollten. Auch war mancher Herr und Fürst und ritterlicher Mann in dem Streit geblieben, und dazu ihre eignen Ahnen, darum daß sie nicht wollten unterthänig sein den Dänen, sondern sie wollten frei sein. Und diese vorgeschriebenen Stücke hatten die Holsten alle vergessen zu dieser Zeit, und wurden mit Willen eigen; und das machte die Gierigkeit der Holsten und die Verschlagenheit der Dänen; denn der König und sein Rath kauften sie mit Geld und mit Gabe und mit mancherlei Versprechungen. So um Eigennutzes willen wurden sie verblendet und gaben preis das gemeine Gut des Landes um kleinen Vortheils willen.«

So die lübecker Chronik. Einzelnes in diesen Vorwürfen war begründet, die freie, selbstständige, ungehemmte deutsche Entwicklung Holsteins war in Frage gestellt; aber Holstein nahm diesen Nachtheil und diese Gefahr, die es beide wohl erkannte, auf sich, um der fortdauernden Verbindung mit Schleswig willen.

Die »Wahlkapitulation« von 1460 mit ihrem »sie sollen bleiben ungetheilt«, ist das erste bedeutungsvolle Ereigniß, das bei Beurtheilung der schleswig-holsteinschen Frage im Auge behalten werden muß.

Das zweite Ereigniß von maßgebender Bedeutung fällt in das Jahr 1544. Es steht in vollem Widerspruch zu den feierlichen Abmachungen von 1460, denn die Lande Schleswig und Holstein, die »ewig ungetheilt bleiben sollten«, — sie wurden getheilt.

Schon zu Anfang des 16. Jahrhunderts, also nur etwa 40 Jahre nach der Wahlkapitulation, hatte König Hans, trotz dem verbrieften Wahlrecht der Stände, eine solche Theilung Schleswigs und Holsteins durchzusetzen gewußt. Er stützte sich dabei, wie schon Christian I., auf das Erbrecht seines Hauses, demzufolge aller Besitz, so weit er nicht zur Krone gehörte, zwischen den Söhnen getheilt werden mußte, während doch das Wahlrecht der Stände, neben dem Maaß von Freiheit, das überhaupt darin eingeschlossen war, vor allem das Ziel verfolgte, die Lande in einer Hand beisammen zu halten. König Hans hatte die Theilung durchgesetzt. Gegen Ausgang des 16. Jahrhunderts, unter der Regierung Friedrichs II. von Dänemark (des Erbauers von Fredericksborg, Schloß Helsingör ꝛc.), festigten sich die Theilungs- und Besitz-Verhältnisse, die anfangs Schwankungen unterworfen gewesen waren, und vom Jahre 1581 an sehen wir, durch anderthalb Jahrhunderte hin, drei Linien des oldenburger Hauses in beinah unverändertem Posseß ihrer Erbschafts-Antheile an den Landen Schleswig und Holstein. Diese drei Linien waren: Die gottorper Linie, die königliche Linie und die sonderburger Linie, die letztere auch »die jüngere königliche Linie« geheißen. Die Besitz-Antheile der gottorper und der königlichen Linie waren beinahe gleich ($^9/_{18}$ und $^7/_{18}$), während die sonderburger, als bloße Abzweigung der königlichen Linie, nur $^2/_{18}$ besaß. Die Theilung, um wenigstens dadurch die Zusammengehörigkeit Schleswigs und Holsteins darzuthun, hatte derart stattgefunden, daß jeder der beiden Haupt-Possessoren (die Sonderburger kamen weniger in Betracht) ihre Gebietsantheile ebensowohl in Schleswig wie in Holstein besaßen. Die Theilung, wenn man den Ausdruck gestatten will, hatte mehr eine vertikale als eine horizontale Linie innegehalten. Die Gottorper erhielten, neben dem gottorper Schloß, das dazu gehörige Amtsgebiet, ferner Eiderstedt, Husum, Apenrade, alles in Schleswig gelegen; außerdem auf holsteinschem Grund und Boden Kiel, Neumünster, Reinbeck, Cismar, Neustadt ꝛc. Der königliche Antheil umfaßte die Inseln Alsen und Arrö, den Sundewitt sammt Flensburg, ferner (in Holstein) Segeberg mit Oldesloe, Heiligenhafen, die Kremper und Wilster Marsch ꝛc.

War diese Dreitheilung Schleswig und Holsteins, die mit dem Jahre 1581 zu einem gewissen Abschluß, zu einer Fixirung der Verhältnisse kam, überhaupt nur unter Umgehung des Wahlrechts der Stände möglich gewesen, so genügte diese »Umgehung«, — die wenigstens mittelbar die Existenz eines schleswig-holsteinschen Wahlrechts anerkannte, — den immer mehr dem Absolutismus zustrebenden Ansprüchen des oldenburgischen Hauses, in allen seinen Zweigen, nicht länger und das Bestreben aller Linien des Hauses ging dahin, das Wahlrecht der Stände ganz zu beseitigen und das Erstgeburtsrecht, versteht sich innerhalb des Mannesstammes, an die Stelle zu setzen. In diesem Bestreben waren alle Linien des Hauses einig. Bis 1650 hatte sich diese Umwandlung vollzogen. Für Gottorp zuerst (am 9. Januar 1608); für Sonderburg am 17. Dezember 1633; endlich für die königliche Linie am 24. Juli 1650.

Diese allmälige Umwandlung des Wahlrechts der Stände in ein Erstgeburtsrecht der drei Zweige des oldenburger Hauses war wichtig genug; ein wichtigeres Ereigniß aber folgte: die Einführung des Königsgesetzes, der sogenannten lex regia, innerhalb der dänischen Monarchie.

Das Königsgesetz (lex regia) stellte fest, daß in Dänemark, wenn der Mannesstamm erlösche, die weibliche Linie erbberechtigt sei.

Diese Festsetzung, deren Tragweite man damals in Kopenhagen nicht klar erkennen mochte, war bestimmt, wenn auch erst zweihundert Jahre später, für Dänemark verhängnißvoll zu werden.

Schleswig und Holstein lagen außerhalb des Königsgesetzes; die Erb-Anordnungen des letztern konnten nur Gültigkeit für Dänemark haben; innerhalb der Herzogthümer fand die Erbfolge nach wie vor im Mannesstamme statt. Die Lehnsverhältnisse Schleswigs, wenn dieses Herzogthum wirklich noch bei Dänemark zu Lehn ging (was andre bestreiten), konnten an dem entgegenstehenden Erbrecht, das mit Holstein ein gemeinschaftliches war, nichts ändern. So lag denn klar vor, daß in demselben Augenblicke, wo der Frauenstamm in Dänemark zur Regierung kommen würde, auch der Augenblick gekommen sein mußte für die Trennung der Herzogthümer von Dänemark. Dieser Augenblick kam am 15. November 1863. An diesem Tage erlosch der Mannesstamm der königlichen Linie; die inzwischen in's Leben getretenen Erb-Abmachungen (londoner Protokoll) innerhalb des Königreichs entbehrten der Verbindlichkeit für die Herzogthümer, das besondre Erbrecht dieser trat in Kraft. Schleswig-Holstein, wenn nicht thatsächlich so doch rechtlich, war los von Dänemark.

Die begleitenden Umstände, die Verwickelungen und Schlichtungen, erzählen wir in einem folgenden Abschnitt. Zunächst führen wir die vorgängige Geschichte des Landes bis zu jenem entscheidenden Zeitpunkt (15. November 1863) fort.

### 3. Die Epoche von 1665 bis 1765.

Dies Jahrhundert, so wichtig die Veränderungen waren, die während desselben in Bezug auf die Besitzverhältnisse vor sich gingen, führte doch nicht zu Abmachungen, die man als in naher Beziehung zu der später entbrannten großen Streitfrage stehend, bezeichnen könnte. Es war das Jahrhundert des Absolutismus, zugleich die Epoche der Aufsaugung des gottorpschen Antheils seitens der Krone Dänemark. Wir heben die wichtigsten Thatsachen nur in Kürze hervor.

Bald nach Erlaß der lex regia, und zwar wachsend von Jahrzehnt zu Jahrzehnt, trat in Kopenhagen die Neigung hervor, den gottorper Antheil von Schleswig und Holstein mit dem königlichen Antheil zu vereinigen. Was die Waldemare vier und fünf Jahrhunderte früher angestrebt hatten, Zusammenfassung der Gesammtmacht des Königreichs wie der Herzogthümer (ein Streben, das erst mit dem Tage von Bornhöved zu Grabe ging), es erwachte jetzt in den dänischen Königen auf's Neue. Die Durchführung dieses Strebens war aber vielleicht um so schwieriger, als nicht Gegner einander gegenüber, sondern Mitglieder desselben Hauses neben einander standen. Man wartete indeß in Kopenhagen auf Verwickelungen, auf Fehler, die sich würden ausnutzen lassen. Sie kamen bald.

Der gottorper Herzog wurde in den nordischen Krieg verwickelt. Er trat auf die Seite Karls XII., während Dänemark unter denen war, die den Schwedenkönig bekämpften. Als dieser endlich unterlag, unterlag der gottorper Herzog mit und der gottorpsche Antheil, soweit er auf schleswigschem Boden lag, wurde von Seiten Dänemarks eingezogen. Nur was bei Holstein war (Kiel, Neumünster, Bordesholm rc.) verblieb dem Herzog. Dies war 1721.

Aber man wollte in Kopenhagen das Ganze. Wachsende Mißregierung von Seiten des gottorper Hauses erleichterte das Vorhaben. Ein einfaches Einziehn, was das erwünschteste gewesen wäre, verbot sich, so kam endlich ein Tausch zu Stande, der gegen Abtretung des alten Stammlandes Oldenburg, nunmehr auch den holsteinschen Besitz der Gottorper in die Hände der Krone legte.

Die Königslinie hatte nun alles: das Königreich, ganz Schleswig, ganz Holstein, da auch die Sonderburger (ohne übrigens in ihrem eventuellen Erbrecht tangirt zu werden) sich hatten abfinden lassen. Die Gottorper, über deren aufgehenden Stern in Schweden und Rußland wir hier schweigen, — waren auf Oldenburg beschränkt.

Dies geschah 1765. Dänemark und Schleswig-Holstein, wie zu keiner andren Zeit in der Geschichte, hatten denselben Fürsten; das Regiment war ein absolutes; aber durch Uebergehen aller Landestheile in eine Hand war an den alten Rechten des Landes nichts verändert, die alten Fundamental-Sätze bestanden fort. Diese Fundamental-Sätze aber waren:

a) die Untrennbarkeit beider Lande (Wahlkapitulation von 1460),

b) das Erstgeburts-Recht im Mannsstamm, nach Maßgabe der Vereinbarung von 1608, 1633 und 1650.

## 4. Die Epoche von 1765 bis 1852.

Diese Epoche war, die letzten zwei Jahrzehnte abgerechnet, eine Epoche des Glücks und der Wohlfahrt, eines patriarchalischen Regiments. Nur dann und wann zeigte sich das Wölkchen am Horizont, das Sturm bedeutete, aber es schwand wieder. Die Schicksale, die während dieser Zeit das eigentliche Dänemark, insonderheit die dänische Hauptstadt trafen: das Bombardement von Kopenhagen 1801 und die Wegführung der dänischen Flotte durch die Engländer (1807), zogen die Herzogthümer nur in leise Mitleidenschaft. Erst 1813, als sich das Kriegsglück von Frankreich abwandte, sahen die Herzogthümer feindliche Heere im Land; sie mußten büßen dafür, daß ihr König-Herzog, ähnlich wie Friedrich August von Sachsen, bis zuletzt an den Sieg der napoleonischen Sache geglaubt und bei dem alten Alliirten ausgehalten hatte. Die Störungen indeß, die der Krieg brachte, waren gering; jedenfalls waren es von außen kommende Störungen; im Innern herrschte Friede und Wohlfahrt. Der Wunsch nach Wiederherstellung der alten Verfassung wurde freilich laut; — ein Kampf wie überall in deutschen Landen schien sich vorzubereiten, aber die *nationalen* Gegensätze fehlten noch. Auch *sie* kamen.

Schon die letzte Zeit innerhalb der zwanziger Jahre hatte einzelne Uebergriffe von Seiten der Dänen gezeigt; man fing in Schleswig an zu Danisirungs-Versuchen zu schreiten. Der Grund lag klar zu Tage: man wollte bei dem Aussterben der königlichen Linie, ein Ereigniß, dessen Wahrscheinlichkeit immer näher trat, wenigstens des Besitzes von Schleswig sicher sein. Holstein mochte ausscheiden; für »Südjütland« aber (wie man Schleswig zu nennen beliebte) sollte die Erbfolgeordnung gelten, die bei dem Aussterben des Mannesstammes durch die lex regia festgesetzt worden war. Je mehr es glückte, der Bevölkerung einen dänischen Geist einzuhauchen, desto eher glaubte man dies Vorhaben, den gegenüberstehenden Fundamental-Privilegien zum Trotz, durchführen zu können. Es war die nationale oder Eiderdänen-Partei, die diese Pläne verfolgte. Sie fing eben an ihre Kraft zu fühlen, als 1839 König Friedrich VI., der von seinen deutschen Unterthanen geliebt worden war, in hohem Alter starb und Christian VIII., ebenfalls kinderlos, seinem Vetter folgte.

Der neue König, ein Mann voll edler Eigenschaften, schien zu Anfang eine ausgleichende versöhnende Haltung einnehmen zu wollen, aber von dem lebhaften Wunsche beseelt, die Herzogthümer, allen entgegenstehenden Erbfolgeordnungen zum Trotz, auch nach dem Aussterben des Mannesstammes bei Dänemark zu erhalten, gerieth er mehr und mehr unter den

Einfluß der dänischen Parteien, die, wie verschieden auch unter einander, von einem besonderen Rechte der Herzogthümer oder gar von einem Staate »Schleswig-Holstein« nichts wissen wollten. Der Conflikt wuchs und als die Herzogthümer ihrerseits in Adressen und Rechtsverwahrungen sich immer wieder dahin aussprachen: »daß Schleswig und Holstein selbstständige, fest mit einander verbundene Staaten seien, in denen der Mannesstamm herrsche«, erschien endlich am 8. Juli 1846 der vielgenannte »offene Brief«, worin Christian VIII. den Ansprüchen der Herzogthümer direkt entgegentrat. In dem »offenen Briefe« wurde verkündet: »daß die Erbfolge des Königsgesetzes, wie in Dänemark, so auch im Herzogthum Schleswig in voller Kraft und Gültigkeit bestehe«. In Bezug auf einzelne Theile von Holstein wurde zugegeben, daß Verhältnisse obwalteten, welche eine gleich bestimmte Erklärung nicht möglich machten.

Beide Herzogthümer erhoben sich in Protesten gegen diesen »Brief«; in Kopenhagen, unangefochten durch diese Proteste, bereitete man eine »Gesammtstaats-Verfassung« vor, die für Dänemark wie für die Herzogthümer, als ob diese nur dänische Provinzen seien, Gültigkeit haben sollte, — da starb Christian VIII. am 20. Januar 1848.

Friedrich VII. folgte, der letzte von dem Mannesstamm König Friedrichs III. In Sitte und Denkweise ganz dem dänischen Volke angehörig, war er unfähig, den Forderungen der nationalen Partei des Königreichs zu widerstehn; er begann mit der Verkündigung jener Gesammtstaats-Verfassung, die unter seinem Vater (Christian VIII.) vorbereitet worden war. In den Herzogthümern beschloß man, das Recht selbstständiger Verfassung zu fordern. Dies war Ende Januar 1848.

Der Ausbruch der Februar-Revolution beschleunigte den Gang der Ereignisse. Als am 21. März eine Deputation der schleswig-holsteinschen Stände in Kopenhagen eintraf, um ihr Programm: »die Vereinigung beider Herzogthümer und die Aufnahme Schleswigs in den deutschen Bund« zu überreichen, hatte eben eine Volksbewegung das gesammtstaatliche Ministerium gestürzt und die Häupter jener Partei (Hall, Orla Lehmann, Monrad) an's Ruder gebracht, welche, im vollen Gegensatz gegen die Forderung der schleswig-holsteinschen Deputation, die Einverleibung Schleswigs in Dänemark forderten.

Dies neue eiderdänische Ministerium war gewillt, diese Forderung (die Einverleibung Schleswigs) mit Gewalt der Waffen durchzuführen.

Die Herzogthümer rüsteten dagegen, so entstand der erste schleswig-holsteinsche Krieg. Die verschiedenen Phasen desselben übergehen wir hier. Anfangs unter Betheiligung Preußens (Schlacht bei Schleswig) und deutscher Bundestruppen (Erstürmung von Düppel) siegreich geführt, nahmen, vom 2. Juli 1850 an, die Herzogthümer den Kampf auf die eignen Schultern. Der Tag von Idstedt entschied gegen sie, aber ihr Widerstand war ungebrochen; — da erboten sich Oestreich und Preußen zur Pacificirung des Landes.

Vom 1. Februar 1851 ab wurde die Regierung wieder im Namen Friedrichs VII. geführt. Der Gesammtstaats-Gedanke wurde wieder aufgenommen. Das vielgenannte »londoner Protokoll«, richtiger der londoner Traktat vom 8. Mai 1852, gab diesem Gedanken Ausdruck. Der Zweck dieses Traktats war, gegenüber den Ansprüchen Schleswig-Holsteins auf staatliche Selbstständigkeit, den dänischen Gesammtstaat, d. h. also Dänemark einschließlich der Herzogthümer, zu erhalten.

### 5. Vom londoner Protokoll bis zum Tode Friedrichs VII.

Der Kampf Schleswig-Holsteins von 1848 bis 1851 war ein verfrühter gewesen. Man hatte sich, mit den Waffen in der Hand, um Dinge gestritten, die bei Lebzeiten Friedrichs VII. nur theoretisch diskutirt werden durften. Die Waffen-Entscheidung mußte bis zu thatsächlicher Verletzung der Rechte der Herzogthümer vorbehalten bleiben. Von einer thatsächlichen Verletzung dieser Erbrechte konnte aber bei Leb- und Regierungszeiten Friedrichs VII. nicht die Rede sein; er war eben, wie König von Dänemark, so auch unbestrittener Herzog von Schleswig-Holstein.

Noch einmal, der Kampf war verfrüht. Aber das Ereigniß, das man, unter dem Einfluß allgemeiner Aufregung, im März 1848 vorweg genommen hatte, es mußte über kurz oder lang eintreten, — der Tod Friedrichs VII. Die Lebensweise des Königs versprach keine Lebensdauer. Daß er kinderlos sterben würde, war nach Trennung seiner zweiten Ehe so gut wie gewiß. Unter diesen Umständen traten die Großmächte in einer Conferenz zusammen, um die Frage zu beantworten: was wird aus Dänemark nach erfolgtem Ableben des regierenden Königs? sollen die Herzogthümer abgetrennt, oder aber dem Königreich erhalten werden?

Daß in den Herzogthümern ein anderes Erbrecht gelte als im eigentlichen Königreich, und daß diesem anderen Erbrecht zufolge, nach dem Tode Friedrichs VII. in Schleswig-Holstein eine andere Linie des oldenburgischen Hauses succediren mußte, als in Dänemark, darüber war man sich klar; aber darüber war man sich nicht klar, ob man, eintretenden Falls, die politische Erwägung über das schleswig-holsteinsche Erbrecht der Gottorper und Sonderburger, oder das schleswig-holsteinsche Erbrecht der

Gottorper und Sonderburger über die politische Erwägung zu stellen habe. Die politische Erwägung siegte; die »Integrität der dänischen Monarchie« wurde zum politischen Axiom erhoben. Nachdem man sich über das Princip geeinigt, einigte man sich auch über die Person, an und in der sich das Princip verwirklichen sollte. Prinz Christian von Schleswig-Holstein-Sonderburg-Glücksburg wurde, in Folge Uebereinkunft der Großmächte (Preußen gab zögernd nach) und nach stattgehabter Resignation des Prinzen Friedrich von Hessen, des eigentlich Erbberechtigten, zum künftigen König von Dänemark designirt. Die Gottorper (unter der Bedingung des Fortbestandes von Gesammt-Dänemark) verzichteten auf ihre Ansprüche, die Sonderburg-Augustenburger wurden abgefunden. Die Abfindungs-Summe empfingen sie (nach Ansicht der preußischen Kronsyndici) als Aequivalent für das partielle Erbrecht, das sie durch Entgegennahme jener Summe freiwillig aufgaben. Andre bestreiten dies.

Das vielgenannte Schriftstück, in dem diese Festsetzungen hinsichtlich der Thronfolge im Gesammtstaate Dänemark getroffen wurden, führt den Namen: das londoner Protokoll oder der londoner Traktat (8. Mai 1852).

Dieser londoner Traktat, der dem dänischen Gesammtstaat zu Liebe, die Herzogthümer bei Dänemark beließ, war aber freilich von nebenher laufenden Abmachungen und Zusagen von Seiten Dänemarks begleitet, Zusagen, die wenn sie nicht erfüllt wurden, trotz Traktat und Protokoll, noch immer eine letzte Hoffnung auf Trennung ließen. Oestreich und Preußen hatten den »Traktat« mit unterzeichnet und waren durch ihn gebunden; ihnen, wie allen übrigen Unterzeichnern, mußte Prinz Christian von Glücksburg, wie der künftige König, so auch der künftige Herzog sein. Aber je weniger die beiden deutschen Großmächte sich im Stande sahn, in allem was den Erbfolgestreit anging, die Rechte der Herzogthümer noch länger zu wahren, desto mehr empfanden sie es als eine Pflicht, für die anderweiten Rechte der Herzogthümer mit Entschiedenheit einzutreten.

Unter diesen anderweiten Rechten stand eins obenan: »die Selbstständigkeit Schleswigs«. Die deutschen Großmächte hatten, wie wir sahen, der neuen Erbfolge-Ordnung nicht ohne vorgängige Zusage von Seiten Dänemarks zugestimmt. Diese Zusagen (in einem Königlichen Erlaß vom 28. Januar 1852) waren gleichbedeutend mit dem bestimmten Versprechen, auf die Incorporation des Herzogthums (dem der Erlaß selbstständige Provinzialstände gewährte) verzichten zu wollen. Daß man in Kopenhagen diese Zusage nicht hielt, rettete beide Herzogthümer. Die Uebergriffe Dänemarks, wie wir später sehen werden, zerrissen das Protokoll.

Die Jahre von 1852 bis 1863, wie es Prüfungsjahre für die Herzogthümer waren, waren zugleich Jahre unerquicklicher Controversen zwischen Dänemark und dem Bund, beziehungsweise zwischen Dänemark und den beiden deutschen Großmächten, insoweit diese als Beauftragte des Bundes über Ausführung der von Dänemark gemachten Zusagen (Selbstständigkeit der Herzogthümer, das Recht der deutschen Sprache in Schleswig 2c.) wachten. Der Depeschenwechsel schien endlos werden zu wollen; das Interesse ermattete; die schleswig-holsteinsche Frage stand allmälig ihrem schlimmsten Feind gegenüber: der Theilnahmlosigkeit des deutschen Volkes.

Der Aggression der Dänen, ihrer leidenschaftlichen Hast verdanken wir es, daß das Interesse sich wieder belebte. Sie hatten nicht warten gelernt. Ihrem Ziele nah, scheiterten sie, weil sie das Ziel rascher, stürmischer erreichen wollten, als es sich, selbst unter den günstigsten Verhältnissen, erreichen ließ. Die Eiderdänen drangen immer energischer auf Verwirklichung ihres Programms: Dänemark bis zur Eider. Dänemark bis zur Eider war aber gleichbedeutend mit »Incorporation Schleswigs«. Und Incorporation Schleswigs, wenn die deutschen Großmächte nicht mit sich spielen lassen wollten, war gleichbedeutend mit Krieg. Sie deuteten dies an, aber vergebens, die Heißsporne in Kopenhagen gingen vor. Am 30. März 1863 erschien das sogenannte Märzpatent, das die Angelegenheiten Holsteins in einer Weise ordnete, die man als den Vorläufer der Incorporation Schleswigs betrachten durfte. Das Patent sprach dies zwar nicht unumwunden aus, es verschwieg sogar den Namen Schleswig, aber eben dies Verschweigen, weil es geflissentlich war, deutete darauf hin, daß man die Incorporation bereits als eine unausbleibliche Thatsache in Rechnung stelle und nur noch ein Dänemark und ein Holstein, nicht aber auch ein selbstständiges Herzogthum Schleswig kenne. Die nächsten Monate bestätigten diese Auslegung. Am 29. September ward dem Reichsrath der Entwurf einer neuen gemeinsamen Verfassung für Dänemark und Schleswig vorgelegt; wurde dieser Entwurf angenommen, so war die Einverleibung Schleswigs ausgesprochen.

Am 13. November erfolgte die Annahme; nur noch eine Formalität fehlte, — die Unterschrift des Königs. Dieser Unterschrift war man gewiß; aber als habe die Vorsehung dem alten Dänemark noch eine Frist zu ruhiger Ueberlegung gönnen wollen, — König Friedrich VII. starb (15. November) ehe er unterzeichnet hatte.

Andren Tags (16. November) wurde Prinz Christian von Glücksburg als Christian IX. proklamirt. Die dänische Gesammt-Monarchie fiel ihm zu. Dasselbe londoner Protokoll, das ihn zum König von Dänemark gemacht hatte, hatte ihn auch, über das alte Erbrecht der Herzogthümer hinweg, zum Herzog von Schleswig und Holstein gemacht. Alle die das Protokoll unterzeichnet hatten, hatten ihn in diesem Gesammtbesitze anerkannt. Auch Oestreich und Preußen. Christian IX. war König-Herzog. Nicht an der Erbfolge war zu rütteln, nicht die Succession war umzustoßen, nur die Incorporation war zu hindern. Die »Incorporations-Frage« trat in den Vordergrund; von ihr aus war möglicherweise alles wieder zu erobern, was in der Successionsfrage zehn Jahre früher (durch das londoner Protokoll) verloren gegangen war. Je energischer Dänemark vorging, je mehr Hoffnung blieb bei Deutschland. Alles handelte sich jetzt um die Frage, wird König Christian IX. die neue Verfassung unterzeichnen oder nicht? Diese Unterschrift entschied über Krieg und Frieden.

# Der Ausbruch des Krieges.

# Vom Tode Friedrichs VII. bis zum Ausbruch des Krieges.

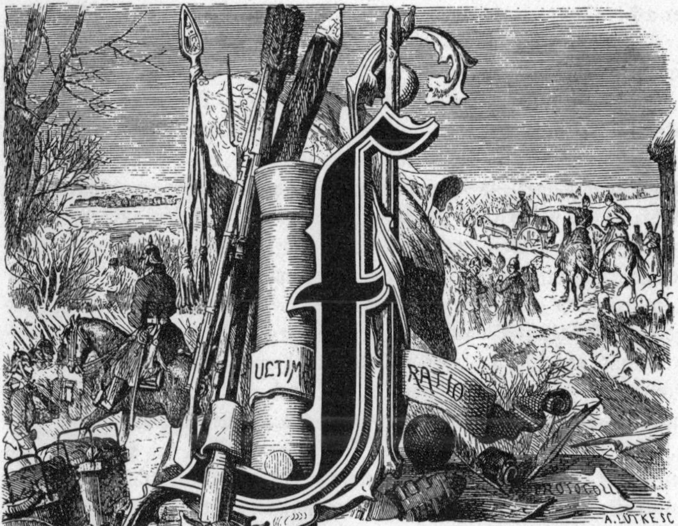

Friedrich VII. hatte am 15. November das Zeitliche gesegnet; am 16. war Christian IX. gefolgt; am 18. unterzeichnete er die neue Verfassung, in der die Incorporation Schleswigs in Dänemark ausgesprochen war. Er unterzeichnete die neue Verfassung zögernd und widerwillig, aber er glaubte sie, dem Andringen der übermächtigen eiderdänischen Partei gegenüber, unterzeichnen zu müssen. Die Dinge in Kopenhagen ließen ihm kaum eine Wahl und er zog es vor, lieber in Folge eines Krieges eine halbe Krone einzubüßen, als in Folge eines Aufstands die ganze.

Die rasch auf einander folgenden Nachrichten aus Kopenhagen riefen in ganz Deutschland eine tiefgehende Aufregung hervor. Die Erregung der Gemüther war überall dieselbe, aber die Stellung, die man den Ereignissen gegenüber einzunehmen begann, war in den verschiedenen Landestheilen eine sehr verschiedene. In den Klein- und Mittelstaaten war der sechszehnte November der entscheidende Tag, in Wien und Berlin war es der achtzehnte; jene betonten die Thronbesteigung Christians IX., diese die Unterzeichnung der Verfassung als das bedeutungsvollere, als das maßgebende Moment.

Diese Verschiedenartigkeit der Auffassung konnte nicht Wunder nehmen; sie war die natürliche Folge der von einander abweichenden Position, die die Klein- und Mittelstaaten einerseits und die beiden deutschen Großmächte andrerseits dem londoner Traktat gegenüber einnahmen. Die Mehrzahl der Klein- und Mittelstaaten und mit ihnen der »Bund« hatten den londoner Traktat und seine neue Erbfolge-Ordnung nie anerkannt, befanden sich also in der glücklichen Lage, nunmehr erklären zu können: der Tod Friedrichs VII. hat die Herzogthümer Schleswig und Holstein aus jedem Verband mit Dänemark gelöst; die Herzogthümer sind frei von Dänemark und der nächste Erbberechtigte aus dem Mannesstamm der Oldenburger tritt nunmehr sein Erbe an. Es blieb nur übrig festzustellen, wer dieser nächste Erbberechtigte sei. Die Thronbesteigung Christians IX., insoweit sie gleichzeitig den Antritt seiner Herrschaft in den Herzogthümern bezeichnete, erschien dem Bunde einfach als eine Aggression, der durch Okkupation der bedrohten Landestheile begegnet werden müsse. Die Unterzeichnung der neuen Verfassung war für den Bund, in natürlicher Consequenz des eben Gesagten, ein nebensächliches Ereigniß. Christian IX. der, nach Bundes-Anschauung, überhaupt nicht Herzog von Schleswig und Holstein war, konnte auch keine Beschlüsse hinsichtlich dieser Herzogthümer fassen; die Klein- und Mittelstaaten legten alles Gewicht auf die Successionsfrage und sahen, die in ihrem Sinne richtige Erledigung derselben vorausgesetzt, die Incorporationsfrage von selbst zu Boden fallen.

Nicht so die beiden deutschen Großmächte. Gebunden durch die Festsetzungen des londoner Protokolls, das sie selber mit unterzeichnet hatten, war ihnen die Incorporationsfrage alles, die Successionsfrage nichts. Diese, wohl oder übel, war erledigt; Christian IX., durch Zulassung Oestreichs und Preußens, war König zu Dänemark und Herzog von Schleswig und Holstein. Es war unmöglich, einer neuen Erbfolge-Ordnung, der man im Jahre 1852 zugestimmt hatte, im Jahre 1863 die Zustimmung zu verweigern oder wohl gar das Eintreten eines selbst herbeigeführten Falles (die Thronbesteigung Christians IX.) zu einem casus belli zu machen. Den deutschen Großmächten blieb nichts andres übrig, als im Gegensatz zur Succession (der gegenüber sie stumm sein mußten) die Incorporationsfrage zu betonen und dabei die Hoffnung zu hegen, daß ein um der letztern willen ausbrechender Krieg, im Verlauf der Ereignisse auch dazu führen werde, die Successionsfrage zu revidiren und nach andern Prinzipien als nach denen des londoner Protokolls endgültig festzustellen.

Verschieden wie die Stellung war, die der Bund einerseits, die beiden deutschen Großmächte andrerseits der schwebenden Streitfrage gegenüber einnahmen, so verschieden war auch ihr Vorgehn. Der Bund beschloß Exekution und am 23., 24. und 25. Dezember rückten 12,000 Mann Sachsen und Hannoveraner in Holstein ein. Die Dänen zogen sich zurück und nahmen Stellung hinter der Eider. Es mag dahingestellt bleiben, was aus Schleswig, dem hauptsächlichsten Streitobjekt, geworden wäre, wenn dem Bunde die fernerweite Durchführung der Rechte beider Herzogthümer ausschließlich obgelegen hätte. Möglich, daß der Versuch gemacht worden wäre, von dem bereits okkupirten Holstein aus, Schleswig hinzu zu erobern; — möglich, aber nicht gewiß. Jedenfalls griff die Politik der beiden deutschen Großmächte, trotz der ungleich gebundneren Stellung, die sie den Ereignissen gegenüber einnahmen, energischer in die Frage ein und führte sie rascher und glänzender ihrer Lösung entgegen. Das Fundament dieser Politik aber blieb die Incorporationsfrage.

»Zurücknahme der Verfassung vom 18. November«, jener Verfassung, die die Incorporation Schleswigs in Dänemark aussprach, das war die Forderung, die Oestreich und Preußen wiederholentlich an die dänische Regierung stellten. Ein Ministerwechsel in Kopenhagen (25. Dezember), der die enragirtesten Eiderdänen, Hall und Orla Lehmann, vom Ruder entfernte, gab einen Augenblick der Möglichkeit Raum, daß die Novemberverfassung einer besseren Einsicht geopfert werden würde, aber diese Aussicht erwies sich alsbald als trügerisch. Bischof Monrad, der neue Premier, lenkte im Wesentlichen in die Bahnen seiner Vorgänger ein und am 1. Januar 1864, aller Abmahnungen Preußens zum Trotz, wurde die gemeinschaftliche Verfassung für Dänemark publicirt.

Der Handschuh war hingeworfen; die beiden deutschen Großmächte nahmen ihn auf. Am 16. Januar — an demselben Tage, an dem Oestreich und Preußen in Frankfurt den Antrag auf eventuelle Besetzung Schleswigs stellten — übergaben die Gesandten der beiden deutschen Großmächte (in Kopenhagen), die Herren v. Brenner und v. Balan, eine letzte Aufforderung zur Zurücknahme der Novemberverfassung. Nur 48 Stunden Bedenkzeit wurden bewilligt. Der Schlußpassus lautete: »die unterzeichneten bisherigen Gesandten der beiden Mächte, welche, wenngleich nicht förmlich accreditirt, in diesem Falle im speciellen Auftrage ihrer Regierungen handeln, sind angewiesen worden, die Aufhebung der Verfassung vom 18. November v. J. zu verlangen, und wenn die Erklärung, daß dieselbe erfolgt sei, ihnen nicht im Laufe des 18. d. M. zugeht, Kopenhagen zu verlassen.« Die Frist verstrich, ohne daß der Forderung nachgekommen wäre. Anderen Tages erging an die oestreichisch-preußischen Truppen der Befehl zum Vorrücken. Der oestreichische Gesandte Herr v. Brenner verließ Kopenhagen beinah unmittelbar nach diesen Vorgängen, Herr v. Balan folgte in der letzten Woche des Januar. Am 31. übersandte Feldmarschall Wrangel dem dänischen Oberbefehlshaber Generallieutenant de Meza die Aufforderung, Schleswig zu räumen; am 1. Februar früh, nachdem de Meza abgelehnt hatte, überschritten die oestreichisch-preußischen Kolonnen die Eider, — der Krieg war da.

# Der Ausbruch der Feindseligkeiten.

önig Christians IX. Unterzeichnung der November-Verfassung führte, wie wir darzulegen bemüht waren, zum Kriege der beiden deutschen Großmächte gegen Dänemark. Am 1. Februar, so schlossen wir das vorige Kapitel, überschritten oestreichisch-preußische Colonnen die Eider.

Um dies zu können, dazu waren während der letzten Wochen des Januar militairische Maßnahmen angeordnet worden, über deren Verlauf wir noch in kurzer Uebersicht zu berichten haben.

Von Anfang Januar an durfte man, bei der Hartnäckigkeit der Dänen, von der so viele Beweise vorlagen, den Ausbruch der Feindseligkeiten als gewiß betrachten. Das Ultimatum, das, wie wir gesehen haben, Herr v. Balan am 16. Januar an die dänische Regierung stellte, war wenig mehr als eine Formalität, von der sich eine friedliche Wendung der Verhältnisse nicht mehr erwarten ließ. Alle Anordnungen deuteten deshalb auf Krieg. Oestreichischerseits wurden die Truppen des VI. Armee-Corps in Wien und Mähren zusammengezogen, um benöthigtenfalls mit Hülfe der oestreichischen und preußischen Bahnen innerhalb kürzester Frist nach Hamburg geschafft werden zu können; preußischerseits waren (bis zum 19. Januar) zwei Divisionen concentrirt, eine westphälische bei Minden, eine brandenburgische bei Perleberg.

Am 18. Abends wußten Oestreich und Preußen, daß das am 16. gestellte mehrerwähnte Ultimatum in Kopenhagen abgelehnt worden sei und noch am selben Tage ergingen an die Commandirenden der bereits concentrirten Truppenkörper die Befehle zum Vormarsch. Auf dem Schienenwege durch Schlesien und die Mark kamen die Truppen des oestreichischen VI. Corps in raschen, Tag und Nacht auf einander folgenden Zügen heran; gleichzeitig setzten sich die Preußen von ihren Sammelpunkten Minden und Perleberg aus in Bewegung. Die westphälische Division benutzte die Eisenbahn (durch Hannover); die brandenburgische Division rückte zu Fuß, in drei Kolonnen, durch Lauenburg, Mecklenburg und Lübeck in's Holsteinsche vor. Die Oestreicher hatten Ordre, bis zum 28. Januar bei Neumünster (linker Flügel), die Preußen an eben demselben Tage bei

Ploen (rechter Flügel) zu stehn. Diesen Ordres wurde nachgekommen; nur eine oestreichische Brigade, die Brigade Dormus, war bei der Unmöglichkeit, die Eisenbahn-Truppenbeförderung noch zu steigern, um einige Tage zurück. Ihren Truppenkörpern zum Theil voraus, eilten die Commandirenden des oestreichischen und preußischen Corps auf die Rendezvous-Plätze; am 21. war Prinz Friedrich Karl in Lübeck, am 22. in Ploen; Feldmarschalllieutenant v. Gablenz traf um dieselbe Zeit im Holsteinschen ein, endlich am 24. begab sich Feldmarschall Freiherr v. Wrangel, als Oberstkommandirender der gesammten oestreichisch-preußischen Streitkräfte, nach Hamburg und traf die ersten Anordnungen und Dispositionen. Das combinirte preußische Armee-Corps, Westphalen und Brandenburger, erhielt den Namen eines I. Corps, das VI. oestreichische Armee-Corps (Feldmarschalllieutenant Gablenz) den Namen eines II. Corps der verbündeten Armee für Schleswig. Preußische Garden, die bestimmt waren, unter Führung des Generallieutenant v. d. Mülbe, mit den Oestreichern gemeinschaftlich zu operiren, waren noch in der Mark zurück und trafen erst, unmittelbar vor Ausbruch der Feindseligkeiten, auf dem linken Flügel (Rendsburg) ein. Als ein gemeinsames Erkennungszeichen, so erging gleichzeitig, aus dem Hauptquartier Hamburg, der Befehl — sollte von allen Soldaten der verbündeten Armee, ohne Ausnahme, eine weiße Binde um den linken Oberarm getragen werden. Es erinnerte dies Zeichen an die Waffenbrüderschaft der Jahre 1813 und 1814, wo von Oestreichern und Preußen schon damals ein gleiches Erkennungszeichen getragen worden war.

Am 28. Januar, den ergangenen Ordres gemäß, standen die Truppen beider Corps im Norden Holsteins, 4 Meilen von der schleswigschen Grenze entfernt; die Oestreicher (linker Flügel) auf der Linie Neumünster-Nortorf, die Preußen (rechter Flügel) auf der Linie zwischen Ploen und Kiel.

Von Ploen aus, am selbigen Tage (28.), erließ Prinz Friedrich Karl, als commandirender General des I. Corps, folgenden Armee-Befehl an die ihm untergebenen Truppen:

»Soldaten meines Corps!

Als der König mir das Commando über euch anvertraute, befahl er mir, in Seinem Namen es euch auszusprechen, wie Er erwarte, daß ihr unter allen Umständen eure Schuldigkeit thun würdet.

Wenn ihr auf dem Marsche hierher fremde Städte und Dörfer betratet, haben die Bewohner, die euch nicht kannten, euch gefürchtet, aber eure gewinnende Bescheidenheit und Freundlichkeit verschaffte euch nicht nur gute Bewirthung, sondern ließ euch auch als Freunde von da scheiden, wo ihr als unwillkommene Gäste eben hingekommen waret. Dies ist die Art, wie man dem preußischen Namen Ehre macht. Betragt euch immer und auch in demjenigen Lande so, das wir befreien werden. Die preußische Waffenehre — laßt es euch gesagt sein — besteht darin, zu siegen — aber dem Besiegten wie einem Bruder zu verzeihen. Das ist christlich, und ein guter Christ kann kein schlechter Soldat sein. Der preußische Name hat bei den Dänen schon guten Klang. Schön ist es, wenn selbst unsre Feinde uns achten.

Soldaten! in wenig Tagen wird es sich zeigen, ob Krieg ob Friede ist.

Sollte der zweite dänische Krieg beginnen, so werden wir auf verschanzte Stellungen, auf breite Wasser- oder Eisflächen stoßen. Aber um so herrlicher wird sich eure Unerschrockenheit und euer Eifer zeigen. Wir werden jedes Hinderniß zu überwinden wissen und keines wird uns länger aufhalten, als sich gebührt. Jene Hindernisse, bergen sie nicht denselben Feind, der es gewohnt ist, vor unsern Regimentern zu fliehen? Wohlan denn! Suchen wir diesen Feind auf, widersetzen wir uns seinem Rückzuge, zerstreuen wir seine Reihen! Nach diesen Erfolgen werdet ihr den Feind nicht zu Athem kommen lassen und ihn rastlos verfolgen, um ihn zu vernichten, ehe er auf seine Inseln entweicht. Ihr werdet daher einige starke Märsche haben, aber hernach die wohlverdiente Ruhe und gute Quartiere, Ehre und Belohnungen und das gute Gewissen erfüllter Schuldigkeit.

Seit funfzig Jahren zum ersten Mal wird Oestreich an unserer Seite kämpfen. Erneuern wir die alte Waffenbruderschaft! Welch edler Wettstreit steht uns also bevor? Wie werden aber auch in unseren Reihen die Männer von Brandenburg und die Männer von Westphalen um den Preis der Tapferkeit ringen und wetteifern!

Ihr Brandenburger! ich kenne euch, und ihr kennt mich, und dies ist genug gesagt!

Ihr Westphalen! wir kennen uns zwar noch nicht, aber um so besser vielleicht, denn keine schönere Gelegenheit, euch schnell kennen und schätzen zu lernen, kann uns werden. Folgen wir doch Alle derselben schwarzweißen Fahne, gehorchen wir doch Alle demselben Könige, der uns gesagt hat, Er baue darauf, daß wir unter allen Umständen unsere Schuldigkeit thun würden. — Mit Gottes Hülfe werden wir sie thun! Es lebe der König — Hurrah!

Der commandirende General.

(gez.) Friedrich Karl, Prinz von Preußen.«

Am 30. Januar verlegte der Oberfeldherr, Feldmarschall v. Wrangel, sein Hauptquartier nach Bordesholm, einem im Mittelpunkt der oestreichisch-preußischen Aufstellung gelegenen, in früherer Zeit durch sein Kloster und seine Kirche weitberühmten Ort und ließ die commandirenden Generale nebst den Generalstabschefs zu sich entbieten, um ihnen die Grundzüge des beabsichtigten Einmarsches darzulegen.

Noch am selben Tage (30.) rückte die ganze Linie der verbündeten Armee nordwärts vor; die Spitzen der Truppenkörper standen am Abend nur noch eine halbe Meile von der Eider entfernt. Ordre war gegeben, 24 Stunden später, am Abend des 31. unmittelbar an die Eider vorzurücken. Am 1. Februar sollte auf der ganzen Linie der Uebergang erfolgen.

Eh der Oberfeldherr dazu schritt, lag noch ob, eine letzte Aufforderung, eine »Sommation«, zu freiwilliger Räumung Schleswigs an den Oberstcommandirenden der dänischen Armee, Generallieutenant de Meza, ergehen zu lassen. Diese Aufforderung, durch Major v. Stiehle vom Generalstabe überbracht, erging von Rendsburg aus, wohin der Oberfeldherr Feldmarschall v. Wrangel, nach der Zusammenkunft in Bordesholm, sein Hauptquartier verlegt hatte.

Die Aufforderung selbst lautete, wie folgt:

»Der unterzeichnete Königlich preußische General-Feldmarschall und Oberbefehlshaber der vereinigten preußisch-oestreichischen Armee, Freiherr v. Wrangel, beehrt sich, dem Höchstcommandirenden der Königlich dänischen Truppen im Herzogthum Schleswig 2c. die folgende ganz ergebene Mittheilung zu machen.

Durch eine am 16. Januar d. J. von den Gesandten von Preußen und Oestreich übergebene Note, deren Abschrift der Unterzeichnete beizufügen sich beehrt, haben die genannten beiden Regierungen an das Königlich dänische Gouvernement die Aufforderung gerichtet, die gemeinsame Verfassung für das Königreich Dänemark und das Herzogthum Schleswig vom 18. November v. J. wieder aufzuheben und dadurch den früheren status quo wieder herzustellen. Da diese Aufforderung durch eine Note des Königlich dänischen Herrn Ministers der auswärtigen Angelegenheiten vom 18. desselben Monats ablehnend beantwortet und seitdem auch die Aufhebung der Verfassung nicht erfolgt ist, so ist nunmehr der in der gedachten Note vorgesehene Fall eingetreten, daß die beiden deutschen Mächte sich genöthigt sehen, die ihnen zu Gebote stehenden Mittel zur Herstellung des status quo und zur Sicherung der vertragsmäßigen Rechte des Herzogthums Schleswig in Anwendung zu bringen.

In diesem Sinne hat der Unterzeichnete den Befehl erhalten, das Herzogthum Schleswig mit den unter seinem Commando vereinigten preußischen und oestreichischen Truppen zu besetzen und die einstweilige Verwaltung desselben zu übernehmen. Indem der Unterzeichnete sich beehrt, den ꝛc. hiervon ganz ergebenst in Kenntniß zu setzen, knüpft er daran das Ersuchen, ihn umgehend zu benachrichtigen, ob derselbe den Befehl hat, das Herzogthum Schleswig zu räumen und die Königlich dänischen Truppen aus den Grenzen desselben zurückzuziehen. Er ergreift zugleich diesen Anlaß, um dem ꝛc. die Versicherung seiner ausgezeichnetsten Hochachtung auszusprechen ꝛc.«

Major v. Stiehle, mit Ueberbringung dieses Schreibens beauftragt, passirte am Morgen des 31. die Eider. Unbehindert durch dänische Wachtposten, legte er den Weg, der ihn mitten durch die formidablen Verschanzungen des Dannewerks hindurchführte, in einem offnen Wagen zurück und hielt alsbald, nachdem er von den Bewohnern der schleswiger Vorstadt Friedrichsberg mit lautem Jubel begrüßt worden war, vor dem ehemaligen Palais des Prinzen Friedrich von Noer (dicht bei Schloß Gottorp), worin General de Meza sein Hauptquartier aufgeschlagen hatte. General de Meza empfing das Schreiben des Feldmarschalls aus den Händen des Majors, las, zuckte zusammen und suchte die Ueberraschung, der er nicht ganz Herr werden konnte, hinter dem entfalteten Schreiben zu verbergen. Rasch sich wieder fassend, antwortete er mit jener Festigkeit, wie sie dem bewährten Soldaten geziemt: »Will der Feldmarschall Gewalt anwenden, — nun wohl, hier stehen wir und sind bereit, ihn mit den Waffen zu empfangen.« Auf die Mittheilung Major v. Stiehle's, daß er (der Major) Befehl habe, eine schriftliche Antwort zu erbitten, erwiderte der General: »Wohl, die Sache ist so wichtig, daß sie der Ueberlegung bedarf; ich werde reiflich überlegen.« Eine Antwort wurde abgefaßt und dem Major eingehändigt, der sie in rascher Fahrt nach Rendsburg zurückbrachte. Die Antwort General de Meza's lautete:

»Der Unterzeichnete, der eben so wenig das Recht der preußischen und oestreichischen Truppen, irgend einen Theil des dänischen Reichs zu besetzen, als die Folgerichtigkeit des dem Schreiben Ew. Excellenz vom 30. Januar beigelegten Dokuments nach seinem Inhalt anzuerkennen vermag, auch von seiner Regierung eine der Zumuthung Ew. Excellenz ganz entgegengesetzte Instruction hat, steht bereit, jeder Gewaltthat mit Waffen zu begegnen.

Schleswig, 31. Januar 1864.

(gez.) Ch. Julius de Meza, Generallieutenant.«

Feldmarschall Freiherr v. Wrangel empfing dies Schreiben am Nachmittag desselben Tages. Fast unmittelbar darauf gab er Befehl zum Einrücken in Schleswig. Der Feldtelegraph trug den verschiedenen Truppenabtheilungen die Worte zu: »In Gottes Namen drauf.« Eh wir aber den Truppenabtheilungen über die Eider folgen, machen wir uns mit diesen Truppen selbst, sowie auch mit den Führern derselben, näher bekannt.

---

# Die verbündete Armee.

Feldmarschall v. Wrangel. Prinz Friedrich Karl. Feldmarschallieutenant Freiherr v. Gablenz.

Zwischen Rendsburg und Kiel, an der Eider entlang, stand am 31. Januar die verbündete Armee. In und um Rendsburg, zum Theil noch um einige Meilen rückwärts, standen die Oestreicher; in und um Kiel, mit ihrem linken Flügel sich an den rechten Flügel der Oestreicher lehnend, standen die Preußen.

Das oestreichische Corps bestand aus den 4 Brigaden Gondrecourt, Nostiz, Tomas, Dormus.

Die Brigade Gondrecourt (später die »eiserne Brigade« genannt) war schon, als sich die schleswig-holsteinsche Streitfrage noch im Stadium der Bundesverhandlung, bez. der Bundes-Execution befand, den sächsisch-hannöverschen Executionstruppen als Reserve-Truppe nach Hamburg gefolgt und hatte daselbst (ebenso wie die preußische Brigade Canstein in Lübeck) Quartiere bezogen. Das war in den Weihnachtstagen 1863. Als in der letzten Woche des Januar zu ernsterem Vorgehn die übrigen Truppen des VI. oestreichischen Corps in Hamburg eintrafen, rückte die Brigade Gondrecourt den andern oestreichischen Truppen vorauf, in Holstein ein und hatte bei Ausbruch der Feindseligkeiten die Tête des Corps.

Sie bestand aus den Infanterie-Regimentern »Martini« (Polen) und »König von Preußen« (Ungarn), dazu aus dem 18. Jäger-Bataillon und einer 4pfündigen Batterie. Ihr Führer, Generalmajor Graf Gondrecourt, galt als ein ausgezeichneter Officier der Armee.

Die Brigade Nostiz, auch die »schwarz-gelbe Brigade« genannt, folgte der Brigade Gondrecourt zunächst und bestand aus den Infanterie-Regimentern »Großherzog von Hessen« (Oberoestreicher) und »König der Belgier« (Steiermärker), dazu aus dem 9. Jäger-Bataillon und einer 4pfündigen Batterie.

Brigade Tomas: Infanterie-Regimenter »Graf Coronini« (Ungarn) und »Prinz Wilhelm zu Glücksburg« (Italiener); 11. Jäger-Bataillon und eine 4pfündige Batterie.

Brigade Dormus: Infanterie-Regimenter »Khevenhüller« (Böhmen) und »Raming« (Ungarn); 22. Jäger-Bataillon und eine 4pfündige Batterie.

Außer diesen 4 Infanterie-Brigaden umfaßte das VI. Corps, neben einzelnen Artillerie- und Pionier-Abtheilungen, noch die Cavallerie-Brigade Dobrzenitz, bestehend aus den berühmten Reiter-Regimentern »Windischgrätz-Dragoner« und »Liechtenstein-Husaren«. Alles in allem ein 20,000 Mann starkes Corps, unter Führung des Feldmarschalllieutenant v. Gablenz.

**Leopold Freiherr v. Gablenz**, Feldmarschalllieutenant und Commandirender des VI. oestreichischen Armee-Corps, wurde am 19. Juli 1814 in Dresden geboren. Er diente zuerst in der sächsischen Cavallerie, trat aber früh in oestreichische Dienste über, von dem Gefühle geleitet, daß nur innerhalb der Armee einer Großmacht eine militairische Carrière möglich und die Gelegenheit zur Auszeichnung gegeben sei. Von 1835 bis 1839 stand er unter Radetzky in Italien, befand sich also auf der damals berühmtesten Hochschule der Kriegskunst. Selbst die französische Armee in Algier, was sonst ihre Vorzüge sein mochten, bot weniger Gelegenheit zu einer wissenschaftlichen Ausbildung. 1848 machte er als Rittmeister unter Graf Wallmoden den italienischen Feldzug mit und wurde, nachdem er sich, von Santa Lucia an, in fast allen Schlachten und Gefechten bewährt hatte, nach dem entscheidenden Siege bei Custozza zum Major im Generalstabe befördert. Bei Lodi verwundet, war er im November so weit wieder hergestellt, daß er als Chef in den Generalstab des Generals der Cavallerie Grafen Schlick eintreten konnte. Dieses Corps drang von Galizien nach Oberungarn vor und blieb das einzige, das in den Feldzügen von 1848—49 keinen Fehlschlag zu beklagen hatte. In der Schlacht bei Kaschau am 4. Januar 1849 wurde der Sieg über den viermal stärkeren Feind ganz besonders dadurch errungen, daß auf den Rath des Majors v. Gablenz zwei Kürassierregimenter einen Angriff ausführten, der die Ungarn mit empfindlichem Verluste an Mannschaft und Material zurückwarf. Dieser Tag brachte ihm das Maria Theresiakreuz, das (wie unser pour le mérite) nur für ausgezeichnete Dienste vor dem Feinde verliehen wird. Verschiedentlich verwundet, wohnte er der großen Mehrzahl aller Schlachten und Treffen (namentlich bei Acs und Kapolna) dieser blutigen Wintercampagne bei und war schließlich bei der Uebergabe der von Klapka vertheidigten Festung Komorn. Nach Schluß des Krieges wurde v. Gablenz, inzwischen zum Obersten avancirt, in diplomatischer Mission an die Höfe von Dresden, Kassel, Berlin gesandt; nach seiner Rückkehr trat er wieder, als Chef des

BÜRGER GEZ.
FELDM: LT. V. GABLENZ
A. VOGEL SC.

Generalstabes, in das Graf Schlick'sche Armee-Corps, das damals in Mähren lag.

Während des orientalischen Krieges (1854) rückte Generalmajor v. Gablenz in die Donaufürstenthümer ein, stand in Jassy und entfaltete auch dort jene glücklich-diplomatischen Gaben, Klugheit bei Innehaltung gewinnendster Formen, die ihn schon früher ausgezeichnet hatten.

1857 Brigadier, überschritt er, beim Ausbruch des italienischen Krieges von 1859, mit dem 7. Armee-Corps die piemontesische Grenze und that sich namentlich in der Schlacht bei Magenta hervor. Hier, nachdem Baron Reischach, der Divisionair, gefallen, übernahm er das Commando der Division, die er wiederholt zum Sturme führte. Er eroberte die einzige Kanone, die an diesem Tage dem Feinde abgenommen wurde. Bei Solferino blieb er am längsten im Gefecht und deckte mit dem tapferen Feldmarschallieutenant Prinzen Alexander von Hessen den Rückzug der Armee.

Ein brillanter Militair, ausgerüstet mit allen Tugenden, die den Soldaten machen, stellte ihn Kaiser Franz Joseph, bei Ausbruch des zweiten dänischen Krieges, an die Spitze des VI. oestreichischen Corps. Ueber die Thaten dieses Corps berichten wir in der Folge.

Das preußische combinirte Armee-Corps war ebenfalls vier Infanterie-Brigaden stark. Es waren folgende:

Die Brigade Canstein. Sie bestand aus dem brandenburgischen Füsilier-Regiment (Nr. 35.) unter Oberst Elstermann v. Elster (später unter Oberst v. Puttkamer) und aus dem 7. brandenburgischen Infanterie-Regiment (Nr. 60.) unter Oberstlieutenant v. Hartmann. Die Friedens-Garnisonen der 35er waren Brandenburg und Treuenbrietzen, der 60er Strausberg, Wriezen und Königsberg i. N. M.

Die Brigade Roeder. Sie bestand aus dem 4. brandenburgischen Infanterie-Regiment (Nr. 24.) und dem 8. brandenburgischen Infanterie-Regiment (Nr. 64.); jenes (Ruppin und Havelberg) unter Führung des Obersten Grafen v. Hacke, dieses (Prenzlau und Angermünde) unter Führung des Obersten v. Kamiensky.

Die Brigade Schmid. Sie bestand aus dem 1. westphälischen Infanterie-Regiment (Nr. 13.) und dem 5. westphälischen Infanterie-Regiment (Nr. 53.); jenes (Münster und Wesel) unter Führung des Obersten v. Witzleben, dieses (Münster, Coesfeld und Warendorf) unter Führung des Obersten v. Buddenbrock.

Die Brigade Goeben. Sie bestand aus dem 2. westphälischen Infanterie-Regiment (Nr. 15.) und aus dem 6. westphälischen Infanterie-Regiment (Nr. 55.); jenes (Minden und Bielefeld) unter Führung des

Obersten v. Alvensleben, dieses (Minden, Höxter und Herford) unter Führung des Oberstlieutenants Stoltz.

Je zwei und zwei dieser Brigaden standen in Divisions-Verband. Die brandenburgische Division (6.) führte Generallieutenant v. Manstein, die westphälische (13.) Generallieutenant v. Wintzingerode. Zu jeder der beiden Divisionen gehörte eine Cavallerie- und eine Artillerie-Brigade, so wie ein Jäger- und ein Pionier-Bataillon. Die brandenburgische Cavallerie-Brigade (Regiment »Zieten Husaren« und »Kaiser Nicolaus Kürassiere«) führte Oberst Flies; die westphälische Cavallerie-Brigade (4. Kürassier- und 8. Husaren-Regiment) Generalmajor v. Hobe. Oberst Colomier commandirte die Artillerie.

Im Ganzen umfaßte das preußische combinirte Armee-Corps 28 Bataillons, 24 Escadrons und 96 Geschütze; etwa 25,000 Mann, unter Oberbefehl des Prinzen Friedrich Karl von Preußen.

**Prinz Friedrich Karl**, Sohn des Prinzen Carl von Preußen, (zweiten Bruders König Friedrich Wilhelm IV.) wurde am 20. März 1828 in Berlin geboren. Militairisch erzogen, wie alle Prinzen des Königshauses, zeigte sich früh sein Feuereifer für die Armee; das Leben, die Schlachten des »großen Königs« wurden Gegenstand seines begeisterten Studiums. Bei Ausbruch des ersten dänischen Krieges 1848 war er Hauptmann und wohnte als solcher, im Gefolge des Generals Wrangel, der Schlacht bei Schleswig bei. Hier mußte letzterer, gleich beim Beginn des Kampfes, dem sich allzu sehr exponirenden Prinzen die bestimmte Weisung ertheilen, an seiner Seite zu bleiben. Im weiteren Verlauf des Gefechts führte der Prinz, auf Befehl des Commandirenden, das 2. (Königs) Regiment in die rechte Flanke des Feindes, eine Bewegung, die über den Ausgang des Tages entschied.

Dem Feldzuge in Baden 1849 wohnte Prinz Friedrich Karl als Major im Stabe seines Oheims, des damaligen Prinzen von Preußen und gegenwärtigen Königs Wilhelm I., bei und wurde in dem Gefecht bei Wiesenthal, wo er in Person eine zur Zeit nur 87 Pferde starke Escadron des 9. Husarenregiments gegen eine feindliche Abtheilung — 400 Mann badensche Infanterie — führte, schwer in Arm und Schulter verwundet. Sein Adjutant, Premierlieutenant v. Busche-Münch, fiel an seiner Seite, von fünf Kugeln tödtlich getroffen.

Der Prinz durchlief in den folgenden Jahren die militairischen Grade bis zum Generallieutenant und wurde am 18. Oktober 1861 zum General der Cavallerie und zum Commandeur des III. Armee-Corps ernannt. Reisen und militairwissenschaftliche Studien beschäftigten ihn

PRINZ·FRIEDRICH·CARL
L. BURGER·GEZ.
H.MUELLER·GESCH.

während der letzten Jahre. 1858 war er zu kurzem Aufenthalt in Paris; 1863 in Schottland. Neben der Begeisterung für das Große, ist die liebevolle Sorge für den Einzelnen ein hervorstechender Zug seines Charakters. Hart und weich zugleich. Streng im Dienst, an den Hochgestellten auch die höchsten Ansprüche erhebend, ist er der fürsorgliche Freund des Soldaten.

Während der großen Manöver im Herbst 1863 commandirte er die Truppen des III. Armee-Corps (Brandenburger), dieselben Regimenter, die wir nunmehr, an der Seite zweier westphälischer Brigaden, einer Reihe glänzender Aktionen entgegen gehen sehn.

Außer diesen 4 preußischen und 4 oestreichischen Brigaden (das I. und II. Corps der alliirten Armee für Schleswig) erschienen noch zwei preußische Garde-Brigaden, aus den 4 neu errichteten Garderegimentern gebildet, auf dem Kriegsschauplatz, denen dann im Lauf des Februar und März zwei weitre brandenburgische Brigaden und eine schlesische Brigade folgten. Ueber diese Truppen, ihre Führer und ihre Zusammensetzung, spreche ich erst an den Stellen, wo sie thätig in den Gang der Ereignisse eingreifen.

Der Oberstkommandirende aller dieser Truppen war, wie schon verschiedentlich hervorgehoben, Feldmarschall Freiherr v. Wrangel. Auch über ihn einige kurze biographische Notizen.

**Friedrich Heinrich Ernst Freiherr v. Wrangel** wurde den 13. April 1784 zu Stettin geboren, wo sein Vater als Oberst eines Infanterie-Regiments in Garnison stand. Noch nicht dreizehn Jahr alt begann er den 15. August 1796 seine militairische Laufbahn als Junker im ostpreußischen Dragoner-Regiment v. Werther (Königsberg und Wehlau), in welchem er 1798 zum Secondelieutenant aufrückte. Am 23. Dezember 1806 kam er an der Spitze von 30 Dragonern und eben so vielen Towarczys zum ersten Male ins Gefecht und »bescheerte sich — wie sein Biograph sagt — ein Dutzend gefangener Franzosen zu Weihnachten«. Am 10. Juni 1807 errang er sich in der Schlacht bei Heilsberg durch seltene Bravour den Orden pour le mérite, avancirte 1808 zum Premierlieutenant, 1811 zum Rittmeister. Den Feldzug nach Rußland machte sein Regiment nicht mit. Im Befreiungskrieg 1813 treffen wir ihn als Mitkämpfer in fast allen Schlachten. Für Großgörschen empfing er das eiserne Kreuz II. Klasse und wurde Major; ebenso ausgezeichnet focht er in dem berühmten Reitergefecht bei Haynau. Für Leipzig, wo er am 14. Oktober bei Liebertwolkowitz und am 16. auf dem Plateau von Wachau glänzend attackirte, erhielt er das eiserne Kreuz I. Klasse.

Nach dem Uebergang über den Rhein 1814 führte Major v. Wrangel die ostpreußischen Kürassiere in den Treffen bei Montmirail, Champaubert, und bei dem gefahrvollen Rückzuge durch den Wald von Etoges. Seine Tapferkeit und Umsicht retteten hier das Regiment; einen Parlamentair, der die Kürassiere, nachdem seine (des Parlamentairs) Aufforderung zur Uebergabe abgewiesen war, zu direktem Treubruch verleiten wollte, ließ er aus dem Sattel schießen. Er schlug sich dann mitten durch den Feind hindurch. Bei Laon und Sezanne griff er siegreich mit ein. Der König ernannte ihn zum Oberstlieutenant und Commandeur des 2. westpreußischen Dragoner-Regiments. 1815 kam weder er noch sein Regiment zur Aktion. Nach der Rückkehr Oberst, stieg er von Stufe zu Stufe. 1839 wurde er Commandeur des I. (ostpreußischen), 1842 des II. (pommerschen) Armee-Corps. Im folgenden Jahre, 1843, befehligte er die großen Cavallerie-Manöver auf dem Tempelhofer Felde bei Berlin, welche 1852 und 1857 unter seinem Commando wiederholt, ihm als Reiterführer einen Ruf unter den Militairs erwarben. Mit Passion Cavallerist, wollte er aus dieser Waffe wieder machen, was sie in der fridericianischen Zeit unter Zieten und Seidlitz gewesen war. Er ging davon aus, daß den Reitergeneralen die Fähigkeit verloren gegangen sei, große Massen zu führen. Der Zweck jener Cavallerie-Manöver war, diese Fähigkeit wieder heranzubilden. Man folgte in Oestreich, Rußland, Frankreich dem gegebenen Beispiele und adoptirte die Wrangelschen Ideen.

Das Jahr 1848 fand Wrangel als commandirenden General in Stettin. Hier traf ihn am 18. April die Ernennung zum General der Cavallerie und zum Oberbefehlshaber der gegen Dänemark aufgebotenen deutschen Bundestruppen. Am 22. in Rendsburg eingetroffen, lieferte er schon Tags darauf, am 23. April (Ostersonntag) den Dänen die Schlacht bei Schleswig. Die Garden stürmten das Dannewerk, während die übrigen Truppen den Feind in die Flanke nahmen. Am 18. Mai rückte Wrangel in Jütland ein. Als der dänische Admiral Steen Bille drohte, preußische Städte an der Ostsee bombardiren zu wollen, wenn Jütland nicht in kürzester Zeit geräumt würde, schrieb ihm Wrangel von Kolding aus wörtlich folgendes: »Wenn Ew. Hochwohlgeboren aussprechen, daß die dänische Marine für das Bombardement von Middelfahrt an Häfen der Ostsee Rache nehmen werde, so lassen Sie es sich gesagt sein, daß für jedes Haus, das die dänische Marine an deutschen Küsten in Brand schießen sollte, ein Dorf in Jütland brennen wird. Mein Name bürgt Ihnen dafür, daß es geschehn würde. v. Wrangel.«

Nach Abschluß des Waffenstillstandes zu Malmö (26. August) kehrte Wrangel zurück, und wurde zum Oberbefehlshaber der Truppen in den

Marken ernannt. Am 10. November rückte er an der Spitze der Garden in Berlin ein, umstellte das Schauspielhaus, drin die preußische National-Versammlung tagte und inhibirte weitre Sitzungen. Die Entwaffnung der Bürgerwehr folgte. Sein Benehmen in jenen historisch gewordenen Tagen war fest, klug, taktvoll, getragen, auch unter den schwierigsten Verhältnissen, von jenem Humor, der ihn alsbald zu einer volksthümlichen Erscheinung machte. Am 15. August 1856, bei Gelegenheit seines sechszigjährigen Dienstjubiläums, erhielt er die Feldmarschall-Würde; schon 1845 war er zum Chef des 3. (ostpreußischen) Kürassier-Regiments ernannt worden.

Der Ausbruch des zweiten dänischen Krieges stellte ihn zum zweiten Mal an die Spitze einer vereinigten deutschen Armee. Wiewohl fast ein Achtziger, wurde seine Wahl zum Oberfeldherrn als selbstverständlich angesehn und überall im Lande als eine gute Vorbedeutung begrüßt. »Er hat eine glückliche Hand.« Wir folgen nun dem greisen Feldmarschall in seine letzten Schlachten.

# Das Dannewerk.

II.

Lith. Anst. v. W. Loeillot in Berlin.

# Das Dannewerk und die dänische Armee.

Preußen und Oestreicher rückten in zwei Armee-Corps, 45,000 Mann stark, gegen die Eider; ihnen standen 35,000 Dänen in der berühmten Dannewerk-Stellung gegenüber. Diese, wie 1000 Jahre früher, sollte dem siegreichen Vordringen der Deutschen einen Damm entgegenstellen. Die Vertheidigungslinie selbst war ein Wunder fortifikatorischer Kunst; daß der Muth der Vertheidigung nicht hinter der Kunst der Anlage zurückbleiben würde, davon hielt man sich in Kopenhagen überzeugt.

Zunächst ein Wort über das Dannewerk selbst, über Zeit und Veranlassung seiner Entstehung.

Die Anfänge des Dannewerk gehen wahrscheinlich bis in das 5. Jahrhundert zurück. Die Stelle zur Aufführung dieses Schutz- und Grenzwalles war gut gewählt. Zwischen dem Wasserarm, der von Osten her und dem Sumpfgebiet, das von Westen her (damals wie heute) bis in die Mitte des Landes vordrang, lag ein etwa eine Meile breites, festes Stück Erdreich, das wie eine Brücke aus dem deutschen Süden in den dänischen Norden führte. Glückte es, diesen Damm durch Wall und Graben unpassirbar zu machen, so war dem Süden die Möglichkeit genommen, gegen Norden vorzudringen. So entstand denn, schon in frühster Zeit*) ein gradliniger, ziemlich tiefer, quer durch jenes feste Stück Erdreich gezogener Graben, hinter dem sich, nach Norden hin, ein zwanzig Fuß hoher Erdwall erhob. Diese ganze Vertheidigungslinie führte den Namen der Kohgraben.

Dieser Kohgraben (zwischen der Südspitze des Selker Noer und dem Sumpfbett der Rheiderau) genügte mit seinem dahinter gelegenen Erdwall als Schutzwehr gegen Süden, so lange nur einzelne Sachsen-Stämme die angrenzenden Nachbarn waren; mit Karl dem Großen aber, nach Unterwerfung der Sachsen, rückte das große Frankenreich bis an die Eider vor, und gegen einen solchen Nachbar war der Kohgraben zu schwach. König Gottrick von Dänemark erkannte dies und errichtete beinahe unmittelbar hinter dem Kohgraben eine zweite Vertheidigungslinie, das eigentliche alte Dannewerk. Die Südwest-Spitze desselben fiel mit dem westlichen Punkt des Kohgrabens fast zusammen, statt aber, wie dieser in wagerechter Linie nach Osten zu gehen, nahm das alte Dannewerk eine schräge nordöstliche Richtung und zwar direkt auf die Schlei und die Stadt Schleswig zu, wobei dahingestellt bleiben mag, ob diese Stadt in ihren ersten Anfängen damals bereits existirte oder nicht. Dies Dannewerk König Gottricks, das eigentliche alte Dannewerk, wiewohl von den Sachsenkaisern mehr als einmal durchbrochen, scheint im Wesentlichen, durch drei Jahrhunderte hin, seiner Aufgabe entsprochen zu haben, bis zu den Zeiten Waldemars des Großen die doppelte Vertheidigungslinie gegen den Süden (Kohgraben und Alt-Dannewerk) abermals eine Erweiterung erfuhr: nach Westen hin durch den Krumm-Wall, nach Osten hin durch den Margarethen-Wall (der übrigens erst später diesen Namen erhielt). Jener, im Rücken der Rheiderau, war nöthig geworden, weil der Schutz, den das Sumpfbett

*) Früher nahm man an, daß erst zur Zeit Karls des Großen durch König Gottrick dieser Kohgraben angelegt, dann durch Königin Thyra Danebod das eigentliche Dannewerk und durch die „große Margarethe" (1380) der Margarethen-Wall gebaut worden sei. Neure Forschungen, auf die sich der Text stützt, weichen davon ab. Uebrigens entstand wahrscheinlich gleichzeitig mit dem Kohgraben der Oster-Wall, der, wie jener das Vordringen über die Landenge bei Schleswig, so seinerseits das Vordringen über die Wasserenge bei Missunde (worauf wir später zurückkommen) hindern sollte.

der Rheiderau gewährt hatte, im Laufe der Jahrhunderte geringer geworden war; dieser, der Margarethenwall, hatte den Zweck, die ganze Position mit Hülfe des Haddebyer Noer in bequemer Verbindung mit der Schlei und dem Meere zu erhalten und den Angreifer des eigentlichen Dannewerks durch eine starke Flankenstellung beständig zu bedrohn. Zugleich suchte König Waldemar die Widerstandskraft der ganzen Linie dadurch zu steigern, daß er an den wichtigsten Stellen den Erdwall mit einer Mauerwand (daher »Waldemar-Mauer«) bekleidete. Mit dieser Erweiterung war eigentlich jene große Vertheidigungslinie, die wir mit dem Gesammtnamen der Dannewerkstellung zu bezeichnen pflegen, geschlossen; nur unter der pommerschen Margarethe, oder Margaretha Sprengheſt (nicht zu verwechseln mit der »großen Margarethe« die 130 Jahre später lebte), erfuhr jener Theil der Position, der, wie wir gesehen haben, den Namen des »Margarethenwalles« führt, einen weitren Ausbau und zugleich seinen Namen. Das war um 1250. Von da ab, so scheint es, ging es rückwärts. Die Verhältnisse des 14. Jahrhunderts, die überfluthende Macht der holsteinschen Grafen, die Erfindung des Schießpulvers, endlich im 15. Jahrhundert, bei der Thronbesteigung der Oldenburger, die Verlegung der Grenze bis hinauf an die Königsau, — alle diese Wandlungen und Ereignisse nahmen dem alten Dannewerk seinen Werth, so daß es mehr und mehr zu einer bloßen Ruine wurde. Eine solche war es im Wesentlichen noch bei Ausbruch des Krieges von 1848. Erst während des letzten Jahrzehnts, als den eiderdänischen Politikern in Kopenhagen, bei der Rücksichtslosigkeit ihres Vorgehns, die Unvermeidlichkeit eines Kampfes mit Deutschland immer klarer werden mußte, wurde die uralte Vertheidigungslinie wieder aufgenommen und was König Gottrick und König Waldemar erbaut hatten, zur Grundlage eines neuen Vertheidigungssystems gemacht.

Ueber dies neue Vertheidigungssystem, das auch Friedrichsstadt und Missunde (also die Eider- und Schlei-Uebergänge) umfaßte, einige kurze Bemerkungen.

Die Hauptthätigkeit der fortifikatorischen Kunst hatte sich auch jetzt wieder der Stellung im Centrum zugewandt. Ziemlich genau in der Schräglinie des alten Dannewerks, nur auf der nordöstlicheren Hälfte um 1000 bis 1500 Schritt vorspringend, waren dänischerseits 18 größere Schanzen angelegt worden, Werke, die mit einander in Verbindung standen und sich gegenseitig durch ihr Feuer unterstützten. Zwischen den Schanzen waren Brustwehren für die Infanterie und hinter denselben liefen Kolonnenwege, um jeden Punkt der Verschanzungslinie schnell unterstützen und, wenn nöthig, den Rückzug der Vertheidigungstruppen sichern zu können. »Das ganze Verschanzungssystem, ebenso durchdacht und den wissenschaftlichen

Grundsätzen entsprechend, angelegt, als vortrefflich, man könnte sagen »sauber«, ausgeführt.« Die Armirung bestand aus etwa 80 Geschützen, darunter 16 84 Pfünder, während sich die Zahl der Vertheidigungstruppen auf 25,000 Mann belief. Die dänische Armee war zwar um wenigstens 10,000 Mann stärker und betrug, wie wir gesehn haben, in ihrer Gesammtheit nicht unter 35,000 Mann, davon waren aber 4000 bis 5000 Mann zur Deckung der Schlei-Uebergänge nach Missunde, Arnis und Cappeln, und etwa eben so viele Truppen westlich nach Friedrichsstadt detachirt.

Der beste Theil der dänischen Armee war, neben dem ausgezeichneten Ingenieur-Corps, unzweifelhaft die Artillerie. Sie wurde gut geführt und präcis bedient. Die Cavallerie genoß eines ausgezeichneten Rufes. Weniger ausgezeichnet, mindestens ungleich in ihrer Zusammensetzung, war die Infanterie. Die Doublirung der 22 Bataillone, die bei Ausbruch des Krieges angeordnet wurde, führte zur Einstellung theils zu alter, theils zu junger Mannschaften, die die Waffe entweder noch nicht zu führen gelernt, oder ihre Handhabung schon wieder vergessen hatten. Ebenso wurde das Officier-Corps durch sogenannte Reserve-Officiere completirt, denen es keineswegs an intellektueller, aber desto mehr an militairischer Bildung gebrach. Die Ausrüstung der Infanterie, in Bezug auf Waffe und Bekleidung, war ausgezeichnet, nur fehlte vielfach der eigentlich soldatische Geist. Der einzelne Mann, an und für sich ein vortreffliches Material, entbehrte körperlicher und geistiger Gewandtheit und der Selbstständigkeit der Aktion.

Die oft aufgeworfene Frage, ob die gesammte Dannewerkstellung von der Mündung der Schlei bis zur Mündung der Eider mit 35,000 Mann gegen die anrückenden Oestreicher und Preußen überhaupt zu vertheidigen war, ist von kriegswissenschaftlichen Autoritäten abwechselnd mit »ja« und »nein« beantwortet worden. Jedenfalls nahm General de Meza, in dem Glauben daran, die Vertheidigung auf. Wir werden später die Gründe kennen lernen, die ihn bewogen, dennoch den Rückzug anzuordnen. Zunächst noch ein Wort über General de Meza selbst.

**Christian Julius de Meza**, einer portugiesischen Judenfamilie entstammend, die in der Mitte des vorigen Jahrhunderts nach Dänemark einwanderte, wurde am 14. Januar 1792 zu Helsingör geboren. Sein Vater war eben daselbst Arzt. Bei dem Bombardement Kopenhagens durch die Engländer, unter Admiral Gambier im Jahre 1807, trat der damals funfzehnjährige de Meza als Fahnenjunker in den dänischen Kriegsdienst, ward später Lehrer an der Artillerieschule und der militairischen Akademie in Kopenhagen, 1842 aber zum Major bei einem der Artillerie-Regimenter ernannt. Beim Ausbruch des ersten dänischen Krieges (1848) stand er bereits an der Spitze der Feldartillerie, die er in den Gefechten bei Bau, Schleswig, Rübel und Düppel befehligte. Im Dezember jenes Jahres zum Oberst und Brigadier befördert, bekam er am 16. April 1849, als General v. Bülow die Insel Alsen verließ, den Oberbefehl über die dort stehenden 15,000 Mann, nahm sodann an dem Siege bei Fridericia (5. Juni) Theil und wurde zum Generalmajor und Chef der Artillerie-Brigade erhoben. Krankheit behinderte eine Zeit lang seine Kriegsthätigkeit, doch genas er rechtzeitig, um bei der Entscheidungsschlacht von Idstedt (25. Juli) und zwar in hervorragender Weise, mitwirken zu können. Er befand sich im Stabe des Höchstkommandirenden, General v. Krogh. Als General v. Schleppegrell beim Angriff auf Dorf Idstedt gefallen war, trat de Meza an seine Stelle, sammelte die zerstreuten Abtheilungen, ging mit ihnen zum Angriff über, gab der Artillerie eine geschickte Position und entschied dadurch die Schlacht zu Gunsten der Dänen.

Nach Beendigung des Krieges bekleidete er bis 1858 den Posten eines Inspecteurs der gesammten Artillerie und wurde zum commandirenden General in Schleswig, Jütland und Fühnen mit dem Hauptquartier in Flensburg ernannt. Hier zeichnete er sich durch eine kluge, allen Partei-Demonstrationen der Ultra's durchaus abgeneigte Haltung aus. Die Betheiligung an der Enthüllungsfeier des berüchtigten »Flensburger Löwen« lehnte er ab. Seine Beförderung zum Generallieutenant erfolgte im April 1860; jetzt zum Höchstcommandirenden ernannt, war ihm die Aufgabe zugefallen, Dänemark am Dannewerk zu vertheidigen. Keiner hatte eine andre Wahl erwartet.

Wir schließen diese biographischen Notizen mit dem Versuch einer kurzen Charakteristik.

General de Meza ist eine fein angelegte Natur; Soldat, Feldherr, hat er zugleich die Nervosität des Künstlers, des Gelehrten. In der That ist er beides. Er hat einen Ruf als Componist. Von unbedeutender Erscheinung, nach außen hin kalt, nüchtern, vornehm, entbehrt er jener leutseligen Bonhommie, die sonst wohl die Herzen der Soldaten gewinnt. Die Details kümmern ihn nicht, er ist der Mann der großen Züge. Gleichgültig gegen Popularität ist er nichtsdestoweniger eine populäre Figur. Seine Absonderlichkeiten beschäftigen die Phantasie. Er ist anders wie Andre. Hundert Anekdoten erzählen von ihm, der Zauber des Aparten, fast des Geheimnißvollen ist um ihn her. Die Gegensätze aller nervösen Naturen finden sich auch bei ihm. Kanonendonner und Bivouacq, erträgt er, aber ein Zimmer, in dem es zieht, ein rasselnder Wagen, eine frisch gescheuerte Stube, machen ihn krank oder verderben ihm die Stimmung.

Viel angefeindet von politischen Gegnern, haben doch selbst die heftigsten nie vergessen, was Dänemark ihm schuldet. Der Tag von Idstedt schützte ihn, wo nichts andres geschützt hätte.

Vertrauensvoll sahen jetzt Volk und Regierung den Schutz und die Ehre des Landes in seine Hand gelegt. Eine starke Armee, eine noch stärkre Stellung. Auf die Frage eines fremdländischen Officiers: »wie lange er die Dannewerkstellung zu halten glaube?« sollte de Meza geantwortet haben: sechs Tage. »Und am siebenten?« Am siebenten werden wir in Holstein einrücken.

Wahrscheinlich eine müßige Erfindung; aber erfunden oder nicht, es drückte die Zuversicht aus, der man sich glaubte hingeben zu können.

# Eider-Uebergang. Eckernförde.

1. Februar 1864.

n Gottes Namen drauf«, so hatte die Ordre des Feldmarschalls am Abend des 31. Januar gelautet und am 1. Februar (es war ein Montag) gingen beide Corps der verbündeten Armee über die Eider, links die Oestreicher, rechts die Preußen, jene dem Centrum, diese dem linken Flügel der feindlichen Stellung entgegen. Es entsprach dies den Dispositionen, die schon am 29. bei der Zusammenkunft in Bordesholm getroffen worden waren. Der Feldzugsplan lief zunächst darauf hinaus, daß das oestreichische Corps (einschließlich der preußischen-Garden) die Dannewerke in der Front angreifen und den Feind fesseln, das preußische Corps aber die Dannewerkstellung bei Missunde öffnen sollte.

Die Preußen zogen also auf Missunde. Wir begleiten sie auf diesem Zuge.

Der Eider-Uebergang des preußischen Corps erfolgte an vier Punkten in vier Kolonnen. Die vier Punkte waren in der Richtung von West nach Ost: Cluvensiek, Königsförde, die Landwehrbrücke und Levensau. Bei Königsförde und Landwehrbrücke gingen kleinere Abtheilungen über, während bei Cluvensiek die Avantgarde und die westphälische Division, bei Levensau die brandenburgische Division die Eider überschritten. Mit welchen Empfindungen sie von der südschleswigschen Bevölkerung empfangen wurden, zeigt ein Brief, der wenige Stunden später geschrieben wurde: »So hat denn endlich, dem Herrn sei Dank, unsre Befreiungsstunde geschlagen. Seit heute Morgen 7 Uhr ziehen die Preußen in großer Menge über den Kanal und wir bedrängten Schleswiger empfangen sie mit dem größten Jubel. Unsre Lage in der letzten Zeit war zu drückend — wir haben zu viel gelitten, . . — Heute Morgen wurden wir mit dem Freudenrufe geweckt: »die Preußen sind da«. O, mein lieber Vater, wie wurde uns da leicht ums Herz, denn wer weiß, was uns sonst noch bevor gestanden hätte — — — Wir haber die Preußen an der Chaussee mit Kränzen und Fahnen empfangen; wie sie sagten, war es ihr erster festlicher Empfang.«

Die Direktion der beiden Haupt-Kolonnen links und rechts ging auf Eckernförde. Die Avantgarde, gefolgt von der westphälischen Division, rückte in grader Linie auf der von Rendsburg kommenden Landstraße, die brandenburgische Division auf der Kiel-Eckernförder Chaussee vor. Bei Wilhelmsthal, an der Eckernförder Bucht, wo beide Straßen in einander münden, mußten voraussichtlich auch die Spitzen beider Flügelkolonnen zusammentreffen. Dies geschah auch im Wesentlichen. Beide Kolonnen hatten übrigens auf ihrem Vormarsche kleine Rencontres zu bestehn, in denen der Feind, außer einer Anzahl Gefangener, 2 Todte und 18 Verwundete verlor. Es war insonderheit Major v. Jena, der an der Spitze der Avantgarde (1. Bataillon des 60. Regiments) den Dänen diese ersten Verluste beibrachte. Die gegenüberstehenden Truppen gehörten zum 18. (seeländischen) Regiment, tapfre Leute, mit denen ihre preußischen Gegner während des Feldzugs noch vielfach zusammentrafen.

Um 7 Uhr hatte der Eiderübergang unter dem Hurrah der Truppen stattgefunden, — schon um 11 Uhr hielten die Spitzen beider Kolonnen in der Nähe der Eckernförder Bucht. Die Avantgarde (linker Flügel) war unter Oberst Graf Groeben bis Wilhelmsthal, die rechte Flügelkolonne unter Generallieutenant von Manstein bis Jordan vorgeschoben.

Bei beiden Kolonnen traf jetzt (11 Uhr) die Meldung ein, daß feindliche Kriegsschiffe im Eckernförder Hafen lägen, wahrscheinlich bereit, die Kiel-Eckernförder Chaussee, die auf der letzten halben Meile beinah unmittelbar an der Meeresbucht vorüberführt, mit ihren Geschützen zu bestreichen. Sofort gaben Generallieutenant v. Manstein und Oberst Graf Groeben den unter ihrem Commando stehenden Artillerie-Abtheilungen Befehl, an den Strand vorzurücken und bereits 11¼ Uhr eröffneten drei gezogene 6pfündige Batterieen ihr Feuer auf die feindlichen Schiffe. Die 6pfündige Batterie der Avantgarde stand in guter Deckung am Sandkrug, die beiden Batterieen des rechten Flügels am Moewenberg.

Die Schiffe zögerten einen Augenblick. Es waren, außer einem Postdampfer, der wenig in Betracht kam, die Kriegscorvetten »Thor«, Kapitainlieutenant Hedemann, von 14 Kanonen und der Panzerschooner »Esbern Snare«, Kapitainlieutenant Krafft, von 3 Kanonen. Es wird erzählt, daß letztrer, als er die preußischen Batterieen am Strande auffahren sah, zu lachen anfing, weil er die »kleinen Dingerchen«, wie er sie nannte, für bloße Dreipfünder hielt, deren Kugeln von dem Eisenpanzer seines Schiffes wie Spatzenschroot abfallen würden. Als aber die Kanonade begann und die Bolzen der gezogenen Sechspfünder, wenn auch nicht den

Esbern Snare, so doch die hölzerne Schiffswand des »Thor« vielfach durchschlugen, besannen sich die dänischen Capitaine eines andern und eingedenk jenes 5. April 1849, wo an eben dieser Stelle, unter den Schüssen einer einzigen Strandbatterie, das Linienschiff Christian VIII. in die Luft flog und die Gefion die Flagge strich, suchten alle drei Schiffe eiligst das Weite. Ein Augenzeuge beschreibt die Scene wie folgt: »Es gewährte einen herrlichen Anblick, als die beiden Kriegsschiffe, in den Dampf ihrer Geschütze gehüllt, durch die blauen Wogen des hügelumkränzten Busens dahin eilten, um sich den gegen sie geschleuderten Geschossen zu entziehen. Man konnte sie häufig in ihrer Nähe, davor, aber auch dahinter einschlagen sehn und daraus erkennen, daß die Schiffe sich noch vollständig im Bereich der Batterieen befanden. Die Dänen erwiderten das Feuer mit großer Lebhaftigkeit, vermochten aber nur die nördlich stehende Batterie (am Sandkrug) und zwar von dem kleineren Schiffe, dem »Esbern Snare« aus, zu erreichen. Zahlreiche Projektile, darunter Bomben von bedeutendem Kaliber, welche blind gegangen waren, fielen mitten in die Batterie hinein, ohne eigentlichen Schaden anzurichten.«

Gegen 12 Uhr wurde das Feuer eingestellt, da die Schiffe nunmehr aus dem Bereich der preußischen Batterieen entkommen waren.

Unmittelbar darauf erhielt ein Bataillon des brandenburgischen Füsilier-Regiments (Nr. 35.) Befehl, in die inzwischen vom Feinde geräumte Stadt einzurücken.

Unter dem Jubel der durchaus deutschen Bevölkerung zogen die Füsiliere ein. Es war die erste vom Dänenjoch befreite schleswigsche Stadt. Von Stunde zu Stunde mehrte sich der Fahnenschmuck, und eh der Abend kam, wehte das schleswig-holsteinsche blau-weiß-roth von allen Giebeln und Dächern.

# Missunde.

er Zug des preußischen Corps, wie wir wissen, ging auf Missunde. Hier sollte, um die Worte des Angriffsplanes zu wiederholen: »die feindliche Stellung geöffnet werden, während das oestreichische Corps die Hauptstärke des Feindes am Dannewerk festzuhalten suchte«. Derselbe Tag (1. Februar), an dem das preußische Corps die Eider passirte, hatte, wie wir im vorigen Kapitel gesehn, auch zur Einnahme Eckernförde's geführt. Für den nächsten Tag lautete die Disposition, zwischen dem Windebyer Noer und der »großen Breite« Stellung zu nehmen und den Feind aus Kochendorf und Holm zu vertreiben.

Dieser Disposition gemäß rückte die Avantgarde um 8 Uhr vor. Sehr bald traf Meldung ein, daß der Feind Kochendorf freiwillig geräumt und seinen Rückzug auf Missunde angetreten habe. Schon um 8¾ Uhr konnte der Führer der Avantgarde dem commandirenden General Prinzen Friedrich Karl melden, daß die Tages-Aufgabe erfüllt und die Linie Kochendorf-Holm im Besitz der Preußen sei. Sofort, da es noch früh am Tage war, wurde ein Vorstoß auf Missunde beschlossen. Es mußte sich zeigen, ob der Feind gewillt sei, wenigstens hinter seinen Schanzen Stand zu halten. Die nöthigen Befehle ergingen. Drei Brigaden (die beiden westphälischen und die Brigade Roeder) blieben in Reserve; die Avantgarde und die Brigade Canstein rückten vor; schon um 10 Uhr war die Spitze der Avantgarde, Major v. Krohn vom Füsilier-Bataillon 24. Regiments, im Angesicht von Missunde.

Eh wir dem Gefecht folgen, das sich bald entspann, geben wir eine kurze Beschreibung der feindlichen Stellung. Zunächst von Missunde selbst.

Dorf Missunde ist ein altes Fischerdorf an der Südseite der Schlei, malerisch gelegen aber ärmlich; zwanzig Häuser bilden eine einzige Gasse, die sich gegen die Schlei hin in einzelne Gehöfte auflöst; eine Kirche fehlt; am Norduſer liegt das Fährhaus.

Lith. Anst. v. W. Loeillot in Berlin.

Ein Fischerdorf und doch viel genannt in der Geschichte der Herzogthümer, von alten Zeiten her. Hier kam das Drama zwischen den »feindlichen Brüdern«, zwischen König Erich und Herzog Abel (oft erzählt in der Geschichte des Nordlands) zu einem blutigen Ende. Es war in der Nacht des 9. August 1250, als ein Fischerboot, drin der gefangene König Erich saß, die Schlei hinab gen Missunde fuhr. Das Boot kam von Schloß Gottorp. Abel, Herzog zu Schleswig, hatte doppelten Verrath auf sich geladen; der König war sein Bruder und sein Gast. Er hatte ihn gefangen nehmen lassen, als er beim Schachspiel saß. Nun glitt das Boot die Schlei hinunter.

Neben dem Könige saßen Tuko Boost, der Kämmerer Herzog Abels und Lauge Gudmunsen, der wegen alten Unrechts aus Dänemark hatte fliehen müssen und seitdem des Königs geschworener Feind war. Keiner sprach; König Erich starrte vor sich hin, er mochte wissen was seiner harrte. Als sie an die »große Breite« kamen, wo jetzt Louisenlund gelegen ist, bat er, man möge ihm einen Priester zuführen, damit er seine Sünden beichten könne. Aber Lauge Gudmunsen ergriff ihn bei den Haaren und zwang ihn, den Hals über den Bord des Kahns zu legen, worauf Tuko Boost ihm mit einem Beile den Kopf von den Schultern trennte. Den Leichnam beschwerte man darauf mit Steinen und Ketten und versenkte ihn bei Missunde in die Schlei.

Sechshundert Jahre vergingen seitdem und viel Blut ist seit jenem 9. August bei Missunde geflossen, aber alles andere Blut ist vergessen neben dem Bruderblut jenes Tages. An Herzog Abels finstere Gestalt knüpfen sich Sagen und Märchen, so finster wie er selbst. Sie erzählen von einem Pfahl, der in sein Grab geschlagen wurde, um den Todten drin zu bannen; bis dahin ging er um. Er ist der »wilde Jäger« dieser Gegenden; noch andere sagen, er sei in die Möwen verzaubert, die auf der Möweninsel zwischen Schleswig und Haddebye ihre tausend Nester haben. Bei Missunde aber ist das Terrain König Erich's. Dort stand bis vor wenig Jahren die Fischerhütte, drin die Schleifischer, als sie den König gefunden, seine Leiche zuerst niederlegten, und mancher, der um die Zeit des Sonnenunterganges über die große Breite hinfährt, glaubt bis diesen Tag den König Erich in rothem Mantel treiben zu sehn, die linke Hand gen Himmel erhoben.

Viel Blut floß bei Missunde, auch noch in neuer Zeit; 1848 hatten Aldosser und v. d. Tann ein Gefecht hier, 1850 griff Willisen hier die feindliche Stellung an, um Revanche zu nehmen für Idstedt. Der 2. Februar 1864 trat nur in die Fußtapfen vorausgegangener, blutiger Tage. Eh wir aber dem Angriff auf die Missunde-Stellung folgen, fragen wir jetzt nach dieser Stellung selbst.

Die Missunde-Stellung ist, wie schon angedeutet, ein Theil jener großen Vertheidigungslinie, die sich von der Ostsee zur Nordsee quer durch den Süden Schleswigs zieht. Das Centrum dieser Vertheidigungslinie, wie wir gesehen haben, ist das eigentliche Dannewerk, den linken Flügel auf fünf Meilen hin bildet die breite, buchtenreiche Schlei, den rechten Flügel, auf ebenfalls fünf Meilen hin, bildet die sumpfige Eider. Mit andern Worten, das Centrum ist durch Kunst, die beiden Flügel sind durch die Natur vertheidigt. Aber so viel auch die Natur für die Flügelstellungen des Dannewerks gethan hat, so hat sie doch nicht alles gethan, die Schlei ist nicht an allen Stellen buchtenreich und die Eider nicht an allen Stellen sumpfig; d. h. also: so vorzüglich rechter und linker Flügel gewahrt sind, so haben sie doch ihre schwachen Punkte. Diese schwachen Punkte liegen auf dem rechten Flügel da, wo sich passirbare Wege durch das Sumpfland ziehn und liegen für den linken Flügel da, wo die Schlei so schmal ist, daß es verhältnißmäßig leicht wird, sie auf Böten oder mittelst einer Schiffbrücke zu passiren.

Solcher schmalen Stellen (wir haben es in Nachstehendem nur mit dem linken Flügel zu thun) hat die Schlei zwei oder drei: Missunde, Arnis, Cappeln. Diese drei schmalen Stellen des Meerbusens sind zugleich die drei schwachen Stellen der Vertheidigung, so lange die Kunst der Natur nicht zu Hülfe kommt. Daß die Kunst der Natur diese Hülfe leistete, versteht sich von selbst; so entstanden an den drei schwachen Stellen des linken Flügels ausgedehnte Vertheidigungswerke, Schanzen, Wälle, Brustwehren, die bei Arnis und Cappeln in ihrer Gesammt-Anlage noch Spuren der Hast und Uebereilung trugen, bei Missunde aber sich zu einem Vertheidigungssystem abrundeten, das in Plan und Ausführung, ebenso wie das der eigentlichen Dannewerkstellung, die Bewunderung der Kenner hervorrief. Die schwache Stelle bei Missunde war dadurch zu einer starken Position geworden; schon 1850 hatte sie sich als solche bewährt, seitdem hatten ihr die erweiterten Werke eine gesteigerte Widerstandskraft gegeben.

Die Anlage bestand im Wesentlichen aus drei auf einander folgenden Schanzenreihen, von denen zwei südlich der Schlei, die dritte Reihe nördlich derselben gelegen war. Die Anlage war so, daß der Angreifer unter allen Umständen zwischen das Kreuzfeuer der verschiedensten Schanzen gerathen mußte. Waren die zwei großen Frontalschanzen der ersten Reihe genommen, so kamen diese nunmehr eroberten, nach hintenzu geöffneten Schanzen unter das Feuer der zweiten und dritten Reihe, und waren die vier Schanzen der zweiten Reihe genommen, so waren die sechs Schanzen des Nordufers immer noch stark genug, um den Uebergang über die Schlei zu hindern. Es gab, eine tapfere Vertheidigung vorausgesetzt, nur zwei

Wege, dieser Stellung Herr zu werden: ein energischer Sturm ohne Rücksicht auf Menschenleben oder eine superiore Artillerie. Ein Sturm lag völlig außer Frage; eine superiore Artillerie war vorläufig nicht vorhanden. Daß der Angriff dennoch beschlossen wurde, geschah in folgender Erwägung: zeigt sich die Vertheidigung schwach, so nehmen wir die Position trotz ihrer formidablen Stärke; zeigt sie sich stark, so fesseln wir den Feind bei Missunde und gewinnen freie Hand, um bei Arnis und Cappeln überzugehn.

---

Wir kehren nun zu den preußischen Kolonnen zurück, die wir auf dem Marsche gegen Missunde verließen.

Die Avantgarde, fünf Bataillone stark (drei Füsilier-Bataillone vom 24., 15. und 13. Regiment, das 1. Bataillon vom 60. Regiment und das westphälische Jäger-Bataillon) stand um 11 Uhr, innerhalb Schußweite, in Front der Schanzen. Sie nahmen eine gedeckte Stellung, etwas zurück gelegen von dem Gabelpunkt, wo von rechts und links her zwei Nebenwege (die Straßen von Weseby und von der Ornumer Mühle) in den von Cosel nach Missunde führenden Hauptweg einbiegen. Tausend Schritt vor ihnen lagen die zwei ersten Schanzen, der Schlüssel zur Stellung; jeder Angriff mußte zunächst sich gegen diese richten.

Um 12 Uhr traf General Canstein mit fünf Bataillonen (drei vom 35., zwei vom 60. Regiment) auf dem rechten Flügel ein und ging bei der Ornumer Mühle, nachdem die Brücke wiederhergestellt war, über die Cosel-Au. Er nahm gedeckte Stellung und stand nunmehr, etwa in gleicher Entfernung wie die Avantgarde, den zwei großen Frontal-Schanzen gegenüber. Nur stand er in der Flanke dieser Schanzen, während die Avantgarde in Front stand.

Zwischen der Flankenstellung der Brigade Canstein und der Frontalstellung der Avantgarde läuft ein Höhenzug; auf diesem Höhenzuge fuhren 64 preußische Geschütze auf. Der rechte Flügel der Artillerie lehnte sich an die Brigade Canstein, der linke Flügel an die Avantgarde. Die gesammte Aufstellung beschrieb einen Halbkreis auf tausend Schritt Entfernung um die großen Schanzen herum. Mitten durch die Aufstellung lief der Cosel-Missunder Weg hindurch. Um 1 Uhr eröffneten die preußischen Geschütze ihr Feuer. Schon um 12½ Uhr hatten die Dänen einen Vorstoß gewagt, waren aber zurückgeworfen worden.

Der ganze Kampf dieses Tages wies drei Momente auf: 1. Ein Infanterie-Gefecht vor Eröffnung der Kanonade. 2. Die Kanonade selbst. 3. Einen Versuch gegen die Schanzen während der Kanonade. Bei jedem der drei Momente verweilen wir.

### Das Infanterie-Gefecht vor der Eröffnung der Kanonade.

General Gerlach, der mit etwa 2500 Mann, — Bataillone vom 3. und 18. dänischen Regiment — die Missunde-Stellung besetzt hielt, wurde unruhig als er den Angriff der Preußen, deren erste Spitzen schon um 10 Uhr früh in Front der Schanzen erschienen waren, sich von Stunde zu Stunde verzögern sah. Er schickte deshalb drei Recognoscirungs-Compagnieen auf den drei mehrgenannten Straßen vor. Aber sie kamen nicht weit. Tausend Schritt vor den Schanzen stießen sie auf die Füsilier-Bataillone vom 15. und 24. Regiment. Die 10. Compagnie vom 24. stürmte, unter Führung ihres Bataillons-Commandeurs, Major v. Krohn, mit dem Bajonnett vorwärts. Der Feind suchte vergebens hinter einem halbabgetragenen Knick Halt zu gewinnen, er wurde in die Schanze zurückgeworfen. Ein Zug der 11. Compagnie 24. Regiments unterstützte diesen Angriff, verlor aber hierbei seinen Führer, den Lieutenant Hagemann, »Er fiel der erste preußische Officier, dessen Herzblut in diesem Feldzug die Erde Schleswigs färbte«. Das Füsilier-Bataillon 15. Regiments hatte einen erheblicheren Verlust an Mannschaften; sein Commandeur, der Oberstlieutenant v. François, wurde schwer verwundet. Dies Infanterie-Gefecht war der Vorläufer des eigentlichen Kampfes.

### Die Kanonade.

Um 1 Uhr eröffneten die preußischen Geschütze ihr Feuer, 24 gezogene 6 Pfünder, 24 Haubitzen, 16 Geschütze der Reserve-Artillerie. Die Dänen antworteten aus 29 Geschützen, meist 12- und 24 Pfünder. Es war ein ungleicher Kampf, aller Vortheil, trotz des numerischen Uebergewichts der Angreifer, auf Seiten der Dänen. Ihre Geschütze, ohnehin von überlegenem Kaliber, standen in gedeckten Positionen, zudem kannten sie die Distancen. Von 100 zu 100 Schritt Abstand hatten sie die Schanzen mit Kreisen umzogen, so daß sie, mit Hülfe aufgestellter Terrain-Merkmale, jeden Augenblick wissen konnten, auf welche Entfernung ihnen der Gegner gegenüber stand. Die preußische Artillerie stand ungedeckt auf dem Höhenzuge und feuerte in den Nebel hinein. Bei Beginn der Kanonade vermochte man noch die Schanzen, wenn auch undeutlich zu erkennen, bald aber lag alles wie in Nacht und nur noch beim Aufblitzen der feindlichen Geschütze wurden schattenhaft die Umrisse sichtbar. Konnte man preußischerseits kaum die Schanzen selber sehn, so sah man noch viel weniger, ob man traf oder nicht. Endlich zeigten aufsteigende Feuersäulen, daß das Dorf Missunde und das Fährhaus am jenseitigen Ufer in Brand geschossen seien; man wußte nun, daß man in der Nebelluft die Distancen weiter geschätzt hatte als sie waren, und um endlich der Unsicherheit des Zielens nach Möglichkeit überhoben zu sein, gab Oberst Colomier Befehl zum Avanciren. Die Haubitzbatterieen gingen bis auf 700 Schritt an die Schanzen vor und protzten kaltblütig im Kartätschenhagel ab. Die Haltung der Leute war musterhaft; hier fiel Lieutenant Kipping, mit ihm 10 Mann von seiner Batterie, zwanzig andere wurden verwundet. Ohne jede Stockung ging es weiter. Das Gedröhn war furchtbar; wie ein Gewittersturm ging es über das Feld hin. Es war eine Kanonade (zusammen 93 Geschütze) heftiger als in mancher großen Schlacht. Dabei wurde mit großer Raschheit gefeuert. Eine der gezogenen Batterieen hatte über 300 Schuß abgegeben.

### Der Versuch gegen die Schanzen.

Während so die Artillerie die große Tagesarbeit that, gingen in Front und Flanke Infanterie-Abtheilungen vor, um, wenn möglich, durch einen raschen Stoß die Schanzen in ihre Gewalt zu bringen. Auf dem linken Flügel (Avantgarde) kamen diese Versuche kaum über ein erstes Stadium hinaus. Das Füsilier-Bataillon vom 13. Infanterie-Regiment ging vor, westphälische Jäger folgten, aber umsonst; aller Orten, wo sie zum Vorstoß ins Freie traten, geriethen sie unter das Kreuzfeuer der Schanzen. Das Füsilier-Bataillon verlor beträchtlich, eine Troddel von der Fahne wurde weggeschossen.

Günstiger schien es sich auf dem rechten Flügel (Brigade Canstein) gestalten zu wollen. Das 2. Bataillon vom 60. Infanterie-Regiment hatte die Tête, drei Compagnieen gingen vor; die 7. Compagnie folgte mit der neuen Fahne des Bataillons. Sie war noch in der Umhüllung. Da klang es von allen Seiten: »Futteral ab, Futteral ab!« und bald flatterte die Fahne im Winde. Nicht lange, so schlugen zwei Kugeln in dieselbe ein. Ein weithin schallendes Hurrah begrüßte den klatschenden Ton; war es doch die erste Fahne von all den neuen Regimentern, die hier die Feuertaufe empfing. Die 5. 6. und 8. Compagnie kamen an das Eis einer Schleibucht, dicht im Rücken der Schanze, und unterm Kugelregen ging es über die sich biegende Eisdecke fort. Hier fiel Lieutenant Hammer, tödtlich getroffen; die Lieutenants Lau und Bajetto wurden verwundet, aber die Compagnieen blieben im Avanciren bis an das Glacis der Schanze. Als sie Succurs erwarteten, kamen die Signale zum Zurückgehn.

Es war klug, das Gefecht abzubrechen. Für eine Recognoscirung wußte man genug. Man hatte die Stärke der ganzen Stellung erprobt, zugleich erkannt, daß der Feind die Absicht habe, sich ernstlich zu vertheidigen. Von dem Augenblick an, wo diese Absicht hervortrat, war es klar, daß nur ein Sturm auf die großen Frontal-Schanzen ein Resultat ergeben konnte. Die zu bringenden Opfer waren sicher, der Werth des überhaupt Erreichbaren aber ungewiß. Denn mit Eroberung der ersten Schanzenreihe war, wie wir Eingangs gezeigt haben, für Eroberung der ganzen Position erst wenig gethan. Außerdem war es zweifelhaft, ob es möglich sein würde, die eroberten Schanzen — die, wie wir wissen, nach hinten zu geöffnet waren — gegen das Feuer der zurückgelegenen Schanzen der zweiten und dritten Linie zu halten. Ein rücksichtsloses Dransetzen von Menschenleben — wenn man sich zu einem Aeußersten entschließen wollte — stellte freilich den Sieg mit halber Sicherheit in Aussicht; aber die Gesammtlage erheischte eben kein Aeußerstes und dem Auge des Feldherrn boten sich rasch die Mittel und Wege dar, mit geringem Einsatz an anderem Ort dasselbe Ziel zu erreichen, das bei Missunde nur mit den größten Opfern zu erreichen gewesen wäre.

Beim Dunkelwerden rückten die Truppen auf der Linie Eschelsmark, Cosel, Holm, in ihre Quartiere ein.

Die im Feuer gewesenen Bataillone hatten an diesem ersten Kampfestage, an dem sich die Söhne der Väter werth geschlagen hatten, einen nicht unbeträchtlichen Verlust. Doch war er gering im Vergleich zu dem heftigen Geschützfeuer, dem sie drei Stunden lang ausgesetzt gewesen waren. Vier Officiere und 29 Mann waren todt; 165 waren verwundet, darunter 7 Officiere. Die Hauptverluste hatten das Füsilier-Bataillon vom 15. Regiment (60 Mann) und das 2. Bataillon vom 60. Regiment (40 Mann). Die 4 gefallenen Officiere waren Lieutenant Hagemann vom 24., Lieutenant Hammer vom 60., Lieutenant Graf v. d. Groeben vom Zietenschen Husaren-Regiment (als Ordonnanz-Officier commandirt) und Lieutenant Kipping von der 3. Artillerie-Brigade. Dem Oberstlieutenant v. François, Commandeur des Füsilier-Bataillons vom 15. Regiment, hatte, wie schon erwähnt, gleich beim Beginn des Gefechts eine Kugel die Kinnlade zerschmettert.

Wie ein elektrischer Schlag ging die Nachricht vom »Tag von Missunde« durch ganz Deutschland. Man hatte jetzt den Beweis in Händen, daß es Ernst sei. Die Schleswiger jubelten, die Holsteiner gaben den stillen Widerstand ihrer Herzen auf. Es kam die Zeit der Gerüchte, der fliegenden Blätter, der Kriegsanekdoten, gut und schlecht. Ein frischer Geist ging durch die Nation.

Donnernd gegen Missunde
Fiel der erste Schlag,

wurde zu einem Anruf, zu Gruß und Erkennungszeichen. Den Gefallenen zu Ehren klangen Lieder in allen Landestheilen; am schönsten waren die Worte, die ein Kamerad dem gefallenen Lieutenant Kipping (Sohn des Superintendenten in Bernau) nachrief:

Ernsthaft im Leben,
Heiter im Kampfe,
Standst Du im dichten
Pulverdampfe,
Immer als leuchtendes
Vorbild voran.

So bis zum Sterben
Hast Du gestritten,
Lautlos den schönsten
Tod erlitten,
Bist glorreich gestorben
Bei rühmlicher That.

Prinz Friedrich Karl, der sich seinerseits am 2. Februar den Beinamen »Prinz Alltyd-Vorup« erwarb, hatte am Abend den ihm vorbeimarschirenden Truppen zugerufen: »Ihr könnt heut wie Männer schlafen, die ihre Pflicht gethan.« »So soll es immer sein«, hatten ihm die Truppen geantwortet. Einige Tage später erließ der Prinz einen Corpsbefehl, worin er des Tages von Missunde in folgenden Worten gedachte:

»Eure Haltung im Gefecht ließ nichts zu wünschen, denn nur euer Eifer mußte gezügelt werden. Besondere Anerkennung verdient die Tapferkeit und Kaltblütigkeit unserer braven Artillerie. Der 2. Februar bleibt für sie, die einen ungleichen Kampf rühmlich bestand, auf immer denkwürdig. Es wird genügen zu sagen: »Ich bin ein Kanonier von Missunde«, um die Antwort im Vaterlande zu hören: »Siehe da, ein Tapfrer!« Soldaten, ich werde die Namen der besonders Tapferen und Derer, die uns wichtige Dienste geleistet haben, aus allen Waffen, dem Könige nennen.«

Vom rechten Flügel der alliirten Armee wenden wir uns nunmehr den Vorgängen des Centrums zu, dem Vormarsch der Oestreicher gegen das Dannewerk.

# Eider-Uebergang der Oestreicher.

Gleichzeitig mit dem rechten Flügel (Preußen) hatte der linke Flügel (Oestreicher) am Morgen des 1. Februar die Eider überschritten, und zwar von Rendsburg aus. Wir geben zuvor ein Bild der Oertlichkeit.

Rendsburg besteht aus drei Theilen, aus der Altstadt, dem Neuwerk und dem Kronwerk. Die Altstadt bildet den auf einer Eiderinsel gelegenen Mittelpunkt, von dem aus, nach Süden hin, Brücken in das Neuwerk, nach Norden hin in das Kronwerk führen. Das Neuwerk liegt auf holsteinscher, das Kronwerk auf schleswigscher Seite, weshalb denn auch das letztre (das Kronwerk) von den Dänen besetzt geblieben war, als diese, Anfang Januar, beim Vorrücken der sächsisch-hannöverschen Exekutionstruppen, ganz Holstein und folgerichtig auch die holsteinschen Theile der Festung Rendsburg, Neuwerk und Altstadt, geräumt hatten. Vier Wochen lang hatten sich auf der kleinen Brücke, die aus der Altstadt in das Kronwerk führt, die sächsischen und dänischen Wachtposten einander gegenüber gestanden; auch heute noch, am Morgen des 1. Februar, war das Kronwerk von einer dänischen Abtheilung besetzt. Der Eider-Uebergang hatte mit der Vertreibung derselben zu beginnen.

Zwei Brücken führen aus der Altstadt Rendsburg auf das schleswigsche Eiderufer hinüber: die Schleusenbrücke und die Eisenbahnbrücke. Die Schleusenbrücke mündet direkt ins Kronwerk, während die Eisenbahnbrücke, und in Verlängerung derselben der Eisenbahndamm, rechts an dem Kronwerk vorüberführen. Die Entfernung zwischen beiden Brücken mag 1000 Schritt betragen. Die Eider trug an dieser Stelle eine Eisdecke.

Feldmarschalllieutenant v. Gablenz hatte seine Dispositionen derart getroffen, daß die Brigade Gondrecourt rechts über die Eisenbahnbrücke, die Brigade Nostiz links über die Schleusenbrücke gehen sollten, während Jäger-Abtheilungen beordert waren, zwischen beiden Brücken das Eis der Eider zu passiren. Hunderte von Zuschauern, darunter viele sächsische Officiere, hatten sich, dem Kronwerk gegenüber, auf den Festungswällen der

Altstadt aufgestellt, um Zeuge des Uebergangs zu sein, der voraussichtlich ein buntes kriegerisches Schauspiel bieten mußte.

Mit dem Glockenschlage 7½ setzten sich die Kolonnen in Bewegung. Die Spitze der Brigade Gondrecourt hatte bereits die Eisenbahnbrücke erreicht, als beim Commandirenden die Meldung eintraf, die Dänen hätten eine Sprengladung von 800 Pfund Pulver in den letzten Brückenpfeiler gelegt und seien entschlossen, während des Uebergangs die Brücke in die Luft zu sprengen. Der Moment war einigermaßen kritisch; eine derartige starke Explosion hätte nicht blos die auf der Brücke marschirenden, sondern auch die innerhalb der nächsten Straßen und Plätze dicht aufgestellten Truppen aufs äußerste gefährdet. So stockte der Vormarsch. Aber nur einen Moment. Die Nachricht erwies sich als falsch; die Truppen passirten mit lautem Hurrah die Brücke und besetzten das Kronwerk, nachdem sie mit den sich zurückziehenden Dänen wenige Schüsse gewechselt hatten.

Ohne Aufenthalt gingen nunmehr die Oestreicher auf den nordwärts führenden Straßen vor und nahmen, nach kurzem Marsch, Aufstellung an der Sorge entlang. Die Vorposten des linken Flügels (Brigade Nostiz) standen zwischen der schleswiger Chaussee und der Eisenbahn, die Vorposten des rechten Flügels (Brigade Gondrecourt) zwischen der Eisenbahn und dem Bistensee. Hiermit war die Aufgabe des Tages erfüllt. Die Uebergänge über die Sorge waren bereits in der Nacht vorher von den Dänen zerstört, einzelne stehengebliebene Brückentheile aber beim ersten Erscheinen der oestreichischen Husaren in die Luft gesprengt worden.

# Der 3. Februar. Ober-Selk.

Wenn die Disposition für den 1. Februar einfach dahin gelautet hatte: Uebergang über die Eider und Vormarsch bis an die Sorge, so lautete die Aufgabe für den 2. Februar: Uebergang über die Sorge und Vormarsch bis in die Linie Hütten, Ascheffel, Norby (an der Eisenbahn). Um diese Aufgabe ausführen zu können, waren in der Nacht vom 1. auf den 2. unter dem Schutz vorgeschobener Husarenposten die Brückenübergänge durch einzelne Pionier-Abtheilungen wieder hergestellt worden und am Morgen des 2. Februar überschritten die oestreichischen Brigaden die Sorge, wie sie Tags zuvor die Eider überschritten hatten und rückten, meist gegen Mittag schon, in die vorgeschriebenen Quartiere ein. Den Feind hatte man nirgends zu Gesicht bekommen.

Auch am 3. Februar rechnete man auf keinen ernsteren Zusammenstoß.

Es lag kein ersichtlicher Grund vor, warum General de Meza sich vor seiner eigentlichen Stellung schlagen sollte. Die Tages-Disposition (am 3.) lautete: Das oestreichische Armee-Corps rückt in die Linie Fahrdorf, Ober-Selk, Jagel; die Brigaden Gondrecourt und Tomas führen die Bewegung aus, die Brigaden Nostiz und Dormus folgen in Reserve.

Das Vorrücken in die ebengenannte Schräglinie (Fahrdorf, Ober-Selk, Jagel) verfolgte einen doppelten Zweck, offensiv und defensiv. Auf Ober-Selk und Jagel richtete sich der eigentliche Angriff; um diesen Angriff aber ohne Furcht vor einer Umgehung ausführen zu können, war die gleichzeitige Besetzung Fahrdorfs strategisch geboten. Der Haddebyer Damm, der zwischen Haddeby und Fahrdorf das Haddebyer Noer durchschneidet, war nämlich eines der vorzüglichsten Ausfallthore der Dannewerkstellung, von wo aus der in der Front angegriffene Feind jeden Augenblick hervorbrechen und durch eine Flankenbewegung den Angreifer im Rücken fassen konnte. Ein Frontal-Angriff durfte also nicht eher erfolgen, als bis bei Fahrdorf ein Riegel vorgeschoben, das Ausfallthor von außen her geschlossen war. Die Brigade Tomas erhielt den entsprechenden Befehl.

Während die letztgenannte Brigade in Ausführung dieses Befehls auf dem rechten Flügel vorging, rückte die Brigade Gondrecourt auf dem linken Flügel vor und zwar so, daß das Gros der Brigade seine Direktion auf Ober-Selk, ein detachirtes Bataillon vom Regiment »König von Preußen« aber seine Direktion auf Jagel nahm. Dies detachirte Bataillon, unter Oberst Benedeck, bildete den äußersten linken Flügel der oestreichischen Angriffslinie.

Die Brigade Tomas stieß auf unerheblichen Widerstand; in den ersten Stunden des Nachmittags wurde Loopstädt, am Ostufer des Haddebyer Noer, kurze Zeit darauf auch Fahrdorf besetzt.

Die Brigade Gondrecourt aber, der an diesem Tage ein glänzendes Gefecht vorbehalten war, begleiten wir nunmehr auf ihrem siegreichen Vormarsch; — zunächst die gegen Ober-Selk marschirende Hauptkolonne.

Diese Hauptkolonne, unter direktem Befehl Graf Gondrecourts, bestand aus 4 Bataillonen. Das 18. Jäger-Bataillon (Deutschböhmen) mit zwei Geschützen hatte die Tête, die beiden Bataillone des Regiments Martini, drei Züge Liechtenstein-Husaren und sechs Geschütze bildeten das Gros, 1 Bataillon »König von Preußen« folgte als Reserve.

Um 12¼ Uhr passirte die Kolonne Groß-Breckendorf und ging auf dem Ober-Selker Wege vor. Schon in der Nähe des Torfschuppens stieß die Spitze auf eine dänische Dragoner-Patrouille, bald darauf sah sich die Avantgarde einem dänischen Bataillon gegenüber. Graf Gondrecourt nahm sofort ein Bataillon Martini aus dem Gros vor und ließ es sich rechts vom Wege entwickeln, während das 18. Jägerbataillon zur Linken des Weges avancirte. Die Dänen benutzten die deckenden Knicks gut und durch die Kenntniß des Terrains, welches hier in Moorstrecken und kleinen Höhenzügen wechselt, gelang es ihnen, den Oestreichern einige Verluste zuzufügen. Nichtsdestoweniger blieben die oestreichischen Bataillone in raschem Vorwärtsschreiten. Etwa um 1½ Uhr standen sie vor Ober-Selk, zu dessen energischer Vertheidigung sich die Dänen, die hier ihre Soutiens vorfanden, anschickten.

Es waren im Ganzen 14 Compagnieen Dänen, die hier ins Gefecht eintraten, meist dem 1. und 11., kleineren Theils dem 9. und 20. Regiment angehörig. Sie standen in guter Stellung, durch Knicks und Höhenzüge gedeckt, zu beiden Seiten des Groß-Breckendorfer Weges, wo dieser in die eigentliche Dorfstraße einmündet. Die Dorfstraße selbst wurde durch zwei gezogene Geschütze bestrichen. Alle hier vereinigten dänischen Truppen standen unter Befehl des Major Rist, Commandeurs des 11. Regiments. Compagnieen dieses (des 11.) Regiments hatten überhaupt den eigentlichen Kampf zu bestehen.

Mit Ungestüm schritten die Oestreicher zur Attacke, nachdem das Feuer ihrer Batterie den Angriff vorbereitet hatte. Die Dänen vermochten dem Stoße nicht zu widerstehen und gaben Ober-Selk Preis, das vom 18. Jäger-Bataillon mit großer Bravour genommen wurde. Ein gezogenes Geschütz wurde erobert.

Durch Wegnahme von Ober-Selk war die Tagesaufgabe an dieser Stelle erfüllt. Generalmajor Graf Gondrecourt erkannte aber sofort, daß der Besitz dieses wichtigen Dorfes erst durch Erstürmung des dominirend zur Seite gelegenen »Königsberges« gesichert sein würde; er beschloß deshalb dem siegreichen Angriff auf Ober-Selk den Angriff auf den Königsberg folgen zu lassen. Das 18. Jäger-Bataillon erhielt Befehl, auch diese Attacke auszuführen und warf sich mit Ungestüm auf den Gegner. Dieser, unter geschickter Terrainbenutzung, vertheidigte sich hartnäckig hinter Knick und Graben, ging sogar seinerseits zum Angriff über und drang mit dem Bajonnett auf die anstürmenden Oestreicher ein. Es waren dies frische Compagnieen vom 9. und 20. Regiment. Alle diese Anstrengungen waren aber vergeblich, der Angriff war energischer als die Vertheidigung, und um 4 Uhr wehte die oestreichische Fahne auf den Höhen des Königsberges.

Während Generalmajor Graf Gondrecourt nach Einnahme dieser so sehr wichtigen Position das 18. Jäger-Bataillon daselbst Stellung nehmen und Geschütze auf dem Königsberg auffahren ließ, verfolgten die übrigen Truppen der Hauptkolonne, namentlich die beiden Bataillone vom Regiment Martini, den Feind über den Abhang hin und warfen ihn bis auf Wedelspang und bis auf das Glacis der Schanzen von Bustorf zurück. Dies kostete jedoch den genannten beiden Bataillonen (Martini) große Verluste, da der Feind den erstgenannten Ort und die über denselben hinaus vorgedrungenen Abtheilungen mit Kleingewehrfeuer und Positionsgeschützen von den Schanzen aus beschoß. Bei Einbruch der Dunkelheit zogen sich die Oestreicher wieder auf Ober-Selk zurück. Dies blieb in ihren Händen. Ebenso der Königsberg. Der Besitz dieses Hügels, zu dessen Armirung, wie wir sahen, sofort geschritten wurde, war von höchstem Belang. Seine dominirende Lage — ganz abgesehen davon, daß sie den Besitz von Ober-Selk sicherte — gestattete einen Einblick in die gesammte Dannewerk-Stellung, mindestens in das Centrum derselben, und von dem Augenblick an, wo, von seiner Höhe aus, ein superiores Feuer gegen die feindlichen Schanzen eröffnet werden konnte, war die Festigkeit der feindlichen Vertheidigungslinie mindestens stark erschüttert.

Wir haben bis hierher gesehn, wie auf dem rechten Flügel Fahrdorf besetzt, im Centrum Ober-Selk erstürmt wurde; gleichzeitig wurde auch auf dem linken Flügel gekämpft. Das 1. Bataillon vom Regiment König von Preußen, unter persönlicher Führung des Regiments-Commandeurs Oberst Benedeck, erhielt, wie bereits in Kürze erwähnt, Befehl, von Lottorf aus die Eisenbahn nach Westen hin zu überschreiten und in der linken Flanke der auf Ober-Selk marschirenden Hauptkolonne gegen Jagel vorzugehn. Um 2½ Uhr traf Oberst Benedeck, südlich von dem oben genannten Dorfe, auf den Feind (einzelne Compagnieen vom 21. Regiment), und warf denselben nach anderthalbstündigem Gefecht aus seiner Position. Die Hügelzüge südlich von Jagel, darauf Jagel selbst, endlich eine im Rücken des Dorfes gelegene Anhöhe, wurden in rascher Reihenfolge mit dem Bajonnett genommen und der Feind (inzwischen verstärkt) auf Klosterkrug zurückgedrängt. Die 10. Compagnie des Garde-Grenadier-Regiments Königin Augusta griff von Westen her in dies Gefecht mit ein. Ueber Jagel hinaus, wo im Handgemenge zwei Dannebrogs erobert worden waren, im Laufschritt vordringend, folgten die Oestreicher dem sich zurückziehenden Feinde. Hier schien sich ein energischer Widerstand vorbereiten zu sollen. Zwei dänische Granatkanonen richteten ihr Feuer auf das anstürmende oestreichische Bataillon und brachten das Gefecht zum Stehen. In diesem Augenblick aber griff das 9. Jäger-Bataillon (Steiermärker) der Brigade Nostitz von rechts her in die linke Flanke des Feindes ein und veranlaßte diesen, der inzwischen fast alle Compagnieen des 21. Regiments an sich gezogen hatte, seinen Rückzug auf Klein-Dannewerk zu nehmen. Die Brigade Nostitz rückte in die Front und löste die ermüdeten Truppen ab.

Die Tagesaufgabe war erfüllt und mehr als das; Fahrdorf, Ober-Selk, Jagel waren nicht nur im Besitz der Angreifer, auch über die vorgeschriebene Linie hinaus waren der Königsberg und Klosterkrug mit stürmender Hand genommen worden. Es war ein glänzender Tag für die »eiserne Brigade« (Gondrecourt), aber er war theuer erkauft. 12 Officiere und 74 Mann waren todt, 16 Officiere und 273 Mann verwundet. 34 Vermißte mit eingerechnet, belief sich der Gesammtverlust auf 28 Officiere und 381 Mann. Das 2. Bataillon vom Regiment König von Preußen abgerechnet, das die Arrièregarde gebildet hatte, hatten alle Truppentheile ziemlich gleich starke Verluste erlitten. Die 8. Compagnie des Regiments Martini ging ohne Officiere aus dem Gefecht. Von den beiden Regiments-Commandeuren Oberst Benedeck und Oberst v. Abele war jener verwundet, diesem Czako und Mantel durchlöchert; Major Stampfer und Major v. Stransky waren todt. Zahlreiche Beweise von Bravour waren gegeben worden. Oberlieutenant Bayer v. Mörthal, als er in die Dorfgasse von Ober-Selk vordrang, erhielt einen Schuß in den linken Arm. Zu seinen Jägern sich umwendend, rief er, als wär's beim Scheibenschießen: »Gut geschossen, Figur links getroffen«. Ungeachtet heftiger Schmerzen drang er weiter vor, bis eine zweite Kugel in den Unterleib ihn todt niederstreckte.

Stabshornist Ambros Posluchni vom 18. Jäger-Bataillon, als es zum Sturm auf den »Königsberg« vorging und der zähe Widerstand der Dänen den Angriff in eine mißliche Lage zu bringen schien, erhielt Befehl, zum Sammeln zu blasen. In diesem Augenblick sank Posluchni von einer Kugel getroffen, halb ohnmächtig zu Boden. Als er sich wieder aufrichtete, nahm er wahr, daß das Gefecht inzwischen eine günstigere Wendung genommen hatte und statt zum Sammeln zu blasen, blies er zum Sturm.

Ein am Abend des Gefechts von einem Officier des Regiments Martini geschriebener Brief zeigt am deutlichsten, mit welcher Freudigkeit die Oestreicher in den Kampf gingen: »Von unserm Regiment laß Dir erzählen, was Dich erfreuen wird. Beim Vorrücken auf den Königsberg fiel zu gleicher Zeit mit dem Commandeur unseres 2. Bataillons, Major Stampfer und dem Hauptmann Dolliak, auch der Fahnenführer Trubkiewicz. Oberst Baron Abele sprang sofort vom Pferde, entriß dem sterbenden Führer die krampfhaft umfaßte Fahne und an der Spitze des Bataillons die Fahne hochhaltend, rief er den Soldaten zu: »Jetzt Kinder gilt es den Schwur zu halten, den wir vor sechs Monaten unsrer neuen Fahne gelobt haben. Vorwärts; hoch der Kaiser, hoch Oestreich!« Unter unaufhörlichem »Niech żyje césarz« stürmte das Bataillon (Polen) vorwärts. Nach einigen Laufschritten schon erhielt die Fahne in der Hand Abele's einen Schuß in die Stange und zerbrach derart, daß ihm nur der Stumpf noch in der Hand blieb. Keinen Augenblick außer Fassung, drang er weiter vor. Czako und Mantel wurden ihm von feindlichen Kugeln durchlöchert, aber unter dem Rufe vorwärts, vorwärts! erstieg er, der erste, die Kuppe des Hügels. Dieser Angriff entschied den Tag.« So weit die Mittheilungen des Officiers.

---

Am Abend nach dem Gefecht vereinigte der Feldmarschall die commandirenden Generale im Hahnenkruge südlich von Ober-Selk. Die Disposition für den 4. wurde gegeben. Sie lautete dahin, zunächst in der Stellung Fahrdorf, Ober-Selk, Jagel zu verharren und sich durch Aufwerfen von Schützengräben in derselben zu sichern. Der Sturm auf die Schanzen sollte keinenfalls eher erfolgen, als bis eine Recognoscirung an der Schlei hin ergeben haben würde, daß ein Uebergang über dieselbe, seitens des preußischen Armee-Corps, an dieser oder jener Stelle (Arnis, Cappeln) sich ermöglichen werde. Gleichzeitig mit dem Schlei-Uebergang, oder auch nach demselben, sollte dann im Centrum gegen die eigentliche Dannewerkstellung vorgegangen werden. Dies weitere Vorgehen im Centrum war also von den Vorgängen beziehungsweise Erfolgen am rechten Flügel abhängig gemacht. Diesem rechten Flügel, den wir am Abend des 2. verließen, wenden wir uns jetzt wieder zu.

# Der Schlei-Uebergang.

Nachdem bis 4 Uhr gekämpft worden war, rückten am 2. Abends die Truppen in ihre theils rückwärts, theils seitwärts von Missunde gelegenen Quartiere ein; die Avantgarde in die Gegend von Rieseby und Saxtorf, die westphälischen Brigaden in das Dreieck Schnaap, Osterby, Götheby, die Brigade Canstein nach Eckernförde und Umgegend, die Brigade Roeder in die Gegend von Casmark und Hohenstein. Im Rücken der letztgenannten Brigade befanden sich auch die Ponton-Kolonnen (zum Uebergang über die Schlei) und eine aus Kiel zu gleichem Zweck hierher dirigirte Bootskolonne. Die Quartiere waren eng und klein, aber Jeder freute sich der Ruhe nach einem Tage voll Anstrengung und Erregung. Das Aussetzen der Vorposten, auf der Linie von Cosel bis Holm, fiel den westphälischen Brigaden zu. Holm, der wichtigste Punkt der ganzen Linie, wurde mit einem Bataillon besetzt.

Am 3. Februar — während bei Ober-Selk und Jagel gekämpft wurde — verblieb das preußische Corps in den Tags vorher eingenommenen Quartieren. Von der Avantgarde lief Meldung ein, daß Missunde inzwischen von 10,000 Mann besetzt, ein Durchbrechen dieser Stellung also immer schwieriger geworden sei. Prinz Friedrich Karl gab sofort ein weitres Vorgehen an dieser Stelle auf und ließ die Schlei weiter abwärts genau recognosciren, um die für einen Uebergang geeignetsten Punkte auszuwählen. Am Abend des 3. war man im Hauptquartier des Prinzen ziemlich einig darüber, daß der Uebergang nur bei Arnis und Cappeln erfolgen könne. Arnis gegenüber sollte eine Pontonbrücke gebaut, Cappeln gegenüber der Uebergang in Booten versucht werden.

Am 4. Februar wurden die Recognoscirungen fortgesetzt. Man überzeugte sich mehr und mehr, daß die bereits ins Auge gefaßten Punkte (Arnis und Cappeln) am ehsten ein Gelingen in Aussicht stellten, vorausgesetzt, daß es glückte, den Feind über das Unternehmen selbst in Dunkel zu erhalten. Die feindlichen Schiffe und Kanonenboote, welche allerdings die Ueberfahrt sowohl, wie den Brückenbau stören konnten, hoffte man mit der Artillerie fern zu halten. Oberst Blumenthal überbrachte dem

Feldmarschall die Meldung, wie der Prinz jetzt den Uebergang bei Arnis und Cappeln für gesichert halte; es seien alle Einleitungen getroffen, um die Operation in der Nacht vom 5. zum 6. Februar in Ausführung zu bringen.

Am 5. Februar setzten sich die Kolonnen in Bewegung und rückten, zum Theil auf verschiednen Wegen, in nordöstlicher Richtung vor. In der Stellung von Missunde blieb nur ein Bataillon, das Füsilier-Bataillon des 15. Regiments, zurück; zahlreiche Wachtfeuer, die angezündet wurden, mußten die Dänen in dem Glauben erhalten, daß ein Angriff auf Missunde oder doch ein Schlei-Uebergang in unmittelbarer Nähe desselben (etwa bei Königsburg) immer noch in der Absicht des Gegners liege.

Die Marschdispositionen für die verschiedenen Truppenkörper waren wie folgt getroffen:

a. Die Avantgarde (bei Rieseby und Saxtorf) marschirt über Maasleben, Schuby und Brodersby, bis in die Gegend von Ellerüh, wo sie, gedeckt durch das bei dem Dorfe Espenis gelegene Wäldchen, ein Bivouacq bezieht.

b. Die Truppen der 6. Division (Brandenburger) marschiren über Ludwigsburg, Pommerby, Schuby und Brodersby und nehmen am Ellerberger Holze derart Aufstellung, daß die Brigade Roeder hinter diesem Holze, die Brigade Canstein südlich von diesem Holze Bivouacq bezieht.

c. Die Truppen der 13. Division (Westphalen) nehmen dieselbe Route, brechen aber früher auf (5 Uhr Morgens) und passiren die Dörfer, die von der brandenburgischen Division erst gegen Mittag erreicht werden, schon in den Morgen- und Vormittagsstunden.

Am Morgen des 5. Februar fiel der Schnee in dichten Flocken nieder. So unbequem dies war, so sicherte es doch die Geheimhaltung des ganzen Unternehmens; es wurde nunmehr unmöglich, die marschirenden Kolonnen zu bemerken. Bei hellem Wetter wäre dies, besonders in dem Nordostwinkel von Schwansen, wo von der Schlei und zugleich von der See aus die Vorgänge am Lande beobachtet werden konnten, ganz unvermeidlich gewesen. Die Truppen führten ihren Marsch in großer Stille aus und erreichten die ihnen bezeichneten Punkte gegenüber von Arnis bis Cappeln erst nach dem Finsterwerden. Etwa um 5 Uhr (Nachmittags) war alles im Bivouacq.

Prinz Friedrich Karl war inzwischen den Kolonnen vorausgeeilt und hatte in Carlsburg, einem dem Prinzen Carl von Glücksburg (Bruder des Königs von Dänemark) gehörigen Schlosse, gegenüber von Arnis am diesseitigen Schlei-Ufer, Quartier genommen. Hier, noch ehe sämmtliche Truppen ihren Marsch beendet und die vorgeschriebenen Sammelplätze erreicht hatten, begann sich ein reges Leben zu entfalten. Alle Räume des Schlosses, alle Scheunen, Ställe und Bodenräume waren in kürzester Frist mit Menschen und Pferden vollständig besetzt; man suchte sich einzurichten, so gut es ging. Ein Strohlager in finstrer Stube (in den Räumen, deren Fenster der Schlei zu gelegen waren, durfte kein Licht angezündet werden) war ein Unterkommen, mit dem selbst höhere Officiere zufrieden sein mußten.

Nach dem Dunkelwerden erschienen die Divisions- und Brigade-Commandeure, um dem Prinzen Meldung zu machen, daß sämmtliche Truppen, nahezu 25,000, zwischen Arnis und Cappeln versammelt stünden, des Befehls zum Uebergange gewärtig.

Dieser Befehl wurde nun ausgegeben. Folgendes waren die näheren Festsetzungen:

a. Die Brigade Roeder (24. und 64. Regiment) geht, um 4 Uhr Morgens, vom Ellerberger Holz aus, in den Eckernförder Booten über die Schlei, bemächtigt sich der mit zwei Geschützen armirten Schanze und besetzt den Flecken Cappeln.

b. Die Avantgarde geht um dieselbe Stunde, vom Dorfe Espenis aus, in den Kieler Booten über die Schlei, bemächtigt sich der nördlich von Dothmark befindlichen Schanze und besetzt Arnis.

c. Sobald Cappeln und Arnis genommen sind, vereinigen sich die Truppen der Brigade Roeder und der Avantgarde und bilden eine Art von lebendigem Brückenkopf, im Umkreise von ¾ Meilen, um Arnis herum. Unterm Schutz dieses lebendigen Brückenkopfes, der den etwa angreifenden Feind zurückwirft, wird mit Tagesanbruch, von der diesseitigen Fährstelle aus, eine Brücke nach Arnis hinüber geschlagen. Ueber diese Brücke erfolgt dann der Uebergang des Armee-Corps.

Nachdem diese Befehle ausgegeben worden waren, kehrten die Generale zu ihren Truppen zurück. Es mochte 8 Uhr sein.

Die Truppen selbst befanden sich, wie wir gesehn haben, seit etwa 5 Uhr Nachmittag im Bivouacq. Es war bitterkalt. Von Bequemlichkeiten keine Spur. Eine mit tiefem Schnee bedeckte Koppel, ohne weitren Schutz gegen das Wetter als die eingeschneiten Knicks, das war der Lagerplatz. Den Abend und die Nacht hindurch fielen neue Schneemassen in dichten Flocken nieder, von einem rauhen Ost über das Meer gejagt. Kein Halm Stroh war vorhanden, um sich ein Lager zu bereiten und gegen Schnee und Kälte zu schützen; der Mantel mußte hierzu ausreichen; Feuer anzuzünden, war auf das Strengste verboten, größte Stille anbefohlen, da Feuerschein und Lärm dem Feinde augenblicklich die Anwesenheit größerer Streitkräfte verrathen haben würde. Es war also nicht einmal möglich, sich eine erwärmende Suppe oder Kaffee zu kochen; man mußte sich mit einer über den Etat gelieferten Branntwein-Ration begnügen. Frost schüttelte die Glieder; an die Knicks gelehnt, möglichst eng zusammen, standen die Leute da, um durch die aneinander gedrängten Körper, in Etwas wenigstens, das fehlende Bivouacqfeuer zu ersetzen.

Gegen 3 Uhr Morgens kam Erlaubniß, Feuer anzuzünden. Da der Uebergang der Brigade Roeder und der Avantgarde erst um 4 Uhr beginnen sollte, so mußten inzwischen Meldungen im Hauptquartier eingetroffen sein, die es möglich machten, von der Strenge der ersten Befehle abzugehn.

So war es in der That. Schon um 9 Uhr Abends erschien bei einer preußischen Abtheilung ein Prediger, der aufs Bestimmteste versicherte, »daß die Dänen fort seien«. Ein Unterofficier vom westphälischen Pionier-Bataillon (Nr. 7.) erbot sich, über die Schlei zu setzen, um sich von der Wahrheit der Aussage zu überzeugen. Unterm Schutz der Dunkelheit fuhr er ab.

Etwa eine Stunde später wiederholte ein Fischer, der vom anderen Ufer der Schlei kam, die Nachricht »die Dänen seien fort«. Zum Beweise für die Wahrheit seiner Aussage, brachte er Ladezeug mit, das er aus der Schanze bei Dothmark genommen hatte. Bald konnte kein Zweifel mehr sein. Der westphälische Pionier-Unterofficier, der inzwischen von seiner gefahrvollen Fahrt zurückgekehrt war, hatte die Schanze bei Dothmark verlassen und die Geschütze vernagelt gefunden.

Um 12 Uhr 20 Minuten meldete der General v. Roeder, daß er, auf die bestimmte Nachricht von dem Abzuge der Dänen, seine Brigade nach der Cappelner Fährstelle dirigirt habe und von dort aus, so früh und so rasch wie möglich, die Schlei passiren werde.

Der mitgetheilten Disposition nach, sollte die Brigade Roeder, wie wir wissen, um 4 Uhr Morgens, in den Eckernförder Booten ihren Uebergang bewerkstelligen; jetzt, wo das jenseitige Schlei-Ufer vom Feinde verlassen und rasche Verfolgung vor allen Dingen geboten war, wurde die vierte Stunde selbstverständlich nicht abgewartet und kleinere Abtheilungen vom 64. Regiment, sobald sie einzelner Boote habhaft werden konnten, begannen den Uebergang. Um 7½ Uhr hatte das ganze Regiment das jenseitige Ufer erreicht und dirigirte sich nach Faulick; um 10 Uhr war Cappeln vom 24. Infanterie-Regiment besetzt. General v. Roeder versuchte Wagen zu requiriren, um den Feind, von dem man jetzt wußte, daß er um 8 Uhr Abends bereits die Stellung von Arnis und Cappeln verlassen hatte, auf seiner Rückzugslinie durch Angeln zu bedrohn, vielleicht ihn zu überholen. Diese Wagen-Requisition erwies sich aber als unmöglich, da die Dänen auch das letzte Pferd aus Cappeln mitgenommen hatten.

Um 7½ Uhr war, wie bereits erzählt, die Hälfte der Brigade Roeder (das 64. Regiment) auf dem Norduſer der Schlei gelandet; um dieselbe Zeit wurde, Arnis gegenüber, mit dem Brückenschlag begonnen. Major Roetscher vom brandenburgischen Pionier-Bataillon traf die Anordnungen; den speziellen Bau leitete der Chef der Pontonir-Compagnie, Hauptmann Schütze. Um 9¾ Uhr war die Brücke passirbar. Zwei und eine Viertelstunde hatten ausgereicht, die an dieser Stelle fast 800 Fuß breite Wasserfläche zu überbrücken. Noch trieben Eisschollen in der Schlei, die am jenseitigen Ufer sich noch dazu gestaut hatten. Trotz dieser Schwierigkeiten war die Brücke ein so sauberes Stück Arbeit, daß das Auge mit Wohlgefallen darauf ruhte. Die Spitzen der 49 Pontons, aus denen die Brücke bestand, waren nach der Linie gerichtet, wie die Front eines Bataillons. Und doch machte die Verankerung (immer der zweite Ponton war verankert) besondere Schwierigkeiten, denn man hatte nur Stromanker und überbrückte einen Meeresarm. Die Pontons hatten eine Spannung von 13, weiterhin von 15 Fuß. Zu den verschiedenen Schwierigkeiten, die die Arbeit bot, gehörte auch die wechselnde Strömung und das Steigen und Fallen des Wassers (um 20 Zoll), das jedesmal Veränderungen im Bau der Brücke nöthig machte.

Unmittelbar nach Beendigung der Brücke, um 9¾ Uhr Morgens, begann der Uebergang des Armee-Corps. Zuerst der commandirende General mit seinem Stabe, dann die Zietenschen Husaren, dann die Avantgarde, dann die 13. Division (die beiden westphälischen Brigaden), dann die Artillerie, zuletzt die Brigade Canstein. Der Uebergang — es waren gegen 20,000 Mann — währte fast 8 Stunden. Um 4½ Uhr Nachmittags befand sich das ganze I. Armee-Corps am Norduſer der Schlei; unter lautem Jubel waren sie an ihrem commandirenden General vorbeidefilirt, der sich unmittelbar jenseits der Brücke aufgestellt hatte.

Der Feind hatte einen Vorsprung von 20 Stunden genommen; ihn zu überholen war schwer, doch mußte der Versuch gemacht werden. General Graf Münster erhielt Befehl, mit der gesammten Cavallerie des Corps, unter Aufbietung aller Kräfte, zur Verfolgung zu schreiten und sich an den Feind zu hängen, wenn er denselben eingeholt hätte.

Die übrigen Truppen rückten auf verschiedenen Wegen nach. Eh wir denselben auf ihrem Marsch durch Angeln folgen, wenden wir uns wieder dem Centrum zu, wo inzwischen Vorgänge von gleicher Bedeutung stattgefunden hatten.

---

# Die Räumung der Dannewerke.

Am 3. Februar, wie wir wissen, hatte das oestreichische Armee-Corps die ersten Gefechte gehabt; die Brigade Tomas hatte Fahrdorf besetzt, die Brigade Gondrecourt Ober-Selk und Jagel mit stürmender Hand genommen. Der Königsberg war mit schwerem Geschütz armirt und das Feuer auf die nächstgelegenen feindlichen Schanzen eröffnet worden.

Am 4. Februar beschränkte man sich oestreichischerseits auf die Beschießung einzelner feindlicher Schanzen vom Königsberg und von den Fahrdorfer Höhen aus. Zugleich wurden Recognoscirungen angestellt. Das Feuer vom Königsberg aus, das von Schanze 10. und Schanze Y. mit großer Heftigkeit erwidert wurde, mußte nach einigen Stunden eingestellt werden. Die Dänen verfügten nicht nur über schwereres Geschütz, sie schossen auch mit größerer Präcision, da sie, bei genauer Kenntniß des Terrains, die Entfernungen richtiger zu schätzen wußten. Die im Rücken des Königsbergs aufgestellten Truppen der Brigade Nostiz erlitten einige Verluste, so daß Feldmarschalllieutenant v. Gablenz Befehl gab, das Artilleriefeuer gänzlich einzustellen. Nun schwieg der Feind auch und that im Laufe des Tages nur noch einige Schüsse. — Erfolgreicher war die Kanonade auf dem rechten Flügel bei Fahrdorf. Hier führte General Tomas, etwa um 11 Uhr Vormittags, eine preußische 6pfündige und eine oestreichische 4pfündige Batterie ins Gefecht, deren vereintem Feuer es gelang, zuerst die Johanniskloster-Batterie und gegen 3 Uhr Nachmittags endlich auch die Möweninsel-Batterie zum Schweigen zu bringen. Dieser Erfolg, insonderheit bei der Wichtigkeit der Möweninsel-Batterie (mitten in der Schlei) war nicht gering anzuschlagen.

Am 5. Februar verblieben die Truppen, mit Ausnahme der Brigade Tomas, die eine Aufstellung bei Holm nahm, im Wesentlichen in ihren Stellungen. Am Spät-Nachmittage wurde, der Disposition gemäß, mit Batterie-Bauten (namentlich beim Bahnhofe Klosterkrug) gegen die Dannewerke begonnen. 34 schwere Geschütze standen bereit, am 6. früh den Artilleriekampf aufzunehmen. Strikte Ordre war gegeben, nicht eher zu einem ernstlichen Angriff zu schreiten, als bis vom rechten Flügel (Missunde) her, die Meldung vom Uebergang des preußischen Corps über die Schlei eingetroffen sein würde. Man war überzeugt, daß dieser Uebergang nicht vor dem 6. Nachmittags werde erfolgen können. Die Vorposten wurden bis auf 2000 Schritt an die feindlichen Werke herangeschoben. Der Sturm, nach allgemeiner Annahme, konnte keinenfalls vor dem 7. früh erfolgen.

So standen die Dinge am 5., als etwa gegen Mitternacht ein Officier von dem in Fahrdorf stehenden Infanterie-Regiment Coronini beim Feldmarschalllieutenant mit der Meldung eintraf, es sei gegen 10 Uhr Abends ein Parlamentair in Fahrdorf angekommen, der um Einstellung der Feindseligkeiten für den nächsten Morgen (den 6.) ersucht habe. Als Grund habe er angegeben, daß man die von dem Gefechte am 3. her noch immer bei Bustorf liegenden Todten abholen und bestatten wolle. Feldmarschalllieutenant v. Gablenz antwortete zustimmend, daß man in der Zeit von 6 bis 8 Uhr früh (am 6.) in der Richtung von Bustorf auf unbewaffnete Leute des Sanitäts-Corps nicht schießen würde.

Der oestreichische Officier kehrte mit dieser Antwort nach Fahrdorf zurück, schritt auf dem mehrgenannten Damme, der von Fahrdorf nach Haddeby, also mittelbar nach Schleswig führt, fast eine halbe Stunde vor, fand aber, trotz Rufens und Zeichengebens, weder den Parlamentair, noch die Verschanzungen, die früher den Damm gesperrt hatten. Weiter vorschreitend, traf er (es mochte inzwischen 2 Uhr Morgens geworden sein) auf einige Schleswiger Bürger, die ihm mittheilten, daß die letzten Dänen um 1 Uhr Nachts abmarschirt und sämmtliche Schanzen verlassen seien.

Dies war eine Nachricht von höchster Wichtigkeit. Adjutanten des Obersten v. Feldegg, Commandeurs vom Regiment Coronini, flogen nach dem 1½ Meilen zurückgelegenen Damendorf, um dem Commandirenden die entsprechende Meldung zu überbringen. Es war 4 Uhr früh, als Feldmarschalllieutenant v. Gablenz die Nachricht empfing. Er setzte sich sofort zu Pferde, ordnete persönlich das allgemeine Vorrücken seines Armee-Corps an und fand alle Truppentheile so alert, daß schon um 8¼ Uhr früh das letzte Bataillon der über Bustorf vorgegangenen Brigaden bei Schloß Gottorp anlangte, während die von Jagel aus vorgegangene Brigade Gondrecourt, durch das Dannewerk ziehend, auf den Höhen westlich der Stadt erschien. Beim Marsch durch die »alte Dannewirke«, die wenigstens theilweise passirt werden mußte, erstaunten die Truppen, daß diese formidablen Vertheidigungswerke ohne Kampf geräumt worden waren. Das Regiment Coronini blieb als Besatzung in Schleswig zurück, während die übrigen Truppen, an der Spitze die Brigade Nostiz, den sich auf der Flensburger Straße zurückziehenden Dänen in möglichster Eile folgten.

Warum hatten die Dänen das Dannewerk geräumt? Das empörte Gefühl der Inseldänen antwortete damals: weil de Meza ein Verräther, ein Feigling oder doch ein schwach gewordener Alter sei; jetzt ist erwiesen, daß das Dannewerk geräumt wurde, einfach weil es nicht länger zu halten war und weil eine längere Vertheidigung die ganze dänische Armee höchst wahrscheinlich kriegsgefangen in die Hände der Verbündeten gegeben haben würde.

General de Meza, nachdem er das Obercommando übernommen hatte und in Schleswig unter den Truppen selbst erschienen war, war von Anfang an von der Unhaltbarkeit der Dannewerkstellung überzeugt gewesen. Hatte er anders gesprochen, so folgte er entweder einem patriotischen Impuls, oder er glaubte, wie viele andre mit ihm, noch immer nicht an den vollen Ernst der Situation. Trat dieser Ernst ein, so war der Ausgang nicht zweifelhaft. Nicht als ob die Dannewerkstellung, selbst einer zwei- und dreifachen Macht gegenüber, unter allen Umständen vertheidigungsunfähig gewesen wäre; keineswegs. Sollte aber eine erfolgreiche Vertheidigung zu den Möglichkeiten zählen, so durften zwei Dinge nicht fehlen: die ganze Vertheidigungslinie mußte wirklich fertig und die zur Vertheidigung bestimmte Armee mußte numerisch ausreichend und schlagfertig sein. Von diesen zwei Bedingungen war keine erfüllt. Die Vertheidigungslinie war unfertig und die Armee (ihrer mangelhaften Organisation zu geschweigen) jedenfalls nicht zahlreich genug. Es war eine Vertheidigungslinie, die durch nicht weniger als 50 bis 60,000 Mann gutgeschulter Truppen vertheidigt werden mußte; waren diese zur Hand, so standen der Vertheidigung jeder Anzahl von Feinden gegenüber große Chancen des Erfolges zur Seite. Missunde beispielsweise, wenn durch 10,000 Mann vertheidigt, hatte einem dreifach und selbst einem fünffach überlegenen Feinde gegenüber (der Massenangriff konnte nur die Verluste steigern) nichts zu befahren. Dasselbe galt von der ganzen Linie, vorausgesetzt, daß eben überall die Mittel zur Hand waren, jede einzelne Position, ihren besondern Ansprüchen gemäß, zu armiren.

An diesen Mitteln, wie schon hervorgehoben, gebrach es aber und so war denn freilich die Eroberung dieser großen Vertheidigungslinie, deren Herstellung so ungeheure Opfer gekostet hatte, nur eine Frage der Zeit. Die Dannewerke mußten fallen und das Einzige, was im ersten Moment wenigstens überraschen durfte, war das, daß sie so bald fielen. Und doch war der gewählte Zeitpunkt der richtige; jeder Tag länger umschloß Gefahren. Kein Zweifel, daß die Vertheidigung auszudehnen, die Katastrophe hinauszuschieben gewesen wäre; aber es konnte dies nur auf die Gefahr hin geschehn, kleine Erfolge schließlich mit dem Untergange des ganzen Heeres bezahlen zu müssen. Möglich, daß General de Meza, im Vertrauen auf die hundert Unberechenbarkeiten des Krieges, dieser Gefahr nichtsdestoweniger ruhig ins Auge gesehen hätte, wenn er nicht von dem Augenblick seines Abgangs zur Armee an im Besitz einer Instruktion gewesen wäre, die ihm vor allem anbefahl, die einzige Armee, die Dänemark besitze und besitzen könne, vor Vernichtung zu schützen. Das Dannewerk sollte gehalten werden, wenn möglich, die Armee sollte erhalten werden unter allen Umständen. Die betreffende Instruktion lautete aber wie folgt:

»Wie weit die Behauptung der Stellung auszudehnen, wie lange das Dannewerk zu vertheidigen ist, ist unmöglich vorher mit Bestimmtheit zu entscheiden.

Es ist Sache des commandirenden Generals, nach Maßgabe des Ganges der Begebenheiten, hierüber jedesmal Beschluß zu fassen.

Erläuternd will in dieser Beziehung das Ministerium (Monrad) nur darauf aufmerksam machen, daß es allerdings von großem Interesse ist, das Land gegen fremde Gewalt zu schützen und daher nur nach einem entscheidenden Kampf zu weichen, daß es aber dennoch bei den gegenwärtigen politischen Verhältnissen eine noch höhere Bedeutung hat, daß das herannahende Frühjahr uns im Besitz eines tüchtigen und kampffähigen Heeres finde. Der Kampf um die Dannewerkstellung darf also nicht so weit geführt werden, daß das Dasein des Heeres als Heer compromittirt wird, was auch schon daraus hervorgeht, daß wir hinter der Dannewerkstellung eine zweite Vertheidigungslinie (Düppel) in unserer Flankenposition haben, zu deren Behauptung wir kein anderes Heer als das beim Dannewerk kämpfende besitzen.

Indem das Ministerium als wichtig bezeichnet, daß der Kampf in der Dannewerkstellung nicht unverhältnißmäßig viel kosten darf, muß es noch besonders hervorheben, daß dabei keine Rücksicht auf das Material der Stellung genommen werden darf .... Rücksicht auf das Material (Geschütz 2c.) darf nicht in Betracht kommen bei Entscheidung der Frage, ob die Stellung zu räumen, oder aufs äußerste zu behaupten ist.«

---

So weit die Instruktion. In unzweideutigen Worten war die Rettung des Heeres, »um mit einer tüchtigen und kampffähigen Armee in das herannahende Frühjahr eintreten zu können«, als erste Bedingung in den Vordergrund gestellt und General de Meza hätte sich eines Ungehorsams und wie er selbst sehr wohl erkannte, eines schweren politischen

Fehlers schuldig gemacht, wenn er einer zu weit gehenden Vorstellung von dem, was die Ehre der Armee erheische, nachgebend, durch eine bis aufs äußerste getriebene Vertheidigung »das Dasein des Heeres« gefährdet hätte.

Es gebührt ihm das Verdienst, die hart bedrohte Stellung nicht einen Moment zu früh, aber auch nicht einen Moment zu spät aufgegeben zu haben. Als er klar erkannte, daß die energische Vertheidigung des Centrums nothwendig zur Ueberflügelung, die Stärkung der Flügelstellung aber nothwendig zum Durchbrechen des Centrums führen müsse, berief er — nachdem am Vormittag des 4. eine nochmalige Inspizirung der Stellung vorausgegangen und das empfangene Gesammtbild ungünstig für die weitre Vertheidigung ausgefallen war — einen Kriegsrath, der am Abend desselben Tages, unter Vorsitz des Commandirenden, zusammentrat. Der Kriegsrath bestand, außer de Meza selbst, aus folgenden zehn Officieren: Generallieutenant Lüttichau, Generallieutenant Hegermann-Lindencrone, die Generalmajore Steinmann, du Plat und Carroc, Oberst Kauffmann, Oberstlieutenant Dreyer, Major Wegener, Major Schroeder und Kapitain Rosen. (Generalmajor Gerlach, der in Missunde commandirte, war nicht anwesend.) Dieser Kriegsrath kam mit allen Stimmen gegen eine (Generallieutenant Lüttichau) zu dem Resultate, daß die Stellung am Abend des 5. freiwillig verlassen werden müsse, wenn an diesem Tage nicht etwa ein Angriff erfolge, der, zurückgeschlagen, möglicherweise weitre Chancen bieten könne. Der Beschluß wurde in sieben Punkten motivirt und lautete:
In Betracht

1) daß die Haltbarkeit der Dannewerkstellung auf dem Hinderniß beruht, welches die Eider, die Schlei und die Ueberschwemmungen gewähren, daß aber dies Hinderniß, was die Schlei betrifft, zur Zeit nur in einer Rinne besteht... und daß es ferner nicht angänglich ist, das bisherige Verfahren des Aufeisens in unmittelbarer Nähe des Feindes fortzusetzen;
2) daß die Haltbarkeit der Stellung ein vollständiges Kampiren oder Bivouacquiren in deren wichtigsten Abschnitten bedingt.. und nach Erklärung der Divisionsgenerale die Jahreszeit ein andauerndes Bivouacquiren verbietet;
3) daß die Vertheidigung auf eine Armee von 40—50,000 Mann berechnet ist, während die Armee höchstens zu 35,000 Mann veranschlagt werden kann;
4) daß die Zusammensetzung und Ausbildung der Armee keineswegs den Anforderungen entspricht, welche an ein wohlorganisirtes Heer zu stellen sind;

5) daß der Feind, der mindestens eine Stärke von 50,000 Mann versammelt hat, bereits den größten Theil des Terrains besetzt hält, welches zur Sicherung der Armee durch unsere Vorposten besetzt sein müßte, daß dieses Terrain nicht wiedergewonnen werden kann, daß der Feind im Begriff steht, seine Artillerie zu etabliren, welche dann in zweimal 24 Stunden das Geschütz in den Schanzen demontiren kann, und daß, wegen der Ausdehnung der Dannewerkstellung, ein glücklicher Ausgang des Widerstandes kaum denkbar ist, wenn die Linie durchbrochen wird;

6) daß ein geordneter Rückzug der Armee, nachdem die Stellung durchbrochen wurde, unausführbar ist; und endlich

7) daß die Instruktion des Kriegsministeriums vom 22. Januar an den Obergeneral, als Bedingung für den Widerstand verlangt, den Kampf nicht so weit fortzusetzen, »daß das Dasein des Heeres als Heer« kompromittirt werde,

wurde es vom militairischen Standpunkte für nothwendig erachtet, daß die Armee den hier bezeichneten Konsequenzen der Situation durch einen freiwilligen Rückzug entzogen werde, und daß dieser Rückzug mit Hinterlassung alles in der Stellung befindlichen Materiales morgen (den 5.) angetreten werden müsse.

Dies war der Kriegsrathbeschluß vom 4. Abends. Jetzt ist kein Zweifel mehr darüber, daß er die dänische Armee rettete. Den Truppen selbst blieb vorläufig alles Geheimniß; nur den Commandirenden in Friedrichsstadt (General Wilster) und in Missunde (General Gerlach), sowie den Führern der detachirten Corps in Arnis und Cappeln wurde der Kriegsrathbeschluß auf telegraphischem Wege mitgetheilt.

---

Am 5. Morgens traten die Truppen — denen, was bevorstand, noch immer ein Geheimniß war — in ihren Stellungen an. Man hoffte, die Verbündeten würden an diesem Tage angreifen; wurden sie zurückgeschlagen, so entstanden, wie schon angedeutet, der Vertheidigung neue Chancen. Aber alles blieb ruhig. Um 11 Uhr Vormittags wurden die Truppen in ihre Cantonnements entlassen, um sie auf die Anstrengungen des Rückzugs vorzubereiten. Um 7 Uhr Abends begann dieser, erst die Artillerie, auf der Flensburger Chaussee, dann die Truppen der 2. Division, auf dem sogenannten Ochsenwege (links von der Chaussee). Um 12 Uhr wurden die Vorposten eingezogen; dann folgte die 3. Division, welche die Arrièregarde bildete. Dies war um

1 Uhr. Von den Flügelstellungen aus war der Rückzug schon um 8 Uhr Abends erfolgt. Die aus Friedrichsstadt abziehenden Truppen nahmen ihren Weg längs der Westküste; die 1. Division (Missunde, Arnis, Cappeln) ging durch Angeln.

Wir folgen den Dänen auf ihren verschiedenen Rückzugslinien, zunächst im Centrum. Hier entspann sich, halben Wegs zwischen Schleswig und Flensburg, — kaum anderthalb Meilen nördlich von dem Felde von Idstedt, auf dem sich 1850 die Geschicke des Landes entschieden — das blutige Gefecht von Oeversee.

# Schleswig. Oeversee.

Um 1 Uhr hatten die letzten dänischen Regimenter Schleswig passirt, um 2 Uhr (wie bereits erzählt) machten schleswiger Bürger die erste Mittheilung vom Abzug der Dänen an einen Officier vom Regiment Coronini, um 4½ Uhr saß Feldmarschalllieutenant v. Gablenz zu Pferde, und um 8¼ Uhr marschirten bereits oestreichische Bataillone an Schloß Gottorp vorbei, in Schleswig*) ein. Die 3. dänische Division (Arrièregarde), die um 1 Uhr Schleswig passirte, hatte mithin nur einen Vorsprung von sieben Stunden. Liechtenstein-Husaren folgten sofort auf der Flensburger Chaussee; die Brigade Nostiz, nach kurzer Rast, rückte im Geschwindschritt nach.

Die oestreichischen Regimenter wurden auf ihrem Durchmarsch durch die Stadt mit lautem Jubel empfangen. Der ganze »Friedrichsberg« (der südlich der Schlei gelegene Stadttheil) prangte im Flaggenschmuck, nicht nur die Häuser, jedes Nebengebäude, jeder Schuppen hatte seine Fahne

*) Das Vorrücken der Alliirten im Centrum, d. h. also der Truppen des II. und III. Armee-Corps (Oestreicher und preußische Garden) geschah, wie sich aus den obigen Stundenangaben ergiebt, mit außerordentlicher Schnelligkeit; dennoch wären unzweifelhaft größere Resultate erzielt worden, wenn die Meldungen vom Abzuge der Dänen, sowohl im Hauptquartier des Feldmarschalls, wie beim II. und III. Corps so rasch eingetroffen wären, wie sie — wenn nicht ein Unstern über allen schriftlichen Ordres dieser Nacht geschwebt hätte — nothwendig eintreffen mußten. Spätestens um 10 Uhr ging aus dem Hauptquartier Carlsburg am rechten Flügel ein mit Bleistift geschriebener Zettel an den Feldmarschall (Hauptquartier Damendorf), worin gemeldet wurde, die Dänen hätten um 8 Uhr ihren Rückzug angetreten. Dieser Zettel konnte um Mitternacht in den Händen des Feldmarschalls und eine halbe Stunde später in Lottorf (oestreichisches Hauptquartier) sein, woraus sich — da General v. Gablenz die gleiche Meldung, aus der Front seiner Stellung erst um 4 Uhr Morgens erhielt — ein Zeitgewinn von 3½ Stunden ergeben haben würde. Dieser Bleistiftszettel ist aber im Hauptquartier zu Damendorf nie angekommen. — Ebenso erging es einer entsprechenden Mittheilung vom Abzug des Feindes, die Generalmajor Graf Gondrecourt in derselben Nacht an den General v. d. Mülbe, Commandirenden des III. Corps (preußische Garden) richtete, oder doch auf Befehl des Generals v. Gablenz richten sollte. Die Mittheilung traf beim III. Corps nicht ein. So blieb dieses in Unkenntniß über die Vorgänge der Nacht, die erst, nach 8 Uhr Morgens, zur Kenntniß des Commandirenden (v. d. Mülbe) gelangten.

und sein Fähnchen. Aus den Fenstern und Thüren flogen den einziehenden Soldaten, trotz Winterzeit, die schönsten Blumen entgegen. Wer einen Blumentopf hatte, der opferte heut das Beste, was derselbe an Blüthen trug. Man war frei; nirgends wurde die Erlösung vom dänischen Joch so tief empfunden wie hier; keine Stadt hatte so schwer gelitten wie Schleswig.

Nur eine anmuthige Stadt war es geblieben. Der Reisende, der von Süden kommt, ist gewöhnlich entzückt über die reizende Lage Schleswigs, das sich hufeisenförmig um die Schlei ausbreitet und von sanft ansteigenden Höhen eingeschlossen ist, auf denen zum Theil die prächtigsten Buchenwaldungen stehn. Je näher man kommt, desto angenehmer ist der Eindruck, den Stadt und Landschaft ausüben. Der altehrwürdige Dom mit seinem winzigen Thürmchen, das prächtige Schloß Gottorp mit seinen historischen Erinnerungen, die Michaeliskirche und selbst die Windmühle auf dem Gallberge, die kleinen mit Blumen gezierten Häuschen, vor allem der Blick auf die Schlei (sammt der sagenreichen Möweninsel), über die, zumal um die Sommerzeit, leise Nebel hinziehn, schaffen hier einen Zauber, dem sich wohl wenige, die zuerst dieser Stadt ansichtig wurden, zu entziehen wußten. Stille ist hier, Behagen, Sauberkeit, dazu jener romantisch-historische Ton, den alte Städte immer zu haben pflegen. Diesen Zauber hatten die Dänen dieser von ihnen gehaßten Stadt freilich nicht nehmen können, sonst aber hatten sie ihr genommen, was zu nehmen war. Systematisch um allen Erwerb gebracht, systematisch von der ganzen Welt abgeschnitten und aufs Blut ausgesogen, mußten die Bürger mehr und mehr verarmen und den Werth ihres Grundeigenthums sinken sehn.*) Während des Krieges von 1848 bis 1850 hatten sie durch Einquartierung und Kriegssteuer bedeutend gelitten; nach dem Kriege mußten sie an Dänemark Kriegssteuer zahlen und dänische Einquartierung ins Haus nehmen; zuletzt noch waren sie angehalten worden, an der »Danewirke«, die zugleich ihre Zwingburg war, zu graben und zu schanzen, — und nun waren sie frei. Wohl war es ein Augenblick, um, freudigen Herzens, das Beste was sie hatten, ihren Befreiern darzubringen.

In langen Kolonnen zogen diese durch die Stadt. »Werden sie noch den Feind erreichen?« diese Frage ging von Mund zu Mund; man wagte es kaum zu hoffen. Eher gab man sich der Erwartung hin, das preußische Corps, auf seinem Marsche durch Angeln, werde die Dänen

*) Als ein Beweis, wie groß die herrschende Erbitterung war, dafür möge beispielsweise dienen, daß der Postmeister Deichmann, ein Däne, als er seine Frau verloren hatte, keinen Tischler finden konnte, der bereit war, für die Frau des dänischen Postmeisters einen Sarg zu machen. Erst nach langem Suchen wurde Rath geschafft.

überholen und sie von ihrer Rückzugslinie auf Flensburg und Düppel abschneiden.

Inzwischen, wie wir gesehn haben, folgte die Brigade Nostiz dem sich zurückziehenden Feind auf der Schleswig-Flensburger Chaussee. Liechtenstein-Husaren, soweit es die Glätte des Weges erlaubte, gingen in scharfer Gangart den Kolonnen vorauf. In der Höhe des Idstedter Sees, fünfviertel Meilen von Schleswig, stießen sie auf einen Artillerie-Park, griffen sofort an, zersprengten die Bedeckung, nahmen 3 Geschütze und machten 40 bis 50 Gefangene. Beim Dorfe Helligbeck trafen sie auf die ersten Abtheilungen feindlicher Infanterie.

Die Dänen hatten bis hierher ihren Rückzug ohne alle Störung bewirkt. Die 2. Division war in guter Ordnung vorauf, die dritte Division, die schon die Gefechte bei Ober-Selk und Jagel zu bestehen gehabt hatte, folgte als Arrièregarde und zwar so, daß die 9. Brigade die Tête, die 8. Brigade die Queue bildete; zwischen beiden marschirte die 7. Brigade (1. und 11. Regiment).

Es war $9\frac{1}{2}$ Uhr früh, als bei Helligbeck die vorsprengenden Husaren auf die Queue bildende Brigade (die 8.) der dänischen Arrièregarde stießen. Eine große Trainkolonne, innerhalb der Dorfgasse, hatte den Weg vollständig verfahren und gesperrt. Die Husaren versuchten den Ort zu umgehen, schritten aber, als Terrainschwierigkeiten dies unmöglich machten, zum Angriff auf das Dorf selbst. Trotz eines heftigen Gewehrfeuers, welches sie empfing, drangen sie bis ziemlich weit in die Kolonne ein und hieben eine Anzahl der Bedeckungsmannschaften nieder. Als aber feindliche Infanterie seitwärts des Ortes vorging und die Husaren in der Flanke beschoß, bekamen die Dänen Luft und setzten ihren Rückzug geordnet fort, von den verfolgenden Reitern fortwährend umschwärmt und geneckt.

So ging der Rückzug weitre zwei Meilen bis zum Kirchdorf Oeversee. Eine kurze Strecke hinter diesem Dorfe, zu beiden Seiten des Weges, hatte die 7. Brigade Aufstellung genommen und ließ die 8. Brigade zwischen sich hindurchmarschiren. Die 7. Brigade übernahm also von hier an die Deckung des Rückzuges und war entschlossen, dem nachdrängenden Feind an dieser Stelle einen energischen Widerstand entgegenzustellen.

Das Terrain, wenn auch zu einer längeren Vertheidigung nicht geeignet, war als Arrièregardenstellung vorzüglich gewählt. Schon 1848, am Tage nach der Schlacht bei Schleswig, hatte hier ein für die dänischen Waffen ehrenvoller Kampf gegen braunschweigsche Cavallerie*)

*) Wir finden diese Angabe verschiedentlich. So viel wir wissen, war es mecklenburgische Cavallerie und zwar das in Ludwigslust liegende Dragoner-Regiment.

und hannöversche Infanterie stattgefunden, der allerdings mit der Gefangennahme der dänischen Jäger endete; ein Kampf, der aber deswegen besonders erwähnt zu werden verdient, weil die Dänen es verschmähten, auf die im Sumpfe stecken gebliebenen, wehrlosen deutschen Reiter zu schießen.

Das Terrain von Oeversee ist im Wesentlichen leicht beschrieben: Hügel rechts und links, durch die sich die Chaussee beinahe hohlwegartig hindurchzieht. Der zur Linken gelegene Hügel ist in seiner Flanke durch den Sankelmark-See bis zu einem gewissen Grade gedeckt, während die flache Hügelkuppe zur Rechten einer Anlehnung entbehrt und leicht umgangen werden kann. Beide Hügelpartieen sind mit Bäumen besetzt, die rechtsgelegene Kuppe mit einem buschartigen Gehölz, die Kuppe zur Linken mit starkem Buchenholz. Diese letztre, an deren Südlisière ein 200 Schritt langer Knick bis zum Sankelmark-See hinläuft, heißt der Hochwald. Die Stärke der Stellung liegt in der Front; eine Umgehung des Sankelmark-Sees entschied schließlich das Gefecht zu Ungunsten der Dänen.

Diese hatten sich in zwei Treffen aufgestellt. Im ersten Treffen, zu beiden Seiten der Chaussee, standen Compagnieen des 1. Regiments; die Kuppen rechts und links waren mit guten Schützen besetzt, die besten lagen hinter dem Knick, der sich an der Südlisière des Hochwalds bis zum Sankelmark-See hinzog. Zwei Geschütze waren rechts von der Chaussee aufgefahren; das 11. Regiment stand in Reserve.

Um 3½ Uhr hatte die Spitze der Brigade Nostiz — das 9. Jäger-Bataillon — Oeversee erreicht; eine Escadron Husaren, die schon vorher einen Angriff auf den Knick jenseits des Dorfes gewagt, hatte sich mit Verlust zurückziehen müssen.

Feldmarschalllieutenant Gablenz beschloß sofort, die feindliche Position zu attackiren. Seine Truppen waren allerdings sehr ermüdet; die Brigade Nostiz, schon seit drei Nächten unter kein schützendes Dach gekommen, hatte in Kälte und Schnee dem Vorpostendienste obgelegen. Jetzt sollte nach einem Marsche von 3 Meilen auf einer beeisten, spiegelglatten Chaussee eine so gut besetzte Stellung genommen werden. General v. Gablenz kannte aber die »schwarzgelbe Brigade« und wußte, was er ihr zumuthen konnte.

Die Tornister wurden abgelegt, 4 Compagnieen vom 9. Jäger-Bataillon zum Angriff auf die Front, die beiden andern Compagnieen des Bataillons zur Umgehung des Sankelmark-Sees bestimmt. Dies war der entscheidende Befehl. Hinter den 4 Jäger-Compagnieen entwickelte sich das 1. Bataillon Belgien-Infanterie und folgte den auf der Chaussee vorgehenden Jägern beim Angriff.

Die Jäger-Compagnieen, als sie in das Schußfeld des dänischen 1. Regiments kamen, wurden von einem verheerenden Feuer empfangen. Besonders waren es die hinter dem erwähnten Knick postirten Schützen, die den anstürmenden Compagnieen die schwersten Verluste beibrachten. Diese Verluste waren um so schwerer, als den Oestreichern die naß gewordenen Gewehre fast alle versagten. So mußten denn Kolben und Bajonnett das Beste thun. Wer am folgenden Tage das Schlachtfeld besuchte, sah auf der südlichen Seite des Knicks lauter Oestreicher, die fast ohne Ausnahme in den Kopf geschossen waren, auf der nördlichen Seite lagen die Dänen von Kolbenschlägen niedergestreckt. Endlich war die Lisière des Hochwaldes genommen, im Walde selbst setzte sich der Kampf von beiden Seiten mit großer Heftigkeit fort, bis das Erscheinen der in die rechte feindliche Flanke detachirten Jäger-Compagnieen, die inzwischen den Sankelmark-See umgangen hatten, den Widerstand an dieser Stelle brach und die Dänen zum Rückzug zwang.

Gleichzeitig war rechts von der Chaussee auf dem feindlichen linken Flügel gekämpft worden. Hier hatte Oberst Müller, der Commandeur der 7. Brigade, einen Vorstoß gewagt und an Terrain gewonnen. Als dies oestreichscherseits wahrgenommen wurde, schickte General v. Gablenz das 2. Bataillon des Regiments Belgien sofort zum Angriff vor. Herzog Wilhelm von Württemberg, Oberst des Regiments, stellte sich an die Spitze des Bataillons, attackirte mit dem Bajonnett und warf, nach kurzem Handgemenge, den Feind in der Richtung auf Munkwolstrup zurück. Vergeblich suchte der Feind sich diesem energischen Vorwärtsstürmen entgegen zu stellen, vergeblich zog er seine Reserve (das 11. Regiment) ins Gefecht, er wurde geworfen, Bilschau genommen und Munkwolstrup besetzt. Ein weitres Gefecht aufgebend, zog sich die dänische 7. Brigade in der Richtung auf Flensburg zurück. Die Oestreicher waren zu erschöpft, den Rückzug noch weiter behindern zu können; das Regiment Hessen, das nicht zum Angriff gekommen war, setzte die Vorposten aus.

In dem Gefecht bei Oeversee war auf beiden Seiten mit großer Bravour gekämpft worden. Das 1. dänische Regiment, großentheils kopenhagener Kinder, schlug sich mit außerordentlicher Zähigkeit; dänische Berichte sprechen deshalb mit Stolz von diesem »Gefecht am Sankelmark-See« und nicht mit Unrecht.

Glänzend andererseits hatte sich wiederum die Brigade Nostitz erwiesen. Schon aus den italienischen Feldzügen her des Rufes ausgezeichneter Tapferkeit genießend, hatte sie heut einen neuen Ruhm zu dem alten gesellt. Ermüdet, durchnäßt, mit Gewehren die versagten, hatte sie im Handgemeng den Feind aus einer festen Position hinausgeworfen. Die

Verluste waren freilich groß. Die Oestreicher verloren an Todten 7 Officiere und 68 Mann, an Verwundeten 22 Officiere*) und 228 Mann. Vermißt wurden 47. Der dänische Verlust (darunter allerdings viele Gefangene) betrug mehr als das Doppelte, 18 Officiere und 944 Mann.

Die bei Oeversee Verwundeten wurden zum Theil nach Schleswig, zum Theil nach Flensburg gebracht.

Einem Bericht über das Eintreffen der Verwundeten in Schleswig entnehmen wir Folgendes: »Spät am Abend ertönte die Lärmtrommel durch die menschenleeren Straßen der Stadt. Dazu klangen die Rufe: »Zweihundert verwundete Oestreicher halten vor dem Schloß«. So war es in der That. Man raffte zusammen, was irgend zur Linderung für die Unglücklichen dienen konnte und in wenigen Minuten war ganz Schleswig auf den Beinen. Und wahrlich, Hülfe that Noth. Von Hunger und Durst gepeinigt, lagen die armen Verwundeten, mit einem Mantel zugedeckt, auf einem Bündel Stroh und zitterten vor Kälte und Schmerz. Kein Bett, kein Arzt — nichts war zu ihrer Aufnahme und Pflege da. Inzwischen geschah was möglich war. Betten, Decken, Stroh, Charpie, Leinwand, Lebensmittel und Erfrischungen aller Art wurden herbeigeschleppt; jeder half, wo er helfen konnte, Frauen verbanden die Wunden ihrer Befreier; Mitleid und Dankbarkeit wetteiferten in ihren Herzen.«

In Schloß Gottorp wartete Hülfe und Pflege der Verwundeten; aber draußen auf dem Schlachtfelde lagen andere, die halb verschneit oder hinter Knick und Graben versteckt, von den Krankenträgern, beim

*) Unter den verwundeten Officieren befanden sich der Herzog Wilhelm von Württemberg und der Obristlieutenant v. Illeschütz, jener der Oberst und Commandeur vom Regiment „Belgien“, dieser der Commandeur des 1. Bataillons desselben Regiments. — Herzog Wilhelm (Sohn vom Herzog Eugen von Württemberg) wurde 1828 in Schlesien geboren. 1848 trat er in die oestreichische Armee, machte den italienischen Feldzug mit und wurde in der Schlacht von Novara an der Kniescheibe schwer verwundet. Zehn Jahre später focht er mit Auszeichnung bei Magenta und Solferino; für Magenta erhielt er die „eiserne Krone“. Seine Verwundung bei Oeversee war nicht gefährlich, aber überaus schmerzhaft, — die große Zehe des einen Fußes war ihm durch eine Flintenkugel zerschmettert. — Auch über den tapfern Obristlieutenant Illeschütz, der später seinen Wunden erlag, an dieser Stelle noch ein Wort. Illeschütz, ein geborner Steiermärker (geb. 1808), trat 20 Jahr alt als Gemeiner in das Infanterie-Regiment Kinsky. Er stieg von Stufe zu Stufe; — für Novara erhielt er das Kreuz. Als Commandeur des 1. Bataillons „Belgien“ rückte er Ende Dezember nach dem Kriegsschauplatz ab. Fast gleichzeitig mit seinem Obersten, sank er schwer verwundet vom Pferde. Zwei Kugeln hatten ihn in den Schenkel getroffen. Gleichwohl schien seine Verwundung anfangs nicht bedenklich. Wenige Tage nach dem Gefecht wurde er durch die Ernennung zum Obersten und Regimentschef, so wie durch die Ertheilung des Ordens der eisernen Krone ausgezeichnet. Auf seiner Reise von Schleswig aus nach einem der böhmischen Bäder, mußte er wegen zunehmender Schwäche in Berlin bleiben, wo sich sein Zustand wesentlich verschlimmerte. Er starb daselbst am 13. Juni. Unter allgemeiner Theilnahme wurde er auf dem Invalidenkirchhof bestattet.

Auffammeln ihrer blutigen Bürde, übersehen worden waren. Viele von diesen starben über Nacht. Ein Reisender, der am anderen Tag des Weges kam, hat das Schlachtfeld wie folgt beschrieben: »Das Wetter war gleichmäßig schlecht, die Chaussee spiegelglatt, und von Zeit zu Zeit erschwerten die zusammengetriebenen Schneemassen das weitere Fortkommen derartig, daß man Gefahr lief, in die tiefen Chausseegräben gestürzt zu werden, was auch vielen Fuhrwerken schon passirt war. Die Gegend ist sehr hügelig und mit Nadelholz bedeckt, während an anderen Stellen nur der Ginster eine spärliche Vegetation bildet. Langsam näherten wir uns der Kampfstätte von Oeversee. Das Terrain ist wellig, das Dorf selbst liegt malerisch zur Seite auf einer Anhöhe. Das eigentliche Schlachtfeld beginnt erst jenseits des Dorfes. Es bot, obschon inzwischen viel Schnee gefallen war, dennoch einen furchtbaren Anblick. Die Oestreicher, stattliche Leute in ihren langen weißen Mänteln, mit durchschossenen Köpfen und zerschmetterten Gliedmaßen, getödtete Pferde, umgeworfene dänische Munitionswagen, lagen zu beiden Seiten des Weges, und den Abhang hinunter sah man in wildem Durcheinander Leichen, Czakos, Tornister, Patrontaschen und zerstreute Waffen aller Art. Wagte man einen weitern Gang durch dieses Todtenfeld, so begann weiter unten die Leichenstätte der Dänen, welche jedoch zum Theil gesäubert war, da, wie ich an Ort und Stelle gehört habe, dieselben vier Schiffsladungen mit Todten bereits fortgeschafft haben sollen. Weiter nördlich auf der Straße liegt eine Schmiede, um welche auch ein heißer Kampf stattgefunden haben muß. Todte von beiden Seiten bedeckten in weitem Umkreise das Feld. Viele Verwundete, welche in der Schmiede wahrscheinlich Hülfe suchten, die ihnen jedoch, da sich die Bewohner geflüchtet hatten, nicht zu Theil wurde, mögen hier in Folge der harten Kälte zu Grunde gegangen sein. Denn so sah ich z. B. einen oestreichischen Soldaten an der Wand des Hauses zusammengekauert und erstarrt, während zur Seite sein Gewehr angelehnt war. Andere lagen im Schnee und bei ihnen, von der Erbitterung des Kampfes zeugend, gefallene Dänen. Tiefe Stille ruhte auf der unheimlichen Stätte.« Um dieselbe Stunde passirte auch ein preußisches Garderegiment, auf seinem Marsche nach Flensburg, das Schlachtfeld. Ein Soldat schrieb nach Haus: »es war fast zu viel für mein junges Herz«.

# Der Marsch durch Angeln. Besetzung Flensburgs.

Wir verließen das I. Corps am 6. Februar $4\frac{1}{2}$ Uhr Nachmittags, als eben die letzten Kolonnen die nach Arnis hinüber geschlagene Ponton-Brücke passirt hatten. Es war dies genau dieselbe Stunde, zu welcher sich, drei Meilen weiter westwärts, das blutige Arrièregarden-Gefecht bei Oeversee zu Gunsten der Oestreicher entschied.

Der Uebergang über die Schlei, wie wir bereits wissen, hatte unmittelbar nach Beendigung des Brückenbaues, $9\frac{3}{4}$ Uhr begonnen. Die Zietenschen Husaren und die Avantgarde passirten die Brücke zuerst. Während die Bataillone der Avantgarde noch beim Prinzen vorbeidefilirten, traf der Flügeladjutant Sr. Majestät des Königs, Oberstlieutenant Prinz zu Hohenlohe-Ingelfingen, in Arnis ein und brachte vom Feldmarschall aus Dahmendorf die wichtige Nachricht, daß die Dänen das Dannewerk geräumt hätten; der Feldmarschall hoffe den Prinzen auf den Höhen bei Flensburg wieder zu sehn.

Es war 11 Uhr Vormittags, als der Prinz diese wichtige Nachricht empfing; der am Abend vorher um 8 Uhr abgerückte Feind hatte freilich einen bedeutenden Vorsprung, dennoch erschien es geboten, mit aller Kraft auf Flensburg vorzustoßen, um den Feind wo möglich von seiner Rückzugslinie abzudrängen. General Graf Münster, welcher mit der Reserve-Cavallerie (die der Avantgarde unmittelbar folgte) so eben im Uebergehn begriffen war, erhielt Befehl, mit der gesammten Cavallerie des Corps, unter Aufbietung aller Kräfte, den Feind zu verfolgen und sich, wie wir schon citirten, an ihn zu hängen, wenn er denselben eingeholt hätte. Es sollte alles geschehn, was die »Kräfte von Mann und Pferd« erlaubten.

Diesem Befehl gemäß setzte sich die gesammte Cavallerie des Corps in Marsch. Es war $11\frac{1}{2}$ Uhr. Einige Schwadronen Zieten-Husaren und 11. Ulanen hatten die Tête. Die eingeschneiten, von der Sonne beschienenen Wege waren schwer genug zu passiren; als aber bald nach Mittag die tiefer gehende Sonne ihren Einfluß auf das Thauen des Schnees verlor und nach und nach das Frostwetter entschiedener eintrat, wurde das Fortkommen immer beschwerlicher. Es glatteiste und um die vierte Stunde war der Weg zu einer spiegelglatten Fläche geworden. Die Pferde glitten rechts und links von den dammartigen Wegen in die mit Schnee angefüllten Gräben und konnten nur mit großer Mühe wieder herausgeschafft werden. Die Husaren stiegen ab und führten ihre Pferde am Zügel. Als es dunkel wurde, fiel Schnee, aber der scharfe Ostwind, der wehte, machte den Schnee zu harten Eisstücken, so daß alles die Augen schließen mußte. Immer langsamer ging es vorwärts; die Schnelligkeit stand im umgekehrten Verhältniß mit Schneefall und Sturm, die beständig wuchsen. Und doch hieß es »Vorwärts um jeden Preis«.

Abends 9 Uhr erreichten die Têten der Reserve-Cavallerie das Dorf Sterup, halben Wegs zwischen Arnis und Flensburg. Bald nach ihnen trafen die Avantgarde und die Brigade Roeder ein. Die Cavallerie hatte nicht wesentlich rascher fortgekonnt, als die Infanterie-Kolonnen; in neun Stunden drei Meilen. Die Pferde konnten nicht weiter; es war nicht möglich, ohne vorgängige kurze Rast die Verfolgung fortzusetzen.

Ein Officier vom Zietenschen Husaren-Regiment berichtet über diesen Marsch durch Angeln: »Wir gingen also auf Flensburg, um die Rückzugslinie des Feindes zu bedrohen. Im Laufe des Nachmittags wurde auf zwei Stunden Halt gemacht, um zu füttern; da die Pferde zu Dutzenden stürzten, so wurde es unmöglich, daß das Regiment noch an demselben Tage — was der eigentliche Plan der Verfolgung war — Flensburg erreichte. Abends um 9 Uhr machten wir bei den Dörfern Schnabe und Sterup Halt und trafen die nöthigen Sicherheitsmaßregeln. Bald füllten sich die Dörfer mit Artillerie und Infanterie, so daß nur ein Theil unserer Mannschaften untergebracht werden konnte; der Rest mußte bivouacquiren. Mann und Pferd waren aufs äußerste erschöpft, da nichts mehr anstrengt, als das Reiten auf Glatteis. Um 3 Uhr früh wurde wieder ausgerückt. Mit Tagesanbruch stand ich vor Flensburg.«

So weit der Brief des Officiers. In der That waren, der am 6. gegebenen Disposition gemäß, 3 Escadrons um 3 Uhr früh (am 7.) aus ihren Quartieren aufgebrochen und standen kurze Zeit darauf auf der Chaussee nach Flensburg vereinigt. Es waren die beiden ersten Escadrons von Zieten-Husaren und die erste Escadron vom 11. Ulanen-Regiment, jene unter Führung des Rittmeisters v. Weise, diese unter Rittmeister v. Rauch. Rittmeister v. Weise, als ältester Officier, übernahm den Befehl. Er ließ die Ulanen-Escadron, welche sich an der Tête befand, als Avantgarde gegen die Stadt vorgehn. Um 7½ Uhr erreichte die Spitze der Ulanen Flensburg Die Dänen waren seit drei Stunden fort. Im Trabe ging es durch die Stadt hindurch, dem Gehölz entgegen, das etwa 2000 Schritt vor dem Norderthor beginnt und an der Apenrader Chaussee sich hinzieht.

GENER
FELDM:
L. BURGER GEZ.
A. LÜTKE SC.

RIEDR: WILHELM · KRONPR:
BURGER
H. SCHMIDT

Hier erhielten die Ulanen Feuer und zogen sich wieder bis an die Stadt zurück. — Ein ähnliches Gefecht bestand eine Husaren-Abtheilung unter Premierlieutenant Thiele, die auf der Friesenstraße gegen Bau vorgegangen war. Sie machte einige Gefangene.

Flensburg selbst war inzwischen von dem Rest der Zietenschen Husaren besetzt worden. Hier war die Ausbeute reicher. Hundert Dänen, die sich in den Häusern verspätet hatten, wurden gefangen genommen, dazu große Vorräthe von Proviant, Brod und gesalzenem Fleisch, die eben eingeschifft werden sollten, um nach Sonderburg abgeführt zu werden. Unter der Beute befand sich auch das Silber- und Tafel-Servis des dänischen Ober-Commandos.

Um 11½ Uhr Mittags — nachdem schon vorher die Avantgarde des III. Corps (preußische Garden) die Stadt passirt hatte — zog der Feldmarschall in Begleitung des Kronprinzen unter großem Jubel der deutschen Bevölkerung in Flensburg ein.

Noch im Laufe des 7. Februar wurden für die gesammte Armee folgende Dispositionen ausgegeben:

das I. Corps (Prinz Friedrich Karl) bezieht Quartiere in Nord-Angeln (Glücksburg, Grundhof, Groß-Quern);

das II. Corps (v. Gablenz) bezieht Quartiere südlich von Flensburg (Oeversee, Hürup, Bistoft, Wanderup);

das III. Corps (Garden) bezieht Quartiere in Flensburg und Umgegend. Die Avantgarde dieses Corps unter Generalmajor v. d. Goltz folgt dem Feinde und besetzt Bau und Crusau (Gabelpunkt, wo sich die Straße nach Apenrade und Düppel theilt).

Alle Truppentheile waren, nach den Kämpfen und Strapatzen der letzten Tage, der Ruhe dringend bedürftig. Eine energische Verfolgung, so große Resultate sie muthmaßlich ergeben und ein Festsetzen des Feindes in der Düppelstellung gehindert hätte, war doch eben unmöglich, weil die Kräfte von Mann und Pferd erschöpft waren. Selbst General v. Gablenz, der über alte kriegsgewohnte Regimenter verfügte, hatte am 6. Abends das dringende Verlangen gestellt, seinen aufs äußerste ermüdeten Truppen für den 7. Februar Ruhe zu gewähren. Kaum geringer waren die Strapatzen des I. Corps gewesen. Erst am 10. Februar wurden die Kriegsoperationen wieder aufgenommen.

Eh wir in den zweiten Abschnitt dieses Krieges, in die Belagerung von Düppel eintreten, geziemt es sich an dieser Stelle wohl, sich gegenwärtig zu halten, welche Resultate die erste Woche des Krieges, vom 1. bis zum 7. Februar, im Gefolge gehabt hatte: die Eider war überschritten, der Feind in blutigen Gefechten besiegt, das Dannewerk genommen, Schleswig frei. Jene eilf Meilen lange Vertheidigungslinie, deren Uneinnehmbarkeit in allen Blättern Europas immer wieder und wieder behauptet worden war, sie war aufgegeben, eine ernstliche Vertheidigung nicht einmal versucht worden. Materiell wie moralisch war ein großer Sieg errungen. 119 schwere Positionsgeschütze, 20 Stück Feldgeschütze, welche an verschiedenen Stellen des Weges stecken geblieben waren, dazu entsprechende Munitionsvorräthe waren erbeutet worden. Nicht minder schwer wog das Bewußtsein eines großen, rasch errungenen Erfolges. Die jungen Truppen, aus denen die alliirte Armee der Mehrzahl nach bestand, hatten sich nicht nur fühlen, sie hatten auch ihre *Ueberlegenheit* über den Gegner kennen gelernt. Wie die jungen Truppen, so hatten sich die neuen Waffen, das Zündnadelgewehr und die gezogenen Geschütze, selbst über die kühnsten Erwartungen hinaus, bewährt. Der Verlauf des Krieges sollte noch vielfach Gelegenheit geben, wie die Ueberlegenheit des oestreichisch-preußischen Systems (gegenüber dem Milizsystem der Dänen), so vor allem auch die Ueberlegenheit ihrer Bewaffnung darzuthun. Der rasche und glänzende Ausgang des Krieges war zum Theil eine Folge davon.

Wir wenden uns nun dem zweiten Abschnitt des Krieges — »*Düppel*« zu.

# Düppel.

IV

Lith. Anst. v. W. Loeillot in Berlin.

# Sundewitt.

## Land und Leute

leich in unserem ersten Kapitel (Land und Leute in Schleswig-Holstein) hoben wir hervor, daß die ganze Ostküste beider Herzogthümer, namentlich aber Schleswigs, tiefe Meereseinschnitte zeige, zwischen denen — wenige Strecken im Westen abgerechnet — die fruchtbarsten Distrikte des Landes mit ihren alt-historischen Namen gelegen seien. Die drei südlichsten dieser Distrikte (Halbinseln) nannten wir schon: den »dänischen Wohld« zwischen der kieler und der eckernförder Bucht, das Ländchen Schwansen zwischen der eckernförder Bucht und der Schlei und das Land Angeln zwischen der Schlei und dem flensburger Meerbusen. Wir lernen jetzt, in unmittelbarer Fortsetzung nach Norden hin, zwischen dem flensburger und dem apenrader Meerbusen eine vierte Halbinsel kennen, das Sundewitt.

Dies, nach Nord und Süd hin, zwischen zwei Meerbusen gelegene Sundewitt hat die Form eines beinah gleichseitigen Dreiecks, dessen eine Seite von der ziemlich gradlinigen Flensburg-Apenrader Chaussee gebildet wird, während die nach Osten hin gerichtete Spitze des Dreiecks auf das Meer und die Insel Alsen zeigt. Diese Spitze des Dreiecks ist freilich abgestumpft; wie denn Vorsprünge und Einbuchtungen überhaupt die Regelmäßigkeit der Linien unterbrechen und die »Dreiecksform« nur als Grundform der Halbinsel fortbestehen lassen. Unter den Einbuchtungen, deren wir eben erwähnten, ist das Nübel-Noer (an der Südseite der Halbinsel) die größte und wichtigste.

Die Größe der Halbinsel, wenn man ihr das ganze Stück Land zurechnet, das zwischen der Flensburg-Apenrader Chaussee und dem flensburger und apenrader Meerbusen gelegen ist, ist gegen 6 □ Meilen; die Zahl der Einwohner wird nicht weniger als 20,000 betragen. Die Bodenverhältnisse sind die günstigsten und mit Ausnahme einzelner Moor- und Haidestrecken, die noch dem Westtheile der Halbinsel — wo sie mit dem schleswigschen Festlande zusammenhängt — angehören, entsprechen die Verhältnisse denen Angelns und der Insel Alsen. Derselbe Boden, dieselbe Art der Bestellung. Auch landschaftlich ist das Sundewitt den ebengenannten Landestheilen nahe verwandt, wiewohl es namentlich hinter Alsen an malerischer Schönheit zurückstehen mag. Deshalb sind, wie schön anderes auch sein mag, diejenigen Punkte der Halbinsel als die schönsten anerkannt, die wie z. B. der Spitzberg und die düppeler Höhen einen Ueberblick nicht nur über das Sundewitt und seine Buchten, sondern vor allem über das gegenüber gelegene Alsen gestatten. Wenn Düppel nicht berühmt wäre durch die Ereignisse, die sich an seinen Namen knüpfen, so verdiente es gekannt zu sein durch das Panorama (Alsen, das Meer, der Wenningbund und die Uferlinien des Sundewitt), das sich vor ihm ausbreitet.

Die Dörfer der Halbinsel, wohl dreißig an der Zahl, sind reich wie das Land selber. Die Bauart der Häuser fängt schon an sich von der niedersächsischen Art zu entfernen, nur das Weitgestreckte, das allen niedersächsischen Dorfanlagen eigen ist, findet sich noch und viele der größeren Dörfer führen sich unter zwei Namen ein, als ein Oster- und Wester-Dorf (Oster- und Wester-Satrup, Oster- und Wester-Düppel 2c.). Die Kirchen und die Kirchhöfe, namentlich die letzteren, bekunden die Wohlhabenheit des Landes. Die Gräber sind gepflegt und zu Häupten der meisten erhebt sich ein Granitstein, in dessen flach-abgesprengte Seite eine Erz- oder noch häufiger eine Marmortafel eingelegt ist, die den Namen des Verstorbenen und die Daten seiner Geburt und seines Todes trägt.

Entsprechend diesen Kirchen und Kirchhöfen sind selbstverständlich auch die Pastorate. Es sind gut dotirte Stellen, ähnlich wie es sich bei uns auf der Insel Rügen findet. Das Pfarrhaus ist hier — wo wenige adliche Besitzungen vorkommen — zugleich das Herrenhaus des Dorfes. Der Garten wird zum Park, der Hof zum Gehöft, das Bücher-Regal erweitert sich zu einem Bibliothekzimmer und in der Küche dreht sich der Spieß, als brächte jeder Tag ein Fest, oder einen Besuch. Während des Krieges wurde mit Recht geschrieben: Die Pastorate sind hier im Sundewitt die gesuchtesten Quartiere, weil die Wohnhäuser geräumig, die innere Einrichtung comfortabel und die Hausherren gut situirt sind. Die Einkünfte der Pastoren betragen wohl fast alle über 2000 Thlr. und in keinem Pastorate fehlt ein Saal. Selbst die Küster- und Schullehrerstellen sind hier derart, daß 200 Thlr. Ruhegehalt als eine »kleine Pension« gelten.

Die Geistlichen, wenn wir um dreißig Jahr zurückgehn, waren im Sundewitt wie anderswo im Lande schleswigsche Landeskinder und das deutsche Element (in aller Loyalität gegen Dänemark und den König-Herzog) wog vor. Die Kirchhof-Inschriften aus jener Zeit lassen kaum einen Zweifel darüber. Was im Alltagsleben gesprochen wurde, war weder deutsch noch dänisch, sondern ein Gemisch von beiden, das kein Fremder verstehen konnte; die Kirchensprache aber, einige Gemeinden von ausgesprochen nordschleswigschem Charakter abgerechnet, war die Sprache Luthers.

So standen hier die kirchlichen und zugleich die sprachlichen Verhältnisse bis zur Thronbesteigung Christians VIII. (1839), auch noch im Wesentlichen bis zum Ausbruch des ersten schleswig-holsteinschen Krieges. Nach Niederwerfung der Bewegung änderte sich dies und in den mittelschleswigschen Distrikten, zu denen wir auch das Sundewitt zu zählen haben, begannen die Danisirungsversuche. Da die Bevölkerung, ohne dänisch zu sein, doch eher, politisch genommen, dem Dänenthum als dem Deutschthum zuneigte, so konnten diese Versuche kaum scheitern. Das dänische setzte sich fester, die Predigt wurde dänisch gehalten, der Unterricht dänisch ertheilt, dänische Bücher, dänische Zeitungen kamen ins Land.

Es wäre gegen diese Schritte der nationalen kopenhagener Partei, bei der sprachlichen und politischen Unausgesprochenheit der Bevölkerung, nichts Erhebliches zu sagen gewesen, wenn man weniger rücksichtslos, minder verletzend gegen die Empfindungen aller derer verfahren wäre, die, wenn auch nur eine Minorität bildend, von ausgesprochen deutscher Gesinnung waren. Aber hierin versah man es in Kopenhagen.

Die national-dänischen Herren, die man von den Inseln und von Jütland aus in's Land schickte, waren — theilweis wenigstens — sehr ungeeignet für das Amt, das sie bekleiden sollten und die Bezeichnung: »schwarze Gensdarmen«, die man für sie erfand, war in vielen Fällen nur allzu sehr verdient. Man kann zugeben, daß der gegenüberstehende Haß der Deutschen es an Uebertreibungen und in einzelnen Fällen an Verleumdungen nicht fehlen ließ. Von einem dieser Herren, die 1851 in's Land kamen, wurde erzählt, daß er Chaussee-Steinklopfer gewesen sei, anderen wurde Trunk und Unzucht, noch anderen der wüste Lebenswandel ihrer Frauen vorgeworfen. Wohl möglich, daß der nationale Haß in grellen Farben malte. Aber anderes stand fest. Pastor Roth in Ulderup machte den Versuch, das Taufkind eines Mannes Namens Kaufmann auf den Namen »Kjöbmand« zu taufen, und Pastor Schleppegrell in Broacker, von dem der Volkswitz erzählte, er sei mit nichts als »einem Uniformrock und einem Sommar« in's Land gekommen, hatte in der That von 1848—51 als Artillerie-Officier im dänischen Heere gestanden. Um seiner militairischen Dienste willen, war er mit der einträglichen Pfarrstelle von Broacker belohnt worden. Diese Dinge waren Thatsachen. Sollen wir ein Urtheil zur Sache geben, so glauben wir — gestützt auf die Erfahrungen solcher, die während des Krieges wochen- und monatelang in dänischen Pastoraten einquartiert waren — uns dahin aussprechen zu können, daß es, was persönliche Ehrenhaftigkeit, weltmännische und gelehrte Bildung anging, mit diesen vielangefochtenen Männern, im Großen und Ganzen um kein Haar breit schlechter stand (meistens besser) als mit den Landgeistlichen anderer Gegenden; darin aber waren sie freilich ein Unsegen für das Land, daß sie in erster Reihe Dänen und dann erst Christ waren, die Pflege der Gesinnung kümmerte sie mehr als das Heil der Seelen ihrer Gemeinde. Einzelne waren vielleicht fanatisch genug sich einzubilden, daß beides nothwendig zusammenfalle. Ueberall im Lande, wo das deutsche Element überwog, mußte das als ein unerträglicher Druck empfunden werden. Darüber kann kein Zweifel sein. Im Sundewitt indeß lagen die Dinge anders. Die, wie wir bereits hervorhoben, der deutschen Kirchensprache zum Trotz, halb dänenfreundliche, halb indifferente Bevölkerung kam dem nationalen Bekehrungseifer auf halbem Wege entgegen und eine Minorität ausgesprochen deutscher Männer abgerechnet, läßt sich nicht behaupten, daß die Bevölkerung des Sundewitt unter der dreizehnjährigen Herrschaft dänischer Pastoren und dänischer Schullehrer sich besonders unbehaglich gefühlt hätte. Beinah gegentheils; man wurde mehr und mehr dänisch, aber man wurde es gern, mindestens ohne Trauer. Während des Krieges erwies sich das

Sundewitt in seinen dänischen Elementen als dänischer, wie beispielsweise ganze Distrikte von Jütland.

Auch die Handels- und Verkehrs-Wege des Sundewitt kamen einer Danisirung mehr oder weniger entgegen. Die beiden Chausseen, die die Halbinsel durchlaufen, sind Verbindungsstraßen zwischen Apenrade und Sonderburg und zwischen Flensburg und Sonderburg, und wiewohl die dadurch erzielte bequeme Verbindung mit dem, an der Grenze von Deutsch-Schleswig gelegenen Flensburg, zunächst auf deutsche Handelsbeziehungen hinzudeuten scheint, so war es doch gerade der leichte Verkehr mit diesem bevorzugten Stapelplatz der dänischen Hauptstadt, was den Handel mit den dänischen Inseln steigerte. Alle Straßen des Sundewitt, wie immer sie laufen mochten, führten in ihrem Verlauf weniger südwärts nach Hamburg, als ostwärts nach Kopenhagen.

Die beiden genannten Straßen sind die Lebensadern des Sundewitt. Beide münden nach Westen hin auf die Flensburg-Apenrader Chaussee, während nach Osten hin sie auf dem Düppelterrain (etwa 1000 Schritt hinter den vormaligen Schanzen) zusammentreffen. Diese beiden Straßen — an denen die wichtigsten Dörfer der Halbinsel: Feldstedt, Baurup, Ulderup, Satrup im Norden; Rinkenis, Gravenstein, Atzbüll, Nübel und Düppel im Süden gelegen sind — wurden für die Kriegsereignisse, deren Beschreibung wir entgegengehn, von höchster Wichtigkeit. Sie erleichterten in gleichem Maße den Verkehr, wie die Orientirung. Das Verständniß der Belagerung beruht auf genauer Kenntniß des Vorterrains und der beiden Straßen, die es durchziehn. Freilich auch noch auf der Kenntniß eines bisher übergangenen Anhängsels des Sundewitt. Ueber diesen ein Wort.

Etwa eine halbe Meile vor der Düppelstellung — die, wie wir hervorhoben, in der Spitze des Sundewitt-Dreiecks gelegen ist — nimmt die Südlinie eben dieses Dreiecks eine sehr unregelmäßige Gestalt an. Von rechts und links her dringen die Wasser des Meeres und des flensburger Meerbusens in das Festland. Der Halbinsel ein und zwei schöne Buchtungen schaffend, den Wenningbund und das Nübel-Noer, schaffen sie zugleich zwischen diesen zwei kleineren Wasserbecken eine kleinere Halbinsel (Broacker), die an einem tausend Schritt breiten Damm an der größeren Halbinsel (Sundewitt) hängt. Fruchtbarer noch als das eigentliche Sundewitt, an Schönheit und Fruchtbarkeit der Insel Alsen nah verwandt, erlangte diese kleine Halbinsel insonderheit durch ihre Flankenstellung zur Düppelposition eine hervorragende Wichtigkeit. Von hier aus (was die Dänen bei Anlage Düppels für unmöglich gehalten hatten) ermöglichte sich dennoch, über den Wenningbund hinweg, eine Beschießung der Schanzen;

vor allem aber war diese zur Seite gelegene Halbinsel ebenso sehr ein bequemes Angriffsthor gegen die Schanzen, als es jeden Ausfall aus den Schanzen, auch wenn dieser zunächst glückte, mit überlegner Macht in die Flanke nehmen und den Sieg in Niederlage verkehren konnte. Die beiden Sundewitt-Chausseen und die Broackerstellung waren von entscheidender Bedeutung für den Gang der Ereignisse. Wir geben nun im nächsten Kapitel ein Bild der Düppelstellung selbst.

V

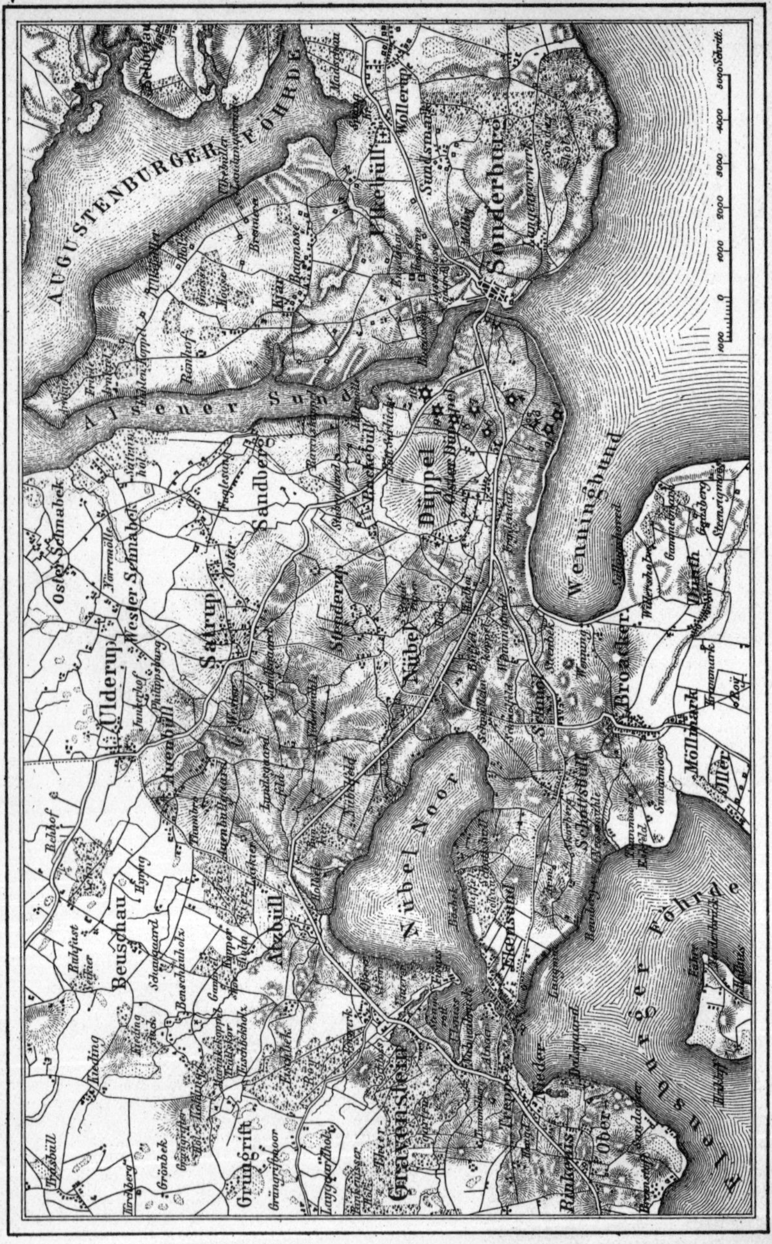
AUGUSTENBURGER FÖHRDE
Alsener Sund
Sonderburg
Sundsmark
Ulkebüll
Wollerup
Düppel
Sandberg
Satrup
Oster Schnabek
Wester Schnabek
Ulderup
Auenbüll
Beuschau
Atzbüll
Gravenstein
Rinkenis
Nübel Noor
Nübel
Wenningbund
Broacker
Schelde
Schottsbüll
Möllmark
Iller
Flensburger Föhrde
Grüngrift
Kiding
Fischbek
Rönhof
Stenderup
Rackebüll
Dünth
Beuschauholz
1000 0 1000 2000 3000 4000 5000 Schritt

# Die Düppelstellung.

Die abgestumpfte Ostspitze des Sundewitt, — seine Südost-Ecke — hat im Wesentlichen die Form eines rechten Winkels, der durch den Wenningbund (im Süden) und den Alsensund (im Osten) gebildet wird. Der Spitze dieses rechten Winkels gegenüber, an der anderen Seite des Alsensundes, liegt Sonderburg. Die diesseitigen Ufer in unmittelbarer Nähe der beiden Wasserstraßen (Wenningbund und Alsensund) sind ziemlich flach, wenigstens flacher als die gegenüber liegenden Ufer der Insel Alsen; aber schon in geringer Entfernung vom Ufer beginnt der Boden anzusteigen und eine drittel Meile landeinwärts erreicht das Terrain, das hier den Charakter einer Hügelkette annimmt, die nicht unbeträchtliche Höhe von 250 Fuß. Dieser Höhenzug, von einzelnen Kuppen überragt, führt den Namen der Düppelberge. Man kann sie als einen 3000 Schritt langen Riegel bezeichnen, der die äußerste Landspitze des Sundewitt, von Wasser zu Wasser reichend, quer abschließt. Jenseit weiter nach Westen hin, fällt das Terrain wieder ab, etwa in derselben Linie wie es anstieg.

Schon bei Gelegenheit früherer Kämpfe — namentlich während des 17. Jahrhunderts — war den dänischen Generalen die ausgezeichnete defensive Kraft dieser Position keineswegs entgangen. Die Düppelstellung bot von Natur drei große Vorzüge: sie beherrschte erstens das Terrain auf dem der Gegner, schutzlos, heranrückte, ließ zweitens eine Durchbrechung wegen der Kürze der zu vertheidigenden Linie als mindestens sehr schwierig erscheinen und machte drittens eine Umgehung der Flanken, die durch Wenningbund und Alsensund gedeckt waren, völlig unmöglich.

Während des Krieges von 1848—50 gelangte die Stellung zu einem gesteigerten Ansehn. Angriffe im Mai und Juni 1848 scheiterten; 1849 wurde sie von den Sachsen und Bayern unter beträchtlichen Verlusten gestürmt. Diese verschiedenen Kämpfe hatten viel Blut gekostet; die Soldaten nannten Düppel »das Blutloch«.

Die Dänen, während dieser Kämpfe, hatten die natürliche Festigkeit dieser Position aufs Neue kennen gelernt und waren entschlossen, diesen Vortheil nicht aus der Hand zu geben. 1858, als die Verhältnisse zu

Deutschland sich abermals mehr und mehr zu trüben begannen, schritten sie dazu, die von Natur feste Stellung durch künstliche Werke immer fester zu machen, und so entstanden die vielgenannten düppler Schanzen, zehn an der Zahl. Sie verfolgten, ohne immer die höchsten Kuppen zu wählen, im Wesentlichen den Rücken des Höhenzuges und reichten also, wie dieser, von Wasser zu Wasser, d. h. vom Wenningbund bis zum Alsensund.

Die Anlage geschah mit außerordentlicher Kunst. Es war eine Doppelreihe von Werken; in erster Reihe lagen sieben, in zweiter Reihe drei weitre Schanzen; später (während der Belagerung) wurde der zweiten Schanzenreihe, auf dem linken dänischen Flügel, noch eine dritte Vertheidigungslinie hinzugefügt.

Durch die beiden mehrgenannten Sundewitt-Chausseen, die, den Höhenzug von Westen her ansteigend, mitten durch die Düppelstellung hindurchliefen, wurde diese Stellung in drei Theile getheilt, in einen linken und rechten Flügel und in ein Centrum. Da der rechte dänische Flügel indeß, wenn wir diese Eintheilung festhalten wollten, nur aus einem etwa hundert Schritt breiten Erdstreifen und einer einzigen Schanze (Schanze X.) bestehen würde, so lassen wir, wie es auch während des Krieges geschah, in Nachstehendem statt der Dreitheilung lieber eine Zweitheilung eintreten und sprechen ausschließlich von einem linken und rechten Flügel der dänischen Stellung. Die flensburger Chaussee zog die Grenze zwischen beiden; auf dem linken dänischen Flügel, zwischen Wenningbund und der Chaussee, lagen die Schanzen I. bis IV., auf dem rechten dänischen Flügel, zwischen der Chaussee und Alsensund, lagen die Schanzen V. bis X.

Wir versuchen eine kurze Schilderung der einzelnen Schanzen.

### Die Schanzen des linken dänischen Flügels (Schanze I. bis IV.).

Schanze I. lag unmittelbar am Wenningbund auf einer leicht hervortretenden Erhöhung des Uferrandes und beherrschte durch ihr Feuer den Weg längs der Küste vollständig. Sie war die niedrigste. Vor ihr zog sich eine nasse Schlucht, aus der Gegend der Chaussee herabkommend, als eine Art Hinderniß entlang.

Schanze II. bildete eine sechsseitige Redoute oder eine Art abgestumpfter Lünette, deren Kehle eine Brustwehr schloß.

Schanze III. war eines der kleineren Werke der Düppelstellung. Gemeinschaftlich mit den Werken IV. und V. beherrschte sie die Chaussee und das zunächst gelegene Terrain vollständig. Schanze III., IV. und V. vertheidigten sich gegenseitig, so daß hier einer der stärksten und wichtigsten Punkte der ganzen Linie lag.

Schanze IV., auf einer Kuppe südlich der Chaussee und gegen die Schanzen III. und V. etwas zurückgelegen, war eine starke sechsseitige Redoute und bildete den hauptsächlichsten Theil für den feindlichen linken Flügel, den sie durch ihre erhöhte Lage dominirte und sogar das Terrain rückwärts der Schanzen III. II. und I. mit ihrem Feuer beherrschte.

#### Die Schanzen des rechten dänischen Flügels (Schanze V. bis X.).

Schanze V., fast unmittelbar neben der Chaussee gelegen, lag, gegen Schanze IV., um 500 Schritt vor. Sie bestand aus einem ähnlichen Werke wie Schanze III.

Schanze VI., räumlich wohl die ausgedehnteste und am stärksten armirte von allen Schanzen, war eine fünfseitige Redoute und lag auf dem höchsten Punkte der Linie. Ihre Wirkungssphäre reichte nach beiden Flügeln bis zum Meere.

Schanze VII., etwa 350 Schritt weiter zurückgelegen, influirte auf die Vertheidigung der Schanzen V. VI. und VIII. Sie war nach demselben Grundriß angelegt wie die beiden kleineren Schanzen III. und V.

Schanze VIII. IX. und X., die letztre, wie schon angedeutet, auf einem schmalen Streifen zwischen dem Alsensund und der apenrader Chaussee gelegen, waren große geschlossene Werke und ohngefähr nach gleichem Grundriß wie Schanze VI. aufgeführt. Die Entfernung dieser Schanzen von einander war größer, als die zwischen den Schanzen des linken Flügels.

Während der linke Flügel (vier Schanzen) eine Gesammtausdehnung von nur 1000 Schritt hatte, hatte der rechte Flügel (sechs Schanzen) eine Gesammtentwickelung von gegen 2500 Schritt. Alle Schanzen waren durch Verbindungslinien mit einander verbunden, die zum Theil selbst wieder durch sogenannte »Geschütz-Emplacements« zu eignen kleinen Vertheidigungswerken umgeschaffen waren*).

Die Werke selbst, die eigentlichen Schanzen, sämmtlich aus Erde erbaut, hatten eine ungefähre Höhe von 20 Fuß, die Gräben eine Tiefe von 12 Fuß und eine Breite von 20 Fuß, die Stärke der Brustwehren war gegen schweres Geschützfeuer berechnet. In den Gräben befanden sich als Annäherungshindernisse Pallisadenreihen, vor den Gräben Eggen, Wolfsgruben, Spickpfählchen, sowie Drahtnetze (ähnlich den Weinspalieren), eine neue Erfindung der Dänen. Jede Schanze, ungefähr für 6 Geschütze

*) Das im Zeughause zu Berlin aufgestellte „Düppelmodell“ (eine ausgezeichnete Arbeit des Major v. Kessel) giebt eine treffliche Gelegenheit, wie über das Terrain selbst, so auch namentlich über die Art und Ausdehnung der Düppelschanzen sich zu informiren.

und 2 Compagnieen Besatzung eingerichtet, besaß im Innern ein solid gebautes hölzernes Blockhaus, sowie ein Pulvermagazin, auch Zufluchtsörter in den Traversen und unter den Brustwehren.

Außerdem rechneten die Dänen auf die flankirende Mitwirkung ihrer Kanonenboote von der Seeseite her, sowohl auf dem Wenningbunde, wie dem Alsensund. Ueberdies waren auch auf den das Ufer dominirenden Höhen der Insel Alsen Batterieen angelegt, welche sowohl den rechten Flügel vor Nr. X. flankirten, als auch von Sonderburg aus das Terrain zwischen dem Alsensund und den Schanzen durch ihr Feuer beherrschen konnten.

Unmittelbar vor den Schiffbrücken, die ebenfalls von Sonderburg aus nach der eigentlichen Düppelstellung führten, befand sich ein doppelter Brückenkopf, wovon der nördliche größere in Gestalt eines Kronenwerks und in denselben Dimensionen wie die Schanzen erbaut war. Er sicherte den unmittelbaren Zugang zu den Brücken und verschaffte der Düppelstellung die offene, ungehinderte Verbindung nach rückwärts, mit der Armee auf Alsen.

Dies war im Wesentlichen die berühmte Düppelposition.

Sie war, wie militairische Autoritäten versichern, mit allen strategischen und taktischen Vorzügen ausgestattet, die nur erdacht werden können. Diese Vorzüge lassen sich dahin zusammenfassen: Zunächst eine Frontausdehnung von kaum 4000 Schritt, durch zehn Schanzen gedeckt, beide Flügel an das Meer gelehnt und durch die Flotte geschützt. Der rechte Flügel überdies noch durch Batterieen auf der Insel Alsen besonders gekräftigt und fast unangreifbar gemacht. Diese Umstände allein bezeichnen schon die große Stärke der Position. Im Rücken derselben deckte ein großer Brückenkopf die Verbindung zwischen dem Sundewitt und Alsen, und *in dieser reichen Insel hatte die feindliche Armee ihre nächste, ganz gesicherte Basis*. Sie fand dort gedeckte Sammelpunkte für ihre Reserven und Ruhequartiere für die durch den Dienst in den Schanzen ermüdeten Bataillone. Die Stadt Sonderburg bot bei ihrer Lage und durch ihre mannigfachen Hilfsmittel eine große Stütze. Endlich gewährte die See, auf welcher den Dänen ihre Superiorität nicht streitig gemacht werden konnte, ihnen das Mittel, die zur Vertheidigung der Düppelstellung aufgestellten Truppen jeden Augenblick zu verstärken, soweit es ihre Kräfte zuließen und ihnen an Material wie an Proviant jede denkbare Unterstützung zuzuführen.

Aehnlich günstig dachten die Dänen selbst von dieser Position; freilich nicht die Reichstagsmänner (die von der Vorstellung nicht loskonnten, daß das Dannewerk gegen jede Uebermacht zu halten gewesen wäre), wohl aber die ältren dänischen Militairs, die sich in ihrer Einsicht und ihrer Erfahrung nicht durch die Rodomontaden des kopenhagner Casinos beirren ließen. Namentlich war General Gerlach, dem Ende Februar, nach einer kurzen Zwischenherrschaft des Generallieutenant Lüttichau, das Obercommando und die Vertheidigung der Düppelstellung zufiel, in hohem Grade für dieselbe eingenommen. Bei ihrer concentrirten Lage (ein Umstand, der der eilf Meilen langen Dannewerk-Position gegenüber nicht genugsam betont werden kann) hielt er sie für sehr haltbar, und bei gehöriger Vertheidigung für fast uneinnehmbar. »Gestützt auf die See, so pflegte er hervorzuheben, sei es möglich, mit kleinen und größeren Abtheilungen an jedem beliebigen Punkt der Ostküste zu landen und den Angreifer abwechselnd durch größre Aktionen (wie 1849 bei Fridericia) oder durch tausend Nadelstiche zu bedrohn, zu schädigen, zu schlagen.« Es lag viel Wahres in dieser Auffassung des Generals, wenn auch andrerseits die verschiednen Machtverhältnisse — vorausgesetzt, daß es Deutschland mit seiner Kriegführung Ernst war — schließlich immer gegen Dänemark entscheiden mußten.

---

Am 9. Februar rückten die ersten preußischen Bataillone in das Sundewitt vor, am 18. April fiel Düppel, nachdem der Kampf gegen dasselbe durch die verschiedensten Phasen gegangen war.

Die ersten drei Wochen waren alles andere eher als eine Belagerung; man begnügte sich zu cerniren, zu recognosciren; kleine Gefechte fanden statt, keines von Ausdehnung, keines von Belang. Die politische Position begann sich momentan zu trüben; in Wien wurde man lau und diese Lauheit, wie immer, blieb nicht ohne Einfluß auf die militairische Aktion. Die Unbilden des Wetters kamen hinzu; bald auch, nachdem die Möglichkeit einer Ueberrumpelung geschwunden war, das Gefühl unzureichender Kräfte. Was konnte Feldgeschütz gegen die 84 Pfünder innerhalb der Schanzen?

Der 29. Februar bezeichnet einen Wendepunkt. Ein neuer Abschnitt beginnt. An diesem Tage wurde die Belagerung beschlossen; man war sich klar darüber geworden, daß Düppel durch keinen Handstreich zu nehmen sei.

Aber auch die Belagerung ging wiederum durch Epochen der verschiedensten Art. Man begann mit Enfilir-Batterieen, — die Gammelmarker 24 Pfünder donnerten über den Wenningbund. Der Feind stutzte, aber er recolligirte sich; die Enfilir-Batterieen reichten nicht aus.

So trat denn die Belagerung aus ihrem ersten Stadium (Beschießung aus der Flanke) in ein zweites. Der Frontal-Angriff begann; vom 29. auf den 30. März wurde die erste Parallele ausgehoben.

Aber auch jetzt noch war der Wunsch lebendig, dem zeitraubenden mühevollen Vorgehn mit der Sappe zuvorzukommen und der ganzen Belagerung, dem Kriege überhaupt, durch einen raschen Coup ein Ende zu machen. So entstand, während schon 30 Geschütze aus der ersten Parallele ihr Feuer eröffneten, das Projekt von Ballegard. In der Nacht vom 2. auf den 3. sollten 16,000 Mann von Ballegard aus nach Alsen übergehn, Alsen nehmen und den Feind von Sonderburg her in den Rücken fassen. Der Plan scheiterte an der Ungunst des Wetters.

Nun erst trat die Belagerung in ihren ungestörten regelrechten Verlauf, zugleich in ihre letzte, entscheidende Phase. Am 15. wurde die dritte Parallele eröffnet; am 18. erfolgte der Sturm. Dies in kurzer Skizzirung die Ereignisse, deren ausführlicherer Beschreibung wir nunmehr entgegengehn.

# Bis zum 11. Februar.

**Die Garden im Sundewitt.**

Wir verließen die alliirte Armee am 7. Februar in ihren Ruhequartieren, die sie nach den Kämpfen und Strapazen des 5. und 6. Februar bezogen hatte. Das I. Corps (Preußen) lag in Nord-Angeln, das II. Corps (Oestreicher) in Mittel-Schleswig; das III. Corps (Garden) hatte Flensburg besetzt und seine Avantgarde nördlich bis Bau und Crusau vorgeschoben. Crusau ist der Punkt, wo die Flensburg-Apenrader Chaussee, die, wie wir wissen, zwei in's Sundewitt führende Nebenstraßen hat, die südlichere dieser beiden Straßen (die über Gravenstein geht) abzweigt. Bau, in unmittelbarer Nähe von Crusau gelegen, ist der Punkt, wo das Kieler Turnercorps (am 9. April 1848) von den Dänen unter Oberst Hedemann nahezu aufgerieben wurde.

Am 8. 9. und 10. Februar blieben die Truppen aller drei Corps in ihren Quartieren; nur die bis Bau und Crusau vorgeschobene Avantgarde, die aus dem 3. Garderegiment zu Fuß, zwei Bataillone vom Regiment Augusta, einer 6pfündigen Garde-Batterie und zwei Escadrons westphälischer Kürassiere (am 10. aus zwei Escadrons Zietenscher Husaren) bestand, blieb in Bewegung und stieß auf den Feind. An allen drei Tagen (8. 9. 10.) fanden Recognoscirungen statt.

Die Recognoscirung vom 8. ging nordwärts. Cavallerie-Patrouillen (Kürassiere) wurden auf der Flensburg-Apenrader Chaussee vorgeschoben und konnten melden, daß Apenrade von den Dänen verlassen sei. Es war wahrscheinlich, daß sie ihren Rückzug bis über die jütische Grenze fortgesetzt hatten.

Die Recognoscirung vom 9. ging ostwärts in's Sundewitt. Major v. Barby mit zwei Compagnieen und einer Schwadron avancirte auf der Gravensteiner Chaussee, besetzte Rinkenis und schickte Kürassier-Abtheilungen bis über Satrup hinaus vor. Zwischen Satrup und Rackebüll wurde eine dänische Dragoner-Feldwache aufgehoben. Die Gefangenen sagten aus, daß die düppeler Schanzen verlassen seien.

Dies war eine wichtige Nachricht. Es galt Gewißheit darüber zu erlangen; so wurde auf den 10. eine dritte, größere Recognoscirung festgesetzt. Statt der Kürassiere nahm man leichtberittene Zietensche Husaren, von denen zwei Schwadronen bei der Avantgarde eingetroffen waren. Zwei Abtheilungen gingen vor; eine größere (drei Compagnieen) unter Major v. Liebeherr dirigirte sich auf Satrup, eine kleinere (eine Compagnie) unter Hauptmann v. Reinhardt auf Nübel. Beide Abtheilungen stießen auf den Feind, der in raschem Anlauf zurückgeworfen wurde, von Satrup auf Rackebüll, von Nübel auf die Büffelkoppel. Die Dänen hatten 10 Todte, eine Anzahl Verwundete und Gefangene, unter letzteren einen Officier. Preußischerseits (2 Todte) war Lieutenant Herwarth v. Bittenfeld verwundet worden. Beim Dunkelwerden zogen sich beide preußische Abtheilungen auf Gravenstein zurück. Der Zweck der Recognoscirung war erreicht.

Man hatte sich genugsam überzeugt, daß die Aussagen der Gefangenen vom Tage vorher irrthümlich gewesen seien; — die Düppelstellung war von den Dänen besetzt. Ueber die Stärke ihrer Streitkräfte hatte sich freilich nichts sicheres in Erfahrung bringen lassen. Trübe Luft behinderte die Aussicht; nicht einmal der Schanzen war man ansichtig geworden. Soviel aber stand fest, die Dänen waren Willens, die Düppelstellung zu halten.

In diesem Sinne wurde, von der Avantgarde aus, an den Feldmarschall berichtet; — eine Belagerung stand muthmaßlich bevor. Die Frage war zu entscheiden: welches Corps verfügt am eh'sten über die Mittel (Artillerie), in eine solche Belagerung einzutreten? Die Antwort war: das I. Corps. Demgemäß wurden die Dispositionen getroffen. Das II. und III. Corps marschirten gegen Jütland, wohin sich ein kleinerer Theil der dänischen Armee sammt der ganzen Cavallerie zurückgezogen hatte; das I. Corps ging gegen Düppel. Am 11. Mittags wurden die Vorposten der Garde abgelöst.

# Bis zum 29. Februar.

Vom 7. bis 11. Februar, wie wir sahen, hatten die Vortruppen des III. Corps (Garden) an der Grenze des Sundewitt gestanden und bis gegen Düppel hin recognoscirt. Am 11. Nachmittags rückten diese Vortruppen, wie die Garden überhaupt, auf der Flensburg-Apenrader Chaussee nordwärts, nachdem unmittelbar vorher die beiden Regimenter der Brigade Roeder (24. und 64.) zur Ablösung erschienen waren. Noch am selben Tage, den 11., wurde das Hauptquartier des Prinzen Friedrich Karl nach Schloß Gravenstein verlegt. Am 12. trafen die anderen Brigaden des I. Corps ein und nahmen derart Aufstellung, daß ihre Flügel von Flensburg bis Apenrade reichten. Die Brandenburger hatten den rechten, die Westphalen den linken Flügel; die Brigade Roeder schob ihre Vorposten bis zwischen Atzbüll und Auenbüll vor, zugleich belegte sie Schloß Gravenstein.

Ueber dies im Lauf der Belagerung vielgenannte Schloß, das während der ganzen Dauer derselben das Hauptquartier des Prinzen Friedrich Karl blieb, einige kurze Notizen.

Schloß Gravenstein, im Jahre 1758 in einem ziemlich schmucklosen Renaissance-Styl erbaut, war bis 1852 im Besitz der Herzoge von Augustenburg, die — wie auch der noch lebende Herzog Christian — hier vielfach zu residiren pflegten. Nach erfolgter Cession an Dänemark (30. December 1852) wurde es dänischerseits an den Grafen Moltke verkauft, dessen Sohn noch bis zwei Tage vor der Ankunft des Prinzen Friedrich Karl seinen Aufenthalt hier hatte. (Nach Trennung der Herzogthümer von Dänemark — das sei gleich hier bemerkt — ist das gravensteiner Schloß abermals in die Hände der augustenburgschen Familie übergegangen.) Ob das Schloß historische Erinnerungen hat, stehe dahin; wahrscheinlich ist die Epoche, während welcher sich das Hauptquartier des I. Corps hier befand, die belebteste, die interessanteste, die am meisten historische Zeit, die Schloß Gravenstein gesehn hat.

Was die Erscheinung des Schlosses angeht, so ist es ein stattlicher Bau, weiß getüncht, wie alle die holsteinschen und schleswigschen Edelsitze, mit langen Corridoren und hohen Zimmerreihen. In seiner Mittelfront ist sogar eine Kirche, die sich auch nach außen hin durch eine Art Laternenthurm markirt. Im Sommer bezaubert es durch seine Lage. Die weiße, sonnenbeschienene Fronte blickt dann in einen stillen, teichartigen See, den Laubholzpartien umstehn, und die üppige Vegetation, das malerisch zur Seite gelegene Städtchen, die Fernblicke durch Park und Gehölz in die schönsten Gegenden des Sundewitt hinein, schaffen hier einen entzückenden Aufenthalt. Freilich selbst um die Sommerzeit fehlt diesem Schlosse — wie fast allen Schlössern des Landes — ein Etwas, es fehlt ihm das Leben. Sie sind öde; etwas unheimlich Mährchenhaftes ist um diese weißen sonnenbeschienenen Wände her, daß man denken möchte, hier sehen Gespenster zu Mittag aus allen Fenstern heraus. Und doch wiederum fehlte ihnen dieser Spuk, so fehlte ihnen das Beste, das sie haben.

Jedes Zaubers entkleidet, war nun aber das winterliche Schloß Gravenstein, in das während der Februartage 1864 die ersten preußischen Truppen einrückten. Pferde und Wagen sanken tief ein, die zuerst kommenden in Schnee, die später kommenden Kolonnen in Morast und aufgeweichtes Erdreich. Faschinenwege mußten hergestellt werden, um überhaupt einen Verkehr möglich zu machen. Wie die Umgebung des Schlosses, so war das Schloß selber. Als das Hauptquartier eintraf, fand man Alles von den Dänen verwüstet, dazu kein einziges Stück Hausgeräth, so daß die Pioniere erst Tische und Stühle zimmern und die nöthigsten Möbel aus den Kajüten einiger Schiffe, die in der flensburger Bucht mit Beschlag belegt worden waren, herbeischaffen mußten. Aus dem Parterre und den Souterrains hatten die Dänen Pferdeställe gemacht, die andern Räume dienten als Lazareth und Kaserne; in einigen Zimmern waren Pferde, Menschen und Leichen zusammengepfercht. Man räumte auf, so schnell es ging.

Am 11. Nachmittags traf Prinz Friedrich Karl an dieser Stelle ein. Sie war unwirthlich genug. Der Prinz hielt seinen ersten Umgang, auch in die Kirche trat er. Vor dem Altar, auf dem ein Paar Lichter brannten, lag ein Soldat vom 3. Garde-Regiment, der am Tage zuvor bei Satrup gefallen war. Sein Mantel war über ihn ausgebreitet; die Orgel spielte einen Choral. Das war das erste Bild, das Schloß Gravenstein seinen neuen Bewohnern bot*).

*) Während der folgenden Wochen geschah, was geschehen konnte, um das Schloß zu einem wohnlicheren Aufenthalt zu machen, da aber selten weniger als 600 Personen im Schloß Quartier hatten, so mußte an der Raumbeschränktheit schließlich alles scheitern. Jede Stube beherbergte 5 bis 6 Personen. In der Kirche, darin übrigens Sonntags ein regelmäßiger Gottesdienst stattfand, wurden gewöhnlich die dänischen Gefangenen untergebracht. Der Prinz selbst begnügte sich mit zwei Zimmern.

Fast um dieselbe Stunde, wo das Hauptquartier in Schloß Gravenstein eintraf, fand in geringer Entfernung davon — nur durch die Breite des flensburger Meerbusens von ihm getrennt — ein kurzes Artilleriegefecht statt, dessen wir an dieser Stelle in Kürze erwähnen wollen, einmal wegen der Geistesgegenwart des commandirenden Officiers, andrerseits wegen des günstigen Prognostikons, das der Ausgang dieses Kampfes unsren Geschützen stellte.

Noch frappanter als am 1. Februar bei Eckernförde zeigte sich auch hier wieder die Ueberlegenheit unsrer gezogenen Kanonen, — oder von Strandbatterieen überhaupt — über die schweren Schiffskanonen des Gegners.

Das Gefecht selbst fand bei Hollnis statt, wo schon am 9. Vorbereitungen zur Errichtung einer Strandbatterie getroffen worden waren. Dies war unerläßlich. Wir schicken eine Beschreibung der Oertlichkeit voraus.

Der flensburger Meerbusen, wie ein Blick auf die Karte zeigt, flankirt nicht nur das ganze Sundewitt, sondern dringt auch bis nach Flensburg hin vor, so daß die Dänen, wenn es nicht glückte, den flensburger Meerbusen zu schließen, mit Hülfe dieser Wasserstraße jeden Augenblick im Stande waren, die ganze Flanke des Gegners bis nach Flensburg hinauf zu gefährden. Dem mußte begegnet werden. Dazu bot sich bei Hollnis die beste Gelegenheit. Hier, wo der Meerbusen seine zwei schmalsten Stellen hat, wurde an einer dieser schmalsten Stellen, zwischen Hollnis (Angler Seite) und Brunsnis (Sundewitt-Seite) die Anlage einer Strandbatterie beschlossen. (Später verlegte man diese Batterie an die noch schmalere Stelle zwischen Hollnis und Sandacker.)

Die Batterie auf Hollnis war noch im Bau begriffen, als am 11. ein feindlicher Dampfer erschien, um die Einfahrt in die Bucht zu forciren. Dies gewahrte Premierlieutenant Mente von der magdeburger Artillerie-Brigade (Nr. 4.), der sich bei der Batterie befand. Der Moment war kritisch. Die Geschütze standen noch rückwärts im Park zusammengefahren, die Artilleristen waren in ihren 1000 Schritte weiter entfernten Quartieren und nur einige Mannschaften der 4. Compagnie des brandenburgischen Pionier-Bataillons befanden sich in den Schanzen. Mit Hülfe dieser Pioniere brachte Lieutenant Mente zwei der auf sehr schweren Lafetten ruhenden Geschütze so herum, daß sie die Mündung dem Feinde zukehrten, lud, richtete selbst und ließ zwei Schüsse abfeuern. Nach dem zweiten Schusse, der sichtlich getroffen hatte, wendete das Schiff und steuerte der hohen See zu, das Feuer noch eine Weile, jedoch ohne jede Wirkung, fortsetzend. Die preußischen Geschütze waren gezogene 12 Pfünder. (Die

Batterieen, gegenüber bei Rinkenis und Sandacker, mit deren Hülfe die Durchfahrt völlig geschlossen war, wurden am 16. und 17. fertig.)

Die Tage, die dem Gefecht bei Hollnis folgten, entbehrten vorläufig einer energischen Aktion. Die herankommenden Brigaden des Corps rückten in die ihnen zugewiesenen Stellungen ein; im Uebrigen beschränkte man sich auf Recognoscirungen, die am rechten Flügel, über Atzbüll und Auenbüll hinaus, bis gegen Stenderup und die Büffelkoppel, am linken Flügel bis gegen Sandberg hin (am Alsensund) ausgedehnt wurden. Ein augenblickliches Stocken kam in den bis dahin so raschen Gang der Ereignisse, ein Stocken, an dem die immer schlechter werdende Witterung nicht gerade den kleinsten Antheil hatte.

Bis zum 13. herrschte bittre Kälte, dazu blies ein schneidender Nordost. Ein Reisender, der die kurze Strecke von Schleswig nach Flensburg in jenen Tagen zurücklegte, giebt folgende Schilderung von den Unbilden des Wetters: »Anfangs ging es trotz Schneegestöbers und heulenden Sturmes ziemlich gut; die Schneemassen thürmten sich aber immer höher, der Sturm nahm zu und gegen 8 Uhr Abends saßen wir fest. Wir mußten aussteigen, um die Strecke bis zur nächsten Station, etwa 1000 Schritt, zu Fuß zurückzulegen. Es schien aber unmöglich. Die Luft war voll feiner Eisstücke, der Weg viele Fuß hoch mit Schnee bedeckt; ein Führer mit einer Laterne ging uns voraus. Mehr als zehn, höchstens zwanzig Schritt, konnten wir nicht auf einmal gehn; wir mußten stille halten, den Rücken gegen den Wind kehren und athmen, denn es war unmöglich, im Vorwärtsschreiten die eisige Luft einzuathmen, es war, als ob uns Stiche die Lunge zerrissen; dazu hatten wir das heftigste Herzklopfen. Bisweilen waren wir auf einer vom Winde reingefegten Stelle, bisweilen sanken wir bis an die Brust in den Schnee; jeder hatte das Bewußtsein, daß die andern ihm nicht helfen würden, wenn er stecken bliebe. Endlich kamen wir in schützende Mauern. Als eine Streu für uns ausgebreitet wurde, zeigte es sich, daß alles Stroh von dem feinen Schnee durchnäßt war und todtmüde, wie wir waren, konnte doch keiner vor Kälte und Unbehaglichkeit schlafen.«

So, wenn auch nicht immer von gleicher Heftigkeit, war das Wetter in den Tagen vom 10. bis 13. In der Nacht vom 13. auf den 14. schlug es um. Dorfstraßen und Feldwege wurden zu einem Morast, auf dem die Wagen- und Geschütz-Kolonnen zu versinken drohten, auf den Feldern, wo der Schnee geschmolzen, standen weite Lachen. Die Auffahrt zu Schloß Gravenstein, wie schon erwähnt, mußte durch Faschinenbündel erst passirbar gemacht werden.

Kein Wunder, daß die Ereignisse jener Mitte Februar-Tage nicht über bloße Fühlungen mit dem Gegner hinausgingen, von dem sich das eine sicher herausstellte, daß er, nach Concentrirung seiner Armee auf Alsen, gewillt war, Düppel unter allen Umständen zu halten. Der Schanzen selbst wurde man nur einmal, von Satrup aus, bei hellem Wetter ansichtig. Erst der 18. Februar ergab ein ernstlicheres Gefecht.

Ehe wir indessen zu einer Schilderung desselben übergehn, werfen wir zuvor einen Blick auf die Aufstellung, welche die Truppentheile des I. Corps inzwischen eingenommen hatten und von wo aus sie, den Zirkel immer enger ziehend, erst zur Einschließung, dann zur wirklichen Belagerung der düppeler Schanzen übergingen.

Am 11. und 12. erschienen, wie wir bereits hervorhoben, die Truppen des I. Corps im Sundewitt, lösten die Garden, die nordwärts gingen, ab, schoben ihre Vorposten, über Gravenstein hinaus, bis gegen Atzbüll, Ulderup und Blans ostwärts vor, hielten aber im Wesentlichen, ein bis anderthalb Meilen rückwärts gelegen, die westliche Grenzlinie des Sundewitt, also die Linie zwischen Flensburg und Apenrade, besetzt. Der Feind — das ergab sich alsbald aus den Aussagen der Gefangenen — stand etwa eine Meile in Front der Schanzen und beschrieb mit seinen vorgeschobensten Bataillonen einen Kreisabschnitt, dessen linker Flügel bis nach Broacker hineinreichte, während der rechte Flügel sich bei Sandberg an den Alsensund lehnte. Mittelpunkt dieser Stellung waren das stenderuper Holz und die Büffelkoppel, rechts und links von der Flensburg-Sonderburger Chaussee. Dorf Düppel und Rackebüll (auch die Ravenskoppel) lagen im Rücken dieser Aufstellung, zwischen diesem Vorposten-Zirkel und den Schanzen.

So blieb die Aufstellung bis zum 17. Februar. An diesem Tage rückte die Brigade Canstein in die Halbinsel Broacker ein, die Brigade Roeder verstärkte ihre Position in Atzbüll und Auenbüllgaard, die Brigade Goeben (an Stelle der Avantgarde, die, wenige Tage darauf sich auflösend, ihre Bataillone an die entsprechenden Regimenter zurückgab) besetzte den linken Flügel zwischen Ulderup und Blans. Die Brigade Schmid (13. und 53. Regiment) blieb in Reserve zwischen Ballegaard und Apenrade. Diese Aufstellung wurde im Wesentlichen während des ganzen Verlaufs der Belagerung beibehalten.

Die Besetzung des Broacker durch die Brigade Canstein war ein wichtiger Schritt; es war dadurch eine höchst günstige Position in der Flanke des Feindes gewonnen. Aber so günstig diese Position war, so gefährlich war sie auch. Sie schloß, wie ein Blick auf die Karte zeigt, die Gefahr des Abgeschnittenwerdens in sich, wenn es nicht glückte, ihr für alle Eventualitäten eine gesicherte Rückzugslinie zu geben. Mit andern Worten, ohne eine gleichzeitige Brücken-Verbindung zwischen

Ekensund (auf Broacker) und Alnoer (im eigentlichen Sundewitt), kam die Besatzung des Broacker mehr oder weniger in die Lage eines verlorenen Postens. So fiel denn auch den ersten, schon am 16. mittelst der Fähre übergehenden Bataillonen der Brigade Canstein die Aufgabe zu, zunächst als lebendiger Brückenkopf zu dienen, unter dessen Schutz der Bau der Brücke selbst zu beginnen hatte. Erst nachdem dieser beendigt, also eine Rückzugslinie gewonnen war, gingen sämmtliche Bataillone auf die Halbinsel über und nahmen nunmehr dauernd von derselben Besitz.

Der Brückenbau selbst, am 17. früh, geschah mit der Raschheit und Präcision, die unsere Pioniere schon am 6. bei Ueberbrückung der Schlei gezeigt hatten. Die Schwierigkeiten waren kaum minder groß; aber in weniger als zwei Stunden wurde der Brückenschlag durch etwa 300 Mann vom brandenburgischen und westphälischen Pionier-Bataillon, unter Leitung der Hauptleute Schütze und Krause, ausgeführt. Die Brücke bestand aus 28 Pontons und Böcken, die unter sich eine Spannung von 14 Fuß hatten und, der starken Strömung wegen, eins um das andre fest verankert werden mußten. Das Wasser zeigte überhaupt alle seine Tücken. Eingepreßt in den engen Sund, rächte es sich gegen diese Beschränkung durch einen außerordentlich wechselnden Wasserstand, der Differenzen von 4 bis 5 Fuß im Steigen und Fallen zeigte. Eine besondere Schwierigkeit veranlaßte außerdem bei dem Zuwasserbringen der Pontons die steile Anlage der mit Holz ausgesetzten Uferböschung, so daß man die Pontons über Rampen niederführen mußte. Bei alledem stand die Brücke in kürzester Frist mit enormer Festigkeit und in sauberster Erscheinung da. Zum Schutz dieser Brücke waren schon am 15. und 16. an der Alnoer-Seite, unmittelbar an der Küste, zwei Batterieen zu je drei gezogenen 12 Pfündern errichtet worden; einen weiteren Schutz gewährte die schon S. 115 ausführlicher erwähnte Batterie bei Hollnis, an der feindliche Schiffe vorüber mußten, ehe sie die Südpforte des Nübel-Noer und an dieser Pforte die Pontonbrücke erreichen konnten. Schon Tags darauf machte der »Rolf Krake« in der That einen solchen Versuch. Es war dies eine Episode des Gefechts vom 18., zu dessen Beschreibung (des Gefechts überhaupt) wir nunmehr übergehn.

Nach der Besitznahme von Broacker befand man sich in der Lage, gleichzeitig gegen alle Punkte der feindlichen Vorposten-Stellung (Büffelkoppel, stenderuper Holz und Sandberg) vorgehen und eingehender recognosciren zu können. Dies war dringend geboten. Man unterhielt von den Schanzen noch immer eine ziemlich vage Vorstellung, da die Trübe des Wetters eine scharfe Beobachtung bisher nicht gestattet hatte. Die Disposition für den 18. war kurz die. Die Brigade Canstein, durch eine

Aufstellung zwischen dem Nübel-Noer und dem Wenningbund, schließt die Halbinsel Broacker gegen Norden hin ab; sie greift nicht selbst an, sondern wartet ab, ob sie angegriffen wird. Abtheilungen der Brigade Goeben (am linken Flügel) gehen über Wester-Schnabeck auf Sandberg, die Ravenskoppel und Rackebüll vor; zwei Bataillone der Brigade Roeder avanciren auf der Flensburg-Sonderburger Chaussee und greifen den Feind an, wo sie ihn finden.

So die Disposition. Nur diese Mittelcolonne bestand ein ernstlicheres Gefecht. Das 1. Bataillon des 8. brandenburgischen Infanterie-Regiments (Nr. 64.) ging über Nübel, das 2. Bataillon desselben Regiments über Nübel-Mühle vor. Zwei 12 Pfünder und eine Escadron Ulanen folgten auf der Chaussee. Der Feind sah sich bald auf der ganzen Linie von Stenderup bis zur Büffelkoppel mit Heftigkeit angegriffen. An der Büffelkoppel, wo ein Verhau den Weg sperrte, wurde ein kurzer Widerstand versucht; aber rechts und links ausschwärmende Schützenzüge, sowie ein paar Granatschüsse gegen die aus Baumstämmen aufgeführte Barrikade, säuberten die Chaussee und die angrenzenden Gehölze, das stenderuper Holz und die Büffelkoppel, wurden im ersten Anlauf genommen. Ein Officier und 60 Gefangene, vom 3. und 17. dänischen Regiment, fielen den Preußen in die Hände. Außer diesen Gefangenen verloren die Dänen 35 Mann an Todten und Verwundeten. Der preußische Verlust betrug 2 Todte und 3 Verwundete. Dem Commandeur des 64. Regiments, Oberst v. Kamienski, war sein Pferd unterm Leibe erschossen; gegen Mittag, nachdem die Barrikade zerstört worden, kehrten beide Bataillone vom 64. Regiment in ihre alte Aufstellung bei Atzbüll und Auenbüllgaard zurück.

Während auf der flensburger Chaussee die Preußen angriffen und nach kurzem Widerstand die Büffelkoppel nahmen, gingen die Dänen auf ihrem Element ebenfalls zum Angriff vor. Der »Rolf Krake« lief, 9 Uhr früh, in den flensburger Meerbusen ein, wie sich bald zeigte in der Absicht, die eben fertig gewordene Schiffbrücke zwischen Alnoer und Ekensund zu zerstören. Zunächst ein Wort über dies vielgenannte Schiff. Der »Rolf Krake« ist in England nach dem amerikanischen Monitorsystem gebaut. Er hat eine Länge von 120, eine Breite von 34 Fuß, ist mit 4½ zölligen Eisenplatten gepanzert und besitzt seine Hauptwirksamkeit in zwei kantigen, auf dem Verdecke ruhenden, drehbaren und mit 6 zölligen Panzern versehenen Thürmen oder Kuppeln. Jeder Thurm hat zwei Schießscharten, hinter denen eine 69 pfündige und eine 84 pfündige Paixhans-Kanone stehn. Er hat außerdem die Einrichtung, seinen Bord im Gefecht herunterklappen und dadurch seine Höhe über dem Wasser um mehrere Fuß verringern zu können. Die zu Anfang des Krieges verbreitete Ansicht, daß er sich durch

Einsaugen von Wassermassen um einige Fuß ins Meer versenke und später durch Auspumpen sich wieder hebe, hat sich als irrig erwiesen.

Als »Rolf Krake« die Schmälung des flensburger Meerbusens zwischen Hollnis und Brunsnis (auf Broacker) passirte, erhielt er Feuer von der hollniser Batterie; aber er würdigte diese Batterie keiner Antwort. Als er die Schußlinie von Hollnis hinter sich hatte, nahm er vollen Dampf und glitt, unheimlich durch die Leblosigkeit auf seinem Deck, wie ein großer schwimmender Sarg auf die Batterieen von Alnoer zu. Mit banger Erwartung sah man ihn sich auf etwa 1400 Schritte Distance vor Alnoer legen und die Kanonade gegen die Batterieen und gegen die Brücke eröffnen. Die Batterie bei Hollnis hatte dem Dampfer nichts anhaben können; widerstand sein Eisenpanzer auch jetzt, so war die Pontonbrücke der Zerstörung Preis gegeben. Es war ein kritischer Moment. Die ersten preußischen Kugeln flogen über den Monitor weg; als aber Hauptmann Kipping, Befehlshaber der Batterie, die Distance richtig hatte, schlugen die Kugeln mit erbarmungsloser Genauigkeit gegen den Schiffspanzer, anscheinend freilich ohne alle Wirkung. »Rolf Krake« seinerseits erwiderte das Feuer mit großer Lebhaftigkeit, zwei Schuß jedesmal hinter einander, in kurzen Intervallen. Seine schweren Geschosse trafen aber weder die Batterieen noch die Brücke. Sie zertrümmerten einige Häuser und schlugen in die Böschung der Brustwehr ein, die Geschütze selbst indeß und die Mannschaften blieben unversehrt.

Nach anderthalbstündigem Kampfe wurden die Schüsse »Rolf Krake's« ersichtlich unsicherer, er wandte sich, setzte Dampf auf und fuhr wieder dem Meere zu. Erst, als er außer dem Bereich der Geschütze war, legte er bei und blieb mehrere Stunden an derselben Stelle liegen. Die Frage, ob ihn die Kugeln der alnoer Batterie ernstlich beschädigt hatten, konnte erst bei Erscheinen des dänischen Gefechtsberichts beantwortet werden. Aus diesem Bericht ergab sich Folgendes: Lieutenant Maribo im Thurm Nr. 1. hatte durch einen Granatsplitter eine Kontusion am Bein erhalten, Marine-Konstabler Hansen im Thurm Nr. 2. war durch einen Granatsplitter am Kinn verwundet. Außerdem kamen zwei leichtere Verwundungen vor. Das Schiff selbst war ohngefähr hundert Mal getroffen worden; auf der Backbordseite über Wasser wurden 36 Vertiefungen in der Panzerung gezählt.

Ein dänischer Seeofficier, muthmaßlich Lieutenant Maribo selbst, schrieb über dasselbe Gefecht privatim:

»Der Feind schoß sehr gut, aber der »Rolf Krake« hat seine Probe bestanden. Der Panzer erhielt 66 Schüsse und jeder von diesen war genügend, ein hölzernes Schiff sinken zu machen; die Thürme haben auch vielfache Schüsse bekommen, 16 sind durch den Schornstein, einer durch das Dampfrohr, 3 durch den Fockmast, einer durch den Großmast, zwei durch den Besammast und circa 60—70 sind durch Bord, Segel, kleinere Boote, Kompasse 2c. gegangen. Das Deck ist an manchen Stellen aufgerissen, die Takelage ist aller Orten getroffen, unsere 3 kleinen Fahrzeuge sind zerschossen, jede Stelle, die zu treffen war, ist getroffen worden und ich hätte die Stelle auf dem Deck sehen mögen, wo ein Mann hätte stehen können, ohne getödtet zu werden. Wir rechnen, daß ungefähr 5000 Pfund Eisen auf unser Schiff geschossen worden sind, und Ihr könnt Euch denken, daß es nicht wenig knallte von unseren Kugeln und denen des Feindes, hauptsächlich den Granaten, die überall zersprangen. Ich bin auf dem einen Ohr ganz taub geworden. Ein Schuß nahm die Hälfte des kleinen Knopfes auf dem Top des Großmastes mit sich, so daß der Wimpel zur Erde fiel. In dem Thurme, in welchem ich stand, fingen durch die Entladung eines Projektils zwei Matrazen Feuer, zu gleicher Zeit verletzte ein Stück meine Nase, ein anderes streifte mein Bein, das durch große Wasserstiefeln geschützt war, 6 kleinere Sprengstücke gingen durch meinen Rock, den ich neben mir gelegt und zertrümmerten mein schönes Fernrohr. Ich bin, wie gesagt, auf einem Ohre taub, sonst nicht verletzt, dagegen sind in jedem Thurme ein Mann leicht verwundet und zwar beide an der linken Wange.«

Dies Artilleriegefecht, weil es in Europa das erste war, das zwischen einem Panzerschiff und einer Strandbatterie stattfand, hat dadurch, nicht ohne Grund, eine gewisse Celebrität erlangt. Der Ausgang war entschieden zu Gunsten der Strandbatterieen; das Panzerschiff hatte zwar widerstanden, aber doch keine volle Sicherheit gewährt, außerdem war seine Präcision im Schießen mit der der Strandbatterieen gar nicht in Vergleich zu stellen. »Rolf Krake« blieb denn auch während des ganzen Verlaufs des Krieges ein zwar vielgenannter Name, aber der unheimliche Zauber, der sonst um ihn her gewesen, war doch seit dem 18. Februar abgeschwächt, mehr oder weniger gebrochen.

Der 18. Februar hatte ein doppeltes Resultat gehabt: man hatte erfolgreich recognoscirt und den Angriff des »Rolf Krake« siegreich zurückgeschlagen. Beide Resultate genügten aber nicht. Was zunächst den Artilleriekampf angeht, so war er diesmal siegreich geführt worden; wer bürgte aber dafür, daß »Rolf Krake« nicht ehestens seinen Besuch, vielleicht in Gemeinschaft einer ganzen Escadre, wiederholte? Jedenfalls schien es gerathen, die Position zu beiden Seiten des Ekensundes durch Anlegung weiterer Batterieen zu festigen; nur so konnte die Pontonbrücke jeder Gefahr der Zerstörung entzogen und das Erscheinen feindlicher Kriegsschiffe im

Schach gehalten werden. Schon am 19. wurden denn auch bei Ekensund, auf der broacker Seite der Schiffbrücke, 6 gezogene 6 Pfünder in Batterie gestellt und die 6 gezogenen 12 Pfünder der hollniser Batterie, von denen man sich am andern Ufer der flensburger Föhrde eine größere Wirksamkeit versprach, wurden von Hollnis nach Sandacker, etwas westlich von Alnoer, hinübergeschafft. Mit Hülfe dieser Batterieen, zu denen, wie wir wissen, die eigentlichen alnoer Batterieen kamen, waren nunmehr Ekensund, die Schiffbrücke und die flensburger Föhrde überhaupt, durch 18 gezogene Geschütze vertheidigt, sechs 6 Pfünder und zwölf 12 Pfünder. Schon hier sei übrigens bemerkt, daß ein Versuch, diese Position zu forciren, von den Dänen während des ganzen Verlaufs des Krieges nicht mehr gemacht wurde.

Auch die Recognoscirung, erfolgreich wie sie gewesen war, hatte nicht voll den Einblick in die feindliche Stellung gewährt, dessen man zu weitren Dispositionen bedurfte, — so wurde denn beschlossen, während der folgenden Tage damit fortzufahren. Während des 19. 20. 21. recognoscirte der linke Flügel, Brigade Goeben (15. und 55. Regiment), fast täglich und fügte dem Feinde kleine Verluste zu, die ihn die Ueberlegenheit unsrer Infanterie, insonderheit unsres Zündnadelgewehres, fühlen ließen. Am 20. sahen sich die dänischen Vorposten, die der Goebenschen Brigade gegenüberstanden, auf drei Punkten gleichzeitig angegriffen und bis Rackebüll zurückgeworfen. Oberstlieutenant v. der Goltz nahm die Ravenskoppel nach kurzem Gefecht, in welchem die Dänen viel Leute verloren.

So fördernd indeß diese kleinen, täglich sich wiederholenden Gefechte für den Geist der Truppen waren, so förderten sie doch — zum Theil weil trübe Luft und selbst Schneefall die Aussicht hinderten — den eigentlichen Zweck dieser Recognoscirungen (vollere Kenntniß der feindlichen Stellung) wenig, und wenn diese Kenntniß wachsen sollte, so war eben eine zweite ausgedehntere Recognoscirung, ein Vorstoß mit bedeutenderen Kräften und auf der ganzen Linie nöthig. Diese Erwägungen führten zu der Recognoscirung vom 22., die im Wesentlichen dasselbe Ziel ins Auge faßte, wie die Recognoscirung vom 18., aber dies Ziel vollständiger und — eine Folge der geschickt getroffenen Dispositionen — glänzender erreichte.

Die Beschreibung des Gefechts erheischt zunächst, auf den 18. zurückzugehn.

Am Mittag des 18., als das stenderuper Holz und die Büffelkoppel durch 2 Bataillone vom 64. im raschen Anlauf genommen worden waren, entstand die Frage, ob es gerathen sein würde, die eben genommene Position, die nur noch etwa 4000 Schritt von der vordersten

Schanzenreihe entfernt war, zu halten oder nicht. Man entschied sich für das letztere. Das Maßgebende für diese Entscheidung war die Hoffnung, daß die Dänen, wenn man die Position aufgäbe, beide Gehölze wahrscheinlich abermals besetzen und dadurch eine erneute Gelegenheit zu einem erfolgreichen Schlag, namentlich zur Wegnahme von Gefangenen, bieten würden. Dies war die Hoffnung und sie täuschte nicht.

Die Disposition für den 22. lautete im Wesentlichen dahin: die Brigade Canstein greift die Büffelkoppel von Broacker aus an, während um dieselbe Stunde (7 Uhr Morgens) die Brigade Roeder von Stenderup aus gegen das stenderuper Holz vorgeht. Gleichzeitig avancirt die Brigade Goeben, zur Unterstützung der beiden brandenburgischen Brigaden, über Satrup gegen Rackebüll und Sandberg.

Wenn wir diese Disposition mit der vom 18. vergleichen, so werden wir, während die Anordnungen für den linken Flügel ziemlich dieselben waren, auf dem rechten Flügel einem Hauptunterschied begegnen. Am 18. hatte die Brigade Canstein, indem sie sich zwischen Nübel-Noer und Wenningbund aufstellte, eigentlich nur die Aufgabe, die Halbinsel Broacker zu schließen, während die designirten Bataillone der Brigade Roeder auf der flensburger Chaussee gegen die Büffelkoppel ꝛc. vorgingen; heute hatte die Brigade Canstein die Aufgabe, aus der Halbinsel Broacker hervorzubrechen, die Büffelkoppel zu umfassen und dadurch den in der Front engagirten Feind durch eine Bewegung in Flanke und Rücken abzuschneiden. Diese Aufgabe wurde mit ausgezeichnetem Erfolge gelöst.

Um 6¼ Uhr brachen 4 Bataillone der Brigade Roeder von Nübelfeld auf. Es war das 64. Regiment (3 Bataillone) und das 1. Bataillon vom 24. Regiment. Jenes ging auf Stenderup, das 1. Bataillon vom 24. Regiment auf Nübel. Beide Punkte fand man unbesetzt; die Bataillone avancirten; die 64er nahmen das stenderuper Holz, ohne eigentlichen Widerstand zu finden, die 24er die Büffelkoppel, nachdem einige wenige Schüsse gewechselt worden waren.

Hier an der Lisière der Büffelkoppel hätte sich nun voraussichtlich ein ernsteres Gefecht entsponnen, wenn nicht, gemäß der Disposition, in demselben Augenblick, in dem die 24er in der Front angriffen, die ersten Abtheilungen der Brigade Canstein in der Flanke der feindlichen Aufstellung erschienen wären. Die lübbener Jäger (seit 3 Tagen erst auf dem Kriegsschauplatz eingetroffen und der Brigade Canstein zugetheilt) stießen rechtwinklig auf die Büffelkoppel, während alle 3 Bataillone vom Füsilier-Regiment (Nr. 35.) in schräger Linie (ostwärts) sich vorschiebend, die Rückzugslinie des Feindes bedrohten. Das 1. und 2. Bataillon letztgenannten Regiments besetzten Wielhoi, das 3. Bataillon ging in der Richtung auf

Freudendal, fast bis auf 2000 Schritt von den Schanzen vor. Nur das 3. Bataillon und die lübbener Jäger waren auf Widerstand gestoßen, ein Widerstand indeß, der trotz der guten Stellung des Gegners — hinter Knicks und auf einer Anhöhe — im ersten Anlauf gebrochen wurde. Die Dänen verloren 166 Gefangene, von denen 80 dem 3. Bataillon des 35. Regiments, 86 den lübbener Jägern in die Hände fielen. Sämmtliche Gefangene gehörten dem 18. dänischen Regiment (Seeländer) an, beiläufig bemerkt, dem einzigen in der dänischen Armee, das mit Czakos bekleidet war. Die übrigen trugen blaue, käppiartige Tuchmützen.

Während auf dem rechten Flügel der combinirte Vorstoß der brandenburgischen Brigaden mit so vollständigem Erfolg gekrönt wurde, griffen auf dem linken Flügel die Regimenter 15. und 55. der Brigade Goeben mit gleicher Energie an. Die Ravenskoppel, dann Rackebüll wurden genommen (vom 1. Bataillon 55. Infanterie-Regiments), während General v. Goeben selbst mit dem 15. Regiment auf der apenrader Chaussee vorging und eine Anhöhe jenseits des sogenannten »Pütthauses«, das noch etwa 1500 Schritt von den Schanzen IX. und X. entfernt war, mit dem 1. Bataillon des 15. Regiments besetzte. Es sollte durch dies Vordringen bis in die nächste Nähe der Schanzen dem ersten Ingenieur-Officier, der an dieser Stelle anwesend war, der so nöthige Einblick in das Schanzenterrain verschafft werden. Der Zweck wurde so weit erreicht, als es die Ungunst des Wetters — eine trübe Schneeluft, die jeden Fernblick hinderte — irgendwie zuließ. Die Stellung selbst war aber zu exponirt, um lange gehalten werden zu können; die zwei 6pfündigen Geschütze, die dem General an dieser Stelle zur Disposition standen, waren bedeutungslos angesichts des Feuers, das jetzt von den gegenüberliegenden Schanzen eröffnet wurde. Granaten, Vollkugeln, Kartätsch-Schüsse gingen über die Kolonnen hin, die, wenn sie nicht nutzlos einem verheerenden Feuer ausgesetzt bleiben sollten, in eine minder exponirte Stellung zurückgenommen werden mußten. Die Verluste, in Erwägung des heftigen Feuers, dem die Kolonnen ausgesetzt gewesen waren, waren gering. Der Gesammtverlust des I. Corps an diesem Tage betrug 6 Todte und 29 Verwundete, worin sich die Truppen des rechten und linken Flügels beinah gleichmäßig theilten. Unter den 29 Verwundeten waren 4 Officiere (Hauptmann v. Gerhardt, Secondelieutenants Fischer von Treuenfeld, Bendemann und v. Dittfurth), sämmtlich von der 3. Compagnie des 55. Regiments, das durch den Vice-Feldwebel aus dem Gefecht geführt werden mußte. Dem General v. Goeben und dem Generalstabs-Officier der 13. Division, Hauptmann v. Doernberg, waren ihre Pferde unterm Leibe erschossen worden. Der Verlust des Feindes — wie während des ganzen Krieges — war unverhältnißmäßig groß. 2 Officiere und 253 Mann (auch die Brigade Goeben machte 66 Gefangene) fielen den Siegern in die Hände. Der offizielle dänische Bericht konstatirte einen Gesammtverlust von 7 Officieren und 431 Mann.

Auf beiden Flügeln war mit Anstrengung gekämpft worden. Am linken Flügel waren es die 3. Compagnie vom 55. Infanterie-Regiment, am rechten Flügel die lübbener Jäger und das brandenburgische Füsilier-Regiment, die sich am meisten ausgezeichnet hatten. Die Gelegenheit war ihnen günstig gewesen. Ein Füsilier vom 35. Regiment, als ihm eine Kugel die Hand zerschmetterte und eine zweite, fast im selben Augenblick, die Brust streifte, hob die blutige Hand in die Höh und rief: »na, is das noch nicht genug? —« Füsilier Schurig, vom selben Regiment, weigerte sich, als er verwundet, zurückzugehn; »nun bin ich falsch«, damit schloß er sich einer Abtheilung an, die eben zum Sturme vorging und riß einem dänischen Unterofficier den Dannebrog aus der Hand. — Eine andere Episode des Kampfes wird von einem Augenzeugen wie folgt geschildert: »Eine Scene erlebte ich heut, die ich sobald nicht vergessen werde. Wir hörten, von drüben her, deutlich die feindlichen Commandos; da, als die Dänen wie zustimmend, ihr Hurrah ertönen ließen, kam — während wir jeden Augenblick einen Bajonnettangriff erwarteten — plötzlich eine Schaar Ueberläufer mit geschwungenen Czakos die Anhöhe herunter und sprang zu uns herein, nachdem sie die Waffen weggeworfen hatten. Rührend war es, wie sie uns umarmten und küßten und als deutsche Brüder begrüßten. In solchem Moment, wo man's sichtbar vor Augen hat, daß man ein Werk der Befreiung thut, vergißt man Vieles, was sonst der Krieg Schreckliches mit sich bringt.«

Das Gefecht vom 22. hatte die Ueberzeugung, die schon am 18. gewonnen war, immer mehr befestigt, daß die Düppelstellung nur durch einen Angriff mit zahlreichem schweren Geschütz zu nehmen sei. Mit Feldgeschütz war diesen formidablen Werken gegenüber nichts zu machen. Oberst Colomier, Commandeur der Artillerie, drang wiederholentlich auf schnelle Herbeischaffung gezogener 24 Pfünder. Diese Geschütze hatten sich bei den seit einer Reihe von Jahren gemachten Versuchen als sehr wirksam bewährt, und waren in Folge dessen in Preußen in der Festungs-, Belagerungs- und Schiffs-Artillerie eingeführt worden. Nächst diesen Geschützen bedurfte man noch einer Anzahl gezogener 12 Pfünder zur eigentlichen Bekämpfung der feindlichen Artillerie auf den Werken, und endlich einer Anzahl von Mörsern, um gegen das Innere der Schanzen wirken zu können. Man entschied sich für 25 pfündige Mörser. Eh diese Geschütze nicht da waren, darin war man einig, bot ein weitres Vorgehn keine Aussicht auf Erfolg.

Auch eine enge Einschließung auf so nahe Distance, wie es beispielsweise die Büffelkoppel gewesen wäre, hätte lediglich die Gefahr eines Ueberfalls gesteigert, oder den Truppen durch beständige Bivouacquirung die größten Strapatzen auferlegt. So wurde beschlossen, bis zum eigentlichen Beginn der Belagerung — die, wie wir sahen, vom Eintreffen schweren Geschützes abhängig war — eine weiter zurück liegende Aufstellung zu nehmen. So schonte man die Gesundheit und die Kräfte der Truppen, an die, wie man jetzt wohl annehmen durfte, noch große Anforderungen gestellt werden würden. Die Vorposten verblieben in der jetzt eingenommenen Stellung.

Wir hoben eben schon hervor, daß es unter anderm auch die Gefahr eines Ausfalls, beziehungsweise eines Ueberfalls von Seiten der Belagerten war, was eine solche mehr zurückgelegene Aufstellung unerläßlich machte. Diese Gefahr war keineswegs eine Fiktion, und es wird immer verwundersam bleiben, daß die Dänen von all den Chancen, die ihnen ein Ausfäll (auch trotz der getroffenen Vorsichtsmaßregeln) bot, so wenig Gebrauch gemacht haben. Sie waren nämlich — ganz abgesehen davon, daß der Eingeschlossene oder Belagerte es immer in der Hand hat, mit überlegenen Kräften sich auf diese oder jene schwache Stelle des Gegners zu werfen — den belagernden Preußen numerisch beträchtlich überlegen, all der Vortheile zu geschweigen, die ihnen außerdem noch die schwer armirten Schanzen, die Panzerschiffe und die Wasserverbindung gewährten. Wir stellen hier, eh wir zu einem neuen Abschnitt übergehn, die Streitkräfte, wie sie in Düppel hüben und drüben waren, übersichtshalber zusammen.

Die dänischen Streitkräfte in Düppel und Alsen — das ergab sich aus den Aussagen der Gefangenen und Ueberläufer, wie aus den kopenhagener Berichten — beliefen sich auf wenigstens 26 Bataillone, also auf eine Soll-Stärke von 26,000 Mann. Natürlich — wiewohl von Kopenhagen aus die Completirungsmannschaften rasch nachrückten — waren die Bataillone nie vollständig; wir werden aber doch die dänischen Streitkräfte innerhalb der Düppelstellung eher unter- als überschätzen, wenn wir sie auf 22,000 Mann annehmen.

Diesen 22,000 Mann Dänen standen vier preußische Brigaden und 2 Jäger-Bataillone (das 7. und 3.), im Ganzen also ebenfalls 26 Bataillone gegenüber. Von diesen Bataillonen waren indessen drei detachirt. Die Soll-Stärke jedes einzelnen Bataillons betrug 800, ihre Effectiv-Stärke höchstens 700 Mann, was also bei 23 Bataillonen eine Gesammtmacht von wenig über 16,000 Mann ergeben würde. Einzelne Cavallerie-Regimenter, wie die Zieten-Husaren und 11. Ulanen, kamen numerisch wenig in Betracht. Diese 16,000 Mann in einem Bogen von

2 bis 3 Meilen, bei einer Tiefe von anderthalb Meilen aufgestellt, konnten, wenn es nicht glückte, dieser Aufstellung eine gewisse defensive Kraft zu geben, durch einen raschen Offensivstoß des Gegners, an jeder Stelle durchbrochen und dadurch über das Schicksal der auf Vorposten stehenden Bataillone entschieden werden. Je näher am Feind diese Vorposten-Bataillone standen, je größer natürlich die Gefahr.

Diese Erwägungen, wie bereits hervorgehoben, führten denn auch nach dem Gefecht vom 22. Februar zu dem Entschluß, einmal die Vorposten aus dem bereits eroberten Vorterrain der Schanzen (Büffelkoppel, stenderuper Holz, Ravenskoppel) wieder zurückzunehmen; zweitens in etwa einmeiliger Entfernung von den Schanzen eine Art befestigtes Lager zu beziehn, oder eine Vertheidigungslinie herzustellen, fest genug, um jedem Ausfall des Feindes mit Ruhe entgegen sehn zu können. Diese Vertheidigungslinie sperrte zunächst die Halbinsel Broacker gegen den Feind ab, sprang dann um 1000 Schritt zurück und ging vom Nübel-Noer aus bei Nübel-Wassermühle über Nübel-Windmühle bis Satrup. Durch Geschütz-Emplacements gab man der ganzen Linie Festigkeit. Die Landenge zwischen dem Wenningbund und dem Nübel-Noer wurde durch 22 Geschütze, die von verschiedenen Kuppen aus das Vorterrain bestrichen, geschützt. Ebenso verfuhr man auf der zurückgelegenen Linie zwischen Nübel-Wassermühle und Satrup. Bei Nübel-Wassermühle schritt man zur Anlage eines Verhaus; zugleich wurden mehrere dort gelegene Gehöfte zur Vertheidigung eingerichtet. Geschütz-Emplacements erhoben sich zwischen der flensburger Chaussee und der Nübelmühle, endlich vor Nübelmühle selbst. Das ganze Gehöft war eine kleine Festung. Endlich in Satrup ließ man die hochgelegene Kirche, welche die ganze Gegend beherrschte, mit der sie umgebenden steinernen Kirchhofsmauer zu einem Reduit für diesen Theil der Stellung einrichten. Vorwärts derselben wurde zur Bestreichung des Weges nach Stenderup ein Emplacement für vier Geschütze und zur Beherrschung der Chaussee nach Sonderburg ein anderes für zwei Geschütze hergestellt und beide durch ein zur Vertheidigung eingerichtetes Knick verbunden. Südöstlich der Kirche, auf einer Kuppe, durch deren Vertheidigung die Chaussee von Satrup nach Ulderup gedeckt wurde, erbaute man eine geschlossene Schanze für sechs Geschütze. Ein Kolonnenweg verband Satrup und Nübelmühle.

Dies war die Stellung, die von Anfang März an die Belagerer den Belagerten gegenüber einnahmen. Man darf sagen, der Düppelfestung der Belagerten gegenüber, die sich in kurzem Bogen vom Wenningbund bis zum Alsensund erstreckte, erhob sich in weiterem Bogen eine ähnlich befestigte Stellung der Belagerer, deren vorgeschobener rechter Flügel

Broacker war, während Nübelmühle und Satrup das Centrum und den linken Flügel bildeten. Aehnlich wie 100 dänische Geschütze die Düppelstellung vertheidigten, schützten 40 Geschütze die Stellung der Belagerer; 22 deckten den rechten, 12 den linken Flügel, 6 schützten das Centrum. Alle drei hatten ihre ständige Besatzung. Brigade Canstein lag in Broacker, ein Bataillon von Brigade Roeder in Nübelmühle, Brigade Goeben (vom 7. März an) in Satrup. Die Reserven standen in weiteren Bogen rückwärts, das Gros der Brigade Roeder in Auenbüll und Auenbüll-Gaard, die Brigade Schmid zwischen Blans und Warnitz.

So blieb die Aufstellung bis zum 17. März. Es war eine sehr feste Position, wenn auch freilich mit der Düppelposition nicht zu vergleichen, die von hier aus erobert werden sollte. Der wichtigste Punkt der preußischen Linie blieb immer Broacker. Selbst beinah unangreifbar, nachdem 22 Geschütze den Zugang, die Landenge zwischen dem Wenningbund und dem Nübel-Noer, vertheidigten, war es der Punkt, von wo aus jeder, selbst siegreich geführte Vorstoß der Belagerer, sofort in Niederlage verkehrt werden konnte. Je vollständiger es glückte, die Stellung Nübelmühle-Satrup zu durchbrechen, je mehr kam der Feind in die Lage, abgeschnitten oder (im Zurückgehn) bis in seine eigenen Schanzen hinein verfolgt zu werden. Dies alles wußten die Dänen und sie handelten danach. In der That ergriffen sie erst die Offensive, als nach den später zu beschreibenden Gefechten am 13. und 14. März, die Vertheidigungslinie Nübelmühle-Satrup aufgegeben und behufs Vorschreitens zur eigentlichen Belagerung der einschließende Zirkel enger gezogen worden war. Diesen engeren Zirkel zu durchbrechen, mußten sie freilich einen Versuch machen, wenn sie nicht das Spiel von vornherein verloren geben wollten.

# Bis zum 17. März.

Das Resultat der Recognoscirung vom 22. Februar hatte, wie wir sahen, dahin gelautet: »Düppel ist ohne eine regelrechte Belagerung nicht zu nehmen. Feldgeschütze reichen nicht aus; wir brauchen Festungsgeschütz.«

Demgemäß ergingen die Ordres. Aber dies Festungsgeschütz, 25pfündige Mörser und 24pfündige gezogene Kanonen, war nicht im Nu herbeizuschaffen; Wochen, trotz äußerster Beschleunigung, vergingen darüber und so entstand vom 22. Februar an ein drei Wochen dauerndes Interregnum, das man, einzelne kleine Gefechte am linken Flügel abgerechnet, fast als einen Waffenstillstand bezeichnen könnte.

Bis zum 26. war es die Brigade Goeben, die, beinah täglich, mit kleinen Abtheilungen von Satrup aus vorbrach und in der Richtung auf Sandberg, die Ravenskoppel und Rackebüll, mit dem Feind scharmutzirte.

Am 26. wurde die Brigade Goeben durch die bis dahin in Reserve gestandene Brigade Schmid abgelöst. Ihr Commandeur, Generalmajor v. Schmid, kannte die Dänen aus dem Jahre 1849 her; er hatte ihnen — damals Officier in der schleswig-holsteinschen Armee — vor Fridericia gegenüber gestanden. Begreiflicherweise rückte die neue Brigade in die Positionen der eben abgelösten mit dem Vorsatz ein, an Rührigkeit hinter der Brigade Goeben, die sich beinah täglich an den Feind gemacht hatte, nicht zurückzubleiben; — so entstand aufs Neue eine Anzahl von Vorpostengefechten. Die Richtung derselben war immer dieselbe: Sandberg, Ravenskoppel, Rackebüll. Wir werden diesen Namen noch oft begegnen. Kleinen Plänkeleien in den letzten Februartagen folgten am 1. März zwei größere Recognoscirungen. Einzelne Compagnieen des 53. Regiments gingen gegen Rackebüll vor; indessen von heftigem Gewehrfeuer aus den anstoßenden, dicht vom Feinde besetzten Knicks empfangen, sahen sie sich nach lebhaftem Feuergefecht gezwungen, das Gefecht abzubrechen und in ihre Stellung zurückzugehen. Preußischerseits war während des Gefechtes selbst kein Verlust zu beklagen, leider aber traf noch im Zurückgehen eine Kugel den Lieutenant Vetter, der wenige Tage später seiner Wunde erlag.

Aehnliche Recognoscirungen folgten am 4. 5. und 6. März, abwechselnd von größeren und kleineren Abtheilungen des 13. Regiments unternommen. Jedes Gefecht brachte einige Gefangene und das »Kaste Vaabene bort, eller I skal doe« (Werft die Gewehre fort, oder Ihr müßt sterben), das Anfangs einige Schwierigkeiten bot, kam, mit der wachsenden Gelegenheit, immer schneller über die preußischen Lippen. Das Patrouilliren und Scharmutziren wurde zu einer vortrefflichen Schule für den einzelnen Mann, und die Regiments-Commandeure ließen keine Gelegenheit vorübergehn, durch Auszeichnungen, die sie innerhalb ihrer Competenz verliehen, einen edlen Wetteifer anzuspornen und den Geist der Truppen zu heben. So lud Oberst v. Witzleben vier Musketiere seines Regiments (des 13.), die sich durch Muth und Geistesgegenwart ausgezeichnet hatten, als Gäste an seine Tafel. Die Namen der Musketiere waren: Pothmann, Neffing, Averkamp und Hillenkamp. Das Diner selbst war eigenthümlich, ein rechtes Campagne-Diner. Es gab die berühmte schleswigsche süße Suppe mit Pflaumen, dann gekochten Schinken und Ananas-Punsch. Der Oberst, der, wie die anwesenden Officiere, mit Orden und Epauletts erschienen war, brachte das Hoch auf die vier Musketiere aus. Gleich nach der Tafel erschien Generallieutenant v. Wintzingerode, der Commandeur der westphälischen Division, um seinerseits die Ehrengäste zu begrüßen und ihnen ein Geldgeschenk zu überreichen. Musketier Hillenkamp (einjähriger Freiwilliger) nahm es an wie die übrigen und dankte mit den Worten: »Einen solchen Ehrensold darf ich nicht ausschlagen.«

Am 7. März rückte die Brigade Goeben, nachdem sie zehn Tage lang die Reservestellung zwischen Blans und Warnitz innegehabt hatte, wieder in die Satrupstellung ein. Mit schon erprobtem Eifer wurden die Vorpostengefechte wieder aufgenommen, am 9. 12. und 13. Ueber das Gefecht am 13. einen kurzen Bericht.

Die feindlichen Vorposten standen in der Linie Lillemölle-Stabegaard-Rackebüll. General v. Goeben beschloß gegen diese Linie vorzugehn.

Ein heftiger Schneesturm, der dem Feinde die Schneemassen gerade in's Gesicht peitschte, war einer Ueberraschung ungemein günstig. Die 8. Compagnie des 15. Regiments unter Hauptmann v. d. Reck wurde auf Lillemölle, die 7. Compagnie unter Hauptmann Krieg auf Stabegaard, endlich das Füsilier-Bataillon des 55. Regiments auf Rackebüll dirigirt. Alle drei Unternehmungen glückten; in Stabegaard wurden 14, in Rackebüll 8, in Lillemölle 12 Mann gefangen genommen. Hier (in Lillemölle) glückte die Ueberraschung vollständig. Hauptmann v. d. Reck, der auf dieser Linie vorging, stieß, ohne vom Feinde vorher bemerkt zu werden, auf einen Posten, folgte demselben im Laufschritt nach und drang mit einem Hurrah in das Mühlengehöft ein. Ein Brief schildert diesen Ueberfall sehr anschaulich. »Es sollte preußischerseits bei dem beabsichtigten Unternehmen nicht geschossen werden und war deshalb selbst das Laden der Gewehre verboten worden. Auch durfte beim Avanciren weder geraucht noch gesprochen werden. Lautlos setzte sich die Mannschaft in Marsch. Wie es jetzt bei diesen kleinen Treibjagden üblich ist, gingen rechts und links Compagnieen schleunigst vor, während die Front, den Kreis zu schließen, folgte. Bald stieß die Tête der letztern auf den ersten feindlichen Posten. Er wollte schießen, das Gewehr versagte. Er griff zum Bajonnett, wurde aber niedergestoßen. In einem Hause schimmerte Licht. Zwei Mann schlichen an das Fenster und sahen einen mit Schreiben beschäftigten dänischen Officier (Lieutenant Mörch). Im Nu waren die Fensterkreuze eingebrochen und die Soldaten sprangen mit einem Satz in die Stube. Der Officier sah überrascht auf; er hatte die Geistesgegenwart, das Licht sofort zu löschen. In der Dunkelheit entkam er aus einer Hinterthür und auch glücklich dem sich immer enger schließenden Kreise; sein Käppi und den abgelegten Säbel hatte er zurückgelassen. An ein Entkommen durfte die umzingelte dänische Feldwache nicht denken. Von preußischer Seite fiel ein Mann; er wurde in nächster Nähe von einem dänischen Posten erschossen.«

Dies waren die Kämpfe, die in der Zeit vom 22. Februar bis 13. März am preußischen linken Flügel abwechselnd von den Brigaden Goeben und Schmid geführt wurden.

Am rechten Flügel kam es zu keinen Rencontres; die Dänen griffen nicht an und wurden nicht angegriffen. Hier in Broacker, wie in den verschiedenen Dorfschaften, von der Brigade Roeder besetzt, war man mit den Vorarbeiten zu einer eigentlichen Belagerung — die nur auf dem rechten Flügel stattfinden sollte — beschäftigt; auch die Infanteriekräfte wurden zu diesen Arbeiten mit herangezogen. Zu diesen Arbeiten gehörte in erster Reihe die Anfertigung von vielen tausenden von Schanzkörben, Faschinen und Hurden, ferner die Herbeischaffung des ganzen Bettungs- und Batterie-Baumaterials, die Herstellung von Communicationen aller Art, der Bau von Brücken und Kolonnenwegen, welche, weite Strecken durchmessend, auf ganz ungebahnten Pfaden über Berg und Thal führten. Am 9. März begannen die Straucharbeiten. Alle Pioniere waren dabei thätig. Im Kaffelholze bei Ekensund, im Runkier Holze an der Chaussee zwischen Nübel und Atzbüll, im Laikier Holze, ferner bei Auenbüll, Schottsbüll und Schmöl, wo man das Strauchwerk in genügender Masse und Qualität vorfand, wurden Arbeitsplätze errichtet und dort täglich mit sechs Pionier-Compagnieen und vielen hundert Infanteristen gearbeitet. Bis zum Beginn der Belagerung fertigte man hier 5500 Sappenkörbe, 5999 Faschinen und 491 Hurden an. Auch der Artillerie wurde aufgegeben, bei jeder Feld-Batterie eine Anzahl Faschinen und Schanzkörbe anfertigen zu lassen, um sie später als Batterie-Baumaterial zu verwenden. Das benöthigte Holzmaterial mußte von den abgetragenen Schanzen des Dannewerks herbeigeschafft werden. Die leeren Hackets (Ponton-Wagen) fuhren zu dem Ende mit den Pferden der Ponton-Kolonnen nach Flensburg und weiter mit den Pferden der Proviant-Kolonnen nach Schleswig, dort mußten sie das Holz aufladen und ebenso nach Alnoer (wo die Pontonbrücke war und wo deshalb die Hackets hingehörten) zurückkehren.

Einige Schwierigkeit machte jetzt die Wahl der Plätze für die Belagerungs-Depots. Es schien geboten, diese Depots, namentlich das Haupt-Artillerie-Depot, in der Nähe der ersten Parallele anzulegen. Oberst Colomier, als Commandeur der Artillerie, hob dies verschiedentlich und mit Nachdruck hervor. Jede hundert Schritt, welche das Artillerie-Depot weiter von dem Punkt entfernt liegt, wo der Batteriebau stattfinden soll, erschweren die Aufgabe, die darin besteht, die Batterieen gleichzeitig mit der ersten Parallele in einer Nacht zu bauen und zu armiren. Dennoch entschied man sich, den Platz für das Depot weiter rückwärts zu wählen, um dadurch der Gefahr eines Ueberfalls (der gleichbedeutend mit Zerstörung des ganzen mühsam herbeigeschafften Materials gewesen sein würde) zu entgehen. Es wurde ein Platz ausgemittelt, der zu beiden Seiten der Chaussee, unmittelbar östlich des Runkier Holzes, gelegen war und alle verlangten Eigenschaften besaß, nur nicht die der Nähe von der ersten Parallele. Die Entfernung von den feindlichen Werken betrug 8000 Schritt und dies schützte vollkommen gegen einen Ausfall. Außer dem Schutz, den die so oft genannte Broackerstellung gewährte (wodurch die feindlichen Streitkräfte jedenfalls getheilt wurden), lag das Depot innerhalb der befestigten Linie Nübelmühle-Satrup und erhielt dadurch eine weitere Deckung. — Für die auf der Halbinsel Broacker zu errichtenden Batterieen (die so berühmt gewordenen Gammelmark-Batterieen), wurde ein zweites Depot auf Broacker selbst angelegt und zwar in unmittelbarer Nähe des Dorfes Dünth. Ein drittes Depot für die Aufschichtung von allerhand Strauch- und Holzwerk, sowie für die Aufbewahrung von Handwerkszeug jeglicher Art, wurde zwischen den Dörfern Nübel und Schmoel, in der Nähe des Nübel-Noer, hergerichtet.

Diese Vorkehrungen waren es, die während der ersten Wochen des März alle Kräfte der Belagernden in Anspruch nahmen. Am 6., dann am 11. und 12. trafen die ersten Belagerungsgeschütze auf dem Kriegsschauplatze ein, 12 Pfünder, 24 Pfünder und Mörser.

Vier 24 Pfünder wurden nach dem Broacker hinübergeführt, während acht 12 Pfünder und die Mörser nach Atzbüll und von dort nach dem Belagerungspark von Nübelfeld gingen. Dies Nübelfeld, in Front der bisherigen Aufstellung gelegen, machte nunmehr, nachdem die ersten Belagerungsgeschütze auf eben diesem Felde eingetroffen waren, ein Vorrücken der preußischen Linie (wenigstens an dieser Stelle) nöthig. Jeder kleinsten Chance, die ein Ausfall aus den Schanzen immerhin noch haben mochte, sollte durch dies Vorschieben der Linie begegnet, d. h. der Belagerungspark von Nübelfeld gegen alle Eventualitäten sicher gestellt werden. Am 13. erging Befehl, die bis dahin 2000 Schritt vor der preußischen Front gelegenen Dörfer Nübel und Stenderup zu besetzen, jenes durch 2 Bataillone vom 64., dieses durch 6 Compagnieen vom 24. Regiment. Diesem Befehl wurde am Abend des 13. nachgekommen und zugleich beschlossen, anderen Tags (14.) über Nübel und Stenderup hinauszugehn und eine Vorpostenstellung näher am Feind zu nehmen. Die Linie, in die eingerückt werden sollte, war die Linie zwischen Wielhoi und der Ostlisière des stenderuper Holzes.

Am Morgen des 14. gingen demgemäß die 64er auf Wielhoi vor und besetzten es nach einem leichten Gefecht, während sich die 24er auf die beiden in Front des stenderuper Holzes gelegenen Dörfer, Wester-Düppel und Rackebüll, dirigirten. Sie stießen auf ernsten Widerstand. Dem Bericht eines 24ers entnehmen wir Folgendes:

»Sechs Compagnieen unsres Regiments waren angewiesen, um 6 Uhr früh von Stenderup aus, das wir am Abend vorher besetzt hatten, vorzugehn, die dänischen Vorposten auf das Dorf Düppel zurückzuwerfen und die eignen Vorposten bis in die Höhe der östlichen Lisière des stenderuper Gehölzes vorzuschieben. Demgemäß rückte zur befohlenen Zeit das ganze 1. Bataillon unter Major v. Grumbkow gegen Dorf Düppel vor, während zur Sicherung der linken Flanke die 6. und 7. Compagnie des Regiments, unter Hauptmann v. Goerschen, auf Rackebüll dirigirt wurde. Folgen wir zunächst der Hauptkolonne auf ihrem Marsch gegen Düppel. Die Avantgarde bildete die 1. Compagnie (Hauptmann v. Radowitz), die ihrerseits den Schützenzug unter Secondelieutenant Graf York v. Wartenburg zum Vortrupp formirte. Die Kolonne ging ungesehn in der Morgendämmerung am stenderuper Gehölz vorbei; die 2. Compagnie unter Hauptmann Ballhorn wurde zur Deckung der rechten Flanke und zur Aufnahme der Verbindung mit dem gleichzeitig aus Nübel vorgegangenen Regiment Infanterie Nr. 64. nach diesem Gehölz hineingeworfen. Als die Spitze der 1. Compagnie am Gehölz vorbeigegangen war, fielen von den vor Düppel liegenden Knicks die ersten Schüsse auf dieselbe. Die Compagnie formirte in Folge dessen eine längere Schützenlinie, die mit großer Geschwindigkeit und Energie gegen die vom Feinde besetzten Knicks avancirte und die feindlichen Schützen auf Düppel zurückwarf. Diese, von einem stärkeren Soutien aufgenommen, besetzten jetzt den Kirchhof des Dorfes. Während dieser Zeit stand die Kolonne auf dem engen von Knicks eingeschlossenen Wege, von dem weder rechts noch links abgewichen werden konnte, und den die Dänen der Länge nach von dem zur Vertheidigung eingerichteten Thurme der düppler Kirche beschossen. Die 1. Compagnie mußte, um sich dem Feuer nur einigermaßen zu entziehen, zu beiden Seiten des Wegs an den Knicks niederknieen. Unterdessen war auch die 2. Compagnie in der rechten Flanke über das stenderuper Gehölz hinaus vorgedrungen. Als die Compagnie aus dem Walde hervorbrach, wandte sich auch auf sie das Feuer vom düppler Kirchhof her und zwar mit besonderer Heftigkeit. Hauptmann Ballhorn, an der Spitze seiner Compagnie, wurde hier von einer Kugel in dem rechten Oberschenkel getroffen; Secondelieutenant Wilke und einige Musketiere trugen ihn aus dem Gefecht. Der zu Fuß herbeieilende Major v. Grumbkow führte die Compagnie persönlich aus dem Feuer.«

Während die 1. und 2. Compagnie diesen Strauß vor Düppel bestanden, waren die 6. und 7. Compagnie, wie bereits hervorgehoben, unter Hauptmann v. Goerschen gegen Rackebüll vorgegangen. Ein Augenzeuge schreibt: »daß es heute etwas abgeben würde, das wußten wir alle; wir kannten ja die rackebüller Dänen, mit denen die Brigade Goeben in zahllosen Vorpostengefechten bis dahin zu thun gehabt hatte. In gerader Richtung, querfeldein, gingen wir vor. Was »querfeldein« hier heißt, das spottet jeder Beschreibung: Knicks mit Dornenhecken, Wassergräben, aufgeweichtes Ackerland, schwer, zäh, lehmig, in dem fast die Stiefel stecken bleiben. Vorsichtig, wie der Fuchs beim Schleichen, avancirten wir von Knick zu Knick; feindliche Patrouillen, die sich ungesehen glaubten, schlichen in trüber Morgendämmerung dem Dorfe zu. Als wir uns Rackebüll bis auf 600 Schritt genähert hatten, stießen wir auf den Feind. Er hatte einen hohen Knick mit Schützen besetzt und versuchte von hier aus, unser Vorgehn durch ein ziemlich anhaltendes Feuer zu hindern. Der Schützenzug besetzte nun 3 bis 400 Schritt vom Feinde eine sehr günstig gelegene Höhe, von wo aus derselbe das Terrain gegen Rackebüll zu ziemlich genau übersehen konnte; die andern 5 Züge postirten sich hinter der Höhe an einem Knick. Wir lagen fast platt auf der Erde und schossen wenig. Diese Kriegslist glückte. Die Dänen, immer sicherer in ihrem Glauben, wir seien nur eine schwache Abtheilung, kletterten über den schützenden Knick hinweg und stürmten auf uns zu. Nur mit Mühe hielt uns der Hauptmann in Ruh. Endlich, als sie bis auf 200 Schritt an uns heran waren, sprangen wir auf und empfingen sie mit einer vollen Salve. 6 oder 7 fielen, die andern suchten den schützenden Knick wieder zu gewinnen, aber unter Hurrahgebrüll jagten wir sie vor uns her, bis sie innerhalb der Dorfgasse Schutz fanden. Diese Verfolgung hatte uns bis auf 200 Schritt vor Rackebüll geführt; wir machten Halt, um Athem zu schöpfen. Ein Erdwall gab uns nothdürftigen Schutz, aber die Leute drängten vorwärts und am Ende — wenn der Anlauf glückte — standen wir *in* Rackebüll gedeckter, als vor demselben. Mit Marsch Marsch ging es von zwei Seiten her auf das Dorf zu, das nach kurzem Widerstand genommen wurde. Bei dem Feuergefecht, das sich hier entspann, fiel Lieutenant Troschel. Unteroffizier Prochnow holte ihn aus dem Feuer heraus. Der Feind zog sich hinter das Dorf in eine gedeckte Stellung zurück. Wir hielten das Dorf eine Stunde lang, wenig belästigt durch das lebhafte Feuer, das die Dänen gegen uns unterhielten; — sie schießen immer zu hoch und von tausend Kugeln trifft kaum eine. Zuletzt kam Ordre, Rackebüll wieder aufzugeben und uns auf Stenderup zurückzuziehn.«

Ueberblicken wir noch einmal die Ereignisse des 14., so hatte von Nübel und Stenderup aus, die am Abend vorher von der Brigade Roeder besetzt worden waren, ein Vorstoß in drei Richtungen stattgefunden, gegen Wielhoi, gegen Dorf Düppel und gegen Rackebüll. Zweck dieses Vorstoßes war *nicht* (wenigstens *zunächst* nicht) die dauernde Besetzung dieser drei letztgenannten Punkte, sondern nur die Aufstellung einer *Vorpostenlinie zwischen Wielhoi und dem stenderuper Holz*. Dies war erreicht, erreicht mit verhältnißmäßig geringen Verlusten. Das Gefecht am 14. kostete dem 24. Regiment 3 Todte und 17 Verwundete, unter den Todten Lieutenant Troschel, unter den Verwundeten Hauptmann Ballhorn. Das 64. Regiment hatte ohne Verlust seine Aufgabe gelöst. Nübel und Stenderup blieben stark besetzt; die Kirche und der Kirchhof von Nübel wurden zur Vertheidigung eingerichtet. General v. Roeder bezog Quartiere in dem genannten Dorf (Nübel).

Während so am 14., bereits auf dem unmittelbaren Vorterrain der düppler Schanzen, gekämpft worden war, waren auf der Halbinsel Broacker, am Ufer des Wenningbund, da wo die sogenannten gammelmarker Höhen gelegen sind, viele hundert Arme geschäftig, um die eingetroffenen 24 Pfünder in Batterie zu bringen, aus denen am nächstfolgenden Tage, über den breiten Wenningbund hinweg die Beschießung der Schanzen beginnen sollte. Schon am 11. hatte man vier 24 Pfünder, die kurz vorher in Brunsnis (Broacker) placirt worden waren, mit der größten Anstrengung über die theils grundlosen Wege nach Dünth geschafft. Von Dünth bis Gammelmark war nur noch eine Viertelmeile. Aber welche! Als man die Geschütze den Berg jenseits des Dorfes hinaufschaffen wollte, zeigte sich bald die vollständige Unmöglichkeit, diesen Transport mit Pferden zu bewirken, alle Stränge zerrissen sofort, man bekam die Geschütze nicht aus der Stelle. Endlich entschloß man sich, Menschenkräfte anzuwenden. Die Brigade Canstein half aus. Wie später beim Parallelenbau, so bewährten sich auch hier die 35er als vorzüglich geschickt. Vor jedes Geschütz spannten sich 200 Mann. Sie leisteten, was 20 Pferde nicht leisten konnten. In kurzer Zeit überwand ihre vereinte Kraft den Bergesabhang und brachte die Geschütze in das Depot, wo sie auf Bettungen gestellt werden mußten, um nicht zu versinken. So tief aufgeweicht war der Boden. Am Abend des 12. wollte man diese 4 Geschütze in die Batterie einfahren und mußte hierbei den neu erbauten Kolonnenweg benutzen, dem man, durch Anwendung von Strauchwerk und Bohlen, so viel Festigkeit zu geben versucht hatte, als es irgend möglich war, der aber immer noch einige Stellen hatte, von denen es zweifelhaft blieb, ob es möglich sein würde, die so überaus schweren Geschütze hinüber zu bringen. Man wandte wiederum Menschenkräfte als Bewegungsmittel an und kam dadurch und durch die fortdauernde Unterlegung starker Bohlen, über alle Schwierigkeiten hinfort. Bis um 11 Uhr Abends wurden die beiden dort erbauten Batterieen, die östliche mit 4 gezogenen 24 Pfündern, die westliche einstweilen mit 6 gezogenen 6 Pfündern armirt.

So weit war man am 12. Abends auf Gammelmark gediehn. Am 14. Abends, nachdem den Tag über mit unsäglichen Anstrengungen gearbeitet worden war, konnte der Bau einer dritten Batterie (etwa 800 Schritt östlich der beiden andern) auf einem bastionsartigen Vorsprunge des Ufers begonnen werden. Noch in derselben Nacht wurde diese dritte Batterie beendet und ebenfalls mit vier 24 Pfündern armirt. Am Morgen des 15. waren also 14 Geschütze (acht 24 Pfünder und sechs 6 Pfünder) in der Lage, aus 3 Batterieen ihr Feuer gegen die Schanzen beginnen zu können. Der Wunsch, dieser Wirkung den möglichsten Nachdruck zu verleihn, führte dahin, daß noch zwei weitere 6 pfündige Batterieen bestimmt wurden, das Feuer zu verstärken. Hierdurch wuchs die Zahl der gezogenen Geschütze bei Gammelmark auf 26 Stück (acht 24 Pfünder und achtzehn 6 Pfünder), aus denen am 15. früh die Beschießung erfolgen konnte. Einzelne Schüsse aus Batterie Nr. 2. (Premierlieutenant Mogilowski, später »Feldzeugmeister-Batterie«) waren schon am 13. abgefeuert worden, doch nur probeweise, um zu zeigen, daß die vordersten Schanzen vollständig im Bereich der preußischen Geschütze lägen, nicht zum Zwecke der Beschießung.

Diese begann am 15. Vormittags. In den frühen Morgenstunden herrschte Nebel, dann Schneeschauer, der so dicht fiel, daß es nicht möglich war, hundert Schritt weit zu sehn. Plötzlich, gegen 11 Uhr, hellte sich das Wetter auf, und vom klaren Sonnenschein erleuchtet, konnte man nun die feindlichen Schanzen und selbst die daran arbeitenden Leute deutlich erkennen. Jetzt eröffnete die Batterie Nr. 1. die Kanonade und die übrigen Geschütze stimmten ein. Die ersten Schüsse gingen theilweise zu kurz, man sah sie in die See einschlagen, schnell korrigirte man sich aber und die in der Gegend von Schanze I. und II. wie in einem Ameisenhaufen durcheinanderlaufenden Mannschaften, welche überall Deckung aufsuchten, zeigten es deutlich, daß unsre Geschütze gut trafen und die Entfernung richtig geschätzt hatten. Der Feind hatte sich von dieser Seite her für ziemlich sicher gehalten; es schien ihm eine Fabel, daß man auf Entfernungen von 4 bis 5000 Schritt noch Erfolge erzielen könne. Nun sah er nicht nur das ganze Terrain zwischen Schanze I. und VI., sondern auch Sonderburg, das sein Soutien, sein Magazin und seine Rückzugslinie war, durch unsre Geschosse bedroht. Der Zweck dieser ersten Beschießung richtete sich freilich nicht gegen diese Stadt, deren rothe Dächer sammt ihren vielen Windmühlen man bei klarem Wetter von Gammelmark aus deutlich sehen konnte, — nur ein Gruß aus Batterie Nr. 1. flog heute hinüber und ein Kugelloch in dem Mauerwerk des alten Schlosses, das man mit einem Fernrohr deutlich erkennen konnte, lieferte den Beweis, daß auch Sonderburg, obgleich 5600 Schritt entfernt, für unsre gezogenen Geschütze nicht unerreichbar war.

Bis um 2 Uhr Nachmittags wurde das Feuer mit großer Lebhaftigkeit fortgesetzt, dann ließ es nach, um am andern Morgen wieder aufgenommen zu werden. Der Feind antwortete wenig aus seinen Schanzen; er hatte schnell erkannt, wie überlegen ihm die preußischen Geschütze waren und deshalb die seinigen zurückgezogen. Der Erfolg war ein eclatanter. Ein französischer Berichterstatter schrieb: »Die Gammelmark-Batterieen drohen der dänischen Stellung verhängnißvoll zu werden. Die Entfernung über den Wenningbund hin bis nach dem Städtchen Sonderburg auf Alsen beträgt etwa drei englische Meilen. Eine Kugel traf das Schloß, eine andre das Rathhaus. Wir haben bisher noch in keinem europäischen Kriege Geschütze gesehn, welche bis auf solche Entfernung wirkten.«

Der sachliche wie der moralische Effekt, den diese Enfilir-Batterieen ausübten, war außerordentlich, aber er war rasch vorübergehend. Die Dänen zogen bei Tage ihre gefährdeten Geschütze und sich selbst in gesicherte Stellungen zurück und überließen es der überlegenen Artillerie ihrer Gegner, die Schanzen abzukämmen oder irgend eine Brustwehr zu zerstören. Ueber Nacht wurde hergestellt, was im Lauf des Tages zerstört worden war und am anderen Morgen präsentirten sich die Schanzen so intakt, wie am ersten Tage der Beschießung. Dies war von einzelnen Stimmen vorausgesagt worden, doch war ihr Rath: das Feuer von Gammelmark nicht vor der Beschießung aus der Front beginnen zu lassen, entgegenstehender Ansichten halber nicht durchgedrungen. Diese entgegenstehenden Ansichten gingen dahin, daß mit den Anfängen einer Beschießung (weil alles nach energischem Vorgehn drängte) nicht länger gezögert werden könne. Jetzt ist wohl kein Zweifel mehr darüber, daß — eine gewisse Berechtigung jener überwiegend politischen Erwägung zugegeben — das Feuer zu frühzeitig eröffnet wurde. Wären gleichzeitig mit den Batterieen auf Gammelmark 30 bis 40 gezogene 12 Pfünder zu einem Angriffe in der Front in eine lebhafte Thätigkeit gesetzt worden, so kann angenommen werden, daß binnen zwei Tagen dem an den Wenningbund sich anlehnenden Flügel der Schanzenlinie ein wesentlicher Theil seiner Widerstandskraft geraubt gewesen wäre. Die hierdurch bei dem Feinde mit Wahrscheinlichkeit hervorgebrachte Ueberraschung und Verwirrung dürften alsdann, auch ohne Annäherungsarbeiten, den Wenningbund entlang einen Sturm auf diesen Flügel mit einem glücklichen Erfolge möglich gemacht haben.

Aber noch mehr, die allzu frühzeitige Eröffnung des Feuers auf Gammelmark hatte, außer der damit verloren gegangenen Ueberraschung, den Nachtheil gehabt, daß der Feind Zeit gewann, sich sofort durch die Erbauung von Schulterwehren und Traversen nach Möglichkeit gegen dasselbe zu schützen. Bis dahin schienen gegen dies Feuer keine Vorkehrungen vorhanden gewesen zu sein, da man seine Möglichkeit, am wenigsten aber seine Furchtbarkeit nicht erwartet hatte. Jetzt entstanden rasch, von den Schanzen I. bis IV. aus, gedeckte Kommunikationen nach rückwärts. Diese bestanden in aufgeworfenen Brustwehren, die auf ihren beiden Seiten von einem Graben begleitet wurden. Je nachdem das Feuer von der einen oder der anderen Seite erwartet wurde, hatte man den durch die Brustwehr dagegen geschützten Graben als Verbindungsweg zu benutzen.

Der Feind wußte gut zu pariren; rastlos thätig in Aufführung neuer Werke, war ihm nicht beizukommen; — vor Eröffnung der Frontal-Batterieen war an einen entscheidenden Erfolg nicht zu denken. Wichtiger fast als die Wirkung auf die Schanzen, erwies sich die Wirkung der Gammelmark-Batterieen auf den Seeverkehr des Feindes. Seine Schiffe im sonderburger Hafen fühlten sich nicht mehr sicher und der Verkehr, der sonst direkt bis in den Alsensund ging, beschränkte sich — die Nord- und Osthäfen der Insel abgerechnet — auf Hörup-Haff, von wo dann die ausgeladenen Gegenstände zu Lande nach Sonderburg weitergingen.

# Der 17. März.

m 15., wie wir sahen, eröffneten die Gammelmark-Batterieen ihr Feuer; am folgenden Tage setzten sie es mit minderer Heftigkeit fort. Auch am 17. fielen nur einzelne Schüsse. Dieser Tag wurde denkwürdig durch einen Infanteriekampf vor den Schanzen selbst. Wir gehen nunmehr zu einer Beschreibung dieses Gefechtes über, des ernstesten und ausgedehntesten, das auf dem Vorterrain von Düppel geliefert wurde.

Das Gefecht vom 17. März war ein Doppelgefecht, das am linken Flügel (Brigade Goeben) um den Besitz von Rackebüll, im Centrum (Brigade Roeder) um den Besitz von Kirch-Düppel geführt wurde. Beide Gefechte griffen ineinander ein und unterstützten sich untereinander, dennoch ziehen wir in unserer Darstellung die lokale Gruppirung des Geschehenen der chronologischen Anordnung vor und schildern, ohne, blos der Stunde zu Liebe, in beständigem Wechsel von Rackebüll nach Düppel und von Düppel nach Rackebüll zu eilen, beide Rencontres als selbstständige Gefechte. Zuerst das Gefecht bei Rackebüll.

### Das Gefecht bei Rackebüll.

Die Dänen — irrthümlich von der Ansicht ausgehend, daß das rackebüller Holz von den Preußen besetzt sei — beschlossen am 17. einen Offensivstoß zu wagen, um sich in den Besitz dieses Gehölzes zu setzen. Eh diese Bewegung jedoch zur Ausführung kam, erfuhr man dänischerseits, daß eine dauernde Besetzung des vielgenannten Gehölzes durch General v. Goeben nie stattgefunden habe, weshalb der Befehl dahin geändert wurde: das 4. und 5. dänische Regiment, unter Führung des Obersten Bülow, hätten eine Recognoscirung über Rackebüll hinaus zu unternehmen, ohne sich jedoch in ein ernstes Gefecht einzulassen.

Um 10 Uhr früh rückten die genannten beiden Regimenter (4 Bataillone) mit zwei Geschützen bis zum Pütthause — an der apenrader Chaussee, zwischen Schanze X. und Rackebüll gelegen — vor; dort theilte sich die Kolonne, ein Bataillon des 5. Regiments verfolgte die Chaussee, das andre bog rechts aus und nahm seinen Weg über Satrup; — das 4. Regiment besetzte Rackebüll.

Bald nach 10 Uhr erhielt General v. Goeben, der sich in Oster-Satrup befand, von dieser Offensiv-Bewegung des Feindes Meldung. Er nahm alles zusammen, was er an disponiblen Streitkräften in Oster- und Wester-Satrup zur Hand hatte und dirigirte 2 Compagnieen 15er von Oster-Satrup, 5½ Compagnie 55er von Wester-Satrup aus gegen Rackebüll. Im Laufschritt gingen diese Truppen vor, die 15er unter Major Horst zwischen Rackebüll und dem rackebüller Holz, die 55er unter Major Boecking, die Chaussee entlang auf Rackebüll selbst. Eine Compagnie der 55er faßte das Dorf von rechts her in die Flanke; zwei 12 Pfünder unterstützten den Angriff. Mit Ungestüm warfen sich die genannten Truppen, die 15er von links, die 55er von rechts her auf den Feind und nahmen die von ihm besetzten Knicks und Barrikaden vor dem Dorfe, trotz seiner numerischen Ueberlegenheit, im ersten Anlauf. Der Krug und die der Straße zunächst liegenden Gehöfte wurden mit dem Bajonnett genommen, während der Feind, durch die detachirte Compagnie vom 55. Regiment in der Flanke bedroht, aus dem westlichen Theile von Rackebüll eiligst abzog, ohne den Angriff abzuwarten. Das 4. Regiment, das, wie wir sahen, das Dorf besetzt hielt, fand selbst nicht mehr die Zeit, seinen verwundeten Bataillons-Commandeur (Capitain Baudiß) mit sich zu nehmen, schon auf eine Tragbahre gelegt, ließ man ihn doch im Stich. Er fiel, nebst einigen zwanzig andern Verwundeten, in unsere Hände. Außerdem wurden 25 Mann gefangen. Viele Todte lagen umher. Capitain Baudiß erlag nach einigen Tagen seinen Wunden in Flensburg. Preußischerseits hatte diese rasche Wegnahme von Rackebüll zwei Verwundete gekostet. Wieder hatte es sich, wie bei allen früheren Gefechten der Brigade Goeben, bewährt, daß das kräftigste Draufgehen den geringsten Verlust herbeiführte. Ein Bericht sagt: »So wie wir uns ohne Weiteres auf den Feind stürzten, pfiffen regelmäßig die Kugeln über unsere Köpfe hin. Die Verluste erlitten wir immer im Schützengefecht.«

So verlief das Vormittags-Gefecht bei Rackebüll, ein ernsteres Nachmittags-Gefecht, das größere Opfer kostete, sollte folgen.

Etwa um 12 Uhr hatten 2 Bataillone (7½ Compagnieen) der Brigade Goeben, wie wir sahen, Rackebüll genommen und sich darin festgesetzt. Der Feind war zurückgegangen, nach seinen eigenen Aussagen bis zum Pütthause, nach Ansicht des preußischen Gefechtsberichtes bis hinter die Schanzen. General v. Goeben, wie bei so vielen früheren Gefechten, die mit der Besitzergreifung Rackebülls geendet hatten, stand eben auf dem Punkt, das mit stürmender Hand genommene Dorf freiwillig wieder aufzugeben, als vom General Roeder die Aufforderung eintraf, Rackebüll unter allen Umständen zu halten, da er (General Roeder) auf dem Punkt stehe, Kirch-Düppel zu attakiren. General v. Goeben kam dieser Aufforderung nach und deckte dadurch die linke Flanke der Operationen gegen Kirch-Düppel.

Von 12 bis 2 Uhr geschah dänischerseits nichts gegen Rackebüll. Dies war ein Fehler. Oberst Bülow — wie in der That aus dem dänischen Gefechtsberichte hervorgeht — mußte die preußischen Abtheilungen, die zwischen 11 und 12 Uhr gegen Rackebüll vorgingen, numerisch bei Weitem überschätzt und einen Kampf mit ihnen als aussichtslos angesehen haben, sonst konnte er die zur Wiederaufnahme des Kampfes einzig und allein geeignete Zeit unmöglich so ungenutzt vorübergehen lassen. Zwischen 12 und 1 Uhr hätte ein erneuter Angriff vielleicht Chancen des Erfolges gehabt. Aber dieser Angriff unterblieb. Inzwischen trafen 2 Bataillone 15er unter Oberstlieutenant v. d. Goltz in der preußischen Frontlinie ein, sie nahmen Aufstellung zwischen dem rackebüller Gehölz und dem Alsen-Sund; die 7½ Compagnieen, die das Vormittags-Gefecht bestanden hatten, standen in langer Linie vom rackebüller Krug an, durch die Dorfgasse hindurch, bis in den Rücken des Dorfes. Die Batterie, jetzt 4 Geschütze stark, stand am weitesten zurück, beherrschte aber das Dorf.

Dies war die Aufstellung, als um 2 Uhr Nachmittags die Dänen, drei vielleicht auch fünf Bataillone stark (die Angaben schwanken), von Neuem zum Angriff übergingen, nach ihrem eigenen Bericht vom Pütthause aus, nach Ansicht General v. Goebens von den Schanzen aus. Wir folgen der Goebenschen Darstellung. Die Dänen avancirten bis zum Pütthause und bis gegen Stabegaard. Dies Avanciren, das von einzelnen Seiten als ein »Erfolg« geschildert worden ist, war mindestens ein leicht errungener, da Stabegaard, um die Truppen dem enfilirenden Feuer von Alsen her nicht nutzlos auszusetzen, von den Preußen gar nicht besetzt worden war. Mehrere Vorwärtsbewegungen gegen Rackebüll folgten, aber matt und ohne wirklich zum Angriff zu schreiten. Die Dänen engagirten, an der ganzen Linie hin, ein lang andauerndes Feuer, das aber ziemlich resultatlos verlief und keinen andern Zweck zu haben schien, als die Preußen aus ihren Stellungen hervor in den Bereich der alsener Batterieen zu locken.

So war es 4 Uhr geworden, das Feuer ließ nach, gleichzeitig traf jetzt Befehl ein, Rackebüll unter allen Umständen, und zwar auf die

Dauer, zu halten. General v. Goeben beorderte deshalb 4 Compagnieen nach Satrup zurück, die daselbst essen und Gepäck umhängen (alles war hungrig ausgerückt), dann aber die Vorposten bei Rackebüll beziehen sollten.

Vielleicht daß der Feind von dieser Schwächung seines Gegners Kunde erhielt, gleichviel, 4½ Uhr ging er abermals gegen Rackebüll vor, diesmal mit Ernst. Seinen Hauptangriff richtete er auf den linken Flügel, wo Oberstlieutenant v. d. Goltz mit den 15ern stand. Die Compagnieen des 5. und 4. Regiments drangen kräftig und brav vorwärts, mehrfach mit Hurrah bis an die von unseren Schützen besetzten Knicks vorgehend. Ueberall aber wurden sie, theils durch das mörderische Feuer, theils durch Gegen-Angriff mit dem Bajonnett, entschieden und unter großem Verlust zurückgewiesen. Auch die Angriffe auf den rechten Flügel (Dorf Rackebüll) mißglückten; die Batterie beherrschte das Terrain und verhinderte den Feind, über eine bestimmte Linie der apenradener Chaussee hinaus vorzudringen.

So stand das gegen 4½ Uhr Nachmittags wieder aufgenommene Gefecht bis kurz nach Sonnenuntergang, als jetzt — etwas nach 6 Uhr — die Tête des aus Satrup anlangenden Füsilier-Bataillons vom 55sten eintraf, im Laufschritt herzu eilend. Major Rex führte dasselbe sofort rechts nach Rackebüll und durch das Dorf vorwärts, während das 1. Bataillon — das bis dahin einen schweren Stand gehabt hatte — tambour battant längs der Chaussee vordrang und die 15er, am linken Flügel, ebenfalls mit Hurrah vorbrachen. Der Feind wartete den Angriff nicht ab, sondern zog sich, unter Zurücklassung vieler Todten, eilends nach den Schanzen zurück. Rackebüll blieb besetzt; die Vorposten wurden bei den Pütthäusern (zwischen Rackebüll und den Schanzen) ausgesetzt.

Die Dänen büßten viel ein. Das 5. Regiment allein, das namentlich den Hauptangriff von Stabegaard aus auf den linken Flügel unter Oberstlieutenant v. d. Goltz machte, verlor 126 Mann. Auch die preußischen Verluste waren größer als gewöhnlich: 10 Todte (darunter Lieutenant Hölscher vom 55. Regiment und Portepeefähnrich Scheringer); außerdem 7 Officiere und 37 Mann verwundet.

### Das Gefecht bei Düppel.

Bei Rackebüll waren die Dänen (10 Uhr Vormittags) zur Offensive geschritten, bei Düppel schritten die Preußen zum Angriff. Dieser Angriff war nicht eine Folge des Vormittagsgefechtes bei Rackebüll, stand überhaupt in keinem Zusammenhang mit den Vorgängen am linken Flügel, sondern entsprach lediglich einem Entschluß, der schon am Morgen des 17. im Hauptquartier (Gravenstein) zur Reife gediehen war und dahin ging, daß der Einschließungszirkel um die Schanzen herum nunmehr enger gezogen werden müsse. Zu diesem Behufe — so war der früh Morgens im Hauptquartier gefaßte Entschluß — sollte die Brigade Roeder sich in den Besitz von Kirch-Düppel setzen. Wir werden sehn, wie der 17. März im Verlauf wechselnder Gefechtsmomente schließlich zu weit erheblicheren Resultaten führte. Nicht nur ein Vorgehn im Centrum, sondern auf der ganzen Linie war das Ergebniß.

Eh wir dem Angriff folgen, werfen wir einen Blick auf die Lokalität. Die Brigade Roeder — recht eigentlich in Front der Schanzen — stand, wie wir wissen, in Nübel und Stenderup; Nübel war von den 64 ern, Stenderup von den 24 ern besetzt. Beide Dörfer liegen etwa eine halbe Meile von Düppel und zwar so, daß, wenn man Linien zwischen diesen drei Punkten zieht, ein spitzwinkliges Dreieck entsteht. In dem spitzen Winkel des Dreiecks liegt Düppel. Zwischen Stenderup und Düppel läuft eine eigne Landstraße, zwischen Nübel und Düppel aber läuft die flensburger Chaussee, von der kurz vor Düppel ein Seitenweg links abzweigt.

Düppel selbst ist ein großes im Haken gebautes Dorf, dessen eigenthümliche Form und Ausdehnung man gegenwärtig haben muß, wenn man einer Schilderung des Gefechtes vom 17. März, wie der dann folgenden Ereignisse (der eigentlichen Belagerung) folgen will. Es liegt — wenn man Verbindungslinien zwischen Rackebüll und Schmöl einerseits und zwischen Stenderup und den Schanzen andrerseits zieht — ziemlich genau in dem Punkt, wo diese Linien sich kreuzen, dehnt sich aber mit seinen zerstreuten Gehöften über ein so weites Terrain aus, daß seine Nordspitze (die Kirche) bis auf 1000 Schritt sich Rackebüll und Stenderup nähert, während die Südwest-Ecke fast die flensburger Chaussee und die Ost-Ecke fast die Schanzen berührt. Alles was von Rackebüll und Stenderup avancirte, mußte zunächst auf Kirch-Düppel, was von Nübel kam, auf Wester-Düppel, was von den Schanzen kam, auf Oster-Düppel treffen. Die Entfernung zwischen der Kirche von Düppel und zwischen den östlichsten Gehöften betrug nahezu eine halbe Meile.

Um 12 Uhr — Rackebüll war eben von der Brigade Goeben genommen — traf beim General v. Roeder der Befehl ein, Kirch-Düppel zu besetzen. Die beiden Musketier-Bataillone vom 24. Regiment, die der Kirche von Düppel und dem danach genannten Dorftheil (Kirch-Düppel) am nächsten standen, wurden jetzt vom General mit Ausführung dieser Ordre betraut. Sie rückten zu beiden Seiten des stenderuper Weges vor; ihnen vorauf eine Haubitz-Batterie. Diese protzte in richtiger Schußweite ab und begann Kirche und Kirchhof mit Granaten zu bewerfen. Als der Feind erschüttert schien, gingen die Compagnieen des 2. Bataillons, das die Tête hatte, zum Angriff über; die 7. Compagnie attackirte direkt, während zwei andere Compagnieen, von links und rechts her, Kirch-Düppel in die Flanke nahmen. Lieutenant Munk vom 7. dänischen Regiment suchte Kirche und Kirchhof, die stark besetzt waren, gegen den raschen Ansturm zu halten, aber vergeblich. Die 7. Compagnie umfaßte den Kirchhof von beiden Seiten und unter heftigem Feuergefecht zogen sich die Dänen, die Dorfgasse entlang, zurück. Ueberall im Dorf war die Communikation durch gut angelegte Barrikaden gesperrt, die von den Häusern aus vertheidigt wurden. In der That mußte das Dorf Schritt vor Schritt erobert werden; erst als alle Compagnieen des Bataillons zusammenwirkten, fiel in rascher Folge ein Gehöft nach dem andern. Zuletzt wurde der Feind auch aus dem östlichen Theil von Düppel hinausgewiesen, den die 5. 6. und 8. Compagnie besetzten und ihre Schützen an dessen äußerster Lisière einnisteten, von wo aus sie mit dem Feinde, der am Fuße der Schanzen V. und VI. stehen blieb, Kugeln wechselten. Es war 2¼ Uhr, als das 24. Regiment in den unbestrittenen Besitz von Düppel gelangte.

Während die 24er auf der stenderuper Straße vorgegangen waren, waren die 64er (in der rechten Flanke der 24er) auf der flensburger Chaussee avancirt. Auch hier waren es die beiden Musketier-Bataillone, die zum Angriff schritten. Die Füsiliere — in Gravenstein cantonnirt — trafen erst später ein, übrigens noch rechtzeitig genug, um an dem entscheidenden Moment des Kampfes theilzunehmen.

Das 1. Bataillon dirigirte sich gegen Kirch-Düppel, wo es die 24er, die den Kirchhof bereits genommen, in dem sich fortspinnenden Dorfgefecht unterstützte; das 2. Bataillon drang gegen den Spitzberg vor, den der Feind mit 3 Compagnieen vom 7. Regiment besetzt hielt, attackirte und nahm diese wichtige Position, von der mehr oder weniger die Behauptung des düppeler Vorterrains abhing, im ersten Anlauf. Major Cramer, Commandeur des Bataillons, setzte Vorposten aus.

So standen die Dinge 2¼ Uhr. Die Tagesaufgabe war mehr denn erfüllt. Diese hatte einfach dahin gelautet, Kirch-Düppel zu besetzen, statt dessen war auf der ganzen Linie der Zirkel enger, d. h. dichter um die Schanzen herum gezogen. An Stelle der Linie Satrup, Stenderup, Nübel war die Linie Rackebüll, Düppel, Spitzberg getreten. Statt eine Meile, stand man nur noch eine halbe Meile von den Schanzen; die vorgeschobensten Compagnieen im Centrum, die Oster-Düppel besetzt hielten, standen nur noch 6 bis 800 Schritt von den Schanzen entfernt.

Diese letztre Position — wie wir wissen von den 24ern (5. 6. und 8. Compagnie) eingenommen — erwies sich bald als unhaltbar. Ein mörderisches Feuer wurde darüber ausgeschüttet; die ganze Schanzenlinie, selbst die Batterieen auf Alsen, warfen Granaten und Brandgeschosse ins Dorf. Bald stand der östliche Theil in Flammen. General v. Roeder, da der Tagesbefehl nur auf Besitznahme von Kirch-Düppel gelautet hatte, hielt es für gemessen, die drei vorgeschobenen Compagnieen aus Oster-Düppel zurückzunehmen. Er gab die entsprechenden Befehle. Die Compagnieen zogen sich gegen Kirch-Düppel hin rückwärts, wo nunmehr das ganze Regiment — auch die Füsiliere waren inzwischen eingetroffen — vereinigt stand. Die 64er lehnten sich mit ihrem 1. Bataillon an Wester-Düppel; das 2. Bataillon hielt nach wie vor den Spitzberg besetzt. Das Gefecht schien beendet.

Aber es war nicht beendet; gegen 3 Uhr begann der Kampf von Neuem, heftiger als zuvor; die Dänen schritten zur Offensive. Der in den Schanzen befehligende General du Plat, von der Wichtigkeit durchdrungen, welche Rackebüll und der Spitzberg für die Düppelstellung hatten, war entschlossen, seinem Gegner den Besitz dieser Positionen streitig zu machen. Als er sah, daß die Preußen unter der Wirkung des Schanzenfeuers Oster-Düppel räumten, hielt er den Augenblick für günstig, um das an diesem Tage verlorene Terrain wieder zu gewinnen. Er ertheilte Befehl zum Vorrücken. Das 5. dänische Regiment, unterstützt von Abtheilungen des 4., ging gegen Rackebüll vor (vergl. S. 143. das Gefecht bei Rackebüll), das 7. und 8. Regiment, zunächst nur 9 Compagnieen stark, dirigirten sich gegen Düppel. Oster-Düppel wurde besetzt, in raschem Avanciren der freie Raum überschritten, der sich zwischen Oster- und Wester-Düppel ausdehnt, endlich in den östlichen Gehöften von Wester-Düppel Posto gefaßt. Bis gegen 4 Uhr war diese Offensiv-Bewegung der Dänen ausgeführt.

Aber nicht lange sollten sie in ungestörtem Besitz ihrer bis zur Hälfte wieder eroberten Position (Kirch-Düppel, wie wir wissen, war von den 24ern besetzt) verbleiben. Schon um 2½ Uhr, als die vorgeschobensten Compagnieen der 24er eben aus Oster-Düppel zurückgezogen wurden, war beim General v. Roeder der Befehl eingetroffen: Oster-Düppel unter allen Umständen zu halten. (Die Meldung von dem Zurücknehmen der Truppen hatte den Prinzen Friedrich Karl noch nicht erreicht.) General v. Roeder traf demgemäß seine Dispositionen. Was eben aufgegeben war, mußte wieder genommen werden. Das 2. Bataillon vom 64. Regiment erhielt Befehl, vom Spitzberg aus gegen Oster-Düppel vorzugehn; die Brigade Canstein aber, deren vorgeschobenste Compagnieen, zwei vom 35. und zwei vom 60. Regiment, inzwischen auf dem Terrain zwischen Büffelkoppel und Wenningbund theils auf Vorposten standen, theils zur Ablösung erschienen waren, wurde beordert, an Stelle der vorrückenden 64er den Spitzberg zu besetzen.

Fast in demselben Augenblick (3 Uhr), in dem die neun dänischen Compagnieen vom 7. und 8. Regiment aus den Schanzen hervorbrachen, stiegen die 64er — uns vorliegenden Berichten nach die 7. und 8. Compagnie vom zweiten und die 2. Compagnie vom ersten Bataillon — vom Spitzberg hernieder, überschritten die Chaussee, faßten Dorf Düppel an seiner Südwestecke, die etwa die Grenze zwischen der preußischen und dänischen Aufstellung bildete, und drangen nach Osten hin in die Hauptdorfstraße vor. Major Cramer führte die 7. und 8. Compagnie, Hauptmann Graf Maltzahn die 2. Sehr bald stieß man auf den Feind. Die 2. Compagnie, gleich im ersten Anlauf, nahm eine Barrikade mit dem Bajonnett, binnen Kurzem aber kam das Gefecht zum Stehn, da größere feindliche Abtheilungen sich am Kampfe betheiligten. Die 64er fochten 1 gegen 3 (3 Compagnieen gegen 9) und die Lage wurde so mißlich, daß ein Theil des im ersten Anlauf genommenen Terrains wieder verloren ging.

Major Cramer erkannte schnell, daß hier vor allem ein zähes Festhalten geboten sei, da die Gehöfte, die man besetzt hielt, doch einigermaßen Deckung gewährten. In kurzer Zeit konnte er mit Sicherheit darauf rechnen, unterstützt zu werden. Das Schnellfeuer, auf 50 bis 100 Schritt abgegeben, bereitete dem immer lebhafter angreifenden Feinde große Verluste. Nichtsdestoweniger steigerte sich die kritische Lage von Moment zu Moment und hatte fast den höchsten Punkt erreicht, als endlich neue Truppen in das Gefecht eingriffen und nach und nach das Gleichgewicht der Kräfte wieder herstellten.

Von drei Seiten her kam Hülfe; die 5. Compagnie, von Wester-Düppel her auf der Dorfgasse vorgehend, faßte den Feind so nachdrücklich, daß Major Cramer daran denken konnte, wieder zur Offensive überzugehn; beinah gleichzeitig griffen 5 andre Compagnieen vom 64. Regiment (die 1. 3. 4. 9. und 10.) von Norden her und 5 Compagnieen der jetzt herangekommenen Brigade Canstein von Süden her, in das Gefecht ein. Es waren dies die lübbener Jäger, 3 Compagnieen unter Major v. Witzleben, und die 9. und 12. Compagnie vom 60. Infanterie-Regiment. Oberst v. Hartmann, Commandeur des 60., führte diese Truppe ins Feuer.

In dem Maaße, als die preußischen Unterstützungen eintrafen, eilten auch dem Feinde Verstärkungen zu. Die drei letzten Compagnieen vom 7. Regiment brachen im Sturmschritt aus den Schanzen hervor, so daß die Dänen, jetzt 12 Compagnieen stark, in den östlichen Gehöften von Düppel standen. 9 Compagnieen vom 64., 3 Jäger-Compagnieen und 2 Compagnieen vom 60. Regiment standen ihnen gegenüber, 14 Compagnieen im Ganzen, von denen jedoch nur ebenfalls 12 zur Aktion kamen. Die Dänen wurden geworfen. Der dänische Obristlieutenant Muus, Commandeur des 7. Regiments, machte einen letzten Versuch, aus den Trümmern seiner Compagnieen eine geschlossene Kolonne zu bilden und mit ihr zum Angriff überzugehn. Der Versuch scheiterte. Ein Haus nach dem andern wurde den Dänen entrissen, die, bei Sonnenuntergang, bis an den Fuß ihrer Schanzen zurückgeworfen waren.

Auch bei Kirch-Düppel war in der Zwischenzeit noch einmal gekämpft worden; 3 Compagnieen vom 4. dänischen Regiment, unter Hauptmann Wedege, hatten (zur Unterstützung des Hauptangriffs auf Oster-Düppel) Kirche und Kirchhof zu attackiren gesucht. Aber auch dieser Versuch war gescheitert. Die 24er, besonders ein Schützenzug unter Lieutenant v. Brockhusen, hatten sich den Angreifern ihrerseits entgegengeworfen und den Feind vor sich hertreibend, ihm schwere Verluste beigebracht. Eine der dänischen Compagnieen hatte sämmtliche Officiere verloren. Capitain Wedege sammt 30 Mann war gefangen genommen; eine gleiche Anzahl Todter, darunter 2 Officiere, lag hinter einem Knick. Dies waren Verluste, die lediglich das 4. Regiment betrafen.

Bei weitem größer waren die Verluste, welche die in Oster-Düppel kämpfenden Dänen erfahren hatten. Der Commandeur des 8. Regiments, Oberst Hveberg, blieb auf dem Platz und mit ihm eine große Anzahl Officiere und Mannschaften. Ein Theil derselben war von den eignen Granaten zerrissen worden, da es von den Schanzen aus kaum beurtheilt werden konnte, ob Dänen oder Preußen in den beworfenen Gehöften steckten. Der dänische Gesammtverlust, nach ihrem eignen Gefechtsbericht, belief sich auf 12 Officiere und 668 Mann, darunter 280 Gefangene, so daß etwa 400 Mann als todt und verwundet zu rechnen sind.

Preußischerseits betrug der Gesammtverlust 137 Mann und zwar 23 Todte und 114 Verwundete, darunter 3 todte und 12 verwundete Officiere. Die Brigade Goeben bei Rackebüll verlor 10 Todte und 45 Verwundete; die Kämpfe in Düppel kosteten 13 Todte und 69 Mann, fast alle zur Brigade Roeder gehörig. Die drei gefallenen Officiere waren Premierlieutenant v. Gerhardt vom 64., Secondelieutenant Hölscher und Portepeefähnrich Scheringer vom 55. Regiment. Unter den verwundeten Officieren waren Oberst v. Hartmann vom 60., Major Hüner v. Wostrowski vom 64., die Hauptleute v. d. Reck und v. d. Schulenburg vom 15. und Hauptmann v. Bosse vom 55. Regiment.

Der Kampf am 17. März hatte mehrfach hin- und hergeschwankt, in einzelnen Momenten schien sich die Waage sogar den Dänen zuneigen zu wollen, der endliche Ausgang indeß kam einer Niederlage für sie gleich.

Sie hatten 5 Regimenter (das 3. 4. 5. 7. und 8.), also 10 Bataillone ins Feuer geführt; 10 preußische Bataillone hatten ihnen gegenübergestanden. Dies scheint auf ein numerisches Gleichmaß der Kräfte hüben und drüben hinzudeuten, nichtsdestoweniger war ein solches Gleichmaß nicht vorhanden. Die dänischen Bataillone waren um 150 bis 200 Mann stärker, außerdem kämpften sie unterm Schutz ihrer Schanzen, deren Granatgeschosse — allerdings wurden auch einzelne Dänen getroffen — den 64ern zum Theil erheblichere Verluste zufügten, als das Feuer der Infanterie. Die Dänen hatten sich an diesem Tage mit Nachhaltigkeit, selbst mit Erbitterung geschlagen. Dennoch umsonst, sie unterlagen schließlich an allen Punkten. Gegenüber dieser Thatsache wird es verständlich, daß ein gefangener dänischer Officier später äußern konnte: »vom 17. März ab war unsre (die dänische) Armee moralisch gebrochen und jede Aussicht auf einen glücklichen Ausgang des Kampfes geschwunden.«

Die Resultate des Gefechts vom 17. waren bedeutend; die ganze Linie war vorgeschoben, Rackebüll, Kirch-Düppel, Krug Freudenthal (an der flensburger Chaussee) in dauernden Besitz genommen, die Entfernung bis zu den Schanzen um die Hälfte verkürzt. Am rechten Flügel stand man auf 1500 Schritt, am linken Flügel (wo die alsener Batterieen zum Theil das Terrain beherrschten) bis auf 2000 Schritt den Werken gegenüber. Man konnte jetzt die Lage der einzelnen Werke, ihre Stärke und Geschützzahl genau erkennen. Die Vorposten wurden in der mehrgenannten Linie ausgestellt. Am andern Morgen sah man etwa 500 Schritt in Front der Schanzen die feindlichen Vorposten stehn. Ihre Linie war durch eine Reihe kurzer Schützengräben bezeichnet, in denen je 10 bis 12 Mann Deckung fanden. Die Posten hüben und drüben standen sich so nahe, daß sie sich deutlich erkennen konnten; da der Helm ein zu gutes Zielobjekt bot, wurde Befehl gegeben, von nun an die Mütze zu tragen. Diese blieb Kopfbedeckung während der ganzen Dauer des Feldzugs.

Schon am 18. März, wie an den darauf folgenden Tagen, wurde verschiedentlich auf dem neu eroberten Terrain zur Anlage von Batterieen geschritten; vom 29. auf den 30. erfolgte die Aushebung der ersten Parallele. Eh wir aber zur Schilderung dieser Ereignisse übergehn, für die der 17. März erst das Terrain schaffen mußte, theilen wir aus den Berichten von Augenzeugen noch einzelnes mit, was im Stande ist, diesem und jenem Gefechtsmoment eine lebhaftere Farbe zu leihn. Es sind Briefe von der Brigade Roeder. Der Brief eines 24ers, mit dem wir beginnen, schildert das Eindringen in die Westseite des Dorfes, die Wegnahme des Kirchhofs, das rasche Vordringen bis Oster-Düppel, den Beginn der Schanzenkanonade, das Rückgehn bis Kirch-Düppel, endlich das Wiedervorgehn und den entscheidenden Angriff. Vorzug und Mangel solcher Schilderungen bestehn in ihrer Einseitigkeit. Sie zeigen uns eine bestimmte Gruppe in hellerem Licht; aber sie geben uns eben nur das Eine. So auch hier. Der nachstehend mitgetheilte Brief des 24ers hat beispielsweise kein Wort darüber, daß 3 Compagnieen vom 64. eine Stunde lang Oster-Düppel hielten und eben dadurch den Hauptruhm des Tages für sich erwarben. Aber solche Mängel dürfen nicht stören. Der 24er schreibt:

»Der Vormittag verlief still und ruhig; unsere Vorposten standen den dänischen, welche das Dorf Düppel, den Kirchhof und den massiven Thurm besetzt hatten, auf 600 Schritte gegenüber; alles unnütze Schießen war untersagt. Mittags 12¼ Uhr, wir waren so eben bei Erbssuppe und Speck, kam Meldung, daß General v. Roeder mit 5 Compagnieen unseres Regiments und einer Haubitz-Batterie auf gerader Straße gegen Düppel vorgehe, die Kirche mit Granaten bewerfen und dann stürmen werde. Wir (6. Compagnie) erhielten Ordre, in Verbindung mit dieser Kolonne, aus dem stenderuper Holze hervorzubrechen und die westliche Lisière des Dorfes zu nehmen. Nachdem etwa 20 Granaten nach dem Kirchhof geworfen waren und einige das Kirchdach getroffen hatten, sahen wir die Besatzung unruhig werden; — jetzt war es Zeit. Unser Schützenzug brach vor und wollte auf den nächsten Knick zu, aber kaum daß die Dänen unserer ersten Helmspitzen ansichtig geworden waren, so pfiffen auch die Kugeln von allen Seiten um uns her. Wir suchten die nächste Deckung und warfen uns platt zu Boden. Nur unser Hauptmann blieb in ganzer Länge aufrecht stehn; — »drauf Kerls, marsch, marsch, Hurrah!« bei diesen Worten sprang alles wieder auf und stürmte auf den Knick zu, den wir jetzt vom Feinde verlassen fanden. So ging es weiter, bis wir, fast außer Athem, die Dänen beständig vor uns hertreibend, die Westlisière von Düppel erreichten. Wir waren die ersten im Dorf. 9 Gefangene, ächte Fünen, die nicht mehr fort konnten, waren in unsre Hände gefallen. Außer einem zerschossenen Mantel und einem angepirschten Kochgeschirr hatten wir keine Verwundungen aufzuweisen; — aber es sollte noch anders kommen.

Wir waren bis in den östlichen Theil des Dorfes vorgegangen, da begannen die Schanzen ihre großen Register zu ziehn. War das ein Orgelspiel! In kaum 10 Minuten standen um uns her die schönsten und größten Gehöfte in Flammen; dazu ein Qualm und Rauch, in dem wir kaum aushalten konnten. Diese halbe Stunde in Oster-Düppel war eine gute Schule für uns. Mancher hat hier praktisch erfahren: der moralische Eindruck des Kanonenfeuers ist groß, die Wirkung — klein. Juchhe, wie das um uns her pfiff, prasselte und brummte; — als wir sahen, daß wohl die Gehöfte, aber nicht wir selber getroffen wurden, war auch gleich der Humor wieder da, der nur auf Augenblicke einem gewissen Imponirtsein Platz gemacht hatte. Wir dachten schon daran uns einzurichten, so gut es ging, da kam Befehl, die östlichen Gehöfte aufzugeben, und bis Kirch-Düppel zurückzugehn. Unser 2. Bataillon erhielt Ordre, die Kirche und Wester-Düppel besetzt zu halten. Es mochte 4 Uhr sein; wir waren nur allein noch im Dorf (alle anderen Abtheilungen unseres Regiments waren bereits auf den Weg nach Stenderup, um in den Cantonnements zu Mittag zu essen), als wir plötzlich aus den Schanzen mehrere feindliche Bataillone hervorbrechen und in zwei langen schwarzen Linien auf Düppel avanciren sahn. Die meisten von ihnen gingen dem Tode oder der Gefangenschaft entgegen; dennoch waren wenige unter uns, denen beim Anblick dieser dunklen Kolonnen nicht unheimlich zu Muthe geworden wäre. Unser Regiments-Commandeur, Graf Hacke, der mit im Dorf geblieben war, schickte sofort Husaren nach allen Richtungen aus, die den in die Cantonnements marschirenden Truppentheilen den Befehl zum Rückmarsch nach Düppel zu überbringen hatten; — aber schon war unsere 8. Compagnie, die die vordersten Häuser besetzt hielt, von zwei Seiten her angegriffen. So verging eine halbe Stunde in banger Erwartung, als von der Sonderburger Chaussee her 64er, 60er, 35er, lübbener Jäger, alles bunt durcheinander auf Wester-Düppel vordrang. Ihr lautes Hurrah drang zu uns herüber und stärkte uns das Herz. Wie von selber stimmten wir mit ein. Vorwärts, vorwärts, klang es jetzt von rechts und links her auch bei uns und vorwärts ging es die Dorfgasse entlang. War bis dahin kein Gefecht gewesen, so begann es jetzt. Die Dänen wehrten sich verzweifelt, mußten aber der Uebermacht erliegen; die 64er vorauf, warfen wir sie in ihre Schanzen hinein. Es war ein heißer Tag. Die Dänen schlugen sich sehr brav; wir haben sie mit Ehren auf dem düppeler Kirchhof begraben.«

So der Brief unseres 24ers. — Der 64er schreibt:

»Der 17. März, der nun hinter uns lag, war ein heißer Tag für die 12. Brigade (24. und 64. Regiment) gewesen. So mancher Wackre hatte mit seinem Blute die Treue zu König und Vaterland bezahlt, und alle fühlten nach den anstrengenden Märschen über frisch umgepflügtes Ackerland und über die steilen struppigen Knicks (der Aufregung des Tages ganz zu geschweigen) eine gewisse Müdigkeit und Abspannung. Und wie war nun der Aufenthalt, der sich für uns die Nacht über in Düppel darbot? Wir hatten wenig mehr als Feuer und Licht: brennende Gehöfte, die die Dänen durch Brand- und Sprenggeschosse in Flammen hatten aufgehen lassen. Mein Bataillon, dem vor allem die Ehre dieses Tages gebührt, bezog für die Nacht die Vorposten, und fast jede Compagnie hatte ein solches lichterloh brennendes Gehöft in seiner

Nähe. Da wandelten die Posten, Patrouillen und einzelne Soldaten bald durch die Röthe des Feuerscheins, bald durch die Mondscheinblässe, die so mancher Feindesleiche, die hier auf Wegen und Stegen lag, das Antlitz verklärte. Die Müdigkeit und Abspannung dauerten aber nicht lange, wiewohl die Nähe des Feindes es unsern Leuten nicht gestattete, sich mit den üblichen Soldatenspäßen zu amüsiren. Die größte Wachsamkeit war Befehl. Aber auch das hatte sein Gutes. Die Compagnie-Führer ließen die Mannschaften abwechselnd etwas ruhen. Freilich die Ruhestätten in dem zerschossenen Düppel waren schlecht genug. Die Thüren fehlten ganz und Tische und Stühle waren selten. An Betten zu denken, wäre Vermessenheit gewesen. Wir waren höchlich zufrieden, unsre Glieder auf Stroh zu strecken. Zu essen gab es wohl, da die Fourage bald nach unserer Besetzung anlangte, aber nichts Warmes und doch hatten viele von uns seit Morgen nichts genossen. Etwa vier Kanonenschüsse in langen Intervallen während der Nacht mahnten ernst daran, wo wir waren und was wir am Tage erlebt hatten. Es gab die buntesten Scenen. Da lag unter einem Baume, in der Nähe eines brennenden Gehöftes, eine Gruppe Soldaten und unterhielt sich von der und jener überstandenen Gefahr, von manchem Bravourstückchen und von den gefallenen Kameraden. Dort schlief eine andre Gruppe, auf einem Strohlager unter Gottes freiem Himmel oder was kaum besser war, in Räumen ohne Thür und Fenster. Einige Marketender, ihren Truppen treu, waren ins Dorf nachgefolgt. Nun drängte alles herzu.

Sobald der Morgen graute, wurden wir durch das 1. Bataillon unsers Regiments vom Vorpostendienst abgelöst. Im Morgenzwielicht sahen wir noch eine Familie, Mann, Frau und Kind mit einigen Bündeln — ihrer ganzen Habe — als letzte Bewohner Düppels das Dorf verlassen. Die mehr zurückgelegenen Gehöfte von Wester-Düppel nahmen uns endlich auf. Wir traten in das uns bestimmte Haus, aber ein scharfer Zug wehte uns durch die zerschlagenen Fenster an; nirgends Tisch oder Stuhl. Wir wurden ihrer indeß bald gewahr, und zwar neben unserm Hause, unter den Trümmern einer Barrikade. Wir hoben nun die Thüren wieder in die Angeln und verstopften die zerbrochenen Fensterscheiben und die vom Feinde improvisirten Schießscharten mit Stroh. Das war unser Debüt in Oster- und Wester-Düppel. Man läßt es uns, daß die Hauptarbeit auf unsern Schultern gelegen hat und keiner ist unter uns, der sich seit der Affaire vom 17. nicht gehoben fühlte.«

# Das Erscheinen der Brigade Raven vor Düppel.

Fehmarn. Das Gefecht am 28. März 1864.

rigaden Goeben und Roeder hatten am 17. März das ernste Gefecht, das wir im vorigen Capitel beschrieben; am 22. März erschien eine neue Brigade, die bis dahin an der Belagerung nicht theilgenommen hatte, die Brigade Raven vor Düppel und rückte in Stenderup, Wester-Düppel 2c. ein, um daselbst die Brigade Roeder abzulösen. Diese, die 6 Wochen lang unausgesetzt vor dem Feind gewesen war, bezog Erholungsquartiere im Norden des Sundewitt, in den Dörfern Blans, Warnitz 2c.

Die Brigade Raven, aus dem 8. und 18. Regiment bestehend, war, wie die andre Brigade der 5. Division, Brigade Schlegell (48. und 52. Regiment), bereits im Februar und März in Holstein eingerückt und hatte, gemeinschaftlich mit der letztgenannten Brigade, Altona, Rendsburg, Neumünster, namentlich aber auch Kiel und Heiligenhafen besetzt gehalten, um die Ostküste des Landes gegen etwaige im Rücken der Alliirten auszuführende Handstreiche und Landungen nach Möglichkeit zu schützen. Beide Brigaden standen unter Generallieutenant v. Tümpling; der Divisionsstab befand sich in Kiel. (Der eigentliche Brigade-Verband war ein andrer: die 9. Infanterie-Brigade [Generalmajor v. Schlegell] bestand aus den Regimentern 8. und 48., die 10. Infanterie-Brigade [Generalmajor v. Raven] aus den Regimentern 18. und 52. Die Brigaden tauschten aber zur Hälfte ihre Regimenter aus, so daß, während der eigentlichen Campagne, die

Brigade Raven nicht aus den Regimentern 18. und 52., sondern aus dem 8. [Leibregiment] und 18. Regiment bestand.)

Am 15. März traf in Kiel vom Höchstcommandirenden, dem Feldmarschall Freiherrn v. Wrangel, die Weisung ein, das 8. und 18. Regiment, unter Befehl des Generalmajors v. Raven, in den Sundewitt zu beordern, wo beide Regimenter (Brigade Raven) bestimmt seien, an der Belagerung von Düppel theilzunehmen. Dieser Weisung wurde pünktlich nachgekommen; die Regimenter brachen in der Richtung nach Norden auf.

Ein glücklicher Zufall wollte es, daß sie eine Siegesnachricht mit nach Norden nehmen konnten; in der Nacht vom 14. auf den 15., also in der Nacht, die ihrem Aufbruch unmittelbar vorausging, hatten Abtheilungen vom 48. Regiment, mit dem sie bisher gemeinschaftlich die Städte und Häfen der holsteinschen Ostküste besetzt gehalten hatten, die Insel Fehmarn erobert.

Eh wir die Brigade Raven in den Sundewitt und bis vor Düppel begleiten, haben wir bei diesem kühnen Unternehmen, wie es die Wegnahme Fehmarns war, einen Augenblick zu verweilen. Es war der Vorläufer der drei Monate später so glänzend ausgeführten Eroberung von Alsen.

Unfern von Heiligenhafen, nur durch den schmalen Fehmarn-Sund vom Festlande getrennt, liegt die zu Schleswig gehörige Insel Fehmarn, welche die Dänen noch im Besitz hatten. Sie trieben hier Requisitionen ein und hatten theils zu diesem Zweck, theils um gelegentliche Landungen von hier aus zu versuchen, eine Kanonenboot-Station bei dieser Insel errichtet. Es lagen hier, wie man in Kiel und Heiligenhafen wußte, drei Dampfkanonenboote und vier Transportschiffe; außerdem hatte die Insel, und zwar in dem Städtchen Burg, eine dänische Besatzung, theils Infanterie, theils Dragoner. Generallieutenant v. Tümpling, Commandeur der 5. Division, bestimmte sechs Compagnieen vom 48. Infanterie-Regiment zu einem Ueberfall und übertrug die Leitung des Unternehmens dem Generalmajor v. Schlegell. Man wußte, daß die dänische Besatzung, von ihrer vollständigen Sicherheit überzeugt, sich der sorglosesten Ruhe hingab und durch Aufstellen einer kleinen Strandwache am Sunde vollständig genug gethan zu haben glaubte.

Der Plan war der: unter dem Schutze einer 12pfündigen und einer halben Haubitz-Batterie (die lediglich den Zweck verfolgten, die dänischen Kanonenboote von jeder Störung des Unternehmens abzuhalten) sollte in der Nacht vom 14. auf den 15. mittelst einzelner Boote der etwa 2000 Schritt breite Sund überschritten und bei Tagesanbruch die Besatzung von Burg überfallen werden. Die Schwierigkeit war, Fahrzeuge unbemerkt bei den blockirenden Schiffen vorüberzubringen. Endlich gelang es dem Major v. Zglinicki, 8 Boote (jedes für etwa 20 Mann) unbemerkt von Heiligenhafen bis an die schmalste Stelle des Sundes zu schaffen, wo sie am 15. früh, Morgens gegen 2 Uhr, eintrafen. Inzwischen war die Artillerie dort in zwei Batterieen aufgestellt worden; die sechs Compagnieen vom 48. Regiment waren eine halbe Stunde später zur Stelle.

Man hatte die Absicht, vier Compagnieen (das 2. Bataillon) überzusetzen und hoffte damit vor Tagesanbruch fertig zu sein. Aber schon gegen Mitternacht hatte sich ein starker Wind erhoben, der immer heftiger wurde und das Wasser um 5 Fuß aus dem Sunde trieb. Deshalb konnten die Boote, selbst die kleineren, welche nur drei, höchstens vier Mann faßten, nicht an die Landungsbrücke; es mußten nun Wagen in die See geschoben und mit Brettern belegt werden, um eine Brücke zu bilden, von der je drei Mann an die gegen 200 Schritt weiter in See liegenden, größeren Boote gebracht werden konnten. Diese großen Schwierigkeiten, die Dunkelheit und die sehr hoch gehenden Wellen veranlaßten, daß die 8. Compagnie unter Hauptmann v. Mellenthin, die bestimmt war, zuerst überzugehn, nicht vor 5 Uhr die Fahrt antreten konnte. Nach Fehmarn zu war der Wind gut, rückwärts sehr ungünstig, so daß die leeren Boote kreuzen mußten und erst nach einer starken halben Stunde das diesseitige Ufer wieder erreichen konnten; dabei wurde der Wind immer heftiger, so daß von dem Unternehmen abgestanden sein würde, wenn nicht schon die 8. Compagnie drüben gewesen wäre, also etwa 200 Mann, die man doch nicht allen Eventualitäten eines möglicherweise ungleichen Kampfes (die Zahlenangaben über die dänische Besatzung konnten falsch sein), aussetzen durfte.

Der 8. Compagnie folgte die 5., dieser, aber erst gegen 8 Uhr früh, die 7. Die 6. Compagnie hinüber zu bringen, war unmöglich geworden, der Sturm war zu heftig, drei Boote waren schon am fehmarnschen Ufer an's Land getrieben und hatten ihre Anker verloren. Die kleineren Boote wurden vom Sturm weit weg, zuweilen bis über tausend Schritt nach Osten zu verschlagen; — man mußte aussteigen und bis an die Brust im Wasser, die Boote wieder heranziehen. Daß die Ueberführung überhaupt so weit gelungen war, ist nur der unglaublichen Ausdauer der Bootsleute zuzuschreiben; nun aber erklärten sie, vor Erschöpfung nicht weiter arbeiten zu können.

Glücklicherweise litt das Unternehmen unter diesen Hemmnissen und Verzögerungen nicht. Die zuerst übergegangene 8. Compagnie genügte, um die ganze Insel in die Hände der Preußen zu bringen. Als die andern Compagnieen erschienen, war alles schon geschehn. Die Uferwache (1 Unterofficier und 6 Mann) war gleich bei der Landung überfallen, der dänische

Unterofficier schwer verwundet, die Mannschaft gefangen worden. Nicht besser war es der Besatzung von Burg ergangen. Gegen diesen Ort hatte sich Hauptmann v. Mellenthin sofort dirigirt und die ganze Besatzung, die größtentheils noch in den Betten lag, zu Gefangenen gemacht. Lieutenant v. Baggesen und ein Wachtmeister leisteten fast allein energischen Widerstand, wobei der Wachtmeister erschossen wurde. Zwei Musketiere der 8. Compagnie erhielten Säbelhiebe. Eigentliche Verluste waren nicht zu beklagen. Im Ganzen waren 4 Officiere und 109 Mann gefangen genommen worden, darunter 22 Dragoner; außerdem einige Matrosen, die sich am Lande befanden. Die Kanonenboote waren nirgends erschienen, hatten nirgends die Landung zu hindern gesucht. Ihre Unthätigkeit wurde dadurch erklärt, daß die Officiere derselben sich auf einem Balle in Burg befanden und der Sturm ein Operiren der Boote erschwerte.

Die Bewohner von Fehmarn, über die Maßen erfreut, dem dänischen Druck und den schweren Requisitionen entzogen zu sein, empfingen die unerwartet früh erschienenen Truppen mit nicht enden wollendem Jubel, illuminirten und pflegten die Soldaten mit großer Freigebigkeit. Die Insel wurde mit zwei Compagnieen und einer halben Escadron Kürassiere besetzt, über welche Abtheilung der Major von Zglinicki den Befehl erhielt.

Dänischerseits wurde während der ganzen Dauer des Feldzuges der Plan nie aufgegeben, Fehmarn durch einen Handstreich wieder zu erobern, wie es durch einen Handstreich verloren gegangen war. Noch in dem letzten Abschnitt des Krieges (nach dem Waffenstillstand) wurde bei Nyborg auf Fühnen eine Brigade zu diesem Zweck zusammengezogen. Diese vier Bataillone sollten eben unter Segel gehen, als die Nachricht eintraf, daß Alsen von den Preußen genommen sei. Dies wurde Ursach, das Unternehmen aufzugeben und Fehmarn blieb im unbestrittenen Besitz der Preußen.

---

Um dieselbe Stunde, am Morgen des 15. März, als die 48er Fehmarn nahmen, rückten die Regimenter 8. und 18. unter Generalmajor v. Raven nordwärts. Am 19. waren sie in Flensburg, am 20. in Gravenstein, Rinkenis und Ekensund, am 22. lösten sie — wie schon hervorgehoben — in Stenderup und Wester-Düppel die Brigade Roeder ab und setzten Vorposten aus. Brigade Raven brachte eine Siegesnachricht mit (Fehmarn) und fand eine Siegesnachricht vor (das Gefecht am 17. März).

Etwa um dieselbe Zeit waren auch die drei von der westphälischen Division lange detachirt gewesenen Bataillone, die bis dahin als Besatzung in Kiel-Eckernförde, Apenrade und Flensburg gestanden hatten, in den

Sundewitt beordert worden, so daß nunmehr unter Hinzurechnung der 6 Bataillone der Brigade Raven, 32 Bataillone Preußen vor Düppel vereinigt waren. Es waren fünf vollständige Brigaden: Brigade Canstein, Brigade Roeder, Brigade Schmid, Brigade Goeben, Brigade Raven, jede zu 6 Bataillonen, dazu 2 Jäger-Bataillone, das westphälische und das brandenburgische; Total 32 Bataillone.

Diese Vermehrung der Truppenstärke vor Düppel war aus den verschiedensten Gründen unerläßlich geworden. Je weiter die Belagerung vorrückte, je exponirter wurde die Stellung der Belagerer und je größer wurden die Chancen eines Ausfalls, wenn die Dänen — so wenig sie zu einer energischen Initiative geneigt schienen — sich schließlich doch dazu entschlossen. Aber auch wenn dieser Ausfall unterblieb, der Angreifer seinerseits — der wie wir wissen (bis zum Eintreffen der Brigade Raven) mit nur 23 Bataillonen gegen 26 Bataillone stand, — konnte nie und nimmer einen Sturm gegen die Schanzen wagen, wenn dieser Sturm mehr als ein bloßes Hazardspiel sein, vielmehr unter gewissen Garantieen des Erfolgs unternommen werden sollte.

Diese Erwägungen, d. h. also die Gefahren, die einerseits ein Ausfall des Feindes, andererseits ein Sturmversuch mit unausreichenden Kräften bot, hätten vollauf genügt, eine Steigerung der Bataillone von 23 auf 32 als unerläßlich erscheinen zu lassen; was aber, wenn diese Erwägungen nicht zwingend genug befunden worden wären, nothwendig den Ausschlag geben und zu einem Heranziehen neuer Streitkräfte führen mußte, das war der Umstand, daß man, seit Ende Februar schon, mit einem Handstreich im Großen umging, mit einem Manöver in Flanke und Rücken des Feindes, das unter dem Namen des »Projekts von Ballegaard« bekannt geworden ist. Ein Uebergang nach Alsen — bei nächtlicher Weile, in kleinen und großen Booten — war seit lange beabsichtigt und sollte, je eher je besser, an einem näher zu bestimmenden Tage durch 16 Bataillone ausgeführt werden. Es war aber unmöglich, 16 Bataillone, also mehr als zwei Drittel des ganzen Truppenbestandes, seitwärts, zu dem Zweck einer immerhin unsichern, mindestens gefahrvollen Unternehmung zu detachiren und nur 7 Bataillone in Front der eigentlichen Düppelstellung zurückzulassen. Sollte mithin jener Uebergang je versucht werden, so war an Ausführung dieses Versuches, vor Eintreffen sehr wesentlicher Verstärkungen, nie und nimmer zu denken. Wie immer sich die Unternehmungen der nächsten Wochen gestalten mochten, ob »Sturm in der Front«, oder ob »Ueberfall in der Flanke« (Project von Ballegaard), weder das eine noch das andre konnte in's Werk gesetzt werden, ohne bedeutende Steigerung der Angriffskräfte. Wir werden bald sehen, daß auch das Heranziehen der Brigade Raven noch nicht voll für die zu lösenden Aufgaben genügte.

Die Aktion gegen Düppel — gleichviel welche Form dieselbe anzunehmen gedachte — erheischte also neue, gesteigerte Streitkräfte; aber, wie wir schon mehrfach andeuteten, auch die Sicherheit der Belagerer, wenn dieselben etwa vorübergehend auf jede Aktion zu verzichten gedachten, war stündlich bedroht, so lange die belagernden Streitkräfte nicht wuchsen. Bis zum 17. März hin, der die einzige Ausnahme bildet, schritten die Dänen niemals zur Offensive und der Offensivstoß, den sie an diesem Tage wagten, wurde schwach geführt, wiewohl sie sich im Einzelnen mit Muth und Ausdauer schlugen. Aber dieser Versuch einer Initiative konnte mit größeren Kräften und unter günstigeren Verhältnissen tagtäglich wiederholt werden, — und durfte man preußischerseits hoffen, ihm unter allen Umständen mit gleich günstigem Erfolg zu begegnen? Kaum. Die Dänen verfügten über Streitkräfte, die es noch bis diesen Augenblick halb unerklärlich erscheinen lassen, daß sie — wenigstens bis zum 22. März hin (Eintreffen der Brigade Raven) von ihrer numerischen Ueberlegenheit einen so geringen Gebrauch machten. Alle ihre Chancen lagen auf Seiten einer energischen Offensive. Gegen den Ausfall von Bataillonen war die preußische Stellung allerdings gesichert, aber nicht gegen den Ausfall von Brigaden. Es gab Momente, wo es in den Händen der Dänen gelegen hätte, den Preußen vor Düppel ein Fridericia zu bereiten. General Gerlach hätte nur in derselben Weise zu operiren gehabt, wie damals die Generale Bülow und Rye operirten. Unmerklich konnten von Jütland her — ohne dadurch den Stand der Dinge in Jütland um ein Haar zu verschlimmern — zehn weitere Bataillone nach Alsen hin gezogen und dadurch die dänischen Streitkräfte innerhalb der Düppelstellung auf wenigstens 36 Voll-Bataillone gesteigert werden. Brach nun General Gerlach, unter Zurücklassung von 10 Bataillonen, mit 26 Bataillonen zwischen den Schanzen hervor, so war schwer abzusehen, wie die Belagerer, selbst die größte Bravour und Wachsamkeit vorausgesetzt, einem solchen Stoß begegnen wollten. 10 Bataillone schwenkten links und schlossen Broacker ab, 6 Bataillone etablirten ein scharfes Gefecht mit der einen oder andern der westphälischen Brigaden, blieben dem dänischen General immer noch 10 geschlossene Bataillone, mit denen er die bataillonsweise in den Dörfern des Centrums liegende Brigade Roeder nothwendig über den Haufen rennen und wahrscheinlich vernichten mußte. Wirkte ein solcher mit superiorer Kraft unternommener Ausfall zugleich als nächtlicher Ueberfall, so war ihm, nach menschlicher Voraussicht, schwerlich zu widerstehn. Dennoch unterblieb er von Woche zu Woche. Aber daß er so viele Wochen lang unterblieb, bot keine Garantie, daß er immer unterbleiben werde, und so erzwangen schon diese Rücksichten einer zu stärkenden Defensive (einer bevorstehenden Aktion ganz zu geschweigen) das Heranziehen neuer Streitkräfte. *) Am 22., wie wir wissen, traf die Brigade Raven ein, am 28. erschienen weitere Hülfen: neun Bataillone Garde rückten, von Jütland her, über Apenrade in das Sundewitt ein. Es standen nunmehr 41 Bataillone vor Düppel. Diese Streitmacht wurde im Verlauf der Belagerung nicht mehr überschritten; mit diesen 41 Bataillonen wurde Düppel genommen.

An demselben Tage (28.), an dem die Garden von Norden her einrückten, bestand die Brigade Raven, die nun seit sechs Tagen in Wester-Düppel 2c. vor dem Feinde gestanden hatte, ihr erstes Gefecht. Es handelte sich darum, den Feind, zwischen Schanze I. und VI., um weitere 400 Schritte zurückzuwerfen, um dadurch das Terrain zur Aushebung der ersten Parallele zu gewinnen. Man war nämlich mit den Vorarbeiten weit genug gediehen, um nunmehr zu einer wirklichen regelrechten Belagerung schreiten zu können. Auch trafen beinah täglich immer neue Abtheilungen schweren Geschützes, gezogene 24 und 12 Pfünder ein.

Der Befehl an die beiden Regimenter (8. und 18.) wurde am 27. Abends bei der Büffelkoppel durch den Generallieutenant v. Manstein dahin ausgegeben, daß die feindlichen Feldwachen überfallen und für die Vorposten Schützenlöcher, etwa 400 Schritt in Front der gegenwärtigen Stellung, ausgehoben werden sollten. Es wurden zu dem Ende noch so viele Spaten ausgegeben, daß jede Compagnie deren einschließlich des eigenen Schanzzeuges acht bis neun Stück erhielt. Leider erwies sich dies später — bei der ungünstigen Bodenbeschaffenheit — als eine viel zu geringe Anzahl. Das 18. Regiment sollte südlich, das Leibregiment nördlich der Chaussee vorgehn, mit andern Worten, das Leibregiment hatte den linken, das 18. Regiment den rechten Flügel.

Um 2 Uhr Nachts (vom 27. auf den 28., es war der zweite Osterfeiertag) traf die Brigade auf dem zum Rendez-vous bestimmten Platze ein. Die Dispositionen wurden dahin getroffen, daß von jedem Regiment zwei Bataillone den Angriff unternehmen, ein Bataillon als Reserve dienen

*) Um so dringender war es geboten, als ja auch die Stellung der Belagerer seit dem 17. März eine völlig andere geworden war. Bis dahin hatte das befestigte Lager im Centrum einen sehr erheblichen Schutz gewährt; diese feste Position lag nun aber um ¾ Meile zurück, seitdem die Belagerer in die Linie: Rackebüll, Wester-Düppel, Spitzberg, eingerückt waren.

sollte. Vom linken zum rechten Flügel gerechnet, standen die 4 Angriffs-Bataillone wie folgt: 1. Bataillon vom Leibregiment, 2. Bataillon vom Leibregiment (nun die Chaussee als Trennungslinie), dann: 2. Bataillon vom 18. Regiment und Füsilier-Bataillon vom 18. Regiment. Letzteres (das Füsilier-Bataillon) bildete den äußersten rechten Flügel und lehnte an den Wenningbund. Nach Compagnieen gegliedert, ergiebt sich die Angriffs-Formation aus nachstehender Zeichnung:

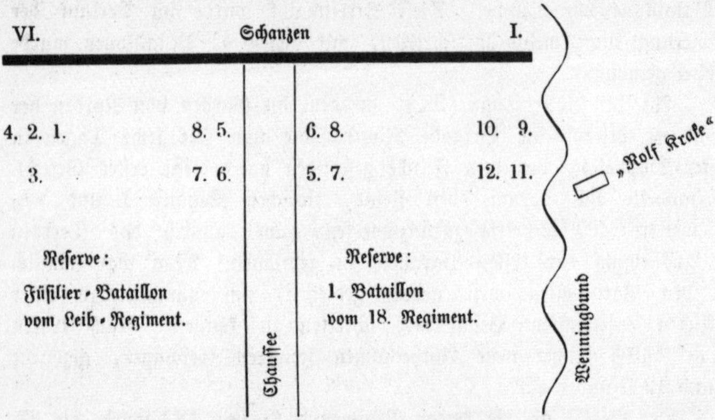


Um 3 Uhr erfolgte überall gleichzeitig der Angriff. Man hatte etwa 700—800 Schritt an die feindlichen Posten, welche, ohne daß ein Schuß preußischerseits fiel, verjagt oder gefangen gemacht wurden. — Die 9. Compagnie des 1. posenschen Infanterie-Regiments (Nr. 18.) gelangte bis über die letzte vor Schanze I. und II. sich hinziehende Schlucht, die 10. Compagnie mit ihr in gleicher Höhe; an diese schloß sich die 8. und demnächst die 6. Compagnie an. Das Eingraben der eigenen Posten begann sofort, indem Löcher für je 4 bis 8 Mann ausgehoben wurden; doch konnten beim 2. Bataillon hierzu auch theilweis die dänischen Schützengruben benutzt werden, da diese hier näher an den Schanzen, etwa 300—400 Schritt davor, angelegt waren. Zum Schutz der Arbeit etablirten sich die Schützen am Fuß der letzten Höhe, auf der die Schanzen lagen, etwa 150 Schritt von diesen entfernt. Gegen 5 Uhr ertheilte der Oberst v. Kettler den Befehl zum Rückzuge der Arbeiter und der Soutiens, da der Tag anzubrechen begann; doch entspann sich plötzlich noch dicht am Wenningbund ein heftiges Gewehrfeuer vor Schanze I., vor welcher ein Zug der 9. Compagnie ausgeschwärmt war, während die beiden anderen Züge, bei denen sich auch der Bataillons-Commandeur, Oberstlieutenant v. Boswell, befand, in

der zunächst liegenden, tief eingeschnittenen und sich nach dem Wenningbund zu öffnenden Schlucht aufgestellt waren. Hierher wurde auch noch die 11. Compagnie gezogen. Etwa eine Viertelstunde später, nachdem es eben hell geworden war, erschien das Panzerschiff »Rolf Krake« vor der Oeffnung der Schlucht und beschoß die darin aufgestellten Truppen auf eine Entfernung von 150 Schritt mit Kartätschen. Ein Widerstand hiergegen war unmöglich, denn auf dem ganzen Schiff war Niemand zu erspähen, ein Infanteriefeuer gegen dasselbe wäre daher ganz zwecklos gewesen, und im ganzen Terrain gab es keine Deckung. Oberstlieutenant v. Boswell entschloß sich daher, in die alte Vorpostenstellung zurück zu gehen, welcher Bewegung nach und nach die in den neu ausgeworfenen Schützengräben postirten Vorposten sich anschlossen, da nunmehr ihr rechter Flügel entblößt war und sie ebenfalls von dem Panzerschiffe beschossen wurden. Bei dieser Gelegenheit hielt sich eine Anzahl Leute von verschiedenen Compagnieen zu lange auf und gerieth später in Gefangenschaft durch eine vom Wenningbund her vordringende dänische Abtheilung. — Das 2. Bataillon hatte dem Befehl gemäß seine Soutiens gegen 5 Uhr ebenfalls zurück gezogen und nur die Vorposten stehen lassen; als indeß das Füsilier-Bataillon seine Stellung aufgab, wären die Vorposten doch zu exponirt gewesen, und Hauptmann Graf Finckenstein, der hier commandirte, besetzte daher den nächst rückwärts gelegenen Knick und ließ die Vorposten aufs Neue eingraben, was bis 7 Uhr geschehen war.

Beim Leibregiment kam ebenfalls der Grundsatz zur Anwendung, daß sich die diesseitigen Schützen nicht durch ein Gefecht mit den feindlichen aufhalten, sondern diese überrennen sollten, um sich gegen die Soutiens zu wenden, während die folgenden Abtheilungen sich über die durchbrochene feindliche Linie hermachten. Es gingen demgemäß überall die vordersten Züge durch die Schützengräben der dänischen Vorposten im Laufschritt durch, ohne die Insassen zu beachten und ohne einen Schuß zu thun, aber auch ohne eigenen Verlust. Der größte Theil der feindlichen Vorposten (1 Officier und 44 Mann) wurde gefangen, der Rest floh den Schanzen zu und allarmirte durch Geschrei und Geschieße die Besatzung derselben, während nunmehr auch die Leibgrenadiere laut wurden und ein kräftiges »Hurrah!« und »Heurich!« (der alte Erkennungsruf des Leibregiments) erschallen ließen. Eine beim Ausgeben der Disposition gemachte Bemerkung: »man werde ja sehen, ob der Feind ernstlichen Widerstand leiste, und sich danach richten«, war mehrfach so aufgefaßt worden, als müsse der Angriff der vordersten Züge so weit fortgesetzt werden, bis ein weiteres Vordringen unmöglich sei. Daher wurden auch die dänischen Feldwachen verjagt und bis unmittelbar an die Schanzen verfolgt, wo endlich die Drahtzäune dem weiteren Vordringen Schranken setzten. Es wurde nunmehr der Versuch gemacht, diese in der Dunkelheit wohl fühlbaren, aber nicht genau zu erkennenden Hindernisse mit den Faschinenmessern zu beseitigen, während die Schanzen und die daran stoßenden Communicationslinien lebendig wurden und ein lebhaftes Feuer aus Geschütz und kleinem Gewehr sich auf der ganzen Linie entwickelte. Unterdeß begann das Eingraben, was durch den Mangel an Spaten etwas langsam ging, indem die Werkzeuge von Hand zu Hand gehen mußten; da allgemein das Bedürfniß nach Deckung gefühlt wurde, so ging man nun mit Säbeln, ja mit den Händen ans Werk. Aber der Erdboden war aufgeweicht und ließ sich außerordentlich schwer bearbeiten.

Inzwischen war es Tag geworden und die Schanzen I. bis VIII. standen bald mit allen ihren Geschützen im Feuer, das sie mit Granaten, Shrapnels und Kartätschen gegen die Angreifer richteten, die noch immer ohne genügende Deckung im dichten Kugelregen standen. Besonders lästig wurde das Schanzenfeuer für die 2. und 4. Compagnie, die den äußersten linken Flügel inne hatten. Sie mußten, noch eh die volle Tageshelle eintrat, hinter den nächsten Knick zurückgezogen werden.

Der Feind hatte inzwischen Zeit gehabt, seine Truppen durch Signale unter das Gewehr zu rufen; mit diesen machte er nun verschiedene Ausfallversuche. Der erste Stoß traf auf die 8. Compagnie, die in der Senkung zwischen Schanze VI. und VIII. Stellung genommen hatte. Der Stoß wurde zurückgewiesen. Bald aber litten die 8. und die 3. Compagnie, die sich in ihrer etwas zurückgelegenen Position einzugraben versucht hatten, so bedeutend unter dem immer heftiger werdenden Artilleriefeuer, daß sie thun mußten, was die 2. und 4. Compagnie schon vorher gethan hatten: sie gingen bis zu dem nächsten Knick zurück. Die 5. 7. und 1. Compagnie suchten dem Feuer zu trotzen, was schwere Verluste, namentlich an Officieren, zur Folge hatte. Oberst Lieutenant v. Greiffenberg wurde schwer, Premierlieutenant v. Eckardtstein (7. Compagnie) tödtlich verwundet. Nur die zähe Bravour der Officiere und Mannschaften machte es möglich, das Terrain zu behaupten; doch sah man bald ein, daß ihr dauerndes Festhalten — da das Logement unter dem Schutz der Nacht nicht vollständig zu beenden gewesen war — aufgegeben werden müsse, wenn man die Truppe nicht opfern wollte. Dieser Entschluß rechtfertigte sich um so mehr, als bei hellem Tage bemerkt wurde, daß man weiter gegen die Schanzen vorgegangen war, als es die Aufgabe forderte.

Um 9½ Uhr war der Kampf auf beiden Flügeln beendet. Der Zweck des Gefechts war im Wesentlichen erreicht, überall war Terrain gewonnen, auf dem linken Flügel (Leibregiment) mehr, als auf dem rechten.

zu beklagen war nur, daß die errungenen Erfolge (in der zweitfolgenden Nacht — vom 29. auf den 30. März — wurde die erste Parallele wirklich ausgehoben) verhältnißmäßig nicht unbedeutende Opfer gekostet hatten. Dies lag zum Theil an dem Ungestüm des Angriffs, der über das vorgesteckte Ziel hinaus ging und bestrebt war, ein Uebriges zu thun. Die Militairischen Blätter bemerken sehr richtig:

»Die Brigade Raven stieß zu einem Corps, das bereits seit zwei Monaten vor dem Feinde stand; jeder Truppentheil desselben war bereits im Gefecht gewesen, jeder hatte schon irgend etwas geleistet, die Leute aller Truppentheile wußten bereits etwas zu erzählen; nur die Brigade Raven nicht. Für das General-Commando kam es für den 28. März auf nichts weiter an, als die feindlichen Vorposten zurück zu werfen; für die Truppen dagegen handelte es sich um die Feuertaufe, für sie handelte es sich darum, am anderen Tage ebenfalls etwas gethan zu haben, ebenfalls etwas erzählen zu können, und für das Leib-Grenadier-Regiment handelte es sich noch ganz besonders darum, seinen alten Ruhm als ein ganz vorzügliches Regiment aufs Neue zu bewähren. Wie lange Traditionen in einem Truppentheile fort leben, und wie mächtig sie wirken, geht daraus hervor, daß der alte York'sche Erkennungsruf »Heurich« am 28. März als Feldruf benutzt wurde und mehrere Compagnieen beim Angriff anstatt Hurrah »Heurich« riefen, als ob die Dänen nun wissen würden, mit wem sie es zu thun hätten. Dadurch bekam das ganze Gefecht einen ganz eigenthümlichen Charakter, und die Dänen selbst hielten den Angriff nicht für ein Vorpostengefecht, sondern für einen Sturm. Daraus erklärt sich auch Manches aus dem dänischen Bericht über das Gefecht. Es wurden alle Anordnungen zu einer allgemeinen Vertheidigung getroffen, selbst die letzten Reserven von Alsen her wurden dazu herüber geholt; auch nach dem Gefechte (in seinem Bericht) hält der dänische Oberbefehlshaber das Ganze für einen »mißglückten Sturmversuch«, und dennoch sagt er in seinem Bericht selbst, daß weder preußische Reserven bemerkt worden wären, noch preußische Artillerie am Gefecht Theil genommen habe. Es ist dieser Widerspruch eben nur durch den Ungestüm des Angriffes zu erklären, bei welchem die einzelnen Compagnieen und Züge über dem Wunsche, um jeden Preis an den Feind zu kommen, sich um die für das Ganze gesteckten Ziele wenig kümmerten und daher wohl den Eindruck hervorrufen mochten, es handele sich um mehr als um die Erreichung eines eng gemessenen Zieles.«

Der Gesammtverlust der Brigade betrug an diesem Tage 183 Mann, darunter 9 Officiere. Der tödtlich getroffene Premierlieutenant v. Eckardtstein starb nach wenigen Tagen im Johanniterlazareth zu Nübel; dem

Secondelieutenant Bescherer mußte ein Fuß abgenommen werden. Unter den übrigen verwundeten Officieren befanden sich Oberstlieutenant v. Greiffenberg, Premierlieutenant v. Jasmund und die Secondelieutenants v. Dömming und v. Seckendorf, alle vom Leibregiment. — Die letztgenannten drei fielen in Feindes Hand. Vom 18. Regiment waren Hauptmann Schultze und Secondelieutenant Wolff verwundet.

Der Verlust der Dänen, da sie auch in diesem Gefecht wieder 63 Gefangene verloren, war beträchtlicher als der preußische. Er belief sich, einschließlich der Gefangenen, auf 198 Mann, darunter 4 todte und 3 verwundete Officiere. Es waren dänischerseits 4 Regimenter (das 2. 22. 6. und 10.), die an diesem Tage der Brigade Raven gegenüberstanden.

In der Nacht vom 29. auf den 30. (wie bereits erwähnt) wurde die erste Parallele ausgehoben. Damit war man in die eigentliche Belagerung eingetreten.

# Das Projekt von Ballegaard.

Schon seit Anfang März war im Hauptquartier zu Gravenstein die Frage erörtert worden: ist es nicht möglich, in Booten oder Schiffskörpern irgend welcher Art nach Alsen überzusetzen und durch diese Bewegung in Flanke und Rücken des Feindes seine Armee auf einen Schlag zu vernichten? Diese Frage, nach reiflichster Erwägung, war mit »ja« beantwortet worden. Man hat später behaupten wollen, daß ein bestimmtes »nein« die richtigere Antwort gewesen wäre. Der 29. Juni indeß hat in seinem glänzenden Verlauf die nachträgliche Rechtfertigung des »Projekts von Ballegaard« übernommen.

Dies Projekt, eben weil es »Projekt« blieb, mußte freilich darauf verzichten, auf den Gang der Ereignisse irgend welchen Einfluß zu üben; die Belagerung, die man durch eben dieses Projekt überflüssig machen wollte, mußte all' ihre mühevollen und langwierigen Stadien durchlaufen: das Vorschreiten von Parallele zu Parallele, das Etabliren immer neuer Batterieen, der Dienst in den Trancheen, endlich der Sturm selbst, — alles mußte durchgemacht werden, von Stufe zu Stufe, als ob ein »Projekt von Ballegaard« nie geplant worden wäre. Dennoch bildet dies Projekt, das im letzten Moment an dem gebieterischen Dazwischentreten von Wind und Wellen scheiterte, eine sehr bemerkenswerthe Episode in dem Gang der Düppel-Belagerung.

Folgen wir nun dem Unternehmen in seinen verschiedenen Phasen.

Die Hauptfragen, die vorgelegen hatten, waren die folgenden vier:

1) wo gehen wir über, d. h. an welcher Stelle?
2) worauf gehen wir über, d. h. auf welchen Schiffsgefäßen?
3) womit gehen wir über, d. h. mit wie viel Regimentern?
4) wodurch schützen wir unsern Uebergang, besonders gegen die feindliche Flotte?

Wir folgen Punkt für Punkt.

Die erste Frage war: »wo gehen wir über?« Die Wahl schwankte eine Zeit lang zwischen dem schmalen Alsen-Sund und der breiteren Alsen-Föhrde. Endlich entschied man sich für die letztere und mit Recht. Die

Alsen-Föhrde — was gegen sie sprach — hatte freilich eine größere Breite und eine unruhigere See, gestattete auch eine leichtere Einwirkung der feindlichen Schiffe; andrerseits aber hatte man, ein paar Feldgeschütze abgerechnet, keine feindliche Truppenmacht sich gegenüber, konnte den Gegner überraschen und war sicher, am jenseitigen Ufer Stellung genommen und sich concentrirt zu haben, ehe es dem Feinde möglich war, ein ebenbürtiges Truppencorps gegen die Landung aufzustellen. Alle diese Erwägungen stimmten für Alsen-Föhrde gegen Alsen-Sund. Ueber die Wahl des speziellen Uebergangspunktes konnte, nach Feststellung der Lokalität im Großen und Ganzen, nicht lange ein Zweifel sein. Der Punkt war Ballegaard und seine nächste Umgebung. Das diesseitige Ufer der Föhrde tritt hier meist in einer Höhe von 20 bis 40 Fuß an das Meer heran und fällt dann in einer steilen Böschung ab, an deren Fuß ein nicht sehr breiter Strand liegt. Das jenseitige Ufer, nach Aeußerungen der Seeleute, hatte dieselbe Beschaffenheit. Befestigungen waren nirgends sichtbar. Der Punkt, wo außerdem die Föhrde die geringste Breite hatte (2400 Schritt), war eben bei Ballegaard; hier mußte es also schon aus diesem Grunde versucht werden. Was aber die Hauptsache war, es führten hier an mehreren Stellen gute, breite, nicht zu steil abfallende Wege bis an die See. Wenn man bedenkt, was an Truppen und Material hier alles concentrirt werden sollte, so mußte diese Rücksicht, wenn sonst noch ein Zweifel gewesen wäre, für die Wahl von Ballegaard entscheidend sein.

Die zweite Frage war: wie gehen wir über? Man verfügte über 112 Pontons (preußische, oestreichische, auch 8 dänische) und 27 Kielboote. Mit diesen mußte es also gewagt werden; nur über den besten Weg zur Verwendung dieser Schiffskörper konnten noch Meinungsverschiedenheiten obwalten. Man einigte sich dahin, daß alle diese Fahrzeuge auf drei Uebergangspunkte: A. B. C. (alle drei unmittelbar westlich von Ballegaard gelegen) zu vertheilen seien. Bei A. kamen 50, bei B. 22 Pontons, endlich bei C. 40 Pontons und die 27 Kielboote zur Verwendung. Immer zwei oder drei Pontons sollten zu sogenannten »Maschinen« zusammengekoppelt werden; die »Maschinen« zu drei Pontons waren auf je 43 Mann, die Zwei-Ponton-Maschinen auf 30 Mann berechnet. Man war mit Hülfe dieser Maschinen (und der 27 Boote) im Stande, mittelst des ersten Trajekts 2 Geschütze, 8 Pferde und 1600 Mann an das jenseitige Ufer zu schaffen und zwar 600 Mann von A., 330 Mann von B. und 670 Mann von C. aus. Ihre glückliche Landung vorausgesetzt, war eine solche Macht stark genug, selbst einen Kampf mit einem doppelt und dreifach überlegenen Feinde, bis zum Eintreffen des zweiten Trajekts fortzuführen.

Die dritte Frage war: womit gehen wir über? mit wie vielen Regimentern? Man entschied sich dahin, die kleinere Hälfte des, nach Eintreffen der Garden auf 42 Bataillone (28—30,000 Mann) angewachsenen Belagerung-Corps vor Düppel zu belassen, die größere Hälfte aber, etwa 16,000 Mann, nach Alsen überzuführen. Diese Truppenzahl war nicht zu groß; man mußte sich darauf gefaßt machen, im Vorrücken gegen Sonderburg auf 20 bis 24 dänische Bataillone zu stoßen und mit diesen in eine Feldschlacht einzutreten. Die dänische Gesammtmacht in Düppel und Alsen belief sich um diese Zeit (Ende März) auf etwa 32 Bataillone. Preußischerseits erhielten vier Brigaden Befehl, sich zum Uebergang nach Alsen bereit zu halten; es waren die Brigaden Goeben, Raven, Roeder und Canstein. Vor Düppel blieben 9 Bataillone Garden und die westphälische Brigade Schmid. Die entsprechenden Dispositionen wurden auf's pünktlichste ausgeführt.

Die vierte Frage war: wodurch schützen wir unsern Uebergang, besonders gegen die feindliche Flotte? Das Hauptquartier hatte sich mit dem Marine-Obercommando in Verbindung gesetzt und die Mitwirkung der preußischen Flotte, d. h. das Erscheinen derselben in der Nähe von Alsen nachgesucht. Diese Mitwirkung war zugesagt worden. Man rechnete darauf, daß die dänische Flotte dadurch getheilt, vielleicht ganz von einer Beobachtung der Alsen-Föhrde abgezogen werden würde. Wind und Wetter indeß, die überhaupt dem ganzen Unternehmen ungünstig waren, hinderten das Auslaufen der preußischen Flotte, so daß sich der Uebergang, wenn er überhaupt stattfinden sollte, auf keinen andern Schutz angewiesen sah, als auf den Schutz, den ihm die Anlage von Strand-Batterieen gewährte. Dieser Schutz — wie beispielsweise in dem Gefecht zwischen »Rolf Krake« und den alnoer Batterieen — hatte sich bis dahin überall als ausreichend erwiesen; man glaubte es also abermals wagen zu können. Funfzig Geschütze verschiedenen Kalibers wurden in Batterie gebracht; am äußersten linken und rechten Flügel (die ganze Geschützaufstellung reichte vom »Lachsfang« bis zum »Westerholz«) standen je vier gezogene 24 Pfünder, daran schlossen sich, mehr dem Centrum zu, je sechs gezogene 12 Pfünder. Im Centrum selbst, an den eigentlichen Uebergangsstellen, waren fünf Batterieen gezogener 6 Pfünder, also 30 Geschütze placirt. Die vier 24 Pfünder beim »Lachsfang« (linker Flügel) waren namentlich gegen die Stegwigbucht auf Alsen gerichtet, wo eine dänische Flottille lag. Sie bestand aus dem Kriegsdampfer »Hekla«, dem Kanonenboot »Vilmoos« und zwei Ruderkanonenbooten, zusammen mit 18 Geschützen. Das Panzerdampfboot »Absalon«, mit 2½ zölligen Eisenplatten, lag in der Augustenburger-Föhrde. »Rolf Krake«, der immer in der Nähe des Wenningbund Station hatte, kam, wegen der weiten Entfernung, nicht in Betracht.

Funfzig Geschütze, an der Alsen-Föhrde entlang, sollten also den Uebergang decken; zu größerer Sicherstellung des Unternehmens aber war zu gleicher Zeit ein Scheinangriff gegen Düppel selbst beabsichtigt. Eine heftige Beschießung, heftiger als irgend eine, die vorhergegangen, sollte die Dänen glauben machen, daß ein Sturm auf die Schanzen bevorstände. In der Front festgehalten, hoffte man den Feind in seiner Flanke um so leichter überraschen und bewältigen zu können. Zu einer solchen Beschießung waren nunmehr die Mittel vorhanden und in der Nacht vom 31. März zum 1. April begann der Bau von acht Batterieen, in Front der Düppelstellung. Bis dahin — seit dem 15. März — hatte sich die Beschießung der Schanzen auf ein Bombardement von den Gammelmark-Batterien aus, beschränkt. Die acht neuen Frontal-Batterieen wurden meist 200 Schritt hinter der ersten Parallele erbaut; — ihre Entfernung von den Schanzen betrug also etwa 1500 Schritt. Sie wurden sämmtlich (eine abgerechnet) mit 7pfündigen Haubitzen oder platten 12Pfündern armirt. Unter Hinzurechnung der Gammelmark-Batterien — denen man übrigens mehrere schwere Geschütze genommen hatte, um sie an der Alsen-Föhrde zu verwenden — verfügte man zu einem Flanken- und Frontal-Bombardement gegen Düppel über 52 Geschütze, 18 gezogene und 34 glatte.

Dies waren die umfangreichen Vorbereitungen und Sicherheitsmaßregeln, die, in Erwägung aller nur möglichen Eventualitäten, behufs einer Landung auf Alsen getroffen worden waren. Der Plan war reiflich überlegt, in allen Vorstadien bereits glänzend durchgeführt; nur noch der letzte, entscheidende Schritt fehlte. In dem Moment, wo er gethan werden sollte, traten die Elemente dazwischen. Verfolgen wir die Einzelnheiten.

Nachdem am Abend des 31. März alle Generäle zur Conferenz nach dem Hauptquartier befohlen und sie von allen Details der Disposition in Kenntniß gesetzt waren, wurde die definitive Befehlausgabe auf den Morgen des 1. April um 9 Uhr angesetzt: Die Befehle waren schon völlig ausgefertigt; das Wetter schlug aber um, und der Commandirende befahl die Aufschiebung um 24 Stunden. Das Unternehmen blieb nunmehr auf den 2. April verschoben.

Das schöne Wetter des Vormittags am 2. April machte am Nachmittage einem mäßigen Winde Platz, der die Unternehmung kaum beeinträchtigen zu können schien. Alles war im Gange, Eins entwickelte sich nach dem Andern, ohne Stockung, ohne Unfall, denn an Alles war vorher gedacht; was Menschenkräfte, physische und geistige, zur Förderung des Unternehmens thun konnten, war reichlich geschehen.

Als einer mit den größesten Mühseligkeiten verbundenen Aufgabe muß des Transportes der Boots-Kolonne durch Bauern auf Bauerwagen mit Bauerpferden gedacht werden; in Folge der engen Wege, die rechts und links neben sich einen Graben, dann einen Knick hatten, und oft die wunderlichsten Krümmungen machten; in Folge der unvollkommenen Beladung, die keine scharfe Biegung gestattete, ebenso in Folge der schwachen Wagen und der dunklen Nacht, galt es, so enorme Schwierigkeiten zu überwinden, daß es nur bei dem vorzüglichsten Eifer, der alle Betheiligten beseelte, gelang, mit der Kolonne um 1½ Uhr Nachts zur Stelle zu sein. Für den Nachtmarsch von kaum 1½ Meilen war ein Zeitraum von nahezu 7 Stunden erforderlich gewesen.

Inzwischen war mit dem Eintritt der Dunkelheit das bisherige schöne Wetter einem starken Wind und Regen gewichen; die Leute waren total durchnäßt, und gegen Mitternacht erhob sich Sturm, der die Wellen mit Macht an das Ufer peitschte, und der alsbald alle auf das Gelingen des Unternehmens gesetzten Hoffnungen zu Grabe tragen sollte. Die See ging höher; die Grundbedingung, unter welcher an ein Uebersetzen mit Pontons überhaupt nur zu denken war, fehlte. An der Küste entstand eine völlige Brandung. Die Pontonier-Hauptleute Adler und Schütze, der Schiffs-Capitain Bartelsen, endlich auch der Corvetten-Capitain Henck, der seit einigen Tagen hier anwesend war, erklärten es um 3 Uhr Morgens für vollständig unausführbar, auch nur e i n Ponton in das Wasser zu bringen; die Wellen müßten es sofort füllen und zum Sinken bringen und wenn sich eins oder das andere auf dem Wasser halten könne, so stehe es doch ganz außer unserer Macht, den Landungspunkt zu bestimmen, da das Abtreiben der Maschinen und Pontons, möglicherweise bis in die Augustenburger-Föhrde hinein, ganz unvermeidlich sei. Die übereinstimmenden Urtheile aller technischen Leiter des Unternehmens führten denn auch zu dem Befehle, daß der Versuch eines Ueberganges für heute aufzugeben sei. Drei Bataillone der Brigade Goeben, die bereits am Strande der Einschiffung harrten, wurden wieder zurückgezogen. Bevor der Tag anbrach, waren sämmtliche Fahrzeuge (Pontons und Boote) vom Ufer entfernt und auf verschiedenen Koppeln, die von Alsen aus nicht gesehen werden konnten, zusammengestellt.

So war denn, unter dem Zwang einer unabwendlichen Nothwendigkeit, ein Unternehmen aufgegeben, welches bei allen Schwierigkeiten und Gefahren, die es unleugbar in sich schloß, doch im Falle des Gelingens ein außerordentliches Resultat nach sich gezogen, die dänische Armee höchst wahrscheinlich vernichtet und einen raschen Friedensschluß im Gefolge gehabt haben würde. Manche Opfer, wie sie namentlich der »Tag von Düppel«

kostete, wären uns erspart und Alsen, dieser Punkt, auf dessen Unangreifbarkeit der Feind trotzte, statt am 29. Juni schon am 3. April von uns genommen worden. Dieser leichtere Sieg war uns nicht beschieden; ein Trost muß es uns sein, daß das Scheitern des »Projekts von Ballegaard« uns zwei Siege statt eines eintrug: Düppel und Alsen.

Das »Projekt von Ballegaard« scheiterte in der Nacht vom 2. auf den 3.; da man aber zwölf Stunden vorher, also am Nachmittage des 2., noch nicht wissen konnte, daß es scheitern würde, so begann in Front von Düppel, wie auch von den Gammelmark-Batterieen aus, jener »Artillerie-Scheinangriff«, unter dessen Schutz, wie wir wissen, die Flankenbewegung, von Ballegaard aus, ausgeführt werden sollte. Ueber diesen »Artillerie-Scheinangriff«, der seinen Zweck vollständig erreichte und bei den Dänen die Vorstellung weckte, daß ein Sturm auf Düppel beabsichtigt werde, haben wir noch einiges nachzutragen.

Bald nach 2 Uhr Nachmittags begann die Kanonade. Bis um 5 Uhr feuerten die Geschütze langsam, wenn auch ununterbrochen; dann bis zum Dunkelwerden mit möglichster Heftigkeit, die Nacht über mit mäßiger Stärke. Den schweren gezogenen Batterieen bezeichnete man als Zielobjekte im Allgemeinen die Schanzen I. bis VI. Von 5 Uhr ab richtete sich das Feuer auch gegen Sonderburg. Es geschah dies in der Absicht, die Besatzung der Schanzen für ihre Verbindung mit Alsen besorgt zu machen. Stand Sonderburg — das übrigens vollständig in eine Festung umgewandelt war — in Flammen, so war den Vertheidigern der eigentlichen Düppelstellung die Rückzugslinie abgeschnitten.

Für die 24 Pfünder, welche Sonderburg von Gammelmark aus zu beschießen hatten, waren 40 Granaten mit Brandern in Bereitschaft gesetzt worden. Brander sind mit Brandsatz vollgeschlagene Kupferhülsen, welche unter die Sprengladung gemengt und von dieser beim Zerspringen des Geschosses entzündet werden. Die ersten Schüsse damit gingen zu kurz, was an dem Zerspringen der Geschosse auf der Wasserfläche vor Sonderburg, ungeachtet der Entfernung von beinah 6000 Schritt, sehr deutlich zu erkennen war. Die nachfolgenden trafen mal auf mal in die Stadt und da die Brander jedes Geschosses eine Rauchwolke entwickelten, welche eine kurze Zeit anhielt, glaubte man wiederholt, daß der beabsichtigte Brand veranlaßt sei. Dem war aber nicht so, wahrscheinlich weil aus Sonderburg alle leicht entzündbaren Gegenstände entfernt worden waren. Am andern Tage stand indeß die Stadt in Flammen, wobei unausgemacht bleibt, ob die Brander- oder die Granatschüsse die Veranlassung hierzu gewesen sind. Nach einem andern Bericht wurden 101 Schuß gegen Sonderburg gerichtet; davon flogen 92 Granaten in die Stadt, zerstörten eine Anzahl

Häuser, beschädigten das massive Schloß und erzeugten um 7 Uhr Abends einen Brand, welcher indessen nach einiger Zeit gelöscht wurde. Der Verlust der Dänen belief sich an diesem Tage auf etwa 100 Todte und Verwundete; preußischerseits 1 Mann todt, 2 Officiere und 11 Mann verwundet.

Diese Kanonade war entschieden die bisher bedeutendste in diesem Feldzuge. Der Donner von 150 Kanonen (die Dänen antworteten mit 100 Geschützen gegen 50 preußische) steigerte sich nach 5 Uhr zu einem ununterbrochenen Rollen, aus dem man die einzelnen Schüsse kaum noch zu unterscheiden vermochte. Da fast ausschließlich mit Granaten oder Shrapnels gefeuert wurde, so verursachten die platzenden Geschosse bei jedem Schuß noch einen zweiten Knall, der sich an Stärke von dem ersten nicht unterscheiden ließ. Dies vermehrte natürlich das allgemeine Getöse. Die vielen aufgehenden Feuer, deren Rauch hoch zum Himmel emporstieg und sich mit dem Pulverdampf mischte, der blutroth erleuchtete nächtliche Himmel und dazwischen die zuckenden Blitze des fort und fort arbeitenden Geschützes, malten das Bild des Krieges und der Zerstörung in den lebendigsten Farben.

Mr. Gallenga, der bekannte Times-Correspondent, der sich während der Kriegsmonate im dänischen Lager aufhielt, gab in den Spalten des eben genannten Blattes folgende Schilderung von den großartigen Schrecknissen dieses Bombardements. Er schrieb von Sonderburg aus:

»Dies ist der erste Tag, wo der Krieg Ernst gemacht und ein Wetter über unsern Häuptern entladen hat, das wie der Anfang vom Ende aussieht. Wir sind Alle noch betäubt von dem wilden Getöse der letzten Stunden und nicht ohne Schwierigkeiten glückt es mir, meine Gedanken zu sammeln und eine leidlich zusammenhängende Beschreibung dessen zu geben, was dieser Tag gebracht. Der Morgen war ziemlich ruhig vergangen; gegen 3 Uhr Nachmittags setzten wir uns zu Pferde, um einen Spazierritt zu machen. Dann und wann dröhnte ein Schuß herüber, worauf wir nicht achteten, da sich seither unser Ohr an diese Klänge gewöhnt hat. Bald aber änderte sich's, die Schüsse fielen immer rascher und vor Verlauf einer Stunde hatten wir die Donner einer Kanonade um uns her, wie sie — des gegenwärtigen Krieges ganz zu geschweigen — auf so kleinem Raum wohl von keiner anderen bekannten Kanonade übertroffen worden sind. Es war erschrecklich. In den Lüften schien eine Schlacht der Engel und Dämonen zu toben, wie sie Milton beschrieben hat. Wir dachten Anfangs, dieses heftige Schießen rühre von dänischer Seite her, um die Preußen bei ihren Belagerungs-Arbeiten zu stören; als wir indessen im Norden Sonderburgs einen der Windmühlenberge erreicht hatten, von wo wir den Alsen-Sund

und die Düppelstellung bequem überblicken konnten, sahen wir, daß es die Preußen waren, die heut Ernst zu machen schienen und diese formidable Kanonade unterhielten. Möglich, daß sie bisher bei ihrem mäßigen Feuer keinen anderen Zweck verfolgt hatten, als ihre Werke in Sicherheit vorschieben zu können; möglich andererseits, daß heute Ordre von Berlin eingetroffen war, die Dinge ohne Rücksicht auf Conferenz oder Nicht-Conferenz ernsthafter anzufassen, — gleichviel; nachdem sich die preußischen Batterieen bis heute darauf beschränkt hatten, täglich ein paar hundert Bomben von der Flanke her in die feindliche Stellung zu werfen, eröffneten sie heute ihr Feuer auf der ganzen Linie, vom äußersten rechten bis zum äußersten linken Flügel, und in Front und Flanke donnerten ihre 24 Pfünder. Das Feuer war so stark, daß es bald unmöglich wurde, die Schüsse zu zählen, da oft zwei und mehr a tempo fielen. Einer von uns hatte bis dahin 25 Schüsse in der Minute gezählt und ein Anderer versicherte mir später, daß nach seiner Schätzung und Berechnung 2500 Bomben in einer einzigen Stunde durch die Luft geflogen seien. Diese wüthende Kanonade war anfänglich lediglich gegen die Düppelforts gerichtet und die Dänen antworteten wacker; nach einiger Zeit indeß fanden die Broacker-Batterieen Muße, ihre Aufmerksamkeit auch auf Sonderburg zu richten und etwa 100 Kugeln wurden gegen das Schloß, den Brückenkopf und den südlicheren Theil der Stadt gerichtet. Ueber den Schaden, den diese anhaltende Beschießung in den Düppelforts angerichtet hat, bin ich noch ohne genaue Kenntniß, wenigstens habe ich mich über nichts vergewissern können. Die dänischen Officiere, die von den vorgeschobensten Posten zurückkehrten, versicherten mir, daß der angerichtete Schaden höchst unbedeutend sei; kann sein; was ich indessen im Lauf des Tages mit meinen eigenen Augen gesehen habe, macht es mir wahrscheinlich, daß die Lage der Dinge nicht voll so trefflich sein kann, wie sie mir dänischerseits geschildert wurde. Ich vermag nicht ganz die Ansicht der Dänen zu theilen, daß, wenn morgen die Preußen zum Sturme schreiten sollten, sie noch all denselben Schwierigkeiten, und zwar völlig unvermindert, begegnen würden, wie am 17. und 28. v. M. Daß diesseits (auf Seite der Dänen) keine Batterie zum Schweigen gebracht wurde, ist richtig. Die Zugbrücke vor Fort Nr. VI. aber wurde verbrannt, und in der Nachbarschaft von Fort Nr. X. war Flintenfeuer hörbar, woraus sich schließen läßt, daß wir die Preußen in unbequemer Nähe haben. Was immer indeß die factische, die materielle Wirkung dieser Kanonade hüben und drüben gewesen sein mag, der bloße Anblick des Schauspiels war furchtbar. Der Sturmwind trieb uns den Qualm und den Geruch des Schießpulvers in's Gesicht, und die einzelnen Gehöfte brannten in klarer Flamme, da der Sturm jede Rauchwolke wegfegte. Eine Anzahl Soldaten und Stadtleute stand auf dem Windmühlenberge dicht gedrängt um uns her, und Staunen und Entsetzen, hier und da mit einem Ausdruck wilder Freude gemischt, malte sich auf den Gesichtern. Das Schauspiel vor uns war von einer Macht, daß Jeder davon erschüttert werden mußte.

In der Stadt selbst hatte inzwischen die Aufregung den höchsten Grad erreicht. Alles floh. Frauen und alte Leute mit Kindern an der Hand, wohlgekleidete Damen, Invaliden, Alles stürzte aus den Häusern, als ob ein Erdbeben sei, und an heranziehenden Regimentern, an rasselnden Geschützen und Munitions-Kolonnen, an Wagen voller Hausrath und voller Verwundeten vorbei, suchten die Flüchtigen das Freie zu gewinnen. Vier Bomben hatten das alte Schloß getroffen, eine das Hauptquartier (es hieß, sie sei durch den Tisch geschlagen, an dem die Officiere saßen), eine andere das holsteinsche Haus; Häuser brannten; Schrecken überall. Ehe wir noch vor Dunkelwerden unser Hôtel erreichten, hatten 90 bis 100 Kugeln die Stadt getroffen. Das Hauptquartier war nach einem nördlicher gelegenen Hause verlegt worden, da die alte Wohnung nur noch ein Schutthaufen war. Mehrere andere Häuser lagen in Trümmern; die Dächer waren durchschlagen, als ob sie von Pappe wären. Nur ein Haus hatte Feuer gefangen; den Anstrengungen der Löschmannschaft gelang es, den Flammen Einhalt zu thun; vielleicht (wenigstens war es so mit den Baracken innerhalb der Düppelforts) blies auch die Gewalt des Windes die Flamme aus, ähnlich wie der Zugwind ein Licht ausbläst. Zwei von der Civilbevölkerung der Stadt waren getödtet, etwa 20 verwundet; überall begegneten wir Pack- und Sattelpferden, auf deren Rücken einzelne Soldaten das Gepäck ihrer Officiere in Sicherheit zu bringen suchten. Zwei Berichterstatter für französische Zeitungen, die gestern erst angekommen waren, erklärten uns unumwunden, »sie hätten nun genug gesehen«, und zogen mit ihren Reisesäcken ohne Weiteres ab, um sich im Hafen von Hörup in Sicherheit zu bringen. Wir Engländer verschmähten es, uns ihrer unwürdigen Ausreißerei anzuschließen. Wir packten indeß unsere Sachen und verließen unser altes Quartier, um mehr nordwärts im Hôtel Reymuth uns niederzulassen, wo wir denn auch in diesem Augenblick die verlassenen und völlig ausgeleerten Zimmer innehaben. Es ist jetzt 3 Uhr Nachts und ich schließe meinen Brief an diesem, wie ich hoffe, verhältnißmäßig sicher gelegenen Ort.

Nachschrift vom 3. April, Morgens. Die Kanonade dauerte die ganze Nacht über und wurde heute früh nach kurzer Pause in aller Lebhaftigkeit wieder aufgenommen. Es ist 7 Uhr und keine Anzeichen sind da, daß der Feind einen Sturm vorhat. Das trübe regnigte Wetter wird die Preußen wahrscheinlich veranlassen, den Angriff aufzuschieben. Die Forts sind nach wie vor gerüstet, jedem Sturm zu begegnen.« —

So weit der Bericht des Times-Correspondenten. Das Bombardement wurde bis zum 6. April Abends fortgesetzt und während dieser ganzen Zeit (fast 5 Tage) vom Feinde lebhaft erwidert. Erhebliche Erfolge wurden indessen nicht erreicht; der Grund lag zumeist darin, daß sich die glatten Geschütze beider Theile auf viel zu großen Entfernungen gegenüberstanden. Die Anzahl der dabei preußischerseits aus Feldgeschützen geschehenen Schüsse belief sich auf nicht weniger als 12,245, darunter 12,091 Granat- und 154 Shrapnel-Schüsse. Hierbei sind die gezogenen 12 und 24 Pfünder nicht mit eingerechnet. Ein ganzer Berg von Eisen war von hüben und drüben durch die Luft geflogen; — die Dänen hatten zehn Todte, die Preußen einen.

# Lagerleben.

Das Drama vor Düppel rückte seiner Entscheidung immer näher. Halten wir zuvor noch einen Rückblick auf die Ereignisse seit Mitte März. Am 15. Eröffnung der Gammelmark-Batterieen; am 17. Besitznahme von Rackebüll und Wester-Düppel; am 22. Eintreffen der Brigade Raven; am 25. Eintreffen von 9 Bataillonen Garde; am 28. Eroberung des Terrains zur Aushebung der ersten Parallele; vom 29. auf den 30. die erste Parallele selbst; am 2. April Artillerie-Angriff aus Front und Flanke, zugleich Uebergangsversuch von Ballegaard. Sechszehn Tage nach diesem Artillerie-Angriff, neunzehn Tage nach Aushebung der ersten Parallele, erfolgte der Sturm.

Eh wir uns der Schilderung dieses letzten entscheidenden Kampfes und der Ereignisse, die ihm unmittelbar vorausgingen, zuwenden, sehen wir uns zuvor in dem großen Heerlager um, das nunmehr das ganze Sundewitt überdeckte und schreiten von Dorf zu Dorf, von Gruppe zu Gruppe, nicht um hier oder da einem neuen Gefecht zu folgen oder immer neue Batterieen ihre Thätigkeit beginnen zu sehn, sondern lediglich, um mitten im Krieg den Bildern des Friedens, dem Humor des Lagerlebens nachzugehn. Dieser Humor war überall; er war bei den Vorposten, die unmittelbar vor dem Feind standen, er war in den Dörfern, die zu Füßen der Schanzen lagen, er war in den zurückgelegenen Quartieren, wo die abgelösten Bataillone sich von dem Vorpostendienst oder dem Dienst in den Trancheen erholten. Unser erster Besuch gilt den Vorposten.

Es war ein stillschweigendes Uebereinkommen der Posten, nicht auf einander zu schießen. Dieser Waffenstillstand im Kleinen, der zwischen den Postenketten hüben und drüben herrschte, führte zu den vergnüglichsten Scenen. Die Unsrigen — was nicht Wunder nehmen durfte — schlugen dabei einen überlegenen Ton an; die Dänen, ganz besonders die Jüten, ließen ihn sich gefallen. »Nu man 'raus, Danskes, nu kommen die Preußen«, mit diesem Zuruf wurden die dänischen Posten dann und wann in ihren eigenen Schützengräben abgelöst. Sie kletterten lachend heraus und gruben sich weiter rückwärts ein. Auf der ganzen Linie blühte der

Tauschhandel. Ein besonders begehrter Artikel waren die dänischen Feldflaschen, groß, solide, fest mit Leder umnäht. Sollte nun so ein Handel abgeschlossen werden, so wurde diesseits gewinkt und zu verstehn gegeben, sie möchten herüberkommen. Es standen nämlich immer Doppelposten. Wenn möglich kamen sie, plauderten, so gut es ging, empfingen ihren »Rigsdaler« und ließen die Feldflasche zurück; bei andern Gelegenheiten zeigten sie rückwärts auf die Schanzen, wie um auszudrücken: »heute geht es nicht, man hat ein Auge auf uns.«

Bei diesem Vorpostenverkehr lernten sich auch die einzelnen Regimenter unter einander kennen. Die Dänen hatten die unterscheidenden Merkmale unsrer Truppentheile bald herausgefunden, und neugierig pflegten sie sich zu erkundigen: kommen die »Gelben« nicht bald wieder, oder die »Grünen.« Die »Grünen« waren die lübbener Jäger, die »Gelben« die 18er, das einzige Regiment vor Düppel, das gelbe Achselklappen hatte.

Die Unterhaltungen wurden natürlich immer deutsch geführt, da auch der strubbligste Jüte immer noch besser deutsch sprach, als der gebildetste 35er (meist Berliner) das Dänische. Dabei kamen wunderliche Verwechselungen vor, und das Dänische mit seinen plattdeutschen Anklängen wurde gelegentlich für Freundessprache genommen. »Halt, whem der? let were, jeg skuder«, so klang es von einer dänischen Patrouille herüber, worauf ein 35er antwortete: »ihr seid wohl von der 2. Compagnie.« Erst die Kugeln, die ihn umpfiffen, belehrten ihn eines besseren.

Die Laune der Truppen war immer gut; selbst inmitten der Gefechte blieben sie bei Humor. Am 28. März (2. Ostertag), als das Leibregiment im heftigsten Feuer stand, rief einer: »die Dänen kochen ihre Ostereier ziemlich hart«, und als gleichzeitig einige 4pfündige Granaten durch die Luft flogen, deren zugeschrägte, den Truppen längst bekannte Form allerdings an bairische Bierkrüge erinnerte, hieß es sofort: »ah, nu kommen die Seidel«. Ein 18er (Pollacke), der am selben Tage bis an die Drahtgitter vorgedrungen und später verwundet war, antwortete dem Kommandirenden auf seine Frage: »hätten den Schanz gekriegt, königliche Hoheit, wenn Kahn verfl— nicht gewesen.« Der »Kahn« war natürlich »Rolf Krake«.

In den Batterieen, die sich unmittelbar hinter den Parallelen erhoben, herrschte derselbe Humor. Die dauernde Gefahr stumpfte ab. Man pfiff den ankommenden Geschossen nach und imitirte im Moment des Explodirens den Knall. Scherzen und Lachen brachen selten ab. Man legte die Krankenträger mit gewaltsamem Spaße auf ihre Bahre und verband sie mit Wischlappen von den Geschützen; noch öfter aber meldete man sich bei ihnen als verwundet und bat mit dem den Blessirten eignen Durst um einen Schluck aus ihrer mächtigen Flasche.

Die Dänen schossen schlecht; auch das Material ließ sehr zu wünschen übrig. Das führte preußischerseits zu manchem Scherz. Zehn dänische Granaten, sämmtlich nicht crepirt und 7pfündigen Kalibers, waren gefunden worden. Sie paßten vortrefflich, wurden mit einem Zettel inwendig, (der die Worte zeigte: »Ich bin Lieutenant R., grüße den dänischen Kameraden und sende Beifolgendes zurück sub petito remissionis«) und einem ungefüllten Zünder versehn, und dann, Pfeilspitze unten, damit sie ja recht weit gingen, den Dänen wieder zugeworfen.

So war das Leben auf Vorposten, in den Schützengruben, den Parallelen und den nächstgelegenen Batterieen; ähnlich war es in den Dörfern und Positionen, in denen die Replis und Soutiens für die am meisten vorgeschobenen Posten standen. Diese Dörfer und Positionen waren Rackebüll, Kirch-Düppel (Oster-Düppel war eingeäschert) und die Büffelkoppel.

Rackebüll war seit dem 17. März in dauerndem Besitz der Preußen geblieben. Die Brigaden Schmid und Goeben hielten es abwechselnd besetzt. Anfangs war es ein ziemlich friedlicher Aufenthalt, wenn auch kein bequemer; es lagen oft 100 Mann und mehr in einem einzigen Gehöft. Aber vom 8. April an begannen die Dänen das Dorf in Brand zu schießen. Die Westphalen gaben von Haus zu Haus die brennenden Gehöfte auf, ohne sich im Uebrigen in ihrer Ruhe stören zu lassen. Als die erste Bombe ein Stück Wand wegriß, bemerkte ein 13er: »Kiek, nu möt wi in de Külle sitten.« Verwundungen gab es wenig. Bei Tage, während die Geschosse über sie hinwegflogen, wurde unter großem Jubel das nationale Lieblings-Ballspiel: Sauball oder Bullenjagen gespielt; bei Nacht vergnügten sie sich über das Feuerwerk der glühend erscheinenden Granaten.

Vielleicht noch muntrer war das Treiben in Kirch-Düppel. Hier lagen Brandenburger. Den Westphalen an gutem Humor eher nachstehend als überlegen (denn das niedersächsisch Plattdeutsche ist dem Humor besonders günstig), übertreffen sie dieselben doch an Beweglichkeit. Sie sind ausgelassener, erfinderischer; das berliner Element macht sich in jedem Einzelnen geltend. — In Kirch-Düppel lagen meist 24er und 64er (später auch Brigade Raven); die Dorfstraße war seit dem 17. März halb zerstört und in den stehen gebliebenen Gehöften lag man noch dichter zusammengepreßt, als die Westphalen in Rackebüll. Aber Müdigkeit sorgte für Schlaf und bei Tage — soweit es der Dienst zuließ — vertrieben allerlei Spiele die Zeit und die Grillen. Man neckte sich beständig mit den dänischen Artilleristen. An einem Nachmittag, als von den Schanzen her gar kein Schuß fallen wollte, schleppten einige 64er eine große Tonne auf den Giebel eines Hauses und behandelten dieselbe wie ein regelrechtes Geschütz. Einer zielte, der Andre schlug mit einem Knüppel gegen die Tonne und brachte so den Knalleffekt und durch seine Stimme das Sausen und Platzen der Granaten hervor. Wieder andre hatten auf einen zweirädrigen Pflug ein Ofenrohr gebunden und dieses Geschütz so auf eine Anhöhe gefahren. Die vollständige Bedienung des Geschützes war natürlich dabei: der Eine wischte aus, der Andre setzte das Geschoß ein, ein Dritter richtete. Diese furchtbare Kanone hatte kaum einige unhörbare Schüsse abgegeben, da wird auch schon aus einer Schanze ihr Feuer erwidert. Eine Granate reißt zum größten Gelächter der Bedienungsmannschaft das ganze Kanonenrohr entzwei und zerstreut es in alle Winde. Die Mannschaft, die sich niedergeworfen, steht wieder auf, wischt sich den Sand aus Augen und Mund und zieht ihr »demontirtes Geschütz« von der Anhöhe herunter.

Eine Hauptunterhaltung gewährte das Ausputzen sogenannter »Hannemänner« oder »Pietsche.« Es gab ihrer viele; sie dienten abwechselnd als monumentaler Schmuck der Dörfer, als Fastnachtspuppen, die man singend und schreiend umherführte, als Wegweiser und Annoncenträger. Ursprünglich rührten diese »Hannemänner« von den Dänen selber her; sie stopften — eh Büffelkoppel, Düppel und Rackebüll genommen wurden — allerhand Figuren aus, zogen diesen einen dänischen Rock oder Mantel an, gaben ihnen ein Gewehr in den Arm und postirten sie, so daß nur wenig hervorlugte, hinter die Knicks, um den Angreifer glauben zu machen, es seien dies feindliche Tirailleurs. Solche »Hannemänner in effigie« waren den Preußen eine ganze Anzahl in die Hände gefallen und diese Puppen wurden nun das Lieblingsspielzeug unserer Soldaten. Bei Wielhoi, an der Südwestecke von Düppel, stand ein Haupt-Hannemann. Er war größer, als die andern, hatte eine Pfeife im Munde (die Porzellanglocke eines Telegraphendrathes) und zwei Geschütze neben sich, von denen das eine ein Baumstamm, das andre ein Bienenkorb war.

Beide Dörfer, Rackebüll wie Kirch-Düppel, waren natürlich längst von ihren Bewohnern verlassen, um so mehr befreundete man sich mit der Thierwelt, die von den Flüchtigen zurückgelassen war oder die sich inzwischen eingefunden hatte. Unter den letztern stand ein Storchenpaar obenan, das sich am 4. April in Düppel niedergelassen und auf dem stehen gebliebenen Hause die alte Wohnung wieder bezogen hatte. Die Störche fingen an, das alte Nest wieder auszubaun und unsre Soldaten, von denen mancher an sein eignes heimathliches Dach denken mochte, jubelten ihnen zu. Aber dieser Jubel vermochte sie doch nicht zu halten. Ob sie den alten Hausherrn mit seiner Familie und seinem Gesinde vermißten, ob sie gut dänisch waren und mit dem preußischen Rock sich nicht befreunden konnten, oder ob sie ahnten, was dem Hause bevorstand, — schon am 6. brachen sie unter klagendem Geklapper auf. Am 9. wurde das Haus von den Schanzen aus in Brand geschossen.

Heitrer verlief eine andre Episode. Nach dem Gefecht am 17. März fand man in einem der stehen gebliebenen Häuser zwei Schaafe. Das eine davon brachte am andern Tage noch ein Junges zur Welt. Dies wurde nun zur »Tochter des Regiments.« Wie die englischen Wales-Füsiliere einen Geisbock mit sich führen, so begannen die Unsrigen sich an das Osterlamm zu attachiren, das ihnen Düppel geschenkt hatte. Sie putzten es mit allerhand bunten Bändern aus und führten es bei den Vorposten umher, während zwei »Hannemänner« mit Hülfe der beiden alten Schaafe beritten gemacht und dem voraufschreitenden Lamm als Escorte beigegeben wurden.

Ebenso ging es in der Büffelkoppel her. Diese bildet ein ziemlich regelmäßiges, meist mit Buchen bestandenes Viereck von tausend Schritt Länge und Breite. Die Entfernung von der Büffelkoppel bis zu den Schanzen betrug etwa 4000 Schritt. So weit trugen die großen Schiffsgeschütze, mit denen die Düppelstellung wenigstens theilweis armirt war, doch ließ sich auf solche Entfernung jegliche Sicherheit des Treffens vermissen. Am 22. Februar, dem Tage der allgemeinen Recognoscirung, warfen die Dänen, nachdem das Gefecht eben abgebrochen war, ihre 84pfündigen Geschosse bis mitten in die Büffelkoppel hinein. Damals war es auch, wo eben dies Gehölz, das (wie wir gezeigt haben) durch einen Vorstoß von Broacker aus leicht umgangen werden konnte, vielfach als Mausfalle für die Dänen benutzt wurde. Diese ließen sich verleiten, das Gehölz immer wieder zu besetzen und wurden dann bei der nächsten Recognoscirung gefangen genommen. Da die Prinzen in der Regel bei solchen kleinen Streifzügen gegenwärtig waren, so erwarben sich diese Streifzüge sehr bald den Namen »Hofjagd«.

Seitdem hatte die Büffelkoppel ihr Ansehn sehr verändert; der Frühling war gekommen und das erste Grün sproßte an den Zweigen; unter den hochstämmigen Bäumen war ein Barackenlager entstanden, zumeist aus Bohlen und Brettern aufgeführt, die von dem demolirten Dannewerk hierher geschafft worden waren. In diesen Baracken kampirte ein Bataillon, in der Regel von der Brigade Roeder, die, bis sie von der Brigade Raven abgelöst wurde, in dem Dreieck Nübel, Düppel, Büffelkoppel ihre Aufstellung hatte. Je schöner das Wetter, je muntrer wurde auch das Treiben hier. Die Büffelkoppel war unter anderm auch der Wäsch- und Trockenplatz der Brigade; hier an den Buchenästen flatterte es an sonnigwindigen Tagen lustig im Winde, hier wurde gelüftet und gesäubert und die Compagnie-Komiker (welche

Compagnie entbehrte derselben!) deklamirten parodirende Balladen von »Pulex, dem Turner im braunen Gewande«.

Auch eine Restaurationsbude hatte sich an dieser Stelle aufgethan; sie führte den Namen »Hôtel zur Büffelkoppel.« In der Nähe der Bude waren Tische und Bänke aufgeschlagen. Hier saß man und ließ sich's wohl behagen. Jedes Getränk der deutschen Männerwelt, namentlich bairisch Bier, auch Porter und Ale in glücklicher Mischung, wurden hier geschenkt. Die Preise waren hoch. Doch hatte der Besitzer, ein Bremenser, das gute Gewissen, daß sie nicht zu hoch gegriffen seien. Als es einem einfiel, den 4 gGr.-Preis für's Seidel leise zu beanstanden, zeigte der Mann am Schenktisch einfach nach oben, wo eben eine Kugel durch die Bäume fuhr und sagte ruhig: »Reken Se de Dinger da baben för nix?«

Bis hierher haben wir das Leben und Treiben geschildert, wie es unmittelbar vor den Schanzen war; bunter, mannigfacher und jedenfalls ungefährdeter war es in den mehr rückwärts gelegenen Cantonnements, namentlich in Broacker und Gravenstein.

»In Broacker, so schreibt ein Correspondent, der sich der Brigade Canstein attachirt hatte, ließ es sich ganz behaglich leben. An das eng Zusammengepferchtsein waren wir schon gewöhnt; fünf Officiere in einem Zimmer galt für Comfort. So viel wie möglich, verkehrte man im Freien; das Leben in frischer Luft that uns wohl, die Erkältungen waren abgeschafft. Wir standen meist zeitig auf. Nicht der Kanonendonner war's, der uns weckte (unser Ohr hatte sich an das dumpfe Rollen von Gammelmark her gewöhnt), sondern die Sonne war es, die sich prächtig im Osten aus dem Meere erhob, dazu die Lerchen und die ganze Schönheit des erwachenden Frühlings, die uns nicht allzu lange schlafen ließen. Wir besuchten dann wohl die hochgelegene Kirche, stiegen bis in den Thurm hinauf und freuten uns des weiten Panorama's. Dort das Nübel-Noer, hinter jenen Bäumen versteckt Gravenstein, dann der flensburger Hafen, der Wenningbund, das gesegnete Broackerland umschließend, drüben die Büffelkoppel, Dorf Düppel, der Spitzberg, das Terrain vor den Schanzen und die Schanzen selbst.«

Nicht der geringste Reiz, den Broacker besaß, war sein hübsches Wirthshaus. Hier war man sicher, zu jeder Tageszeit Bekannte zu finden. Das Erdgeschoß des Hauses hatte zwei Gaststuben; die eine links, trug die Kreide-Aufschrift »Grenadier-Ressource«, die andre rechts, »Officier-Ressource.« Hier in diesen Zimmern war die große Neuigkeits-Börse, in der die politisch-strategischen Tageskurse — oft auf höchst mangelhafte Information hin — gemacht und ausgegeben wurden. Hier hatten die fremdländischen »Correspondenten«, englische und belgische, ihren Versammlungsort, hier brachten sie Nachrichten und empfingen welche, und von hier aus endlich verkündigten sie mit rascher Feder der Welt, wie die große Schachpartie im Sundewitt stehe und ob die preußischen Läufer und Springer den dänischen Thurm endlich nehmen würden oder nicht. Unter all diesen Berichterstattern war der der Times (Mr. Hartmann), der dankbarste, dankbar gegen Broacker, gegen seine Wirthin und gegen die Preußen. Nach langen Irrfahrten von Dorf zu Dorf, unter denen keines sich wohnlich und gastlich erwiesen hatte, war er hier endlich in einen Hafen eingelaufen, der vergleichsweise etwas wie Comfort bot. Außer den fremdländischen Correspondenten verkehrte Heinrich Mahler hier als Berichterstatter der Hamburger Nachrichten, der später seine Erlebnisse in dem hübschen Buche: »Ueber die Eider an den Alsensund« veröffentlichte. Von Zeichnern war Maler Günther ein Stammgast in der Ressource und, lange bevor seine Illustrationen in Hackländers »Ueber Land und Meer« tausende von Augen erfreuten, erfreuten sie den engen Kreis der Broacker Freunde.

Wir erwähnten schon der Kirche, deren einer Thurm, was wir hier einschalten wollen, als Observatorium*) diente; aber fast mehr als die Kirche selbst, interessirten die beiden kirchlichen Würdenträger, Propst Festesen und Pastor Schleppegrell (Bruder des Generals, der bei Idstedt blieb), die von hier aus das Sundewitt gut-dänisch regiert hatten. Beide — geleisteter »guter Dienste« nach Düppel und Alsen hin (was übrigens kein Vorwurf sein soll) dringend verdächtig — hatten längst das Feld geräumt, aber ihr Ruf und ihre Familien waren zurückgeblieben.

*) Ueber dies Observatorium noch ein Wort. Gleich zu Anfang der Belagerung (eh der elektrische Draht gelegt werden konnte) hatte man sich damit begnügt, einen optischen Telegraphen nach alter Art herzustellen. Er ging vom Schersberg in Nordangeln aus, von wo man Hörup Haff und den Hafen von Sonderburg einsehen konnte — über Broacker nach Gravenstein. Großen Nutzen hat er nicht geleistet, er ist aber durch die Art und Weise berühmt geworden, wie Capitain Carlsen, von der Spitze des einen Kirchthurms aus, seine Beobachtungen anstellte. Dicht unter der Kirchthurmspitze war eine Luke, aus der ein Balken hervorragte; dieser Balken trug dann wieder eine Leiter, die zu dem auf einem Eisenkreuz angebrachten Wetterhahn hinaufführte. Capitain Carlsen trat nun aus der Luke, schritt den Balken entlang, bestieg die Leiter und kletterte mittelst derselben bis zum Eisenkreuz hinauf. Auf diesem Eisenkreuz reitend, observirte er dann. Wetten wurden gemacht, „daß Carlsen eher fallen würde, als Düppel“, — der schwindelfreie Capitain hat aber alle bösen Prophezeihungen zu Schanden gemacht. Das Observatorium bei Dünth, in der Nähe der Gammelmark-Batterieen, erfüllte später den Zweck eines Einblicks in den Hafen von Sonderburg — man konnte die beiden Schiffbrücken und jedes kommende oder abgehende Schiff deutlich erkennen — weit besser, als das Observatorium auf dem Broacker Kirchthurm. Von Dünth aus wurde dann abendlich nach Gravenstein rapportirt, das Wichtigste direkt mit Hülfe des elektrischen Drahts.

Was übrigens den Schleppegrell angeht, der, wie bekannt, als dänischer Artillerie-Officier die Campagne von 1848—1850 mitgemacht hatte, so waren nicht alle Preußen in Broacker unbedingt schlecht auf ihn zu sprechen. Einigen Antheil an dieser milderen Beurtheilung — neben der Achtung, die namentlich der Soldat jedem tapfren Gegner entgegenträgt — mochten die fünf Töchter des Pastorhauses haben, schöne Mädchen, so wurde erzählt, von denen jede einzelne immer dann am schönsten war, wenn sie den Preußen triumphirend versicherte: »diese Schanzen werden euch die halbe Armee kosten und ihr werdet sie doch nicht bezwingen.«

Wie es den Officieren nicht an Zerstreuung fehlte, so auch nicht den Mannschaften. Vielleicht war das soldatische Treiben nirgends muntrer, als gerade in Broacker. Die 35er und 60er wußten für einen Scherz zu sorgen und die lübbener Jäger blieben nicht hinter ihnen zurück. Mitten im Dorf hatten sie sich einen künstlichen »Wenningbund« angelegt, auf dem die ganze »dänische Flotte« schwamm, natürlich »Rolf Krake« — oder »Wolf Racker«, wie sein gewöhnlicher Name war — allen andern vorauf. Dann trat ein 35er vom dritten Bataillon — die, weil das ganze Regiment ohnehin ein Füsilier-Regiment war, die »Doppel-Füsiliere« genannt wurden — im Aufzuge eines Perrücken-Professors an den »Wenningbund« heran und hielt, während ein anderer mit dem Notenblatt umherging und einsammelte, einen Vortrag über die Rolf Krakes im Allgemeinen und über den Wolf Racker im Besondern.

Solche Scherze wechselten beständig ab; im Uebrigen herrschte angestrengter Dienst. Nachts wurde auf Gammelmark geschanzt (immer 300 Mann von den verschiedenen Bataillonen); bei Tage nahm der Transport der Geschütze, Strauchhauen und Faschinenbinden die Kräfte der Mannschaften in Anspruch. Der Brief eines 60ers an seinen Bruder schildert das Leben anschaulich genug. »Es fehlt uns hier an nichts, weder an Arbeit noch an Zerstreuung. Und so vergeht die Zeit. Ich habe nie so fest geschlafen wie hier, wo wir alle fast vergessen haben, wie ein Bett thut. Ihr müßt aber vor allen Dingen nicht immer gleich denken, daß man todt ist, wenn ihr lange keinen Brief bekommt; denn hier hat man nicht immer so Zeit zum schreiben wie ihr wohl denkt, und hat man Zeit, wo dann Papier, Feder und Tinte? hat man das, wo dann schreiben? denn wenn 200 bis 300 Mann bei einem Bauer liegen, da könnt ihr wohl denken, was da für Platz ist. Der eine kocht, der andere bratet, andere singen, jeder sucht ein Plätzchen und macht den Platz seines Nebenmannes so klein wie möglich.«

So der Brief unsres 60ers. »Ihr müßt nicht immer gleich denken, daß man todt ist« so schrieb er und ein anderer berichtete nach Haus:

»von tausend dänischen Kugeln trifft noch nicht eine« — dennoch hielt der Tod seine Erndte und auf dem schönen Broacker-Kirchhof wurde mancher eingesenkt, der noch Tags vorher geschrieben hatte: »es stirbt sich nicht so leicht.« Fast täglich fanden solche Beerdigungen statt. Da kamen sie an; die Musik spielte »Jesus meine Zuversicht«, die Officiere und das Bataillon folgten. Die stets mit Blumen oder Guirlanden geschmückten Särge wurden herabgelassen in die gemeinschaftliche Gruft; die Fahnen senkten sich, den Gebliebenen die letzte Ehre erweisend. Dann eine kurze Ansprache, ein Vaterunser, drei Hände voll Erde und heim ging es wieder, die Musik vorauf mit lustigem Marsch: »so leben wir, so leben wir, so leben wir alle Tage.« Die Gräber der Gefallenen wurden von ihren Kameraden gehegt und gepflegt, am sinnigsten und liebevollsten die Gräber der gefallenen Pioniere. Die Grabhügel der letztern empfingen, in kleinen Modellarbeiten, die besonderen Abzeichen ihrer Waffe: »Faschine, Schanzkorb, Sandkasten, Spaten, Beil und Hauaxt.« War es ein Pontonnier, so wurde auch wohl noch, auf dem Grabkreuz selbst, die Abbildung eines Bootes, sammt Bootshaken und Ruder hinzugefügt. Die Artilleristen errichteten Holzkreuze für ihre Kameraden und nagelten Anfangsbuchstaben und Zahlen auf, die sie in der Feldschmiede geschmiedet hatten. Jede Truppengattung hatte ihre eigene Art, das Andenken ihrer Gefallenen zu ehren*). Für alle aber galt der Satz, daß der Tod ein guter Unterhalter ist für die Ueberlebenden.

Wir werfen zuletzt noch einen Blick auf Gravenstein. Hier war das Hauptquartier, hier liefen alle Fäden zusammen und das wechselvolle Kriegsleben nahm hier seine bunteste Gestalt an. Beständige Truppendurchzüge, hin und hersprengende Ordonnanzen, Geschütz- und Munitionskolonnen, die in den unergründlichen Wegen stecken blieben, aufgegriffene Spione und Abtheilungen gefangener Dänen, Touristen und Correspondenten, Marketender und Lieferanten, — alles drängte hier zusammen und schuf ein Chaos, das oft jeder Möglichkeit der Entwirrung zu spotten schien.

Wie es überall an Raum gebrach, so auch hier. Sprechen wir zunächst vom Schloß. Wohl an 600 Menschen befanden sich darin einquartiert. Außer einer Quartierwache von 2 Compagnieen, waren der

*) Vor dem 18. April wurden Lieutenant Troschel vom 24. Regiment (gefallen bei Rackebüll am 14. März), Premierlieutenant v. Gerhardt vom 64. Regiment (gefallen bei Düppel am 17. März) und Lieutenant v. Seydlitz vom 60. Regiment (gefallen im Vorpostengefecht am 14. April) auf dem Broacker-Kirchhofe begraben. — Nach dem 18. April: Hauptmann v. Kameke, Premierlieutenant Graf v. d. Schulenburg, Portepée-Fähnrich Schlemüller (alle drei vom 35. Regiment), Lieutenant Maurer und Portepée-Fähnrich Eckhard de Convenent, beide vom 60., und Hauptmann v. Stwolinski vom Garde-Grenadier Regiment Königin Elisabeth.

Generalstab mit seinen Bureaux, sowie ein optisches und elektrisches Telegraphen-Bureau darin untergebracht; dazu große Magazine, Pferdeställe (im Souterrain), endlich — die Küche. Der Prinz hielt täglich offene Tafel, zu der alle Meldung machenden Officiere ein- für allemal geladen waren. Von 9 Uhr ab war der Frühstückstisch servirt; um 5 Uhr Diner. Für 50 bis 60 Couverts hatte die Küche Sorge zu tragen, was in einem Flecken wie Gravenstein und in einem mit 30,000 Mann belegten Stückchen Land nicht zu den leichten Aufgaben zählte. In der That war im ganzen Sundewitt nichts mehr zu haben; selbst die Kartoffeln mußten von den märkischen Gütern des Prinzen in die Gravensteiner Küche geliefert werden. Der Prinz selbst — auch Prinz Carl und der jüngere Prinz Albrecht hatten Wohnung im Schloß — begnügte sich mit zwei Zimmern, die nothdürftig, mit Hülfe von Teppichen und Portieren, zu einem standesgemäßen Aufenthalt hergerichtet waren; die Officiere mußten sich zu 5 und 6 mit einem einzigen Zimmer behelfen, — mancher lag nicht viel besser als im Bivouacq. Nichtsdestoweniger herrschte die heiterste Stimmung; Vertrauen, Siegeszuversicht erfüllte alle Herzen bis zum letzten Trainknecht herab und »wir werden Düppel nehmen«, das stand noch fester als Düppel selbst.

Tag und Nacht war das Telegraphen-Bureau in Thätigkeit und ergab einen glänzenden Beweis, wie sich die Kriegskunst die neuesten Erfindungen nutzbar zu machen gewußt hatte. Leitungen nach sämmtlichen Brigade- und Divisions-Quartieren, nach der Vorpostenlinie und nach den Batterieen bei Gammelmark waren errichtet worden; vier Apparate befanden sich in ununterbrochener Thätigkeit. Bis Ende März waren schon 1500 Depeschen expedirt worden; mit Berlin wechselte man oft in einer Viertelstunde Depeschen und Contre-Depeschen.

In den Februartagen, als das Wetter erbärmlich und die politischen Constellationen kaum besser waren, wurden die langen Abende wohl mitunter als lang empfunden; aber auch die ärmsten Tage waren immer noch reich genug, um Stoff für ein kameradschaftliches Geplauder zu bieten. Dazu riß die Kette von Besuchern nie ab; wenn sich Broacker mit dem tiers état der Correspondenten begnügen mußte, so war Gravenstein der Sammelplatz für Militair-Attachés und Halb-Diplomaten, die in ihren Gesprächen ihre Bewunderung und in ihren Berichten ihre Bedenken aussprachen. Die am meisten angestaunten Gäste waren Enomotto Kamadiro und Fiune Taki, zwei japanesische Marine-Officiere, die vom Haag herübergekommen waren, um etwas von europäischer Kriegführung kennen zu lernen.

Wie Broacker seine »Grenadier-« und Officier-Resource« freundnachbarlich neben einander hatte, so auch Gravenstein. An das Gasthaus bei Gehrt knüpfen sich manche vergnügliche Erinnerungen. Die Preise waren Kriegspreise, stark geregelt nach dem Princip von Nachfrage und Angebot, aber das Feldleben macht splendid; wo man jeden Augenblick bereit sein muß sein Leben einzusetzen, setzt man auch seinen Thaler ein. Bei Gehrts gab es jegliche Art von Genüssen, auch Kunstgenuß. Für das musikalische Amüsement sorgten zwei italienische Harfenistinnen, die den ganzen Tag zur Erheiterung der Officiere die Garibaldi-Hymne singen mußten. Mitunter stimmten die Officiere selbst mit ein und sangen einen Text, den Lieutenant v. Schmidt (seitdem verstorben) vom 24. Regiment, zum Jubel der Kameraden untergelegt hatte:

Austro — Prussiano
Kommio gereisio,
Dannewerkio Düpplo
Danske schmeissio!
Rödero, Cansteinio
Fortes Westphalio, —
Schanzio nostro
Tempi proximo.
Silentio — Silentio — Si — len — tio!
Evviva Prussiano, evviva Ré!

Nachdem die Brigade Raven und mit ihr Kapellmeister Piefke auf dem Kriegsschauplatze eingetroffen war, ruhte dieser nicht eher als bis er nun seinerseits den Harfenistinnen das »Preußenlied« beigebracht hatte, das diese ihm feierlich versprechen mußten, künftig im Garibaldischen Lager zu singen.

So war das Leben auf Vorposten und in den Cantonnements; neben dem Ernst des Krieges ging der Humor in seiner Schellenkappe her. Aber die entscheidenden Tage rückten immer näher. Aus dem heiteren Lagerleben kehren wir jetzt in die Parallelen zurück, wo sich die letzten Schläge vorbereiten.

# Die Tage vor dem Sturm.

In Schilderung der eigentlichen Kriegs-Ereignisse waren wir bis zu dem »Uebergangsversuch von Ballegaard« gekommen, ein Versuch, der, wie wir gesehen haben (S. 168) an der Ungunst von Wind und Wetter scheiterte. Es war dies in der Nacht vom 2. zum 3. April. Schon drei Tage vorher, in der Nacht vom 29. zum 30. März, war — wie wir ebenfalls hervorhoben — in Front der Düppelstellung, zwischen Wenningbund und flensburger Chaussee, die erste Parallele ausgehoben worden. Jetzt, nach Scheiterung des Ballegaard-Projects, kehrte man, mit verdoppeltem Eifer zu den eigentlichen Belagerungsarbeiten in Front der Stellung zurück. An die siegreiche Durchführung einer Flankenbewegung nach Alsen hinüber (die das zeitraubende Belagern allerdings unnöthig gemacht haben würde) war nicht länger mehr zu denken. Was geschehen mußte, konnte nur noch durch ein Vorgehen »mit der Sappe«, also mit Hülfe einer regelrechten Belagerung geschehen. Man fuhr also in dieser fort. In der Nacht vom 7. zum 8. April wurde die sogenannte »Halbparallele« und in der Nacht vom 10. zum 11. April die »zweite Parallele« ausgehoben. Von hier aus, auf eine Entfernung von 600 bis 800 Schritt, sollte der Sturm (am 14.) erfolgen. Es trat aber eine Verzögerung ein. Der Bau einer dritten, genau genommen einer vierten Parallele, wurde in der Nacht vom 13. zum 14. in Angriff genommen und der Sturm bis auf den 18. vertagt.

Nach diesen allgemeinen Vorbemerkungen begleiten wir die Belagerer — ohne übrigens in alle Einzelnheiten einzugehen — auf ihrer mühevollen Arbeit von Parallele zu Parallele.

Der Parallelenbau überhaupt (das sei zuvor noch eingeschaltet) geschieht nach folgenden allgemeinen Principien. a. Eine bestimmte Truppen-Abtheilung der Belagerer wirft (immer bei Nacht) die Vorposten des Feindes zurück oder nimmt sie gefangen. Auf dem gewonnenen Terrain setzen sich die vorgeschobenen Abtheilungen fest, placiren sich in sogenannten Schützengruben (die ihnen einigermaßen eine Deckung gewähren) und bilden nunmehr eine lebendige Schutzmauer, in deren Rücken die mühvolle und zeitraubende Aushebung der eigentlichen »Parallele« (der ersten, zweiten, oder dritten) beginnen kann. b. Die Aushebung der Parallele — nachdem das Terrain für dieselbe gewonnen ist — erfolgt nunmehr durch eine zweite, eigens dazu commandirte Truppen-Abtheilung und zwar erfolgt sie, je nachdem es die Verhältnisse gestatten, noch in derselben Nacht, in der die feindlichen Vorposten zurückgeworfen wurden, oder aber in der folgenden. Oft liegen auch mehrere Tage dazwischen. c. Eine dritte Truppen-Abtheilung nimmt eine Reserve-Aufstellung, um einem feindlichen Ausfall begegnen zu können. — Zum Parallelenbau gehört ferner, als ein integrirender Theil desselben, die Anlage von Communicationen. Diese Communicationen (im Zickzack angelegte Laufgräben) verbinden die Parallelen untereinander. Ihnen ähnlich sind die sogenannten »Approchen« (Annäherungs-Wege), die, von einem außerhalb des Schußbereichs gelegenen Punkte aus, zu der ersten Parallele hinführen. In diesen Approchen bewegt sich der Verkehr. Der Bau der ersten Parallele fällt gewöhnlich mit diesem Approchenbau zusammen; wenigstens war es vor Düppel so. — Zum Schluß sei noch der »vollen Sappe« und der »flüchtigen Sappe« erwähnt. Der Sappeur, d. h. der Schaufler, der Grabenarbeiter, der mit Hülfe von Schaufel oder Grabscheit den Laufgraben oder den Parallelgraben (die Parallele) gräbt, arbeitet im Schutz des sogenannten »Schanzkorbes«, der an der dem Feinde zugekehrten Seite des Grabens aufgerichtet und während der Arbeit mit Erde gefüllt wird. Wird nun so gearbeitet, daß der eben aufgerichtete Schanzkorb erst ganz mit Erde gefüllt sein muß, ehe der Sappeur einen neuen leeren Schanzkorb neben den nunmehr gefüllten stellt, so heißt es: »es wird mit der vollen Sappe vorgegangen«, werden aber sofort viele Schanzkörbe aufgestellt, die also zunächst einen mehr scheinbaren als einen wirklichen Schutz gewähren, so ist dies ein Vorgehen mit der »flüchtigen Sappe«. Je näher am Feind, je unerläßlicher wird die »volle Sappe«; dennoch wurde — was als Ausnahme gelten mag — die zweite eigentlich dritte Parallele vor Düppel mit der flüchtigen Sappe gebaut. Auch das sei gleich an dieser Stelle bemerkt, daß die Batterie-Anlagen den Parallelen unmittelbar zu folgen pflegen und daß also, wenn beispielsweise die Arbeiten bis zur zweiten Parallele vorgeschritten sind, die Angriffs-Batterien sich zwischen dieser zweiten und der zurückgelegenen ersten Parallele zu etabliren suchen.

Nunmehr ein kurzes Wort über die einzelnen »Parallelen«, mittelst deren die Belagerer gegen den linken Flügel der feindlichen Stellung, zwischen Chaussee und Wenningbund, vorgingen.

Die erste Parallele wurde in der Nacht vom 29. auf den 30. März ausgehoben. Das Terrain zu Anlage dieser ersten Parallele war, zwei Tage zuvor, in der Nacht vom 27. auf den 28. März durch die Brigade Raven erobert worden. Es hatte sich daraus das bekannte Ostermontags-Gefecht (S. 159), das der Brigade nicht unerhebliche Verluste verursachte, entsponnen. — Am Abend des 29. standen zwei Garde-Bataillone auf Vorposten, zwei Bataillone der Brigade Goeben standen in Reserve. Das Ausheben der Parallele selbst (die Erdarbeiten) fiel der Brigade Canstein zu. 2500 Mann, in 5 Bataillone formirt, hatten sich in dem Ingenieur-Park vor Schmöllehn (Broacker) versammelt; in Mütze, ohne Gepäck, die Gewehre am Riemen über die Schulter gehängt, empfingen sie Handwerkszeug und marschirten nunmehr mit dem Einbruch der Finsterniß, unter Beobachtung der größten Stille, in Reihen formirt, nach der Stelle, wo die Parallele und die rückwärts gelegenen Communikationen (die Zickzackwege) gebaut werden sollten. Der Bau begann sofort; die größten Schwierigkeiten machte das quellenartig zuströmende Wasser. Dennoch war am andern Morgen ein mächtiger Angriffs-Graben von 3 Fuß Tiefe und 1000 Schritt Länge gewonnen. Der Feind hatte die Arbeiten nicht gestört. In der nächsten Nacht wurden sie durch vier Garde-Bataillone beendigt. Die erste Parallele war nunmehr im Wesentlichen hergestellt; die Graben-Breite, die in der ersten Nacht nur 5 Fuß oben und 4 Fuß unten betragen hatte, war in der zweiten Nacht auf 9 Fuß oben und 8 Fuß unten erweitert worden. Man legte Faschinen und Bohlen, um der Nässe (knietief) einigermaßen Herr zu werden.

Die Halbparallele, zu deren Anlage die Belagerer nach glücklich vollendetem Bau der ersten Parallele schritten, wurde in der Nacht vom 7. zum 8. April ausgehoben. Zwei Nächte vorher hatten die beiden Grenadier-Bataillone vom 4. Garde-Regiment, durch Zurückwerfen der feindlichen Vorposten, das Terrain dazu erobert. Zwei Bataillone vom 60. Regiment begannen mit Einbruch der Dunkelheit (am 7. Abends) die Erdarbeiten und arbeiteten bis $2\frac{1}{2}$ Uhr früh. Zwei Bataillone vom Regiment Elisabeth brachten die Ablösung und arbeiteten von $2\frac{1}{2}$ Uhr früh bis zum Anbruch des Tages. (An diesem Tage, den 8., traf auch der Generallieutenant Hindersin mit seinem Stabe im Hauptquartier zu Gravenstein ein und übernahm, nachdem er sich orientirt hatte, die Leitung des gesammten Artillerie- und Ingenieur-Wesens während der letzten Tage der Belagerung.)

Die zweite Parallele (eigentlich die dritte) wurde in der Nacht vom 10. zum 11. April*) durch zwei Arbeiter-Kolonnen vom 24. Regiment ausgehoben. Einen Ausfall, den der Feind von Schanze II. aus versuchte, wiesen Abtheilungen vom 35. Regiment ohne Anstrengung und fast ohne Verlust zurück.

Weitere Versuche der Art fanden von Seiten des Feindes nicht statt, doch war man preußischerseits beständig darauf vorbereitet. Ein verstärkter Vorposten- und Trancheen-Dienst trat ein und von den 41 Bataillonen, die seit dem Eintreffen der Brigade Raven und der Garde-Bataillone im Sundewitt standen, befanden sich, wenigstens vom 11. April an, immer 9 Bataillone unmittelbar vor dem Feind. Diese 9 Bataillone hatten folgende Aufstellung: a) 1 Bataillon in der zweiten (vordersten) Parallele; b) 1 Bataillon in der Halb- und ersten Parallele; c) 1 Bataillon am Spitzberg; d) 1 Bataillon in der Büffelkoppel; e) 1 Bataillon von Düppel bis zum Pütt-Haus (bei Rackebüll); f) 2 Bataillone in Kirch-Düppel und g) 2 Bataillone Westphalen auf Vorposten am linken Flügel. Diese Bataillone, mit Ausnahme der letztgenannten 2 Bataillone am äußersten linken Flügel, standen unter einem General du jour. Ein Ausfall gegen diese nicht unbeträchtliche Truppenstärke versprach wenig Erfolg; so unterließ ihn der Feind.

Die Belagerer ihrerseits waren nunmehr, mit Hülfe der zweiten (eigentlich dritten) Parallele, bis auf 800 Schritt an die feindlichen Schanzen herangerückt, der Bau der Batterieen war dem Bau der Parallelen gefolgt, jeden Augenblick konnten 100 Geschütze ihr Feuer gegen die Schanzenreihe beginnen und es entstand die Frage: »sind wir nah genug heran, um mit Aussicht auf Erfolg und ohne allzuschwere Verluste den Sturm-Angriff wagen zu können?« Im Hauptquartier war die Frage mit »ja« beantwortet worden; am 14., wie schon angedeutet, sollte der Sturm unternommen werden. Alle Dispositionen waren getroffen. Es war der König selbst, dessen Wunsch den Angriff vertagte und zur Anlegung einer dritten (vierten) Parallele führte.

*) Schon am Tage zuvor, am 10., war die vorher und nachher vielgenannte „Düppelmühle“, ein bis unter die Mühlenhaube massiver Bau, durch einige gezogene 12pfünder eingeschossen worden. Etwa um 2 Uhr stürzte das Gebäude, unter dem großen Jubel der in den Batterieen und Parallelen zahlreich versammelten Mannschaften zusammen. Schon vorher war die „Düppelmühle“ von Gammelmark aus gelegentlich getroffen worden, doch hatte man eine ernstliche Beschießung unterlassen, weil die Mühle als Orientirungspunkt diente. Dies „sich orientiren können“ war auf einem Termin, auf dem selbst die Unterscheidung der einzelnen Schanzen, gelegentlich große Schwierigkeiten bot, nichts Unerhebliches. Der Feind hatte seinerzeit eine Beobachtungs- und Telegraphen-Station in der Mühle eingerichtet.

In der Nacht vom 12. zum 13. traf der Flügeladjutant Sr. Majestät, Oberstlieutenant v. Strubberg, im Hauptquartier zu Gravenstein ein. Er überbrachte ein Königliches Handschreiben, in dem alle Anordnungen des commandirenden Generals gutgeheißen, zugleich aber folgende zwei Punkte zur Erwägung anheimgegeben waren: 1) ob die Entfernung von 5 bis 600 Schritt (nach Schanze I., IV. und VI. hin betrug die Entfernung sogar zwischen 7 und 800 Schritt) nicht zu weit sei und ob es sich, zur Vermeidung größerer Verluste, nicht empfehlen würde, mit der Sappe näher heran zu gehn? 2) ob nicht die Sturmkolonnen zu schwach beabsichtigt wären? die Feldzüge des Herzogs v. Wellington, nach dessen eigener Aussage, hätten den Beweis geliefert, daß Sturmkolonnen immer so stark wie irgend möglich gemacht werden müßten. Zugleich hob Se. Majestät hervor, daß ein Aufschub von wenigen Tagen auf die politische Lage keinen ungünstigen Einfluß ausüben würde.

Die Folge war, daß unmittelbar nach Empfang dieses Handschreibens die Aushebung einer dritten Parallele angeordnet und die Verstärkung der Sturmkolonnen beschlossen wurde. Der Sturm selbst, wie schon angedeutet, wurde vom 14. auf den 18. vertagt.

Die Aushebung der dritten (vierten) Parallele erfolgte in der Nacht vom 13. zum 14. Man ging, nach Zurückwerfung der feindlichen Vorposten (102 Mann wurden im ersten Anlauf gefangen genommen) um abermals 300 Schritt gegen die Schanzen vor und logirte sich in Schützengräben ein. Vier Compagnieen vom 60. Regiment, unter Führung des Majors v. Jena, führten diese Vorwärtsbewegung rasch und mit großer Geschicklichkeit, aber freilich nicht ohne empfindliche Verluste aus. Lieutenant v. Seydlitz, von einer Gewehrkugel in den Kopf getroffen, blieb auf der Stelle, Major v. Jena, von einer 1½ pfündigen Kartätschkugel in Seite und Rücken verwundet, wurde tödtlich getroffen nach dem Johanniterlazareth in Rübel geschafft. Hier starb er am 16. April. Die Armee verlor in ihm einen allgemein verehrten und zu gleicher Zeit ausgezeichneten Officier.

Wir geben in Nachstehendem einen kurzen Abriß seines Lebens. Karl v. Jena wurde 1823 auf dem väterlichen Gute Nettelbeck geboren. Er trat früh in die Armee; 1848 gab er den preußischen Dienst auf und ging nach Oestreich. Hier zeichnete er sich bei allen seit 1848 in Oberitalien geführten Feldzügen durch militairische Kenntniß und Tapferkeit so rühmlich aus, daß er ausnahmsweise rasch avancirte. Bei Vicenza (10. Juni 1848) war er schwer verwundet worden. Im Jahre 1859, kurz vor Ausbruch des Krieges, wurde v. Jena zum Major im Regiment Prohaska ernannt und erhielt das Grenadier-Bataillon. In der Schlacht von Solferino deckte er gegen die piemontesische Uebermacht den Rückzug des Armee-Corps, bei dem er stand, mit seinem Bataillon, für welche glänzende That ihn Feldmarschalllieutenant v. Benedek vor der Front des Regiments umarmte und den Dank im Namen des Kaisers aussprach.

Nach dem Frieden von Villafranca trat er in den preußischen Dienst zurück. Im Februar 1863 wurde er zum Commandeur des in Wriezen garnisonirenden 2. Bataillons vom 60. Infanterie-Regiment ernannt; im Dezember führte er sein Bataillon zunächst nach Lübeck (wo die Brigade Canstein als Bundes-Reserve stand), dann nach Schleswig-Holstein. Hier bestand sein Bataillon die ersten Gefechte, am 1. Februar beim Uebergang über die Eider, am 2. Februar vor Missunde.

Den Siegestag des 18. sollte er nicht mehr erleben; als er verwundet niedersank, wußte er, daß er auf den Tod getroffen sei. Aber er blieb gefaßt; die großen Schmerzen ertrug er standhaft, und als er nach sechszig Leidensstunden am 16. Vormittags fühlte, daß der Tod ihm nahe sei, sprach er es gottergeben aus, nahm herzlichen Abschied und verschied, den letzten Blick zum Himmel erhebend, mit verklärtem Angesicht. Alle Anwesende (es lagen viele verwundete Officiere in demselben Saale des Johanniter-Hospitals zu Nübel) waren tief erschüttert. Ebenso Prinz Friedrich Karl, der diesen vortrefflichen und kriegserfahrenen Officier nach seinem vollen Werthe geschätzt hatte.

Am 17. April ward auf dem Kirchhofe zu Nübel, an dem offnen reichgeschmückten Sarge, von zwei Bataillonen und unter Betheiligung zahlreicher anderer Officiere und Soldaten, ein feierlicher Trauergottesdienst gehalten und dann die Leiche fortgeführt, um in der Heimath die letzte Stätte zu finden. Am 19. wurde er auf dem Kirchhofe zu Nettelbeck beigesetzt. Sein Tod war der empfindlichste Verlust, den uns der Krieg bis dahin gebracht hatte; so wurde sein Hinscheiden allgemein empfunden.

Vom 14. bis zum 17. Abends wurde nur ein mäßiges Feuer gegen die Schanzen unterhalten; alles während dieser letzten Tage war Vorbereitung auf den Sturm; immer neue Batterieen entstanden, die Trancheen wurden verbreitert, die dritte Parallele erhielt ihre Ausfallpforten, die Sturmcolonnen wurden in den verschiedenen Zweigen ihres Dienstes geübt. Erwartungsvoll sah alles dem entscheidenden Tage entgegen; nur eine Furcht schlich sich in die Herzen, die bange Frage: werden die Dänen stehen, werden sie aushalten? Jetzt wissen wir, daß diese Furcht eine vollberechtigte war (die Dänen standen in der That auf dem Punkte, die Düppelstellung zu räumen), und daß ein einziger Tag längeren Zögerns unsere braven Bataillone, die zehn Wochen lang alle Anstrengungen und Entbehrungen eines Belagerungskrieges ohne

Murren getragen hatten, höchst wahrscheinlich um die wohlverdienten Ehren eines Sturm- und Siegestages gebracht haben würde. Dann war alles umsonst gewesen und je größer die vorhergegangenen Anstrengungen, desto größer das Ridikül, desto unbarmherziger die Schadenfreude unserer Gegner. Diese Gefahr schwebte am 17. über unserer Armee vor Düppel und sie wurde als Gefahr empfunden.

Aber der Gott der Schlachten hatte anders entschieden; der 18. April brach an und mit ihm ein preußischer Siegestag. Ehe wir indeß unseren Sturmcolonnen auf ihrem Vorstoß gegen die Schanzen folgen, halten wir noch einmal Umschau bei Freund und Feind, um uns zu vergewissern, wie die Parthie hüben und drüben stand, mit welchen Kräften bei Freund und Feind gerechnet wurde. Zuerst die Dänen.

---

# Die Dänen und die Düppelstellung
## vom 17. zum 18. April.

ie Düppelstellung, Alsen mit eingerechnet, bestand aus vier Linien:

Erste Linie: die zehn Schanzen.
Zweite Linie: das Retranchement.
Dritte Linie: die beiden Brückenköpfe.
Vierte Linie: Sonderburg und die Ufer von Alsen.

Ueber die zehn Schanzen haben wir S. 106 ausführlicher gesprochen. Sie hatten durch die Beschießung beträchtlich gelitten, jedoch nicht so, daß sie den Stürmenden nicht noch immer einen sehr erheblichen Widerstand entgegenzustellen vermochten. Zudem war man über das Maß der Beschädigung diesseits im Unklaren. Die Pallisaden, wie man sich später überzeugte, waren beispielsweise besser erhalten, als man erwartet hatte. Zweierlei indeß war unter allen Umständen erreicht: 1. das Innere der Schanzen, durch zahlreiche darin angelegte Schutzbauten, hatte alle Uebersichtlichkeit verloren; 2. trotz dieser Schutzbauten waren die Besatzungstruppen großentheils gezwungen worden, hinter den Schanzen ihre Aufstellung zu nehmen. Dies wurde verhängnißvoll. Die betreffenden dänischen Compagnieen standen, als der Sturm begann, zum Theil auf größere Distancen im Rücken der Schanzen, als die preußischen Sturmkolonnen in Front derselben.

Das »Retranchement« mit seinen 4 Lünetten A. B. C. D. war erst während der Belagerung entstanden. Es zog sich vom Wenningbund bis zur Chaussee und über diese hinweg bis Schanze VII. Absicht war, auf diese zweite Linie sich zurückzuziehen, wenn die erste Linie als nicht länger haltbar sich erweisen sollte.

Die Brückenköpfe, selbst aufs stärkste armirt, lagen unterm Schutz der Alsener Befestigungen.

Alsen, die vierte und festeste Linie, war durch den Sund und eine Reihe von Ufer-Batterieen geschützt. Von diesen waren die Baadsager- und die Surlykke-Batterie durch das Feuer der letzten Tage allerdings zum Schweigen gebracht; die Kirch- und die Mühlen-Batterie aber waren noch in voller Thätigkeit.

Diese gesammte Stellung wurde durch sieben Brigaden (zu denen sich noch ein Bataillon Garde gesellte) vertheidigt. Vier Brigaden waren immer diesseits des Alsensundes, in der eigentlichen Düppelstellung; drei Brigaden immer auf Alsen im Cantonnement. Die Brigaden wechselten, nach einem sehr geschickt arrangirten Turnus, in der Art unter einander ab, daß jede Brigade nach vier Tagen Dienst in der Stellung, immer drei Tage Ruhe auf Alsen hatte. Von den vier Brigaden »in Dienst« waren stets zwei Brigaden in den zehn Schanzen, d. h. unmittelbar im Rücken derselben, die beiden andern Brigaden lagen im sogenannten Barackenlager (halben Weges zwischen Schanze IV. und den Brückenköpfen) und im Brückenkopfe selbst. Nachdem das Barackenlager, von Gammelmark aus, zerstört worden war, mußten die Brückenköpfe und das vorgelegene Terrain für beide Brigaden den Raum geben.

Die drei Brigaden auf Alsen, sammt dem Gardebataillon, waren derart einquartiert, daß sie in kürzester Frist die Sammelplätze erreichen und über die drei Brücken, die den Verkehr zwischen hüben und drüben unterhielten, vorbrechen konnten. Diese drei Brigaden, sammt den zwei Brigaden im Brückenkopf, hatte der Feind immer zu freier Verfügung in der Hand. An Geschützen, nach seiner eigenen Schätzung, verfügte er noch über 11 Mörser und 74 Kanonen. Gesammtstärke: 29 Bataillone und 85 Geschütze in einer vierfach vertheidigten Stellung. Das Ober-Commando, in Abwesenheit des erkrankten Generallieutenant Gerlach, führte Generalmajor Steinman; in der eigentlichen Düppelstellung commandirte Generalmajor du Plat.

### Die Preußen vom 17. zum 18. April.

Wie stark standen die Angreifer dieser Stellung gegenüber?

Sie verfügten über 41 Bataillone, 100 Positions- und 32 Feldgeschütze verschiedenen Kalibers, hatten also ein numerisches Uebergewicht, doch war dies Uebergewicht keineswegs ein erhebliches (wie 4 zu 3) und wurde durch die vierfach feste Stellung des Gegners mehr als aufgewogen.

Zum Angriff auf die ersten sechs Schanzen waren 46 Compagnieen bestimmt, die aus allen auf dem Kriegsschauplatz (im Sundewitt) anwesenden Regimentern gewählt worden waren. Diese 46 Compagnieen waren in sechs Sturmkolonnen formirt, von denen jede Kolonne die Zahl der Schanze führte, die sie zu stürmen bestimmt war. Jede Sturmkolonne — beigegebene Pionier- und Artillerie-Abtheilungen ungerechnet — war 6 Compagnieen stark, nur die zweite Sturmkolonne bestand aus 10 und die vierte Sturmkolonne aus 12 Compagnieen. Der Rest der Truppen stand in Reserve, die Brigaden Canstein und Raven den Sturmkolonnen zunächst. Sie bildeten die Haupt-Reserve. Die Sturmkolonnen und die beiden ebengenannten Haupt-Reserve-Brigaden waren am Sturmtage unter dem speciellen Befehl des Generallieutenant v. Manstein.

Alles Weitere erhellt am besten aus der am 17. ausgegebenen Disposition des Ober-Commandos.

Diese Disposition lautete im Wesentlichen wie folgt:

Am 18. Morgens um 2 Uhr stehen die nach der Instruction zum Sturm bestimmten 46 Compagnieen der sechs Sturmkolonnen an der Ost-Lisière der Büffelkoppel und rücken von dort, nach Anordnung des General du jour, in die dritte Parallele, wo sie sich hinlegen und bis zum Beginn des Sturmes liegen bleiben.

Die Brigade Canstein marschirt über Schottsbüll nach dem Spitzberge, so daß sie daselbst um 10 Uhr Morgens eingetroffen ist, um als Reserve für die Sturmkolonnen zu dienen.

Die Brigade Raven concentrirt sich um 10 Uhr Morgens bei der Büffelkoppel an der Chaussee, um ebenfalls als Reserve zu dienen.

Die Brigade Roeder steht um 10 Uhr Morgens bei Nübel und marschirt von dort auf der Chaussee nach dem Spitzberge.

Die Brigade Schmid verstärkt um 10 Uhr Morgens ihre Vorpostenlinie (am linken Flügel) und stellt sich in der Gegend von Rackebüll auf.

Die Brigade Goeben steht um 10 Uhr Morgens verdeckt hinter dem satruper Holze (in der Nähe des Alsen-Sundes) wo auch die Pontons und Boote eintreffen.

Die Garde-Division concentrirt sich um 10 Uhr Morgens bei Satrup.

Mit Tagesanbruch beginnt das sehr verstärkte Feuer aus allen Batterieen*), anfänglich gegen die Schanzen, dann besonders gegen die

*) Im Ganzen (ohne die Thätigkeit der Feldgeschütze mit einzurechnen) waren vom 17. auf den 18. April 24 Batterieen mit 94 Geschützen, darunter 58 gezogene, gegen Düppel in Thätigkeit. Diese 24 Batterieen vertheilten sich wie folgt: a. auf Gammelmark, 3 Batterieen mit 12 Geschützen; b. in Front der Schanzen, 16 Batterieen mit 58 Geschützen; c. am linken Flügel (zwischen Düppel, Rackebüll und Stabegaard) 5 Batterieen mit 24 Geschützen. Von diesen (zusammen) 94 Geschützen wurden vom 17. Abends bis zum 18. Abends 6184 Schüsse und Würfe gethan; 4715 allein aus den Batterieen in der Front. —

Am Alsensunde entlang, ohne die Möglichkeit gegen die Schanzen mitzuwirken, standen weitere 16 gezogene Geschütze. Sie thaten 652 Schuß, aber nur gegen Alsen.

An bespannten Feldgeschützen standen am 18. April Morgens 4 Batterieen in Reserve an der Büffelkoppel, nämlich: 1 gezogene 4pfünder Batterie, 1 gezogene 6pfünder Batterie, 1 glatte 12pfünder Batterie, 1 Haubitz-Batterie. Sie kamen, nach Erstürmung der Schanzen, bei dem sich zwischen den Schanzen und dem Brückenkopf entspinnenden Kampfe zur Verwendung.

feindlichen Communikationen (zwischen den Schanzen) und die Geschütz-Emplacements in denselben.

Punkt 10 Uhr brechen die sechs Sturmkolonnen aus der dritten Parallele vor. Die Brigade Canstein rückt bis in die dritte Parallele, die Brigade Raven (auf der Chaussee) bis in die Höhe der zweiten Parallele, die Garde-Division von Satrup über Stenderup nach Kirch-Düppel.

Die bezeichneten Feldbatterieen unter Oberstlieutenant v. Bergmann stehen vor Tagesanbruch am Spitzberg und sind, von 10 Uhr an, zum Abmarsch von dort bereit.

Von den reitenden Batterieen sind um 10 Uhr drei bei Satrup und zwei bei Nübel.

Alle Meldungen sind nach dem Spitzberge zu machen.

---

Genau dieser Disposition gemäß rückten die Sturmkolonnen in die dritte Parallele; um 4 Uhr früh begann der Donner aus allen Batterieen. So kam 10 Uhr heran.

»Fünf Minuten vor Beginn des Sturmes, so schreibt ein Augenzeuge, kam zu uns ein Geistlicher und hielt an uns eine einfache, aber ergreifende Ansprache, der wir Alle, Officiere und Soldaten, mit entblößtem Haupte und Thränen in den Augen zuhörten. »Liebe Kameraden, sagte er ungefähr, in wenigen Augenblicken wird der Moment da sein, in welchem euer ganzer Muth in Anspruch genommen werden wird; jetzt sollt ihr bestätigen, was ihr eurem Könige geschworen habt. Ihr geht aber mit dem Bewußtsein in den Kampf, für eine gerechte Sache zu streiten. Vertrauet auf Gott und gehet mit Gott; verzaget nicht! Der Herr segne euch und gebe euch seinen himmlischen Frieden. Amen!« — Darauf beteten wir mit nassem Auge ein stilles Gebet, und dann rief der Prediger nochmals: »Gehet mit Gott!« — In diesem Augenblicke rief der hinter uns stehende Beobachtungsposten der Haubitz-Batterie, unter welcher wir uns befanden: »Noch 2 Minuten!« Eine Generalsalve erfolgte, dann schwieg das Geschützfeuer, denn es war 10 Uhr! — Eine lautlose kurze Pause folgte, dann schlugen die Tambours den Sturmmarsch, drei Regimentschöre spielten: »Ich bin ein Preuße«, und mit tausendstimmigem Hurrah ging es auf die Schanzen los.«

# Der Sturm.

Schanze I.

Entfernung 625 Schritt.

Vertheidigt durch Abtheilungen vom 22. Regiment*).

Genommen durch 6 Compagnieen Garde und ½ Pionier-Compagnie.

Befehlshaber: Major v. Conta vom 4. Garde-Regiment.

## Formation.

1 Schützen-Compagnie: Hauptmann v. Reinhardt vom 3. Garde-Regiment.

½ Pionier-Compagnie: Premierlieutenant Fritze.

1 Arbeiter-Compagnie: Hauptmann v. Wolffradt vom 4. Garde-Regiment.

*) Genau anzugeben, durch wie starke oder schwache Abtheilungen die einzelnen Schanzen vertheidigt wurden, ist ganz unmöglich. Die Dänen wissen es selber nicht. Es läßt sich nur ganz allgemein feststellen: das 22. Regiment vertheidigte die Schanzen I. II. III.; das 2. Regiment die Schanzen IV. V. VI.; das 17. Regiment die Schanzen VII. und VIII., und das 16. Regiment die Schanzen IX. und X. Von I. bis VI. dürfte man danach annehmen, daß jede einzelne Schanze eine Besatzung von 2 bis 3 Compagnieen gehabt habe' aber dies ist auch dann noch zu hoch gegriffen, wenn man die Communikationen links und rechts, gleichsam die Flügel der Schanze, als integrirenden Theil dieser selbst rechnen will. Im Großen und Ganzen wird man das Richtige treffen, wenn man annimmt, daß 1 bis 1½ Compagnieen in jeder Schanze und den angrenzenden Communikationen und andere 1½ Compagnieen in den mehr Schutz gewährenden Retranchements hinter der Schanzenreihe waren.

2 Sturm-Compagnieen: Hauptmann v. Petery vom 3. Garde-Regiment und Hauptmann v. Stülpnagel vom 4. Garde-Regiment.

2 Reserve-Compagnieen: Hauptmann v. Seegenberg vom 3. Garde-Regiment und Hauptmann v. Hahnke vom Regiment Königin Elisabeth.

24 Artilleristen: Secondelieutenant Schmoelder.

Angriffs-Schema*).

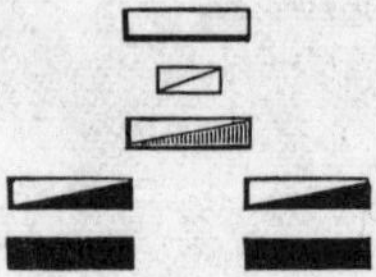

Einige Minuten vor 10 Uhr formirten sich die verschiedenen Kolonnen. Mit dem Glockenschlag stürzte die Schützen-Compagnie unter Hauptmann v. Reinhardt vor; gleich beim Vorbrechen aus der Parallele erhielt diese Compagnie Kartätschenladungen aus Schanze II., wobei die Flügelleute fielen. Weiter ging es. Die andern Compagnieen folgten in der bezeichneten Ordnung und mit Intervallen von 100 Schritt. An der Spitze der Kolonne wehte majestätisch die schwarzweiße Fahne im hellen Sonnenschein, von einem Unterofficier getragen. In unaufhaltsamem Dauerlaufe wurden die 600 Schritt zurückgelegt. Als die Kolonne herankam, hatten die Pioniere an den Hindernissen bereits wacker vorgearbeitet und weder Wolfsgruben noch Eggen, weder Pallisaden noch Drahtzäune vermochten die Stürmenden aufzuhalten. Bald war die Brustwehr erklommen, von Traverse zu Traverse wurde gekämpft und eher trat die Ruhe nicht ein, als bis alles, was sich nicht ergab, niedergemacht worden war. Von den fünf Geschützen dieser Schanze waren vier demontirt und nur eins noch in schußfähigem Zustande. Die Zahl der Gefangenen (darunter drei Officiere) wird verschieden angegeben. Vorhandene Minenleitungen kamen nicht zur Geltung und die Sprengung des gefüllten Pulvermagazins wurde vereitelt. Ein dänischer Kanonier, der mit einer brennenden Lunte in die Pulverkammer wollte, wurde von einem Pionier durchstochen.

Bald, nachdem unsere Compagnieen in Schanze I. sich eingenistet hatten, erschien »Rolf Krake«, legte sich vor die Schanze und bewarf dieselbe mit Granaten. Lieutenant Schmölder von der Artillerie hatte aber bereits

*) Die nachfolgenden Figuren bedeuten:

Schützen-Compagnie,
ganze — halbe Pionier-Compagnie,
Arbeiter-Compagnie,
Sturm-Compagnie,
Reserve-Compagnie.

das einzige noch brauchbare Geschütz, das sich in der Schanze vorfand, nach dem Wenningbund hin in Position gebracht und empfing den »Rolf Krake« mit einem wohlgezielten Feuer. Er gab 14 Schuß ab, von denen sich einige als Treffer beobachten ließen; jedenfalls nahm »Rolf Krake« den Kampf nicht auf und brachte sich aus dem Bereich der Schanze. Freilich wirkten hiezu die Gammelmark-Batterieen sehr wesentlich mit.

(Da Schanze I. innerhalb des eigentlichen Wirkungskreises des gefürchteten Panzerschiffes lag, so mag ein Bericht über die Theilnahme desselben an den Kämpfen des 18. an dieser Stelle schon einen Platz finden, wiewohl nicht zu übersehen ist, daß »Rolf Krake« auch noch anderweitig (und zum Theil wirkungsvoller als bei Schanze I.) in das Gefecht eingriff. Der Bericht des Capitains vom »Rolf Krake« lautet: Am 18. um 10¼ Uhr Vormittags sahen wir, daß unsere Truppen in ungewöhnlich großen Massen die Schanzen bezogen und obgleich das mit dem Obercommando vereinbarte Signal noch nicht gegeben war, lichtete die Batterie »Rolf Krake« sofort die Anker und machte sich klar. Während der wenigen Minuten, die damit zugebracht wurden, sahen wir bereits schwarz-weiße Fahnen auf den Schanzen I. II. III. und IV. wehen. »Rolf Krake« legte sich sofort nach der Seeseite des düppeler Landes und beschoß die vordringenden feindlichen Kolonnen mit Granaten. Da der Rauch gerade dem Lande zugeweht wurde und er zu Zeiten sehr dicht war, so konnte nicht immer auf die vordersten Kolonnen geschossen werden, aus Furcht, unsere eigenen Truppen zu treffen, aber die Bewegungen auf Düppel wurden nach bestem Vermögen beobachtet und die Schüsse richteten sich nach den gemachten Wahrnehmungen. Während der Affaire that »Rolf Krake« 95 Schüsse und wurde von den Gammelmark-Batterieen, wie auch von Schanze I. aus, die bereits im Besitz des Feindes war, beschossen. Die Hindernisse durch Fischnetze (um die Schiffs-Schraube in ihrer Bewegung zu stören), die der Feind ins Fahrwasser gethan, hinderten allerdings zu Zeiten das Manövriren. Ungefähr um 12 Uhr Mittags legte sich die Batterie außer Schußweite. Es erfüllt mich mit Trauer, zu berichten, daß ein 24pfündiger Granatschuß (sehr wahrscheinlich von Gammelmark aus), der durch das Deck ging und im Vorlogis sprang, den Lieutenant Jespersen tödtete und 9 Mann verwundete. Noch 10 andere von der Mannschaft wurden verwundet, darunter Kanonier Olsen, durch einen Granatsplitter, im vordersten Thurm.« So der Bericht des dänischen Capitains.)

Schanze I. wurde auf Befehl Majors v. Conta mit zwei Compagnieen besetzt, während die vier andern Compagnieen gegen die zweite Vertheidigungs-Linie des Feindes weiterstürmten. Wer der erste in der

Schanze war, ist hier ebensowenig mit voller Gewißheit festzustellen wie bei den andern Schanzen. Es wurde von verschiedenen Seiten und meist gleichzeitig eingedrungen. Einige Berichte nennen den Hauptmann v. Reinhardt, andere den Lieutenant Stark vom brandenburgischen Pionier-Bataillon. — Die 1. Sturmkolonne verlor 55 Mann, darunter 8 Todte.

---

### Schanze II.

Entfernung: 389 Schritt.

Vertheidigt durch Abtheilungen vom 22. Regiment.

Genommen durch 10 Compagnieen der Brigade Canstein und 1 Pionier-Compagnie.

*Befehlshaber*: Major v. Fragstein vom 35.

### Formation.

3 Schützen-Compagnieen: Hauptmann v. Spies vom 35., Hauptmann v. Leszcinski und Hauptmann Krähe vom 60.

1 Pionier-Compagnie: Hauptmann Daun.

1 Arbeiter-Compagnie: Hauptmann Struensee vom 35.

2 Sturm-Compagnieen: Hauptmann Bachfeld und Hauptmann v. Schütz vom 35.

4 Reserve-Compagnieen: Premierlieutenant v. Treskow und Hauptmann v. Kameke vom 35., Premierlieutenant v. Kaminietz und Premierlieutenant Caspari vom 60.*)

### Angriffs-Schema.

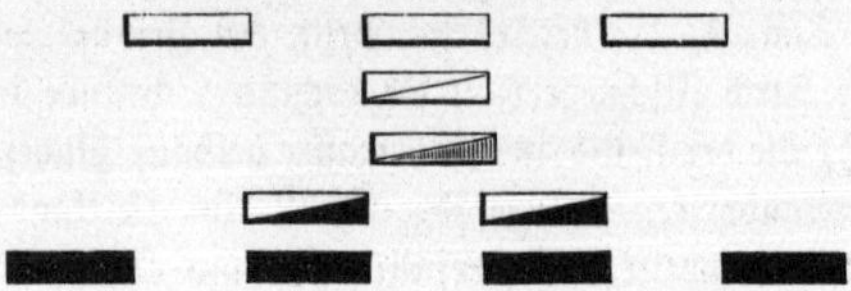

Die drei Schützen-Compagnieen brachen vor: Hauptmann v. Leszcinski links, Hauptmann Krähe rechts, Hauptmann v. Spies in der Mitte. Während die beiden Flügel-Compagnieen — übrigens unter heftigem Widerstande des Feindes — die Communikationen links und rechts von

*) Auch hier gehörten 24 Artilleristen und 1 Artillerieofficier zur Sturmkolonne, wie bei *allen* Schanzen, weshalb wir später diese Angabe nicht wiederholen. Die Artilleristen *schlossen* übrigens nicht die Kolonne, sondern marschirten derart, daß 1 Unterofficier und 5 Mann, *auf dem rechten Flügel der Pioniere, mit diesen gleichzeitig vorgingen*, während die übrigen mit den *eigentlichen Sturmcompagnieen* folgten.

der Schanze mit der blanken Waffe nahmen*), richtete sich die Compagnie des Hauptmanns v. Spies gegen die Schanze selbst und traf dieselbe an der rechten Seite, etwa dort, wo Schanze und Communikation einen stumpfen Winkel bilden. Sei es, daß die Pallisaden-Verkleidung an dieser Stelle bereits gelitten hatte, oder daß es glückte, alle entgegenstehenden Hindernisse rasch zu überwinden, — gleichviel, die Compagnie drang ein, warf alles Entgegenstehende nieder und ging dann wie ein Sturmwind durch die Schanze hindurch, der rückwärts gelegenen zweiten Linie zu. Hauptmann v. Spies und Premierlieutenant v. Saß-Jaworski waren die ersten in der Schanze.

Unmittelbar nach diesem ersten Erfolg entstand eine Pause, vielleicht nur eine halbe Minute, aber doch eine Pause. Die mittlere Schützen-Compagnie war so rasch durch die Schanze — deren eine Ecke sie ohnehin nur getroffen hatte — hindurchgegangen, daß die Schanze schon wieder frei von ihnen war, eh noch die nächsten Compagnieen die Pallisadenwand hatten erreichen, geschweige überwältigen können. Diese nur nach Secunden zählende Pause benutzten die Dänen, nahmen die Waffen wieder auf, die sie, um Pardon bittend, bei dem ersten Ansturm des Hauptmann v. Spies niedergeworfen hatten und sprangen aufs Neu auf die Brustwehr, um dem weiteren Angriff zu begegnen. Als jetzt die Arbeiter-Compagnie und die beiden Sturm-Compagnieen heran waren, fanden sie die Brustwehr aufs Neu vom Feinde besetzt, der die Anstürmenden mit raschen Salven empfing. Die Vordersten der Unsrigen warfen sich nieder und eröffneten ein Schnellfeuer auf die Vertheidiger der Schanze. Unter dem Schutze dieses Feuers stieg der Ingenieurlieutenant Diener mit einigen Pionieren in den Graben hinab, ließ einen Pulversack an die Pallisadenwand legen, welche das Vordringen hinderte, und eine Oeffnung in dieselbe sprengen. Den Pionier Klinke, welcher den Pulversack anlegte, verbrannte die Explosion in solcher Weise, daß er einige Zeit nach der That, bei der gesprengten Lücke liegend, seinen Geist aufgab.

Diese That entschied über das Schicksal der Schanze. Lieutenant Diener, wiewohl an der Hand erheblich verbrannt, drängte sich durch die

*) Bei Erstürmung der Communikation links der Schanze II. zeichnete sich vor allem der Unterofficier Reiß von der Schützen-Compagnie des Hauptmanns v. Leszczinski (3. Compagnie des 60. Regiments) aus. Reiß war der erste oben auf der Communikation, — die wahrscheinlich eher genommen wurde als die Schanze selbst — und vertheidigte sich siegreich mit Kolben und Bajonnett. Nachdem er links zwei Schüsse ins linke Schienbein erhalten, parirte er, auf einem Beine stehend, einen nach ihm geführten Hieb und schlug seinen Gegner zu Boden. An dieser Stelle fiel auch der Fähnrich de Convenent, der Liebling der Compagnie, der einzige Sohn einer Wittwe. Die Kugel ging ihm neben der Tapferkeits-Medaille, die er sich schon in früheren Gefechten erworben hatte, mitten durchs Herz.

Oeffnung hindurch, herzuspringende Arbeiter und Pioniere verbreiterten die Oeffnung bis auf 12 oder 15 Fuß und durch diese Oeffnung nun, wie durch ein Pallisaden-Thor, drängten die Sturm-Compagnieen nach. Die Besatzung vertheidigte sich hartnäckig; ein dänischer Corporal (Nellemann nennt ihn der dänische Bericht) ergriff die erste preußische Fahne, die auf der Brustwehr aufgepflanzt wurde und zerbrach sie auf seinem Knie; als er sich aber auf die nächste warf, fiel er tödtlich getroffen. Mit ihm fielen Capitain Grüner und Lieutenant Knorring. Am ausdauerndsten hielt sich die Artillerie; 25 bis 30 Mann, die bis zuletzt ihre Kanonen bedient, dann aber sie zu vernageln gesucht hatten, wurden an den Geschützen niedergemacht. Lieutenant Anker, von allen Seiten umringt, überreichte dem auf ihn eindringenden Lieutenant Schneider (von der 7. Compagnie des 35.) seinen Säbel. Hiermit war der Widerstand gebrochen; die Schanze dauernd im Besitz der Preußen. Innerhalb derselben — das Blockhaus lag in schwelenden Trümmern — fanden sich drei vernagelte Geschütze; später entdeckte man, in der Erde vergraben, ein schweres 84pfünder Kanonenrohr. Zum Commandanten in der Schanze ernannte der Major v. Fragstein den Hauptmann Struensee und übergab ihm 180 bis 200 Mann, um sie damit zu behaupten. Die übrigen Compagnieen der 2. Sturmkolonne drangen weiter vor.

Schanze II. — an und für sich nicht wichtiger als die Mehrzahl der übrigen Schanzen — hatte sich während der ganzen Belagerung eine besondere Wichtigkeit zu erringen gewußt. Ihre tapfere Vertheidigung durch Lieutenant Anker hatte zu allerhand ritterlichen Huldigungen von Seiten der Belagerer geführt; — es ist leider nicht bekannt geworden, daß diese Huldigungen auf einen besonders fruchtbaren Boden gefallen wären.

Wie die Schanze, eh sie fiel, den Belagerern ein gewisses romantisches Interesse einflößte, so auch nach ihrem Fall. Die Gefangennahme Ankers und der Opfertod Klinkes sind ein Lieblingsgegenstand für jegliche Art von Darstellung geworden; Bild und Lied haben das eine wie das andere gefeiert. Wir verweilen deshalb noch einen Augenblick bei diesen beiden Episoden.

Die Gefangennahme Ankers wird verschieden geschildert: ».... einzelne Mannschaften unserer 7. Compagnie, so schreibt ein 35er, drangen auf ihn ein und umstellten ihn; Lieutenant Schneider, mit gezogenem Revolver, forderte Ankers Degen. Zögernd, als suche er noch im letzten Moment einen Rettungsweg, kam er der Aufforderung nach. Gleich darauf bat er in die Pulverkammer gehen zu dürfen, um von dort noch etwas zu holen; ein Wunsch, der aus dem Munde eines *solchen* Gegners eigenthümlich genug klang. Die Antwort konnte nur eine sein: »Herr

Kamerad, keinen Schritt von der Stelle, oder Sie sind des Todes.« — Andere Schilderungen erwähnen dieses Zwischenfalles nicht. Es heißt, daß Prinz Friedrich Karl dem vielleicht über Gebühr Gefeierten später den Säbel mit den Worten zurückgegeben habe: »Einem so tapferen Soldaten darf man seinen Degen nicht nehmen.« Lieutenant Anker kam nach Minden als Gefangener. Briefe von dort nennen ihn einen »Mann von frischem und kräftigem Organ, breitschultrig, von mittlerer Größe und lebhaften Augen.« Wir fügen über den Charakter des Helden von Schanze II. noch einige Worte hinzu. Unzweifelhaft war er ein tapferer Officier und sein Name ist mit der Geschichte der Düppel-Belagerung ein für allemal verwoben. Nichtsdestoweniger möchten wir die schon angedeutete Ansicht hier wiederholen, daß die chevalereske Gesinnung seiner Gegner ihn wahrscheinlich auf eine höhere Stufe gestellt hat, als er verdient. Nichts was über ihn bekannt geworden ist, verräth eine wirkliche Hochherzigkeit, nichts deutet darauf hin, daß er der Ritterlichkeit seiner Gegner mit einer gleich noblen Empfindung begegnet wäre. Einer alten Bornholmer Familie entsprossen, scheint er von dem Bauern- und Seefahrer-Trotz jener Inselbewohner sein vollgewogen Theil, aber auch nicht viel mehr, aus der Hand der Natur empfangen zu haben. — Uebrigens darf nicht vergessen werden, daß er sich mit dem Artillerie-Officier Castenschiold (der seltsamerweise nie genannt worden ist) in die Vertheidigung der Schanze, während der ganzen Dauer der Belagerung, theilte.

Wie über die Gefangennehmung Ankers, so gehen über den Opfertod Klinkes die Ansichten auseinander. »Beim Anlauf gegen die Schanze, so sagt ein längerer Bericht, war ein dichtes Aufschließen der Pioniere, wie es der Seconde-Lieutenant Diener seinen Mannschaften anempfohlen hatte, nicht zu ermöglichen, da ein Theil der Leute, welche mit den zur Beseitigung der Hindernißmittel erforderlichen Geräthschaften belastet waren, mit den übrigen nicht gleichen Schritt halten konnten und außerdem viele der Vordersten gleich zu Anfang außer Gefecht gesetzt wurden. So kam es, daß der Lieutenant Diener in dem Momente, wo er an dem Grabenrande ankam, nur den Unterofficier Lademann, den Gefreiten Siedschlag mit einer Axt, den Pionier Kitto mit einem Pulversack und den Pionier Klinke mit der Lunte zur sofortigen Verfügung hatte. Da der Lieutenant Diener die Grabenpallisadirung fast noch ganz unversehrt vorfand und ihre Beseitigung durch die Axt nicht so schnell ins Werk gesetzt werden konnte, als es der Augenblick erforderte, so beschloß er in Ermangelung anderer Mittel sofort eine Sprengung mit Pulver zur Anwendung zu bringen. Pionier Kitto, auf Befehl des Officiers, setzte den Pulversack dicht am Grabenrande nieder, umfaßte denselben mit beiden Händen und warf ihn, sobald die Zündung des Granatzünders durch die Lunte des rc. Klinke bewerkstelligt worden, an den Fuß der dicht an der Contre-Escarpe stehenden Pallisadirung in den Graben. Bevor jedoch die hierbei Beschäftigten Zeit hatten, der ihnen gegebenen Anweisung entsprechend, sich platt auf den Boden hinzulegen, erfolgte bereits die Explosion, durch welche 4 Pallisaden nach der Schanze zu umgebogen, der Pionier Klinke links und Lieutenant Diener rechts in den Graben geschleudert wurden. Letzterer, mit verbrannter Hand, sonst unversehrt, erstieg sofort durch die entstandene Oeffnung, welche durch die inzwischen herbeigekommenen übrigen Mannschaften ohne Schwierigkeit erweitert wurde, die Brustwehr. Nachdem die Schanze genommen, kehrte der Lieutenant Diener zur Contre-Escarpe zurück und fand dort den Pionier Klinke, stark im Gesicht verbrannt und mit einer Schußwunde durch Arm und Brust, noch am Leben vor. Derselbe hatte diese Verwundung beim Herausklettern aus dem Graben erhalten, wie er dem Lieutenant selbst sagte. Er verstarb demnächst auf dem Transport nach dem Lazareth.«

Nach dieser Schilderung wäre Klinke gefallen wie jeder andere; ein braver Soldat, aber nicht mehr. Andere Berichte heben jedoch eigens hervor, daß die That Klinkes eine freiwillige und vorbedachte war und Generalmajor v. Canstein, aus dessen Brigade, wie wir wissen, die zweite Sturmkolonne gebildet war, sagt wörtlich: »Die 4. Pionier-Compagnie unter Hauptmann Daun sprengte einen Durchgang durch die Pallisaden des Grabens, wobei der Pionier Klinke, der seine Aufopferung vorher ausgesprochen, den Heldentod fand.« Damit stimmt ein anderer Bericht: »... Die Stürmenden standen vor den Pallisaden, eine Oeffnung war nirgends vorhanden. Da trat Pionier Klinke vor und sagte: »ich werde Luft schaffen, Herr Lieutenant; besser einer als zehn.« Damit warf er den Pulversack unter die Pallisaden und stieß die Lunte hinein. Halb verbrannt flog Klinke nach der einen, die Pallisaden nach der andern Seite und durch die gewonnene Oeffnung hindurch ging es zum Siege.« Welche Lesart aber auch immer die richtige sein mag, das Volk wird sich seinen »Klinke« ebenso wenig nehmen lassen wie seinen »Froben.« Mit der historischen Aufhellung — die ohnehin höchst mißlich ist und oft noch mehr vorbeischießt als die Dichtung — ist dem Bedürfniß des Volkes nicht immer am meisten gedient.

### Schanze III.

Entfernung 335 Schritt.

Vertheidigt durch Abtheilungen vom 22. Regiment.

Genommen durch 6 Compagnieen der Brigade Raven und ½ Pionier-Compagnie.

Befehlshaber: Major Girodz v. Gaudi vom Leibregiment.

## Formation.

1 Schützen-Compagnie: Hauptmann v. Seydlitz vom Leibregiment.

½ Pionier-Compagnie: Lieutenant Bertram I.

1 Arbeiter-Compagnie: Hauptmann v. Hanstein vom 18.

2 Sturm-Compagnieen: Premierlieutenant Sack vom Leibregiment und Hauptmann Graf Finckenstein vom 18.

2 Reserve-Compagnieen: Hauptmann Milson vom Leibregiment und Hauptmann v. Freyburg vom 18.

## Angriffs-Schema.

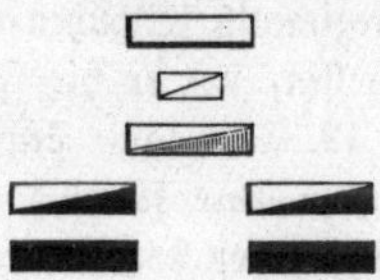

Mit großer Rapidität brach die 3. Sturmkolonne über die Ausfallstufen vor. Die nahe Entfernung zur Schanze III. bildete einen Sporn für die Stürmenden, da hierin eine Möglichkeit für sie lag, die ersten Preußen auf den feindlichen Werken zu sein. Der Feind war auf seiner Hut. Er begrüßte die vorstürmende Schützen-Compagnie (Hauptmann v. Seydlitz) mit einem ungemein lebhaften Feuer. Ebenso aufmerksam war die Artillerie in den Schanzen. Das Geschütz im ausspringenden Winkel der Schanze III., ein Geschütz in Schanze IV. und zwei Geschütze in der Communikation zwischen III. und IV., gaben je eine Kartätschlage, welche indessen mehr den nachfolgenden Compagnieen schadeten, da sie über die Köpfe der vordersten hinweggingen. Hundert Schritt vor der Schanze fiel Hauptmann v. Seydlitz, welcher seiner Compagnie vorangestürmt war, durch einen Schuß am Kopf betäubend getroffen. Als die Compagnie bis auf 15 Schritt an die Schanze heran war, warf sie sich, dieselbe im Halbkreis umfassend, nieder und eröffnete ein lebhaftes Gewehrfeuer.

Jetzt waren auch die Sturm-Compagnieen heran. Major v. Gaudi war mit der Kolonne im günstigen Moment losgebrochen, wo der Feind nach dem sofortigen lebhaften Feuer, welches er auf die Schützen-Compagnie abgegeben hatte, die erste Pause machte, um wieder zu laden. Den Arbeitern zur Hinwegräumung der Hindernisse kaum Zeit lassend, die Cäsarpfähle, Wolfsgruben, die Eggenreihen und die berüchtigten Drathgitter übersteigend, stürmte die Kolonne vorwärts. In dem Moment, wo die eigentlichen Sturm-Compagnieen durch die Schützen-Compagnie (die sich niedergeworfen) hindurchgingen, erhob sich auch diese auf den Zuruf ihrer Officiere und vorwärts drängte nun die ganze Masse, — die Schützen vorauf. Links, rechts und in der Mitte faßten sie die Schanze. Premierlieutenant Stöckel, als er, seinen Leuten voran, die Communikation rechts von der Schanze erstieg, erhielt einen Schuß durch Arm und Brust, so daß er in den Graben zurückstürzte; Lieutenant Karstedt, der sich links gehalten hatte, drang mit seinem Zuge von der Kehle her in die Schanze ein, aber schon unmittelbar vorher hatte der dritte Zug unter Lieutenant v. Brause die Brustwehr in der Front erklettert. Fünf Minuten nach 10 Uhr wehte die schwarz-weiße Fahne — wahrscheinlich die erste, die überhaupt aufgepflanzt wurde — auf Schanze III. Hornist Korn von der 9. Compagnie des Leibregiments (Schützen-Compagnie) wurde in demselben Augenblick niedergeschossen, wo er die Fahne in den Boden steckte. Hornist Kohlmeier von der 12. Compagnie steckte sofort eine zweite Fahne auf. (Die 18er nehmen diese Ehre für sich in Anspruch. Nach ihrem Bericht war es Füsilier Jasgar von der 10. Compagnie ihres Regiments, der die erste Fahne aufpflanzte.)

Indessen war die Schanze von allen Seiten erstiegen. Viele der Unsrigen, namentlich die 18er, verschmähten es zu laden und zu schießen; sie nahmen die zur Hand liegenden Steine und warfen sie auf die Besatzung, die theils auf die Knie fiel und um Pardon bat, theils ihr Heil in der Flucht suchte, oder aber, beides verschmähend, einen rühmlichen Soldatentod suchte und fand. Auch hier wieder ereignete es sich (wie in Schanze II. und wie in dem Gefecht am 17. März), daß ein großer Theil der Dänen, nachdem er die Gewehre fortgeworfen und sich in die kellerartigen, deckenden Löcher an den Wällen und Communikationen zurückgezogen hatte, die Waffen wieder zur Hand nahm und aus den Deckungen herausfeuerte. Das war aber zu viel für unsere Füsiliere; alles was sich solchen Wortbruchs schuldig gemacht hatte, wurde niedergemacht.*)

*) Man hat dies Wegwerfen und Wiederergreifen der Waffen auf die Tücke des dänischen Charakters zurückführen wollen, anstatt den Grund dafür vorzugsweise in einer mangelnden geistigen Begabung zu suchen. Der gemeine Mann in Dänemark, wie er langsam und unanstellig ist, ist vor allem auch beschränkt. Er ist unfähig eine Situation

Die Eroberung von Schanze III. hatte der dritten Sturmkolonne, trotz der wenigen Minuten des Kampfes, erhebliche Verluste gekostet. Die Führer der 4 vordersten Compagnien: Hauptmann v. Seydlitz von der Schützen-Compagnie, Hauptmann v. Hanstein von der Arbeiter-Compagnie, Premierlieutenant Sack und Hauptmann Graf Finckenstein von den zwei Sturm-Compagnieen, waren alle vier verwundet; außerdem die Lieutenants Stöckel, Schultze und v. Alvensleben. Der Gesammtverlust der dritten Sturmkolonne am 18. April betrug 148 Mann, darunter 10 Officiere.

Sechs Geschütze wurden in Schanze III. erbeutet; zum Feuern auf den abziehenden Feind konnten sie indessen nicht verwendet werden. Einige Schüsse wurden auf »Rolf Krake« abgegeben.

Die beiden Sturm-Compagnieen blieben als Besatzung in Schanze III. zurück; der Rest der dritten Sturmkolonne drang weiter vor.

---

### Schanze IV.

Entfernung 512 Schritt.

Vertheidigt durch Abtheilungen vom 2. Regiment unter Capitain Lundbye.

Genommen durch 12 Compagnieen der Brigaden Schmid und Goeben, und 1 Pionier-Compagnie.

**Befehlshaber:** Oberst Freiherr v. Buddenbrock, Commandeur des Regiments Nr. 53.

## Formation.

1 Schützen-Compagnie: Hauptmann Boettge vom 53.

1 Pionier-Compagnie: Premierlieutenant Schotte.

1 Arbeiter-Compagnie: Premierlieutenant Wienand vom 53.

5 Sturm-Compagnieen unter Obristlieutenant v. Döring. Die einzelnen Compagnieen unter Hauptmann Wolter, Hauptmann Schalle und Premierlieutenant Senckel vom 53., Premierlieutenant Rothenbücher und Hauptmann v. Sanitz vom 55.

rasch zu begreifen, sich in ihr zurecht zu finden. Deshalb wurden in allen Gefechten so zahlreiche Gefangene gemacht. Im Zusammenhang damit ist das Wegwerfen und Wiederaufnehmen der Waffen. Eine beschränkte Natur folgt, in dem einen wie in dem andern, einem bloßen Impuls, anstatt einer Ueberlegung zu folgen. Die Gefahr ist da, — er unterwirft sich ihr; die Gefahr scheint beseitigt, — er erhebt sich wieder. Dies ist nichts Tückisches, sondern nur ein roher Naturzustand. Wo der Soldat intelligenter ist, erkennt er auch mit entsprechender Sicherheit, ob er Chancen hat oder nicht und läßt sich nicht auf ein Spiel ein, das ihm den Hals kostet, wenn er sich (wie die Dänen jedesmal) verrechnet hat.

5 Reserve-Compagnieen: Premierlieutenant Benkendorff, Hauptmann Chytraeus und v. Henning vom 53., Premierlieutenant Delius und Hauptmann v. Arnim vom 55.

So war die ursprüngliche Disposition. Es scheint jedoch, daß der Sturm nach einer etwas abweichenden Anordnung erfolgte. Den Commandeuren der Sturmkolonnen war darin bis zu einem gewissen Grade unzweifelhaft freie Hand gelassen.

Der wirkliche Angriff stellte sich so:

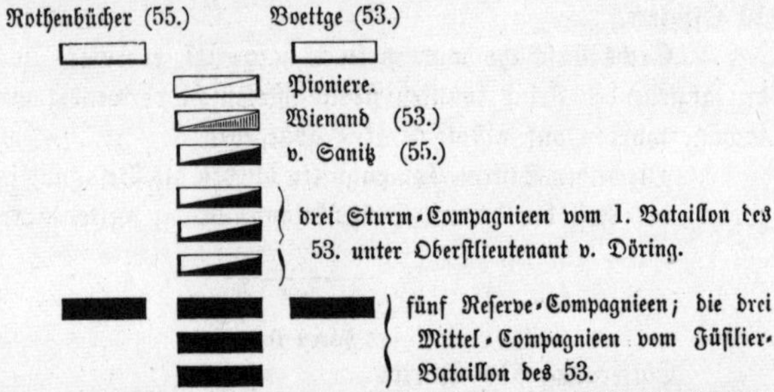


Schlag 10 Uhr stiegen die Compagnieen Boettge und Rothenbücher, jene die 1. vom 53., diese die 3. vom 55. Regiment, aus der Parallele heraus und stürmten vorwärts auf Schanze IV.

Schanze IV. war der stärkste Theil der ganzen Stellung. Sie lag weit zurückgebogen und der Weg dahin führte zwischen Schanze III. und V. hindurch, förmlich in einen Sack hinein. Zahlreiche Geschütze, in der Schanze selbst wie in den Communikationen, beherrschten das Terrain; hinter der Schanze — freilich zu weit zurück, um beim Sturm selbst mit eingreifen zu können — standen die ersten dänischen Reserven.

Beide Compagnieen (Boettge und Rothenbücher) wurden sofort von einem mörderischen Feuer empfangen. Beide Führer fielen schwer verwundet; nichtsdestoweniger drangen die Compagnieen vor und theilten sich (ihrer Ordre gemäß) jede einzelne in drei Züge, um nun links und rechts auf die von Schanze und Communikation gebildeten stumpfen Winkel, in der Mitte aber auf die vorspringende Ecke der Schanze los zu gehn.

Nur die linken Flügelzüge beider Compagnieen — darunter der Zug des Lieutenant Loebbecke von der 1. Compagnie 53. Regiments — trafen ihr Ziel; die vier andern Züge schossen rechts vorbei und trafen die linke Flanke von Schanze III., statt Centrum und rechte Flanke von Schanze IV. zu treffen. Sie pflanzten hier ihre Fahne auf; es war ein Sieg, aber ein Sieg an der unrechten Stelle.

Unmittelbar den Compagnieen Boettge und Rothenbücher folgten die Pioniere unter Premierlieutenant Schotte, die Arbeiter (10. Compagnie vom 53.) unter Premierlieutenant Wienand und eine Musketier-Compagnie (4.) vom 55. Regiment unter Hauptmann v. Sanitz. Mit gleichem Muthe wie die Compagnieen Boettge und Rothenbücher drangen sie vor; aber wie diese — mit Ausnahme der oben genannten beiden Züge — zu weit nach rechts vorstoßend, mißten sie ihr Ziel und erstürmten ebenfalls — Schanze III. Dies war (den Angriff der dritten Sturmkolonne selbstverständlich mit eingerechnet) das dritte Mal, daß Schanze III. gestürmt wurde; es sollte noch öfter geschehn.

Den Pionieren und Arbeitern, wie der Compagnie des Hauptmann v. Sanitz, folgten jetzt die eigentlichen Sturm-Compagnieen, die 2. 3. und 4. vom 53. Regiment, unter persönlicher Führung des Bataillonscommandeurs Oberstlieutenant v. Doering. Alle drei Compagnieen nahmen sofort wieder die Richtung nach rechts. Oberstlieutenant v. Doering, den Irrthum sogleich erkennend, suchte den in scharfe Bewegung gesetzten Strom auf den richtigen Weg hinzudrängen, aber — vergebens; Schanze III. wurde zum vierten Mal genommen.

Jetzt folgten die fünf Reserve-Compagnieen. Sie hielten sich rechts, wie alles (jene mehrgenannten zwei Züge abgerechnet) was bisher an dieser Stelle gestürmt hatte und Schanze III. war auf dem Punkt, zum fünften Male gestürmt zu werden. Oberst v. Buddenbrock indeß, der es hatte kommen sehn, staute, rasch eingreifend, den Strom zurück und zwang ihn jetzt endlich in den rechten Weg hinein. Vorwärts ging es jetzt auf Front und Flanke von Schanze IV. Kartätschlagen trafen die Stürmenden, ohne ein Stutzen hervorzurufen. Die Dänen stiegen auf die Krone der Schanze und eröffneten ein Flintenfeuer, aber durch alle Hemmnisse drang die Kolonne hindurch und auf die Brustwehr hinauf. Unter den Vordersten befanden sich die Premierlieutenants v. Baer, Benkendorff und v. Bastineller, die Secondelieutenants Kerlen und Coppenrath.

Sie pflanzten ihre Fahne auf; sie hatten die Schanze in der Front genommen. Aber sie waren nicht die ersten in der Schanze. In dem Moment, wo sie auf der Brustwehr erschienen und auf das Gewirr von Traversen und Sandhaufen niedersahn, sahen sie auch, daß andere Abtheilungen — vielleicht nur eine halbe Minute vor ihnen — von rechts und links her in die Schanze eingedrungen waren. Von links her die beiden Züge, die von Anfang an ihr Ziel richtig im Auge behalten und die Schanze an der rechten Stelle gefaßt hatten, von rechts her, im bunten Gewirr — noch dazu untermischt mit Sectionen und Einzelmannschaften von der dritten Sturmkolonne — Abtheilungen all' jener sieben Compagnieen, die, durch Ausbiegung nach rechts hin, Schanze III. statt Schanze IV. im ersten Anlauf genommen hatten.

Auch bei Schanze IV. wieder — freilich erst in den Tagen, die dem Sturm folgten — entstand die Frage: wer pflanzte die erste Fahne auf? Die Brigade Raven (dritte Sturmkolonne) nimmt diese Ehre zunächst für sich in Anspruch und theilt sie alsdann einem Füsilier des 18. Regiments zu, der zuerst, von Schanze III. aus vordringend, die rechte Flanke von Schanze IV. erklettert habe. Die vierte Sturmkolonne (53. Regiment) verhält sich abwehrend gegen diese Ansicht und erkennt die strittige Ehre einem westphälischen Landsmann zu, dem Unterofficier Grote vom westphälischen Pionier-Bataillon (Nr. 7.). Wir finden dies in der Ordnung; Westphalen hatte nur diese eine Schanze — freilich den Schlüssel der Stellung — zu stürmen und es kann ihm, ohne die zwingendsten Gründe (die am Ende fehlen) nicht zugemuthet werden, die Ehre, um die es sich hier handelt, an einen polnischen Füsilier der nachbarlichen Sturmkolonne freiwillig abzutreten.

Wer immer indeß die erste Fahne auf die Schanze pflanzte, der erste in der Schanze war ziemlich unbestritten — Lieutenant Löbbecke. Sein Name läßt keinen Zweifel über seine Abstammung und seine Provinz. Bereits zum zweiten Male verwundet (an Stirn und linker Hand), drang er, an der Spitze seines gelichteten Zuges, auf die sich ihm entgegenwerfenden Dänen ein, die hier einen Augenblick in der Ueberzahl waren. Ein Geraufe entstand, Kapitain Lundbye, der in der Schanze commandirte, warf sich auf den Musketier Testroet und packte ihn an Brust und Kehle; aber es war der letzte Augenblick des tapfren Mannes — Sergeant Grothuus schmetterte ihn mit dem Kolben nieder. Die Lieutenants Gjörup und Akerhjelm (Schwede und bereits verwundet) suchten den Kampf fortzusetzen, aber die jetzt von allen Seiten herandrängenden Sieger ließen allen Widerstand alsbald als hoffnungslos erscheinen, — die Dänen warfen ihre Waffen fort und riefen Pardon. Nur Lieutenant Akerhjelm focht noch weiter. »Schont den Braven«, riefen die Officiere. Als der Zuruf nicht half, sprang einer aus ihrer Mitte vor, packte den schwedischen Kameraden von hinten her und trug ihn aus dem Getümmel heraus.

Es war ein kurzer Kampf, aber voll Erbitterung. Die dänischen Kanoniere, die nicht um Pardon bitten wollten, wurden an ihren Geschützen erschlagen. Man fand 14 Kanonen in der Schanze, davon 5 unvernagelt, die unsere Artilleristen sofort schußfertig machten; doch konnten sie dieselben nicht gegen den Feind verwenden, da unsere nachdrängenden Abtheilungen überall mit dem fliehenden Gegner handgemein geworden waren. Lieutenant Stöphasius, der die Artillerie-Abtheilung der 4. Sturmkolonne führte, war schon vorher in die Pulverkammer eingedrungen, um etwaige Versuche, sie in die Luft zu sprengen, zu hindern. In der That fand er dort ein freistehend brennendes Licht, daneben Zündschnur und alle Munitionskasten geöffnet. Auch Lieutenant Schilgen II. fand ein brennendes Licht in einem der Munitionsräume; — es mag indessen dahin gestellt bleiben, ob bei den Dänen die Absicht vorlag, die Schanze in die Luft zu sprengen, oder ob nur jene Apathie über sie gekommen war, die sie gleichgültig machte gegen Leben und Sterben.

Oberst v. Buddenbrock traf, unmittelbar nach Wegnahme der Schanze, die nöthigen Anordnungen, die der Besitz eines so wichtigen Punktes erheischte. Etwa 2 Bataillone hielt er in und bei der Schanze fest, während vier Compagnieen vom 53. Regiment (die 1. 9. 10 und 11.) den Feind in der Richtung auf die Düppelmühle verfolgten. Bei dieser Verfolgung wurde Lieutenant Löbbecke (er erhielt später den pour le mérite) zum dritten Male verwundet; Unterofficier Rintelen fiel tödtlich getroffen. Sein Tod weckte tiefe Theilnahme. Karl Maria Rintelen war am 1. April 1863 als einjähriger Freiwilliger in das 53. Regiment eingetreten. So jung er war, so lagen doch bereits eine Anzahl ausgezeichneter historisch-philologischer Arbeiten von ihm vor. Seine umfassende Abhandlung »Geschichte Ludwigs des Kindes und Konrads I.«, welche Georg Waitz in die »Forschungen zur deutschen Geschichte« aufnahm, außerdem aber gründliche Vorarbeiten für mittlere und neuere Geschichte, berechtigten zu den höchsten Erwartungen. Geistige Frische und Energie, wie sie ihn in der Wissenschaft ausgezeichnet hatten, erfüllten ihn auch als Soldaten. Vor der düppler Mühle fiel er, in die Stirn getroffen.

Viele Verluste waren zu beklagen. Der Sturm auf Schanze IV. hatte der vierten Sturmkolonne 11 Officiere und 158 Mann an Todten und Verwundeten gekostet. Von den ersten fünf Compagnieen, die ins Feuer kamen, verloren vier ihren Führer. Es waren dies Hauptmann Boettge, Premierlieutenant Rothenbücher, Premierlieutenant Schotte und Premierlieutenant Wienand. Rothenbücher und Schotte wurden schwer, Boettge und Wienand tödtlich verwundet. Wienand starb noch am selben Tage im Lazareth zu Nübel, Hauptmann Boettge erlag seiner schmerzhaften Verwundung (Zerschmetterung des linken Fußwurzelknochens) erst nach Monaten. Er starb zu Pyrmont im Bade.

Von allen Seiten war mit großer Bravour gekämpft worden. Am meisten ausgezeichnet (wohl unbestritten) hatte sich die 1. Compagnie vom 53. Regiment. Sie war die erste in der Schanze, sie überwältigte die Besatzung und sie stürmte weiter gegen die Düppelmühle. Lieutenant

Löbbecke gehörte ihr an. Einer von den schwerverwundeten Musketieren dieser Compagnie, als man ihn vom Wagen herabhob, um ihn ins Lazareth zu tragen, erwiderte einem flensburger Bürger, der ihn trösten wollte: »Weh deit et höllisch, aber et war doch schön.« Der Verlust dieser einen Compagnie (der 1.) belief sich auf 2 Officiere und 48 Mann. Nur die 9. Compagnie vom Leibregiment hatte am Düppeltage einen fast gleich großen Verlust (43 Mann einschließlich der Officiere).

---

Die Schilderung der Wegnahme von Schanze IV. — wie wir dieselbe bis hierher zu geben versucht — verfolgte lediglich, oder doch in erster Reihe den Zweck, einen Gesammtüberblick über die ziemlich complicirte Aktion zu geben. Es war dabei, wenn dieser Ueberblick nicht gestört werden sollte, unmöglich, bei den Einzelnheiten des Ansturmes zu verweilen. Auch für unsere Schilderung mußte die Parole gelten: »was fällt, fällt.« Jetzt aber, wo wir die Darstellung des Ganzen in seinen großen Zügen gegeben, möchten wir durch Einzelschilderungen das Bild zu beleben suchen und benutzen dazu den Brief eines 53ers, der als dritter Officier in der Arbeiter-Compagnie (10., unter Premierlieutenant Wienand) den Sturm auf die Schanze mitmachte. Der Officier schreibt:

»Kurz vor dem Sturme kam der von allen Soldaten hochgeschätzte, hochgeliebte Pastor Müller zu uns, ermuthigte uns durch eine kurze Ansprache und ertheilte uns die General-Absolution. Unser Compagnieführer rief uns 3 Officiere, Lieutenant Wirth, Speith und mich zu sich und bezeichnete uns die Schanze IV., wovon wir etwa 400 Schritt entfernt waren. »Sie sehen deutlich, meine Herren, zwei lange Sparren aus den Trümmern der Baracke hervorragen, das ist Schanze IV.; vielleicht kommen wir in ein starkes Kartätschfeuer, aber wir weichen nicht«; so lautete der letzte Befehl unseres gefallenen vielgeliebten Führers (Wienand). Er sah die Fahne seiner treuen Compagnie leider nicht mehr auf den Schanzen wehen. Um 10 Uhr verstummte die Kanonade. Die erste Compagnie unseres Regiments und mit dieser die unserige überstiegen den Wall der dritten Parallele, warfen die darauf gestellten Schanzkörbe um und begannen zu feuern. Unserem Schützenzuge unter Commando von Lieutenant Wirth, womit auch der Compagnieführer ins Feuer ging und wovon die meisten Leute Bretter zum Erklettern der Schanze trugen, folgte der meinige mit großen Säcken. Als die Dänen diese sahen, begriffen sie vollends unsere Absicht, und wir geriethen in ein solch heftiges Gewehrfeuer, daß die meisten von meinen Leuten 6 bis 7 Kugeln in ihren großen Säcken hatten. Gleich im Anfange, wie wir kaum den Wall der Parallele überstiegen hatten, stürzten zwei verwundet nieder. Kartätschenkugeln schlugen rechts und links neben uns in die Erde. Ich war noch ungefähr 100 Schritt von der Schanze Nr. IV., als die meisten meiner Leute von der Anstrengung niedersanken und ganz athemlos sagten: »Erst etwas rasten, Herr Lieutenant.« Sie schützten sich alsdann mit ihren Säcken, so gut es ging. Ich sah mich um nach meinem Zuge und gewahrte, daß mehrere von ihnen schon verwundet oder todt an der Erde lagen. Einer kam jedoch mit munteren Schritten zu mir heran und rief: »Düwel, drei häff ick nuh in mien Kissen inn; wenn dat so dran bliff, gifft 'n hart Polster.« Unterdessen gewahrte ich, daß die Pioniere bereits in dem Schanzgraben waren und einige Pallisaden beseitigt hatten. Wie ich das sah, ermunterte ich meine Leute. Sie sprangen wieder auf, einige von ihnen stürzten aber über die sogenannten Cäsarpfählchen. Auch ich fiel hin und einer rief: »Oh Gott! usse Lieutnant iß auk all verwundet.« Doch ich zeigte ihnen, daß ich noch lebte. »Bajonett auf!« schrie ich ihnen zu, und das begriffen sie. »Nun vorwärts, vorwärts, Hannemann heraus!« und ein wahres Sturmgebrüll brach von allen Seiten los. Darunter das Aechzen und Jammern der Verwundeten; »Hannemann heraus, heraus!« schrie man von allen Schanzen. Durch vier abgehauene Pallisaden drängten sich unsere 53er hindurch in die Schanze, ich quetschte mich durch zwei, wahrscheinlich durch unsere Geschosse demolirte Pallisaden; kaum war ich mit dem Obertheile durch, als ein Granatsplitter, von einer anderen Schanze aus geworfen, die nächste Pallisade neben mir zerfetzte. Ein Däne stürmte an der Seite von der Schanze auf mich zu, Gott sei Dank, mit quergefaßtem Gewehr. Ich griff ihm nach dem Halse, er ließ das Gewehr fallen und rief Pardon. Was sich in den Schanzen noch wehrte und sich nicht sofort entwaffnen ließ, wurde niedergemacht. In dem Geraufe verlor ich meine Degenscheide und mein Koppel war ganz zerfetzt. Unsere Leute, ich sage Dir, schlugen wacker drauf. Nur die wehrlosen Dänen wurden geschont. An den Kanonen lagen die dänischen Artilleristen todt, Officiere und Gemeine; auch sie haben ehrlich und tapfer gekämpft für ihren König und Herrn. Förmliche Blutlachen sah man in den Schanzen. Die Besatzung der Schanze ergab sich schließlich auf Gnade und Ungnade. Die Danebrogsfahne gehört unserem Füsilier-Bataillone an. Unsere Tambours hatten ihre Stöcke verloren und schlugen den Angriffsmarsch mit Splittern von den Pallisaden. Einem Tambour wurde die Trommel zerschossen, einem Hornisten das Horn. Das war ein blutiger Kampf. »Siegen oder Sterben« war unsere sowohl als des Feindes Loosung. Um ¾ 11 Uhr wehete bereits eine schwarz-weiße Fahne auf Schanze IV. »Füsiliere!« rief unser Oberst v. Buddenbrock, »ihr habt genug gethan;

bleibt hier zur Besetzung der Schanze. Nehmt gute Deckung, »Rolf Krake« wird gleich da sein.« Kaum hatte er so zu uns gesprochen, als ein Schiff einen Hagel von Kartätschenkugeln gegen unsere Schanze warf und mehrere Verwundungen noch bei unserem Bataillone verursachte. Viele unserer Leute waren übrigens nicht zu halten und halfen noch andere Schanzen erobern. Wie unsere Artilleristen die preußischen Fahnen wehen sahen, da gings im Galopp mit den Geschützen bis vor die Schanzen. Mit einem Hurrah! wurden die unsrigen hinaufgezogen, Jeder half ziehen. . . . Ein General trat zwischen uns, hielt eine kurze Anrede und brachte ein dreifaches Hoch unserem Kriegsherrn. Bei unserer Compagnie verloren wir gleich beim Verlassen der Parallele unseren Compagnieführer, Premierlieutenant Wienand. Er erhielt einen Schuß in den Unterleib. »Grüßt meine liebe gute Frau«, sagte er noch recht deutlich und vernehmbar und blieb dann liegen eine kleine Zeit, wurde indeß darauf von einem Unterofficier nach Nübel ins Lazareth gebracht, worauf er bald verschied.«

So der Brief des 53ers. Wir haben seiner lebensvollen Schilderung nichts hinzuzufügen.

---

### Schanze V.

Entfernung 310 Schritt.

Vertheidigt durch Abtheilungen vom 2. Regiment.

Genommen durch 6 Compagnieen der Brigade Roeder und eine halbe Compagnie Pioniere.

Befehlshaber: Major v. Krohn vom Regiment Nr. 24.

#### Formation.

1 Schützen-Compagnie: Hauptmann v. Salpius vom 64.

1 Arbeiter-Compagnie: Hauptmann v. Lobenthal vom 64.

½ Pionier-Compagnie: Premierlieutenant Lommatzsch.

2 Sturm-Compagnieen: Hauptmann v. Hüllessem und Hauptmann v. Sellin vom 24.

2 Reserve-Compagnieen: Hauptmann v. Goerschen vom 24. und Hauptmann Windell vom 64.

Auch hier, wie bei Schanze IV., stellte sich der Angriff anders heraus und zwar so:

Schanze V., wiewohl den Ausfallstufen, nebst Schanze II. und III., am nächsten gelegen, lag nicht besonders günstig. Die Stürmenden hatten eine Seitwärtsbewegung (nach links hin) auszuführen und unter dem Feuer der Schanze und der Communikation zwischen IV. und V. die von dort vollständig beherrschte Chaussee zu passiren.

Die Compagnieen stiegen rasch hintereinander aus der dritten Parallele hervor und avancirten in drei Linien. Die Schützen-Compagnie (v. Salpius), die Arbeiter-Compagnie (v. Lobenthal) und die erste Sturm-Compagnie (v. Hüllessem) nahmen ihre Direction auf die dicht vom Feinde besetzte Communikation zwischen Schanze V. und VI. Die zweite Sturm-Compagnie (v. Sellin) und die erste Reserve-Compagnie (v. Goerschen) faßten Schanze V. in der Front, die zweite Reserve-Compagnie endlich (Hauptmann Windell) attackirte, am weitesten rechts, die Communikation zwischen V. und IV.

Die zweite Reserve-Compagnie (Windell) wie sie zuletzt aus der Parallele heraufgestiegen war, erreichte ihr Ziel auch zuletzt.

Die Compagnieen v. Sellin und v. Goerschen, und ihnen vorauf die halbe Pionier-Compagnie unter Premierlieutenant Lommatzsch, hatten nach drei Minuten schon den Graben in Front der Schanze erreicht; — hier aber geboten die Pallisaden Halt. Es galt dieses Hindernisses Herr zu werden. Wer es konnte, überkletterte die Pfähle oder ließ sich hinüber heben, die große Masse stemmte sich gegen sie und wuchtete sie aus, wodurch Lücken entstanden, welche den Stürmenden den Weg auf die Brustwehr öffneten. Wie bei Schanze III., wo die Füsiliere vom Leibregiment den Lieutenant v. Werdeck (eine reckenhafte Figur) mit Hülfe zusammengelegter Gewehre in die Schanze hineingehoben hatten, so trugen auch hier die Füsiliere vom 24. Regiment ihren Hauptmann v. Sellin im Triumph in die Schanze. Mancher fiel. Premierlieutenant Lommatzsch, an der Spitze seiner Pioniere, erhielt einen tödtlichen Schuß; Lieutenant v. Falkenstein, vom 24., wurde durch einen Doppelschuß verwundet. Sechs Minuten nach 10 Uhr war Schanze V. in der Front erobert.

Aber schon ein bis zwei Minuten früher hatte die linke Flügelkolonne, an der Spitze die 11. Compagnie vom 64. Regiment, die Communikation zwischen V. und VI. genommen und war nach rechts einbiegend, auf der Schanze selbst erschienen. Seiner Compagnie vorauf — Hauptmann v. Salpius war bereits schwer verwundet am Glacis gefallen — Feldwebel Probst. Die Fahne in der Rechten, eben bereit sie einzupflanzen, ward ihm der rechte Arm zerschmettert. Probst nahm die Fahne in die Linke und versuchte sie, mit schwindender Kraft, in die Erde zu stoßen, als ihm ein herzuspringender Däne durch die Brust schoß.

Füsilier Herrmann, der seinem Feldwebel gefolgt war, schmetterte den Gegner mit einem Kolbenschlag nieder. Der dänische Bericht hebt seinerseits hervor, daß Abtheilungen vom 2. Regiment, die bei Beginn des Kampfes hinter der Schanze standen, unter ihrem Commandirsergeanten Lommer noch einmal vorgedrungen und auf kurze Zeit der Preußen Herr geworden seien, — jedenfalls kann diese Episode nur nach Sekunden gezählt haben. Die Sieger selbst wissen nichts davon zu erzählen.

Man fand in der Schanze vier Geschütze, die bei der Vertheidigung indessen nicht zum Schuß gelangt waren. Sie kamen auch fernerweit zu keiner Verwendung.

Die Eroberung der Schanze hatte der fünften Sturmkolonne 28 Todte und 110 Verwundete gekostet.

Hauptmann v. Salpius — derselbe, dessen talentvolle Zeichnungen von Kriegs- und Genre-Scenen ihm so viele Freunde erworben — war durch beide Oberkiefer geschossen. Es heißt, daß er eigens beim Prinzen Friedrich Karl um die Ehre gebeten hatte, mit seiner Compagnie, die bis dahin nicht das Glück gehabt hatte, sich, gleich den übrigen Abtheilungen des Regiments, vor dem Feinde auszeichnen zu können, — den Sturm auf Schanze V. eröffnen zu dürfen. Der Bitte war nachgegeben worden. Für das Band gegenseitiger Liebe aber, das zwischen dem Hauptmann und seiner Compagnie herrschte, möge Folgendes zeugen. Als nach Beginn des Waffenstillstands, am 13. Mai, die Brigade Roeder durch Flensburg rückte, um in Südschleswig Erholungsquartiere zu beziehen, stand der seiner Genesung entgegengehende tapfere Hauptmann — der sich als ein bloßer Zuschauer bei diesem Schauspiel eingefunden hatte — neben dem General v. Roeder, der die Bataillone seiner Brigade an sich vorbeidefiliren ließ. Als die 11. Compagnie vom 64. Regiment herankam und im Vorbeimarschiren ihres Hauptmanns v. Salpius ansichtig wurde, brach sie in ein jubelndes, nicht endenwollendes Hurrah aus, wobei die Helme hoch in die Luft geschwenkt wurden. Man fühlte, daß man sich einander angehöre.

Wie zu ihrem Hauptmann, so hatte die Compagnie zu ihrem Feldwebel (Probst) gehalten. Sein Tod war ein Trauerfall für alle. Am Tag nach dem Sturm wurde folgende Todesanzeige an den in Berlin ansässigen Bruder des Gefallenen gerichtet.

»Gravenstein, 19. April 1864.

Die Unterofficiere der Compagnie, wobei Ihr Herr Bruder Feldwebel war, machen Ihnen die traurige Anzeige, daß unser lieber Feldwebel, Ihr Bruder, sein junges Leben auf der düppler Schanze Nr. V.

ausgehaucht hat. Er hatte um die Ehre gebeten, beim Sturm auf die Schanze Preußens Fahne auf dieselbe aufpflanzen zu dürfen. Er erfüllte treulich seine Pflicht. Durch den dichtesten Kugelregen ging er hindurch, arbeitete sich zur Schanze hinauf und ließ Preußens Banner wehn. Ein Schuß streckte ihn nieder. Noch einmal raffte er sich auf und ergriff die Fahne; da stürzte ein Däne auf ihn ein, setzte ihm das Bajonnett auf die Brust und jagte ihm eine Kugel durch den Leib. Aber sein Tod wurde gerächt. Der Füsilier Herrmann unserer Compagnie stürzte vor und erschlug den Dänen mit dem Kolben. Die ganze Compagnie betrauert tief den Tod unseres guten Feldwebels: er war uns ein tüchtiger Vorgesetzter und ein guter Kamerad. Seine Leiche liegt im Lazareth zu Düppel.

Die Unterofficiere der 11. Compagnie,
(im Auftrage Daniel, Unterofficier).«

Feldwebel Probst war noch jung und verlobt; — dazu sein Heldentod. Es konnte nicht ausbleiben, daß die Dichtung sich seiner mit besonderer Vorliebe bemächtigte. Nebst Klinke wurde er zur poetisch-volksthümlichen Figur.

Tambour, schlag an!
Es gilt einem Mann,
Der stürmte mit Hurrah die Schanze hinauf
Und pflanzte die Fahne des Königs darauf,
Und was er gepflanzet mit preußischem Muth,
Begoß er mit seinem heißströmenden Blut;
Bei seiner Fahne der Tapfre lag,
Den Gott zu Freuden erwecken mag! —
Preußen, sagt an,
Wer war der Mann?
Feldwebel Probst.

So klang es nach in manchem Lied.

---

### Schanze VI.

Entfernung: 360 Schritt.

Vertheidigt durch Abtheilungen vom 2. dänischen Regiment.

Genommen durch 6 Compagnieen Garde-Grenadiere und eine halbe Compagnie Pioniere.

Befehlshaber: Major v. Beeren, vom Regiment Augusta.

#### Formation.

1 Schützen-Compagnie: Hauptmann v. Behr, Regiment Augusta.

½ Pionier-Compagnie: Premierlieutenant v. Fedkowicz.

1 Arbeiter-Compagnie: Hauptmann v. Bançels, Regiment Elisabeth.

2 Sturm-Compagnieen: Hauptmann v. Rosenberg und Hauptmann v. d. Hardt, beide vom Regiment Augusta.

2 Reserve-Compagnieen: Hauptmann v. Stwolinski, Regiment Elisabeth, Hauptmann v. Gliczynski, Regiment Augusta.

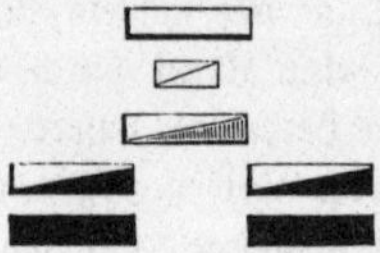

Diese Schanze, — wiewohl mit 15 Geschützen armirt, von denen wenigstens einige zum Schuß kamen — wurde wahrscheinlich am ehesten (schon 4½ Minute nach 10) und mit dem geringsten Verlust genommen. Die schweren Verluste, die fast unmittelbar nach Wegnahme von Schanze VI. dieser Sturmkolonne vorbehalten waren, trafen dieselbe erst, als sie, nach rascher und glücklicher Lösung der ihr gestellten Aufgabe, im Rücken der Schanze sich sammelte, um von VI. aus gegen VII. vorzugehen. Wir erwähnen deshalb dieser Verluste erst bei Wegnahme von Schanze VII.

Zunächst Schanze VI. Von den gegen diese Schanze bestimmten sechs Compagnieen avancirten die ersten vier rasch und in kurzen Intervallen. Die Schützen (Hauptmann v. Behr) umfaßten die Schanze von drei Seiten und befanden sich in wenigen Minuten, trotz Kartätschen- und Gewehrfeuer, das sie von allen Seiten her empfing, am Rande des an der Contre-Escarpe mit Sturmpfählen eingefaßten Grabens. Von der Arbeiter-Compagnie (Hauptmann v. Bançels) und den Pionieren wurden die Hindernisse vor der Schanzenlinie mit derselben Leichtigkeit überschritten wie von der Schützen-Compagnie und dicht gefolgt von den eigentlichen Sturm-Compagnieen, erreichten sie gemeinschaftlich die Schanze, welche man nun mit vier Compagnieen, von allen Seiten her erstieg. Schanze VI. war genommen.

Beinah gleichzeitig hatten die beiden Reserve-Compagnieen (Hauptmann v. Stwolinski und Hauptmann v. Gliczynski) ihre Attacke gegen die Communikation zwischen VI. und V. gerichtet. Auch hier war kein erheblicher Widerstand zu überwinden und unterstützt durch das Feuer, das, von der schon genommenen Schanze aus, gegen die dänische Besatzung abgegeben wurde, würde die Communikation, wie die Schanze selbst, im ersten Anlauf genommen. Es schien ein leichter Sieg; Hauptmann v. Bançels, beim Angriff in der Front, war leicht, Lieutenant v. Stangen, beim Eindringen in die Communikation, war wenigstens nicht schwer verwundet; aber auch dieser Kolonne sollten empfindliche Verluste nicht vorenthalten bleiben. Wir deuteten schon an, daß diese Verluste eintraten, als die Kolonne sich anschickte, auch gegen Schanze VII. und andere rückwärts gelegene Werke vorzubrechen.

---

### Schanze VII.

Das Feuer aus den rückwärts gelegenen Werken, besonders aus Schanze VII., dauerte fort; es galt also, wenn man in VI. sich festsetzen wollte, auch VII. zu nehmen. Major v. Beeren überschritt den Graben der Schanze, um die beiden Reserve-Compagnieen, die sich hinter der eben erstürmten Communikation zu sammeln begannen, jetzt in Person gegen Schanze VII. zu führen. Ehe er noch die Compagnieen erreichen konnte, traf ihn eine Kugel in Hüfte und Unterleib. Er war tödtlich getroffen. Die Compagnieen, die ihren Führer fallen sahen, stürmten vor, um Rache zu nehmen. Aber im Vorwärtsstürmen traten sie jetzt in die volle Schußlinie der zu erobernden Schanze und namentlich der nach rechts und links gelegenen Communikationen ein. Hauptmann v. Stwolinski fiel, mit ihm Lieutenant v. Negelein, beide vom Regiment Elisabeth; Lieutenant v. Buddenbrock-Hettersdorff führte die Reste der Compagnie, in Front der Schanze, den Schanzenwall hinauf, während Hauptmann v. Gliczynski, rechts abschwenkend, von der Kehlseite her in die Schanze eindrang. Die sechste Sturmkolonne hatte in wenig mehr als 15 Minuten zwei Schanzen genommen, aber die Wegnahme der zweiten war mit schweren Opfern erkauft worden.

In Major v. Beeren verlor die Armee einen ausgezeichneten Officier. Er trat 1849 (bis dahin Lieutenant in preußischen Diensten) in die eben durch General v. Bonin gebildete schleswig-holsteinsche Armee. Er avancirte schnell zum Hauptmann und wurde zum Stabschef der Brigade Graf Baudissin ernannt. In dem Gefecht bei Gudsö (in der Nähe von Kolding), später bei Idstedt und Missunde, zeichnete er sich aus. Für den Tag von Missunde (12. September 1850) empfing er die Major-Epaulettes. Nach Auflösung der schleswig-holsteinschen Armee trat er als Secondelieutenant in die preußische Armee zurück, stieg aber rasch von Stufe zu Stufe und betrat im Februar 1864 als Commandeur des 1. Bataillons vom Garde-Grenadier-Regiment Königin Augusta die alten, wohlbekannten Schlachtfelder jenseit der Eider aufs Neue. Er bewies sich während der Operationen in Jütland, die er von Mitte Februar an bis Ende März mitmachte, als ein umsichtiger Führer und wurde zwei Tage vor dem Sturm mit den Schwertern dekorirt; aber erst der Sturmtag selbst gab ihm Gelegenheit, sich in glänzender Weise hervorzuthun. Wir haben erzählt, mit welcher Bravour er die sechste Kolonne zum Angriff führte. Als ihn die Kugel traf, sank er mit den Worten zusammen: »so sterb' ich denn für Schleswig-Holstein«. Sein Adjutant, Lieutenant v. Falckenstein, trug ihn nach Schanze VI. zurück, wo er alsbald seinen Geist aufgab. Am 21. wurde er in Nübelkirch zu Grabe getragen, geliebt, verehrt, beweint von allen, die ihn gekannt.

Hauptmann Fritz v. Stwolinski vom Regiment Elisabeth, der fast an der Seite Major v. Beeren's gefallen war, war 1846 in die Armee getreten und hatte 1848 und 1849 mit dem Grenadier-Regiment Kaiser Alexander, dem er damals angehörte, die Straßenkämpfe in Berlin und Dresden mitgemacht. Bei Errichtung des Regiments Elisabeth trat er aus dem Regiment Alexander in jenes über. Am Tage des Sturms an einer heftigen Erkältung leidend, wollte er doch an solchem Ehrentage seiner Compagnie nicht fehlen. Er bezahlte diese Treue mit seinem Leben. Mit dem Rufe »Vorwärts« sank er zusammen.

---

### Schanze VIII.

Mit Eroberung der sechs ersten Schanzen war die den Truppen bestimmt gestellte Aufgabe erfüllt; — die Düppelstellung war in zehn Minuten genommen. Was weiter geschah, geschah aus der Situation heraus, nicht in Ausführung vorhergegangener Befehle. Der, dem es zufiel, der Situation gemäß, seine über die Tagesaufgabe hinausgehenden Befehle zu ertheilen, war Generallieutenant v. Manstein; in Ausführung dieser Befehle waren die Generale v. Schmid, v. Canstein und v. Raven thätig, — vieles aber von dem, was an diesem denkwürdigen Düppeltage geschah, geschah ohne allen Befehl, lediglich aus dem Impuls der Truppen heraus. Wenn scherzhaft gesagt worden ist, der General Vierundzwanzigpfünder habe Düppel erobert, so läßt sich ebenso hinzufügen, der General Impuls habe den Düppelsieg vervollständigt. Alles — nachdem die Schanzen genommen waren — drängte vorwärts. Auch ohne dies impulsive Vorwärtsdrängen würde ein schöner Sieg errungen, der Rückzug des Feindes vom schleswigschen Festlande unausbleiblich gewesen sein, daß dieser Sieg aber ein glänzender wurde und nicht nur zum Rückzug des Feindes, sondern zu seiner Vernichtung — so weit er mit seinen Truppen diesseits des Alsensundes stand — führte, das war eine Folge des Impulses, der ohne Befehl, oft ohne Führer, die Soldaten überall dahin drängte, wo noch Widerstand und Gefahr zu gewärtigen war.

Dieser »Elan« war es, der — wie wir eben gesehen — die Sturmkolonne von Schanze VI. sofort gegen Schanze VII. führte, der überall darnach drängte, sich dem Feinde an die Ferse zu heften, ihn von Knick zu Knick, von Gehöft zu Gehöft zu werfen, bis in seine letzte Burg — den Brückenkopf. Am lebendigsten, — auch der Zeit nach am frühesten — trat dies den Feind jagen und verfolgen am rechten Flügel hervor; ehe wir aber unsere augenblickliche Stellung (Schanze VII.) aufgeben, um Zeuge der vorzugsweise entscheidenden Kämpfe am rechten Flügel zu sein, verfolgen wir zunächst die Ereignisse, die sich von Schanze VII. aus ins Werk setzten: die Wegnahme der letzten drei Schanzen, der Schanzen VIII. IX. und X.

Da die Wegnahme dieser Schanzen nicht im Voraus in den Sturm- und Angriffsplan des 18. April hineingezogen war, so konnte der Angriff gegen dieselben auch nicht mit voraus bezeichneten Compagnieen, in voraus bezeichneter Weise erfolgen. Vielmehr war in Betreff dieser Extra-Schanzen, wie wir sie nennen möchten, alles in die Hand und in die Erwägung des Generallieutenants v. Manstein gelegt. Er hatte, wie schon mehrfach hervorgehoben, das große Sturmcommando an diesem Tage.

Generallieutenant v. Manstein ertheilte kurz vor 11 Uhr der Brigade Raven Befehl, die Schanzen des linken Flügels (des feindlichen rechten) zu nehmen. Um diese Stunde befand sich die genannte Brigade bereits in Schanze VII. Ehe wir derselben indeß bei Erstürmung der noch wegzunehmenden Schanzen folgen, greifen wir zunächst um eine Stunde zurück, um die Brigade Raven auf ihrem Vormarsch von der Büffelkoppel bis nach Schanze VII. zu begleiten.

Die Brigade Raven — nach Abgabe von 6 Sturm-Compagnieen und 3 Vorposten-Compagnieen — noch aus 9 Compagnieen des Leibregiments und 6 Compagnieen des 18. Regiments bestehend, war um $9\frac{1}{2}$ Uhr in die Büffelkoppel eingerückt. Um 10 Uhr trat die Brigade an, das Regiment Nr. 18. an der Tête und ging auf der sonderburger Chaussee vor. Zunächst bis in Höhe der zweiten Parallele. Hier traf sie $10\frac{3}{4}$ Uhr der Befehl, in die Schanzenreihe vorzurücken. Lieutenant Graf Haeseler, Adjutant des Prinzen Friedrich Karl, überbrachte diese Ordre. Die Brigade ging nunmehr, in raschem Vormarsch, zwischen den eroberten Schanzen IV. und V. hindurch und bog dann nördlich aus, um sich, dicht östlich der eben durch die Garde genommenen Schanze VII., in Sectionskolonnen möglichst gedeckt aufzustellen.

Kaum waren die ersten vier Compagnieen der Brigade zum Stehen gekommen, als General v. Raven, eben empfangener Ordre von Seiten des Generallieutenants v. Manstein gemäß, dem Obersten v. Kettler, Commandeur des 18. Regiments, den Befehl zur Eroberung von Schanze VIII. ertheilte. Die 1. Compagnie (Hauptmann v. Treskow) wurde gegen die Face, die 2. Compagnie (Premierlieutenant v. Gersdorff I.) gegen die Kehle des Werkes dirigirt. Die 1. Compagnie und der Schützenzug der 2. Compagnie sprangen über die Sturmpfähle der Contre-Escarpe in den tiefen Graben und erklommen die hohe, steile und hier ganz unversehrte Brustwehr. Die beiden andern Züge der 2. Compagnie liefen und kletterten unter dem Gewehrfeuer, das, vom Blockhause aus, gegen sie unterhalten wurde, über die Balken der zurückgerollten Brücke in die Schanze hinein.*) Die Besatzung leistete im Großen und Ganzen wenig Widerstand; nur die tapferen Artilleristen, die noch bis zuletzt ihre Geschütze zu bedienen versuchten, mußten großentheils niedergestochen werden. Darauf gab sich der Rest der Besatzung gefangen, 4 Officiere und 170 Mann. Es war 12 Uhr; ein Hurrah klang von allen acht Schanzen. Der Verlust preußischerseits betrug 15 Mann, 4 Todte und 11 Verwundete. Die beiden Compagnieen, die Schanze VIII. genommen, verblieben ihr als Besatzung, erst 6 Uhr Abends rückten sie in Cantonnements-Quartier nach Kirch-Düppel.

---

### Schanze IX.

Wie Schanze VIII. durch zwei Compagnieen vom 18. Regiment, so wurde Schanze IX. durch kleine Abtheilungen vom Leibregiment (eigentlich durch eine einzige Compagnie, die dritte) genommen. General v. Raven hatte an Oberst v. Berger, Commandeur des Leibregiments, die entsprechenden Ordres ertheilt.

Oberst v. Berger avancirte — von Schanze VII. aus — mit sechs Compagnieen. Die 3. Compagnie hatte die Tête. Der Weg, der einzuschlagen war, war ein sehr beschwerlicher (er führte über die zweite Vertheidigungslinie des Feindes, die sogenannten »Retranchements«) und wurde es um so mehr, als, bei der steigenden Wärme, die Helme (nur die

*) Bei Eroberung von Schanze VIII. wirkte auch Lieutenant Kerlen vom 53. Regiment mit, der die Kehlfront umgehend, die Brustwehr von Norden erstieg. Es war dies die dritte Schanze, die Lieutenant Kerlen erobern half. Bei allen dreien that er sich hervor. Er gehörte zur vierten Sturmkolonne und war — neben Lieutenant Loebbecke — einer der ersten in Schanze IV. Von Schanze IV. aus stürmte er mit 30 bis 40 Mann von den verschiedensten Regimentern (53. 55. 24. und 64.) gegen Schanze VII. und war hier vielleicht der erste. Von Schanze VII. ging er mit derselben Abtheilung gegen Schanze VIII. vor. Wie Lieutenant Loebbecke von demselben Regiment (53.), erhielt er wegen Tapferkeit den pour le mérite.

eigentlichen Sturmcompagnieen trugen Mützen) und das Gepäck anfingen, lästig zu werden.

Etwa 60 Schritt vor der Schanze IX. zog sich in östlicher Richtung, senkrecht zu der Communikation zwischen Schanze VIII. und IX., ein Knick hin, welcher durch eine Oeffnung den Zutritt nach der Schanze IX. gestattete.

Der Oberst v. Berger — die Compagnieen waren durch das schwierige Terrain auseinander gekommen — avancirte mit der vordersten Abtheilung der 3. Compagnie (Hauptmann v. Unruhe) bis an die Contre-Escarpe der Schanze, von dem lebhaftesten Gewehrfeuer der Besatzung empfangen. Da indessen die wenigen Leute zur Erstürmung der Schanze nicht genügten, so ließ er durch seinen Adjutanten schleunigst die nächsten Abtheilungen der Compagnie heranziehen und wurde nun der Lieutenant Bekuhrs mit seinem Zuge nach der Kehle, der Hauptmann v. Unruhe auf die vorliegende Flanke dirigirt. Der Graben der Schanze — die ihrerseits nur wenig Spuren der erfolgten Beschießung zeigte — war mit Sturmpfählen versehen. Ueber diese hinweglaufend und in den Graben springend, oder sich an ihnen herunterlassend, drangen nun die Officiere mit ihren Grenadieren auf den Brustwehrkörper vor und erstiegen denselben unter dem Feuer des Feindes, das dieser fortsetzte, bis sich die Unsern im Innern der Schanze befanden. Dann warf er die Waffen fort und ergab sich, 4 Officiere und gegen 200 Mann. Der Lieutenant Bekuhrs war als der erste eingedrungen und hatte den verwundeten Commandeur der Besatzung, Capitain Andersen, gefangen genommen. Da beim 1. und 2. Bataillon keine Sturmfahnen vorhanden waren (es waren die Füsiliere des Regiments, die Schanze III. gestürmt hatten), so wurde unter einem Hoch auf König Wilhelm die Fahne des 1. Bataillons auf dem eroberten Werke aufgepflanzt. Es war 12 Uhr 25 Minuten.

---

### Schanze X.

Schanze X. wurde von der westphälischen Brigade Schmid genommen, die bereits das Hauptcontingent (8 Compagnieen vom 53. Regiment) zur vierten Sturmkolonne gestellt hatte. Der Rest der Brigade, 4 Bataillone, stand als Reserve in Rackebüll. Um 11½ Uhr avancirte die Brigade auf der apenradener Chaussee. Das 2. Bataillon vom 13. Regiment hatte die Tête. Etwa gegen 12 Uhr traf ein bestimmter Befehl vom commandirenden General ein, mit Schützen angriffsweise gegen die Schanze X. vorzugehen. Sofort schritt ein Zug der 6. Compagnie

(Hauptmann v. Cranach) zur Attacke, setzte sich, auf 200 Schritt Entfernung von der Schanze, in Laufschritt, und erstieg im Verein mit dem gegen die Kehle geworfenen Schützenzuge des Lieutenant v. Devivere, trotz heftigen Flankenfeuers von Alsen her, die Brustwehr. Die Besatzung kapitulirte theils, theils flüchtete sie; von den Fliehenden wurden die meisten durch Abtheilungen vom 18. Regiment, die bis an den Alsensund vorgedrungen waren, zu Gefangenen gemacht.

Mit Schanze X. war nun auch das letzte Bollwerk der ersten Linie gefallen und die Trümmer der feindlichen dritten Brigade (16. und 17. Regiment; Oberst v. Bernstorff, Commandeur des letzteren, war gefallen) eilten unter dem Schutz des 1. Bataillons vom 3. dänischen Regiment — das vom Brückenkopf aus, nach dem rechten Flügel des Feindes vorgeschoben worden war — am Alsensunde entlang, dem sonderburger Brückenkopfe zu, wo sie Schutz und Sicherheit zu finden hofften. Preußische Abtheilungen drängten nach.

Ehe wir diesen Abtheilungen aber, den fliehenden wie den nachdrängenden, auf ihrem Wege weiter folgen, wenden wir uns zuvor den entscheidenden Ereignissen am rechten Flügel zu, wo, nach wechselnden Kampfesmomenten, alles jenem einem Ziele zustrebte, dem wir, auch vom linken Flügel aus, so eben die Unsrigen zustreben sahen. Senkrecht auf den Alsensund drängte der rechte, parallel mit ihm drängte der linke Flügel. Das Ziel beider Flügel aber, ihr Rendez-vous, war — der Brückenkopf.

# Die Entscheidung am (preußischen) rechten Flügel.

ir beginnen unsere Schilderung der Ereignisse am (preußischen) rechten Flügel, — Ereignisse, die sich inzwischen bereits vollzogen hatten — mit einem nochmaligen Blick auf die feindliche Stellung. Sie setzte sich, wie wir schon an anderer Stelle hervorhoben, aus verschiedenen Vertheidigungslinien zusammen, von denen — der Batterieen auf Alsen selbst zu geschweigen — drei diesseits des Alsensundes gelegen waren.

Die erste Linie, in weitem Bogen, bildeten die zehn düppler Schanzen. Die zweite Linie war ein sogenanntes «Retranchement«, das, 400 bis 500 Schritt hinter den Schanzen, die Chaussee durchschneidend, von Schanze VII. bis zum Wenningbund lief. Die dritte Linie, unmittelbar am Alsensund, waren die beiden Brückenköpfe; durch einen derselben, den nördlicheren, führte die sonderburger Chaussee hindurch.

Die vorderste Schanzenreihe, auf ihrer ganzen Länge, war durch 2 Brigaden besetzt; die zweite oder zurückgezogene Vertheidigungslinie, das Retranchement, hatte keine Besatzung; nur Abtheilungen von der Schanzen-Besatzung suchten gelegentlich hier Schutz. Zwischen Retranchement und Brückenkopf, — im sogenannten Barackenlager, zu beiden Seiten der Chaussee — standen die ersten Reserven, eine Brigade stark. Eine zweite Reserve-Brigade bildete die Besatzung des Brückenkopfes; sie konnte, mit Hülfe der Schiffbrücken, von Alsen aus jeden Augenblick verstärkt werden.

So waren die Vertheidigungslinien des Feindes.

Die erste Linie — wenn wir die Schanzen des linken Flügels außer Spiel lassen — war 10 Minuten nach 10 Uhr durchbrochen. Die Stürmenden richteten ihren Angriff sofort auf die zweite Linie, das »Retranchement«. Hier mußte sich der Kampf entscheiden. Konnte nach dem Fall der ersten Linie (die doch immer die Hauptlinie war) die Räumung des schleswigschen Festlandes seitens der Dänen auch nicht länger zweifelhaft sein, so behielten diese doch, so lange sie das Retranchement zu halten wußten, das Spiel bis zu einem gewissen Grade in Händen. Sie konnten das Schicksal des Tages dadurch nicht wenden, sie konnten der Rückzugs-Nothwendigkeit nicht entgehen, aber sie konnten dem Rückzuge selbst seine Gestalt geben. Umgekehrt, scheiterten sie an einer raschen Besetzung, der zweiten Linie, ging diese zweite Linie (weil unbesetzt) beinahe gleichzeitig mit der ersten Linie, den Schanzen selbst, verloren, so war das Spiel ihrer Hand entrissen und die Gefahr einer völligen Vernichtung zog drohend herauf. Die Truppen ihres rechten Flügels wurden dann wahrscheinlich abgeschnitten und zu Gefangenen gemacht. Der Charakter des Kampfes, die Art des Rückzuges hing also davon ab, ob die Retranchements Widerstand leisteten oder nicht. Widerstand aber, nachhaltigen Widerstand, konnten sie nur dann leisten, wenn es glückte, sie vom Rücken her eher zu besetzen, als die Preußen in der Front heran waren.

Wir werden sehen, daß es nicht glückte, daß die Stürmenden eher heran waren als die Vertheidiger, und daß dem Rückzuge dadurch jene Ruhe und Freiheit der Bewegung verloren ging, die sich derselbe, unter andern Verhältnissen, wohl hätte wahren können. Daß der Rückzug — und zwar ohne den totalen Verlust aller diesseits des Alsensundes befindlichen Streitkräfte — dennoch schließlich ausgeführt wurde, gereicht den Dänen zu nicht geringem Ruhme. Die Brigade des rechten Flügels (16. und 17. Regiment) rettete sich wenigstens zum größeren Theile; aber die Mauer, hinter der sie ihren Rückzug — nicht ohne das Verdienst eigner geschickter Führung — bewerkstelligen konnte, war (statt des Retranchements) eine lebendige Mauer — die 8. dänische Brigade. Diese brachte sich zum Opfer. Sie wurde vernichtet, wie die 1. Brigade (2. und 22. Regiment) schon vorher in den sechs ersten Schanzen vernichtet worden war.

So viel über das Allgemeine dieses Kampfes.

Wir wenden uns nun den einzelnen Hauptmomenten zu, deren wir vier unterscheiden. Und zwar:

1) Die Wegnahme des »Retranchements« und der Düppelmühle.
2) Vorstoß der dänischen (8.) Brigade Scharffenberg.
3) Vorstoß der preußischen Brigade Canstein.
4) Wegnahme des Brückenkopfs.

Mit Hülfe dieser Art der Gruppirung hoffen wir ein klareres Bild geben zu können.

### Die Wegnahme des Retranchements und der Düppelmühle.

Zehn Minuten nach 10 war die ganze erste Linie durch die Sturmkolonnen genommen; einzelne Compagnieen (wie wir sahen) setzten sich in den Werken fest; die meisten Abtheilungen aber gingen durch Schanze und Communikationen nur hindurch und stürmten sofort auf die zweite Linie weiter.

Diese zweite Linie (vom Wenningbund bis zur Chaussee) entsprach im Wesentlichen der ersten Linie von Schanze I. bis Schanze IV. und bestand aus vier unter einander verbundenen Lünetten: A. B. C. D. Diese 4 Lünetten lagen dergestalt im Rücken der 4 Schanzen, daß — einen gradlinigen Vorstoß vorausgesetzt — dieselben Sturmkolonnen, die die 4 ersten Schanzen nahmen, auch die 4 Lünetten nehmen mußten. Und so geschah es auch, wobei natürlich (mehr oder weniger) dieselben Verschiebungen vorkamen, wie bei Wegnahme der Schanzen selbst. Erste Sturmkolonne nahm Lünette A., zweite Sturmkolonne nahm B., zweite und dritte nahmen C., endlich dritte und vierte D. Ein eigentlicher Kampf fand nirgends statt; die zurückkehrenden Abtheilungen der 1. dänischen Brigade (22. und 2. Regiment) waren zu schwach, zu führerlos, zu überrascht, um mit Hülfe des Retranchements einen ernsteren Widerstand zu versuchen. Die Stürmenden waren ihnen zudem zu hart auf der Ferse, drangen mit ihnen, oder zum Theil auch wohl vor ihnen in die Lünetten und Communikationen der zweiten Linie ein. Fünfzehn Minuten nach 10 war auch diese genommen.

Das Retranchement war genommen und besetzt; aber der Sturmeifer einzelner Compagnieen drängte wie über die erste so auch über diese zweite Linie hinaus; die 12. Compagnie vom 35. Regiment (Hauptmann v. Kameke) avancirte gegen Hörlück und das Barackenlager, Compagnieen vom Leibregiment, denen sich Abtheilungen anderer Regimenter anschlossen, avancirten gegen die Düppelmühle. Bei beiden Gefechtsmomenten haben wir einen Augenblick zu verweilen.

Hauptmann v. Kameke fand Lünette C. schon genommen und passirte dieselbe nur, um weiter vorzugehn. Eine feindliche Kolonne, die, aus der Gegend des Barackenlagers her, einen Angriff versuchte, warf er zurück; er selbst wurde dabei verwundet und mußte das Commando an Lieutenant Bolte abtreten. Der Feind attackirte von Neuem, diesmal mit verstärkten Kräften und zwang nun den Lieutenant Bolte — dem feindlichen Angriff nach links hin ausweichend — sich bis zur Schmiede (dicht an der düppler Mühle) zurückzuziehn. Bei dieser Rückwärtsbewegung wurde Hauptmann v. Kameke zum zweiten Male getroffen und zwar tödtlich

Lieutenant Bolte, mit andern Abtheilungen, nahm nunmehr an der Vertheidigung der düppler Mühle Theil.

Man hat diesem tapfern Vorgehn des Hauptmanns v. Kameke einen wesentlichen Einfluß auf den Gang des Gefechtes, wie sich dasselbe später entwickelte, zuschreiben wollen; aber wohl mit Unrecht. Die Berichte (wenigstens einige derselben) gehen dabei von der Annahme aus, daß es der Vorstoß der dänischen Reserve-Brigade gewesen sei, den Hauptmann v. Kameke und seine 12. Compagnie so tapfer zu pariren wußten. Diese Annahme aber, wenn wir, mit der Uhr in der Hand, den verschiedenen Gefechtsmomenten folgen, scheint uns auf einem Irrthum zu beruhn. Die dänische Reserve-Brigade trat wohl erst eine Viertelstunde später (vielleicht noch später) ins Gefecht ein. Die Züge und Halbzüge, die sich der 12. Compagnie (eigentlich nur 60 bis 70 Mann derselben) entgegenwarfen und die dann den Lieutenant Bolte bis zur Schmiede seitwärts zurückdrängten, waren Abtheilungen vom 22. Regiment, die theils auf ihrem Rückzug aus den Schanzen sich hier wieder gesammelt, theils überhaupt von Anfang an eine Reservestellung in beträchtlicher Entfernung hinter den Schanzen inne gehabt hatten. An die Spitze dieser Abtheilungen — die 3. Compagnie vom 22. Regiment wird im dänischen Berichte eigens genannt — stellte sich der in Eil herangekommene Oberst Lasson, der Commandeur der ersten Brigade (2. und 22. Regiment) und führte dieselben gegen die am weitesten vorgedrungenen Preußen. Das waren eben die Füsiliere unter Hauptmann v. Kameke. Oberst Lasson fiel bei diesem Gefecht. Der erste Angriff der Dänen wurde abgeschlagen, dem zweiten wichen die Preußen aus. Dies alles war nur möglich solchen kleineren Abtheilungen gegenüber, während der große, später erfolgende Vorstoß der 8. Brigade die 60 bis 70 Mann der 12. Compagnie sofort über den Haufen gerannt haben würde. Das Verdienst, diesem ernsteren Vorstoß erfolgreich begegnet zu sein, gebührt anderen Abtheilungen der Sturmkolonnen, und zwar, wie wir später sehen werden, im Centrum (Lünette B. und C.) den verschiedensten Abtheilungen des 60. und 35. Regiments, am linken Flügel (Düppelmühle) den am meisten vorgedrungenen Abtheilungen des 8. (Leib-), 18., 35. und 53. Regiments.

Diese letztgenannten Abtheilungen der verschiedensten Sturmkolonnen sind es, denen wir jetzt bis zur Düppelmühle und bis zur Wegnahme derselben folgen.

Wie Hauptmann v. Kameke mit der 12. Compagnie des 35. Regiments, so drangen Lieutenant Karstädt und Lieutenant v. Rabenau, jener mit Abtheilungen der 9., dieser mit Abtheilungen der 10. Compagnie vom Leibregiment, über die erste und bald auch über die zweite

Vertheidigungslinie hinaus. Beide nahmen ihre Richtung auf die hinter Lünette D. gelegene Düppelmühle. Lieutenant Karstädt schritt an derselben nur vorbei, um sich sofort weiter links gegen Schanze VII. zu wenden, Lieutenant v. Rabenau aber warf den Feind aus Mühle und Mühlengehöft hinaus und setzte sich darin fest. Als andere preußische Abtheilungen — Züge und Halbzüge vom 18., vom 35. und 53. Regiment — nunmehr ebenfalls in der Düppelmühle eintrafen, drang Lieutenant v. Rabenau weiter ostwärts vor und verfolgte den Feind in der Richtung auf einen südöstlich vor ihm liegenden Knick. Noch eh er diesen erreicht, brach er, von einer Gewehrkugel durch die Brust getroffen, zusammen. Seine Füsiliere, nachdem viele von ihnen gefallen, zersplitterten sich und schlossen sich dann, im Zurückgehen, den zum Theil schon genannten Abtheilungen anderer Regimenter an.

Wenn dem Lieutenant v. Rabenau der Ruhm gebührt, die Düppelmühle zuerst genommen und durch sein rasches Vorwärtsdringen das sich Festsetzen anderer Abtheilungen in Mühle und Mühlengehöft erleichtert zu haben, so gebührt doch diesen unmittelbar nach ihm eingetroffenen Abtheilungen (die schon erwähnten Züge und Halbzüge vom 18., 35. und 53. Regiment) der Ruhm, diese höchst wichtige Position gegen den stürmischen Andrang des alsbald zur Offensive übergehenden Feindes gehalten zu haben. Auch hier möchten wir vermuthen, daß diese Offensive nicht gleich Anfangs der Vorstoß der 8. Brigade war. Erst, nachdem eine schwächere Offensiv-Bewegung sich ralliirender Abtheilungen der 1. Brigade abgeschlagen, folgte die stärkere der 8. Brigade. Auch gegen diese hielt sich die Besatzung der Düppelmühle. Als sie auf dem Punkt stand, dem Andrang einer vielfachen Uebermacht zu unterliegen, brachten die inzwischen herangekommenen Reserven der Brigade Canstein, wie wir gleich des Näheren sehen werden, die Rettung und die — Entscheidung.

Wir bemerken übrigens schon hier, daß die diesseitigen Angaben über das »Gefecht an der Düppelmühle« sich oft in den wichtigsten Punkten widersprechen und daß es, ohne Benutzung des dänischen Berichts, kaum möglich ist, sich in diesen widersprechenden Angaben zurecht zu finden. So bemerkt General Canstein in seinem Bericht über die Theilnahme seiner Brigade: »Hauptmann Lindow nahm die Mühle mit einem Verlust von 2 Todten und 10 Verwundeten. . . . Daß der Feind die Windmühle (als Hauptmann Lindow, bei dem spätern Vorstoß der Cansteinschen Brigade, sie nahm) nicht stärker besetzt hatte, war lediglich dem früher erwähnten kühnen und rapiden Vorgehn der 12. Compagnie 35. Regiments unter Hauptmann v. Kameke zu verdanken.« Diese Stelle des Cansteinschen Berichtes ist doch, wie uns scheinen will, nur dahin zu verstehn, daß die Mühle, als Hauptmann Lindow sie nahm, entweder noch gar nicht vorher genommen, oder aber, nachdem sie genommen, wieder verloren und von den Dänen aufs Neue besetzt worden war. Dagegen sprechen indeß, ebenso wie die Spezialberichte anderer beim Sturm betheiligter Regimenter, so auch namentlich der dänische Bericht. Es heißt in dem letzteren: »Der Feind wurde durch den Vorstoß der 8. Brigade auf der ganzen Linie 6 bis 800 Schritt gegen die zweite Linie zurückgeworfen. Doch hatte er einige feste Haltepunkte. Der eine Haltepunkt war ein abgebranntes Gehöft vor Lünette B. Der andere feste Haltepunkt war die Düppelmühle. Es gelang uns nicht, ihm diese zu entreißen.« Diese Stelle des dänischen Berichts — mit der übrigens auch Graf Waldersees Darstellung übereinstimmt — scheint uns entscheidend. Die 8. Brigade, die ausgesprochenermaßen vom Barackenlager her eher das Retranchement (und natürlich auch die vorgelegenen Punkte) erreichte, als die Brigade Canstein von der dritten Parallele her, — wir sagen, diese früher eintreffende dänische Reserve-Brigade fand die Düppelmühle von preußischen Abtheilungen bereits besetzt und energisch vertheidigt; es konnte dieselbe also von der 8. Compagnie 35. Regiments (Hauptmann Lindow), die einen Theil der Cansteinschen Reserve-Brigade bildete, nicht erst genommen werden. Sie war vorher genommen und nicht wieder aufgegeben.

Solcher Widersprüche finden sich viele. Keiner ist wichtiger als der eben besprochene, da die Düppelmühle ein entscheidender Punkt war. Von ihr aus ermöglichte sich eine wenigstens zeitweilige Rückeroberung der zweiten Linie. Für unsere Darstellung war eine Lösung dieses Widerspruches, wenigstens so weit wie möglich, schon an dieser Stelle durchaus nothwendig, da wir den nächsten Abschnitt (Vorstoß der 8. dänischen Brigade) mit einer Charakterisirung der preußischen Aufstellung, wie dieselbe sich um 10½ Uhr gestaltet hatte, beginnen möchten. Zur Entwerfung eines solchen Bildes war es aber nöthig, festzustellen, ob ein so wichtiger Punkt wie die Düppelmühle um 10½ Uhr bereits im Besitz der Preußen war oder nicht. Er war in ihrem Besitz.

### Der Vorstoß der 8. dänischen Brigade.

Um 10½ Uhr war die zweite Linie (das »Retranchement«) von den preußischen Sturmkolonnen genommen und besetzt; ebenso waren die ersten Wiedereroberungs-Versuche (durch sich sammelnde Abtheilungen des 2. und 22. Regiments) mehrfach abgewiesen*).

*) Zu solchen Wiedereroberungs-Versuchen hatten die beiden Regimenter trotz der gehabten schweren Verluste sich immer noch stark genug erwiesen. Ganze Züge und Halbzüge,

Zu genannter Stunde (10½) war die Aufstellung der vordersten preußischen Linie wie folgt:

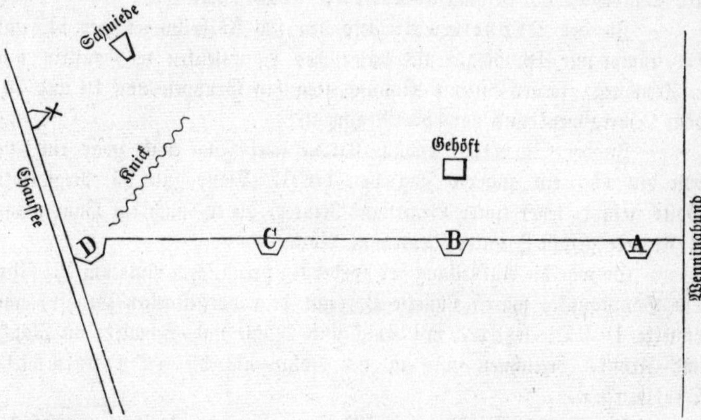


In Lünette A. befanden sich kleine Abtheilungen vom 3. Garde-Regiment und vom 60. Regiment, jene unter Hauptmann v. Wolffradt, diese unter Hauptmann Krähe.

In Lünette B. (und in dem vorgelegenen Gehöft) befand sich die 9. Compagnie vom 60. Regiment unter Premierlieutenant v. Kaminietz. Zu dieser hatten sich Abtheilungen vom 18. Regiment (unter den Lieutenants v. Brandt und Pestrich) und ein Zug der 10. Compagnie vom 60. Regiment gesellt.

In Lünette C. befanden sich drei Züge von verschiedenen Compagnieen und zwar ein Zug von der 2. und ein Zug von der 10. Compagnie 60. Regiments; dazu ein Zug der 7. Compagnie 35. Regiments.

In Lünette D. befanden sich zwei Züge und zwar ein Zug von der 7. und ein Zug von der 11. Compagnie 35. Regiments, jener unter Premierlieutenant Zucker, dieser unter Premierlieutenant v. Treskow. Außer Lünette D. war aber, hier am linken Flügel, ein südöstlich laufender Knick, ferner die Düppelmühle und schließlich die zur Seite der Düppelmühle gelegene Schmiede von den Preußen besetzt.

die in Reserve gestanden, waren noch wie frisch ins Gefecht getreten und selbst die Trümmer-Abtheilungen, die sich aus den Schanzen gerettet, hätten nur eines energischen Commandos bedurft, um auch jetzt noch nicht ohne jegliche Aussicht auf Erfolg gegen die kaum minder zersplitterten Abtheilungen der Preußen geführt zu werden. Im Einzelnen (wie z. B. gegen Hauptmann v. Kameke) waren diese Anstrengungen auch keineswegs erfolglos gewesen.

Am Knick (rechts von der Lünette D.) lagen drei Züge und zwar zwei Züge von der 11. und 7. Compagnie 35. Regiments unter Premierlieutenant Kleckl I. und Lieutenant Körner und ein dritter Zug von der 10. Compagnie 60. Regiments unter Lieutenant Schroeder.

In der Düppelmühle befanden sich Abtheilungen der 11. und 12. Compagnie 18. Regiments unter den Hauptleuten v. Hanstein und v. Freyburg; ferner einzelne Mannschaften (in Gruppen von 10 und 20) vom Leibregiment und vom 53. Regiment.

In der Schmiede endlich hatten zwei Züge und zwar ein Zug von der 11., ein anderer Zug von der 12. Compagnie 35. Regiments Posto gefaßt, jener unter Lieutenant Reuter, dieser, nachdem Hauptmann v. Kameke gefallen, unter Lieutenant Bolte.

So war die Aufstellung der vordersten preußischen Linie um 10½ Uhr. Die Hauptpunkte waren Lünette B. (mit dem vorgelegenen Gehöft) und Lünette D. Die letztere, mit Knick und Mühle und Schmiede in Flanke und Front, bezeichnen wir in der Folge als die »Düppelmühl-Stellung.«

Nur wenige Minuten vor 10½ Uhr, also zu einer Zeit, wo sich die Preußen in der zweiten Linie bereits festgesetzt hatten, erfuhr der dänische Generalmajor du Plat, der an diesem Tage, als Divisionair, in der Düppelstellung commandirte, daß ein Sturm auf die Schanzen stattgefunden habe. Der Wind stand am 18. April so ungünstig für die Dänen, daß sie im Barackenlager und in den Brückenköpfen von dem Gewehrfeuer in der Front sehr wenig, von den verabredeten Signalen aber gar nichts vernahmen. Dies erklärt einen Zeitverlust von fast einer halben Stunde.

General du Plat eilte nunmehr in die Front; er wählte den alten Landweg, der vom südlichen Brückenkopf auf die Chaussee führt und diese (die Chaussee) in Höhe des Barackenlagers erreicht. Sein Stab war ihm gefolgt. Vom Barackenlager aus ermöglichte sich der erste Ueberblick über die Situation. Diese war ernst genug; beide Vertheidigungslinien waren genommen, der Feind an mehreren Punkten selbst über die zweite Linie hinausgedrungen, die wichtige Düppelmühle in seiner Hand. Glückte es nicht, die zweite Linie wieder zu erobern, oder doch dem Vordringen des Feindes durch einen kräftigen Gegenstoß zu begegnen, so waren die 5 Bataillone des (dänischen) rechten Flügels verloren, — sie waren abgeschnitten, gefangen.

Dem mußte vorgebeugt werden.

General du Plat war schnell entschlossen; er gab der 8. Brigade, die zwischen dem Barackenlager und den Brückenköpfen stand, Befehl zum

Vorrücken. In 4 Bataillone formirt, trat sie an. Sie bestand aus dem 9. und 20. Regiment, jenes von Oberstlieutenant Tersling, dieses von Oberstlieutenant Scholten geführt. Es waren sehr gute Regimenter, vor drei Tagen erst von Fridericia in der Düppelstellung eingetroffen. Oberst Scharffenberg, als Brigadier, hatte den Befehl über beide. Etwa 35 Minuten nach 10 schritten sie zur Attacke.

Die Brigade avancirte mit großer Bravour; das 9. Regiment dirigirte sich, rechts und links von der Chaussee, auf die Düppelmühle, das 20. Regiment ging auf Lünette C. und B. und das vorgelegene Gehöft. Der Energie des Angriffs entsprachen die Verluste. Aus gedeckter Stellung eröffneten die Preußen ein Schnellfeuer und von allen Seiten her schlugen die Kugeln in die dicht anrückenden Kolonnen ein. Oberstlieutenant Scholten fiel, die beiden Bataillonscommandeure wurden schwer verwundet, drei Compagnieführer desgleichen, ganze Abtheilungen waren ohne Officier, dennoch drang das Regiment (das 20.) vor und warf die preußischen Abtheilungen, die das Gehöft vor Lünette B. besetzt hielten, aus dem Gehöft hinaus in die Lünette B. hinein. Gleiche Verluste hatte das 9. Regiment, aber nicht gleiche Erfolge. Die 1. und 2. Compagnie unter Premierlieutenant Redstedt und Capitain Knauer gingen zum Sturm auf die Düppelmühle vor, während der rechte Flügel des Regiments (das 2. Bataillon) nördlich der Chaussee, bei den sogenannten »Düppelsteinen« Stellung nahm. Das Gefecht wurde in Front der »zweiten Linie«, namentlich dem Knick gegenüber, der von den drei Zügen der Lieutenants Kleckl I., Körner und Schröder vertheidigt wurde, stehend erhalten; es gelang aber nicht die Düppelmühle zu nehmen. Premierlieutenant Redstedt und Capitain Knauer fielen bei dem Versuch dazu.

Ein erneuter Angriff wurde coupirt; Generalmajor v. Canstein führte eben jetzt seine Reserve-Brigade heran, durchbrach die feindliche Angriffslinie an der ohnehin gelockerten Stelle, wo der linke Flügel des 9. Regiments an den rechten Flügel des 20. sich anzulehnen suchte und entschied dadurch das Gefecht.

### Der Vorstoß der Brigade Canstein.

Zehn Uhr 25 Minuten, also ohngefähr um dieselbe Zeit, zu welcher die Sturmkolonnen sich in der zweiten Linie festgesetzt, auch die ersten Angriffe des sich wieder sammelnden Feindes (Reste der 1. Brigade) zurückgeschlagen hatten, erhielt Generalmajor v. Canstein den Befehl, mit seiner Reserve-Brigade vorzugehn.

Die Brigade Canstein, nach Abgabe von zehn Compagnieen zur zweiten Sturmkolonne, bestand noch aus zwei Bataillonen vom 60. und

1½ Bataillonen vom 35. Regiment. Diese 14 Compagnieen standen, als sie Befehl zum Vorrücken erhielten, in der dritten Parallele. Sie wurden in eine rechte und linke Flügelkolonne getheilt. Die rechte Flügelkolonne bestand aus den beiden Voll-Bataillonen vom 60. Regiment unter Oberstlieutenant v. Hartmann; die linke Flügelkolonne bestand aus drei Halb-Bataillonen (zu zwei Compagnieen) unter dem Oberst v. Puttkamer. Die rechte Flügelkolonne passirte die erste Schanzenlinie zwischen II. und III., die linke Flügelkolonne ging auf Schanze IV.

Dieser linken Flügelkolonne war es vorbehalten, die entscheidenden Stöße zu thun; wir machen uns daher, bevor wir ihr auf ihrem Vormarsch folgen, zunächst mit ihrer Formation bekannt.

Die drei Halbbataillone, aus denen sie bestand, waren:

Halbbataillon v. Tippelskirch (1. und 4. Compagnie);

Halbbataillon v. Baehr (6. und 8. Compagnie);

Halbbataillon v. d. Lund (9. und 10. Compagnie).

Generalmajor v. Canstein war in Person beim Halbbataillon v. Tippelskirch.

Das Halbbataillon v. Tippelskirch passirte Schanze IV. selbst, die beiden andern Halbbataillone die Communikationen rechts und links. Hinter der ersten Schanzenreihe ordnete der General die auseinander gekommenen Compagnieen; das Halbbataillon Tippelskirch nahm den rechten, das Halbbataillon Baehr den linken Flügel; zwischen beiden das Halbbataillon v. d. Lund. Als diese Aufstellung beendet war, war es 40 Minuten nach 10 Uhr, genau der Zeitpunkt, wo die 8. dänische Brigade, vordringend, in wiederholten Stößen die Positionen bei Lünette B. und D. zu erschüttern begann. Bei Lünette B. war das vorgelegene Gehöft vom 20. dänischen Regiment bereits genommen; Lünette D. war stark bedroht. Die Preußen fochten hier 1 gegen 3.

Generalmajor v. Canstein erkannte die Gefahr und gab Befehl zu einem raschen Vorgehen auf dem linken Flügel der Stellung. Das Halbbataillon Baehr dirigirte sich auf Düppel-Mühle, das Halbbataillon Lund auf die Schmiede, das Halbbataillon Tippelskirch ging auf Lünette D., um diesen wichtigen Punkt gegen jeden weitern Ansturm des Feindes sicher zu stellen.

Lünette D. gestattete einen Ueberblick über das Gefechtsfeld bis zum Barackenlager hin und darüber hinaus. Der General verfolgte von diesem hochgelegenen Punkte aus, den er eben besetzt hatte, das Vorgehen der beiden andern Halbbataillone. Er sah sie rasch avanciren, theils auf der Chaussee, theils unmittelbar rechts derselben; das Halbbataillon Baehr

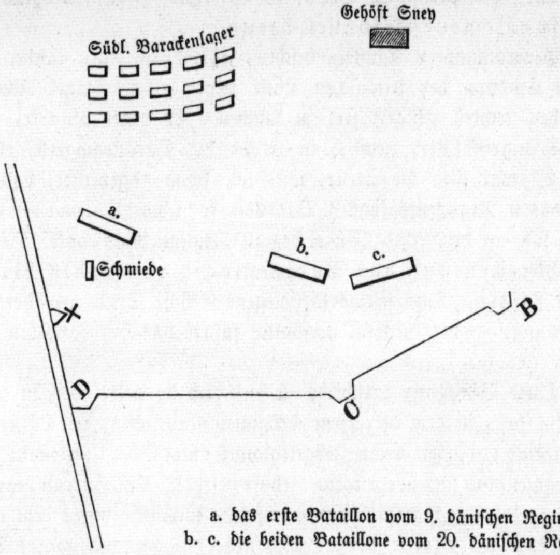


a. das erste Bataillon vom 9. dänischen Regiment.
b. c. die beiden Bataillone vom 20. dänischen Regiment.

besetzte die Düppel-Mühle, das Halbbataillon Lund die Schmiede.*) Das Gefecht, das gerade an dieser Stelle begonnen hatte, einen bedrohlichen Charakter anzunehmen, war durch diesen Vorstoß zum Stehen gebracht. Die Gefahr einer Wiedereroberung der zweiten Linie war abgewandt.

*) Wie wir schon S. 229 hervorhoben, weichen die Berichte darüber von einander ab, ob Düppel-Mühle und die Schmiede schon vorher genommen und besetzt waren oder ob sie erst jetzt durch die Halbbataillone Baehr und Lund (die Compagnie [8.] des Hauptmann Lindow gehörte zum Halbbataillon Baehr) genommen und besetzt wurden. Generalmajor v. Canstein ist dieser letzteren Ansicht; alle andern Berichte neigen sich der ersteren Ansicht zu. Doch sind die Angaben allerdings schwankend und unsicher. Nur in einem Punkte scheint der Cansteinsche Bericht unbedingt zu irren, darin nämlich, daß die Düppel-Mühle, im Laufe des Gefechts, von den Dänen direkt besetzt worden sei und, wie der Bericht hervorhebt, eine noch stärkere Besatzung erhalten haben würde, wenn nicht das Vorgehen der 12. Compagnie unter Hauptmann v. Kameke die Dänen daran verhindert hätte. — Alles erwogen, dürfte das das Richtige sein und zugleich alle Widersprüche lösen, daß Mühle und Schmiede von den nah gelegenen Knicks und Gräben aus (die ganz unzweifelhaft von den Preußen besetzt waren), dergestalt unter Feuer gehalten wurden, daß es den anrückenden Dänen unmöglich war, sich dieser beiden Punkte zu bemächtigen. Von Kugeln umhagelt, die ein Vorgehen gegen Mühle und Schmiede hinderten, mögen sich die Dänen (die in ihrem Bericht eine vorgängige Besetzung annehmen) allerdings außer Stande gesehen haben, genau zu unterscheiden, ob diese Kugeln direkt aus Mühle und Schmiede oder von benachbarten Knicks und Gräben aus, gegen sie abgefeuert wurden.

Aber die preußische Vorwärts-Bewegung stockte plötzlich. Der Feind führte neue Kolonnen heran.

Generalmajor v. Canstein beschloß jetzt, durch einen raschen Vorstoß auf das Centrum der feindlichen Linie seine beiden Flügel (Lünette B. bildete den rechten Flügel) frei zu machen. Er hatte bemerkt, daß die feindliche Angriffslinie, ziemlich in Front des Barackenlagers, eine Lücke zeigte. Es war dies die Stelle, wo, wie schon angedeutet, das 1. Bataillon des 9. Regiments (das 2. Bataillon focht nördlich von der Chaussee) sich nur lose an den rechten Flügel des 20. Regiments anlehnte. Hier wollte er durchbrechen und das Barackenlager von rechts her in der Flanke fassen. Das seitwärts gelegene Gehöft Sney gewährte Anhalt und Deckung, — der General persönlich führte das Halbbataillon Tippelskirch zur Attacke.

Diese Bewegung entschied; sie entschied doppelt, weil in demselben Augenblick fast, in dem die ersten Sektionen vorbrachen, vor Lünette B. die mit Ungeduld erwartete rechte Flügelkolonne unter Oberstlieutenant v. Hartmann erschien und das vorgelegene Gehöft besetzte. Ein Hurrah begrüßte ihr Erscheinen; der Vorstoß im Centrum erfolgte nunmehr unter dem moralischen Eindruck dieser Reserve. Jeder Widerstand wurde niedergeworfen. Als das Halbbataillon Tippelskirch in die Linie der beiden andern Halbbataillone eintrat, setzten sich diese mit in Marsch, während die nun überall frei werdenden Abtheilungen, die bis dahin hinter Knick und Graben ihr Feuergefecht gegen einen überlegenen Feind geführt hatten, sich dem allgemeinen Vorgehen unter lautem Jubel anschlossen. Es mochten 8 Compagnieen 35er sein, die hier in Centrum und linker Flanke zur Attacke schritten; am rechten Flügel standen die 8 Compagnieen 60er, jeden Augenblick bereit, den Angriff zu unterstützen.

Der Feind wich rasch; die Energie seines Willens war gebrochen. Eine Entmuthigung kam über dieselben Bataillone, die eben noch mit so großer Bravour gegen die festen Stellungen bei B. und D. vorgegangen waren; ganze Compagnieen warfen die Waffen fort, 400 Mann wurden gefangen genommen.

Es war jetzt 11 Uhr. Der Feind bis an das Barackenlager zurückgedrängt.

Unmittelbar in Front desselben versuchten die Dänen einen letzten Widerstand. In Höhe des Lagers, an dem Punkte, wo der alte sonderburger Landweg in die flensburger Chaussee einmündet, hielt Generalmajor du Plat. Neben ihm der Stabschef seiner Division, Major Schau und der zweite Chef des Generalstabes Major Rosen. Sie waren, von einem hochgelegenen Punkte aus, dem Vorstoß der 8. Brigade gefolgt, jetzt waren sie Zeuge, wie von drei Seiten und zwar von Schanze VII.*), von der Düppel-Mühle und von Lünette D. her, drei feindliche Kolonnen unaufhaltsam vordrangen, alle dem Barackenlager zu. Generalmajor du Plat raffte zusammen, was von zersprengten Abtheilungen der verschiedensten Regimenter, vom 9. und 20., auch vom 2. und 22. Regiment noch zusammenzuraffen war und führte diese Reste gegen den Feind. An Sieg war dänischerseits nicht länger zu denken, es galt nur den Widerstand zu verlängern und dafür zu sorgen, daß der Rückzug fechtend und mit Ordnung ausgeführt werde. Diese Anstrengungen kosteten der dänischen Armee drei ihrer ausgezeichnetsten Officiere. Den General traf eine tödtliche Kugel in den Rücken. Major Rosen stieg vom Pferde, um ihn aufzurichten; aber der General winkte mit der Hand: »Lassen Sie mich nur liegen.« In diesem Augenblick stürzte Rosen, durch die Brust geschossen, nieder; wenige Schritte davon fiel Major Schau tödtlich getroffen. Die beiden Stabsofficiere erlagen trotz sorgsamster Pflege ihren Wunden in den Lazarethen zu Nübel und Flensburg; die Leiche des General du Plat übergab man am folgenden Tage den Dänen; sie wurde nach Kopenhagen übergeführt.

Der Tod dieser drei Führer besiegelte die Niederlage; die Reste der 1. und 8. Brigade flohen auf Sonderburg zu und die nachrückenden Preußen — das Barackenlager lag bereits in ihrem Rücken — begannen nunmehr, auf 1000 Schritt Entfernung, eine lebendige Mauer um die beiden Brückenköpfe zu ziehen. Den linken Flügel dieser umzirkenden Aufstellung hatten die Halbbataillone Lund und Baehr, im Centrum stand das Halbbataillon Tippelskirch, das sich um 11½ Uhr im Gehöfte Sney festgesetzt hatte; vom rechten Flügel her rückten Garde-Compagnieen unter den Hauptleuten v. Reinhardt und v. Wolffradt vor und hielten in Höhe von Sney, zwischen diesem und dem Wenningbund.

Um 12 Uhr war diese Umzirkung ausgeführt; nur von Norden her war noch der Weg zum Brückenkopfe offen. Hier, dem Alsensunde zu,

*) Wir deuteten schon an, daß ein Bataillon der 8. Brigade (das zweite vom 9. Regiment) unter Führung des Regiments-Commandeurs Oberstlieutenant Tersling, nicht gegen das Haupt-Retranchement und seine vorgelegenen Punkte, sondern gegen einen nördlichen, jenseits der Chaussee gelegenen Ausläufer desselben vorging. Diese dänische Offensiv-Bewegung, die sich also im Wesentlichen gegen die Linie zwischen Düppel-Mühle und Schanze VII. richtete, konnte nicht von der Brigade Canstein parirt werden, die nur südlich der Chaussee ihr Gefechtsfeld hatte, sondern stieß hier auf Abtheilungen der Brigade Raven, die den Vorstoß der Dänen von Schanze VII. aus beobachtet hatten. Die 3. und 4. Compagnie vom 18. Regiment unter Oberstlieutenant v. Wietersheim gingen mit Marsch Marsch dem Feinde entgegen, wobei der katholische Divisionspfarrer Simon, mitten im Kugelregen, die an ihm vorbeistürzenden Leute durch feurige Zurufe in polnischer Sprache in ihrem Siegeslaufe ermunterte. Der Feind wurde in Unordnung über die apenradener Straße gegen den Alsensund geworfen, Oberstlieutenant Tersling verwundet und gefangen.

an seinem Ufer entlang, war noch ein 500 Schritt breiter, von den Preußen unbesetzter Streifen Land, auf dem, von seinem rechten Flügel her, der Feind seinen Rückzug bewerkstelligen konnte. Glückte es hier, einen Riegel vorzuschieben, oder wohl gar die Brückenköpfe selbst zu besetzen, so waren die 5 dänischen Bataillone, die eben jetzt in Schanze VIII. IX. X. von der Brigade Raven angegriffen wurden, verloren. Wir werden sehen, was den General v. Canstein daran hinderte, diese Vorwärtsbewegung auszuführen.

### Die Wegnahme des Brückenkopfs.

Um 12 Uhr, oder doch wenig später, war die Umzirkung des Brückenkopfes auf 1000 Schritt Entfernung ausgeführt; nur von Norden her, dicht am Alsensunde entlang, war, wie wir so eben ausführten, dem rechten Flügel des Feindes eine Rückzugslinie geblieben. Diese Linie benutzte er geschickt und bewerkstelligte auf derselben, ohne erheblich schwere Verluste, den Rückzug und die Rettung von fünf Bataillonen. Es waren dies die 4 Bataillone der 3. Brigade (16. und 17. Regiment) und ein detachirtes Bataillon vom 3. Regiment. Das andere Bataillon vom 3. Regiment, sammt den beiden Bataillonen des 18. Regiments, bildete die Besatzung des Brückenkopfes.

Das 16. und 17. Regiment hielten Schanze VIII. IX. und X. besetzt*) und gegen sie — wie wir S. 222 des Ausführlicheren hervorhoben — richteten sich etwa um 12 Uhr, also ziemlich genau um dieselbe Zeit, wo sich die Brigade Canstein in Sney und im Rücken des Barackenlagers festsetzte, die Angriffe der beiden Brigaden Raven und Schmid. Die 1. und 2. Compagnie des 18. Regiments nahmen Schanze VIII., die 3. Compagnie vom Leibregiment nahm Schanze IX., die 6. Compagnie des 13. Regiments nahm Schanze X. In allen drei Schanzen wurden zahlreiche Gefangene gemacht, zusammen nahe an 500 Mann, der größte Theil der beiden Regimenter (16. und 17.) aber, der nicht innerhalb der Schanzen, sondern in einer Reservestellung hinter denselben gestanden hatte, trat im Wesentlichen unbelästigt, jedenfalls unaufgehalten, seinen Rückzug an. Das mehrgenannte Bataillon vom 3. Regiment schob sich, mit sehr geschickter Terrain-Benutzung, zwischen die rückgehenden Bataillone und die nachdrängenden Preußen, die ihrerseits zu schwach, auch dem feindlichen Feuer von Alsen her viel zu sehr ausgesetzt waren, um einen entscheidenden Schlag gegen die dicht am Strand hin sich zurückziehenden Bataillone aus-

*) Auch Schanze VII. war vom 17. Regiment besetzt, aber, wie wir wissen, längst erobert.

führen zu können. Unter mal nachlassendem, mal sich steigerndem Feuergefecht folgten die preußischen Abtheilungen, die hier, ohne daß es zu einem ernsteren Engagement gekommen wäre, manchen herben Verlust erfuhren. Hauptmann v. Cranach, dessen Compagnie (die 6. vom 13. Regiment) eine halbe Stunde zuvor Schanze X. genommen hatte, fiel tödtlich getroffen; Generalmajor v. Raven, immer an der Spitze der Seinen, wurde durch das Sprengstück einer Granate am Knöchelgelenk des rechten Fußes verwundet und durch diese schwere Verwundung außer Gefecht gesetzt. Neun Tage später verschied er im Johanniter-Hospital zu Rübel.

Etwa um 1 Uhr hatten die letzten dänischen Compagnieen die Chaussee und den Brückenkopf (jene führt schließlich durch diesen hindurch) von Norden her erreicht und damit ihren Rückzug glücklich vollendet. Die verfolgenden Abtheilungen der Brigaden Raven und Schmid hatten ihnen keine erheblichen Verluste zuzufügen vermocht; nur eine Compagnie vom 3. Regiment war gefangen genommen worden. Ebensowenig war die Brigade Canstein im Stande gewesen, das Thor zu schließen, die Rückzugslinie, unmittelbar nördlich vom Brückenkopf, zu durchschneiden.

Der charakteristische Zug des 18. April war unaufhaltsames Vordringen, weit über die gestellte Aufgabe hinaus. Dieser Zug ist allen einzelnen Momenten des Tages so entschieden aufgeprägt, daß gelegentlich die Forderung eines durch Nichts zu hemmenden Vorgehens darauf basirt worden ist. Waren die berühmten sechs Schanzen, so rechnete mancher, in 5 Minuten genommen worden, warum sollte nicht der Brückenkopf in 10, Alsen selbst in 20 Minuten genommen werden. Angesichts so vieler Bravourstücke dieses Tages, war es vielleicht verzeihlich, solche Forderungen zu stellen, — sie waren nur eben unausführbar.

Betrachten wir, ob die Brigade Canstein in der Lage war, das Thor zum Brückenkopf von Norden her zu schließen, oder den Brückenkopf selbst zu besetzen. Werfen wir zu diesem Behuf zunächst einen Blick auf die Streitkräfte, über die jene Brigade verfügte und auf die dänischen Streitkräfte, die ihr, wenn auch vielleicht nicht thatsächlich gegenüberstanden, so doch jeden Augenblick gegenüberstehen konnten.

Generalmajor v. Canstein hatte um 12 Uhr die Linie im Rücken des Barackenlagers, also die Linie von der Chaussee bis zum Gehöft Sney mit höchstens 8 Compagnieen vom 35. Regiment besetzt, zwei, höchstens drei Compagnieen (meistens Garde) hielten südlich von Sney nach dem Wenningbunde hin, 8 Compagnieen 60er unter Oberstlieutenant Hartmann standen bei Lünette B., also gegen 1000 Schritt rückwärts, in Reserve. Unmittelbar zur Hand, behufs eines Vorgehens gegen den Brückenkopf, hatte der General mithin nur 2 Bataillone durch Kampf und Sonnenbrand erschöpfter Truppen; rechnen wir seine Reserven mit ein, so standen ihm 4 Bataillone zu Gebot.

Wie standen diesen 4, zunächst nur diesen 2 Bataillonen der Cansteinschen Brigade, die Dänen gegenüber? Sie hatten schwere Verluste gehabt, zwei Brigaden, die 1. und 8., waren so gut wie vernichtet, aber diese zwei Brigaden waren nicht die dänische Armee. Im Brückenkopf (das wußte man diesseits) standen drei oder vier Bataillone; auf Alsen lagen drei weitere Brigaden, — jeden Augenblick konnte der Feind aus dem Brückenkopf hervorbrechen. Es war eine Situation, die äußerste Vorsicht erheischte, wenn man nicht die Erfolge dieses Tages ernstlich gefährden oder doch durch einen einzelnen Mißerfolg dem Glanz des Tages einen Flecken geben wollte.

Und wenn es glückte, so entstand doch immer die Frage, ob der Einsatz nicht höher sei als der Gewinn. Ein infernalisches Feuer donnerte vom Brückenkopf, namentlich aber von allen alsener Batterieen herüber und deckungslos, vielleicht in Kolonnen, gegen ein solches Feuer vorzugehen, war ziemlich gleichbedeutend mit Hinopferung der wenigen Compagnieen, die jetzt, in leidlich gedeckter Stellung, den Brückenkopf umzirkt hielten. Nahmen sie ihn dennoch, oder schnitten sie an seiner Nordseite dem Feinde die Rückzugslinie ab, so konnten sie doch immer nur arg decimirt in die eine oder andere Position am Alsensunde einrücken.

Diese und ähnliche Erwägungen mochten es sein, die den General v. Canstein abhielten, ein allzu gewagtes Spiel zu spielen. Er behielt, von Sney aus, den Brückenkopf im Auge, bereit, im rechten Moment auch gegen dies letzte Bollwerk vorzudringen. Unsere in langer Linie aufgefahrenen Batterieen, die, namentlich nördlich von der Chaussee, mit immer steigender Energie das Feuer von Alsen her erwiderten, ließen den General hoffen, daß dieser »rechte Moment« bald gekommen sein werde. Im Ganzen donnerten 71 preußische Geschütze nach Alsen hinüber. Wie es schien, nicht wirkungslos.

Das Feuer von drüben wurde schwächer. Es war 1½ Uhr. Der Augenblick schien jetzt da, ein Vorgehen gegen den Brückenkopf wagen zu dürfen; ohnehin man allerhand Zeichen auf der Brustwehr desselben wahrnahm, Zeichen, die darauf hindeuteten, daß das Werk vom Feinde bereits verlassen, vielleicht sogar von zerstreuten Abtheilungen der Unsrigen besetzt worden sei.

So war es in der That. Lieutenant Graf v. d. Schulenburg, von der 9. Compagnie 35. Regiments, hatte sich bereits mit seinen Leuten darin festgesetzt. Von Norden her war er in den Brückenkopf eingedrungen. Jenen Vorstoß, den General v. Canstein von Sney aus nicht ausführen durfte, wenn er nicht alles, was er zur Hand hatte, möglicherweise aufs Spiel setzen wollte, diesen Vorstoß hatte Graf v. d. Schulenburg im Kleinen ausgeführt. Mit 20 bis 30 Mann, die nach Art einer Schleichpatrouille vorgeführt wurden, hatte er sich bis an den Alsensund herangeschlichen und hier, gleichsam wegelagernd, dem von Norden her sich zurückziehenden Feinde viele Gefangenen abgenommen. Bei dieser ganzen Affaire hatte sich ein junger Unterofficier, Namens Haederich, durch Bravour besonders hervorgethan. Graf Schulenburg rief ihm jetzt zu: »nun müssen wir aber noch einen besondern Coup ausführen«, dirigirte sofort seinen Zug wieder rechts nach der Chaussee hin und warf sich, den Chausseegraben benutzend (wir erinnern daran, daß die Chaussee durch den Brückenkopf hindurch führte), mit Hülfe dieser Deckung gebenden Grabenlinie in den Brückenkopf hinein. Drinnen war Feuer ausgebrochen, der Feind nach wenigen Schüssen geflohn. Die in den Brückenkopf eingedrungenen Füsiliere entfernten rasch die noch herumliegenden Pulversäcke und Granaten, aber ein längerer Aufenthalt im Innern erwies sich als unmöglich, da der Brückenkopf nach der Seite von Sonderburg offen und völlig eingesehen war. Das von drüben kommende heftige Feuer nöthigte die Füsiliere alsbald, in demselben Chausseegraben Deckung zu suchen, mit dessen Hülfe sie in den Brückenkopf eingedrungen waren.

Diese Abtheilung vom 35. Regiment war höchst wahrscheinlich (Gewißheit ist darüber nicht zu erlangen gewesen) die erste im Brückenkopf; aber vielleicht nur eine Minute später drangen auch 18er, und zwar ein Zug der dritten Compagnie unter Lieutenant v. Gersdorff, von Norden her in den Brückenkopf ein. Andere Züge und Halbzüge, aber immer noch vereinzelt, schlossen sich in rascher Reihenfolge an und setzten sich in dem vom Feinde verlassenen Werke fest; nur einige Mannschaften vom 9. dänischen Regiment wurden, ohne daß sie Widerstand leisteten, von diesen ersten Abtheilungen (35er und 18er) gefangen genommen.

Bis dahin hatte die Wegnahme des Brückenkopfes wenig oder gar keine Verluste gekostet; aber noch der letzte Moment forderte seine Opfer. Das Geschütz- und Gewehrfeuer von Alsen her, das — wahrscheinlich so lange der Rückzug über die Brücke dauerte — an dieser Stelle geschwiegen hatte, begann aufs Neue mit verstärkter Heftigkeit. Es konnte nicht mehr Absicht sein, dem Sieger die beiden Brückenköpfe streitig zu machen, es konnte sich nur noch darum handeln, ihn zu schädigen, ihn seinen Sieg so theuer wie möglich bezahlen zu lassen.

Die ersten Abtheilungen der 35er und 18er, im Ganzen etwa nur zwei Compagnieen stark, wußten sich, nunmehr mit dem Terrain vertraut, gegen dieses Feuer zu schützen, nicht aber die weiteren Abtheilungen, die jetzt, zum Theil in geschlossenen Kolonnen, tambour battant gegen den Brückenkopf vorrückten.

Diese größeren Abtheilungen (die 4. Compagnie vom 18. Infanterie- und die 2. und 3. Compagnie vom 4. Garde-Regiment) waren ohne Kenntniß davon, daß kleinere preußische Abtheilungen bereits den Brückenkopf genommen und sich innerhalb desselben eingenistet hatten, standen also jeden Augenblick auf dem Punkt, auf die Brückenkopf-Besatzung volle Salven abzugeben, während sie selber, namentlich bei Ueberschreitung der Chaussee, von Alsen her ein heftiges Kartätschenfeuer erhielten. Es war eine peinliche Situation; die vorgehenden Kolonnen waren durch das Feuer des Feindes, die Brückenkopf-Besatzung war durch das Feuer der anstürmenden Freunde bedroht. Wirr und gefahrvoll wie die Situation war, so blutig verlief sie auch. Lieutenant Graf Schulenburg und seine Füsiliere, ihre Grabendeckung aufgebend, sprangen auf die Brustwehr der Schanze, um durch Hurrahruf und Wehen mit Tüchern, die man in der Eil an Stangen und Gewehre gebunden hatte, den anrückenden Kolonnen ein Zeichen zu geben: »hier sind Preußen.« Sie erreichten auch ihren Zweck, aber Graf Schulenburg fiel, von einer dänischen Kartätschkugel tödtlich in den Rücken getroffen. Neben ihm fielen einzelne seiner Füsiliere. Und wie in die zerstreute Besatzung des Brückenkopfes, so schlugen jetzt auch, nur mit gesteigerter Wirkung, die Kugeln von Alsen her in die anrückenden Kolonnen der 18er und des 4. Garde-Regiments ein. Neun Officiere fielen, theils schwerer, theils leichter verwundet. Dem Lieutenant Materne vom 18. Regiment riß eine Vollkugel die Brust auf; er war todt auf der Stelle. Der Lieutenant Bergmann vom selben Regiment fiel tödtlich getroffen. Oberst v. Korth, der die Garde-Compagnieen persönlich führte, wurde schwer, sechs andere Officiere (von beiden Regimentern) wurden leichter verwundet. Es schien, als ob dieser letzte Erfolg des Tages nicht ohne Blut habe errungen werden sollen.

Mit geringeren Opfern wurde der südliche Brückenkopf besetzt; hier trafen, vom linken Flügel aus abdetachirt, beinah quer über das Gefechtsfeld hinweg, dann am Wenningbund entlang, zwei Compagnieen (die 2. und 11.) vom Leibregimente ein und nahmen diese südliche Hälfte des Werkes ohne Widerstand.

Um 2 Uhr war kein Feind mehr diesseits des Alsensundes. Die zehn Schanzen, das Retranchement, die beiden Brückenköpfe waren genommen; die berühmte Düppelstellung war unser. Kein Kampf mehr diesseits; nur über den Alsensund hinweg von hüben und drüben donnerte das Feuer der Geschütze. Um 4 Uhr schwieg auch das. Die ermüdeten Truppen wurden zurückgenommen; die Garden setzten die Vorposten aus. 18er, 35er und zwei Compagnieen vom 4. Garde-Regiment hielten den nördlichen, zwei Compagnieen vom Leibregiment den südlichen Brückenkopf besetzt. Die erste Reserve bildeten jetzt die drei Halbbataillone in Sney und am Barackenlager; in zweiter Reserve standen die acht Compagnieen vom 60. unter Oberstlieutenant v. Hartmann.

Ein großer Sieg war errungen, das schleswigsche Festland vom Feinde frei, dieser selbst, wenigstens in jenem Theile seines Heeres, das an diesem Tage gefochten hatte, war zertrümmert. Seit dem glorreichen 18. Juni 1815 hatte Preußen keinen Tag erlebt wie diesen. Der Dank brach in Thränen aus und in Gebet.

# Der Tag nach dem Sturm.

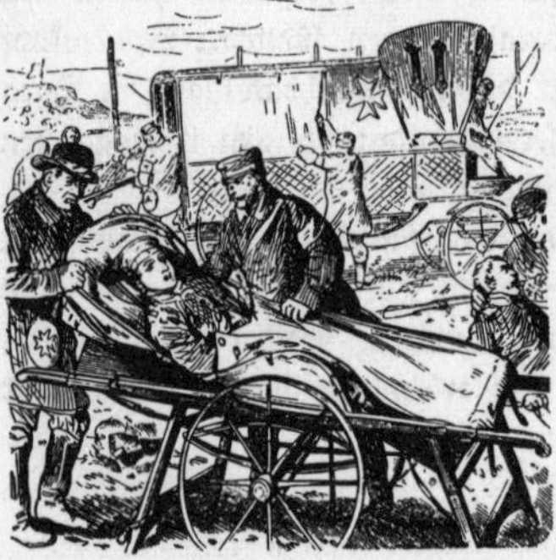

Unser war der 18. April. — Der 19. gehörte den Todten; ein sechsstündiger Waffenstillstand war geschlossen, um auf dem weiten Schlachtfelde die Verwundeten (soweit es nicht am 18. schon geschehn) aufsuchen, die Todten bestatten zu können.

Viele Officiere, die am 18. mitgestürmt hatten, besuchten am 19. als militairische Touristen das Schlachtfeld, um einen Ueberblick über das Terrain zu gewinnen, das Tags zuvor in hartem Ringen erobert worden war. Das Hauptinteresse gewährten immer die Schanzen selbst. Wir geben nachstehend Auszüge aus Briefen, die an jenem ersten Tage nach dem Sturm geschrieben wurden; sie werden das Bild, das wir in den vorigen Capiteln zu geben bemüht waren, lebendiger und farbenreicher machen.

Einer schreibt:

»Noch vor Morgengrauen des nächsten Tages fuhr ich mit einem oestreichischen und preußischen Major nach den Schanzen hinaus. Da lagen nun dieselben Schanzen, die man vorher doch mit einem gewissen Respect betrachtet hatte und aus deren drohenden Scharten so manche Kugel uns zugesandt worden war; jetzt wehte überall die schwarz-weiße Fahne hernieder, und im Innern der Schanzen spielten die Regimentsmusiken alte preußische Melodieen. Schwieg die Musik in einer Schanze, dann stimmte sie in einer andern von Neuem an, wie bei einem Festgelage, aber dazwischen dröhnte auch noch der Donner unserer Geschütze, welche den Dänen auch in ihrem letzten Asyl, auf der Insel Alsen, keine Ruhe ließen. Von einer Anhöhe über dem Brückenkopf hatte ich eine weite Uebersicht über den ganzen Strand und die Insel. Beide Ufer waren von den gegenseitigen Vorposten besetzt, nur der stille blaue Alsensund trennte sie von einander; drüben lag Sonderburg mit freundlichen rothen Ziegeldächern und sah lange nicht so verwüstet aus, als man nach den häufigen Feuersbrünsten glauben sollte. Weiter hinaus blickte man in die offene blaue See; ein dänisches Geschwader kreuzte vor dem Ausgang des Wenningbundes, auch »Rolf Krake«, das schwarze Ungethüm, fuhr langsam auf und nieder, wagte sich aber nicht in die Nähe unserer Batterieen. Die Brücke über den Alsensund stand noch in Flammen und die ausgefahrenen Pontons trieben auf den Wellen umher. Neben diesem schönen Blicke hatte ich aber auch die Aussicht auf die Schanzen und das Feld zwischen diesen und dem Alsensund, welches noch alle grausigen Spuren des Kampfes vom Tage zuvor zeigte. Eine Menge von Todten lagen noch umher, wie viele auch in der Nacht schon beerdigt sein mochten. Die Meisten lagen mit friedlichen Mienen wie Schlafende. Umgeworfene Geschütze, Gewehre mit abgeschlagenen Kolben, Tornister, Munition lagen wild zerstreut umher. Mit diesem ernsten Eindruck des Schlachtfeldes, auf dem jetzt eine sechsstündige Waffenruhe zur Beerdigung der Todten eintrat, gab ich meine Reisegesellschaft auf und ging allein nach Rübel, um unsere Kameraden zu sehen, die dort im Johanniter-Hospital lagen. Die Aerzte riethen mir von dem Besuche ab, um jede Aufregung zu vermeiden, und ich begnügte mich mit den eingezogenen Erkundigungen.«

Ein zweiter schreibt:

»Ein klares Bild von der Verwüstung in den Schanzen und der Umgegend zu geben, ist unmöglich, und von dem Zuschauer wird sie erst begriffen, wenn er die verhältnißmäßig gut erhaltenen nördlichen Schanzen mit den arg zerstörten südlichen Schanzen vergleicht: die grünen gradlinigen Dossirungen sind verschwunden und in einen hügeligen unförmigen Erdhaufen verwandelt; die collossalen Balken der Blockhäuser sind von den Bomben nach allen Seiten zersplittert und durchgebrochen, so daß sie einen Wirrwarr von zerbrochenen Balken bilden, durch den man überall den Himmel hindurchsieht und nur gebückt hineinkriechen kann; große Flächen sind von den Bomben völlig aufgewühlt, so daß man bei jedem Schritte an einem 4 bis 6 Fuß breiten Loche steht, welches von den Bomben gebildet ist; überall zerschossene Kanonen, Laffetten, Hunderttausende von Kugeln aller Gattungen und Splitter der Sprenggeschosse, dazwischen Montirungsstücke ꝛc. Die Sieger hausen recht heiter in diesen Trümmern, im Schutze der vortrefflichen Zelte und Baracken, welche man nach Eroberung der Schanzen hinter denselben vorfand. Aus Zelten, alten Pulverkammern und anderen Behausungen hört man fröhlichen Gesang, und Morgens und Abends trägt die Militairmusik zur Erheiterung bei.«

Einem dritten Briefe, der in Schanze X. (dicht am Alsensunde und den Alsener Batterieen am nächsten gelegen) geschrieben wurde, entnehmen wir Folgendes:

»Eben komme ich von einem Ritt nach den Schanzen zurück. Mein Rappe hat heut gut laufen müssen; denn ich war um 10 Uhr zur Kirche in Satrup, wo ein Candidat eine schöne einfache Predigt hielt. Eine noch ernstere Predigt ging vom Altare aus, wo auf Stroh gebettet, in vollster Uniform, mit einer wollenen Decke zugedeckt, der vorgestern gefallene Hauptmann v. Cranach lag. Der Sarg stand außerhalb der Kirche und die Leiche war für Jeden sichtbar, wenig entstellt, als ob er schliefe. Er hatte zwei Schüsse erhalten, einen leichten am Halse, den er jedoch nicht geachtet hatte, und dann einen tödtlichen durch die Brust. Sein treuer Bursche saß neben ihm und war beschäftigt, seinem Herrn den Rock auszubürsten, um auch im Tode seinen Dienst zu thun.

Am Brückenkopfe ist es besonders mörderisch hergegangen. Wie die Leute schließlich den Brückenkopf genommen haben, ist fast unerklärlich. Jeder Zugang fehlte, und eine furchtbar steile Wand führte hinauf, während die Gräben mit Strauchwerk gefüllt waren. Die Leute von uns sollen jedoch gar nicht mehr zu halten gewesen, sondern alle Regimenter durch einander mit Bajonnett und Schußwaffe stürmisch vorgegangen sein, bis in so unendlich kurzer Zeit alle Schanzen genommen waren.

In der Schanze IV. war ein großes eisernes Geschützrohr mitten durchgebrochen, durch ein schweres Geschoß, und die Laffetten der Schanzen am rechten Flügel alle zertrümmert. Die Unsrigen hatten in dieser Schanze 1 dänischen Officier und 3 Unterofficiere todt unter dem Geschütze gefunden, ein Zeichen, daß sie keine Gemeinen mehr während des Geschützfeuers in die Schanzen bringen konnten. Der Thonboden ist wie gepflügt von den schweren Geschossen, hinter und vor den Schanzen, und trotz des schweren Bodens waren es Löcher, wie man sie zum Pflanzen größerer Bäume aufwirft. Die Blockhäuser der Schanzen des rechten Flügels, obgleich von fußdicken Balken eingefaßt und zum Theil doppelt, waren vollständig eingestürzt und die Balken wie Kienstäbchen zertrümmert. Vom Brückenkopf war Sonderburg leer und öde, aber gut erhalten zu sehen, drinnen kein lebendes Wesen, außer einzelnen Soldaten; die Schiffbrücken halb ausgefahren. Auf den Höhen furchtbare Batterieen aufgeworfen, jedoch theilweise unbesetzt. Es wird wohl an Geschützen mangeln.«

Wir schließen diese Mittheilungen mit Auszügen aus einem vierten Briefe, der es sich vorzugsweise zur Aufgabe stellt, die vielfachen Vertheidigungs- und Hindernißmittel, zu denen die Dänen ihre Zuflucht genommen hatten, zu beschreiben und ihren Werth oder Unwerth festzustellen.

»Die Hindernißmittel, welche der Feind unseren Sturmkolonnen in den Weg gelegt, sind im Allgemeinen bedeutend überschätzt worden und haben sich beim Sturm im Ganzen ohne erheblichen Einfluß bewiesen. Zunächst die Verhaue. Von ihnen habe ich (dies gilt, wie immer, nur von der eigentlichen Angriffsfront, Schanze I. bis VI.) nur zwei gesehen.

Der eine war auf der Chaussee, der andere schützte die Schanze I. auf der Wasserseite vor Umgehung. Die dänischen Verhaue sind ein gutes Hindernißmittel und waren richtig angelegt. Nur der erstgenannte Verhau ist in Frage gekommen; derselbe wurde von einer eigens für ihn bestimmten halben Pionier-Compagnie, obwohl er durch spanische Reiter gedeckt war, rasch und ohne Verluste weggeräumt, so daß die Chaussee sehr bald wieder fahrbar wurde. Man pflegt bei dem Unbrauchbarmachen von Wegedämmen dieselben durch einen oder mehrere Gräben zu durchschneiden. So viel ich nun gesehen, war dies von beiden Seiten aus nur einmal versucht, aber ohne daß die Einschnitte die Mitte des Fahrdammes erreicht hätten; — ob übrigens von unseren Pionieren der vielleicht doch fertige Graben wieder in der Mitte zugeschüttet worden war, habe ich bei der Menge von Fahrzeugen, welche passirten, nicht unterscheiden können. Die vorgefundenen spanischen Reiter, vorzugsweise zur Sperrung von Wegen, Eingängen oder Brücken, waren tüchtige Gesellen, die zweifelsohne ihren Zweck erfüllt haben. Sie hatten alle eiserne Arme, entweder eine Art langer breiter Messer oder sehr lange, dünne, spitze Rundstäbe, welche dem ganzen Instrument Mannshöhe verliehen. Die Messer übrigens konnten leicht durch einen kräftigen Hieb umgebogen werden, wozu selbst Kolbenstöße ausgereicht haben mögen. Cäsarpfähle fanden sich nur auf einer ganz geringen Strecke bei Schanze I., sehr dicht beisammen, aber schmal in langer Reihe und wenig haltbar; dennoch aber würde eine solche Kette vor der ganzen Front ziemlichen Aufenthalt verursacht haben. Inmitten der Pfählchen lief das famose, vielbesprochene Drahtgitter. Dies hat gewiß jeden Beschauenden in seinen Erwartungen getäuscht. Dünne, unregelmäßige Pfähle, ganz niedrig mit zwei Drähten bespannt, kaum hoch genug, um den ungeübtesten militairischen Springern die Passage zu verbieten. Viele Soldaten sind darüber weggesetzt, überall genügte ein tüchtiger Beilhieb zum Durchhauen des gefürchteten Eisenbands. Das Gitter umgab die ganze Front. Jedoch läßt sich nicht läugnen, daß mehrere Reihen solcher Gitter, hoch und mit starkem, lose befestigtem Draht (damit er beim Hiebe nachgiebt) ein ganz tüchtiges Hindernißmittel abgeben können. Eggen, Minen (trotz gegentheiliger Versicherung), so wie Wolfsgruben, Fußangeln u. s. w. habe ich nicht gesehen. Jedoch sah ich noch am Nachmittage des 18. April mehrere Wagenladungen von Eggen in der Nähe der Mühlentrümmer aufgehäuft, auch befand sich vor dem südlichen Brückenkopf, welcher übrigens, wie sein College, ohne Verpallisadirung war, ein Gürtel von viereckigen ganz kleinen Löchern, die Wolfsgruben nicht zu nennen waren. Die Pallisaden waren überall vom besten Holz, richtig und dauerhaft angelegt, nur die Schräghölzer (Sturmpallisaden) der

Schanze VI. waren nicht (wie sie wohl sollten) im Stande, den Eintritt in den Graben zu verhindern. Die Gräben sind überall trocken, aber tief und schmalsohlig. Die vielen absonderlichen Feuerwaffen, welche man in den Schanzen vorfand, Höllenmaschinen, Espingole-Batterieen (3 Gewehrläufe, welche mit 20 Kugeln, je eine Ladung, eine Kugel, Ladung, Kugel u. s. w. geladen werden), Wallbüchsen, Holzflinten u. s. w. haben sich anscheinend nicht bewährt, viele lagen in Trümmer. Die Beute, welche wir gemacht, ist groß! Berlin wird ehestens das Vergnügen haben, alle Trophäen in seinen Mauern zu begrüßen.«

Es war ein schmerzlich-*interessanter* Anblick, den die Schanzen am 19. gewährten, einen schönen Anblick aber, durch nichts getrübt, gewährte die Haltung unserer braven Truppen. Hoch und niedrig hatte sich der Väter würdig gezeigt.

Wer mochte ohne Hochgefühl hören, wie der General v. Raven, als eine Kartätschkugel ihm das Bein zerschmetterte, ausrief: »Es ist Zeit, daß wieder einmal ein preußischer General für seinen König stirbt!« oder wie der tapfere unvergeßliche Major v. Beeren, welcher der Ersten einer auf der Schanze war, in demselben Augenblicke von einer Kugel durchbohrt wurde, als fast noch das Hurrah widerhallte, das er in der eroberten Schanze auf den König ausgebracht hatte; oder wie der Cadet, der so eben als Officier aus dem Corps gekommen war, sofort den Sturm in der Cadettenuniform mitmachte und sein junges Blut aus der empfangenen Wunde freudig fließen sah. Und von jenem alten General bis zum jüngsten Rekruten, der nach der Schlacht wo möglich noch straffer vor jedem Vorgesetzten die militairischen Honneurs machte, als auf dem Exercirplatz, herrschte derselbe Sinn ritterlicher Tapferkeit und freudigen Gehorsams. Nirgend begegnete man eitler Selbstüberschätzung oder Anmaßung, sondern überall derselben Ruhe wie vorher, als ob das, was sie gethan, eben nichts sei, als die einfache Folge der alten eingeschulten Disciplin, gestützt auf einen gesunden Kern und auf die rechte Gottesfurcht. Und dieser Geist war es, der zum Siege geführt hatte.

# Die Verluste.

Schwere Opfer hatte der »Tag von Düppel« gekostet. Die Verluste waren auf unserer Seite beträchtlich, auf Seite der Dänen enorm. Sie hatten den siebenten Theil ihrer gesammten Streitkräfte eingebüßt. Ihre eigenen Berichte geben die Zahl 4846 an Todten, Verwundeten und Gefangenen an, darunter 110 Officiere (34 todt oder an ihren Wunden gestorben). Diese Verluste waren namentlich von 4 Regimentern zu tragen, vom 2. und 22. Regiment (1. Brigade), die die Besatzung in den sechs ersten Schanzen bildeten und vom 9. und 20. Regiment (8. Brigade), die das harte Gefecht zwischen dem Retranchement und dem Barackenlager zu bestehen hatten.

Das 2. Regiment verlor 16 Officiere und 968 Unterofficiere und Gemeine.

Das 22. Regiment verlor 23 Officiere und 894 Unterofficiere und Gemeine.

Das 9. Regiment verlor 16 Officiere und 716 Unterofficiere und Gemeine.

Das 20. Regiment verlor 15 Officiere und 651 Unterofficiere und Gemeine.

Der Rest vertheilt sich auf das 3. 16. und 17. Regiment und auf die Artillerie. Die letztere litt am schwersten, jedenfalls hatte sie (im Verhältniß zu ihrer Zahl) die meisten Todten. Sie waren als tapfere Männer bei ihren Geschützen gefallen; um Pardon hatten die wenigsten gebeten.

Besonders schwer war der dänische Verlust an höheren Officieren; um zu halten, was zu halten war, hatten sie sich, im heftigsten Feuer, an die Spitze kleiner Kolonnen gestellt und waren, zum Theil im Handgemenge, gefallen. General du Plat,*) Oberst Lasson, Oberst Bernstorff,

*) Generalmajor Peter Heinrich Claude du Plat war 1809 in Kopenhagen geboren, mütterlicherseits von deutscher Abkunft. Von Kindheit an zum Militairstande bestimmt, wurde er 1823 Officier und trat, nachdem er mit dem Prinzen Friedrich von Schleswig-Holstein-Sonderburg-Glücksburg auf einer Mission in Petersburg gewesen war, 1847 in russische Dienste. Er nahm Theil an einem Feldzuge im Kaukasus, wo er sich sehr aus-

Oberstlieutenant Scholten, Major Rosen, Major Schau und fast sämmtliche Bataillons-Commandeure der 1. und 8. Brigade waren todt; auch von den schwedischen Officieren, die ziemlich zahlreich in die dänische Armee eingetreten waren, waren 3 todt, 2 verwundet, 5 gefangen.

Weit geringer stellte sich der Verlust der Sieger, er belief sich auf 1188 Mann, darunter 70 Officiere. Und doch war es ein theuer erkaufter Sieg, manch junges Leben war hinüber, viel edles Blut geflossen. Die meisten Verluste, wenn wir nach Regimentern rechnen, hatte das brandenburgische Füsilier-Regiment Nr. 35. erlitten, nämlich im Ganzen 160 Mann; ihm zunächst standen das Leibregiment und das 18. Regiment, jedes mit im Ganzen 135 Mann. Als später ein silbernes Signalhorn demjenigen Truppentheil überreicht werden sollte, der sich als Ganzes (d. h. als Regiment) bei Düppel am meisten ausgezeichnet habe, wurde dies Ehrengeschenk dem 35. Regiment überwiesen. Nach Compagnieen gerechnet stellten sich die Verluste aber anders. Da von der Mehrzahl der Regimenter nicht alle Compagnieen ins Feuer kamen, so konnten diese Regimenter — wie schwer auch ihre Verluste im Einzelnen sein mochten — nicht aufkommen gegen diejenigen Truppentheile, die mit allen Compagnieen (wie z. B. das 35. und 18. Regiment) im Feuer gestanden hatten. Nach Compagnie-Verlusten gerechnet, rangiren die Regimenter wie folgt:

| | |
|---|---|
| 53. Regiment (1. Compagnie) .......... | 49 |
| Leibregiment (9. Compagnie) ........... | 43 |
| Leibregiment (12. Compagnie) .......... | 33 |
| 64. Regiment (11. Compagnie) ......... | 33 |
| Regiment Elisabeth (3. Compagnie) ..... | 31 |
| 35. Regiment (12. Compagnie) ......... | 28 |
| 24. Regiment (12. Compagnie) ......... | 26 |
| 13. Regiment (6. Compagnie) .......... | 26. |

Von den 70 Officieren, deren Blut am Düppeltage floß, waren 18 todt.

Vor den Schanzen fielen folgende sieben: Lieutenant Schultze vom Leibregiment, vor Schanze III. — Hauptmann Boettge und Premierlieutenant Wienand (beide vom 53. Regiment), vor Schanze IV. — Premierlieutenant Lommatzsch vom westphälischen Pionier-Bataillon, vor

zeichnete und (zweimal verwundet) einen goldenen Degen als Anerkennung bewiesener Tapferkeit empfing. Im ersten schleswig-holsteinschen Kriege war er Bataillons-Commandeur und wurde wiederholt, zum Theil schwer, verwundet. Später war er längere Zeit Stadtcommandant von Altona und dann Brigade-Commandeur in Rendsburg. Mit dem Gebahren der Eiderdänen soll er sich, wie alle höheren Officiere der dänischen Armee, nie haben befreunden können. (Er war ein Bruder des dem Erbprinzen von Augustenburg nahestehenden Obersten du Plat.)

Schanze V. — Major v. Beeren vom Regiment Augusta, Hauptmann v. Stwolinski und Lieutenant v. Negelein vom Regiment Elisabeth, alle drei vor Schanze VI. (Eigentlich zwischen VI. und VII.)

Zwischen Schanzen und Barackenlager fielen: Hauptmann v. Kameke, Secondelieutenant Moellhausen und Secondelieutenant Mons, alle drei vom 35. Regiment. Lieutenant Arthur v. Rabenau vom Regiment Augusta und Lieutenant Louis v. Rabenau vom Leibregiment.

Am Alsensund, in Verfolgung der Dänen von den Schanzen des linken (preußischen) Flügels bis zum Brückenkopf, fielen: Generalmajor v. Raven, Commandeur der nach ihm genannten Brigade und Hauptmann v. Cranach vom 13. Regiment.

Am Brückenkopf fielen: Lieutenant Graf v. d. Schulenburg vom 35. Regiment. Lieutenant Materne und Lieutenant Bergmann vom 18. Regiment. Lieutenant Maurer II. vom 60. Regiment. (Er fiel südlich vom Brückenkopf, in der Nähe des Wenningbundes.)

Der Tod so vieler tapferer Officiere erweckte manche Klage im Lande. Ueber einzelne der Gefallenen noch ein Wort an dieser Stelle.

Generalmajor v. Raven trat 1826, um auf Avancement zu dienen, in die Armee ein und zwar in das berühmte pommersche Infanterie-Regiment Nr. 2. (jetzt Grenadier-Regiment König Friedrich Wilhelm IV.). 1846 Hauptmann in dem oben genannten Regiment, kämpfte er 1848 mit demselben in den blutigen Gefechten bei Schleswig und Düppel. Namentlich bei Schleswig war es das »Königs-Regiment«, das die Entscheidung erzwang. 1852 Major, 1857 Oberstlieutenant, erhielt v. Raven bei der Mobilmachung von 1859 mit der Beförderung zum Obersten zugleich das Commando der 25. Infanterie-Brigade. Den Befehl über die 10. Infanterie-Brigade (die Regimenter 8. und 48.) empfing er erst bei Ausbruch des Krieges oder unmittelbar vorher; zugleich wurde er zum Generalmajor ernannt. Mit der 10. Infanterie-Brigade in Holstein eingerückt, trat er alsbald an die Spitze einer combinirten Brigade, bestehend aus den Regimentern 8. und 18. Diese führte er am 15. März von Holstein aus zur Belagerung von Düppel. Die combinirte Brigade (Brigade Raven) that sich am 29. März in dem Gefecht, das der Aushebung der ersten Parallele vorausging, durch große Bravour hervor. Am 18. April stürmte sie die Schanzen III. VIII. und IX., und in Gemeinschaft mit andern Regimentern die Schanzen IV. VII. X. und den Brückenkopf. In Front seiner Brigade war allemal der tapfere General. Nicht fern vom Alsensund traf ihn das Sprengstück einer Granate und zerschmetterte ihm den Knöchel des rechten Fußes. Von seinem Adjutanten, Premierlieutenant v. Knesebeck, aus dem Feuer getragen, wurde er, auf einer Bahre, weiter nach dem Johanniter-Hospital bei Nübel zurückgebracht. Hierbei passirte der General eine Compagnie des Leibregiments. Er richtete sich, auf seinen Adjutanten gestützt, auf der Bahre auf und rief, wie schon an anderer Stelle erzählt, den Leuten zu: »Ein General muß auch für seinen König bluten; vorwärts Kameraden!« Der rechte Fuß wurde amputirt; trotz der sorglichsten Pflege*) verschied der General am 27. April. Am 1. Mai wurde er auf dem berliner Invalidenkirchhofe beigesetzt; der König selbst folgte, auch die Prinzen des Königlichen Hauses, soweit sie in der Hauptstadt anwesend waren. Es war seit Scharnhorst der erste preußische General, der vor dem Feinde geblieben war.

Hauptmann v. Cranach, aus der alten berühmten Lucas Cranach-Familie, war auf dem väterlichen Rittergute Craazen (bei Landsberg) in der Neumark geboren. Er trat früh in die Armee und stand zuletzt, wie das 2. Bataillon des 13. Regiments, dem er angehörte, in Münster. Schon in den Vorpostengefechten des linken Flügels (Rackebüll) hatte er sich verschiedentlich ausgezeichnet. Wenige Tage vor dem Sturm, fast wie in Vorahnung seines Todes, schrieb er: »die Auszeichnung, die des Königs Gnade mir verliehen hat, soll mir mehr und mehr ein Sporn werden, meine Schuldigkeit zu thun. Der liebe Gott möge mir dazu die Kraft geben. Ich werde gewiß nicht murren, wenn auch ich, wie so Viele, für meinen König und unser Vaterland bluten soll.« Am Sturmtage selbst, wie wir gesehen, war es Hauptmann v. Cranach, der an der Spitze seiner

*) Es sei hier der Ort der liebevollen Hingebung zu gedenken, mit der katholische und protestantische Orden, Hülfs-Vereine und Gesellschaften, in der Pflege der Kranken und Verwundeten wetteiferten. Der Johanniter-Orden allein hatte fünf Hospitäler eingerichtet und zwar in Altona, Flensburg (2), Nübel und Wester-Satrup. In diesen 5 Hospitälern wurden 122 preußische, 4 oestreichische und 28 dänische Officiere, nebst einer Anzahl von Unterofficieren und Gemeinen verpflegt. Den höchsten Eifer legten Graf Eberhard Stolberg (Kanzler des Ordens) und seine Gemahlin an den Tag; sie verblieben, während der ganzen Dauer des Krieges, auf dem Kriegsschauplatz, meist in Flensburg. Unter Denen, die den Grafen Stolberg in erster Reihe unterstützten, nennen wir hier, neben der Oberin von Bethanien (Gräfin Anna Stolberg) und Dr. Wichern, folgende Johanniter-Ritter: Fürst Pleß, Freiherr v. d. Knesebeck-Carwe, Graf v. d. Schulenburg-Hohenberg, Graf Ernst zur Lippe-Weißenfeld, Oberst v. Bonin, Herr v. Alvensleben, Oberstlieutenant Keck v. Schwarzbach, Freiherr v. Zedlitz-Neukirch, v. Salisch-Kratzkau, Graf Solms, Graf Wartensleben, Baron Gaffron-Haltauf, Baron Heintze-Weißenrode. — Den Bemühungen der verschiedenen Orden, Vereine und Gesellschaften, wie namentlich auch dem Umstande, daß die Armee, nach den in ihr geltenden Grundsätzen, über hunderte von jungen Civil-Aerzten Verfügung hatte, ist es zuzuschreiben, daß die großen Erfolge dieses letzten Krieges mit verhältnißmäßig geringen Opfern erkauft worden sind. An Operationen und Amputationen (alle von sicherer Hand ausgeführt) starben nur wenige; — von Typhus und ansteckenden Krankheiten, diesen schwersten Geißeln des Krieges, blieben die Lazarethe verschont, und man darf füglich die Behauptung wagen, daß niemals ein Krieg unter gleich günstigen Bedingungen geführt worden ist.

Compagnie die letzte Schanze (Schanze X.) nahm. Nicht zufrieden mit diesem Erfolg, führte er die Seinigen gegen den Brückenkopf. In der Nähe desselben rief er seiner Compagnie zu: »Vorwärts, hier sind wir die Ersten;« aber fast im selben Augenblicke durchbohrten ihn zwei Kugeln; ohne Schmerzensruf sank er nieder und hauchte sein Leben aus. Nachdem seine Leiche einen Tag lang in der satruper Kirche ausgestanden, wurde sie, durch die Brüder des Gefallenen, in die neumärkische Heimath übergeführt und am Sonntag den 24. April unter Geläut und Choral, in die Craazener Familiengruft eingesenkt. Von weit her war alles herbeigeströmt, an dieser Trauerfeier theilzunehmen, Gilden und Deputationen aus Landsberg und Soldin, aus Pyritz und Lippehne. Das soldiner Landwehr-Bataillon gab die drei Ehrensalven über das Grab. Schön sind die Worte, mit denen Oberst v. Witzleben (Commandeur des 13. Regiments) der Wittwe den Tod des Gefallenen anzeigte: »Mitten im Glauben an den Sieg, im herrlichen Bewußtsein, der Erste voran allen Stürmenden zu sein, ist er gefallen ohne jeden Todeskampf, ohne allen Schmerz.«

Eine besondere Theilnahme erweckte das Schicksal der beiden Brüder v. Rabenau. Beide waren, in Brust und Schulter getroffen, auf dem Terrain zwischen den Schanzen und dem Brückenkopfe niedergesunken; dem jüngeren (Arthur v. R.) zerschmetterte ein Granatsplitter auch noch den Schenkel, als die Seinen ihn aus dem Kampfe trugen. Sein Tod wurde dadurch um so gewisser. Als der Vater (auf Gassen in der Niederlausitz) die Nachricht von der Verwundung seiner Söhne erhielt, eilte er nach dem Kriegsschauplatz. Alle Anstrengungen waren umsonst; am 27. April erlag der jüngere Bruder (Arthur) seinen Wunden im Lazareth zu Broacker; drei Tage später, am 30. April, verschied auch der ältere Bruder Louis v. Rabenau. Sie waren erst 24 und 22 Jahre alt. Der König hatte bei seiner Anwesenheit auf dem Kriegsschauplatze (wir sprechen in der Folge darüber) den beiden verwundeten Brüdern huldvoll die Hand gedrückt und ihnen Worte des Trostes und der Anerkennung gespendet. Am 4. Mai wurden beide, unter der Betheiligung vieler Hunderte, die von allen Seiten her herbeigekommen waren, auf dem Gassener Kirchhofe, in der Gruft der v. Rabenau'schen Familie beigesetzt. Unter den vielen Lorbeer-Kränzen befand sich auch einer, den die Gemahlin des Erbprinzen von Augustenburg von dem benachbarten Dolzig geschickt hatte. Mit Tapferkeitsmedaillen geschmückte Landwehrmänner trugen die Särge von der Kirche auf den Kirchhof; »Auf, mein Herz, ermanne Dich«, sang die Gemeine; unter diesen Klängen senkten sie die Särge in die Gruft.

# Königs-Parade im Sundewitt.

König Wilhelm erhielt die Siegesnachricht, die Nachricht von der Wegnahme der ersten sechs Schanzen, etwa gegen 11 Uhr, vielleicht noch früher. Er befand sich auf dem Kreuzberge, wo er eben über einige Bataillone vom Kaiser Franz Grenadier-Regiment die Revue abgenommen hatte. Sofort kehrte Se. Majestät zu den noch in Bataillonskolonnen dastehenden Truppen zurück, um ihnen persönlich die frohe Siegesnachricht zu bringen. Ein jubelndes Hurrah antwortete ihm. Wie ein Lauffeuer ging die Nachricht »Düppel ist genommen« durch die Stadt. Die ganze Bevölkerung war wie elektrisirt. Tausende eilten vor das Palais des Königs, um die Bestätigung der Nachricht oder von weiteren Erfolgen zu hören. Man sang das Preußenlied, alle Häuser begannen zu flaggen, am Abend war die ganze Stadt illuminirt. Bis hoch hinauf, in den Mansarden und Dachkammern brannten die Lichter.

An den Prinzen Friedrich Karl hatte der König, unmittelbar nachdem er vom Kreuzberg in seinem Palais eingetroffen war, folgendes Telegramm gerichtet: »Nächst dem Herrn der Heerschaaren verdanke Ich Meiner herrlichen Armee und Deiner Führung den glorreichen Sieg des heutigen Tages. Sprich den Truppen Meine höchste Anerkennung und Meinen Königlichen Dank für ihre Leistungen aus.« Dem freude- und dank-erfüllten Königsherzen genügte es aber nicht, sein »Ich danke euch« den Truppen sagen zu lassen, er wollte es ihnen selber sagen. Am 20. Abends brach er auf, um als Kriegsherr seine Armee im Sundewitt zu begrüßen. Mit ihm waren: Kriegsminister v. Roon, Generallieutenant v. Manteuffel, Oberst v. Loën und Oberstlieutenant v. Steinäcker. Unterwegs (in Ludwigslust) schloß sich der Großherzog von Mecklenburg-Schwerin (Chef des 24. Infanterie-Regiments) dem Zuge an. Ministerpräsident v. Bismarck folgte einen Tag später.

Am 21. früh traf Se. Majestät in Hamburg und Altona ein und setzte gegen 7 Uhr nach kurzem Aufenthalt seine Reise gegen Norden fort. Um 9 Uhr war er in Rendsburg, wo der Amtmann Harbou, der Bürgerworthalter Wiggers und Pastor Schroedter ihn begrüßten. Auf die Ansprache des Zweitgenannten antwortete der König: »Ich freue Mich über den herzlichen Empfang und namentlich über den Dank, den man Meiner braven Armee gezollt; dieselbe hat diesen Dank mit Recht verdient; sie ist gegen die Leistungen unserer ruhmreichen Armee von 1813 nicht zurückgeblieben; Ich habe Meine Truppen hierher gesandt, um die Rechte dieser Lande auszufechten, sie kämpfen für eine heilige Sache; ich hoffe, daß dieselbe zu einem guten und Alle befriedigenden Ende geführt werde.«

Um 11 Uhr (Donnerstag den 21.) traf der König in Flensburg ein. Ein jubelndes Hurrah empfing ihn; junge Mädchen hatten Blumen gestreut. Auf dem Perron des Bahnhofs — die Sturmcompagnieen des Leibregiments bildeten Spaliere – hatten sich der Kronprinz, Prinz Friedrich Karl, die andern daselbst anwesenden Prinzen, Feldmarschall Wrangel, Feldmarschalllieutenant v. Gablenz, nebst zahlreichen andern (namentlich auch fremdländischen) Officieren zum Empfange eingefunden und begrüßten Se. Majestät. Der König dankte; die Mannschaften von der Sturmcompagnie, welche zuerst die Schanze III. erstiegen hatten, ließ er sich vorstellen. Zu Fuß, unter dem Geläute aller Glocken, begab sich der König nach Rasch' Hôtel; anderthalb Stunden später (12½ Uhr) trat er die Weiterreise nach Schloß Gravenstein an. Um 3 Uhr war er in Gravenstein; gegen 4 Uhr nahm er auf dem großen Felde zwischen Gravenstein und Atzbüll die Parade über die Sturmkolonnen und die Hauptreserve-Brigaden ab.

»Auf einer großen Koppel links an der Flensburg-Sonderburger Chaussee, dicht hinter Gravenstein (so schreibt ein Augenzeuge), waren die betreffenden Mannschaften aufgestellt. Ihr Kostüm war befohlenermaßen das Sturmkostüm vom 18. April. In Waffenrock, die Mütze mit grünen Reisern geschmückt, Tuchhosen, die bei einem in lange, bei anderen in kurze Stiefel gesteckt waren, Gewehr, Faschinenmesser und Leibriemen (an welchem hinten das Kochgeschirr angeschnallt), empfingen sie jauchzend ihren Kriegsherrn. Die Officiere waren ähnlich gekleidet; man sah bei ihnen Degen, Säbel, Revolver, gerollten Mantel, hohe Stiefel, kurze Stiefel (überall Hosen in den Stiefeln), Mützen ohne und Mützen mit Schirm, und so gab das Ganze das Bild einer sehr leichten, doch festgeschlossenen kräftigen Truppenmasse.

Prinz Friedrich Karl, der, umgeben von seinem Stabe, gegen ¾2 Uhr auf dem Revue-Platze erschienen war, um die Aufstellung seines Armee-Corps vor der Parade noch zu mustern, erwartete Se. Majestät an der Chaussee, am rechten Flügel der Truppen. Gegen 2 Uhr erschien Se. Majestät der König mit dem Kronprinzen, Prinzen Carl, Prinzen Albrecht

Vater und Sohn, dem Feldmarschall v. Wrangel und vielen anderen hohen fremdherrlichen und preußischen Officieren, und es erhob sich ein Freudenruf, ein Hurrah der Soldaten, das nicht enden wollte.

Nach Begrüßung vieler hoher und niederer Officiere ritt der König unter klingendem Spiel die Front entlang; sein Antlitz zeigte nur Freude über seine tüchtige, noch wohl aussehende Armee. Demnächst defilirten die Truppen in Parade, und zwar geordnet nach den Sturmkolonnen von I. bis VI. Es waren dabei die Pioniere, welche die Arbeiter-Kolonne gebildet hatten, an der Tête; ihnen folgten Artilleristen, dann die eigentlichen Sturmkolonnen und die Haupt-Reserve. Nach ihnen die Brigade Goeben mit den Pontonnier-Compagnieen des brandenburgischen und westphälischen Pionier-Bataillons (Nr. 3. und 7.), so wie mit den Batterieen der Garde-Brigade. Alle diese Truppen defilirten mit dem von Kapellmeister Piefke neu componirten Düppeler Sturmmarsch. Nach der Parade sprach der König zu den um sich versammelten Officieren und dekorirten Unterofficieren mit bewegter Stimme wie folgt:

»Meine Herren, Ich bin hierher gekommen, um der tapferen Armee persönlich Meinen herzlichen Dank auszusprechen für die außerordentlichen Leistungen, für die bewundernswerthe Ausdauer bei den gehabten unendlich großen Strapazen, für die umsichtige, vorzügliche Führung der Truppen, für den großen, herrlichen Sieg. Gern, Meine Herren, wäre Ich in diesem Feldzuge mitten unter Ihnen gewesen, leider aber gestattet dies zur Zeit die Stellung, die Ich jetzt einzunehmen berufen bin, nicht; andere Verhältnisse bedingen Meine Abwesenheit von den im Felde stehenden Truppen und dies, versichere Ich Ihnen, thut Meinem Soldatenherzen wehe. Sie haben die Augen von ganz Europa auf sich gezogen und überall, wo man hinhört, das größte Lob eingeerntet. Das, Meine Herren, ist die Frucht des guten Geistes, der, wie allbekannt, die ganze preußische Armee beseelt und gewiß nie in derselben erlöschen wird. Ich sage Ihnen allen nochmals Meinen tiefgefühltesten Dank. Den Sturmkolonnen werde Ich für die in höchstem Maße bewiesene Bravour und Unerschrockenheit, mit welcher sie den großartigen Sieg herbeiführten, ein ganz besonderes Denkzeichen verleihen. Adieu, Meine Herren! Theilen Sie allen Mannschaften Meine Allerhöchste Anerkennung mit und sagen Sie ihnen Meinen Königlichen Dank.«

Nach dieser Ansprache, die auf alle Anwesenden einen tiefen Eindruck machte, fuhr der König, in Begleitung des ganzen Stabes, nach den Schanzen, um dieses Siegesfeld Seiner Armee zu besichtigen.

Bald nach 9 Uhr traf er in Schloß Gravenstein ein, um daselbst Nachtquartier zu nehmen.

Am andern Morgen (Freitag, den 22. früh) begab sich der König zunächst nach Hostrup bei Apenrade, wo die 9 Bataillone Garde in Parade standen, die am Sturm auf die Schanzen (I., VI., VII. und den Brückenkopf) einen so hervorragenden Antheil genommen hatten. Sie (diese 9 Bataillone) waren bereits auf dem Rückmarsch nach Jütland begriffen, — von woher sie, zur Unterstützung der Belagerungs-Armee, nur zeitweilig, wie wir wissen, heranbeordert waren — als ihnen der Befehl zuging, behufs einer Parade vor Sr. Majestät auf ihrem Rückmarsch Halt zu machen.

Um 9 Uhr erschien der König vor der Front seiner Garden. Er begrüßte sie und gratulirte ihnen zu dem glorreich erkämpften Siege; — dann kehrte er nach Gravenstein zurück, um hier, auf demselben Felde, auf dem Tags zuvor die Sturmkolonnen-Parade stattgefunden hatte, jetzt die Revue über das ganze im Sundewitt stehende preußische Armee-Corps abzunehmen. Es waren 20 bis 25,000 Mann, alle Waffengattungen vertreten. Bald nach 11 Uhr ritt der König die lange Front entlang; dann begann der Parademarsch. Das Vorbeidefiliren währte fünfviertel Stunden, worauf sämmtliche Truppen ein Quarré formirten. Der König lobte nochmals die Tapferkeit der Truppen, rief einzelne hervor, um ihnen besonders zu danken, noch andere, um ihnen Orden zu verleihn, dann kehrte er gegen 1 Uhr nach Gravenstein zurück. Um 7¼ Uhr war er wieder in Flensburg, wo er Quartier im Hause des Kaufmann Callsen nahm. Den Empfang von Deputationen lehnte der König ab, »weil er nur als Kriegsherr seiner Armee gekommen sei«, aber Tausende von Personen durchzogen singend die Stadt und brachten vor Rasch Hôtel (wo der König soupirte) ein neunmaliges donnerndes Hoch auf König Wilhelm aus.

Am Sonnabend den 23. (2 Uhr Nachmittags) verließ der König Flensburg, nachdem er im Laufe des Vormittags die verschiedenen Lazarethe besucht und den Verwundeten Worte des Trostes gespendet hatte. Ueber Schleswig, Rendsburg, Altona kehrte er, mit kurzem Aufenthalt an den genannten Orten, zurück. In Altona war die ganze Stadt illuminirt; viele bengalische Flammen brannten; Tausende umdrängten den Bahnhof; Bischof Koopmann aber, der erste Geistliche des Landes, trat an den König heran und hielt folgende Ansprache:

»Ew. Majestät stehen nun wieder an den Grenzmarken unseres Landes und sind im Begriff, dasselbe zu verlassen. Der Zug Ew. Majestät durch das Land ist ein Triumphzug gewesen, begleitet vom jubelnden Danke eines befreiten Volks. So ist es auch recht und geziemend, und so muß es bis zum letzten Augenblick bleiben. Daher geruhen Ew. Majestät, auch hier noch einmal unsern Dank entgegenzunehmen für das, was Sie an unserm Lande gethan. Aber auch bevor Ew. Majestät unser Land betraten, haben wir schon Danksagungen dargebracht. Das ist am 18. April, dem glorreichen Siegestage geschehen. An diesem Tage haben wir vor allen Dingen dem lebendigen Gott gedankt, dem allmächtigen Gott, der Himmel und Erde regiert. Und das konnten wir freudigen Herzens thun, Königliche Majestät, darum, weil wir getrost mit der Sache unseres Landes vor dem Angesicht Gottes erscheinen können. Wir Alle fühlen uns getragen von dem erhebenden Bewußtsein, daß die Sache unseres Landes nicht eine Sache menschlicher Unordnung ist, sondern göttlicher Ordnung, eine gerechte Sache, und wohlgefällig in Gottes Augen. Aber eben aus diesem Grunde können wir auch eine so feste, freudige, innige Zuversicht zu Ew. Königlichen Majestät fassen. Wir beugen uns vor dem herrlichen Glanze der Krone, die Ew. Majestät tragen. Wir beugen uns vor dem mächtigen, festen, männlichen Willen Ew. Majestät, der uns die erfahrene Hülfe zugeführt hat. Aber noch tiefer beugen wir uns vor dem Manne, der alle diese Herrlichkeit und Macht nur haben und tragen will als von Gottes Gnaden, wie dies Ew. Majestät frei vor aller Welt bekannt haben, an jenem gesegneten Tage in Ihrer Stadt Königsberg. Zu diesem mächtigen Könige von Gottes Gnaden dürfen wir eine große Zuversicht haben. Der Gott, dem er dienen will, ist ja ein Gott der Gerechtigkeit. So werden denn Ew. Majestät um Gottes willen die gerechte Sache unseres Landes nimmermehr verlassen. Daher sehen wir denn mit freudigem Muthe der Zukunft entgegen, und sprechen bei dem Scheiden Ew. Majestät aus unserem Lande alle wie aus einem Herzen: Gott der Allmächtige segne Ew. Königliche Majestät, Ihr Königliches Haus und Ihr Königliches Regiment für und für!«

Se. Majestät der König antwortete: »Die von Ihnen vernommenen Worte haben Mich gerührt und ergriffen. Das ist stets auch Meine Ansicht gewesen, daß der beste Schutz Ihres Landes von oben kommen muß. Ich werde nicht davon ablassen, Alles, was in Meinen Kräften steht, für das Land zu thun. Gott gebe seinen Segen dazu. Ich wünsche herzlich, bald einmal wieder Ihr Land besuchen zu können, und dann die rechte Ordnung hergestellt zu finden.«

Wie Bischof Koopmann mit Recht hervorgehoben, die ganze Königsreise glich einem ununterbrochenen Triumphzuge; am schönsten gab der holsteinsche Dichter Klaus Groth den Empfindungen Ausdruck, die damals jedes Herz im Lande bewegten.

Du kamst wie Sturm und Wetter
In Deinem tapfern Heer.
Nun kommst Du, der Erretter,
Als Friedebringer selber her.

Du bist nicht wie ein Andrer,
Der kommt und wieder geht;
Du bist nicht wie ein Wandrer,
Deß Schritt der nächste Wind verweht.

Einst trat ein Nord'scher Riese
Den Fuß in diese Flur,
Jetzt tragen Feld und Wiese
Für immer Deine Königsspur.

Drei Tage hatte der König Wilhelm in dem befreiten Lande verweilt; am 24. früh traf er wieder in seiner Hauptstadt ein.

---

# Der Hundertkanonentag.

m 21. und 22. hatte der König auf dem großen Felde zwischen Gravenstein und Atzbüll die Parade über seine Truppen abgenommen; am 3. Mai erschienen die Tapfersten dieser Truppen als ein »Ehrengeleit« in Berlin, um ihrem Kriegsherrn die Trophäen von Düppel zu überbringen, — hundert Kanonen und mehr. Die Stadt rüstete sich, sie zu empfangen. Die Festlichkeit war eine doppelte: der Empfang am Bahnhof (am 3. Nachmittags) und der Einzug durchs Brandenburger Thor (am 4. Mittags).

Zuerst der Empfang am Bahnhof. Es war 5¼ Uhr (Dienstag 3. Mai) als mittelst Extrazuges 118 dänische Geschütze, die Siegesbeute von Düppel, eintrafen. Die Begleitmannschaften, 127 Mann, waren, wie schon hervorgehoben, aus den verschiedenen Sturmkolonnen ausgewählt und zu diesem Ehrendienste commandirt. Premierlieutenant Stöphasius, von der brandenburgischen Artillerie-Brigade (Nr. 3.), der sich bei Erstürmung von Schanze IV. hervorgethan hatte, hatte die Ehre, diese 127 Tapfren zu führen. Tausende standen auf dem Bahnhofe, um die Ankommenden zu begrüßen, und als nun der Zug — schon von Weitem durch die aus allen Waggons ausgesteckten zahlreichen Danebrogs sichtbar — in den Bahnhof einfuhr, wollte das Hurrah, so wie das Hüte- und Tücherschwenken der Versammelten kein Ende nehmen. Viele Familien wußten bereits, daß unter der Ehren-Escorte sich Angehörige von ihnen befinden würden, und selbst viele Meilen weit aus den Städten der Provinz waren Anverwandte, denen die Fürsorge der Officiere schon vorher die Ankunft eines Sohnes oder Bruders angezeigt hatte, dazu hier eingetroffen. Der Jubel, mit dem die Aussteigenden begrüßt, umarmt und geküßt wurden, läßt sich nicht beschreiben.

Die Geschütze wurden abgeladen, die Begleitmannschaften bewirthet. Am Ende der »großen Wagenhalle« waren zwei lange Tafeln gedeckt, mit Wein und Blumen reichlich geschmückt; an der Wand entlang lag eine ganze Reihe von Bierfässern zum Anzapfen bereit. Die mitgebrachten Danebrogs wurden in aller Eil zur weiteren Ausschmückung der Tafel verwendet. Der erste Toast galt Sr. Majestät dem **Könige**; dann erhob sich Premierlieutenant Stöphasius, um der Stadt Berlin zu danken, die den Heimkehrenden diesen frohen Empfang bereitet habe. Er hob hervor, wie sie unter allen Leiden des Winterfeldzugs und unter dem Donner des Kampfes stets mit Liebe der Heimath gedacht, wie sie einen Stolz darin gesetzt, ihr Ehre zu machen, und mit welcher Freude sie jetzt die Heimath wieder erblickten, doppelt erfreut, sich so von ihr begrüßt zu sehen. Aus vollem Herzen dankend, bringe er im Namen Aller ein Hoch aus auf alle königsgetreuen Bürger Berlins. Ein dreimaliges jubelndes Einstimmen des Publicums antwortete dem soldatischen Toast.

Anderen Tages (Mittwoch den 4.) fand der **feierliche Einzug** statt. Gegen 2 Uhr setzte sich der Paradezug unter Commando des Generallieutenants Hindersin in Bewegung, passirte einen Theil der Luisenstraße, schwenkte dann rechts, durch das Unterbaumthor, in den Thiergarten hinein und hielt um 2 Uhr vor dem **Brandenburger Thor**. Hier stellte sich der König an die Spitze des Zuges und führte denselben in seine Hauptstadt ein.

Die Mannschaften des Ehrengeleits waren in voller Feldausrüstung und zeigten ein überaus frisches, kräftiges Ansehen, wie in den gebräunten Gesichtern die Beweise der überstandenen Strapazen von Wind und Wetter. Viele von ihnen schwenkten die eroberten Danebrogs, Alle aber trugen, oft bis zur Spitze der Gewehre, Kränze und Bouquets, mit denen patriotische Damenhände sie geschmückt. Fortwährend auf dem Marsche flogen ihnen aus den Zuschauerreihen und den Fenstern noch Kränze zu und wurden von ihnen auf die Bajonnette gesteckt. Der Jubel beim Erscheinen dieser Mannschaften war unbeschreiblich und begleitete sie auf dem ganzen Marsche.

Mit ähnlichem Jubel und Interesse wurde die nun folgende lange Reihe der Trophäen begrüßt. Der Zug der geschmückten Geschütze und Wagen dauerte allein fast eine halbe Stunde und gab ein Bild des blutigen und glorreichen Kampfes: Feld- und große eiserne Schiffs- und Belagerungsgeschütze auf arg zerschossenen Lafetten, die Geschütze oft selbst von den preußischen Kugeln zerschlagen und beschädigt; Mörser, Wagen mit erbeuteten Gewehren, die Espingolen und Höllenmaschinen mit ihren vielen Gewehrläufen, am Brückenkopf eroberte Pontons, die Probestücke der großen mit Partisan-Eisen beschlagenen Pallisaden und Spanischen Reiter, dazu Drahtbarrikaden, Kugeln und Granatsplitter, alles war in diesem Zuge vertreten. Von der schweren Fahrt begannen an manchen Stellen die Räder zu rauchen, an einem andern Platz brach eines der zusammengeschossenen Geschütze nieder und mußte erst durch die Bedienungsmannschaften, welche die Garde-Artillerie für jeden Wagen außer der Bespannung gestellt hatte, wieder fahrbar gemacht werden.

Unter Musik und Hurrah und unter dem Schwenken der Tücher und Fahnen aus den Fenstern, bewegte sich der Zug am Königlichen Palais vorüber, von dessen Balkon die hier anwesenden Königlichen Prinzessinnen ihn begrüßten. Der König hatte inzwischen Aufstellung vor der Blücher-Statue genommen; hier ließ er die Mannschaften und zuletzt die Geschütz- und Wagenkolonne an sich vorbeidefiliren. Eine Ordensvertheilung an die Tapfern beschloß den schönen Tag, der bald in Liedern und Volksweisen besungen wurde.

Die Linden stehen im ersten Grün,
Die Augen leuchten, die Wangen glühn,
Fanfaren schmettern im Siegeston,
Geschütze rasseln, Kanon' auf Kanon';
Sie ziehen in langer Reihe dahin
Und in Parade steht ganz Berlin.

Der König und mit ihm die Prinzen all,
Sie führen die Stürmer von Düppels Wall;
Zur Siegesgöttin die Blicke empor,
Die Sieger ziehen durchs Siegesthor,
Mit Laub und Blumen die Helme geschmückt,
Im Sonnenstrahle die Klingen gezückt.

So klang es damals und alle preußischen Herzen stimmten mit ein. Das war der 4. Mai 1864, der »Hundertkanonentag.«

# Der Krieg in Jütland.

VI.

Lith. Anst. v. W. Loeillot in Berlin

m 4. Mai hatte Berlin den feierlichen Einzug der Düppel-Trophäen gesehen; am 12. Mai kam unter dem Einfluß der »londoner Conferenz« (die am 25. April ihre Sitzungen begonnen hatte) eine vierwöchentliche Waffenruhe, bis zum 12. Juni, zu Stande, die, drei Tage vor ihrem Ablauf, auf weitere 14 Tage verlängert wurde. Als auch diese Frist verstrichen war, ohne daß der Starrsinn der Dänen sich zu den geforderten Concessionen bereit gezeigt hatte, brach (am 26. Juni) der Krieg von Neuem aus. Am 29. Juni wurde Alsen genommen und diese glänzende Waffenthat hatte den Frieden im Geleite. Ehe wir aber dazu übergehen, den letzten entscheidenden Act des Kriegsdramas von 1864 zu schildern, holen wir zuvor das nach, was wir — um unsere Schilderungen der Ereignisse vor Düppel nicht zu unterbrechen — bis hieher versäumt haben: die Kriegführung in Jütland und die Kriegführung zur See.

Zunächst die Kriegführung in Jütland.

---

Während das I. Corps, dem wir in dem vorhergehenden Abschnitt unsere Aufmerksamkeit ausschließlich zuwandten, in zweimonatlicher Kriegsarbeit Düppel belagerte und nahm, richteten sich die beiden andern Corps der verbündeten Armee, die Oestreicher unter Feldmarschalllieutenant v. Gablenz und die preußischen Garden unter Generallieutenant v. d. Mülbe gegen Jütland, besetzten den Südosten dieser Halbinsel, bestanden einzelne Gefechte, bombardirten Fridericia und rückten schließlich, nachdem Fridericia am 28. April von den Dänen geräumt worden war, bis an den Limfjord vor. Bei Eintritt der Waffenruhe (am 12. Mai) befand sich ganz Jütland, mit Ausnahme der jenseit des Limfjord gelegenen, ziemlich unfruchtbaren Nordspitze, in Händen der Alliirten.

Die Ereignisse dieser drei Monate (vom 12. Februar bis zum 12. Mai), soweit sie das II. und III. Corps betreffen, gruppiren sich in drei Hauptabschnitte:

1) Die Ereignisse bis zum Einmarsch in Jütland (7. März).
2) Die Ereignisse vom Einmarsch in Jütland bis zum Bombardement von Fridericia (20. und 21. März).
3) Die Ereignisse bis zur Räumung von Fridericia (28. April) und bis zur Waffenruhe (12. Mai).

Jeder dieser Abschnitte wird uns eine kurze Zeit zu beschäftigen haben.

---

# Die Ereignisse bis zum Einmarsch in Jütland. (7. März.)

Wir verließen das oestreichische Corps (nach dem blutigen Gefecht bei Oeversee) am 7. Februar in seiner Stellung südlich von Flensburg; die Garden — wenn wir von ihrer späteren Betheiligung an der Einnahme von Düppel, als von einer Episode, einen Augenblick absehen — verließen wir am 11. Februar in Gravenstein; das II. und III. Corps (die Oestreicher und die Garden) rückten damals nordwärts, während das I. Corps, die Garden ablösend, sich gegen Düppel wandte.

Schon am 12. waren die Garden in Apenrade; die Oestreicher, die weiter zurückstanden, rückten nach. Am 17. hatten die Têten die jütische Grenze erreicht; das Gros der Garde stand in Christiansfeld, die Oestreicher standen in Hadersleben. Die Frage entstand, ob die jütische Grenze (bei Kolding) überschritten werden solle, oder nicht? Die politische Constellation — nicht die günstigste damals — beantwortete die Frage mit »nein«. In der That blieb drei Wochen lang (bis zum 7. März) die Aufstellung beider Corps im Wesentlichen dieselbe, wie wir sie oben bezeichnet haben. Nur Kolding — trotz seiner Lage jenseits der jütischen Grenze — wurde in Folge eines glücklichen Vorpostengefechts, das sich über Stadt und Grenze hinaus fortspann, von den Unserigen occupirt und trotz diplomatischer Einwendungen besetzt gehalten. Ob das Vorpostengefecht, das zur Besetzung Koldings führte, gleich zu diesem Behuf unternommen wurde, oder ob umgekehrt die Politik ein an und für sich zufälliges Ereigniß zu ihrem Vortheil ausbeutete, möge dahingestellt bleiben.

Das Gefecht selbst aber, das bereits am 18., also unmittelbar nach Besetzung der jütischen Grenze stattfand, verlief in folgender Weise.

### Die Gardehusaren bei Nörre Bjert.

Eine Patrouille vom Garde-Husaren-Regiment (das am 16. beim Gardecorps eingetroffen war) erhielt Befehl gegen Wonsild, ein unfern von der jütischen Grenze gelegenes Dorf — eine halbe Meile südlich von Kolding — vorzugehen. Die Patrouille fand Wonsild bereits vom Feinde geräumt, holte ihn aber — es war eine schwache Dragoner-Abtheilung — dicht vor Kolding ein und verfolgte ihn, durch die Stadt hindurch, bis an den Petersberg, eine 2000 Schritt hinter Kolding (auf dem Wege nach Fridericia) gelegene Anhöhe. Diese Anhöhe war besetzt, weshalb die Patrouille von einer weiteren Verfolgung Abstand nahm. Was aber die Patrouille nicht konnte, das konnten zwei Escadrons desselben Regiments unter Major v. Somnitz, die der Patrouille gefolgt waren. Sie gingen im Trabe durch die Stadt hindurch, jagten die 30 feindlichen Dragoner, die auf dem Petersberg hielten, vor sich her und folgten ihnen in einer langen Attaque, immer die Chaussee entlang bis über das Dorf Nörre Bjert hinaus. Hier stand feindliche Infanterie jenseits eines Wässerchens, des Eltang Baches, der die Chaussee durchschneidet und empfing die Husaren mit lebhaftem Feuer. Die Escadrons kehrten nach Kolding zurück. Der Feind ließ mehrere Todte und Gefangene in unseren Händen.

Dies an und für sich unerhebliche Gefecht wurde dadurch von Wichtigkeit, daß es, wie schon hervorgehoben, zur Besetzung von Kolding führte. Das Gros beider Corps verblieb in seiner Stellung bei Christiansfeld und Hadersleben, die Avantgarde unter Oberst v. Bentheim aber quartierte sich mit mehreren Bataillonen in Kolding ein und armirte den Schloßberg, der die koldinger Föhrde und die beiden nach Veile und Fridericia führenden Chausseen beherrscht, mit zwei Batterieen.

Auch durch einen Brillant-Ritt des Majors v. Alvensleben vom Generalstab, der aus bloßer Reiterpassion die Attacke der beiden Husaren-Escadrons mitmachte, hat das Gefecht von Nörre Bjert eine gewisse Celebrität erlangt. Wir geben hier, im Auszuge, einen Bericht, wie ihn damals, mit einem glücklichen Anfluge von Humor, die Sport-Zeitungen brachten. Sie betrachteten — und nicht mit Unrecht — die ganze Aktion mehr als Wettrennen wie als Gefecht.

»Major v. Alvensleben, auf seinem bekannten Steeple-Chaser »Cocktail« sitzend, begleitete die beiden Escadrons und machte mehrere glückliche Attacken mit. Der Feind retirirte bis Nörre Bjert, wo die verfolgenden Husaren auf ein stark von Infanterie besetztes Defilée stießen. Da weder Infanterie noch Artillerie so rasch mit hatten vorgehen können, so mußte etwa auf Schußweite vor diesem Defilée die Verfolgung abgebrochen werden.

Nur einem schien es unmöglich, jetzt schon umzukehren, das war Cocktail. Er wurde fester und fester in der Hand, bis seine Gangart zu einem regulären Schrammen ausartete. Unaufhaltsam eilte er den jetzt in Plänkler-Linien aufgelösten dänischen Dragonern nach und hatte sie natürlich bald erreicht. Hiermit aber noch nicht zufrieden, stürmte er mitten hindurch auf die dahinterstehende feindliche Infanterie zu, ein Haufe Dragoner, fluchend und schreiend: »Haut ihn nieder!« so rasch sie konnten, hinter ihm drein. Aber der alte Wallach war zu flink für die Dragoner, selbst für die, welche ihm von vorne und von der Seite in den Weg kamen, um ihn abzuschneiden, und alle Hiebe fielen immer erst hinter ihm in die Luft, bis auf einen, der Cocktail am Schweife traf und einen zweiten noch besser gezielten, welcher Major v. Alvensleben die Mütze herunterschlug und ihm die Haare des Hinterkopfes streifte. Der Umstand, daß die Dragoner Herrn v. Alvensleben so scharf und in so großer Anzahl verfolgten, rettete ihn wahrscheinlich vom sichern Tode; denn dadurch wurden die feindlichen Infanteristen verhindert, auf ihn zu schießen, weil sie, auf ihn allein, nicht abkommen konnten. Etwa hundert Schritt vor der Front der dänischen Infanterie wurde Herr v. Alvensleben Herr des Pferdes, und nun begann erst recht die Steeple-Chase for a man's life. Er wandte sofort in einer Riesenvolte links, natürlich ohne die pace zu vermindern. Sobald er aber die breite Seite zeigte, fielen aus der Infanterie-Kolonne mehrere Schüsse auf ihn, glücklicherweise ohne zu treffen. Wahrscheinlich sind die Dänen auf so rasches Galopptempo nicht eingeschossen. Das Pfeifen der Kugeln bewog Major v. Alvensleben jedoch, sobald er irgendwie an seinen nächsten Verfolgern vorbeikommen konnte, kurz links zu wenden, da ihm die Gesellschaft der Dragoner doch ungleich günstiger schien, als die der Infanterie-Kugeln, die schließlich selbst mit der besten pace nicht todt zu machen sind.

»In dieser höchst kritischen Lage kam dem Major unerwartete Hilfe. Der Unterofficier Stumm der Garde-Husaren, der einen sehr edlen kleinen Wallach, eines der raschesten Pferde seiner Schwadron ritt, hatte Herrn v. Alvenslebens unfreiwillige Abreise bemerkt und war ihm, ohne sich zu besinnen, nachgejagt. Da er sich etwa hundert Schritt hinter dem Major hielt und Alles nur nach diesem sah, so kam er ziemlich unbehindert vorwärts. Als jener aber sein Pferd zurückwandte, war er wie der Blitz an der linken Seite des Majors, und nun gingen die beiden Pferde, Kopf an Kopf, der Husar was er im Leibe hatte, Cocktail etwas mehr zusammengehalten, in voller Fahrt durch die aufgelösten Dragoner den abrückenden Husaren nach, während Herr v. Alvensleben nach rechts, der Unterofficier nach links die nach ihnen geführten Hiebe zu pariren suchten. Es zeigte sich bald, daß nicht nur Cocktail, sondern auch das edle Husarenpferd an Schnelligkeit den dänischen Dragonern bedeutend überlegen waren, so daß die beiden Reiter sich nur um die Feinde vor ihnen zu bekümmern brauchten, während alle, die mit ihnen in gleicher Höhe oder einmal hinter ihnen waren, nicht mehr in Betracht kamen. Ein Dragoner, welcher ihnen gerade den Weg verrannte, führte einen scharfen, wohlgezielten Hieb auf den Kopf des Husaren-Unterofficiers. Durch die Pelzmütze mit dem harten Schirm wurde der Hieb indessen so geschwächt, daß er nur das Gesicht des Husaren schlitzte. Der Angreifer hatte im selben Augenblick einen Antwortshieb und ward zugleich durch den Anprall der vorwärtsstürmenden Pferde mit seiner Mähre, wie man zu deutsch sagt, complett in den D— geritten. Noch einige hundert Schritt weiter empfing die beiden Reiter der laute Jubel der Unsrigen, die ihre Abwesenheit eben erst bemerkt hatten.«

Dies war, sammt seiner Cocktail-Episode, das Garde-Husaren-Gefecht vom 18. Februar, das an demselben Tage bereits stattfand, an dem die Têten der alliirten Armee die jütische Grenze erreichten.

Wir sagten schon, daß bis zum 7. März ein weiteres Vorgehen gegen den Feind nicht statthatte; Kolding abgerechnet, das besetzt und armirt worden war, begnügte man sich, die jütische Grenze, beziehungsweise auch den westlich der Linie Kolding-Veile stehenden Feind, zu observiren. Nur am 29. Februar fand, in Folge einer Recognoscirung, ein Gefecht statt, das in manchen Punkten an die Reiter-Affaire vom 18. Februar erinnerte, aber allerdings minder glücklich verlief. Es waren die westphälischen Husaren, die dies Gefecht hatten.

### Die westphälischen Husaren bei Baekke und Vorbasse.

Generallieutenant v. d. Mülbe hatte gerüchtweise in Erfahrung gebracht, daß sich zwischen den Dörfern Baekke und Vorbasse größere dänische Cavallerie-Massen gezeigt hätten. Baekke liegt drei Meilen westlich (ein wenig nördlich) von Kolding und Vorbasse wiederum eine Meile nördlich von Baekke. Beides sind Kirchdörfer und nur durch einen Feldweg verbunden. General v. d. Mülbe wollte Gewißheit über die Stellung des Feindes haben und beorderte die 2. und 4. Escadron vom westphälischen Husaren-Regiment gegen die genannten beiden Dörfer vorzugehen; die 3. und 5. Escadron sollten als Reserve folgen. In der Nacht gaben einlaufende Meldungen dem Generallieutenant v. d. Mülbe Veranlassung, das ganze Unternehmen wieder aufzugeben; die entsprechenden Ordres erreichten aber nur die 3. und 5. Escadron. Die beiden andern Schwadronen gingen, dem ersten Befehle gemäß, gegen Baekke vor. Nördlich von Baekke stieß der Avantgardenzug auf eine Abtheilung dänischer Dragoner und warf diese; die 2. Escadron blieb als Soutien in Baekke; die 4. Escadron folgte dem retirirenden Feinde, wußte ihn bei Skjöderbjergd — halben Wegs zwischen Baekke und Vorbasse — in ein Gefecht zu verwickeln und nahm ihm, in blutigem Handgemenge, eine große Anzahl von Gefangenen ab. Hier in Skjöderbjergd suchte nunmehr die 4. Escadron Halt zu machen, um sich nicht zu weit von ihrem Soutien in Baekke zu entfernen; der Ungestüm einzelner Husaren aber riß die Uebrigen mit fort und so folgte, da man die einzelnen nicht preisgeben konnte, schließlich die ganze Schwadron. Als die Verfolgung bis dicht in die Nähe von Vorbasse gekommen war, erschien in Front dieses Dorfes, auf einer davor gelegenen Höhe, plötzlich eine neue dänische Schwadron, die nun, im Verein mit den geworfenen Dragonern, zum Angriff überging. Trotz aller Anstrengungen unserer Husaren, die von ihren Säbeln den besten Gebrauch machten, mußten sie endlich der bedeutenden Uebermacht weichen. Die große Zahl der vorher gefangen genommenen dänischen Dragoner konnte in diesem Handgemenge nicht mitgenommen, sondern mußte bis auf wenige Mann zurückgelassen werden. Das Terrain, auf dem sich das Cavallerie-Gefecht zwischen Vorbasse und Skjöderbjergd hin und her bewegt hatte, war durch den aufgepflügten Acker und die mit Schnee angefüllten Gräben so schwierig, daß eine große Zahl der Husaren gestürzt war. Diese, nunmehr unberitten und zum großen Theil verwundet, fielen dem Feinde in die Hände. Es waren 33 Mann, darunter 1 Officier (Lieutenant Hällmigk). Als die Reste der Schwadron Baekke erreichten, fanden sie die hier zurückgebliebene 2. Escadron, die nach allen Seiten hin Detachirungen ausgesandt hatte, nur 50 Pferde stark. Mit diesen die Attacke zu erneuern, erschien nicht räthlich und kehrten somit die Escadrons in ihre früheren Stellungen zurück. Der dänische Bericht, der angiebt, daß eine dänische Schwadron zwei preußische Schwadronen geworfen, dabei dreißig Gefangene gemacht und ihrerseits nur drei Mann eingebüßt habe, ist jedenfalls ungenau.

# Vom Einmarsch in Jütland bis zum Bombardement von Fridericia

## vom 7. bis 21. März.

In den letzten Februartagen hatte sich die politische Constellation günstiger gestaltet und am 6. März traf beim Feldmarschall Freiherrn v. Wrangel die Ermächtigung ein, »mit dem in Nord-Schleswig versammelten Theile der alliirten Armee in Jütland weiter vorzurücken«.

Demgemäß erfolgte am 7. die Concentration beider Corps unmittelbar an der jütischen Grenze; anderen Tags (am 8.) sollte diese überschritten werden. Die Anordnungen des Feldmarschalls gingen dahin, daß das III. Corps (die Garden) sich ostwärts gegen Fridericia, das II. Corps (die Oestreicher) sich nordwärts gegen Veile dirigiren sollte. Beide Corps kamen diesen Anordnungen nach und bestanden noch am selben Tage, an dem sie die Grenze überschritten, zwei siegreiche Gefechte. Die Garden warfen den Feind, der dabei mehrere hundert Mann an Todten, Verwundeten und Gefangenen einbüßte, bei Gudsö und Snoghöi; die Oestreicher besetzten Veile und nahmen die nordwärts gelegene, hartnäckig vertheidigte Veile-Stellung. Wir werden später sehen, welche Bedeutung die Wegnahme dieser festen Stellung hatte.

### Die Gefechte bei Gudsö und Snoghöi.

Die Garden gingen also gegen Fridericia. Da das Corps nur über Feldgeschütze verfügte, so konnte — wenn der Feind nur einigermaßen seine Schuldigkeit that — von einer raschen Wegnahme der Festung keine Rede sein. Es handelte sich lediglich um eine Cernirung, wobei vorgeschobene Abtheilungen des Feindes möglicherweise abgeschnitten und gefangen genommen werden konnten. So geschah es auch.

Wir geben, zu besserem Verständniß, zunächst eine Beschreibung der Lokalität.

Die Fridericia-Position ist der Düppel-Position außerordentlich ähnlich. Der Unterschied läuft lediglich darauf hinaus, daß Düppel seinerzeit aus einem Halbkreis von frisch aufgeworfenen Erd-Schanzen bestand, während Fridericia bis diesen Tag einen Halbkreis von Bastionen seinem Angreifer entgegenstellt. Das Gesammt-Terrain beider Positionen ist nahezu dasselbe. Das Sundewitt beschrieben wir S. 100 als ein gleichschenkliges Dreieck, dessen Basis die Chaussee zwischen Flensburg und Apenrade, dessen ostwärts gerichtete Spitze aber eben Düppel sei. Sehr ähnlich die große Halbinsel, auf der Fridericia gelegen ist. Der Veile Fjord und die Koldinger-Bucht, beide tief einschneidend, ziehen in Nord und Süd die Grenze, während die gradlinige Chaussee, die von Kolding nach Veile führt, die Halbinsel nach Westen hin in derselben Weise abschneidet, wie die Flensburg-Apenrader Chaussee das Sundewitt vom schleswigschen Festlande trennt. Nach Osten hin ist Fridericia (wie Düppel durch den Alsensund von Alsen) durch den kleinen Belt von Fühnen getrennt.

Soviel über das Gesammt-Terrain. An dieser Stelle — und insonderheit zu besserem Verständniß des Gefechtes von Gudsö und Snoghöi — genügt uns ein Abschnitt des Gesammt-Terrains, etwa das südliche Drittheil desselben. Wir bezeichnen diesen Abschnitt am besten durch vier Linien, von denen zwei mit einander parallel laufen.

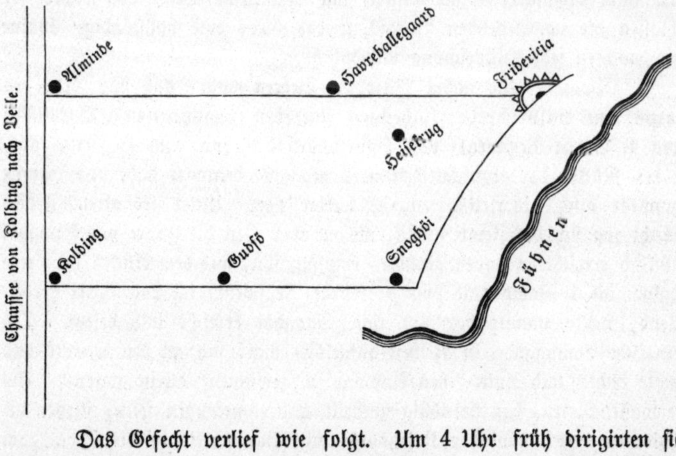


Das Gefecht verlief wie folgt. Um 4 Uhr früh dirigirten sich drei Regimenter vom III. Corps nordwärts auf der Kolding-Veiler

Chaussee; das Regiment Elisabeth hatte die Tête. Vom Regiment Augusta blieb ein Bataillon in Kolding zurück, während ein anderes Bataillon unter Major v. Beeren ostwärts auf der Chaussee gegen Snoghöi und Fridericia vorging.

Die Avantgarde, gefolgt vom Gros des III. Corps erreichte gegen 7 Uhr Alminde. Hier schwenkten die Regimenter nach rechts hin ab, verließen also die nach Veile führende Chaussee und gingen in gerader Linie ostwärts auf Fridericia. Feindliche Abtheilungen wurden ohne Mühe geworfen; sie zogen sich mit nicht unerheblichem Verluste (General Wilster und sein Stabschef Capitain Hoffmann wurden verwundet) in die Festung zurück.

Als die Avantgarde auf diesem Vormarsch gegen Fridericia den Punkt Havreballegaard erreicht hatte, traf Meldung vom Major v. Beeren ein, daß er (v. Beeren) eine feindliche Abtheilung seit 5 Uhr früh bei Gudsö festhalte; diese Abtheilung, etwa eine Compagnie stark, sei nunmehr durch die Besitznahme von Havreballegaard bereits überflügelt.

Diese Compagnie abzuschneiden, darauf mußte sich jetzt die Aufmerksamkeit richten. Zwei Bataillone vom 4. Garde-Regiment erhielten Befehl, sich südlich zu dirigiren und Snoghöi zu besetzen. Glückte dies, so befand sich die Compagnie zwischen zwei Feuern; in der Front ein Bataillon Augusta unter Major v. Beeren, im Rücken zwei Bataillone vom 4. Garde-Regiment. Auch ein Ausweg nach rechts oder links hin war nicht möglich, — zur Linken lag der kleine Belt, von rechts her schlossen die nachrückenden Bataillone des Gros eine vollständige Chaine und machten jede Entweichung unmöglich.

Etwa 11 Uhr nahm Major v. Beeren wahr, daß das Gros des Corps eine entsprechende Abtheilung (die eben genannten zwei Bataillone vom 4. Garde-Regiment) von Havreballegaard und vom Heisekrug aus, in den Rücken der abzuschneidenden Compagnie detachirt habe und drängte nunmehr auch seinerseits energisch weiter vor. Unter lebhaftem Feuergefecht zog sich der Feind zurück, als er aber eben die Fähre von Snoghöi glücklich erreicht zu haben glaubte, empfing ihn, aus dem Rücken her, eine Salve; die 1. Compagnie vom 4. Garde-Regiment, im Laufschritt herbeieilend, hatte unmittelbar vor ihm Snoghöi erreicht und besetzt. Die feindliche Compagnie, in Reihen aufgelöst, warf sich an den Strand und suchte rechts und links einen Ausweg zu gewinnen; allein umsonst. Als sie wahrnahmen, daß sie völlig umstellt und eingefangen seien, stießen die Soldaten, nach dänischer Kriegssitte, die Bayonnette in die Erde, zum Zeichen daß sie jeden Widerstand aufgäben. Es war die 1. Compagnie vom 20. Regiment unter Capitain Dau, welche auf die Weise, 150 Mann und 3 Officiere stark, in Kriegsgefangenschaft gerieth.

Das III. Corps schritt nach diesem Erfolge zur Einschließung Fridericias.

### Das Gefecht bei Veile.

An demselben Tage (8. März) hatten die Oestreicher, wie schon angedeutet, das Gefecht bei Veile. Wir versuchen eine Schilderung desselben.

Um 6 Uhr früh setzte sich das II. Corps in Marsch; zwei Brigaden (Nostitz und Gondrecourt) unter persönlicher Führung des Feldmarschalllieutenant v. Gablenz passirten Kolding, die beiden andern Brigaden (Tomas und Dormus) unter Führung des Feldmarschalllieutenant v. Neipperg, überschritten weiter westlich die Kolding-Au. Hier bot das aufgestaute Wasser große Hindernisse, so daß die erste Division (Nostitz und Gondrecourt) fast schon den halben Weg bis Veile zurückgelegt hatte, als die zweite Division (Tomas und Dormus) eben erst sich anschickte, vom Nordufer des Kolding-Flüßchens aus, auf der nach Veile führenden Chaussee zu folgen. Diese zweite Division sah sich deshalb außer Stande, an den Ereignissen des Tages Theil zu nehmen.

Feldmarschalllieutenant v. Gablenz hatte gegen 11 Uhr Alminde, ein vorausgesprengter Zug vom Dragoner-Regiment Windischgrätz sogar schon Vassehuus (eine Meile von Veile) erreicht. Hier stieß man auf den Feind. Oberstlieutenant Graf Czernin, der den Zug der Windischgrätzer führte, warf sich ohne Besinnen auf die feindlichen Dragoner, erlag aber ihrer Ueberzahl. Seine Dragoner wurden geworfen, er selbst fiel schwer verwundet in Gefangenschaft. Erst das jetzt heransprengende Regiment jagte die feindlichen Reiter bis Blakjär zurück, wo die Windischgrätzer nunmehr Halt machten, um das Herankommen der beiden Infanterie-Brigaden abzuwarten.

Diese waren um 1 Uhr heran; nach kurzer Rast — das Regiment Windischgrätz wie bisher an der Spitze — setzte sich die Division gegen Veile in Marsch. Verhaue, die die Chaussee absperrten, waren unbesetzt; erst unmittelbar südlich von der Stadt, auf der Waldhöhe »Petersholm« standen vorgeschobene dänische Abtheilungen. Das erste Bataillon vom Regiment Hessen griff sie (etwa 3½ Uhr) in Front und Flanke an und warf sie, ohne erheblichen Widerstand zu finden, von der Waldhöhe hinab, in die unten liegende Stadt hinein. Die andern Regimenter rückten nach und stellten sich, vor dem feindlichen Feuer geschützt, auf dem »Petersholme« auf.

Diese Waldhöhe gestattete einen Ueberblick über die, noch aus dem

Kriege von 1849 her, allgemein als sehr fest geltende Stellung. Versuchen wir ein Bild derselben zu geben.

Der Veile-Fjord schneidet tief von Osten her in's Land hinein und an der Stelle, wo er endet, setzt der Veile-Fluß die Wasser-Grenze nach Westen hin fort. Die Stadt Veile, vom Veile-Fluß der Quere nach durchschnitten, liegt ziemlich genau an dem Punkte, wo der Fluß in den Fjord oder die Föhrde einmündet. Nördlich und südlich von dieser Thalsenkung, in der also der Fluß, die Stadt und die Föhrde gleiches Namens gelegen sind, erheben sich bewaldete Höhenzüge, die um ihrer besonderen Schönheit willen die »Veile-Schweiz« genannt werden und als die malerischste Parthie an der ganzen Ostküste Jütlands und Schleswig-Holsteins gelten.

Diese bewaldeten Höhenzüge, so weit sie südlich von Fluß und Stadt und Föhrde gelegen sind, waren jetzt in Besitz der Oestreicher, die nördlich gelegenen Höhenzüge aber waren — außer von zwei Dragoner-Regimentern, die nicht in Betracht kamen — von drei dänischen Infanterie-Regimentern, dem 1. 11. und 7., und von zwei Batterien besetzt, die entschlossen schienen, jedes weitere Vordringen des Feindes zu hindern. Diese Streitkräfte standen unter dem Befehl des Generallieutenants v. Hegermann-Lindencrone.

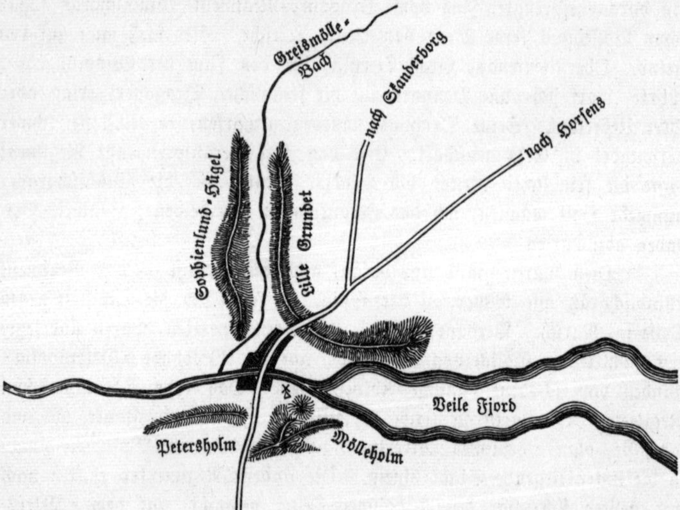

Es war oestreichischerseits gewagt, den Feind in dieser Stellung anzugreifen, um so gewagter, als der Angriff — in Folge der Ueberschwemmungen des Veile-Flusses — nur auf einer einzigen schmalen Linie erfolgen konnte; diese einzige schmale Linie aber, die Chaussee (und in ihrer Verlängerung die Hauptstraße der Stadt) lag völlig unter dem Feuer der feindlichen Batterieen. Dennoch wurde der Angriff beschlossen! die Brigade Nostiz (Regiment Hessen, Regiment Belgien und 9. Jäger-Bataillon) ging sofort zur Attacke über. Es war kurz vor 4 Uhr.

Das erste Bataillon vom Regiment Hessen, das, wie wir wissen, bereits den »Petersholm« genommen hatte, stieg jetzt, an der entgegengesetzten (nördlichen) Seite dieses Waldhügels, den Abhang hinab und drang gegen die Stadt vor. Die dänischen Batterieen, von dem jenseits der Stadt gelegenen Höhenzuge (Lille Grundet) suchten durch Shrapnellfeuer dies Vordringen zu hindern; das im Laufschritt avancirende Bataillon erreichte aber den Eingang der Stadt ohne Zögern und Stutzen, nahm eine Barrikade, stürmte die dahinter gelegenen Häuser und warf die feindlichen Abtheilungen, in einem nun lebhaft sich entspinnenden Straßengefecht, rasch und ohne erhebliche Verluste aus Veile hinaus. Bald nach 4 Uhr war die Stadt genommen; das 2. Bataillon Hessen und das 9. Jäger-Bataillon rückten nach und nahmen, in Gemeinschaft mit dem 1. Bataillon Hessen, Aufstellung an den drei nördlichen Ausgängen; das Regiment Belgien besetzte den Marktplatz.

Veile war genommen, aber Feldmarschalllieutenant v. Gablenz überzeugte sich bald, daß die Stadt andauernd nur zu halten war, wenn es ihm glückte, den auf dem nördlichen Höhenzuge in einer dominirenden Position aufgestellten Feind aus dieser seiner Position zu werfen. In dem Augenblick, wo die Spitzen der Brigade Gondrecourt (Regiment Martini, Regiment König von Preußen und 18. Jäger-Bataillon) in Veile eintrafen, beschloß Freiherr v. Gablenz zur Erstürmung der feindlichen Position, der eigentlichen »Veile-Stellung« überzugehen.

Zwei oestreichische Batterieen, 8 Pfünder, die inzwischen auf dem »Mölleholm« südlich von der Stadt, also der dänischen Artillerie genau gegenüber, Aufstellung genommen hatten, begannen um 4½ Uhr ihre Beschießung. Als eine halbe Stunde später das dänische Feuer schwächer zu werden begann, schien der rechte Moment gekommen. Die beiden Jäger-Bataillone, das 9. und 18., erhielten Befehl, in nördlicher Richtung vorzugehen und den nach Westen hin, in der rechten Flanke des Feindes gelegenen Höhenzug, die Waldhöhe von Sophienlund, zu besetzen. Diese Flankenbewegung entschied den Tag. Der dänische General, aus schwer zu begreifenden Gründen, hatte die Besetzung dieses wichtigen Flankenpunktes unterlassen; als er schließlich dazu schritt, und zwar mit unausreichenden Kräften, war es zu spät. Das 9. Jäger-Bataillon nahm die Anhöhe nach kurzem Kampf.

Sofort — es war bereits 5½ Uhr — befahl jetzt Freiherr v. Gablenz den Angriff in der Front. Der endliche Ausgang des Kampfes, nach der glücklich ausgeführten Flankenbewegung, war nicht länger zweifelhaft; es konnte sich nur noch darum handeln, ob der Sieg mit größeren oder geringeren Opfern zu erkaufen sein würde. Jenes schien wahrscheinlicher. Daß die Dänen entschlossen waren Stand zu halten und von der Vorzüglichkeit der Stellung (eine vorzügliche Stellung auch jetzt noch) Nutzen zu ziehen, war ersichtlich. Der Abhang des Hügelzuges, an dessen Höhenrand sie standen, bot auf mehrere hundert Schritt hin ein vorzügliches Schußfeld; geschickt angelegte Schützengräben gewährten Schutz und die in Front der Gräben stehenden Bäume waren zwei Fuß hoch über der Erde gefällt, um der Besatzung des Hügels gute Ruhepunkte zum Auflegen ihrer Gewehre zu geben. Alle diese Vorkehrungen aber erwiesen sich als vergeblich. Wie am 3. Februar bei Erstürmung des Königsberges und am 6. Februar bei Oeversee, so nahmen auch hier wieder die im Sturmschritt vordringenden Oestreicher die Position ohne langen Kampf und jagten die sich rasch zurückziehenden Dänen theils in den Wald hinein, theils an der Lisière des Hochwaldes entlang. Keine Frage, daß die von der Flanke her avancirenden Jäger-Bataillone diese Rückwärtsbewegung beschleunigten. Ein lang hingezogener Widerstand würde nur zur Gefangennahme größerer Abtheilungen geführt haben. 200 Mann fielen ohnehin den Siegern in die Hände.

Die Dänen zogen sich auf Horsens, in nordöstlicher Richtung, zurück. Ihnen zu folgen und dadurch die Niederlage zu vervollständigen, war unmöglich. Volle Dunkelheit war hereingebrochen; außerdem waren die Truppen, durch 15stündigen Marsch (sie hatten um 3 Uhr früh ihre Quartiere verlassen) aufs äußerste erschöpft.

Das Gefecht — wiewohl minder blutig als der Kampf bei Oeversee — bietet doch viel Uebereinstimmendes mit dem letztgenannten Rencontre. Hier wie dort drangen die Angreifer, spät Nachmittags und müde vom langen Marsch, gegen die Lisière eines mit Feinden besetzten Hochwaldes vor; hier wie dort entschied eine Flankenbewegung und ein energischer Vorstoß in der Front den Ausgang des Tages; hier wie dort hinderten Dunkelheit und totale Erschöpfung der angreifenden Truppen jede Weiterverfolgung. Der Zufall wollte es außerdem, daß sich in beiden Kämpfen genau dieselben Truppen gegenüberstanden, auf dänischer Seite das 1. und 11. Regiment, auf oestreichischer Seite die Regimenter Hessen und Belgien und das 9. Jäger-Bataillon. Wie dies letztere bei Oeversee, durch Umgehung des Sankelmark-Sees, den Feind in seiner rechten Flanke gefaßt und dadurch die Entscheidung des Tages herbeigeführt hatte, so entschied dasselbe Bataillon auch das Gefecht bei Veile, durch Wegnahme von Sophienlund und Bedrohung der feindlichen rechten Flanke.

Nur minder blutig, wie schon hervorgehoben, war das Gefecht vom 8. März. Ueber die dänischen Verluste, mit Ausnahme der 200 Gefangenen, liegen keine bestimmten Angaben vor; die Oestreicher verloren 92 Mann todt und verwundet, darunter 8 verwundete Officiere. Einer derselben, Lieutenant Rathlev, starb noch am selben Abend.

Lieutenant Rathlevs Tod weckte besondere Theilnahme. Er war ein geborner Schleswig-Holsteiner und 1859, oder kurz zuvor, aus soldatischer Passion in die oestreichische Armee getreten. Er wurde Officier in dem berühmten Regiment »König von Belgien«, das, wie während der italienischen Feldzüge, so auch jetzt wieder im Kriege mit Dänemark sich durch glänzende Tapferkeit hervorgethan hatte. Wir wissen bereits, daß, außer vielen anderen Officieren, in dem Gefecht bei Oeversee Oberst Herzog Wilhelm von Würtemberg schwer, Oberstlieutenant v. Illeschütz tödtlich verwundet wurde. An jenem Tage traf auch den Lieutenant Rathlev (der schon bei Magenta gefochten und den Orden der eisernen Krone erhalten hatte) eine dänische Kugel, prallte aber von einem dänischen Reichsthaler ab, den er in seiner Tasche trug. Dankbar ließ er aus dem Thaler, der ihn gerettet hatte, einen Henkelthaler machen und trug ihn seitdem, wie einen Talisman, auf der Brust. Aber der Talisman versagte den Dienst; eine dänische Kugel sollte ihn tödtlich treffen und der Tag von Oeversee sparte ihn nur auf für den Tag von Veile. Er starb einen schönen Soldatentod. Einer seiner Landsleute rief ihm ein schönes Lied nach; wir geben die zwei letzten Strophen:

Fragt Dich im Himmel
Der selige Sänger:
„Was ist des Deutschen Vaterland?"
Zeige ihm Oestreichs
Ehren und Siege,
Zeig' ihm Dein Blut
Im dänischen Sand;

Und wo am Belte
Ziehet die Möwe,
Zeig' ihm den Markstein des Vaterlands,
Den Du im Tode,
O Du Getreuer,
Schmücktest mit Deinem Lorbeerkranz.

So die Strophen. — Die Bedeutung des Gefechts bei Veile war keine geringe; die Streitkräfte, über die der Feind in Jütland verfügte, waren durch Wegnahme und Besetzung der Veile-Position in zwei Hälften getheilt. Die eine Hälfte (fünf Regimenter) befand sich südöstlich in Fridericia, die andere Hälfte (drei Regimenter Infanterie und drei Cavallerie-Regimenter) stand jetzt, muthmaßlich zerstreut und zerbröckelt, in der Mitte des Landes; an eine Wiedervereinigung beider Streitkräfte war nicht mehr zu denken, wenn es dem General Hegermann-Lindencrone nicht glückte, seine Infanterie-Regimenter zu Schiff, etwa von Horsens oder Aarhuus aus, nach Fridericia überzuführen.

Sich hierüber Gewißheit zu verschaffen, lediglich aus diesem und keinem anderen Grunde, drang Feldmarschalllieutenant v. Gablenz über Veile hinaus nördlich vor und besetzte, im Laufe der nächsten Tage, zuerst Horsens und Skanderborg, dann Silkeborg und Aarhuus. Nirgends traf man auf den Feind, kaum hörte man von ihm, da die spezifisch-dänische Bevölkerung — in übrigens anerkennenswerthem Patriotismus — jeder Frage ein erkünsteltes Nicht-wissen, oder Nicht-verstehn entgegenstellte. Mit Mühe brachte man in Erfahrung, daß der dänische General bei Skanderborg (einige Meilen nördlich von Horsens) seine Streitkräfte getheilt, das 7. Regiment — wahrscheinlich in Aarhuus — eingeschifft, die beiden andern Infanterie-Regimenter aber, so wie seine ganze Cavallerie, über Viborg an den Limfjord geführt habe. Hier gewährte die große, mitten im Limfjord gelegene Insel Mors einen vorzüglichen Schutz. Die Verfolgung konnte schwerlich einen Uebergang hier wagen; wagte sie ihn dennoch, so war die Insel ebenso leicht zu vertheidigen, wie, schlimmstenfalls, nach Norden oder Westen hin, behufs eines weiteren Rückzugs, wieder aufzugeben.

Eine solche Verfolgung, auf schlechten Wegen und durch halb unwirthbare Landstriche eintreten zu lassen, lag nun keineswegs in der Absicht des oestreichischen Befehlshabers; ein weiteres Entfernen von Veile, schien, nach der allgemeinen Kriegslage, überhaupt nicht gestattet. Schon am 13. bereiteten die bis Skanderborg, Silkeborg und Aarhuus vorgeschobenen Abtheilungen ihren Rückmarsch nach Veile vor; nur die Brigade Dormus verblieb einstweilen nördlicher (in Horsens). Die Brigade Gondrecourt besetzte Veile; die Brigaden Nostitz und Tomas gingen südlicher, um, vom 15. ab, zur Unterstützung der Garden bereit zu stehen, welche seit den Gefechten am 8. März, Fridericia — allerdings in einem ziemlich weit gezogenen Halbkreis — umschlossen hielten.

## Das Bombardement von Fridericia.

Im Hauptquartier war der Beschluß gefaßt worden, zu einem Bombardement der Festung zu schreiten. Das II. und III. Corps verfügten zwar über keinen Belagerungs-Park, glaubten aber doch, mit Hülfe ihrer gezogenen Geschütze, eines Erfolges sicher sein zu dürfen. Am 14. und 17. wurden von der zurückgezogenen Halbkreis-Linie aus, die die Garden seit dem 9., also seit dem Tage nach dem Gefecht bei Gudsö und Snoghöi, inne hatten, einige größere Recognoscirungen gegen die Festung hin unternommen; endlich am 19. früh fand ein allgemeines Vorgehen gegen den Platz und behufs des zu eröffnenden Bombardements eine engere Einschließung statt. Noch in derselben Nacht schritten die Garden, die inzwischen ihre Vereinigung mit den beiden südwärts detachirten oestreichischen Brigaden Nostitz und Tomas vollzogen hatten, zum Batterieenbau. Dieser Batteriebau erfolgte auf etwa ⅓ Meile Entfernung von Fridericia und zwar an vier Stellen zugleich. Die beiden oestreichischen 8 Pfünder-Batterieen — wahrscheinlich dieselben, die bei Veile die feindlichen Geschütze zum Schweigen gebracht hatten — standen bei Erritsö und Juglsang im Südwesten und Westen der Festung, während zwei preußische gezogene 6 Pfünder-Batterieen, in eine Batterie vereinigt, 2000 Schritt in Front von Igum (nordwestlich von Fridericia) und zwei weitere preußische Batterieen, eine 12 pfündige und eine gezogene 4 pfündige, bei Christineborg, im Norden der Festung, ihre Aufstellung genommen hatten. Auch diese Batterieen, wie die gesammte Aufstellung der Truppen, beschrieben einen Halbkreis um den zu belagernden Platz herum. Ein Ausfall, den der Feind, von der Nordseite der Festung her, mit 2 Bataillonen versuchte, wurde durch eine Abtheilung vom 3. Garde-Regiment ohne Mühe zurückgewiesen; doch hatte das Regiment bei diesem Rencontre den Verlust eines Officiers, des Lieutenants v. Schaper zu beklagen.

Am 20. sollte aus allen vier Batterieen das Bombardement eröffnet werden; ehe wir aber zu einer Beschreibung desselben übergehen, suchen wir uns zuvor mit Stadt und Festung Fridericia — von denen die letztere seit 1849 eine wesentliche Erweiterung erfahren hatte — bekannt zu machen.

Fridericia liegt auf einer Landzunge am nördlichen Eingange zum kleinen Belt und hat — wie schon an anderer Stelle hervorgehoben — die Bestimmung, der Insel Fühnen ebenso zur Vormauer zu dienen, wie die düppeler Schanzen der Insel Alsen. Die Stadt, mit kaum 7000 Einwohnern, ist regelmäßig und rechtwinklig gebaut, aber ohne Leben und an manchen Stellen einer Einöde gleich. Kaum zwei Drittel der Gesammtfläche, die von den Bastionen eingefaßt ist, ist mit Häusern besetzt; die Häuser sind klein und niedrig und erscheinen wegen des Gegensatzes zu der großen Breite der Straßen nur um so erbärmlicher. Einen großen Theil des zur Stadt bestimmten Flächenraums nehmen Felder, Gärten und selbst Gehölze ein; dieser unangebaute Flächenraum, der zwischen dem westlichen Halbkreis der Häuser und der südöstlich, unmittelbar Fühnen gegenüber gelegenen Citadelle liegt, heißt die Esplanade. Hier ist auch das Hafen-Bassin; es hat nur 12 Fuß Tiefe und gestattet nur kleinen Schiffen einzulaufen.

Ein gänzlich fehlgeschlagener Versuch als Stadt, hat Fridericia doch seine große Bedeutung als Festung. Es ist in der That sehr fest. Seine Festigkeit beruht zunächst auf seiner Lage. Es hat, in eine Ecke hineingeschoben, genau die Form eines gleichseitigen Dreiecks. Von den drei Seiten dieses Dreiecks sind zwei durch das Meer und den kleinen Belt, die dritte, dem Lande zugekehrte, durch einen breiten Sumpf- und Wassergürtel (an manchen Stellen von 1000 Fuß Breite) geschützt. Durch diesen Sumpf- und Wassergürtel, also durch einen von der Natur angelegten, mächtigen Festungsgraben, führen einige Dämme und Brücken hindurch; diese einzigen Communikationswege aber, die die Festung nach der Landseite hin hat, werden durch Batterieen beherrscht.

Nur im Norden fehlt der Festung dieses vorgelegene Sumpfland. Hier, zwischen der Meeresbucht im Osten und dem nach Igum und Veilby führenden, parallel mit dem Meere laufenden Wege, befand sich früher der Exercierplatz. Dieser Exercierplatz war jetzt zu einem »verschanzten Lager« umgeschaffen worden und bildete, unmittelbar in Front der eigentlichen Festung, eine Festung für sich. Der Zweck dieses »verschanzten Lagers« war nicht nur der, der eigentlichen Festung eine gesteigerte Festigkeit zu leihen, sondern auch der, den Verkehr mit Fühnen nicht unterbrochen zu sehen. So lange dies »verschanzte Lager« in Händen der Dänen war, konnten die Belagerer mit ihren Geschützen nicht unmittelbar an die Meeresbucht heran, wenigstens dort nicht heran, von wo aus es einzig und allein möglich war, die ganze Wasserstraße, bis Fühnen hinüber, zu bestreichen. (Auch im Süden der Festung befand sich eine Ueberfahrtstelle nach Fühnen; diese aber war den Dänen bereits verloren gegangen, seitdem Erritsö in Händen der Alliirten war. Von Erritsö aus beherrschten preußische Batterieen die südliche Ueberfahrt.)

Wir schließen diese Schilderung Fridericias überhaupt mit einer Schilderung des »verschanzten Lagers«, das die Dänen, im Vertrauen auf seine Festigkeit, wohl ein zweites Dannewerk zu nennen pflegten. Nach Osten hin war es durch das Meer geschützt, nach Norden und Nordwesten hin durch Erdwerke und Batterieen, die mit Gräben und Pallisaden versehen und mit schwerem Geschütz bewaffnet waren. Eine Brustwehr für die Infanterie zog sich die ganze Linie entlang. Die fünf Forts — wie die Lünetten des »Retranchements« bei Düppel — waren im Rücken völlig offen, so daß sie, für den Fall, daß der Feind sie stürmte, dem vollen Feuer der Stadtbastionen ausgesetzt waren.

Die Besatzung Fridericias bestand aus fünf Regimentern, etwa 8000 Mann; Commandant war Generalmajor Lunding.

Am 20. früh (5½ Uhr) eröffneten die Alliirten ihr Feuer aus allen vier Batterieen. 42 Kanonen waren alsbald in Thätigkeit und zwar auf Entfernungen hin, die von den altmodischen Geschützen der Gegner kaum durchmessen werden konnten. Verluste waren deshalb diesseits nur wenige zu beklagen. In der Stadt, wie in den Baracken des verschanzten Lagers loderten alsbald helle Flammen empor und zeigten, daß unsere Granaten ihres Ziels nicht gefehlt hatten; aber man durfte sich, selbst von einer vollständigen Einäscherung der Stadt, immer noch keine Uebergabe der Festung versprechen. Die Häuser als solche hatten wenig Werth und die Bewohner derselben waren theils schon am 8. (als die Preußen zuerst vor Fridericia erschienen) theils am 19., also unmittelbar vor Beginn des Bombardements, nach Fühnen hin entflohen. Die Ueberfahrt hatte, vom 19. auf den 20., die ganze Nacht hindurch gedauert; es waren nicht Schiffe und Boote genug vorhanden gewesen, um alle die Flüchtigen, die nach Tausenden zählten, über den Belt zu setzen. Jetzt, wo sie sammt ihrer Habe in Sicherheit waren, hatte die Einäscherung ihrer Häuser wenig zu bedeuten. Man beschloß deshalb (im Laufe des 21.) eine Beschießung einzustellen, die höchst wahrscheinlich die Interessen armer Leute schädigte, ohne den Zweck zu erreichen, um dessentwillen solche Schädigung einzig und allein geboten erscheinen konnte. Feldmarschall Freiherr v. Wrangel ließ allerdings, kurz vor Einstellung des Bombardements, eine Aufforderung zur Uebergabe der Festung an Generalmajor Lunding ergehen; es war dies aber wenig mehr als eine Formalität, ein bloßer Versuch und die Belagerer selbst waren wohl am wenigsten überrascht, als die Antwort des Commandanten eintraf, »daß er sich außer Stande sähe, auf die Propositionen Sr. Excellenz des Feldmarschalls einzugehen.«

Am Abend des 21. schwieg das Feuer der Belagerer. Der Feldmarschall beschloß Geschütze und Truppen vorläufig wieder zurückzunehmen und die Einschließung abermals in jenem weiteren Bogen stattfinden zu lassen, den die Garden, nach dem Gefecht am 8., vom 9. bis zum 19. besetzt gehalten hatten. Doch fand nunmehr ein Umtausch, ein Rollenwechsel statt. Das ganze oestreichische Corps (auch die Brigaden Gondrecourt und Dormus trafen zu dem Behuf von Horsens und Veile vor Fridericia ein) unterzog sich der Umstellung der Festung; die Garden rückten nordwärts. — Eine eigentliche Belagerung Fridericias, zu der man, wie man sich überzeugt hatte, durchaus eines Belagerungsparkes bedurfte, sollte, vor Wegnahme der düppeler Schanzen, nicht wieder aufgenommen werden.

# Die Ereignisse bis zur Räumung von Fridericia

## den 28. April.

m Fridericia herum, in weitem Umkreis lagen die Oestreicher; die Garden waren nordwärts gerückt, jedoch nur ein kleiner Theil derselben, drei Füsilier-Bataillone. Die übrigen 9 Bataillone waren (wie wir bereits wissen) am 22. südwärts gegangen, und am 25. im Sundewitt erschienen, um daselbst an der Belagerung der düppeler Schanzen theilzunehmen. Wir haben in früheren Kapiteln des Ausführlicheren über diese Theilnahme (namentlich Wegnahme der Schanzen I. VI. VII. und des Brückenkopfes) berichtet.

Die drei Füsilier-Bataillone des Garde-Corps, die in Jütland verblieben waren, hatten Veile besetzt; eine Meile jenseits desselben, auf dem Wege nach Horsens, standen die äußersten preußischen Vorposten. In Horsens selbst waren — nach Räumung der Stadt seitens der Oestreicher — die Dänen, von Norden her, wieder eingezogen. Sie daran zu hindern, dazu waren die drei Garde-Bataillone — die durch weitere Entfernung von Veile jeden Zusammenhang mit dem südlich stehenden oestreichischen Armee-Corps verloren und sich der Gefahr des völligen Abgeschnittenwerdens ausgesetzt haben würden, — viel zu schwach. War doch selbst in Veile ihre Stellung exponirt genug und nur durch große Wachsamkeit gegen einen vielleicht mit überlegenen Kräften auszuführenden Handstreich des Feindes zu sichern, der eben jetzt wieder, wie schon im Jahre 1849, geneigt schien — mit Hülfe einer ihm treu ergebenen Bevölkerung — den »kleinen Krieg« zu organisiren. Mehrere solcher Handstreiche, freilich nur gegen kleinere Truppenabtheilungen gerichtet, wurden ausgeführt; einer glückte und führte zur Gefangennehmung von 22 Gardehusaren. Es geschah dies im Dorfe Assendrup am 29. März. Wir geben einige Details.

### Der Ueberfall bei Assendrup.

Ungefähr 2½ Meile östlich von Veile, am nördlichen Ufer des Veile-Fjord, liegt das Gut »Rosenwold«; hier befindet sich ein kleiner

Hafen, welcher von den Küstenfahrzeugen häufig benutzt wird, um daselbst ihre Ladungen an Landesprodukten einzunehmen. An dieser Stelle landete sehr wahrscheinlich eine starke Abtheilung dänischer Infanterie und drang durch die bewaldete, zum Theil von tiefen Schluchten durchzogene Gegend bis zu dem Dorfe Assendrup (eine gute Meile von Veile) vor, woselbst erst seit wenigen Stunden eine Garde-Husaren-Abtheilung Quartier genommen hatte. Diese, ermüdet durch einen längeren Marsch, lag in tiefem Schlaf (wenige Husaren, so heißt es, waren, des zweiten Ostertages halber, um eine dampfende Bowle versammelt), als die Dänen am äußersten Ende des Dorfes eintrafen, die ihnen bezeichneten Gehöfte in aller Stille umstellten und nun in die Häuser eindrangen. An Widerstand war gar nicht zu denken; es ward den Ueberraschten keine Zeit gelassen, erst zu den Waffen zu greifen, kein Schuß fiel, keine Klinge wurde blank gezogen. Halb angekleidet wurden die Gefangenen weggeführt, die Pferde, ungesattelt, aus dem Stall getrieben. Nach wenigen Minuten verschwanden die Dänen wieder, wie sie gekommen waren; durch den Wald hindurch ging es wieder dem Veile-Fjord und ihren Schiffen zu. Doch nicht ganz ohne Geräusch mußte die Gefangennehmung vor sich gegangen sein, oder vielleicht war es Einzelnen geglückt, sich durch rasche Flucht zu entziehen und ihre in den benachbarten Gehöften einquartierten Kameraden zu warnen; diese warfen sich jetzt schleunigst aufs Pferd und im Vereine mit den im nächsten Dorfe belegenen Husaren, welche nach erhaltener Nachricht in größter Eile herbeigesprengt kamen, attackirten sie den Feind, um ihm wo möglich die gemachte Beute wieder abzujagen. Aber vergeblich. Das coupirte Terrain verhinderte durchaus den Feind erfolgreich anzugreifen; einzelne Schüsse wurden gewechselt, dann verschwanden die Dänen unterm Schutz der Dunkelheit. Die Expedition war dänischerseits vom Capitain Stockfleth (vom 20. Regiment) und Premierlieutenant Harboe commandirt; ersterer fiel später bei Düppel in dem Gefecht am Barackenlager.

---

Der Ueberfall bei Assendrup am 29. März giebt ein gutes Beispiel, in welcher Weise die Dänen jetzt den »kleinen Krieg« zu organisiren begannen. Sie verfuhren dabei mit vielem Geschick; ihre Kenntniß des Landes, wie namentlich die guten Dienste, die ihnen die jütische Bevölkerung leistete, unterstützten sie dabei und es bedurfte einer großen Wachsamkeit, um sich gegen ähnliche Handstreiche wie den vom 29. März zu sichern.

Zu ernsteren Aktionen kam es nicht; man wußte, daß zunächst die Entscheidung vor Düppel läge und wollte die Offensive, wie wir schon andeuteten, nicht eher wieder aufnehmen, als bis die Dinge im Sundewitt zum Abschluß gekommen seien. Nur am 10. April ging ein starkes Requisitions-Commando von Veile aus gegen Horsens vor, um der ausgesogenen Umgegend von Veile, durch Requirirungen in nördlicher gelegenen Distrikten, einigermaßen aufzuhelfen.

Am 18. April fiel Düppel. Dies war das Signal, nunmehr auch in Jütland eine energischere Kriegführung wieder aufzunehmen. Die neun Garde-Bataillone, nachdem sie drei Wochen lang im Sundewitt gestanden und sich an der Belagerung und Erstürmung der Schanzen betheiligt hatten, traten schon am 19. ihren Rückmarsch nach Jütland an; ihnen folgte das westphälische Jäger-Bataillon, das westphälische Pionier-Bataillon, vor allem Belagerungsgeschütz. Ziemlich gleichzeitig mit diesen vom Sundewitt aus eintreffenden Verstärkungen, traf auch eine neue Brigade, die schlesische Brigade Bornstedt, auf dem Kriegsschauplatze jenseits der Königs-Au ein. Diese Brigade Bornstedt*) marschirte nordwärts, um die in Veile stehenden preußischen Truppen zu verstärken; die aus dem Sundewitt eintreffenden Bataillone aber, einschließlich der Belagerungs-Artillerie, schwenkten rechts ab, um nunmehr — vereint mit dem oestreichischen Corps, das sich bis dahin mit einer Umstellung der Festung begnügt hatte — zu einer kräftigen Wiederaufnahme der am 22. März abgebrochenen Belagerung Fridericias überzugehen.

### Die Räumung Fridericias.

Es kam aber zu keinen ernsteren Unternehmungen mehr; die Dänen räumten Fridericia freiwillig. Dies war in der Nacht vom 27. auf den 28. April. Sie zogen sich, unter Zurücklassung ihres sämmtlichen Materials, nach Fühnen hin zurück. Die Nachricht von der Erstürmung Düppels hatte in Kopenhagen sowohl, wie namentlich auch in der Armee so deprimirend gewirkt, daß man es auf ein Aeußerstes

*) Die schlesische Brigade Bornstedt, aus dem Grenadier-Regiment Nr. 10. und dem 50. Infanterie-Regiment bestehend, war Anfang April mobil gemacht worden. Sie zog durch Holstein und Schleswig auf Jütland zu. In der Nacht, die dem Düppelsturm vorherging, also vom 17. auf den 18. April, befand sie sich, wenige Meilen von Düppel entfernt, auf dem Wege von Apenrade nach Hadersleben. Die 5. Compagnie vom 10. Regiment lag in der Nähe der Gjenner Bucht, wo in dieser Nacht (vom 17. auf den 18.) wieder ein dänischer Landungsversuch gemacht wurde. Mehrfach war es geglückt, unsere Strandwachen zu überfallen und gefangen fortzuführen. Diesmal aber scheiterte es. Abtheilungen der obengenannten Compagnie waren schnell allarmirt und von zwei Seiten her, unter Premierlieutenant v. Bülow und Lieutenant v. Montowt, auf die sichtlich überraschten Dänen (die nur Cavallerie-Patrouillen erwartet hatten) eindringend, glückte es, diese in ihre Boote zurückzutreiben. Sie hatten nicht unbeträchtliche Verluste. An der Spitze dieser feindlichen Landungsversuche stand ein schwedischer Officier: Baron Heinrich v. Raab.

nicht ankommen, nicht abermals — und zwar nutzlos — schwere Verluste über sich ergehen lassen wollte. Denn der endliche Ausgang auch dieser Belagerung konnte nicht zweifelhaft sein, nachdem die gezogenen 24 Pfünder vor Fridericia eingetroffen waren.

Der Commandant der Festung, Generalmajor Lunding, hatte seinen Abzug gut zu verbergen gewußt. Schanzarbeiten wurden in einer Weise ausgeführt, daß sie von den Belagerern wahrgenommen werden mußten; während dessen ließ er seine fünf Regimenter (wenn die Besatzung überhaupt noch diese Stärke hatte) ihren Rückzug antreten. Am Morgen des 28. April befand sich nur noch Obristlieutenant Nielsen mit einigen hundert Mann in Fridericia. Diese zwei bis dreihundert Mann bildeten den ganzen Tag über (den 28.) die alleinige Besatzung der Festung. Erst in der Nacht vom 28. auf den 29. ging auch diese letzte Abtheilung nach Fühnen hinüber.

Schon im Laufe des 28. wurde den Oestreichern (durch zwei Deserteure) hinterbracht, daß in der vorhergehenden Nacht die Festung, bis auf wenige hundert Mann, von den Dänen geräumt worden sei; man glaubte es aber nicht und vermuthete eine Kriegslist. Indessen bald war kein Zweifel mehr; Bürger aus der Stadt, deren ein paar zurückgeblieben waren, bestätigten die Aussage der Deserteure.

Am 29. erfolgte der Einzug in die öde Stadt, erst Lichtenstein-Husaren, dann Hessen-Infanterie, dann das Regiment Belgien, dann preußische Pioniere und Garde-Artillerie. Nur weniges armes Volk fand man in den Straßen. In den Häusern hatten die dänischen Soldaten übel gehaust, die Fenster zerschlagen, die Rahmen zerbrochen; von den 1000 Häusern der Stadt lagen etwa 50 (in Folge des Bombardements am 20. und 21.) in Schutt und Trümmer. Auf den Wällen und im Depot der Citadelle fand man 206 meist vernagelte schwere Geschütze, 84 Pfünder, 48 Pfünder, Bomben- und Steinmörser, zwei alte schwedische Geschütze aus dem Jahre 1767 und sogar eine schwedische hölzerne Kanone. Das gegen den Belt gerichtete Bastion »Danmark« wurde von den Oestreichern sogleich mit den erbeuteten Geschützen armirt, um die schmale Wasserstraße beherrschen zu können.

So fiel Fridericia. Der Fall von Düppel hatte die dänische Widerstandskraft gebrochen; zudem hoffte man in Kopenhagen eben damals auf die »diplomatische Aktion« der seit dem 25. April in London tagenden Conferenz. Wir werden später sehen, in wieweit diese Hoffnung begründet war.

Am 29. April waren die Oestreicher in Fridericia eingezogen; vom 3. Mai ab schritten sie zur Schleifung der Festung; die Bastionen, das große steinerne Magazin des »verschanzten Lagers« wurden in die Luft gesprengt, alle Blockhäuser und Munitions-Magazine verbrannt.*) Nur Trümmer blieben übrig.

Während sich dies Zerstörungswerk vollzog — ja, schon in den Tagen, die der Räumung Fridericias unmittelbar vorausgingen — waren die Preußen nordwärts gerückt. Es waren dies die 3 Garde-Bataillone, die so lange in und bei Veile ihre Stellung gehabt hatten, ferner die am 22. April eingetroffene schlesische Brigade Bornstedt (10. und 50. Regiment), endlich drei Cavallerie-Regimenter: die Garde-Husaren, die westphälischen Husaren und die brandenburgischen Kürassiere. Vom 22. an, also schon sieben Tage vor der Räumung Fridericias, richteten diese Vortruppen ihren Marsch gegen Norden. Wie nach dem Gefecht von Veile (am 8. März) die Dänen vor den nachrückenden Oestreichern ohne eigentlichen Kampf gewichen waren, so jetzt, vom 22. April ab, vor den Preußen. Am 29. waren Horsens, Aarhuus, Mariager, Randers,

*) Ein Brief giebt davon folgende Schilderung:

Die fünf Bastionen des verschanzten Lagers hatten durchschnittlich drei Pulvermagazine, wie die Düppler von Beton-Masse, (Kalk, Cement und geklopfte Chausseesteine) deren Mauern 2 Fuß 7 Zoll stark waren. Der Stoff war überaus fest und die Räume die einzigen bombenfesten, zumal sie noch mit einer 6 bis 8 Fuß dicken Erdschicht bedeckt waren. Nachdem am 3. Mai die drei Pulvermagazine der Bastion 5, an der Nordseite des Lagers, versuchsweise gesprengt worden waren, ließ man am 5. die der vier übrigen Bastionen auffliegen. Feldmarschalllieutenant Graf Neipperg ließ bei jeder Bastion ein Hornsignal geben, welches von den Pionieren beantwortet wurde; dann gab es einen dumpfen Knall, der Boden erzitterte und aufflog ein dicker, schwarzer Erdhaufen, der sich mit dem Aufsteigen in immer dünnere Brocken zertheilte, welche dann in einem Bogen als Erdregen auf einen Kreis von 100 bis 150 Schritt Durchmesser zur Erde niederfielen. Ueber die etwa 60 Fuß hohe Erdgarbe flogen einzelne und zwar oft 20 Fuß lange Balken, mit der Leichtigkeit von Bleistiften pfeilschnell um sich selbst herumwirbelnd, noch weitere 40 Fuß empor, während der Pulverdampf in dickgeballten weißen Wolken zum Himmel aufstieg. Die Beton-Massen waren in mächtige Stücke zerbrochen; sie lagen aufeinander gethürmt, oder nur wenige Schritte zur Seite geworfen, auf der Stelle. Die preußischen Pioniere hatten Bastion 3 zu sprengen, die oestreichischen die übrigen Werke. Zum Schluß wurde auch ein Blockhaus gesprengt und zwar durch an die Stirnwand angehängte Pulversäcke. Diese Wand wurde wie ein Kartenblatt niedergeworfen, die übrigen Wände und die Decke blieben stehn. Da jedoch der Boden des Blockhauses mit Stroh bedeckt war, so brannte das ganze Balkengerüst im Moment lichterloh. — So wurde das Werk der Zerstörung fortgesetzt. Anfangs nahm man Anstand die Blockhäuser und Pallisaden durch Feuer zu zerstören und forderte die Umwohner von Fridericia auf, sich so viel Balkenholz zu holen, als sie wollten. Einzelne Bauern kamen auch und zogen Nutzen von der Gelegenheit; aber im Ganzen waren es doch wenige. Die einen blieben fort aus Patriotismus, weil sie sich an dem zerstörten Gut ihres Landes nicht bereichern wollten, andere aus Furcht vor den Folgen, noch andere weil sie, in Folge der vielen Requisitionen an Wagen und Pferden, kein Fuhrwerk mehr hatten, ohne welches ein Fortschaffen des Materials nicht möglich war.

Hobro, Viborg und Holstebro besetzt, einige Tage später rückten die Preußen in Aalborg ein. Man stand am Limfjord, als die eintreffende Nachricht vom Abschluß einer »Waffenruhe« dem weiteren Vordringen ein Ziel setzte.

# Der Krieg zur See.

Auch zur See wurde gekämpft, und in Anbetracht der Kräfte hüben und drüben, nicht ohne Glück und Erfolg.

Wie wir zu Lande zwei Kriegsschauplätze zu unterscheiden hatten, Sundewitt und Jütland, so unterscheiden wir auch zwei Kriegsschauplätze zur See: die Ostsee und die Nordsee. Den Kampf in der Ostsee führte ausschließlich die preußische Marine, den in der Nordsee, wenigstens vorwiegend, die oestreichische. Jede der beiden Marinen bestand ein Treffen gegen den gemeinschaftlichen Gegner; es sind dies die Seegefechte bei Rügen am 17. März und bei Helgoland am 9. Mai.

Wir wenden uns zuerst den Kriegsereignissen in der Ostsee zu.

Während des Krieges 1848 und 1849 waren wenige dänische Kriegsschiffe, die sich vor die Häfen von Swinemünde und Danzig legten, im Stande gewesen, dem gesammten preußischen Seehandel ein Ende zu machen; es war schmerzlich, daß das Jahr 1864 die Dinge, in gewissem Sinne zwar gebessert, aber, praktisch genommen, immer noch an derselben Stelle fand. Eine preußische Flotte war innerhalb 15 Jahren allerdings ins Leben gerufen, eine Flotte, wie wir sehen werden, muthig genug, den Kampf mit dem Gegner aufzunehmen und ihm ihr Dasein fühlbar zu machen, aber nicht stark genug, die See klar zu fegen und den heimischen Handel zu schützen. Unsere Häfen wurden wieder blokirt; die Gefechte, die stattfanden, hatten weniger den Zweck, diese Blokade erfolgreich zu durchbrechen, als dem Feinde zu zeigen: wir wagen's. Nicht Vortheils noch Sieges halber, sondern um der Ehre willen wurde gekämpft.

Vor Ausbruch der Feindseligkeiten war zwar, von wohlmeinender aber schlecht unterrichteter Seite her, verschiedentlich bewiesen worden, daß die preußische Flotte der dänischen nicht unerheblich überlegen und in der glücklichen Lage sei, den Kampf jeden Augenblick mit Erfolg aufnehmen zu können, in Wahrheit stellten sich aber die Dinge so, daß der Feind, wenigstens so lange er seine Streitkräfte nicht zu theilen brauchte — was nach Erscheinen des oestreichischen Geschwaders allerdings nöthig wurde — über 21 Kriegsfahrzeuge mit 323 Geschützen verfügte, denen wir preußischerseits nur 2 Korvetten, 1 Avisoschiff und 19 Kanonenboote mit zusammen 89 Geschützen entgegenzustellen hatten. Unsere drei Segel-Fregatten (Gefion, Thetis und Niobe) kamen den Kriegs-Dampfschiffen des Feindes gegenüber, gar nicht mehr in Betracht, die Dampfkorvette »Gazelle« war in Japan, die Dampfkorvette »Vineta« durfte wegen ihres Tiefgangs, wenigstens in der ersten Hälfte des Krieges, den Hafen von Danzig nicht verlassen.*)

Die dänischen Streitkräfte zur See, deren Zahl an Schiffen und Geschützen wir bereits angegeben haben, bestanden aus folgenden Fahrzeugen:

*) Die „Vineta“ geht 19 Fuß tief, während der Danziger Hafen nur einen mittleren Wasserstand von 18 Fuß hat. Die „Vineta“ konnte also nur auslaufen, wenn der Wind das Wasser angestaut hatte, riskirte dann aber, wenn in den nächsten Tagen und Wochen diese Anstauung ausblieb, in See bleiben zu müssen. Sie verlor dadurch, bei einem etwa ausbrechenden Gefecht, die Möglichkeit des Rückzugs.

| | |
|---|---|
| 1 Schraubenlinienschiff (Skjold) . . . . . . . | 64 Kanonen, |
| 4 Schraubenfregatten (Sjaelland, Jylland, Niels Juel, jede zu 44 und Tordenskjold zu 34 Kanonen) . . . . . . . . . . . . . . . . | 166 Kanonen, |
| 3 Schraubenkorvetten (Dagmar und Heimdal zu 16 und Thor zu 12 Kanonen) . . . . . | 44 Kanonen, |
| 2 Panzerschooner (Esbern Snare und Absalon zu je 3 Kanonen) . . . . . . . . . . . . | 6 Kanonen, |
| 4 Raddampfer (Holger Danske, Geiser und Schleswig zu je 6 und Hecla zu 4 Kanonen). . . | 22 Kanonen, |
| 7 Schraubenschooner und Kanonenboote à 3 Kanonen | 21 Kanonen, |
| | 323 Kanonen. |

Der »Rolf Krake«, das Segelschiff »Frederik VI.« und die Fregatte »Thetis« kommen hier nicht in Betracht, weil diese Fahrzeuge ausschließlich an der Küste von Schleswig verwendet wurden.

Die preußische Marine hatte nur die zwei Schraubenkorvetten »Arkona« und »Nymphe« zur Verfügung, jene mit 28, diese mit 17 Geschützen. Dazu das Avisoschiff »Loreley« mit zwei Geschützen und eine Flotille von Dampfkanonenbooten. Zwei Kanonenboote erster Klasse »Blitz« und »Basilisk« befanden sich im Mittelmeer. Sie schlossen sich später dem oestreichischen Geschwader an und machten, an der Seite desselben, das Gefecht von Helgoland mit. Auch später noch, bei Eroberung der westfriesischen Inseln, werden wir derselben zu erwähnen haben.

### Das Seegefecht bei Rügen.

Schon im Spätherbst 1863, als der Ausbruch eines Krieges mit Dänemark kaum noch zweifelhaft war, begaben sich die »Arkona« (Capitain zur See Jachmann) und die »Nymphe« (Korvetten-Capitain Werner) von Danzig nach Swinemünde. Dieser Hafen war die geeignetste Operationsbasis, da er allein die genügende Tiefe hatte, um der »Arkona« das ungehinderte Ein- und Auslaufen zu gestatten, auch durch das Haff und seine Mündungen mit Stralsund in Verbindung stand, so daß die daselbst (in Stralsund) befindlichen Kanonenboote hin und hergehen konnten, ohne den Seeweg zu machen.

So vergingen die Wintermonate; der Krieg hatte begonnen; das Dannewerk war gefallen, Düppel eingeschlossen. Da, mit dem Offenwerden der Schiffahrt, begannen auch die Operationen zur See.

Am 10. März wurde den auswärtigen Mächten von Seiten Dänemarks angekündigt, daß die Blokade der »Bucht von Stettin« und zwar der Häfen Swinemünde, Stralsund, Greifswald, Wolgast, Barth und Cammin am 15. desselben Monats beginnen werde.

Bei einer Recognoscirung, welche Capitain Jachmann am 16. unternahm, fand er auf der Höhe von Arkona (Rügen), also etwa 10 deutsche Meilen von dem nächsten der als blokirt bezeichneten Häfen entfernt, ein Geschwader von vier größeren Kriegsschiffen.

Der folgende Tag, der 17. März (derselbe, an dem Osterdüppel genommen wurde), war klar und schön; aber ein feindliches Schiff ließ sich abermals vor Swinemünde nicht blicken. »In jedem Manne des Geschwaders brannte der Wunsch, so schreibt einer der Officiere, sich mit dem Feinde zu messen, denn uns allen wohnte die Ueberzeugung inne, daß der Tag gekommen war, an dem die Marine zeigen mußte, daß sie des preußischen Namens würdig sei. Zwar durften wir uns als Seeleute dreist in die Reihen der andern Nationen stellen, aber im Gefecht hatten wir uns noch nicht bewährt.«

Der Feind bot den Kampf nicht an; darum beschloß Kapitain Jachmann mit mannhafter Energie vorzugehen und ihn aufzusuchen. Es war ein kühnes Unternehmen, aber gerade diese Kühnheit flößte der Mannschaft ein volles Vertrauen ein. Ohne langes Besinnen — denn jedes Besinnen hätte abgemahnt — verließen »Arkona« und »Nymphe« den Hafen. Es war 7 Uhr Morgens (nach einem andern Bericht 9 Uhr). Man war entschlossen, den Dänen aufzusuchen und sich mit ihm zu schlagen.

Zuerst wurde nach Cammin und dann nordwestlich nach der Greifswalder Oie gesteuert. Hier stieß der Dampf-Aviso »Loreley«, mit dem Commandanten der Kanonenboot-Flottille, Kapitain Kuhn, am Bord, zu dem Geschwader, während die erste Division Dampf-Kanonenboote Ordre erhielt, sich als Soutien nahe unter Land zu halten. Bereits um 12 Uhr entdeckte man in nördlicher Richtung den Rauch der Dänischen Flotte, auf welche jetzt mit voller Fahrt losgedampft wurde. Um 1 Uhr unterschied man bereits 6 Schiffe, die sich nach kurzer Zeit als 1 Linienschiff (»Skiold«, 64 Kanonen), 2 Fregatten (»Jylland« und »Sjaelland«, jede zu 44 Kanonen), 2 Korvetten von je 16 Kanonen und 1 Dampf-Aviso herausstellten. Trotz der ungeheuren Uebermacht der Dänen, nah an 200 Kanonen gegen 43, ließen sich die Preußen nicht einschüchtern, sondern hielten ihren Cours gerade auf die feindliche Flotte, welche sich in enge Linie geschlossen hatte und still liegend unsere Schiffe erwartete. Um 2½ Uhr waren diese bis auf 5000 Schritt herangekommen, als die »Arcona« den Dänen die erste Kugel zusandte und damit den Feind zum Kampfe herausforderte. Dann rückten die Preußen bis auf 2000 Schritt den Dänen entgegen, und während sie rechts und die Dänen links abbogen, begann das eigentliche Gefecht. Ein Hagel von Kugeln und Granaten sauste durch die Luft, und wenn auch nur die Fregatte »Jylland« und das Linienschiff »Skiold« als die beiden vordersten am Kampfe theilnahmen, so standen doch immer 108 Geschütze gegen 43, und die Dänen waren daher mehr als doppelt stark. Es zeigte sich sehr bald, daß die Preußen eine harte Arbeit hatten. Das Linienschiff und die Fregatte, namentlich die letztere, liefen nicht nur eben so schnell wie die »Arcona«, »Nymphe« und »Loreley«, sondern besser, wenigstens in der ersten halben Stunde des Kampfes, so daß die Preußen bald das Breitseitengefecht aufgeben und, sich nur mit den Heckgeschützen vertheidigend, ihren Rückzug nehmen mußten. Die »Nymphe« erhielt gleich bei den ersten Lagen eine Bombe durch den Schornstein und eine Kugel durch das Dampfrohr. Dadurch wurde ihre Fahrt geschwächt, und als die Dänen dies sahen, versuchten sie sie abzuschneiden. Die »Loreley«, deren Maschine über Wasser liegt, erhielt einen Schuß, der ihr Boot zertrümmerte und den Lootsen Berg schwer verwundete. Da sie durch einen Schuß in die Maschine oder den Radkasten offenbar in die Hände des Feindes gefallen wäre, so mußte sie sich zurückziehen, und ging nach dem Landtief zu der Kanonenboot-Flottille, die den Schiffen nicht zu Hülfe kommen konnte, weil sie sich dadurch der Gefahr des Abgeschnittenwerdens ausgesetzt hätte.

»Skiold« und »Jylland« concentrirten nun ihr ganzes Feuer auf die »Nymphe« und es war diesem kleinen Schiffe beschieden, über eine halbe Stunde lang einen förmlichen Eisenregen auszuhalten, gegen den es sich, von den Heckgeschützen der »Arcona« unterstützt, nur mit der Hälfte seiner Kanonen (7) zu vertheidigen vermochte. Auf die »Arcona« wurde nur aus den Bugkanonen des Feindes gefeuert, während die »Nymphe« die Breitseiten empfing. Sie litt dadurch sehr, bekam 13 Schüsse in den Rumpf, ihr eines Boot wurde fortgeschossen, durch das andere gingen zwei Kugeln, eine Granate platzte in der Großmars, das Tauwerk wurde überall abgeschossen und von der Groß-Stenge und dem großen Eselshaupt durch eine Kugel die Hälfte fortgenommen, so daß erstere nur wie durch ein Wunder nicht von oben stürzte. Eine andere Granate platzte so nahe beim Schiffe im Wasser, daß sie eine förmliche Fluth über das letztere spritzte, und das Zischen und Krachen der Geschosse über und in unmittelbarer Nähe des Schiffes war schrecklich, da mit einer Breitseite der beiden Dänen 30—40 Geschosse zugleich angebraust kamen.

Indessen war es gelungen, den Schornstein und das Dampfrohr einigermaßen zu repariren, und da Maschinisten und Heizer ihr Bestes thaten, auch die vorderste und schnellste dänische Fregatte, durch die preußischen gezogenen Geschütze wahrscheinlich an der Maschine beschädigt, plötzlich weniger Fahrt machte, so gewannen jetzt die Preußen an Distanz und kamen aus dem Bereiche des heftigsten feindlichen Feuers, während ihre eigenen gezogenen Geschütze mit größerem Vortheil wirken konnten. Das dänische Geschwader folgte indessen und schoß mit Lancaster-Geschützen und 84pfündigen Bomben. Eine der letzteren ging durch die hinter dem Deck hängende Gig der »Arcona« und platzte auf dem Deck; die Stücke schlugen theilweise durch und tödteten in der Batterie drei Mann, während sie zwei andere schwer verwundeten. Auf dem Deck verwundete außerdem ein Stück den ersten Officier des Schiffes, Lieutenant zur See I. Klasse, Berger, der gerade dem Capitain Jachmann einen Rapport abstattete. Außer dieser Granate hatte die »Arcona« nur Schüsse durch die Takelage bekommen und war vollständig gefechtsfähig geblieben. Auf der »Nymphe« war der Verlust an Menschenleben für das erhaltene heftige Feuer gering; sie hatte nur 2 Todte und 5 Verwundete, darunter keinen schwer.

Um 5 Uhr, also nach zweieinhalbstündigem Kampfe, wurde von beiden Seiten das Feuer eingestellt und die Preußen dampften nach Swinemünde, gefolgt von der dänischen Flotte, die jedoch beim Streckelberge Halt machte und beidrehte.

Wir lassen dieser längeren Beschreibung des Gefechts den kurzen dänischen Bericht folgen. Derselbe lautet:

»Der Chef des Geschwaders im östlichen Theile der Ostsee (Contre-Admiral van Dockum) berichtet, daß am 17. d. Nachmittags, während das Geschwader bei stillem Wetter in der Nähe von Rügen lag, zwei preußische Dampf-Korvetten »Arcona» und »Nymphe« und der Räderdampfer »Loreley«, von Süden kommend, observirt wurden. Die Fregatte »Sjaelland« (Admiralsschiff), gefolgt vom übrigen Theil der Escadre, ging gegen die feindlichen Schiffe vor und begann, assistirt vom Linienschiffe »Skjold«, das Engagement, worauf die feindlichen Schiffe unter fortgesetztem Kämpfen sich in den Hafen von Swinemünde zurückzogen. Das Feuer wurde um 2¾ Uhr eröffnet und schwieg um 4¾ Uhr. Sechs preußische Dampf-Kanonenboote, die sich außerhalb Peerds zeigten, nahmen nicht am Kampfe Theil. Die Fregatte »Sjaelland« hatte 3 Todte und 19 Verwundete. Im Uebrigen haben die Schiffe keinen Schaden gelitten.«

So der amtliche dänische Bericht. Die Richtigkeit desselben ist preußischerseits bestritten worden, mit wie vielem Rechte mag dahin gestellt bleiben. Nach Aussage des Capitain Anderson vom englischen Schiffe »Renown«, das von dem dänischen Geschwader angehalten wurde, wäre die »Sjaelland« furchtbar zerschossen und die Kajüte des Admirals total demolirt gewesen.

Unser Gesammtverlust stellte sich auf 6 Todte und 7 Verwundete. Unter den Todten war der Lootse Berg, der an seiner schweren Verwundung starb. — Die Beschädigungen der Schiffe waren im Ganzen unbedeutend, so daß es bereits am 19. möglich war, abermals, behufs einer Recognoscirung, in See zu gehen. Capitain Jachmann wurde für dies Gefecht, das er mit so viel Muth und Umsicht geleitet, zum Contre-Admiral erhoben.

---

Zu einem eigentlichen Treffen kam es, nach diesem Engagement am 17., in der Ostsee nicht weiter. Nur zahlreiche Recognoscirungen wurden im Monat April unternommen, um die Flottille in taktischen Evolutionen zu üben. Am 14. April ging der Oberbefehlshaber, Admiral Prinz Adalbert, mit der »Grille« und den übrigen schon genannten Fahrzeugen in See. Es galt hauptsächlich zu probiren, ob die »Grille« (ein sehr schnell laufendes Avisoschiff, das neuerdings mit 2 gezogenen 12 Pfündern armirt worden war) in der Lage sei, sich stets auf der Grenze des Feuers zu halten, wo ihre 12 Pfünder trafen, während des Feindes Geschosse zu kurz fielen. Dies gelang vollkommen. Die »Grille« that gegen 30 Schuß, auf welche die Dänen mit Breitseiten antworteten. Während unser kleines Schiff mehrere Treffer beobachtete, blieb es selbst unverletzt. Nach zweistündigem Gefecht brach der Admiral dasselbe ab und kehrte nach Swinemünde zurück, da es zwecklos gewesen wäre, eine derartige Kanonade länger fortzuspinnen. — Am 24. April, also zehn Tage später, hatte die »Grille« ein ähnliches Ferngefecht. Sie beschoß den »Tordenskjold« anderthalb Stunden lang und verfolgte schließlich das feindliche Schiff bis auf den halben Weg nach Moen (die Insel im Süden von Seeland). Der »Tordenskjold« nahm das Gefecht nicht an.

---

# Das Seegefecht bei Helgoland.

Seit dem 17. März war in der Ostsee — Recognoscirungen und Ferngefechte abgerechnet, wie wir sie vorstehend geschildert — alles ruhig; nicht so in der Nordsee. Unmittelbar vor Eintritt der Waffenruhe (am 12. Mai) fand hier, auf der Höhe von Helgoland, ein ernstes Gefecht zwischen zwei oestreichischen und drei dänischen Kriegsschiffen statt. Die oestreichischen Kriegsschiffe wurden durch das preußische Avisoschiff »Preußischer Adler« (4 Kanonen) und die beiden schon erwähnten Kanonenboote »Blitz« und »Basilisk« von je 2 Kanonen unterstützt. Das Gefecht fand am 9. Mai statt.

Oestreich hatte sich schon bei Ausbruch des Krieges entschlossen, ein nicht unbedeutendes Geschwader zum Schutze des oestreichischen und deutschen Handels in die Nordsee zu schicken. Folgende Schiffe wurden ausgerüstet:

| | | |
|---|---|---|
| Schraubenlinienschiff »Kaiser« . . . | 91 | Kanonen, |
| Panzerfregatte »Don Juan d'Austria« | 31 | » |
| Schraubenfregatte »Schwarzenberg« . | 51 | » |
| Schraubenfregatte »Radetzky« . . . . | 31 | » |
| Schraubenkorvette »Erzherzog Friedrich« | 22 | » |
| Kanonenboote »Seehund« und »Wall« | 8 | » |
| Raddampfer »Elisabeth« . . . . . | 6 | » |

Alle diese Schiffe, unter dem Oberbefehl des Contre-Admirals v. Wüllerstorff, erschienen auch wirklich in der Nordsee, aber größeren Theils erst nach Eintritt der Waffenruhe. Vor Eintritt derselben erschienen an der Elbmündung nur die Schraubenfregatten »Schwarzenberg« und »Radetzky« von 51 und 31 Kanonen. In Nieuwe-Diep, an der holländischen Küste, hatten sich ihnen die obengenannten drei preußischen Schiffe (»Preußischer Adler«, »Blitz« und »Basilisk«) angeschlossen. Diese Flottille — die beiden Fregatten und die drei preußischen Schiffe — stand unter dem Befehl des oestreichischen Linienschiffs-Capitains v. Tegethoff. Am 1. Mai hatte (in Nieuwe-Diep) die Vereinigung mit den preußischen Schiffen stattgefunden; am 4. Mai war man in Cuxhaven.

Schon am 6. Mai ging das alliirte Geschwader wieder in See, um den Feind aufzusuchen. Am folgenden Morgen kam etwa 3 Meilen von Helgoland eine Fregatte in Sicht, welche alsbald mit allen Segeln und vollem Dampf nördlich steuerte. Sie wurde gejagt und nach etwa drei Stunden von dem »Schwarzenberg« eingeholt. Erst jetzt zeigte dieselbe ihre Flagge, — es war die englische Fregatte »Aurora«. Ein eigenthümliches Verfahren, das mit Recht auffiel.

Am 7. und 8. Mai kamen keine Dänen in Sicht, so daß Capitain v. Tegethoff am 9. Morgens nach Cuxhaven lief, um Kohlen einzunehmen. Als er indessen vom oestreichischen Consul die Mittheilung empfing, daß ein dänisches Geschwader bei Helgoland sei, suchte er dasselbe sofort auf.

Um 1½ Uhr bekam man die Schiffe östlich der genannten Insel in Sicht. Es waren die Fregatten »Jylland« und »Niels Juel« von je 44 und die Korvette »Heimdal« von 16 Geschützen.

Die Alliirten rangirten sich in Schlachtlinie. Die Fregatte »Schwarzenberg« als Leiter, dann »Radetzky«, »Adler«, »Basilisk« und »Blitz«. Der Feind steuerte Südost; gleichfalls in Schlachtlinie, geleitet von »Niels Juel« dann »Jylland« und »Heimdal«. Die Dänen hatten zusammen 104, die Alliirten 98 Geschütze. Um 2 Uhr eröffnete der »Schwarzenberg« auf 4500 Schritt das Feuer. Der Wind war frisch, aber wenig See, so daß auch die Kanonenboote im Gebrauch ihrer Geschütze nicht beschränkt waren. Das Feuer wurde unmittelbar nach dem Beginn des Kampfes allgemein. Beide Linien dampften an einander vorüber und Schiff für Schiff wechselte mit seinem jeweiligen Gegner Breitseiten. Das alliirte Geschwader wendete jetzt. Hierdurch kam der »Schwarzenberg« bis auf 500 Schritt an den »Niels Juel« heran, konnte aber den Vortheil, welchen er anscheinend schon errungen hatte, nicht verfolgen, da eine feindliche Granate ihm den Bug des Vormarssegels und hierdurch den Fockmast in Brand steckte. Alle Löschvorrichtungen waren unbrauchbar geworden, Schläuche zerschossen und Pumpen zertrümmert, so daß man des Feuers in dieser Höhe nicht Herr werden konnte. Dieser Granatschuß entschied über den Ausgang des Gefechtes. Wir lassen nun den Capitain Tegethoff selbst sprechen. Er sagt in seinem Bericht:

»Einer der ersten Schüsse, welcher die Fregatte »Schwarzenberg« traf, war eine Granate, welche in der Batterie explodirte und fast die ganze Bemannung eines Geschützes außer Gefecht setzte.

Zwei Mal brach auf der Fregatte Feuer aus; ein Mal durch eine Granate, welche in der Bordwand, und ein Mal durch eine Granate, welche im Banjerdeck über dem Eingang zur vorderen Pulverkammer explodirte und das Segeldepot in Brand steckte. Beide Mal wurde das Feuer gelöscht, ohne daß das Gefecht hierdurch die kleinste Unterbrechung erlitt.

Gegen 4 Uhr, nach fast zweistündigem sehr heftigem Gefechte, fing der Bauch des Vormarssegels der Fregatte »Schwarzenberg« durch eine hindurchgegangene Granate Feuer, welches sich mit rasender Schnelligkeit verbreitete. Die Schläuche unserer Feuerspritzen reichten nicht bis in die Höhe der Vormarsraa, und der Schlauch der Maschinenpumpe, der einzigen, welche das Wasser auf diese Höhe hätte treiben können, war durch eine Kugel durchschnitten worden. Ein Löschen des Brandes war daher, so lange er in solcher Höhe über Deck fortdauerte, zur Unmöglichkeit geworden. Der Wind wehte sehr frisch aus OSO., ungefähr unser Curs, und trieb daher das Feuer nach Achter, es war somit unumgänglich nöthig abzufallen, was einzig und allein Hoffnung geben konnte, dem Umsichgreifen des Brandes Einhalt zu thun. Ich ließ daher das Signal machen: »Man falle ohne Zeitverlust vom Winde ab«, und hierauf: »Man bilde die Frontlinie nach der natürlichen Ordnung«. Ich nahm Curs gegen Helgoland. Die dänischen Schiffe sandten uns noch einige Kugeln mit ihren Breitseiten nach, die wir aus unseren Pivotgeschützen erwiderten, versuchten aber eine Verfolgung der vereinigten Flottenabtheilung nicht, sondern nahmen einen nordöstlichen Curs und verschwanden alsbald in jener Richtung. Ich blieb mit der Fregatte »Schwarzenberg« im Osten von Helgoland in Bewegung, um sie stets vor dem Winde zu halten, bis wir des Feuers Meister wurden. Nach und nach stürzten die verbrannte Vormarsraa, Fockraa und endlich auch die Vormarsstenge und das stehende Gut des Fockmastes auf Deck. Bei dieser Gelegenheit ging auch der Klüverbaum über Bord. Als nunmehr der Untermast allein stand und stets fortbrannte, blieb nichts Anderes übrig, als denselben zu kappen. Mit dieser Arbeit kamen wir erst um 10½ Uhr Nachts zu Ende, während die Vormarsstenge, welche beim Herunterstürzen im Deck stecken geblieben war, an ihrem oberen Ende fortbrannte und erst um 1 Uhr Nachts durchgesägt war und sodann gelöscht werden konnte. Das Kappen des Fockmastes nahm deswegen so lange Zeit in Anspruch, weil sich anfänglich wegen der unaufhörlich herabstürzenden glühenden Mastenringe, brennenden Stücke des Mars, der Lang- und Quersahlingen, des Eselshauptes u. s. w., Niemand dem Fuße des Mastes nähern konnte. Um 10½ Uhr Abends, als nach beendetem Kappen des Fockmastes die Fregatte »Schwarzenberg« wieder gegen den Wind steuern konnte, trat die Flottenabtheilung ihre Reise nach der Elbemündung wieder an und ankerte heute (10.) um 4 Uhr Morgens auf der Rhede von Cuxhaven.«

Der Bericht des Capitains schließt mit folgenden Worten, worin er die Haltung der Mannschaften anerkennt:

»Während des ganzen Gefechtes haben sowohl Officiere als Mannschaft der oestreichisch-preußischen Flottenabtheilung die untrüglichsten Beweise von Muth und Kaltblütigkeit an den Tag gelegt. Es wird schwierig sein, aus den Vielen, welche sich durch die bei dieser Gelegenheit an den Tag gelegte Tapferkeit ausgezeichnet haben, die Würdigsten auszuwählen. Ich muß aber jetzt schon des Commandanten Sr. Majestät Fregatte »Radetzky« — Fregattencapitain Jeremiasch — erwähnen, welcher, als ihm das Signal gemacht wurde, die Frontlinie zu bilden, sich anstatt dessen ins Kielwasser der Fregatte »Schwarzenberg« legte und so durch den Körper seines eigenen Schiffes, welches sich des Namens, den es trägt, vollkommen würdig erwies, die Fregatte »Schwarzenberg« vor den feindlichen Kugeln deckte, bis ihm das Signal erneuert wurde und er auf seinen Posten in der Frontlinie einrückte.«

Der »Schwarzenberg«, wie nach vorstehender Schilderung nicht überraschen wird, war übel zugerichtet. Er hatte 70 bis 80 Schüsse im Rumpf, hiervon 2 in der Wasserlinie. Die Masten und Rundhölzer beider Schiffe waren stark beschädigt, jede der Fregatten hatte nur noch ein einziges brauchbares Boot, da alle übrigen zerschossen waren.

Auch die Verluste an Menschen waren nicht unbedeutend. Sie betrugen an Bord des »Schwarzenberg« 31. Todte, 50 schwer Verwundete und 23 leicht Verwundete; an Bord des »Radetzky« 3 Todte und 22 Verwundete. Zusammen 34 Todte und 105 Verwundete. Die preußischen Schiffe hatten keine Verluste.

Die Dänen, in ihrem amtlichen Berichte*), geben ihren eigenen

*) Wir geben aus diesem Berichte des Orlog-Capitains E. Suenson, der die dänische Escadre in dem Gefecht bei Helgoland befehligte, noch folgende Schlußsätze:

„Das Feuer der Oestreicher war besonders gut gerichtet und unterhalten, obgleich sie heftig beschossen wurden. Gegen 3½ Uhr, nachdem der Kampf etwa 7 Viertelstunden gedauert hatte, wurde Feuer im Vordermarssegel des „Schwarzenberg“ bemerkt, man sah starken Rauch aus seinen Batteriepfosten herauskommen und sein Kanonenfeuer wurde merklich schwächer, während auf unsrer Seite die Anstrengungen vergrößert wurden. Um 4 Uhr stand die ganze Vordertakellage des „Schwarzenberg“ in heftigem Brande und er schien von nun an den Kampf aufgegeben zu haben. Er setzte volle Kraft ein und wendete gegen den südlichen Einlauf bei Helgoland, gefolgt von „Radetzky“, welcher auf die ausgezeichnetste Weise ihn zu decken suchte. Bei dieser letzten Wendung glückte es uns, dem Feinde unsre Breitseiten hinten hinein auf recht guten Abstand zu geben. Unsere Schiffe verfolgten die feindlichen mit voller Kraft, ihre Bugkanonen mit Vortheil gebrauchend, bis 4½ Uhr Nachmittags, als sie Helgoland auf vier Meilen nahe waren und die Jagd aufhören mußte, um nicht das neutrale Territorium zu verletzen. Die oestreichischen Fregatten ankerten an der Spitze von Helgoland und ließen den Dampf gehen, die Vordertakellage des „Schwarzenberg“ stürzte kurz darauf zusammen. Die englische Fregatte „Aurora“ hatte sich während der ganzen Affaire am Südende von Helgoland vor Anker gehalten.“

Verlust auf 14 Todte und 54 Verwundete an. Eine Verfolgung des sich zurückziehenden Gegners konnten sie nicht eintreten lassen; dem »Niels Juel« war — wahrscheinlich vom »Blitz« — sein Ruder zerschossen worden, auch an Bug und Fockmast war er schwer beschädigt, so daß ihn die »Jylland« ins Schlepptau nehmen mußte. Die Ausbesserung der Havarieen geschah in dem norwegischen Hafen Christiansand.

Dies war das »Seetreffen bei Helgoland« am 9. Mai. Drei Tage später (am 12.) trat die Waffenruhe ein.

# Der letzte Akt des Krieges.

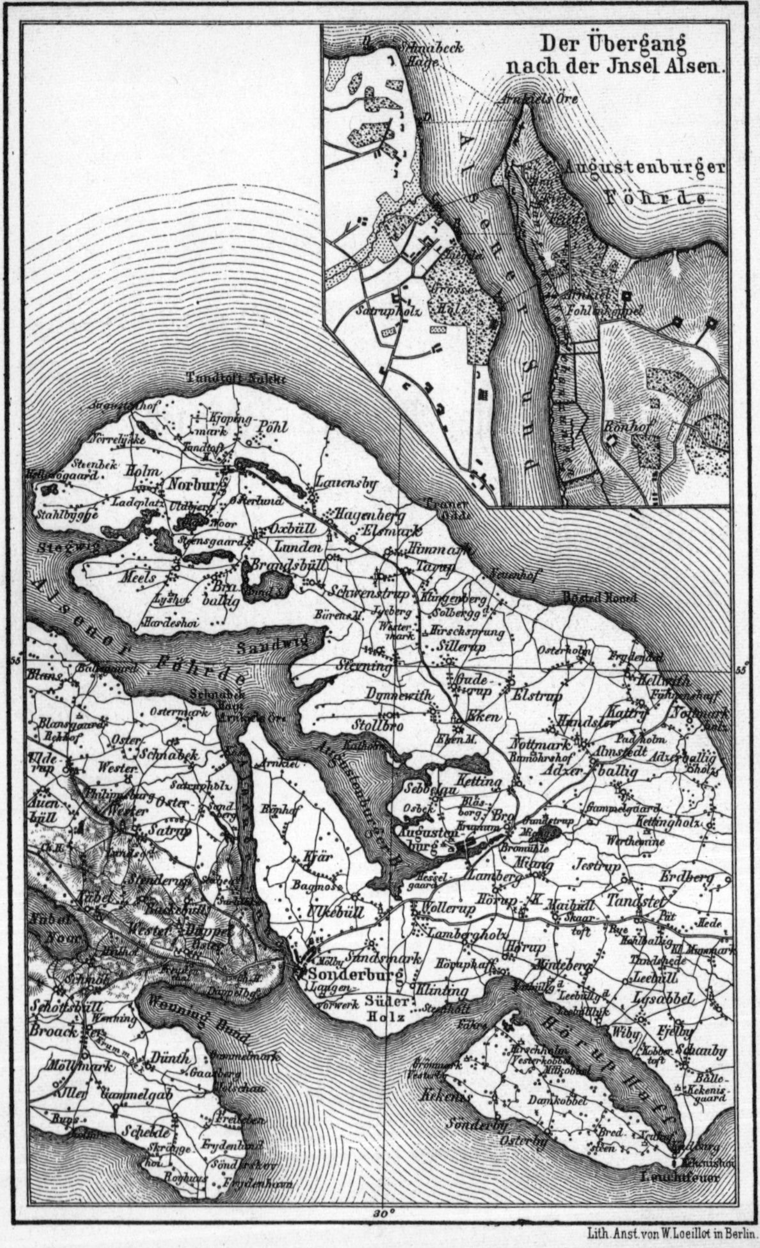


Lith. Anst. von W. Loeillot in Berlin.

ie schon in der Kürze erwähnt, waren am 25. April die fünf Großmächte, so wie Dänemark, Schweden und der deutsche Bund (letzterer durch den Sächsischen Staatsminister Herrn v. Beust repräsentirt) in London zu einer Conferenz zusammengetreten, deren erstes Bestreben dahin ging, eine Waffenruhe herbeizuführen. Erst in der dritten Sitzung (am 9. Mai) einigte man sich über eine solche und es wurde festgesetzt, daß dieselbe am 12. Mai beginnen und bis zum 12. Juni dauern solle; in der Sitzung vom 9. Juni wurde dann die Waffenruhe auf weitere vierzehn Tage, also bis zum 26. Juni verlängert. Da auch bei Ablauf dieser verlängerten Frist noch immer keine Einigung zu erzielen gewesen war (Dänemark verwarf die proponirte schleswigsche Theilungslinie Apenrade-Tondern), so wurden am 26. Juni die Feindseligkeiten aufs Neue eröffnet.

Während der sechswöchentlichen Waffenruhe hatten bei Freund und Feind verschiedene Aenderungen im Commando stattgefunden.

Die gesammten Streitkräfte der alliirten Armee standen nicht mehr unter dem Oberbefehl des Feldmarschalls Freiherrn v. Wrangel, sondern Prinz Friedrich Karl war an die Stelle desselben getreten; an Stelle des Prinzen Friedrich Karl aber war der General der Infanterie Herwarth v. Bittenfeld mit der Führung des I. Armee-Corps, das bis dahin im Sundewitt ruhmvoll gefochten hatte, betraut worden. Dies I. Armee-Corps bestand jetzt wieder, wie bei Ausbruch des Krieges, aus der 6. und 13. Division; die Garden, wie wir wissen, waren nach Jütland zurückgekehrt; die 10. Infanterie-Brigade (die Regimenter 18 und 52) war ihnen dahin gefolgt; das Leibregiment hatte Quartiere in Holstein bezogen, verblieb auch in diesen, bei Wiederausbruch der Feindseligkeiten.

Wie beim I. Corps, so hatten auch, wie sich zum Theil schon aus dem Vorstehenden ergiebt, in Jütland beim II. und III. Corps Veränderungen stattgefunden. Beim II. Corps (Oestreicher) waren sie unerheblich und betrafen einige Brigade-Commandos; beim III. Corps (Garden) waren sie wichtiger. Die sämmtlichen in Jütland operirenden preußischen Truppen: 12 Garde-Bataillone, 4 Cavallerie-Regimenter, die 10. Infanterie-Brigade (das 18. und 52. Regiment) und die schlesische Brigade Bornstedt (deren wir S. 287 bereits ausführlicher erwähnten), nebst einigen Artillerie-Abtheilungen, waren dem Generallieutenant Vogel v. Falckenstein unterstellt worden, der bis dahin — nunmehr durch Generallieutenant v. Moltke in dieser Stellung ersetzt — als Chef des Generalstabes fungirt hatte.

Auch bei den Dänen war ein Wechsel in einzelnen Commandos eingetreten. Der Oberbefehl war dem Generallieutenant Gerlach, der auf Fühnen das Gros der Armee um sich versammelt hatte, geblieben; auf Alsen aber commandirte jetzt Generalmajor Steinmann, der also, bei Wiederausbruch der Feindseligkeiten, aller Wahrscheinlichkeit nach den ersten Stoß auszuhalten hatte. Die Dänen setzten viel Vertrauen in ihn; wie aber de Meza das Dannewerk und General Gerlach die Düppelposition nicht halten konnten, so konnte auch, wie wir sehen werden, General Steinmann die Dänen nicht vor dem Verluste Alsens bewahren. Mit jeder Position, die den Dänen verloren ging, ging auch das Renommée eines ihrer Generale verloren. Uebrigens ohne Grund, wenigstens ohne Verschuldung; sie leisteten, was unter den bestehenden Verhältnissen zu leisten war.

Die Waffenruhe, nach den Strapatzen eines dreimonatlichen Winterfeldzuges, hatte unsere Truppen wieder frisch und elastisch gemacht; überall wohin sie gekommen waren, in den Städten und Dörfern Holsteins und Südschleswigs, waren sie von einer jubelnden Bevölkerung (nur wenige Ausnahmen kamen vor) als Befreier begrüßt worden und wo noch Vorurtheile zu besiegen und widerstrebende Herzen zu erobern waren, da wurden sie erobert durch die unsern Landeskindern, wenigstens wenn sie den »Rock des Königs« tragen, eigene Umgänglichkeit und heiter-harmlose Lebensweise. Es lebt sich leicht mit ihnen.

So war — was auch nachträglich vom Gegentheil versichert worden ist — die Empfindung in vielen tausend Häusern und Höfen beider Herzogthümer, als sich, vom 20. Juni ab, die Truppen wieder rüsteten, um durch Wegnahme der Positionen, die noch in Feindes Hand geblieben waren, den Kopenhagener Trotz zu brechen. Wieder ging es in den Krieg und wie wir bis hieher drei Kriegsschauplätze zu unterscheiden hatten: Schleswig, Jütland und das Meer, so auch jetzt.

Drei Meeresarme wurden überschritten: der Alsensund, der Limfjord und die friesische See und die Ueberschreitung dieser drei Meeresarme war gleichbedeutend mit der Eroberung von Alsen, Nordjütland und den nordfriesischen Inseln. Auch in unserer Schilderung behalten wir die Dreitheilung, die der Stoff an die Hand giebt, bei und gruppiren das noch Darzustellende in die drei Kapitel:

Ueber den Alsensund.
Ueber den Limfjord.
Ueber die friesische See.

# Ueber den Alsensund.

Es galt also noch einen letzten, voraussichtlich ernsten Strauß zu bestehen: Alsen sollte genommen werden. Am 25. stand das I. Corps (die Brigaden: Canstein, Roeder, Goeben, Schmid) schlagfertig im Sundewitt; die alten Quartiere wurden wieder belegt; Hauptquartier Gravenstein wie vordem. Am 26. lief die Waffenruhe ab. Am 29. wurde Alsen genommen. Wir geben zuvor ein Bild der Stellung bei Freund und Feind. Wir beginnen mit letzterem.

Schon bei Gelegenheit der Düppel-Belagerung haben wir Alsens und seiner Befestigungen verschiedentlich zu erwähnen gehabt; wir haben jetzt das Gesagte zu vervollständigen.

Zwischen hüben und drüben lag zunächst der Alsensund, an der nördlichen Hälfte von etwa 800 bis 1000 Schritt, an seiner südlichen Hälfte (also in der Nähe von Sonderburg) von etwa 5 bis 600 Schritt Breite. Seine Länge beträgt eine deutsche Meile. Diese ganze Strecke entlang, von Sonderburg bis zur nördlichen Landspitze von Arnkiels Oere, befand sich eine Reihe von Schützengräben mit Brustwehren, unterstützt durch eine zweite Reihe von Laufgräben, um den 12 bis 15 Fuß hohen Uferrand zu bewachen und zu beschützen. Westlich vom Dorfe Kjär (wo später das entscheidende Gefecht stattfand) liegt eine ziemlich tief einschneidende Bucht, die den bezeichneten Küstenstrich zwischen Sonderburg und Arnkiel-Oere in zwei Hälften theilt. Die nördliche wie die südliche Hälfte hatte Ufer-Batterieen, im Ganzen 32, von denen 7 (sogenannte »Contre-Batterieen«) lediglich den Zweck verfolgten, mit dem gegenüberliegenden Ufer des Sundewitt in Kampf zu treten, während die 25 anderweiten

Batterieen die Flankirung des Sundes bezweckten, also darauf aus waren durch Bestreichung der breiten Wasserfläche eine Landung unmöglich zu machen. In den genannten Batterieen befanden sich 67 Geschütze, darunter 29 gezogene; außerdem hatten 50 Wallbüchsen und 21 Espingolen*) Verwendung gefunden. Im Ganzen war die südliche Hälfte des Sundes, also die Hälfte zwischen Kjärwig (Bucht von Kjär) und Sonderburg die befestigtere; hier befanden sich — namentlich in unmittelbarer Nähe von Sonderburg — die am schwersten armirten Batterieen, da man eben an dieser Stelle (etwa von Schanze X. aus) den Uebergang der Preußen erwartete. Auch glaubten die Dänen, daß eine große Kanonade, wie am Düppeltage, dem Uebergang vorhergehen würde. Annahmen dieser Art, die aus unmittelbar Vorhergeschehenem sofort eine Regel auch für die Zukunft machten, waren ein immer wiederkehrender Fehler unserer Gegner; sie vergaßen mal auf mal, daß es in der Kriegführung sehr wesentlich auf Ueberraschungen ankommt und daß es unter Umständen gerathen sein kann, heute die Dinge nur deshalb anders anzufassen als gestern, um jede Vorausberechnung zu täuschen.

An Infanterie verfügte die Vertheidigung Alsens über drei Brigaden. Es waren dies: die Brigade Faaborg (4. und 6. Regiment), die Brigade Bülow (5. und 10. Regiment) und die Brigade Kaufmann (3. und 18. Regiment). Im Ganzen also 12 Bataillone. Der Oberstcommandirende Generallieutenant Gerlach hatte von Fühnen aus, wo sich das Gros der dänischen Armee befand, der Vertheidigung Alsens ein oder zwei weitere Brigaden zur Verfügung gestellt; Generalmajor Steinmann aber, der Commandirende auf Alsen, hatte dies Anerbieten mit dem Bemerken abgelehnt, daß er sich hinlänglich stark glaube, jeden Angriff zurückweisen zu können. Er mußte schließlich freilich erfahren, daß eine Brigade mehr (bei guter Aufstellung) den Verlust Alsens möglicherweise verhindert hätte. Seine Ablehnung ging von falschen Voraussetzungen aus.

Die Art der Aufstellung, die Vertheilung der Truppen über die Insel, war an und für sich nicht ohne Geschick erfolgt; sie war korrekt. Die Landung, wenn sie überhaupt versucht werden sollte, konnte nur von drei Stellen aus geschehen: von Ballegaard aus, von Satrupholz oder Sandberg aus und von Düppel aus und demgemäß hatte Generalmajor Steinmann seine Truppen an der alsener Westküste entlang vertheilt. Gegenüber von Ballegaard stand das 6. Regiment unter Oberstlieutenant Caroc (es hatte außer dem zunächst bedrohten Küstenstreifen an der alsener

*) Die Espingole ist nach Art der „Höllenmaschine" construirt. Sie besteht aus einer Anzahl mit einander verbundener Gewehrläufe, von denen jeder einzelne wieder mit einer größeren Anzahl von Kugeln (bis 30) geladen ist.

Föhrde den ganzen Nordwesten der Insel zu schützen); gegenüber von Satrupholz und Sandberg, auf der Strecke zwischen Arnkiel-Oere und Kjärwig stand das 4. Regiment unter Führung des Brigadiers Oberst Faaborg; gegenüber von Düppel und Rackebüll, auf der Strecke von Kjärwig bis Sonderburg stand die Brigade Bülow (5. und 10. Regiment). Die Brigade Kaufmann endlich (3. und 18. Regiment) stand in Reserve und hielt Ulkebüll und die nächstgelegenen Dörfer besetzt.*) In Ulkebüll befand sich auch das Hauptquartier.

Ein Blick auf die Karte zeigt unverkennbar, daß dieser Aufstellung die Voraussetzung zu Grunde lag, der Angriff werde sich höchst wahrscheinlich gegen Sonderburg richten; zugleich aber werden wir anerkennen müssen, daß die verhältnißmäßig schwächer besetzte Strecke zwischen Arnkiel-Oere und Kjärwig, um der Bevorzugung der Südhälfte (von Kjärwig bis Sonderburg) willen, keineswegs vernachlässigt war, sondern im Fall eines Angriffs ebenso wohl von der zur Seite stehenden Brigade Bülow (5. und 10. Regiment) als von der in Ulkebüll stehenden Reserve-Brigade unterstützt werden konnte. Fanale, so wenigstens war es angeordnet, gaben bei erster Annäherung des Feindes ihr Allarm-Zeichen und erwies sich alles attent, so mußten die nächstgelegenen Reserven in einer halben, spätestens aber in einer Stunde an jeder der bedrohten Stellen sein. Eine Ausnahme machte vielleicht die äußerste Nordspitze der Halbinsel Kjär, der vielgenannte Punkt Arnkiel-Oere selbst. Dieser war schwerlich in kürzerer Frist als in zwei Stunden von Ulkebüll aus zu erreichen, aber hier war auf den Schutz gerechnet (und durfte gerechnet sein), den die dänische Flotte und insonderheit »Rolf Krake« diesem Theil der Insel gewähren mußten.

Alles in allem erwogen, hatte Generalmajor Steinmann ein volles Recht, die Insel gut und genugsam vertheidigt zu glauben; daß sie dennoch erobert und nach kaum sechsstündigem Kampf von denen flüchtig verlassen wurde, die des Glaubens gewesen waren, hier ein dänisches Bollwerk, fester, uneinnehmbarer als Düppel errichtet zu haben, lag keineswegs an der Unzureichendheit der Vertheidigungskräfte, — wiewohl eine Brigade mehr, wie schon angedeutet, den Ausgang des Tages möglicherweise hätte ändern können — noch an dem Ungeschick oder der Leichtfertigkeit der oberen Leitung. Was geschah, war mehr ein Ruhm für den Sieger, als eine Schmach für die Unterliegenden. Es war das Schicksal der letzteren,

*) So war die Stellung der Regimenter und Brigaden in der Nacht vom 28. auf den 29., als der Uebergang erfolgte. Doch muß bemerkt werden, daß auch hier, wie bei der Vertheidigung Düppels, ein Turnus existirte, demzufolge die Truppen in leichterem und schwererem Dienst sich unter einander ablösten.

immer falsch zu rechnen. War das ein Mangel an Begabung, so war es doch auch ein Mangel an Glück. Sie hätten es, von Zufalls wegen, treffen können, aber — sie trafen es nicht. Das Ueberfallartige unseres Angriffs, wo sie eine übersichtlich sich entwickelnde Aktion erwartet hatten, kam hinzu, verwirrte ihre Vertheidigung völlig und kostete ihnen Alsen. Auch Unzureichendheiten im Detail (wir kommen darauf zurück) traten hervor; aber diese Fehler im Kleinen und Einzelnen vervollständigten nur, was durch falsche Rechnung im Großen und Ganzen bereits mehr oder weniger unausbleiblich geworden war.

Wir gehen nun dazu über, die Vorbereitungen zum Angriff zu schildern. Zweierlei war in erster Reihe nöthig: die Herbeischaffung von Booten, um den Uebergang, gleichviel wo (darüber herrschte bis zuletzt ein Zweifel), bewerkstelligen, zweitens aber die Anlage von Batterieen, um den Uebergang schützen zu können. Beides wurde mit Raschheit und Umsicht ins Werk gesetzt.

Zuerst die Boote. Zwei Schleswig-Holsteiner, der mehrgenannte Schiffscapitain Barthelsen und der Schiffsbaumeister Tann (nach andern Thamm) hatten schon während der Waffenruhe Auftrag erhalten, sämmtliche in der Schlei, zwischen Cappeln und Schleswig, sowie in der Eider bei Rendsburg als brauchbar befundenen Fahrzeuge zu miethen und mittelst Eisenbahn nach Rendsburg und Apenrade zu schaffen, von wo aus dieselben, auf Wagen geladen, in drei Kolonnen nach ihrem Bestimmungsort gebracht werden sollten. Barthelsen und Thamm waren diesem Auftrage nachgekommen. Bei Wiederbeginn der Feindseligkeiten befanden sich 140 Boote im Sundewitt, die zum Uebersetzen der Infanterie dienen sollten. Sie waren beinah sämmtlich flach gebaut. Die kleinsten konnten, außer der Fahrmannschaft, 10 Mann, die größeren bis 20, die größten bis 40 Mann in sich aufnehmen. Zur Einschiffung von Artillerie und Cavallerie waren sogenannte »Maschinen« bestimmt, wie wir dieselben bei Gelegenheit des »Projekts von Ballegaard« (S. 167) bereits beschrieben haben. Doch wurde diesmal beschlossen, nur zwei Pontons (statt drei) aneinander zu koppeln.

Der Punkt, von dem aus der Uebergang erfolgen sollte, blieb, wie schon angedeutet, bis in die letzten Tage zweifelhaft; gleichviel indeß, welche Wahl schließlich getroffen werden mochte, unter allen Umständen war es nöthig, die ganze Küstenstrecke von Ballegaard bis Schnabeckhage und wiederum von Schnabeckhage bis zu dem ehemaligen Brückenkopfe hin mit Schanzen und Geschütz-Emplacements zu versehen. Einzelne Batterieen waren noch, aus der Zeit der Düppel-Belagerung her, wohl erhalten und bedurften nur einer abermaligen Armirung, die sich aus dem auf

»Nübelfeld« errichteten Artillerie-Park ohne besondere Mühe bewerkstelligen ließ. Diese alten Batterieen genügten aber keineswegs und um einigermaßen sicher zu gehn, mußte in der kurzen Zeit vom 26. bis zum 28. Abends eine ganze Anzahl neuer Bauten derart ins Leben gerufen werden. Alle diese Batterieen verfolgten selbstverständlich einen doppelten Zweck: einmal den, die gegenüberliegenden feindlichen Batterieen, bei dem stattfindenden Uebergang unserer Truppen, zu beschäftigen, wo möglich zum Schweigen zu bringen; andererseits den: das Dazwischentreten feindlicher Schiffe, besonders aber das Einlaufen des »Rolf Krake« in den alsener Sund, nach Möglichkeit zu hindern. Am Abend des 28. waren 16 Batterieen an der Küste entlang errichtet und zwar

1) fünf Batterieen mit 22 Geschützen auf der Strecke von Nailtang über Ballegaard bis Schnabeckhage;
2) acht Batterieen mit 38 Geschützen auf der Strecke von Schnabeckhage bis Sandberg (gegenüber von Kjärwig);
3) drei Batterieen mit 16 Geschützen auf der Strecke von Sandberg bis zum Brückenkopf (gegenüber von Sonderburg).

Der wichtigste Punkt war der bei Schnabeckhage, gegenüber von Arnkiel-Oere, wo die Wasser des Alsen-Sundes, der augustenburger Föhrde und der alsener Föhrde zusammentreffen. Für welchen Uebergangspunkt man im Hauptquartier sich schließlich auch entscheiden mochte, hier bei Schnabeckhage mußte der in der augustenburger Föhrde liegende »Rolf Krake« unter allen Umständen vorbei, gleichviel nun, ob ihm — je nach den diesseits getroffenen Dispositionen — die Aufgabe zufiel, den Ballegaard-Uebergang innerhalb der alsener Föhrde oder den Satrupholz-Uebergang innerhalb des Alsen-Sundes zu stören. Demgemäß befanden sich denn auch bei Schnabeckhage und in unmittelbarer Umgebung desselben fünf Batterieen, sämmtlich mit gezogenen Geschützen armirt, darunter acht 24Pfünder, die hier jede Annäherung, selbst für den Panzer des »Rolf Krake«, zu einem mißlichen Unternehmen machten. Und in der That, auf der Unnahbarkeit dieser Stelle basirte zum Theil die Möglichkeit des ganzen Unternehmens; unsere Bootflotille, wo immer sie den Uebergang versuchen mochte, war mit Untergang bedroht, wenn es der »scharfen Ecke von Schnabeckhage« nicht gelang, hier beide Wasserstraßen vom Feinde rein zu fegen.

Alle Vorbereitungen waren endlich getroffen: die Truppen, die Boote waren da, die Batterieen an Sund und Föhrde waren armirt; nur die Frage noch blieb zu entscheiden: wo wagen wir's. Die Linie zwischen Sandberg und dem Brückenkopf, also der Angriff von dem alten Düppel-Terrain aus, war gleich Anfangs verworfen worden. Der Sund war hier am schmalsten, aber durch die Vorkehrungen des Feindes, der hier doppelt gerüstet und doppelt wachsam war, vollständig unpassirbar gemacht. Blieben von Uebergangspunkten nur noch Satrupholz und Ballegaard. Der Commandirende entschied sich zunächst für Ballegaard; alle größeren Boote, ihre Zahl schwankt, waren bereits nach diesem Punkte hin abgegangen. Als aber im Laufe des 27. die vom diesseitigen Ufer aus sehr wohl erkennbaren Anordnungen des Feindes keinen Zweifel mehr darüber ließen, daß sich der Feind darauf vorbereite, einem Ballegaard-Uebergang zu begegnen, änderte der Commandirende (Generallieutenant Herwarth v. Bittenfeld) den bereits gefaßten Beschluß und setzte in einer zu Gravenstein am 28. Juni abgehaltenen Conferenz die Uferstrecke zwischen Schnabeckhage und Satrupholz für den Uebergang fest. Ballegaard war aufgegeben. Vom nördlichen Theil des Alsensundes, nicht von der Alsen-Föhrde aus, sollte nunmehr, und zwar in vier Bootkolonnen, das Wagniß unternommen werden. Denn ein Wagniß war und blieb es. Noch am Nachmittage desselben Tages (28.) wurde folgende »Disposition für den 29. Juni ausgegeben:

»Disposition für den 29. Juni 1864.«

»Morgen vor Tagesanbruch werde ich mit dem Armee-Corps den Uebergang über den Alsensund beim Satruper Holz forciren und den Feind in der Richtung auf Hörup verfolgen.

Der Uebergang geschieht mittelst 160 Kähnen und durch den Pontontrain von vier, den Führern mündlich bezeichneten Punkten aus, zwischen der südlichen Lisière des Satrupholzes und Schnabeckhage. Es tritt dabei nachstehende und für das morgende Gefecht gültig bleibende Aenderung der Ordre de Bataille in Kraft.

1) Die 12. und 26. Infanterie-Brigade stehen unter Befehl des Generallieutenants v. Manstein. Außer der Divisions-Artillerie und Cavallerie wird dieser Division noch die 6pfündige Batterie aus der Reserve-Artillerie zugetheilt. (Ferner wurde auch die 4pfündige Batterie an den Befehl der Division gewiesen, sie sollte, bis die Reihe des Uebersetzens an sie käme, als Strandbatterie in Position bleiben.)

2) Die 25. und 11. Infanterie-Brigade treten unter Befehl des Generallieutenants v. Wintzingerode. Die erste 6pfündige Batterie wird bei Blaukrug in Position gefahren.

Die Division Manstein wird zunächst übergesetzt und sucht sich nach Erstürmung der Batterieen in den Besitz der Fohlenkoppel, des Vorwerks Rönhof und des naheliegenden Terrains zu setzen; sie dringt dann später gegen Ulkebüll und Hörup vor, um den Feind am Einschiffen zu hindern.

Die Division Wintzingerode folgt unmittelbar und zwar so, daß die 25. Brigade zuerst übergesetzt wird und sich dann auf Ulkebüll dirigirt, die 11. Brigade folgt ihr als Reserve.

Das Herunterlassen der Kähne in das Wasser und das erste Einsteigen der Mannschaften beginnt um 2 Uhr Morgens, und findet das Uebersetzen in ununterbrochener Folge statt. Die Artillerie beginnt erst dann zu feuern, wenn der Feind in seinen Batterieen Geschütz zeigt und zu feuern anfängt.

Die Reserve-Artillerie nimmt bereits um 1 Uhr die ihr angewiesenen Positionen ein. Die reitende Artillerie wird bei Rackebüll bereit gestellt, um jeden Augenblick von dort abfahren zu können. Die Divisions-Artillerie der 13. Division wird am östlichen Ausgange von Blans aufgestellt und bleibt zur Disposition des Divisions-Commandeurs.

Der Generallieutenant v. Wintzingerode hat die erforderlichen Anordnungen zur Bewachung der Küste der alsener Föhrde durch das Ulanen-Regiment zu treffen und dafür zu sorgen, daß der Brückenbau bei Sonderburg durch den Pontontrain des Hauptmanns Schütze so schnell ausgeführt wird, als Pontons dazu disponibel sind. Beim Aufstellen der Truppen, so wie bei allen Bewegungen und Handtierungen mit den Booten ist die allerpeinlichste Stille zu beobachten und darf kein lautes Sprechen und Befehlen stattfinden.

Ich werde mich beim Uebersetzen der Division Manstein östlich von Oster-Schnabeck, beim Gehöft von Peter Nissen, aufhalten und dann der Division folgen. Anzug: ohne Gepäck, aber mit Kochgeschirren, und in Mützen.

Gravenstein, den 28. Juni 1864.

Der commandirende General
v. Herwarth.«

Die bis dahin getroffenen Vorkehrungen wurden durch diese »Disposition«, der innerhalb weniger Stunden nachgekommen werden mußte, nicht erheblich gestört. 50 Boote waren schon vorher für Satrupholz bestimmt worden, um von hier aus zu demonstriren, während bei Ballegaard der eigentliche Uebergang erfolgen sollte; die Aenderungen, die durch den neuen Entschluß des Commandirenden, beziehungsweise durch die »Disposition für den 29. Juni« herbeigeführt wurden, beschränkten sich also auf die Ueberführung der bei Ballegaard bereits eingetroffenen größeren Boote nach Schnabeckhage. Diese Ueberführung geschah ohne besondere Mühe und, wie es scheint, unbemerkt vom Feinde. Bei Eintritt der Dunkelheit wurden die bis dahin verborgen gehaltenen Boote ins

Wasser gebracht und demnächst, dicht am Ufer der alsener Föhrde hin, von Ballegaard nach Schnabeckhage gerudert. Dort trafen sie noch vor Mitternacht ein. Wir wenden uns nun den Einzelnheiten des Ueberganges, sowie den verschiedenen Kampfmomenten zu, die diesem Uebergang folgten.

### Der Uebergang der Brigade Roeder. Die Wegnahme der Fohlenkoppel.

Die »Disposition« hat nur wenige Zeilen, die sich auf den Uebergang beziehen. Es heißt darin in aller Kürze: »Der Uebergang geschieht mittelst 160 Kähnen und durch den Pontontrain von vier, den Führern mündlich bezeichneten Punkten aus; zwischen der südlichen Lisière des Satrupholzes und Schnabeckhage.« Wir haben uns zunächst mit diesen »vier Punkten«, in Betreff deren die Führer mündliche Instruktionen erhielten, näher bekannt zu machen. Diese vier Punkte befinden sich auf unserer Karte mit A. B. C. und D. bezeichnet. Wir behalten diese Bezeichnung bei; fügen bei näherer Bezeichnung diesen vier Punkten auch gleich die Truppen-Art und Zahl bei, die, als »erstes Echelon«, von diesen vier Punkten aus den Uebergang forciren sollten.

Punkt A. lag am Südrande des satruper Holzes, dem Gehöft Arnkiel gegenüber. Hier befanden sich 50 Boote unter dem Ingenieur-Hauptmann Adler. Pommersche und brandenburgische Pioniere leiteten den Trajekt, unterstützt von 170 Infanteristen, meist Schiffer und Fischersleute, die aus den verschiedenen Truppentheilen genommen waren. Zum Uebergang bestimmt für diesen Punkt (A.) war das 1. Bataillon vom 24. Infanterie-Regiment.

Punkt B. lag 1000 Schritt nördlicher, bei der »Ziegelei«. Hier befanden sich 42 Boote unter dem Ingenieur-Hauptmann Schütze. Brandenburgische und magdeburgische Pioniere, in Gemeinschaft mit 340 Ruderern von der Infanterie, leiteten den Trajekt. Zum Uebergang bestimmt für diesen Punkt (B.) war das 2. Bataillon vom 24. Regiment.

Punkt C. lag am äußersten Nordrande des satruper Holzes, 500 Schritt nördlicher als die Ziegelei. Hier befanden sich 29 Boote unter dem Ingenieur-Hauptmann Thelemann. Vierzig brandenburgische Pioniere und 170 Ruderer von der Infanterie leiteten hier den Trajekt. Zum Uebergang bestimmt für diesen Punkt (C.) waren die 2. und 4. Compagnie vom 64. Regiment.

Punkt D. lag am nördlichsten Punkte des Alsensundes, der Halbinsel-Spitze Arnkiel-Oere gegenüber. Hier befanden sich 42 Boote (die größten) unter dem Premierlieutenant Mantey. Niederschlesische und westphälische Pioniere, unterstützt durch 100 Ruderer von der Infanterie, leiteten hier den Trajekt. Zum Uebergang bestimmt für diesen Punkt (D.) war das Füsilier-Bataillon vom 64. Regiment.

Glückte es, von allen vier Punkten aus, an der gegenüberliegenden Küste zu landen, so befanden sich — ihr gleichzeitiges Anlanden vorausgesetzt — 3½ Bataillone auf einen Schlag an der Küste von Alsen. Diese 3½ Bataillone gehörten der Brigade Roeder an. Ihnen vorzugsweise fiel die Gefahr und die Ehre dieses Tages zu. Staffelförmig, von halber Stunde zu halber Stunde, folgten die übrigen Brigaden, Goeben, Schmid, Canstein; dazwischen Artillerie und Cavallerie (das Zietensche Husaren-Regiment). Zwölf Stunden lang, mit beinah übermenschlicher Kraftanstrengung, gingen die Boote hin und her. Lange bevor die letzten Truppen auf Alsen gelandet waren, hatte sich der Kampf entschieden, war die Insel für Dänemark verloren.

Wir begleiten jetzt die einzelnen Kolonnen auf ihrem Uebergange, bis zu dem entscheidenden Gefechte von Kjär. An allen vier Punkten lassen wir Augenzeugen sprechen.

### Erste Kolonne (bei Punkt A).

Hier leitete, wie bereits erwähnt, Ingenieur-Hauptmann Adler den Uebergang. Wir legen seinen Bericht dem Folgenden zu Grunde: »... Es war ganz dunkle Nacht', man konnte nicht zehn Schritt weit sehen. Ich mußte mit meinen Leuten (Pioniere und Ruderer) quer durch das Große Holz marschiren, wo die Dunkelheit unter den Bäumen so groß war, daß man in Wahrheit die Hand vor den Augen nicht sehen konnte. Der Kolonnenweg, den wir passirten, war durch Anschalmen der Bäume, glücklicherweise aber auch durch umgebundene Strohkränze marquirt, an denen die 15 Schritt vormarschirenden Unterofficiere sich entlang fühlen mußten und ohne welche wir sicher den Weg verfehlt hätten. Laternen konnten wir selbstverständlich nicht benutzen.

Endlich gegen 1¼ Uhr waren wir am Ufer angekommen und die für jedes Boot abgetheilten Schiffer besetzten die an den Vorderkuffen derselben befestigten Taue, mittelst deren die Kähne in das Wasser gezogen werden sollten. Kurze Zeit nachher erschien auch das für Punkt A. bestimmte erste Bataillon des 24. Regiments (unter Führung des Hauptmann v. Papstein) und wurde an die Borde eines jeden Kahnes vertheilt. Die Dunkelheit und die Stille, in welcher diese Vorbereitungen ausgeführt werden mußten, waren natürlich ein großes Hinderniß.

Endlich kam der ersehnte Augenblick. Leise, aber Allen vernehmbar ein »Los!« und auf dem knirschenden Sande bewegten sich die Fahrzeuge dem Wasser des Alsensundes zu. Je nach dem Terrain, je nach dem

Gewicht der Kähne ging es hier schneller, dort langsamer; meist flogen die Schiffsgefäße über Boden und Rasen hinfort, und die Aufregung des Augenblicks verdoppelte die Kräfte. Die Officiere griffen selbst mit an und lustig gings in das moorige Wasser. Immer noch kein Schuß, wo wir mit Sicherheit erwartet hatten, durch einen Hagel von Granaten empfangen zu werden. Volle hundert Schritt vom Ufer hatten wir erst die Wassertiefe, bei der auch beladene Kähne flott bleiben. Da wurde eingestiegen, gleichzeitig von beiden Seiten. Einige Kähne, bei denen die Mannschaften, in der Aufregung des Augenblicks, dies versäumten, schlugen um, doch hatten die Leute noch Grund und Niemand kam zu Schaden. Die vordersten Kähne waren schon in voller Fahrt, immer noch kein Schuß, obschon die Tête jetzt höchstens 6 bis 700 Schritt von den feindlichen Laufgräben entfernt sein konnte.

Endlich krachte es herüber. Unsere Kolonne A. war mit ihrer Tête in der Mitte des Sundes. Wir hatten diesen ersten Schuß beinah ersehnt. Jetzt war es klar, daß nichts dahinter steckte, daß die Dunkelheit und die Geräuschlosigkeit unserer Bewegungen uns bisher sicher gestellt hatten. Dieser erste Schuß war das Signal zu einem lauten Hurrah aus allen Kähnen. Das Feuer aus den Tranchéen wurde lebhaft und fand aus unseren Fahrzeugen heftige Erwiderung; pfeilschnell flogen dieselben dem feindlichen Ufer zu; unsere braven Musketiere faßten mit an; fiel ein Pionier, er fand sofort seinen Ersatzmann.

Die Miniékugeln schlugen massenhaft ein und fügten der ersten Kolonne beträchtliche Verluste zu. In dem ersten Boot, welches die preußische Fahne trug und in welchem ausgesuchte Leute sich befanden, erhielt der Steuermann, Pionier Lüben, einen Schuß durch die Schläfe, der ihn lautlos niederstreckte. Ebenso lautlos ergriff Lieutenant Petry vom brandenburgischen Pionier-Bataillon das Steuer. Und mit raschen Schlägen ging es der Küste zu.

Viele Boote wurden von Kugeln durchlöchert. Dank der getroffenen Vorsichtsmaßregeln aber, wurden die meisten durch Verstopfen der Löcher mit vorbereitetem Wergpfropfen, über Wasser gehalten. Einige Boote sanken; unter diesen war auch das, in dem sich der Fahnen-Unterofficier des 1. Bataillons (vom 24. Regiment) mit der Bataillons-Fahne befand. Hauptmann v. Radowitz eilte schwimmend herzu und rettete Fahne und Unterofficier. Die Mannschaften der gesunkenen Boote (meist gute Schwimmer) erreichten fast ohne Ausnahme das alsener Ufer.

Elf Minuten hatte die Fahrt über den an dieser Stelle 850 Schritt breiten Alsensund gedauert. In demselben Augenblick (2 Uhr 11 Minuten) in dem die ersten Boote landeten, flammten an der Alsenküste hin die

Fanale auf. Es war zu spät. Alles sprang bis zur Hüfte ins Wasser und mit lautem Hurrah ging es dem Ufer zu. Lieutenant Petry vom brandenburgischen Pionier-Bataillon, derselbe, der das Steuer des vordersten Bootes geführt hatte, war auch der erste, der den Fuß auf den Strand von Alsen setzte. Oberst Graf Hacke, der gleich nach ihm das Ufer erreichte, pflanzte mit eigener Hand die erste preußische Fahne auf die erstiegene Brustwehr.

Das Gehöft Arnkiel, trotz des Kartätschfeuers des Feindes, wurde im ersten Anlauf genommen. Die Vertheidiger wichen in die nah gelegene Fohlenkoppel zurück. An der Lisière derselben eroberte Graf York v. Wartenburg ein 12pfündiges dänisches Geschütz; nächst dem Capitain der Batterie fiel die ganze Bedienungsmannschaft in unsere Hände. Wir hatten festen Fuß gefaßt auf Alsen.

### Zweite Kolonne (bei Punkt B).

Hier ging das 2. Bataillon vom 24. Regiment über. Der Brief, der die Ereignisse an dieser Stelle schildert, ist von besonderer Anschaulichkeit.

»... So lange man von Alsen sprechen wird, wird dieser Uebergang als ein tollkühnes Unternehmen gelten. Vielleicht barg diese Kühnheit das Geheimniß des Erfolges. Ich, für mein Theil, bei aller Erkenntniß der Gefahren, denen wir entgegen gingen, hatte das vollständigste Gelingen keinen Augenblick bezweifelt. Nun nehmt eine Karte zur Hand, um besser folgen zu können. Die Disposition für den 29. lautete etwa wie folgt: »Um 12 Uhr Nachts steht alles an den angewiesenen Plätzen. Anzug wie am Sturmtage; der Mann 80 Patronen. Schlag 2 Uhr setzt die Brigade Roeder, als Avantgarde, über den Alsensund. Das 1. Bataillon vom 24. Regiment nimmt den rechten Flügel in der Richtung auf Arnkiel, das 2. Bataillon vom 24. nimmt die Mitte, sechs Compagnieen vom 64. Regiment nehmen den linken Flügel und steuern auf Arnkiel-Oere. Die ersten Compagnieen, die das feindliche Ufer erreichen, stürmen die dortigen Schützengräben und Batterieen. Wenn dies geschehen, wendet sich das 1. Bataillon vom 24. auf das abgebrannte Gehöft Arnkiel, das 2. Bataillon durchstreift die Fohlenkoppel bis zum südlichen Ausgang derselben; die 64er säubern den äußersten linken Flügel an der Augustenburger-Föhrde und dringen ebenfalls bis zur Südlisière der Fohlenkoppel vor. Hier warten 24er und 64er weitere Befehle ab.« In diesen kurzen Angaben habt ihr die Disposition für den ersten Akt des Kampfes, dem wir (die Brigade Roeder) entgegengingen. Nun geb' ich euch die besonderen Erlebnisse der zweiten Kolonne.

Am 28. Abends halb zehn Uhr marschirten wir, nach dreimaligem Hoch auf den König, aus der Büffelkoppel. Um 1½ Uhr Morgens machten wir Halt, dicht hinter einer am Strande gelegenen Ziegelei. Von hier aus sollten wir übergehen. Die Pioniere und die zu ihrer Hülfeleistung commandirten Schiffer waren eben damit beschäftigt, die Boote in's Wasser zu bringen; eine mühevolle und nicht ganz geräuschlose Arbeit. Dennoch blieb am jenseitigen Ufer, welches man auf 800 Schritt im Dämmer erkennen konnte, alles in geheimnißvoller Stille. Nun, — macht euch fertig. 2 Uhr. Es kam der Befehl zum Einsteigen. Die Leute mußten, da viele unserer Boote auf den Kiel gebaut und die Ufer sehr flach waren, bis an den Leib ins Wasser. Ein angenehmes Morgenbad. Die Patronen waren im Brotbeutel um den Hals gebunden. Ungeachtet aller dieser Hindernisse ging das Einsteigen rasch von Statten. Unserer Compagnie (der 6.) war für diesen Tag ein kurhessischer Officier, der Oberlieutenant v. Loßberg*), (ein Neffe des General Canstein) der unserer Armee in den Krieg gefolgt war, zur Dienstleistung zugetheilt.

Drei Minuten nach 2 Uhr schwammen wir auf dem Alsensund. Die 5. Compagnie und ein Theil der 6. hatten die Tête. Unser Boot war unter den vordersten. Wenn wir nach links hin blickten (nordwärts, nach Arnkiel-Oere zu), sah es im Morgendämmer aus, als schwämmen Züge wilder Enten über den Sund. Alles still. Peinlichste Erwartung. Die Ruderer griffen rascher ein; da mit einem Male brach ein Donnerwetter über unseren Köpfen los. Granaten-, Kartätsch- und Gewehrfeuer begrüßten uns vom andern Ufer; Fanale brannten auf der ganzen Insel; das 1. Bataillon vom 60. Regiment, das, vollständig aufgelöst an der Lisière des satruper Holzes, von dem Augenblick an, wo wir entdeckt waren, durch Schnellfeuer unseren Uebergang decken sollte, knatterte jetzt über den Sund hin; — man war von hinten kaum sichrer, als von vorn. Trotz aller Gefahr das großartigste Feuerwerk, das ich all mein Lebtag gesehen habe. »Hurrah, Vorwärts, Vorwärts!« waren die ununterbrochenen Rufe. Es war zauberhaft. Die Kartätschen plätscherten um einen herum, daß das Wasser hoch aufspritzte. Eine Granate schlug einen Kahn unserer Compagnie in Stücke, eine ganze Wand war weggerissen, im Moment gingen Boot und Mannschaften in die Tiefe. Alles schrie auf; die nächsten Boote wollten retten. »Vorwärts!« donnerte eine Com-

*) Oberlieutenant v. Loßberg, weil er ohne Erlaubniß seines Kriegsherrn, des Kurfürsten, diesen Alsen-Uebergang mitmachte, wurde, bei seiner Rückkehr nach Hessen-Cassel, kriegsrechtlich zu einer mehrmonatlichen Festungshaft verurtheilt. Nach Abbüßung derselben nahm er seinen Abschied und ist jetzt Officier in der Preußischen Armee, in die er sich bereits am „Tage von Alsen“ eingeführt hatte. Wenn wir nicht irren, gehört er jetzt einem oberschlesischen Regimente an.

mando-Stimme dazwischen. Es stand Größeres auf dem Spiel. Drei ertranken; andere tüchtige Kerls schwammen glücklich dem Ufer zu. Hut ab, vor diesen braven Musketieren.

Die 5. Compagnie war die erste am Ufer. Mit Hurrah ging es die steile Uferwand hinauf, auf die Schützengräben zu. Was sich wehrte, wurde niedergemacht, andere gefangen genommen. Noch andere wichen der Fohlenkoppel zu, wir hinterdrein, — es war wieder das reine Kesseltreiben. An der Lisière hielten wir, um Athem zu schöpfen. Aber fast im selben Moment kam General Roeder zu uns heran und rief uns schon von Weitem und rückwärts deutend zu, die Strandbatterie zu nehmen, an der wir in unserem Verfolgungseifer vorbeigestürmt waren, ohne ihrer zu achten. Nun also kehrt! Wahrhaftig, da krachte es von derselben Uferstelle aus, an der wir gelandet, oder doch keine 200 Schritt von ihr entfernt, über den Alsensund hin, als ob wir noch alle auf dem Wasser schwämmen und nicht schon an der Lisière der Fohlenkoppel ständen. Aber es waren die letzten Schüsse aus dieser Schanze. In 10 Minuten war sie unser; drei schwere Geschütze, sammt einer Anzahl Espingolen, dazu 2 Officiere und 50 Mann fielen in unsere Hände. Die Gefangenen wurden dem Ufer zugetrieben und dort von den rückkehrenden Booten aufgenommen. Wir schwenkten dann wieder rechts, bis wir unter fortwährendem leichten Gefecht (der Feind floh südlich auf Kjär und Bagmose zu) die Südlisière der Fohlenkoppel erreicht hatten. Hier machten wir Halt; zur Rechten (dem Alsensunde zu) hatten wir das 1. Bataillon unseres Regiments; zur Linken (der augustenburger Föhrde zu) die sechs Compagnieen vom 64sten. In dieser Stellung warteten wir die Befehle zu weiterem Vorgehn ab. Es mochte 3 Uhr geworden sein.«

### Dritte Kolonne (bei Punkt C).

Bei Punkt C., wie wir wissen, gingen 2 Compagnieen vom 64. Regimente über, die 2. und 4., jene vom Grafen Maltzahn geführt. Ein Cavallerie-Officier schloß sich, im Moment der Einschiffung, dieser dritten Kolonne als Freiwilliger an. Wir folgen seinem Bericht.

». . . . Es mochte 1¾ Uhr sein, als (etwa 400 Schritt nördlich von der »Ziegelei«) die Kähne in's Wasser geschoben wurden. Ich konnte dabei nicht ruhig zusehen. Als das erste Boot im Wasser war, war es mit meiner Ruhe vorbei, und ich mußte ins Boot springen, um mit meinen Kameraden von der Infanterie diese kühne Wasserpartie mitzumachen. Mit mir war ein Infanterie-Officier. Du kannst Dir nicht denken, welch schönes militairisches Schauspiel es war, als unter dem Schutze eines inzwischen eröffneten Schnellfeuers die Boote mit einer unglaublichen Schnelligkeit ins Wasser gezogen wurden. Unsere Soldaten waren ganz außer sich vor Vergnügen. Ich erwischte glücklicher Weise ein ganz kleines leichtes Boot, in welchem außer uns beiden Officieren nur noch 4 Ruderer und 3 Mann saßen. Die Ruderer thaten ihre Schuldigkeit, denn mit aller Kraftanstrengung ließen sie unser Boot gleichsam über den breiten Meeresarm dahinfliegen, an allen übrigen Booten vorbei. Auf beiden Ufern zuckten unzählige Blitze von Gewehrfeuer, und freundliche und feindliche Kugeln pfiffen über unsere Köpfe weg. Von den sonderburger Schanzen her bestrichen die Dänen den alsener Sund mit Granaten, die man bei der noch herrschenden Dämmerung schon von Anfang an fliegen sehen konnte. Man setzte gar keinen Zweifel darin, daß eine jede über dem Kopf platzen mußte, doch der liebe Herrgott hatte viel Platz gelassen neben uns armen kleinen Menschenkindern. Nachdem wir die Hälfte unseres Weges zurückgelegt hatten, erschallte von all den einzelnen Booten, die wie Nußschaalen auf diesem breiten Meeresarm umherschwammen, ein nicht endendes Hurrah und übertönte die Schmerzensschreie der unglücklichen Verwundeten. Jetzt kam der schlimmste Moment. Als wir in die Nähe des Landes kamen, wurden wir mit einem förmlichen Kartätsch- und Flintenkugelhagel empfangen; doch es ging gut, es war mir nichts davon zugedacht. Jetzt ergriff ich die schwarzweiße Fahne, die im Boote lag, wir schwangen uns aus dem Kahn ins Wasser, stürmten auf das Ufer — und da wehte die preußische Fahne auf alsener Boden. Jeder einzelne, der gelandet war, stürmte nun das Ufer hinauf, welches hier ein wenig steil und ungefähr 7—8 Fuß hoch ist. Ich stand jetzt, abgekommen von denen, mit denen ich die Ueberfahrt gemacht hatte, inmitten einer Abtheilung vom 64. Regiment, welche keinen Officier hatte und sich nach einem solchen umsah. Da rief ich: »Mir nach, ich will Euer Officier sein«, und mit einem donnernden Hurrah ernannten sie mich zu ihrem Führer. Dies Alles war das Werk eines Augenblicks; ich stürmte an der Spitze meiner Infanteristen durch die schwach vertheidigte Schanze, durch die Communikation in die Fohlenkoppel, die Gefangenen zurücklassend und die sich vertheidigenden Danskes weiter jagend. Der Däne kam in der Fohlenkoppel gar nicht mehr zum Stehen, so ungestüm stürmten unsere Leute vorwärts, trotzdem, daß fast sämmtliche Compagnieen Signale zum Sammeln gaben. Leider ist hier in der Fohlenkoppel der arme Maltzahn gefallen, — ein Schuß durch Auge und Kopf. Mein Weg ging an der augustenburger Föhrde entlang, in welcher wir auch bald, nachdem wir die Fohlenkoppel passirt, den »Rolf Krake« angedampft kommen sahen. Er schien doch etwas krank zu sein. Als er seine ganze Bemannung an Deck nahm, ließ ich von meinen Leuten eine Salve auf ihn geben, die zu meiner und meiner 64er Freude den Erfolg hatte, das Alles vom Deck wieder verschwand. Ich bildete von der ganzen Gefechtsordnung den äußersten linken Flügel und rollte so die einzelnen dänischen Schützengruppen auf, die sich von Knick zu Knick festsetzten und vertheidigten; doch vergebens, meine Leute rannten sie über den Haufen, was vom Feinde nicht fiel, wurde gefangen genommen, wenige entkamen. Als wir den Südrand des Waldes (Fohlenkoppel) erreicht hatten, machten wir Halt.«

## Vierte Kolonne (bei Punkt D.).

Bei Punkt D., wie wir wissen, ging das Füsilier-Bataillon vom 64. Regiment über den Sund.*) Es hatte den äußersten linken Flügel. — Wir folgen hier dem Bericht eines Füsiliers von dem obengenannten Bataillon.

».... Wir wurden auf 37 größere Boote vertheilt. Als wir kaum 500 Schritt vom feindlichen Ufer entfernt waren, verriethen wir uns durch das Losgehen eines Gewehres. Noch 200 Schritt vorwärts und der erste Schuß des Feindes fiel. In demselben Augenblicke begann jedoch auch ein Schnellfeuer von unserer Seite und alle Kräfte wurden darangesetzt, um möglichst schnell an den Feind zu kommen. Bereits hatten wir einige Verwundete, als das Commando »Marsch, Marsch!« ertönte und trotz des starken feindlichen Feuers näherten wir uns mit unglaublicher Schnelligkeit dem Ufer. 200 Schritt vor dem Ufer schlug ein Tambour unserer Compagnie Sturmmarsch und ehe die Boote auf Grund stießen, sprang er mit den Officieren ins Wasser, die Leute folgten und nun ging es im Wasser weiter vorwärts, der Tambour hielt die Trommel hoch über dem Kopfe und schlug mit einem Schlägel tapfer weiter. Die Verwundeten (darunter der Adjutant Lieutenant v. Versen, der einen Schuß durch beide Knochen des Unterschenkels erhalten) fuhren nun gleich wieder zurück.

*) Diese Angabe ist nicht ganz korrekt. D., gegenüber von Arnkiel-Oere, war allerdings erwählter Uebergangspunkt für die Kolonnen des linken Flügels. Das erste Echelon aber (eben das Füsilier-Bataillon vom 64.) bewerkstelligte seinen Uebergang nicht von Punkt D., sondern von Schnabeckhage aus; erst die später sich einschiffenden Echelons des linken Flügels, das zweite, dritte, vierte, die in kurzen Zwischenräumen jenem ersten Echelon folgten, machten von Punkt D. aus ihre Fahrt über den Sund. Der Grund war der, daß man am Abend des 28. die, wie wir wissen, (vgl. S. 316) ursprünglich für Ballegaard bestimmten Boote wohl unbemerkt bis Schnabeckhage, aber nicht unbemerkt bis Punkt D. bringen konnte. So erfolgte denn nothwendig der erste Uebergang von Schnabeckhage aus. Von dem Moment an indessen, wo der erste Schuß gefallen war, gab es nichts mehr geheim zu halten und die Boote, nachdem sie das Füsilier-Bataillon gelandet, kehrten nunmehr nicht nach dem entfernter gelegenen Schnabeckhage, sondern nach dem näher gelegenen Punkte D. zurück, von wo aus sie die Ueberfahrt in halb so langer Zeit bewerkstelligen konnten.

Jetzt hieß es für uns Sieg oder Untergang; hinter uns der über 1000 Schritt breite Alsensund, vor uns der Feind. »Hurrah« und in wenigen Secunden standen wir auf der Brustwehr des Schützengrabens. »Vorwärts« hieß es bis in den 400 Schritt vor uns liegenden Wald und vorwärts stürmten unsere Füsiliere. Eine Schanze wurde, ehe noch die Geschütze abgefeuert werden konnten, genommen; dann ging es an den Wald, wo Kolben, Bajonnett und Säbel das vollendeten, was die Kugel nicht vermochte. Es war ein grausiges Handgemenge, Mann gegen Mann, und dabei so dunkel, daß man nur in nächster Nähe Freund und Feind unterscheiden konnte. Immer weiter drang unser Bataillon, von Position zu Position wich der Feind, viele lagen auch da, wo sie gestanden hatten, lieber den Tod verlangend, als sich den »Preußischen Satans« (wie ein Capitain sagte) ergebend. Viele Pferde und Geschütze erbeuteten wir, aber erst als der Tag anbrach, hörte das wirre Gemetzel in der Fohlenkoppel auf. Massen von Gefangenen, Todten und Verwundeten waren hinter uns. Der Sieg war herrlich, aber auch unser Verlust nicht unbedeutend.

Am Südrande des Waldes sammelten sich die auseinander gekommenen Compagnieen. Wir hatten nun Zeit, uns flüchtig zu mustern. Viele machten eine unglaubliche Figur; eine ganze Anzahl war barfuß, weil die Stiefel im Schlamme stecken geblieben waren. Eine Sturm-Parade (wie nach Düppel) wäre kaum möglich gewesen. Wir sahen aus wie die »Grasteufel.« Um 3½ Uhr ging es mit Hurrah weiter vorwärts auf Rönhof, Kjär und Bagmose zu.«

Die vier Briefe, die wir vorstehend mitgetheilt, sind so gewählt, daß sie sich unter einander ergänzen und in ihrer Gesammtheit ein anschauliches Bild aller Momente des Ueberganges: der Einschiffung, der Ueberfahrt, der Landung, geben. In weniger als einer Stunde war der Sund überschritten, der Feind geworfen, die Nordspitze der Halbinsel (Kjär) in Händen der Sieger. Einem nachhaltigen Widerstande waren sie nirgends begegnet; nach Wegnahme der Batterieen und Geschütz-Emplacements — was, laut Disposition, die erste Aufgabe der landenden Truppen war — hatten preußische Abtheilungen (oft nicht 10 Mann stark) dänische Trupps vor sich hergetrieben. Das war alles. Wo ein Widerstand eintrat, war es nicht ein Widerstand in militairischem Sinne, sondern nur ein individueller. Einzelne, keinem Commando, sondern nur dem eignen Herzen gehorchend, warfen sich entgegen und unterlagen. Wenn es möglich gewesen wäre, von irgend einem hochgelegenen Punkte aus, dem Ganzen eines derartig aufgelösten Gefechtes zu folgen, so würde das Auge einem wirren Durcheinander begegnet sein. Dennoch lag diesem Durcheinander (zum Theil wohl nur instinktiv) eine bestimmte Richtung, und den oft widerspruchsvollen Einzelbewegungen eine Hauptbewegung zu Grunde. Diese Haupt-Bewegung war eine Rechtsschwenkung.

Die Truppen, in dem Moment ihrer Landung, standen von Nord nach Süd (zwischen Arnkiel-Oere und dem Arnkiel-Gehöft); eine Stunde später standen sie von West nach Ost. Der rechte Flügel (1. Bataillon vom 24.) hatte die gleich anfangs eroberte Position (das Gehöft von Arnkiel) im Wesentlichen beibehalten; der linke Flügel dagegen (die 64er) hatte die Rechtsschwenkung ausgeführt. An Stelle der Vertical-Linie zwischen Arnkiel-Oere und Arnkiel-Gehöft war die Horizontal-Linie zwischen Arnkiel-Gehöft und der augustenburger Föhrde getreten. Man stand nicht länger am Westrande der Fohlenkoppel, sondern — in Folge der ausgeführten Schwenkung — am Südrande dieses Waldes entlang. Ein abgegrenztes Stück der Insel befand sich in Händen der Preußen; 3½ Bataillone hatten festen Fuß gefaßt. Eben landeten neue Bataillone. Es war nicht wahrscheinlich, daß sie gezwungen werden konnten, dies Stück Erde wieder aufzugeben.

### Der Vormarsch gegen Kjär.

Etwa um 3 Uhr ging der Generallieutenant v. Manstein, der an diesem Tage die Brigaden Roeder und Goeben, also eine brandenburgische und eine westphälische, befehligte, über den Sund. Kurz vor ihm war das zweite Echelon, bestehend aus weiteren sechs Compagnieen vom 64. Regiment und sechs Compagnieen von der Brigade Goeben (alle sechs Compagnieen vom 15. Regiment) auf Alsen gelandet. Generallieutenant v. Manstein fand also bei seinem Erscheinen auf der Insel diese von 6½ Bataillonen Preußen besetzt. Diese 6½ Bataillone waren nunmehr: 1) das 64. Regiment (drei Bataillone), 2) das erste und zweite Bataillon vom 24. Regiment und 3) anderthalb Bataillone vom 15. Regiment. Diese 6½ Bataillone, mit der Front gegen Süden, nahmen Aufstellung der Art, daß die 64er den linken Flügel, die 24er das Centrum, die 15er den rechten Flügel inne hatten.

Es war 3½ Uhr, als Generallieutenant v. Manstein an der Süd-lisière der Fohlenkoppel eintraf und den Truppen — deren Aufstellung wir eben gegeben — Befehl ertheilte, auf dem nach Kjär führenden Wege, so wie rechts und links desselben, vorzurücken.

Die Bataillone setzten sich in Marsch; der Feind wich rasch zurück; binnen einer Viertelstunde, oder doch wenig später, hatten die vordringenden Preußen die Linie Rönhof-Große Moose (ein Wald wie die Fohlenkoppel) erreicht. Die 64er nahmen »Große Moose«, die 24er nahmen Rönhof; die 15er, über die Linie Rönhof-Große Moose hinaus, am weitesten nach Süden hin vordringend, besetzten die Nordwestspitze des Dorfes Kjär. Die Horizontallinie der preußischen Aufstellung war dadurch in eine Schräglinie übergegangen: der rechte Flügel stand vor, Centrum und linker Flügel standen zurück. In Rönhof waren drei Officiere und 171 Mann, an der Nordwestspitze von Kjär vier Officiere und 100 Mann gefangen genommen worden.

Man hatte jetzt die Linie erreicht, wo man in die eigentliche Machtsphäre des Feindes trat und über kurz oder lang auf seine Reserve-Regimenter stoßen mußte. Wir wissen (s. S. 312), daß die Brigade Kaufmann in Ulkebüll lag; Ulkebüll aber war von der Linie Rönhof-Große Moose nur noch eine halbe Stunde entfernt. Jeden Augenblick war ein Zusammenstoß zu erwarten; überraschen konnte es nur, daß dies Vorbrechen der feindlichen Reserven bis hieher hatte auf sich warten lassen.

Der Feind wartete aber noch immer; so wurde denn gegen 4 Uhr, vielleicht etwas früher, Befehl gegeben, weiter in südlicher Richtung vorzudringen. Doch beschränkte sich dieser Befehl auf die Brigade Roeder (Centrum und linker Flügel), während dem General Goeben die Ordre zuging, über die Nordwestspitze von Kjär, die er, wie wir wissen, mit sechs Compagnieen vom 15. Regiment genommen hatte, vorläufig nicht hinauszugehn. Erst, wenn er seine ganze Brigade beisammen haben,*) auch mit

*) Bald nachdem diese Ordre an General v. Goeben ertheilt war, trafen die noch fehlenden Bataillone seiner Brigade, so wie das brandenburgische Jäger-Bataillon, die zusammen das dritte Echelon gebildet hatten, in West-Kjär ein, von wo aus wir sie später auf ihrem Vormarsch gegen Sonderburg begleiten werden. Das dritte Echelon war es, das bei seinem Uebergange (der um 3 Uhr begann) unter das Kartätschfeuer „Rolf Krake's“ kam. Deshalb an dieser Stelle ein kurzer Bericht über das Panzerschiff und seine Betheiligung an dem Kampfe des 29. Juni.

„Rolf Krake“ lag in der augustenburger Föhrde, als der Uebergang begann. Erst eine volle Stunde später (3 Uhr) erschien er an dem Nordausgange des Alsensundes und legte sich so, daß er den Sund der Länge nach faßte. Mit Kartätschhagel empfing er die Boote des dritten Echelons, wenigstens die bei D. und C. übergehenden. Glücklicherweise schoß er zu hoch, so daß der Schaden, den er anrichtete, ein sehr geringer war. Als er bald darauf unter das concentrische Feuer von 16 gezogenen Geschützen kam, die ihn von Schnabeckhage aus begrüßten, nahm er seinen Rückzug. Das ganze Gefecht hatte kaum eine halbe Stunde gedauert. Er kam nur noch einmal zum Vorschein, als er (viel später) durch die alsener Föhrde seinen Abzug nahm, nachdem vorher zwei bei Augustenburg liegende Kanonenboote in die Luft gesprengt waren.

Die Frage ist viel verhandelt worden, ob der „Rolf Krake“ am Alsentage seine Schuldigkeit gethan habe, oder nicht. So geneigt wir sind, die Dänen und ihre Haltung an diesem Tage, wenigstens bis zu einem gewissen Grade in Schutz zu nehmen, so können wir doch die Ansicht nicht unterdrücken, daß, wenn getadelt werden soll, „Rolf Krake“ am meisten Anspruch auf Tadel hat. Zunächst mußte er rascher zur Stelle sein, und wenn zur Stelle, so mußte er rücksichtslos gegen die vom Ufer her drohende Gefahr, wie ein Sperber unter die Tauben fahren. Er that es aber nicht. Die Batterieen von Schnabeckhage hielten ihn in Respekt; außerdem aber soll er gefürchtet haben, durch unsere Boote geentert zu den jetzt zurückstehenden Bataillonen des Centrums wieder in Fühlung getreten sein würde, sollte er — immer in seiner rechten Flügelstellung verbleibend — am Alsensunde hin gegen Sonderburg vorstoßen.

Im Einklang mit diesen Dispositionen, denen strikte nachgekommen wurde, haben wir von hier an zwei verschiedene Gruppen von Gefechten zu unterscheiden und zwar 1. die Gefechte der Brigade Roeder (im Centrum und am linken Flügel) und 2. die Gefechte der Brigade Goeben (am rechten Flügel). Auf der kurzen Strecke von der Fohlenkoppel bis zur Schräglinie Große Moose-Rönhof-Kjär waren beide Brigaden gleichzeitig und in einem gewissen Zusammenhange vorgegangen. Jetzt trennten sich ihre Gefechtsfelder und ihre Aufgaben wieder; die Brigade Goeben mußte sichs an der Aufgabe genügen lassen, die Nordwestspitze von Kjär besetzt zu halten, während die Brigade Roeder im Centrum und am linken Flügel in ernste Gefechte verwickelt wurde und umgekehrt hielt die brandenburgische Brigade (Roeder), gegebener Ordre gemäß, die Linie Kjär-Bagmose-Ormstoft besetzt, als die westphälische Brigade (Goeben) ihrerseits avancirte und Sonderburg nach einer Reihe von Gefechten nahm.

### Die Gefechte der Brigade Roeder.

(Ost-Kjär. Bagmose. Ormstoft.)

Die Brigade Roeder avancirte also; die Linie Rönhof-Große Moose lag hinter ihr, die langgestreckte Häuserreihe, die abwechselnd den Namen Kjär, Bagmose, Ormstoft führt, lag auf etwa 1000 Schritt in Front der vorgehenden Bataillone. Eh diese noch vermocht hatten, sich, auf der ganzen Strecke hin, in Besitz dieser Häuserreihe zu setzen, ging der Feind zum Angriff über, — seine Reserve-Brigade (die Brigade Kaufmann) brach in drei Kolonnen vor. Die eine Kolonne führte Oberst Faaborg, die zweite Oberstlieutenant Mathiesen, die dritte Oberst Kaufmann selbst. Der Plan des Feindes ging unzweifelhaft dahin, diese drei Stöße g l e i c h z e i t i g zu thun. Aber die herrschende Verwirrung erschwerte die Ausführung solcher Pläne. So wurden die drei Stöße einzeln und ohne Zusammenhang geführt. Eh wir zu einer Schilderung dieser einzelnen Aktionen übergehn, versuchen wir den Leser in der nachstehenden Zeichnung — die ihm schließlich das Verständniß der Gefechtsmomente erleichtern wird — zu orientiren. Die Horizontallinie giebt die preußische Aufstel-

werden. (Dies ließ sich in der That bewerkstelligen, da er seinen Geschützen nur wenig Neigung nach unten geben konnte.) Gleichviel indeß was ihn bestimmen mochte, mit V o r s i c h t zu operiren, so viel steht fest, daß er eben V o r s i c h t zeigte, wo nur die Geneigtheit sich selbst zum Opfer zu bringen, ein großes Resultat hätte herbeiführen können. Ob er durch ein solches Opfer im Stande gewesen wäre, den Tag zu wenden, muß freilich dahingestellt bleiben. Ein Angriff auf das d r i t t e Echelon, selbst wenn er reüssirte, kam jedenfalls zu spät.

lung; die Verticallinie ist der Weg, der von Arnkiel-Oere aus über Rönhof und Kjär nach Sonderburg führt; wo beide Linien sich kreuzen, liegt Kjär, nach rechts und links hin seine Häuserreihe, unter verschiedenen Namen, ausdehnend. Alles andere ergiebt sich ausreichend aus der Zeichnung selbst.

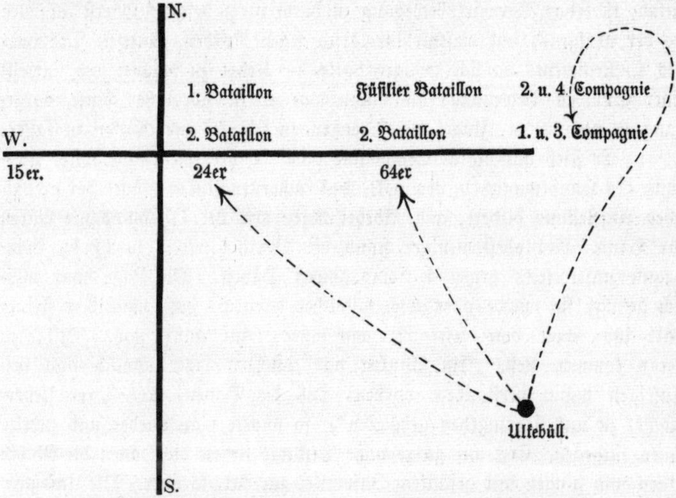


Den ersten Stoß gegen die vorrückenden Preußen führte Oberst Jaaborg. Er hatte Grund sich zu eilen. Das 4. Regiment, dem die Küstenvertheidigung zwischen Arnkiel-Oere und Kjärwig obgelegen hatte, gehörte seiner Brigade zu. Bis ganz vor Kurzem (eh er die Brigade erhielt) war er Commandeur eben dieses Regiments gewesen. Alles was bis dahin versäumt worden war, versäumt mit oder ohne Schuld, fiel mit doppelter Schwere auf ihn, es traf ihn als den jetzigen Führer der Brigade und zugleich als den ehemaligen Führer des 4. Regiments.

Etwa 3½ Uhr wußte man in Ulkebüll (Hauptquartier), daß die Fohlenkoppel genommen und der Feind im weiteren Vorrücken gegen Süden begriffen sei. Oberst Jaaborg stellte sich an die Spitze des 2. Bataillons vom 18. Regiment und führte dasselbe nordwärts. Er wählte nicht die Straße von Ulkebüll auf Kjär, sondern den östlich davon gelegenen Weg, der neben der augustenburger Föhrde hinläuft. Das Bataillon bewegte sich also in der linken Flanke unseres äußersten linken Flügels. Oberst Jaaborg war bereits bis zum ulkebüller Holz, das, weit nördlich von Ulkebüll, etwa in gleicher Höhe mit Rönhof und Große-Moose liegt, vorgedrungen, ohne auf den Feind gestoßen zu sein; man war an einander vorbeimarschirt, die Preußen südwärts, die Dänen dem Norden zu. Da es zweifelhaft blieb, ob ein weiteres Vordringen auf diesem Wege überhaupt noch zu einer Begegnung mit dem Feinde führen würde, der Zweck dieses Vorstoßes außerdem in erster Reihe der war, den bereits vorgedrungenen, nicht aber den erst von Norden her vordringenden Feind, in seiner Vorwärtsbewegung zu hindern, so beschloß Oberst Jaaborg — der übrigens, auf diesem Vormarsch gegen Norden, einzelne Trümmer des 4. Regiments an sich gezogen hatte — Kehrt zu machen und mittelst einer Südwest-Bewegung (bis dahin war er in nördlicher Linie vorgegangen) den linken Flügel der Preußen in Flanke und Rücken zu fassen.

Er stieß auf die 3. Compagnie vom 64. Regiment, die unter Führung des Hauptmanns v. Lewinski, den äußersten linken Flügel der preußischen Aufstellung bildete; auch Abtheilungen von der 1. Compagnie waren zur Hand. Nichtsdestoweniger stand die Parthie wie 3 zu 1; $1\frac{1}{3}$ Compagnie unsererseits gegen 4 Compagnieen Dänen. Die Lage war mißlich genug; sie wurde aber noch mißlicher dadurch, daß man den Feind, statt ihn schon von fern zu empfangen, auf ganz nahe Distancen heran kommen ließ. Ein Winken mit Tüchern war nämlich von den Unsrigen dahin verstanden worden, daß die Dänen, trotz ihrer Uebermacht, zu uns überzugehen gedächten*); so winkte man wieder und jubelte ihnen entgegen. Erst auf ganze nahe Distance ließen die Dänen die Maske fallen und gingen mit gefälltem Bajonnett zur Attacke über. Die Unsrigen, einen Augenblick überrascht, fanden sich schnell zurecht und empfingen den Angreifer aus gut gedeckten Positionen heraus, mit Schnellfeuer. Die Enge des Weges hinderte den Feind daran, von seiner Uebermacht rechten Vortheil zu ziehen; je dichter die Kolonne, je zahlreicher die Treffer; Oberst Jaaborg fiel von mehreren Kugeln durchbohrt; Verwirrung kam über das angreifende Bataillon, das sich in raschem Rückzuge der verheerenden Wirkung unseres Feuers entzog. Oberst Jaaborg starb zwei Tage später im Johanniter-Hospital zu Wester-Schnabeck. Es war, als

*) Es stehen sich hier zwei Lesarten gegenüber, eine preußische und eine dänische. Die Preußen gehen davon aus, daß die Dänen, mit Hülfe einer (sicherlich unerlaubten) Kriegslist, ungefährdet bis in die nächste Nähe der preußischen Aufstellung vordringen und dann, mit um so leichterer Mühe, die Unsrigen überrennen wollten. Die Dänen hingegen behaupten (und der sterbende Oberst Jaaborg hat sein Wort dafür eingelegt), daß sie preußischerseits ein Winken mit Mützen und Tüchern, (so als ob man die Waffen strecken wolle) wahrgenommen hätten und daß sie deshalb, nun erst ihrerseits das Winken erwiedernd, bis in den sichersten Schußbereich unserer Gewehre vorgegangen seien. Zu ihrer Ueberraschung wären sie nun mit einem mörderischen Feuer empfangen worden. Jede Parthei bezüchtigt also die andere einer unerlaubten Kriegslist. Es ist sehr wahrscheinlich, daß man hüben wie drüben, in gutem Glauben gehandelt hat und daß einfach ein Mißverständniß vorliegt.

ob er mit seinem Tode die Versäumnisse, vielleicht auch nur das Unglück seines ehemaligen Regimentes (des 4.) habe sühnen wollen.

Die zweite dänische Kolonne, die von Ulkebüll aus gegen die anrückende preußische Linie vorbrach, führte Obristlieutenant Mathiesen. Es war das 1. Bataillon des 3. Regiments, an dessen Spitze er sich stellte. Er führte dasselbe nicht in Flanke und Rücken des Feindes, wie Oberst Faaborg gethan, sondern attackirte in der Front. Er durchbrach Kjär, das an dieser Stelle (Ostheil) von den vordringenden Preußen noch nicht besetzt worden war und stieß, eine kurze Strecke hinter der Häuserreihe dieses Dorfes, auf den Feind. Es war der linke Flügel der preußischen Aufstellung (nicht der äußerste linke Flügel, der eben den Kampf gegen Oberst Faaborg bestanden hatte), auf den Obristlieutenant Mathiesen hier traf. Diesen linken Flügel bildete das 2. Bataillon vom 64. Regiment unter Major Cramer. Im Geschwindschritt, Schützenschwärme voraus, rückte die dänische Kolonne heran; — zwischen hüben und drüben lag nur noch ein breites Stück Wiesengrund, das ziemlich genau in seiner Mitte von einem Knick durchzogen wurde. Da sonst nirgends Deckung war, so hing alles davon ab, wer zuerst diesen Knick erreichen würde. Das Gros des 2. Bataillons (vom 64.) war noch zurück; nur der vorgeschobenste Zug des Bataillons, unter Lieutenant v. Harbou, stand nah genug, um, im Laufschritt, vor den Dänen den Knick erreichen zu können. Lieutenant v. Harbou, ohne ein Commando abzuwarten, führte diese Bewegung aus und empfing — übrigens bald von zwei andern Zügen unterstützt — die anstürmende dänische Kolonne mit Schnellfeuer. Bald wich der Feind, der, jeder Deckung entbehrend, während der kurzen Dauer dieses Feuergefechts schwere Verluste erlitten hatte. Unsererseits war der Tod des Lieutenant Harbou zu beklagen, der, unmittelbar nach seiner entschlossenen That, von einer Kugel in die Brust getroffen wurde. Er starb bereits am folgenden Tage. — Auch diese zweite Kolonne, ebensowenig wie die des Obersten Faaborg, hatte dem Vordringen der Preußen ein ernstes Hinderniß entgegenzusetzen vermocht. Anders die dritte Kolonne.

Die dritte Kolonne führte Oberst Kaufmann. Sie bestand aus zwei Bataillonen und zwar aus dem 1. Bataillon des 18. und dem 2. Bataillon des 3. Regiments, war also doppelt so stark als jede der Kolonnen, die Oberst Faaborg und Obristlieutenant Mathiesen etwa eine halbe Stunde früher ins Feuer geführt hatten. Oberst Kaufmann selbst galt für einen der besten Officiere der Armee. Ihm war es klar, daß wenn das Schicksal dieses Tages überhaupt noch zu wenden war, ihm allein es oblag, diese Wendung herbeizuführen. Daher die Energie des

Angriffs, und trotz wiederholten Scheiterns, die immer erneuten Versuche, das schon Verlorene zurückzugewinnen.

Der Angriff richtete sich gegen die südöstlichen Ausläufer von Kjär, bis wohin das 2. Bataillon 24. Regiments, das die Tête hatte, vorgedrungen war. Das 1. Bataillon, das in Reserve folgte, war noch zu weit zurück, um erheblich in den Gang des Gefechts eingreifen zu können.

Der Feind avancirte rasch, in geschlossener Kolonne, zahlreiche Schützenschwärme vorauf. Nur zwei Compagnieen 24. Regiments (die 5. und 6.) konnten zunächst diesem energischen Angriff entgegengeworfen werden. »Die 5. Compagnie rechts, die 6. zur Linken der großen Dorfstraße — so schreibt ein Augenzeuge — erwarteten wir den vollständig geschlossenen Angriff. Hauptmann v. Goerschen, von der 6. Compagnie, übernahm hier den Befehl. Wir jubelten ihm zu; wir wußten, was wir an ihm hatten. Auf 100 Schritt ließ er die Kolonne heran kommen, dann »Feuer«. Es schlug dicht ein. Die Dänen suchten jetzt nach Deckung und sprangen rechts und links hinter die Knicks. Die Salven krachten und Aeste und Zweige flogen um uns her. Wir blieben ihnen nichts schuldig, aber es hatte keinen rechten Effekt; wir sahen zu wenig, nur dann und wann ein Käppi, eine Bajonnettspitze. Der Moment war einigermaßen kritisch; entdeckte der Feind unsere Schwäche und warf sich mit Ungestüm auf uns, so rannte er wahrscheinlich unsere in Front stehenden Abtheilungen über den Haufen. Er versäumte aber den rechten Augenblick. Unsere anderen Compagnieen, eigentlich nur vereinzelte Züge, waren jetzt heran und General Roeder gab Befehl, alle noch außer Gefecht befindlichen Abtheilungen unseres Bataillons zu einer Kolonne zusammenzufassen und diese, mitten auf der Dorfstraße, gegen den vom Feinde besetzten Knick zu führen.«

Dieser Angriff en colonne entschied das Gefecht; der Feind wurde geworfen und einmal seiner schützenden Position beraubt, mußten alle Versuche scheitern, mit immer schwächer werdenden Kräften einen Erfolg durchsetzen zu wollen, zu dessen Erringung sich die ungeschwächte Kraft des ersten Angriffs bereits nicht als stark genug erwiesen hatte. Unter schweren Verlusten trat jetzt diese dritte Kolonne ihren Rückzug an. Auch diesseits hatte dieser kurze Kampf viel Blut gekostet. Wie das letzte, so war es vielleicht auch das blutigste Gefecht des ganzen Krieges. Von den 7 Officieren, die auf Befehl General Roeders die rasch formirte Kolonne, tambour battant gegen den vom Feinde besetzten Knick geführt hatten, waren 6 verwundet, dem siebenten war die Kugel durch den Aermel-Aufschlag gegangen. Jene 6 waren: die Premierlieutenants Theiß, v. Voigts-König (Regimentsadjutant), v. Rheinbaben und die Secondelieutenants

v. Brockhusen*), Meißner und Lüdecke. Auch der Verlust an Mannschaften war erheblich.

Die Brigade Roeder, auf der die Hauptarbeit dieses Tages gelegen hatte, rückte, nach glücklichem Bestehen dieser drei Gefechte, weiter gegen Süden vor. Alsbald erhielt sie Befehl, Halt zu machen. Sie griff von da ab in die weiteren Ereignisse des Tages nicht mehr ein. Die Verfolgung über Ulkebüll hinaus fiel anderen Truppentheilen zu.

### Die Brigade Goeben nimmt Sonderburg.

Wir wissen, daß dem General Goeben, der mit 6 Compagnieen seiner Brigade den westlichen Theil von Kjär genommen hatte, der Befehl zugegangen war, West-Kjär so lange besetzt zu halten, bis er den Rest seiner Brigade (der mit dem dritten Echelon übersetzte) um sich versammelt haben werde. Von dem Augenblick an sollte er gegen Sonderburg vordringen, aber nicht zu heftig**) und in steter Verbindung mit der in seiner linken Flanke vorgehenden Brigade Roeder.

Etwa um 5 Uhr, oder etwas früher schon, hatte General v. Goeben seine Brigade um sich versammelt. Sie bestand aus dem 55. Regiment (alle drei Bataillone), aus zwei Bataillonen vom 15. und aus dem brandenburgischen Jäger-Bataillon, das für den heutigen Tag — an Stelle eines fehlenden Bataillons vom 15. Regiment — seiner Brigade zugetheilt worden war. General v. Goeben beschloß nunmehr, gegen Sonderburg vorzugehn. Es war dies etwa um dieselbe Zeit, wo die Brigade Kaufmann in drei Kolonnen von Ulkebüll aus avancirte, um die Brigade Roeder auf der Linie Kjär, Bagmose, Ormstoft zu werfen. Oberst Jaaborg attackirte eben; das Hauptgefecht, unter Oberst Kaufmanns persönlicher Führung, hatte noch nicht stattgefunden.

*) v. Brockhusen war zweimal verwundet, das zweite Mal schwer. Er hatte sich (schon vor Düppel wegen Bravour decorirt) in diesem Gefechte so ausgezeichnet, daß Oberst Hacke ihm den pour le mérite später mit folgender, ächt militairischer Ansprache überreichen konnte: „das Regiment hat durch die Gnade Sr. Majestät zwei pour le mérites erhalten; den einen, ich, für das Regiment, den andern, Sie, Herr v. Brockhusen, für ihre Tapferkeit.“

**) Diesem „nicht zu heftig“ lag die Absicht zu Grunde, den Feind wo möglich zu überflügeln und gefangen zu nehmen. Warf die Brigade Goeben, vor stattgefundener Ueberflügelung, den Feind aus Sonderburg hinaus, so zog sich dieser einfach auf seine Einschiffungsplätze, also zunächst auf Hörup-Haff und wenn auch von dort vertrieben, auf die Halbinsel Kekenis zurück. War es aber umgekehrt geglückt, Ulkebüll-Wollerup zu besetzen, bevor der Feind Miene machte, Sonderburg (an dessen energische Vertheidigung er dachte) zu räumen, so waren die Unsrigen von Ulkebüll-Wollerup aus rascher in Hörup-Haff, als die Dänen von Sonderburg aus und hatten also Chance, den größten Theil der feindlichen Armee gefangen zu nehmen. Nur kleineren Theils wurde schließlich diese Absicht erreicht.

Von Kjär aus führen zwei Wege südlich, der eine, südöstlich, nach Ulkebüll, der andere, in grader Richtung nach Süden, auf Sonderburg zu. Jener war die Angriffslinie für die Brigade Roeder, dieser für die Brigade Goeben.

General v. Goeben formirte drei Kolonnen. Den linken Flügel, unter Anlehnung an die Brigade Roeder, bildeten die lübbener Jäger und sechs Compagnieen vom 15. Regiment unter Oberstlieutenant v. d. Goltz, im Centrum avancirte das 55. Regiment (3 Bataillone) unter Oberst Stoltz, am rechten Flügel gingen zwei weitere Compagnieen vom 15., unter persönlicher Führung des Regiments-Commandeurs Obersten v. Alvensleben, unmittelbar am Alsensunde vor.

Alle drei Kolonnen stießen auf den Feind, zunächst die linke Flügel-Kolonne.

Der Feind hatte sich nicht damit begnügt, die Brigade Kaufmann gegen den linken Flügel (Brigade Roeder) unserer Gesammt-Aufstellung zu führen, beinah gleichzeitig dirigirte er seine Brigade Bülow (5. und 10. Regiment) oder doch die Hälfte derselben, gegen die den rechten Flügel unserer Gesammtaufstellung bildende Brigade Goeben. Allerdings operirte er, wie wir gleich zeigen werden, auf dieser (der westlichen) Seite des Kampffeldes mit einer durch die Verhältnisse gebotenen größeren Vorsicht. Wenn der Ausdruck gestattet ist, er ging an dieser Stelle zu einer Halb-Offensive über. Er rückte vor, besetzte mit sechs oder vielleicht mit allen acht Compagnieen des 5. Regiments das zwischen Sonderburg und West-Kjär gelegene Terrain, aber in dieser Stellung wartete er jetzt den Angriff des Gegners mehr ab, als daß er diesem Angriff, durch einen Vorstoß seinerseits, zuvorgekommen wäre. Nur in dem rechten Flügel seiner Aufstellung raffte er sich zusammen und ging mit drei Compagnieen zum Angriff über.

Dieser Angriff stieß auf den Goebenschen linken Flügel (15er und lübbener Jäger). Es galt zu pariren; Stoß gegen Stoß. General v. Goeben, der augenblicklich in Person am linken Flügel hielt, gab dem Commandeur des Jäger-Bataillons, Major v. Witzleben, Befehl, mit seinen Jägern den Feind zu werfen.

Der Feind, seinen Vorstoß unterbrechend, hatte eben eine gedeckte Stellung genommen. Eine dreihundert Schritt breite Koppel lag zwischen hüben und drüben, jenseit der Koppel standen die Dänen hinter Knick und Graben. Major von Witzleben avancirte; eh er mit seinen Jägern heran war, fiel er von einer Kugel (glücklicherweise nicht tödtlich) in die Brust getroffen; Hauptmann v. Paczenski übernahm die Führung des Bataillons. Ein Feuergefecht entspann sich, in dem es schließlich glückte, dem Feinde, der inzwischen seine deckende Stellung aufgegeben hatte, die Flanke abzugewinnen; — diese Bewegung entschied. Die feindlichen Compagnieen gingen auf Engelshoi (etwa halben Weges zwischen Kjär und Sonderburg) zurück.

Unser linker Flügel folgte; Centrum und rechter Flügel (am Alsensunde hin) machten die Vorwärtsbewegung mit; etwa um 6 Uhr früh hielt die Brigade Goeben in Front der Linie Engelshoi-Baadsager, zwei vielgenannte Gehöfte, zwischen denen die Straße von Kjär nach Sonderburg hindurchführt.

Hier schien der Feind entschlossen, einen letzten Widerstand zu versuchen. An Mitteln dazu gebrach es ihm noch keineswegs, am wenigsten an dieser Stelle. Die Position selbst, ein Hügelzug, war von natürlicher Festigkeit und Gräben, Knicks, sowie die in Vertheidigungszustand gesetzten Gehöfte, hatten die defensive Kraft dieser Stellung noch wesentlich gesteigert. Die lebende Vertheidigung war, zerstreuter Abtheilungen vom 3., 4. und 18. Regiment zu geschweigen, drei Bataillone stark, von denen eins (das 2. Bataillon vom 10. Regiment) bis dahin keine, die beiden andern Bataillone (vom 5. Regiment) nur sehr unbeträchtliche Verluste zu erdulden gehabt hatten. Alles in allem eine Widerstandskraft, die der in etwa doppelter Stärke anrückenden Brigade Goeben einen harten Strauß bereiten konnte.

Nichtsdestoweniger wurde der Angriff sofort beschlossen. Die Kolonne des Centrums (55er), die den von West-Kjär nach Sonderburg führenden Weg inne gehalten hatte, sollte den Höhenzug von Baadsager, sowie die angrenzenden, dichtbesetzten Gehöfte attackiren, während die beiden Flügelkolonnen ihren Marsch fortsetzen, die baadsager Stellung umgehen und von zwei Seiten her in Sonderburg eindringen sollten: die linke Flügelkolonne von Nordosten (Landseite), die rechte Flügelkolonne vom Alsensunde her.

Die 55er (Centrum) schritten zum Angriff. Das zweite Bataillon hatte die Tête. Die 7. Compagnie, als sie das Gehöft von Engelshoi zu passiren suchte, erhielt Flankenfeuer von einem hinter dem Gehöft gelegenen Hügel aus. Lieutenant Bölling, mit einem Zuge der ebengenannten Compagnie, erhielt Befehl, den Feind aus seiner Stellung zu vertreiben; die 8. Compagnie, die der 7ten unmittelbar folgte, avancirte auf dem sonderburger Wege weiter gegen die Stadt und die vorgelegenen Hügel. Die 5. Compagnie folgte der 8. Die Têten-Compagnieen (7. und 8.) hatten das eigentliche Gefecht zu bestehn. Der Zug des Lieutenant Bölling (7. Compagnie) warf den Feind, im ersten Ansturm, aus seiner Hügelposition hinaus, während ein Zug des Lieutenant Brendel (8. Compagnie) den auf der sonderburger Straße nach Halt suchenden Feind in lebhaftem Feuergefecht vor sich hertrieb. Die Verluste unsererseits waren gering, nur Lieutenant Bölling fiel tödtlich getroffen, als er, seinem Zuge vorauf, die Kuppe des Hügels erstieg.

Die 5. Compagnie, auf der sonderburger Straße, während der eben geschilderten Gefechtsmomente, vordringend, hatte inzwischen die unmittelbaren Umgebungen der Stadt erreicht. Vom Mühlenberge her, nördlich der Kirchberg-Batterieen, erhielt sie (die 5. Compagnie) jetzt Feuer und stutzte. Aber fast im selben Augenblick erschien in der westlichen Flanke des Mühlenberges das 1. Bataillon vom 55. Regiment, das zur Rechten des auf dem sonderburger Wege vorrückenden 2. Bataillons, innerhalb der Laufgräben, seinen Vormarsch bewerkstelligt hatte. Dies erste Bataillon nahm jetzt den Mühlenberg in raschem Vordringen und machte dadurch den Weg für die 5. Compagnie wieder frei. Diese — fliehende Abtheilungen des Feindes vor sich hertreibend, und alsbald gefolgt vom 1. Bataillon 55. Regiments — stürmte jetzt von Norden her in das nicht länger mehr vertheidigte Sonderburg hinein, während im Nordosten eben jetzt die sechs Compagnieen 15er unter Oberstlieutenant v. d. Goltz und vom Alsensunde her die zwei Compagnieen 15er unter persönlicher Führung des Oberst v. Alvensleben erschienen. Die Dänen, mit Recht eine Ueberflügelung fürchtend, gaben die Stadt ohne Widerstand Preis und flohen in südlicher, dann in östlicher Richtung dem Süderholze zu, halben Wegs nach Hörup-Haff. Die Stadt brannte an mehreren Stellen. Zahlreiches Geschütz fiel den Siegern in die Hände. Befehl kam an die Brigade, vorläufig in Sonderburg Halt zu machen. Es war jetzt 7 Uhr früh.

### Rückzug und Einschiffung der Dänen.

Wie stand jetzt (7 Uhr) die Parthie auf Alsen?

Die Brigaden Roeder und Goeben, trotz aller Anstrengungen der beiden dänischen Brigaden Kaufmann und Bülow, waren unaufhaltsam vorgedrungen; — die Brigade Roeder, nach drei siegreichen Gefechten gegen die Kolonnen des Obersten Faaborg, des Obristlieutenant Mathiesen und des Obersten Kaufmann, stand jetzt, weiterer Befehle gewärtig, in der Linie Kjär-Bagmose-Ormstoft; die Brigade Goeben nach Wegnahme der im Norden von Sonderburg gelegenen Hügel und Gehöfte (Engelshoi, Baadsager, Mühlenberg) stand jetzt in Sonderburg selbst.

So weit haben wir die Situation bereits gegeben. Es bleibt uns noch die Schilderung eines gleichzeitigen Ereignisses übrig, des Eintreffens der Brigade Schmid.

Um 6 Uhr war die genannte Brigade (oder doch ein Theil derselben) auf Alsen gelandet. Um 7 Uhr standen diese ersten Abtheilungen, drei Bataillone, auf dem Wege nach Ulkebüll, eben bereit in Front und an Stelle der Brigade Roeder in den Kampf mit dem Feinde, beziehungsweise in seine Verfolgung einzutreten. Die drei Bataillone waren: das 1. Bataillon vom 13. Regiment (Major v. Borries), das 2. Bataillon vom 53. Regiment (Oberstlieutenant v. Woyna) und das 2. Bataillon vom 35. Regiment (Major v. Fragstein) *). An der Spitze dieser combinirten Truppe aber, nach ihrem Führer »das Detachement Witzleben« geheißen, stand Oberst v. Witzleben, Commandeur des 13. Infanterie-Regiments.

Die Rückzugsgefechte, die wir in der Folge noch zu verzeichnen haben werden, sind im Wesentlichen Gefechte des ebengenannten »Detachements.« Wir unterscheiden ein Gefecht bei Ulkebüll und ein zweites bei Hörup-Haff. In jenes griffen zwei Compagnieen vom 64. Regiment, (dieselben, die das Gefecht gegen Oberst Faaborg bestanden hatten) in dieses die vorgeschobensten Abtheilungen der Brigade Goeben mit ein.

Folgen wir nunmehr dem Detachement Witzleben auf seinem Vormarsch gegen Ulkebüll und das unmittelbar dahinter gelegene Dorf Wollerup.

Beide Dörfer waren noch immer stark besetzt. Von Ulkebüll aus hatten die drei Kolonnen der Brigade Kaufmann ihren Vorstoß versucht, hierher waren die gelichteten Bataillone zurückgekehrt, gelichtet, aber numerisch noch immer stark genug, diese Position gegen die anrückenden drei Bataillone des »Detachements« zu halten. Seit 6 Uhr indessen stand es im dänischen Hauptquartier fest, daß Alsen verloren sei und so fochten von da ab auch die besten Bataillone (und zu diesen durfte man die Bataillone der Brigade Kaufmann zählen) nicht mehr um Sieges oder auch nur Widerstandes, sondern nur noch um Rückzugs willen. Der Widerstand, wo unsere Truppen einem solchen noch begegneten, hatte keinen anderen Zweck mehr, als den Abzug anderer Abtheilungen zu decken.

So, ohne eigentliche Energie des Kampfes, verlief auch das

*) Das 35. Regiment gehörte bekanntlich der Brigade Canstein an. Am Alsentage wurde aber, weit mehr als bei der Belagerung von Düppel, (wo man im Allgemeinen die Brigade-Verbände festhielt) mit combinirten Truppenkörpern operirt. Es sprach sich dies schon in der Disposition aus, derzufolge die Divisionen Manstein und Wintzingerode an diesem Tage nicht einen provinziell geschiedenen, sondern einen gemischten (brandenburgisch-westphälischen) Truppenkörper repräsentirten. Dies wiederholte sich an diesem Tage auch bei den Brigade-Verbänden. Das brandenburgische Jäger-Bataillon war der westphälischen Brigade Goeben zugetheilt und das 2. Bataillon vom brandenburgischen Füsilier-Regiment (Nr. 35.) operirte gemeinschaftlich mit der Brigade Schmid.

Gefecht bei Ulkebüll. Eine Umgehung des Dorfs, — noch ehe dieselbe seine Rückzugslinie ernstlich zu bedrohen begann — gab dem Obersten Kaufmann Veranlassung, die 4 Bataillone seiner Brigade aus Ulkebüll zurückzuziehn. Und mit Recht. Hielt er Ulkebüll länger, (was er unzweifelhaft gekonnt hätte) so opferte er nicht nur die eigene Truppe, sondern wahrscheinlich auch die beiden andern Brigaden, die zersplitterter, führerloser als die seine, einer starken Arrièregarde bedurften, um überhaupt noch ihre Rettung ausführen zu können.

Die Brigade Kaufmann, nachdem sie auch das nahe gelegene Wollerup aufgegeben*), trat von hier aus, wo sich der Weg in eine östliche und südöstliche Straße theilt, in zwei Kolonnen ihren Rückzug an; das 3. Regiment, die östliche Straße haltend, dirigirte sich auf Hörup-Kirch, das 18. Regiment, die südöstliche Straße einschlagend, ging auf Hörup-Haff. Das Detachement Witzleben folgte unmittelbar, von Wollerup aus ebenfalls sich theilend und zwar dergestalt, daß etwa 5 Compagnieen (13er und 53er) auf Hörup-Kirch, 7 Compagnieen aber (53er und 35er) auf Hörup-Haff gingen. Die abziehende Brigade Kaufmann einzuholen oder ihr erhebliche Verluste zuzufügen, glückte weder der einen Kolonne noch der andern, statt dessen wurden andere Abtheilungen des Feindes, und zwar ziemlich in demselben Moment, in welchem der Feind glauben durfte, seine Rettung bewerkstelligt zu haben, von der größeren dieser zwei Kolonnen gefangen genommen.

Es waren dies Abtheilungen vom 10. Regiment, das (wie wir wissen, der Brigade Bülow zugehörig) mit dem 5. Regiment gemeinschaftlich, auf den Höhen von Sonderburg in Kampf gegen die Brigade Goeben getreten und von dieser aus Stadt und Schloß hinausgedrängt worden war. Am Strande hin, von preußischen Abtheilungen verfolgt, hatten die Reste des 10. Regiments (das 5., das einen Vorsprung haben mochte, bewerkstelligte seine Rettung) eben das »Lamberg Holz« erreicht, als sich die Reste des eben genannten dänischen Regiments (des 10.) von Norden her umstellt und bald auch durch eine von Süden her vordringende preußische Abtheilung, von der Küste und dem Einschiffungs-Platze abge-

*) Gleichzeitig mit dem Aufgeben der Position Ulkebüll-Wollerup, wurden auch die hier befindlichen großen dänischen Magazine seitens des abziehenden Feindes in Brand gesteckt. Vieles blieb aber unversehrt und hier war es, wo unsere erschöpften Truppen manche unerwartete Erquickung vorfanden. Ein Cavallerie-Officier schreibt: „Es lagen da Fässer des schönsten Bieres, dann Fässer voll Butter, Kaffee, Zucker, selbst Wein wurde ausfindig gemacht, darunter Champagner. Am allerwillkommensten war uns das kopenhagener Sodawasser. Außerdem fanden sich alle möglichen Cavallerie-Utensilien: Pferdestriegeln, Deckengurte, Bürsten, Riemenzeuge aller Art. Das war ein Vergnügen für unsere Leute: sie warfen ihr altes Zeug weg und nahmen dafür neues.

schnitten sahen. Nach kurzem Widerstande streckten die Dänen die Waffen; 17 Officiere und 324 Mann wurden gefangen genommen.

Dies Gefecht bei Hörup-Haff beschloß diesen an Erfolgen so reichen Tag. Unsererseits, in diesem letzten Gefechtsmoment, war nur der Tod des Premierlieutenants und Regimentsadjutanten Baer (vom 53.) zu beklagen, eines hoffnungsvollen Officiers, der sich schon vor Düppel ausgezeichnet hatte.

Die Frage entstand jetzt, ob die Verfolgung des Feindes, der mit den Trümmern zweier Brigaden, unter dem Schutz der dritten, der Halbinsel Kekenis zueilte, fortzusetzen sei oder nicht. Unsere Truppen, nach fast zwölfstündiger Anstrengung, waren aufs äußerste erschöpft; der Vorsprung, den der Feind gewonnen, erwies sich als beträchtlich. Ihn einzuholen, wohl gar ihn zu überholen, war unmöglich; eine Verfolgung (wenn sie überhaupt stattfinden sollte) mußte sich also darauf beschränken, sich an ihn zu hängen, um etwa gleichzeitig mit seinen letzten Abtheilungen den Punkt zu erreichen, wo die Insel Alsen in die Halbinsel Kekenis übergeht. Hier mochte es dann im glücklichsten Falle gelingen, ein paar hundert Mann, alles was noch diesseits der Landenge war, gefangen zu nehmen. Jenseits derselben aber den Feind zu verfolgen, ihn auf Kekenis selbst an seiner Einschiffung zu hindern, das war unmöglich, da die Landenge Drey, wie man diesseits sehr wohl wußte, durchstochen und mit schweren Geschützen armirt, also nur durch eine Art Belagerung, keinenfalls aber ohne die Mitwirkung einer superioren Artillerie zu nehmen war. Eine solche war nicht zur Stelle; Feldgeschütze reichten nicht aus; so unterblieb die Verfolgung, da man an kleine Resultate nicht große Opfer setzen, am wenigsten aber die Erfolge dieses Tages mit einem (fast unausbleiblichen) Mißerfolg beschließen wollte. Demgemäß wurden nunmehr die Dispositionen getroffen. Der commandirende General (Herwarth v. Bittenfeld) ertheilte um 10½ Uhr Befehl, daß die Division Wintzingerode in der Gegend von Hörup-Kirch stehen bleiben und Vorposten ausstellen solle; die Division Manstein kehrte, über Sonderburg, in den Sundewitt zurück.

Zu weiteren Aktionen kam es nicht. Kekenis, das, wenn der Feind Miene gemacht hätte, diese Halbinsel zu halten (wie er sehr wohl konnte), noch einen harten Artilleriekampf nöthig gemacht haben würde, wurde noch im Laufe des 29. und 30. Juni freiwillig geräumt. Als am 1. Juli eine Recognoscirung gegen die Landenge (Drey) stattfand, fand man diese, wie die Halbinsel selbst, vom Feinde verlassen; die letzten Abtheilungen desselben hatten unmittelbar vorher ihre Einschiffung bewerkstelligt. Zahlreiches Kriegsmaterial (84- und 24 Pfünder) fiel in die Hände der Sieger. Alsen, auch sein letzter bestrittner Punkt, war unser.

Werfen wir zum Schluß einen Rückblick auf die Ereignisse des 29. Es war wieder eine glänzend-rasche That wie der Düppel-Sturm. Die ersten sechs Schanzen waren in zehn Minuten genommen worden; man darf sagen, in ebenfalls zehn Minuten wurde Alsen genommen. Denn mit demselben Augenblick, wo das erste Echelon ($3\frac{1}{2}$ Bataillone der Brigade Roeder) auf Alsen landete, war Alsen unser. Alle Chancen, die der Feind hatte, lagen vorwiegend darin, diese Landung zu hindern. Hiermit gescheitert, war er verloren. $3\frac{1}{2}$ Bataillone — gleichviel was ihnen entgegentreten mochte — waren innerhalb zehn Minuten nicht über den Haufen zu rennen, zweimal zehn Minuten aber konnten bereits die Hülfe bringen, dreimal zehn Minuten mußten sie bringen. »Drei und ein halb Bataillone wollen gefressen sein«, bemerkte ein 35er, als er das erste Echelon auf Alsen landen sah. Und er hatte Recht.

Mit dem Moment der glücklich ausgeführten Landung (auch nur des ersten Echelons) war Alsen verloren. So sagten wir; und die Frage entsteht: war diese Landung zu hindern? und wenn sie zu hindern war, wen trifft die Schuld, sie nicht gehindert zu haben?

Soll Strenge zu Gericht sitzen, so muß die Antwort lauten: die Landung war allerdings zu hindern. Mit halber Gewißheit läßt sich annehmen, daß die Aufstellung zweier dänischer Regimenter statt eines (an der ebengenannten Küstenstrecke) die Landung der Preußen unmöglich, eine energischere Haltung dieses einen Regimentes aber (des 4.) den Ausgang wenigstens zweifelhaft gemacht haben würde. Daß es den Bataillonen, die den ersten Stoß zu pariren hatten, an Zahl, an numerischer Stärke*) gebrach, dieser Vorwurf trifft den Commandirenden. Daß es aber diesen selben Bataillonen, bez. Compagnieen, die eben bereit sein mußten, sich zu opfern, an dieser energischen Hingebung gebrach, das trifft den speziellen Truppentheil, dem, im Vertrauen auf solche Hingabe, die Vertheidigung anvertraut worden war. Also: weder der Commandirende, Generalmajor Steinmann, (der das Anerbieten General Gerlachs: »ihm eine weitere Brigade, von Fühnen aus, zur Disposition stellen zu wollen«, eigensinnig ablehnte) noch das 4. Regiment, sind von Schuld völlig frei zu sprechen.

So weit unser Urtheil, wenn durchaus mit jenem strengen Maße gemessen werden soll, das nie weniger zuläßt, als das Vollmaß des Möglichen. Noch einmal: die Maßnahmen des Generals konnten umsichtiger, die Haltung des 4. Regimentes konnte tapferer sein. Zugegeben das. Aber man würde ungerecht sein gegen beide, wenn man aus

*) Wahrscheinlich standen in dem Moment der Landung nur 3 bis 4 Compagnieen (zu denen sich freilich bald zwei weitere Compagnieen gesellten) auf der Strecke von Arnkiel-Oere bis Arnkiel-Gehöft.

dem Umstande, daß es sowohl der geplanten, wie der ausgeführten Vertheidigung an einem gewissen Hochmaß fehlte, den Schluß ziehen wollte, daß das, was unzweifelhaft umsichtiger und tapferer sein konnte, überhaupt ohne Umsicht und ohne Tapferkeit gewesen wäre. So standen die Dinge keineswegs. Das absolut Höchste ließ sich vermissen, aber es trat nicht das Gegentheil an die Stelle. Was geleistet wurde, war Mittelgut, jenes Mittelgut, über das hinaus seine Erwartungen zu spannen, oder gar seine Berechnungen zu machen, immer mißlich bleiben wird. Und so kommen wir denn der Wahrheit vielleicht am nächsten und üben Gerechtigkeit gegen Freund und Feind, wenn wir hier noch einmal den schon zu Beginn dieses Kapitels, wenn auch mit andern Worten ausgesprochenen Satz wiederholen, den Satz: daß Alsen nicht durch die Fehler, oder die Feigheit der Vertheidigung, sondern durch die sich jeder Berechnung entziehende Kühnheit des Angriffs verloren ging.*)

Die Opfer, mit denen unsererseits dieser Sieg errungen wurde, waren sowohl in Anbetracht der Schwierigkeiten des Unternehmens, wie im Hinblick auf die Wichtigkeit des Erreichten, außerordentlich gering. Der Alsen-Tag kostete uns 373 Mann an Todten und Verwundeten, darunter 5 todte und 26 verwundete Officiere. Von den gefallenen 5 Officieren gehörten 3 dem 64. Regiment an (Hauptmann Graf Maltzahn, Lieutenant

*) Die Vertheilung der Truppen auf Alsen, wie schon S. 311 hervorgehoben, ließ an und für sich an Geschick nichts vermissen. Die Stellung in Ulkebüll, wo sich die Reserve-Brigade befand, war vorzüglich gewählt. Jeder bedrohte Punkt konnte von hier aus verhältnißmäßig rasch erreicht werden. Daß man schließlich doch zu spät kam, lag nicht an der Schlaffheit der Vertheidigung, sondern an der Rapidität und Umfassendheit des Angriffs, worüber wir schon oben im Text gesprochen. Es ist das ein großes Lob für den Angriff, aber noch nicht nothwendig ein großer Tadel für die Vertheidigung. Die Vertheidigung verfuhr nach Präcedenzfällen — der Angriff kannte keine —; jene (die Vertheidigung) hatte Durchschnittswerth, leistete das Landesübliche; der Angriff erhob sich darüber hinaus Ein Aehnliches läßt sich von der Haltung des 4. Regimentes sagen. Diese Haltung ist später vor einem dänischen Kriegsgericht (das erst nach länger als Jahresfrist sein Verdikt abgegeben hat) abgeurtheilt worden. Einige Strafen wurden verhängt; im Großen und Ganzen aber lief das Urtheil mehr auf Anerkennung als auf Verwerfung hinaus. Und das mit Recht. Das Regiment stand, in kleinere Gruppen aufgelöst, am Strande hin, oder in der Nähe desselben. War jede dieser Gruppen von einem Heldenfeuer beseelt, so geriethen unsere ersten Bataillone, noch eh sie den Fuß aufs Trockne setzen konnten, allerdings in eine höchst mißliche Lage, in eine Lage, die verhängnißvoll werden konnte. Aber auch das tapferste Regiment ist außer Stande, den Gesammtgeist, der es beseelt und zu hohen Thaten befähigt, auf alle seine Einzel-Bruchstücke zu übertragen. In dieser Zerbröckelung erlischt der Corpsgeist und der Geist des Einzelnen wird bestimmend. Der Einzelne aber ist nur ausnahmsweise ein Held. Führerlose Haufen, im Halbdunkel von einem gar nicht zu übersehenden Feinde angegriffen, sind verloren, wenn eben nicht jeder Einzelne gewillt ist, sein Leben in die Schanze zu schlagen. An diesem Opfermuth jedes Einzelnen gebrach es, aber dieser Opfermuth ist nie zu fordern. Wenn er da ist, freue man sich seiner, aber man erwarte ihn nicht.

Rechholz und Lieutenant v. Harbou); die beiden andern Officiere waren Lieutenant Bölling vom 55. und Premierlieutenant Baer vom 53. Regiment. Das 24. Regiment, das, neben dem 64., am stärksten im Feuer gewesen war, hatte keinen todten, aber elf verwundete Officiere. Sie gehörten meist dem 2. Bataillon an, das bei Ormstoft, wie wir gesehen haben, der Kolonne des Obersten Kaufmann gegenüber, ein so ernstes Gefecht zu bestehen hatte.

Der Verlust der Dänen war wiederum enorm; sie selbst geben ihn, die Gefangenen mit eingerechnet, auf 75 Officiere und 3126 Mann an. Doch war er, so weit wir im Stande sind, ihre Angaben zu controliren, nachweisbar um ein Beträchtliches höher. Gefangen genommen wurden 53 Officiere und 2441 Mann, etwa 1000 Mann weniger als am Düppeltage.

Schwerer als die direkten Verluste, die den Alsen-Tag begleiteten, wog in Kopenhagen die moralische Seite dieser Niederlage. Hier war nicht länger mehr von der Ueberlegenheit des gezogenen 24 Pfünders zu sprechen, die Ueberlegenheit des preußischen Soldaten war glänzend bewiesen. Zudem fing man an, den Glauben in die eigne Insel-Sicherheit zu verlieren. Alsen war genommen, zur Wegnahme Fühnens schickte man sich eben an, die Vereinigung der oestreichischen und preußischen Kriegsschiffe, die bis dahin getrennt operirt hatten, stand nahe bevor; — war die dänische Flotte einem so vereinigten Geschwader gewachsen? und war nicht Kopenhagen verloren (durch Uebergang über den großen Belt), wenn es auch nur gelang, die dänischen Kriegsschiffe während dieses Ueberganges an anderen Punkten festzuhalten? Dies waren die Fragen, die der Alsen-Uebergang in Kopenhagen anregte. Ein Kleinmuth kam über die Gemüther und die bis dahin am lautesten für »Krieg bis auf den letzten Mann« ihr Wort erhoben hatten, riefen jetzt nach Frieden, wo sie die eigene Sicherheit gefährdet sahn. — Noch drei Wochen lang währte der Krieg, der Limfjord wurde überschritten, die friesische Inselgruppe erobert, was aber in Wahrheit den Frieden diktirt, den kopenhagener Trotz gebrochen hatte, das war der Alsentag, den wir vorstehend in allen seinen Phasen zu schildern versucht haben.

Wir wenden uns jetzt den Ereignissen in Jütland, dem Vormarsch gegen den Limfjord und der Ueberschreitung dieser großen Wasserstraße zu

---

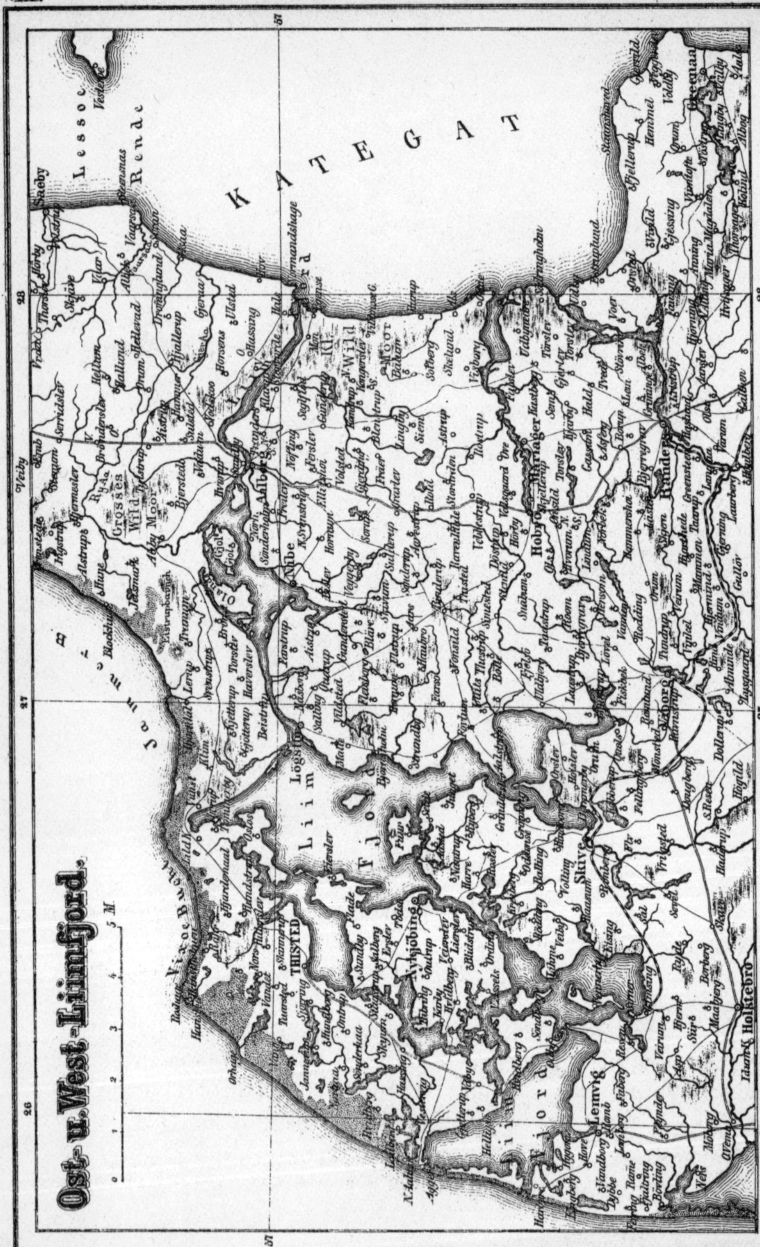
Ost- u. West-Limfjord.
0 1 2 3 4 5 M
KATEGAT
Lessoe
Rende
Aalborg
Hobro
Randers
Nibe
Lögstör
THISTED
Nykjöbing
Skive
Lemvig
Holstebro
Viborg
Mariager
Limfjord
26
27
28
57

# Ueber den Limfjord.

Zwölf Tage nach Ueberschreitung des Alsensundes erfolgte auch die Ueberschreitung des Limfjord, im Norden Jütlands. Sie geschah an zwei Stellen ziemlich gleichzeitig, im Osten von Aalborg aus (am 11. und 12. Juli) durch die Preußen; im Westen von Skive aus (am 13. und 14. Juli) durch die Oestreicher. Der Ueberschreitung des Limfjord indeß gingen interessante Ereignisse unmittelbar voraus, wie solche ihr auch unmittelbar folgten und so unterscheiden wir in unserer Darstellung:

1. Bis an den Limfjord.
2. Uebergang über den Limfjord.
3. Jenseit des Limfjord.

### Bis an den Limfjord. Das Gefecht bei Sönder-Tranders und Lundby.

Bei Wiederausbruch der Feindseligkeiten standen die Preußen im mittleren Jütland; ihre Avantgarde war nordwärts vorgeschoben und hatte die Linie Mariager, Hobro, Vammen inne. Hobro war Mittelpunkt der Stellung.

Von eben diesem Punkte (Hobro) aus, wurden am 1. Juli drei Recognoscirungs-Abtheilungen vorgeschoben, jede zwei Compagnieen und eine Escadron stark, die mittlere Abtheilung etwas schwächer (sie verfügte nur über eine halbe Escadron). Alle drei Abtheilungen dirigirten sich

Anmerkung. Zu vorstehender Abbildung ist die Zeichnung eines Augenzeugen, des Herrn v. Falckenstein II., Secondelieutenant im 4. Garde-Grenadier-Regiment und Adjutant beim 2. Corps, benutzt worden.

nordwärts gegen den Limfjord, die erste Abtheilung westlich gegen Lögstör, die zweite Abtheilung geradaus gegen Aalborg, die dritte Abtheilung (unter Beschreibung einer Bogenlinie) von Osten her ebenfalls gegen Aalborg. Nur die dritte Abtheilung hatte ein ernsteres Engagement: die Gefechte von Sönder-Tranders und Lundby. Wir gehen zu ihrer Beschreibung über.

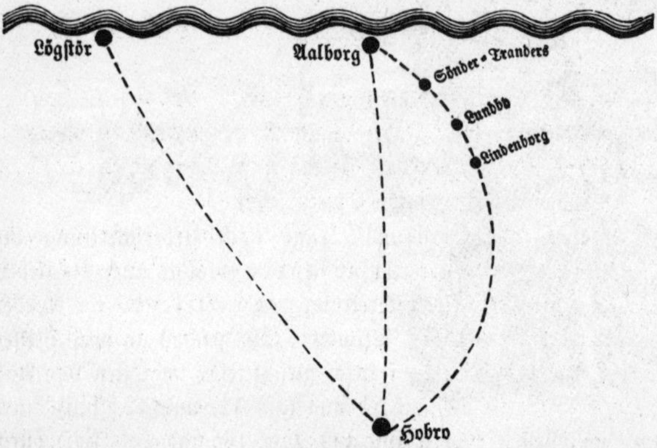


Die dritte Abtheilung bestand aus zwei Compagnieen (1. und 2.) des niederschlesischen Infanterie-Regiments Nr. 50 und einer Escadron (5.) des westphälischen Husaren-Regiments. Die Compagnieen waren nur 108 Mann, die Escadron nur 92 Pferde stark. Die Compagnieen wurden von den Hauptleuten v. Schlutterbach und v. Wülknitz, die Escadron vom Rittmeister v. Egloffstein geführt. Die ganze dritte Abtheilungs-Kolonne stand unter Befehl des Majors Krug v. Nidda.

Die Kolonne kam am 1. Juli bis Store-Bröndum, etwa halben Wegs zwischen Hobro und Aalborg; am 2. Juli passirte die Kolonne Lindenborg und ließ hier — weil es ein wichtiges Defilée ist — den Hauptmann v. Wülknitz mit zwei Zügen der 2. Compagnie und 6 Husaren zurück.

Am 3. Juli ($2\frac{1}{2}$ Uhr früh) brach Major Krug mit den Kräften, die ihm nach Zurücklassung des Hauptmann v. Wülknitz blieben, weiter gegen Norden auf und zwar auf der Straße, die von Lindenborg aus über Lundby und Sönder-Tranders nach Aalborg führt. In Lundby ließ der Major den Hauptmann v. Schlutterbach mit beinah der ganzen Infanterie, über die er noch Verfügung hatte, zurück; er selbst (Krug) ging mit der Husaren-Escadron gegen Sönder-Tranders vor; 20 Mann Infanterie begleiteten ihn zu Wagen.

Die dritte Kolonne stand also jetzt an drei, hintereinander gelegenen Punkten der von Hobro aus (über Lindenborg) nach Aalborg führenden Straße und zwar befanden sich

a. in Sönder-Tranders (unter Major Krug) 90 Husaren und 20 Infanteristen;
b. in Lundby (unter Hauptmann v. Schlutterbach) 124 Infanteristen;
c. in Lindenborg (unter Hauptmann v. Wulknitz) 72 Infanteristen.

Es ist, bei der Eigenthümlichkeit des Gefechtes, das sich in Lundby entspann, durchaus nöthig, diese Zahlenangaben gegenwärtig zu haben.

Vorher einige Worte über das Gefecht bei Sönder-Tranders, das dem von Lundby etwa eine halbe Stunde vorausging.

Major Krug v. Nidda, als er Sönder-Tranders besetzt hatte, bemerkte, daß in geringer Entfernung, nordwärts vom Dorf (nach Aalborg zu) eine Abtheilung dänischer Infanterie, innerhalb eines großen Gehöftes sich eingenistet habe. Seine eigene Infanterie (20 Mann) war noch nicht heran. Nichtsdestoweniger ging er sofort zum Angriff über. Der Feind hielt nicht Stand, trotz des Schutzes, den ihm das Gehöft gewährte, und warf sich in ein mit vielen kleinen Hügeln und engen Gründen wechselndes Terrain. Erst am Fuß einer steil abfallenden Höhe stellte er sich. Hatten aber die Husaren sich nicht durch Dorf und Gehöft aufhalten lassen, so kehrten sie sich auch nicht an das kaum passirbare Terrain. Sie gingen ohne Weiteres zur Attacke vor. Auf 400 Schritt gab der Feind eine Salve und zog sich dann eiligst hinter die Höhe zurück, welche ihm Deckung gewährte. Die Schwadron schwenkte nun links ab gegen Flanke und Rücken der feindlichen Infanterie, wodurch diese bewogen wurde, gleichsam hin- und hergejagt, wieder in ihre erste Aufstellung vor dem Hügel zurückzukehren. — Inzwischen waren die 20 Infanteristen zu Wagen herangekommen; Lieutenant v. Klinkowström vom 50. Regiment führte sie im Chausseegraben gedeckt heran, und dann mit einer Linkswendung, in 2 Schützenschwärme aufgelöst, gegen den Feind vor. Auf 300 Schritt eröffnete er sein Feuer, dem sich der Feind zu entziehen suchte, indem er wieder hinter die Höhe zurückkehrte. Dadurch wurde er aber aus seinem schützenden Terrain vertrieben und unter die Säbel der Husaren gejagt. Die Escadron attackirte wieder, erhielt auf 300 Schritt von dem schnell gebildeten Knäuel eine wirkungslose Salve und war in wenigen Augenblicken zwischen dem Feinde, der nach geringer Gegenwehr die Waffen fortwarf und sich ergab. 1 Officier und 17 Mann, darunter drei Verwundete, geriethen in Gefangenschaft.

Unmittelbar nach Abschluß dieses Gefechtes, das also in Front von Lundby, etwa eine halbe Meile nordwärts vom letztgenannten Dorfe, geführt worden war, erhielt Major v. Krug Meldung vom Hauptmann v. Schlutterbach, daß er (Schlutterbach) von einer feindlichen Abtheilung bedroht werde. Rasch wurden die Gefangenen mit auf die Wagen geladen; dann ging es im Trabe nach Lundby zurück, um hier Hülfe zu bringen. Inzwischen aber hatte sich Hauptmann v. Schlutterbach bereits selbst geholfen.

Dies führt uns zu einer Beschreibung des kleinen, aber in gewissem Sinne epochemachenden Gefechts von Lundby.

Hauptmann v. Schlutterbach, wie wir wissen, war mit 124 Infanteristen in Lundby zurückgeblieben. Er hielt an dem nördlichen Ausgange des Dorfes; die Mannschaften hatten die Gewehre zusammengesetzt; er selbst war zum Recognosciren, ebenfalls in nördlicher Richtung, vorausgeritten. Als er sein Pferd wandte, um ins Dorf zurückzukehren, bemerkte er auf einer südlich von Lundby gelegenen Anhöhe mehrere Reiter. Zwei Minuten später erhielt er Meldung, daß eine Escadron feindlicher Dragoner und eine bedeutende Abtheilung Infanterie von der Südseite des Dorfes her in Anmarsch sei. Er war also umgangen; der Feind griff ihn im Rücken an; es war eine kritische Situation.

Die aufgeregte Mannschaft hatte inzwischen schon das Gewehr zur Hand genommen; jetzt wird sie im Laufschritt durchs Dorf zurückgeführt und besetzt einen Knick, der den Garten eines am Südende Lundbys gelegenen Hauses einfaßt, mit 64 Mann. In Reserve blieben 48 Mann, geschlossen hinter einem andern Gebäude. Hauptmann v. Schlutterbach, den Feind fest im Auge, hält zu Pferde auf der Straße. Jetzt sieht man die feindliche Infanterie auf der Höhe erscheinen; es entwickelt sich in einer Entfernung von 600 Schritt eine Kolonne, wie es scheint etwa 12 Mann breit und 20 Mann tief, welche fest geschlossen die Höhe herunterkommt und bis auf 400 Schritt sich nähert.

Unsere junge Mannschaft will den Moment benutzen und das Feuer eröffnen, aber der umsichtige Führer beruhigt die Leute: »Laßt sie nur näher herankommen; ich werd' es euch schon sagen.« Der Feind wirft nach jeder Seite drei Rotten Schützen heraus, die zu feuern beginnen, als die Hauptkolonne das Gewehr zur Attacke nimmt und mit lautem Hurrah im Laufschritt bis auf 300 Schritt avancirt. Da hält die Kolonne wieder und scheint verwundert über das tiefe Schweigen auf Seiten des Gegners. Nach Aussage der später gefangenen Officiere, wurde die hier entstehende Pause im höchsten Grade peinlich, denn sie waren außer Athem und in äußerster Spannung als ruhige Zielscheibe für den längst erwarteten ersten

Schuß. Wohl zuckte mancher preußischer Finger am Abzuge, wohl wiederholte sich die Frage: »Herr Hauptmann sollen wir ihm jetzt eins geben?« aber Hauptmann Schlutterbach hatte im Voraus einen Punkt, in 250 Schritt Entfernung von seinen Schützen, ausersehen und schüttelte mit dem Kopf: »noch nicht Kinder, wartet!« Und der Feind stürmte muthig weiter vor. Jetzt hat er noch 50 Schritt zurückgelegt; da hört man von Lundby her die ruhigen festen Worte: »250, Stand-Visir, nun in Gottes Namen Feuer.« Die Salve kracht. Der Rauch verzieht sich schnell; die Dänen bleiben fest und ohne Stutzen im Marsch, obschon in der Tête gleich 2 Officiere und mehre Mannschaften fallen. Bei Lundby hört man nur das Rasseln der aufgeschlagenen Gewehrkammern, dann liegen alle wieder im Anschlag. Der Feind ist bis auf 220 oder 200 Schritt gekommen. Wieder kracht es aus der Gartenhecke, und jetzt geht die Fühlung so weit verloren, daß man Lücken durch die ganze Kolonne hindurch sieht. Dennoch rücken diese Unerschrockenen weiter; unverzagt lassen sie die Gefallenen hinter sich und stürmen vorwärts. Da auf 180 bis 150 Schritt trifft sie das dritte Feuer.

Alles, auch der größte Muth, hat seine Grenzen. Die Kolonne stiebt auseinander und sucht Schutz im Getreide. Aber noch jetzt giebt der Feind das Spiel nicht verloren. Bisher hat er wenig von der Schußwaffe Gebrauch gemacht; er beginnt nun ein heftiges Feuer und während dieses Tirailleur-Gefechts schleicht sich eine Abtheilung in die linke Flanke der Preußen. Hauptmann v. Schlutterbach aber, der im dichtesten Kugelregen unbeweglich auf der Dorfstraße hält, wirft sofort eine Abtheilung seiner Reserve an den bedrohten Punkt. Da die Dänen beim Laden ihrer Gewehre sich halb erheben müssen, so benutzten die Preußen diesen Moment zum Feuern und erzielten dadurch das Resultat, daß nach Beendigung des Gefechts ein ganzer Halbzug des Feindes auf dieser Stelle todt oder verwundet vorgefunden wurde.

Diese Salve war die entscheidende; der Feind begann sich im hohen Getreide fortzuschleichen und suchte hinter der Höhe, von wo aus er den Angriff unternommen hatte, Schutz und Deckung.

Jetzt zog Hauptmann v. Schlutterbach das Soutien heran, um mit demselben einen geschlossenen Stoß gegen den sich zurückziehenden Feind zu führen. Leider wurde er in diesem Augenblick durch die Meldung von einem wiederum von Norden her drohenden Angriff genöthigt, das Soutien an die entgegengesetzte Seite des Dorfes (das Gefecht hatte, wie wir wissen, am Südrande stattgefunden) zu schicken. Diese Meldung erwies sich als irrthümlich, aber die Zeit zu einer energischen Verfolgung des Feindes war dadurch verloren gegangen.

Der Kampf am Südrande des Dorfes hatte höchstens 20 Minuten gedauert. Seine Resultate — gleichgültig, wie sich von selbst versteht, für den Verlauf des Krieges — waren militair-wissenschaftlich höchst merkwürdig durch den erzielten Feuererfolg. Es hat freilich zunächst etwas dem Gefühle Widerstrebendes, in die entsprechenden Berechnungen einzutreten. Der Kampf wird seiner poetischen Glorie entkleidet, wenn er in gewissem Sinne zu einem Scheibenschießen wird, bei dem die Treffer nicht nur entscheiden, sondern auch noch mit arithmetischer Nüchternheit berechnet und aufgezeichnet werden. Dennoch ist es Pflicht, dieser ersten Empfindung, die von solchen Berechnungen nichts wissen will, Herr zu werden; im Kriege läuft es nun mal darauf hinaus, dem Gegner, bei kleinem Einsatz und geringstem eignem Verlust, nach Möglichkeit Abbruch zu thun und die Truppe, die Waffe, die dies am ehsten zu erzielen vermag, gilt mit Recht als die beste. Der Krieg ist längst zu einer »Wissenschaft des Tödtens« geworden und die Erfolge, beispielsweise der verbesserten Schußwaffe, müssen dementsprechend mit nüchtern-wissenschaftlicher Genauigkeit festgestellt werden, wie wenig diese Art von Wissenschaftlichkeit unserer Empfindung entsprechen mag.

Stellen wir nach diesen Vorbemerkungen die Resultate des Gefechtes bei Lundby zusammen. Preußischerseits waren drei Verwundete, darunter zwei schwer; der dänische Verlust belief sich auf 22 Todte und 66 Verwundete, darunter drei Officiere. Die Dänen (5. Compagnie vom 1. Regiment) waren nach Aussage der Gefangenen, 180 Mann stark ins Gefecht gegangen, hatten also ziemlich genau die Hälfte (88 Mann) auf dem Platze gelassen. Dabei ist — um den Feuererfolg zu constatiren — nicht zu übersehen, daß mehrere der Gefallenen von 3 und 4, einige sogar von 7 und 8 Kugeln getroffen waren. Mit Recht ist diesem Resultate gegenüber gesagt worden? »Es liegt hier ein Feuererfolg vor, den die Theorie zwar lange als möglich herausgerechnet, die Praxis aber bis dahin nicht aufzuweisen hatte.« Das Zündnadelgewehr und Hauptmann v. Schlutterbach, dessen ruhige Haltung sich seinen Leuten mittheilte, theilen sich in die Ehren dieses Tages.

Die drei verwundeten dänischen Officiere waren: Kapitain Hammerich, der die Compagnie geführt hatte, Premierlieutenant Betzholz (Schwede; Adjutant des Prinzen Oskar) und Lieutenant Grave.

Premierlieutenant Betzholz, dreifach verwundet,*) in Schulter und

*) Die verwundeten dänischen Soldaten hielten große Stücke auf den „schwedischen Lieutenant" und sprachen mit Liebe und Begeisterung von seiner Tapferkeit und seinem braven Charakter. Von seinem heldenmüthigen Verhalten im Gefecht bei Lundby erzählten sie: Nachdem der erste Schuß (in die Schulter) ihn hinstürzen machte, sprang er auf und stürmte

beide Arme, starb am 28. Juli im Lazareth zu Hobro. Sein Tod weckte viele Theilnahme bei Freund und Feind; wir geben deshalb hier einiges Näheres über ihn. »Die preußischen Aerzte — so heißt es in einem Briefe — hatten Anfangs gute Hoffnung, ihn durchzubringen; schließlich aber gesellte sich noch eine Lungen- und Hirnentzündung hinzu, die seinen Leiden ein Ende machten. Er wurde in seiner Krankheit von den preußischen Officieren viel besucht und seine herzliche, erkenntliche Sprache gewann ihm Aller Herzen. Auch von Seiten der Einwohner, besonders der Hobroer Damen, wurde ihm viel Verehrung erwiesen und viel frische Blumensträuße schmückten sein Bett. Gepflegt und gewartet hat ihn neben einer dänischen Aufwärterin eine der münsterschen Schwestern, die Tag und Nacht nicht von seinem Bett wich. Sein Leichnam ist auf besonderen Wunsch seiner Schwester, einer Kammerdame des königlich schwedischen Hauses, einbalsamirt worden, um nachträglich in das Familienbegräbniß nach Stockholm gebracht zu werden. Diese Uebersiedelung hat nun gestern Abend 9 Uhr stattgefunden und gab der Stadt Hobro Veranlassung zu einer schönen Feier. Schon Tags vorher hatte der »Hobroer Avis« angezeigt, daß Abends 9 Uhr unter Fackelzug und Procession die Leiche nach Aalborg transportirt werden würde, und daß Jung und Alt aufgefordert würde, in Ordnung sich an dem Zuge zu betheiligen. Es war deshalb der prachtvolle Sarg den Tag über in dem Sterbezimmer ausgestellt gewesen und Jedem erlaubt, ihn zu besichtigen, was von vielen unserer Soldaten auch geschah. Der bleierne Sarg lag in zwei hölzernen; darüber war eine rothe Sammetdecke geschlagen, worauf eine solche Menge von frischen, duftigen Kränzen lag, daß der Sarg vollständig damit bedeckt war. Ueber diese Kränze war ein feiner, mit silbernen Sternen gestickter Flor geworfen, mit Hunderten von Schleifen in dänischen und schwedischen Farben geziert. Am Kopfende, rings herum, waren zwei Danebrogs-Fahnen und zwei schwedische Banner aufgepflanzt. Auf einer Silberplatte, ebenfalls daselbst angebracht, standen die Worte: »Conrad Betzholz, geboren zu Stockholm 1827, verwundet bei Lundby, gestorben zu Hobro den 28. Juli 1864.« Auf der Mitte des Sarges lag eine andere Silberplatte mit den Worten: »Alle dänischen Herzen werden sein Andenken in Ehren halten!« — Nachdem der schwedische Consul eine kleine Ansprache

weiter. Alsbald wurde ihm der linke Arm zerschmettert und wieder stürzte er zu Boden. Als wir ihn aus dem Gefecht tragen wollten, verbot er uns dies. Als er wieder auf den Beinen war, trieb er uns an, nicht zu säumen, und war wieder einer der Ersten. Da wurde ihm der rechte Arm auch zerschmettert und hülflos sank er hin auf das Gesicht. Da rief er uns zu, ihm eine Kugel zu geben. Als wir dies natürlich nicht thun und ihn forttragen wollten, wurde er unwillig und sagte „wir möchten uns nicht um ihn bekümmern, sondern um die Preußen.“

gehalten, die, nach dem Eindrucke auf die anwesenden Dänen zu schließen, sehr ergreifend gewesen sein muß, wurde von den ersten Bürgern der Stadt ein Lied gesungen. Alsdann setzte sich der Zug in Bewegung. Die Straße war mit Blumen und frischen Blättern bestreut; aus den hellerleuchteten Fenstern schauten die Damen in ihrer bekannten, weiß und rothen Tracht, mit schwarzen Trauerbändern durchflochten. Von weit und breit waren die Landleute hereingekommen, um die Feier mit anzusehen. Auch von unserer Seite schlossen sich die hier liegenden Officiere und eine große Menge von Soldaten dem Zuge an. Auch den verwundeten dänischen Hauptmann Hammerich sahen wir unter den Leidtragenden. Vor der Stadt wurde der Sarg niedergestellt; der lutherische Pastor hielt die Leichenrede und der Gesangverein sang ein letztes Abschiedslied. Sodann wurden die Fackeln zusammengeworfen, und die Menschenmenge zerstreute sich.«

Der Sarg wurde noch in derselben Nacht nach Aalborg, von da nach Fredrickshavn gefahren, wo er so lange verblieb, bis das dort anlegende schwedische Postschiff ihn nach Stockholm überführte. — Der kostbare Degen Betzholz's (wenn wir nicht irren, ein Geschenk des Königs von Schweden) wurde von Hauptmann v. Schlutterbach als Andenken an das Gefecht von Lundby aufbewahrt. Als die Familie des Gefallenen später den Degen (ihrerseits als ein Erinnerungsstück) zurückerbat, hervorhebend, daß sie das Anrecht des Siegers sehr wohl anerkenne, kam Hauptmann v. Schlutterbach dem so geäußerten Wunsche entgegen. »Ein Akt der Entsagung, so bemerkt ein Bericht, den nur der in ganzem Umfange zu würdigen vermag, der an sich selbst erfahren hat, wie das Herz an einer im Kampf errungenen Waffe hängt.« (Neuerdings hab'en die Officiere vom schwedischen Garde-Regiment »Königin«, welchem Lieutenant Betzholz angehörte, dem Hauptmann v. Schlutterbach einen kostbaren Ehrendegen als Gegengeschenk und Zeichen ihrer Anerkennung überreichen lassen.)

---

Wir können von diesem interessanten Gefecht bei Lundby nicht Abschied nehmen, ohne in der Kürze das Verfahren des dänischen Oberstlieutenant v. Beck zu kritisiren, der dieses Gefecht und seinen Ausgang, wie uns scheinen will, in freventlichem Leichtsinn herbeiführte. Der Muth, mit dem die Compagnie den befohlenen Angriff durchzuführen trachtete, verdient unsere Bewunderung; der Muth aber, der jenen Angriff anordnete, erscheint uns einfach als Uebermuth. Capitain Hammerich, so wird erzählt, soll dem Oberstlieutenant v. Beck entsprechende Vorstellungen gemacht und die Annäherung an den Feind in einem rechts vom Dorfe gelegenen Grunde gewollt haben; der Oberstlieutenant bestand aber auf Ausführung seines ersten Befehls. So ging denn die Kolonne geschlossen vor und bot eine Schußfläche von 30 Fuß Breite. Die Folgen davon haben wir gesehn. Es wäre interessant zu erfahren, welche Grundanschauung den Oberstlieutenant v. Beck — einen im Uebrigen ausgezeichneten Officier — bei diesem tollkühnen Unternehmen leitete. Durch Kundschafter vorzüglich bedient, mußte er wissen, daß etwa 120 Mann preußische Infanterie im Dorfe waren; wußte er es nicht, so war dies Vorgehn ohne Spitze, ohne jegliche Art von Sicherheitsmaßregel, ein Leichtsinn. Er wußte es aber. Er rechnete auch nicht auf Ueberraschung, denn als die Compagnie auf 400 Schritt heran war, erwarteten alle — wie später die gefangenen Officiere erzählten — das Krachen der ersten Salve zu hören und stutzten, als diese Salve ausblieb. 180 Mann dänische Infanterie waren also vollständig darauf vorbereitet, von 120 Mann preußischer Infanterie empfangen zu werden. Dies Verhältniß von 2 zu 3 ist nun keineswegs so ungünstig, daß nicht — selbst bei Gleichartigkeit aller sonstigen Verhältnisse — die Minderzahl einen erfolgreichen Widerstand zu leisten vermöchte; sind aber 120 Mann preußische Infanterie (mit Zündnadelgewehr) hinter einem Knick oder einer Lehmwand aufgestellt, so sind sie, mit Hülfe ihrer Aufstellung und ihrer Bewaffnung, einem 180 Mann starken Gegner, der in Kolonne angreift, jedenfalls überlegen. Es bleibt uns nur eine Erklärung übrig. Die Dänen wiegen sich bis diesen Tag in der Vorstellung: »Ein Danske schlägt sieben Tydske«, eine naive Anschauung, die Oberstlieutenant v. Beck wenigstens momentan getheilt zu haben scheint, als er jenen Angriff befahl und auf seiner Ausführung bestand.

### Der Uebergang über den Limfjord.

Die Recognoscirungen am 1., 2. und 3. Juli hatten ergeben, daß die Landschaft zwischen Hobro und Aalborg, d. h. also die weiten Gebiete südlich vom Limfjord, vom Feinde unbesetzt seien; die kleinen Abtheilungen, auf die man in der Nähe Aalborgs gestoßen war, kamen dabei wenig in Betracht. Generallieutenant v. Falckenstein ordnete ein allgemeines Vorgehen des III. Corps an; ebenso dirigirte Feldmarschalllieutenant v. Gablenz das II. Corps an den Limfjord. Dieser Vormarsch erfolgte im Einklang mit der bisherigen Aufstellung der beiden Corps: dem III. Corps fiel die Osthälfte, dem II. Corps die Westhälfte des Limfjord zu; die Preußen gingen auf Aalborg, die Oestreicher auf Holstebro und Skive. Der kleine Ort Løgstør, der ziemlich genau in der Mitte des Limfjord gelegen ist, bezeichnete die Grenzlinie, zugleich auch den Berührungspunkt, für das II. und III. Corps.

Das preußische Hauptquartier traf am 10. in Aalborg, das oestreichische Hauptquartier am 11. in Skive ein; der Uebergang der Preußen über den Limfjord erfolgte am 10., 11. und 12., der Uebergang der Oestreicher über den Limfjord am 13. und 14. Juli. Eh wir aber beide Corps auf ihrem Uebergange begleiten, geben wir zuvor eine Schilderung des Limfjord selbst.

Der »Limfjord« d. h. die Kalkbucht (Lim oder Liim ist das englische lime, Kalk) ist ein auf beiden Seiten mit dem Meere in Verbindung stehendes Binnengewässer von 24 Meilen Durchschnittslänge, dessen östliche und zugleich nördliche Hälfte aus einem Wasserarme besteht, der — im Allgemeinen kaum ⅙ Meile breit — in der Mitte sich zu einem Wasserbecken von wenigstens 1 Meile Breite erweitert. Das Städtchen Løgstör, 6 Meilen nordwestlich von Hobro, bezeichnet den Endpunkt der östlichen Hälfte des Limfjord; von Løgstör an westlich verändert der Limfjord seinen Charakter. Hier erweitert er sich zu zwei großen Seen von mehreren Meilen Breite und Länge, in deren Mitte die überaus fruchtbare Insel Mors »die Kornkammer Nord-Jütlands« liegt. Sie ist 4 Meilen lang und durchschnittlich 2 Meilen breit; ihre Hauptstadt ist das freundliche Nykiöbing, ein wohlhabender, vom Kornhandel lebender Ort. Wir schalten hier folgende Schilderung dieser schönen Gegenden ein, die keineswegs öde und leblos, wohl aber voll jenes poetischen Zaubers sind, den die skandinavischen Landschaften zu haben pflegen. Einzelnes in der Schilderung berührt schon Erwähntes. ». . . . Die Ufer des Limfjord sind eine baumlose Landschaft, aber kein menschenleeres Land; überall Dörfer, deren alt-gothische Kirchthürme weiß in der Sonne glänzen, überall Boote, die den Verkehr unterhalten und vor allem — freilich kein Zeichen einer dichtgedrängten Bevölkerung — überall viele Tausende von Seemöven, die wie Wasserlilien auf der Breite schwimmen oder in weißem Fluge den weißen Segeln folgen. So geht die Fahrt bis Løgstör. Bei Løgstör, das ziemlich genau am Mittellauf des Limfjord liegt, hat dieser seine schmalste Stelle; unmittelbar dahinter aber beginnt andererseits seine größte, mit bewohnten und unbewohnten Inseln geschmückte Ausbuchtung, die den Namen der Løgstörer Breite (Løgstör Bredning) führt. Das Befahren dieses schönen Sees, der eine Ausdehnung von mehr als 6 Quadratmeilen hat, ist eine Freude und bietet Bilder, wie sie das Auge nicht wieder vergißt. Das Einzelne am Ufer verschwindet und nur die Farben und Linien des Ganzen wirken noch. Es ist ein Panorama, das halb an die größeren schottischen Seen, halb an das stettiner Haff erinnert. Die Luft- und Farbentöne, auch die großen landschaftlichen Linien erinnern mehr an jene; die Ausdehnung aber, die gesammte geographische Situation, entsprechen mehr dem stettiner Haff. Nimmt man Aalborg als Stettin, so ist man bei Lögstör in die volle Breite des Haffes eingetreten, aus dem, wie die Oder dort, so der Limfjord hier, in drei Wasserstraßen, nach Westen hin, seinen Abfluß nimmt. Zwei Inseln, die sich vor die Mündung legen, erzwingen diese Dreitheilung, und wie dort Usedom und Wollin die Odermündung in Peene, Swine und Divenow theilen, so theilen hier die Inseln Mors und Sallingland (letzteres eigentlich eine Halbinsel) den Limfjord in einen Thisted-, einen Nykiöbing- und einen Skive-Sund. Ueberhaupt erinnern diese Landestheile, insonderheit die Inseln und Halbinseln am Limfjord hin — und zwar sowohl zurückgreifend in Sage und Geschichte, wie auch gegenwärtig in Erscheinung und Lebensweise der kleinen Städte — außerordentlich an die drei pommerschen Inseln, an Rügen, Usedom und Wollin, vorzüglich an die letzteren beiden. Wären diese letzteren nicht bewaldet, hätte man es einfach der Natur überlassen, dort, wo kein einladendes Ackerland zu Tage liegt, Moos, Binsengras und Haidekraut über Sand und Torfmoor zu ziehen, so würde zu all der übrigen Verwandtschaft auch noch eine landschaftliche Uebereinstimmung kommen.

Die geschichtliche Epoche des Limfjord, die »große Zeit« der Lande, die an ihn grenzen, liegt beinahe tausend Jahr zurück, — so weit, daß Alles wie Sage klingt, was von Eroberungen nach Ost und West hin, von Siegen und Niederlassungen am finnischen Meerbusen und am Murray-Busen berichtet wird. Wären nicht die großen Dome und Kathedralen, die alten Kirchen in Viborg und Aalborg, in Nykiöbing und Thisted, — der langen Reihe schon erwähnter, gothisch-schöner Dorfkirchen zu geschweigen, die sich, wohl 40 oder 50 an der Zahl, zu beiden Seiten des Limfjord auf den Hügelkuppen hinziehen — man würde nicht glauben, daß hier einst ein stürmischer Geist, ein großer Zug, eine expansive Kraft gewaltet hat. Und doch war es so.

Wie Wollin auf seinem Weichbilde den vereinigten Zauber von Vineta und Julin umschließt, so sind auch am Limfjord hin die Zauber lebendig, die Sage und Geschichte, als breiteten sie einen Schleier aus, jeder Landschaft leihn.«

So der Limfjord, zu dessen Ueberschreitung — wenigstens auf seiner östlichen Hälfte — sich am 10. Juli die Preußen anschickten. Schon am 9. waren Cavallerie-Abtheilungen in Aalborg eingerückt und hatten die Stadt vom Feinde geräumt gefunden. Am 10. früh folgte jenen kleineren Abtheilungen die ganze Avantgarde, bestehend aus der schlesischen Brigade Bornstedt (10. und 50. Regiment), aus dem westphälischen Husaren-Regiment Nr. 8 und einer gezogenen Batterie. Vier, mit Mannschaften vom 50. Regiment besetzte Boote wurden im Lauf des Nachmittags übergesetzt, um das nächst gelegene Terrain, von Nörre-Sundby aus — das

Aalborg gegenüberliegt — zu recognosciren. Der erste, der die preußische Fahne auf der von den Dänen verlassenen und nur scheinbar armirten Schanze aufpflanzte, war der Lieutenant Lorck (ein geborener Norweger) vom Garde-Husaren-Regiment, der, wegen seiner Kenntniß des Dänischen, dem Stabe des Generals v. Falckenstein attachirt worden war und bereits, während der ganzen Kriegführung in Jütland, die ersprießlichsten Dienste geleistet hatte.

Als General v. Falckenstein die preußische Fahne am jenseitigen Ufer wehen sah, gab er Befehl, mit der Ueberschiffung anderer Mannschaften sofort zu beginnen und Wendsyssel (die Nordspitze Jütlands) nach Norden hin zu durchstreifen, um wo möglich noch den Feind an der Einschiffung des letzten Restes seiner Truppen zu hindern. Als Zielpunkt wurde den Truppen Frederickshavn angegeben. Im Ganzen sollten zwei Infanterie- und eine Cavallerie-Brigade, drei Fuß- und eine reitende Batterie übergesetzt werden, und zwar ganz in der bei dem Uebergange nach Alsen angewandten Art und Weise. Die Infanterie wurde an zwei verschiedenen Punkten in bereits herangeschafften Booten übergeführt, wohingegen für die Trajecte der Cavallerie und Artillerie das Material des Ponton-Trains des 7. Armeecorps benutzt wurde. In der Nacht vom 10. zum 11. wurden die entsprechenden Landbrücken gebaut, und danach begann gegen 5 Uhr Morgens das Uebersetzen der Cavallerie. Zunächst wurde das westphälische Husaren-Regiment Nr. 8 hinübergeschafft. Die Ueberfahrt über den Fjord ist wegen seiner starken Strömung an und für sich schon mit großen Schwierigkeiten verknüpft, zumal bei der bedeutenden Breite von mehr als 1000 Schritt. An gedachtem Tage wurde jedoch das Ueberfahren mit Rudern ganz unmöglich, da ein heftiger Westwind colossale Wellen nach dem Kattegat trieb und die Rudermannschaften selbst mit der höchsten Kraftanstrengung die »Maschinen« (das sind zwei vermittelst Balken und Bretter gekoppelte Pontons) kaum auf derselben Stelle zu halten, viel weniger vorwärts zu bewegen vermochten. Aus diesem Grunde wurden zwischen Aalborg und Sundby zwei starke Taue gespannt, an welchem einen sich die beladenen Maschinen hinüber-, am anderen die leeren sich zurückholen mußten, und auch hierbei hatten die Pontonniere noch ihre ganze Kraft und Aufmerksamkeit aufzubieten, um nicht vom Taue loszukommen und sodann nach dem Kattegat hin abzutreiben. Maschinen, die aus irgend welchem Grunde vom Fährtau dennoch abkamen, konnten, nachdem sie sich wenigstens in die Nähe des jenseitigen Strandes, allerdings bedeutend unterhalb der Landungsbrücke, gerudert hatten, nur vermittelst Zugleinen wieder aufgeholt werden. Die in die Pontons einschlagenden Wellen durchnäßten die Mannschaften bis an den Oberkörper, und so manche Maschine, so manches Boot drohte durch den hohen Seegang unterzugehen. Die Hin- oder Rückfahrt einer jeden Maschine, der beladenen wie leeren, dauerte drei Viertelstunden, und da wegen des aufgeregten Wassers die Beladung auf das Minimum reducirt werden mußte, war das Resultat des Uebersetzens an diesem ersten Tage (am 11.), obgleich sechszehn Maschinen in Thätigkeit waren, ein geringes. In 15 Stunden, konnte außer der Infanterie, die, wie schon erwähnt, auf Booten übersetzte, nur allein das 8. Husaren-Regiment hinüber befördert werden.

Gegen Abend des 11. Juli legte sich der Wind und der Fjord zeigte sofort eine glatte Wasserfläche, in Folge dessen das weitere Uebersetzen einen raschen Fortgang nahm. Es wurden nunmehr auch die Fährtaue nicht mehr benutzt, sondern die Ruder zur Hand genommen. Gegen 11 Uhr Abends wurde die gezogene 6pfündige Batterie der schlesischen Artillerie-Brigade Nr. 6 übergesetzt; innerhalb zweier Stunden waren vier Geschütze, nebst Protzen, vier Munitionswagen, zwei Vorrathswagen, eine Feldschmiede, ein Packwagen und drei Fouragewagen mit 98 Pferden nach Sundby hinüber befördert. Danach folgten eine Escadron Dragoner, zwei Fuß-Batterieen, das brandenburgische Kürassier-Regiment (Kaiser Nikolaus) Nr. 6 und schließlich eine reitende Batterie. Im Laufe des 12. Juli erhob sich wiederum ein starker Wind, und die Fährtaue mußten nochmals zu Hülfe genommen werden. Trotzdem ging das Ueberfahren der reitenden Batterie ungemein rasch vor sich; in zwei Stunden war dieselbe mit ihren 150 Pferden an das jenseitige Ufer befördert. Dem Uebersetzen wohnten Prinz Friedrich Karl und Prinz Albrecht, die Generallieutenants v. Falckenstein und Graf Münster bei, welche letzteren beide späterhin selbst nach Wendsyssel überfuhren, um ihre Commandos zu übernehmen.

---

Während sich am 13. und 14. — nachdem am 11. und 12. der Uebergang stattgefunden hatte — die preußischen Kolonnen nordwärts, auf Hjörring, Säby und Frederickshavn zu in Marsch setzten, bewerkstelligten die Oestreicher, auf der ihnen zugefallenen Westhälfte, ihren Uebergang über den Limfjord. Es war namentlich die Brigade Kalick (früher Dormus), die hier zur Verwendung kam. Sie bestand aus den Infanterie-Regimentern Ramming und Khevenhüller, aus dem 22. Jäger-Bataillon, einer 8Pfünder-Batterie, einigen Schwadronen Windischgrätz-Dragoner und Liechtenstein-Husaren und zwei Pionier-Compagnieen. Feldmarschalllieutenant v. Gablenz war in Person bei der Brigade und leitete ihren Uebergang. Am 10. hatte er sein Hauptquartier in Holstebro, am 11. in Skive.

Der Uebergang über den westlichen Limfjord hatte wegen der haffartigen Breite des Wassers an dieser Stelle seine besonderen Schwierigkeiten, erheischte auch besondere Vorsichtsmaßregeln, wenn man den Feind, der doch möglicherweise noch mit einigen Bataillonen hier anzutreffen war, abschneiden und gefangen nehmen wollte. War ein Feind überhaupt noch da, so befand er sich sehr wahrscheinlich auf der großen und reichen Insel Mors, mitten im Limfjord. Setzte nun die Brigade Kalick, von Süden her, einfach über die Schmälung, die zwischen der Halbinsel Sallingland (Hauptstadt Skive) und der Insel Mors gelegen ist, so zog sich der Feind höchst wahrscheinlich durch die ganze Länge der Insel hin bis an den Nordrand derselben zurück und setzte dann auf bereit gehaltenen Booten nach Thisted, überhaupt nach jenem nordwestlichsten Distrikte über, der den Namen das »Thyland« führt. Er war dann zunächst entschlüpft und seine spätere Gefangennehmung sehr fraglich. Dem vorzubeugen, gab es nur ein Mittel. Thisted, und das Thyland überhaupt, mußten durch ein in die Flanke geschicktes Detachement eher besetzt werden, als der Front-Angriff gegen die Insel Mors erfolgte. Wurde dann später auf dieser Insel noch ein Feind betroffen, so wurde er dem im Thylande stehenden oestreichischen Commando in die Arme getrieben.

Die Operationen, zu denen Feldmarschalllieutenant v. Gablenz schritt, waren im Einklang hiermit. Es wurde angeordnet: daß das Gros der Brigade Kalick (früher Dormus) in der Nacht vom 13. auf den 14. über den Sallingsund gehen und die Insel Mors besetzen, daß aber schon vorher, und zwar im Laufe des 13., eine kleinere Abtheilung die oben beschriebene Flankenbewegung machen, d. h. also den Ottesund (westlich vom Sallingsund) passiren, Thisted besetzen und dadurch die Rückzugslinie des Feindes durchschneiden solle. Major v. Eliatschek wurde ausersehen, diese Flankenbewegung auszuführen.

Um 2 Uhr Nachmittags (am 13.) überschritt Major v. Eliatschek demgemäß den Ottesund mit 2 Compagnieen des Regiments Ramming und einer Escadron Windischgrätz-Dragoner, die letztern unter Befehl des Rittmeisters v. Kradel. Die Passage wurde glücklich bewerkstelligt und die etwa 400 Mann starke Abtheilung am jenseitigen Ufer des Ottesundes (also schon auf der Seite von Thyland) aufgestellt. 40 Mann wurden ausgewählt, auf 12 Wagen untergebracht und mit dieser Avantgarden-Spitze jagten nunmehr Major v. Eliatschek und Rittmeister v. Kradel gegen Norden, auf Thisted zu. Der Weg bis Thisted betrug 8 Meilen. Sie fanden nirgends einen Feind, daher fuhren sie Abends 9 Uhr stracks in die Stadt hinein — zum großen Entsetzen der Einwohner. Auf dem großen Marktplatze haltend, citirten sie sofort die Behörden, erklärten ihnen die Stadt für occupirt, zogen sofort alle öffentlichen Kassen an sich, in denen sich jedoch kein Schilling fand, und besetzten den Hafen. Hier aber war die Beute um so besser: sie bestand in zwanzig Schiffen — Zwei- und Einmastern — die sämmtlich (meist mit Korn) beladen waren und deren Werth gegen 40,000 bis 50,000 Thaler betragen mochte. Ein Schiff wollte noch auslaufen, wurde aber angehalten. Die Einwohner, Anfangs nicht gerade zur Ergebenheit geneigt, zeigten sich, sobald sie die energische Sprache Eliatschek's vernahmen, furchtsam und zur Ausführung jedweder Befehle bereit.

Dies alles geschah am Nachmittag und Abend des 13.; die Flankenbewegung war ausgeführt, der Feind — wenn ein solcher überhaupt da war — im Rücken umgangen; in der nun folgenden Nacht, vom 13. auf den 14., durfte also das Gros der Brigade seinen Uebergang bewerkstelligen.

Es handelte sich darum, den Sallingsund zu passiren und die Insel Mors vom Süden her zu besetzen. Die Operationen geschahen unter Befehl des Grafen Bellegarde, Commandeurs der Windischgrätz-Dragoner. Zunächst fuhren vier Geschütze gegenüber von Nykjöbing, eine Meile nördlich des Uebergangspunktes, und die vier anderen Geschütze ebenfalls in der Nähe des Strandes auf, um 1) den Angriff auf die möglicherweise vertheidigt werdende Stadt Nykjöbing zu unterstützen, und 2) das Auslaufen von Schiffen aus ihrem Hafen zu verhindern, was Tags zuvor wiederholt beobachtet worden war. Abends 9 Uhr fuhr der Pontontrain zum Strande herunter und binnen 20 Minuten standen 37 Kähne zur Fahrt bereit im Wasser. Die oestreichischen Pontons bestehen aus je zwei eisernen Schnabelstücken und einem viereckigen Mittelstücke, die je nach dem Zwecke in verschiedener Weise zusammengesetzt werden. Hier wurde aus je drei Stücken ein Voll-Ponton gebildet, deren man vierzehn hatte. Ein solches Ponton ist nahezu 30 Fuß lang und 7 Fuß breit. Nun knebelte man je zwei Pontons zusammen, überdeckte sie mit Balken und Brettern zu einem sogenannten Brückenglied, deren man demnach sieben hatte, und wovon jedes fast 50 Mann faßte, während für einen Kahn durchschnittlich 8 Insassen bestimmt wurden. Binnen weiteren 30 Minuten waren sämmtliche Brückenglieder fertig. Die ganze Arbeit geschah mit musterhafter Schnelligkeit, Ordnung und Ruhe.

Am jenseitigen Strande war Alles ruhig; da auf einmal, gegen 10 Uhr, flammten uns gerade gegenüber und dann wieder eine Meile nördlich von Nykjöbing mächtige Allarmfeuer in Form von Fanalen auf, die jedenfalls der ganzen Insel Mors und noch weit darüber hinaus den Leuten zu Wasser und zu Lande das Anrücken des Feindes verkündeten.

Meldungen von dem nach Thisted entsandten Streifcorps waren noch nicht eingetroffen; die Frage blieb noch immer offen: sollte nicht doch noch ein verborgener Feind aus dem Innern der Insel oder irgend ein Kriegschiff aus einem Schlupfwinkel hervorbrechen? Möglich; aber freilich nicht wahrscheinlich. Nun rückten kurz vor 12 Uhr Nachts die 800 Mann vom Regiment Ramming, welche zum Uebersetzen bestimmt waren, in die Schiffe, von denen freilich 7 Kähne als durch den langen Landtransport untauglich geworden, zurückgelassen werden mußten. Daher hatte man nur 7 Brückenglieder und 30 Kähne; endlich aber noch eine größere Yacht, welche Pionier-Hauptmann Schrankel bei seiner Küsten-Recognoscirung aufgefunden und in der er schon den Fjord befahren hatte. In der Mitte des Geschwaders lag das Commandeurschiff, das der commandirende Oberst Graf Bellegarde bestiegen hatte. Punkt 12 Uhr gab ein leichtes schrillendes Pfeifen das Zeichen zur Abfahrt, die um so besser geschehen konnte, da kein seichtes Vorland störte. Nach 20 Minuten war der 2600 Schritt breite Sund überschifft. Nun ging es auf die Höhe vor Nykjöbing zu, die ersten 400 Mann wohl formirt. Aber auf dem halben Wege wurde Halt gemacht, um die zweite Fahr-Kolonne (die anderen 400) und die Patrouillen abzuwarten, welche auf die Hügel in die linke Flanke, wo das nächste große Fanalfeuer von 10—11 Uhr gebrannt, entsandt worden waren. Bald nach 2 Uhr war Alles zusammen und um 3 Uhr rückte das Bataillon in Nykjöbing ein.

Die Straßen waren leer und nur selten zeigte sich ein Kopf hinter dem Fenster, obwohl die guten Bürger gewiß nicht erst durch den Trommelschlag erweckt wurden. Der helle Tag zeigte ein freundliches Städtchen mit manchem netten Hause. Auf dem Markte wurde Halt gemacht und sofort gingen Patrouillen ab, um die Behörden zu dem Commandeur zu citiren, nachdem man in ihrer Wohnung die Kassen visitirt hatte. In diesen fand sich wohlweislich nichts — nur in der Post fand man drei ganze Rigsdaler und die ließ man liegen. Binnen einer Viertelstunde fanden sich die Beamten bei dem Grafen Bellegarde ein, der ihnen die nächst nöthigen Befehle ertheilte. Sie sagten, daß man Abends vorher den Anmarsch der Truppen gewußt habe, daß aber das dänische Militair, Dragoner und das 19. Infanterie-Regiment, die Insel schon vor acht Tagen gänzlich verlassen habe.

Im Hafen fand man 16 Schiffe mittlerer Größe, die, sammt ihrer Ladung, in Beschlag genommen wurden.

So war im Osten und Westen der Limfjord überschritten; nirgends war man dem Feinde begegnet, am wenigsten auf Widerstand gestoßen. Die Oestreicher, durch Besetzung der Insel Mors und des Thylandes, waren bis an die äußerste Spitze des Nordwestens von Jütland vorgedrungen; die Preußen aber, im Nordosten, hatten, bis zum Cap Skagen hinauf, noch eine 11 Meilen lange Landspitze vor sich, zu deren Besetzung sie schritten. Frederickshavn war Rendezvous; hierher rückten die vordersten Bataillone.

### Jenseit des Limfjord. Bis Cap Skagen.

Nach dem Einrücken der Preußen in die Festung Frederickshavn wurde im Hauptquartier des Generals v. Falckenstein ein Zug nach Cap Skagen beschlossen, um auch diese nördlichste Spitze von Jütland direct zu occupiren und die Banner der alliirten Armee da aufzupflanzen, wo der Zusammenstoß der Wogen zweier Meere die stärkste Brandung hervorruft, welche Europa aufzuweisen hat.

Ein Officier, der diesen Zug bis an die nördlichste Spitze von Jütland mitmachte, hat denselben beschrieben: »Der Plan war schön, aber seine Ausführung war schwierig. In Frederickshavn standen die äußersten preußischen Vortruppen, und die Entfernung von da bis zum Cap beträgt 7 Meilen; dabei geht der einzige Weg dahin durch tiefen Sand und gestattet allen auf der See stationirten dänischen Kriegsschiffen an den meisten Stellen eine volle Uebersicht. Diese Gefahr wächst, je weiter man nach Norden kommt, wo die Landzunge immer schmaler wird, bis sie endlich zu einer Spitze ausläuft, welche die Scheide zwischen Nord- und Ostsee bezeichnet. Ungefähr 2 Meilen nördlich von Frederickshavn hört die Cultur des Landes fast gänzlich auf und jenseit Aalbeck führt der Weg durch eine vielfach zerklüftete, völlig baum- und vegetationslose Dünenstrecke. Jede Spur von Cultur ist hier erloschen. Die dürren, mit wenigem Strandhafer bewachsenen Sandberge wechseln mit einigen Sumpfstellen ab, die eine Schaar von Möven und anderen Seevögeln bevölkert. Noch weiter gegen Norden werden die Sandberge höher und gestatten gleichzeitig einen Ueberblick über die Nord- und Ostsee. Dabei ist die Form der Dünen ganz charakteristischer Art. Wer mil der Morgendämmerung in jene Wüstenei einzieht, die die Umrisse noch nicht völlig klar unterscheiden und die Entfernungen noch zweifelhaft läßt, glaubt sich in ein Gebirge versetzt, so spitz und schroff erscheinen zuweilen die Kuppen dieser bunt zusammengewürfelten Sandhügel. Dabei weht während des ganzen Jahres in jener Gegend fast unaufhörlich ein scharfer Wind.

Prinz Albrecht, der sich seit dem Uebergange des combinirten Corps über den Limfjord dem Hauptquartier des Generals v. Falckenstein angeschlossen.hatte, war gern bereit, sich dem interessanten Nordzuge anzuschließen. Außerdem folgte ein Theil des Stabes vom Obercommando, so daß im Ganzen 25 Officiere den Zug nach Skagen mitmachten. Obgleich wohl vorauszusehen war, daß dieser äußerste nördliche Strich Jütlands nicht mehr von dänischen Landtruppen besetzt war, so lag doch die Wahrscheinlichkeit noch vor, daß die Stadt Skagen als eine Station für die dänischen Kriegsschiffe, die hier den Eingang in das Kattegat bewachen, von Seesoldaten nicht gänzlich entblößt war. Es war folgende Disposition getroffen worden: Am 13. Abends ging ein Zug vom 8. Husaren-Regiment nach Aalbeck vor, trieb dort die nöthige Anzahl von Vorspannpferden zusammen und erwartete in der Nacht zum 14. die Ankunft des Hauptquartiers, welches sich auf 20 requirirten Wagen und unter Bedeckung von 10 Mann der Stabswache am 14. Morgens 2 Uhr von Frederickshavn aus in Bewegung setzte. Drei Stunden später ging die Reise von Aalbeck aus mit frischen Pferden gegen Norden weiter. Die Etappe Aalbeck blieb von 6 Husaren und 3 Infanteristen besetzt, um den dortigen Landungspunkt zu sichern, weil bei der großen Entfernung von 7 Meilen und der nicht geringen Anzahl von feindlichen Schiffen, welche sich auf dem Meere zeigten, dieser Punkt einer fortdauernden Bewachung bedurfte. Als der Zug sich, mit den Husaren als Avantgarde vorauf, denen die Infanterie auf Wagen folgte, wieder in Bewegung gesetzt hatte, sah das Ganze einer Caravane ähnlich, die durch die Wüste einherzieht. Man konnte sich wegen des tiefen Sandes nur langsam bewegen, und es wurde 10 Uhr, ehe man die weiße Thurmspitze von Skagen hinter den Dünen hervorblicken sah. Das kleine, armselige Städtchen würde nach unseren Begriffen mehr den Namen eines Fischerdorfes verdienen und liegt so tief unten an der Ostsee, daß man es erst gewahrt, wenn man schon den Fuß hineinsetzt. Man kann sich keinen Begriff von dem Erstaunen der Bewohner machen, als plötzlich eine Handvoll preußischer Husaren im Galopp die Straßen des Orts durchsuchten und gleich darauf unsere Wagen-Kolonne am westlichen Eingange von Skagen erschien. Noch nie hatte bis dahin ein feindlicher Soldat die Bewohner beunruhigt und eine allgemeine Bestürzung malte sich auf deren Gesichtern.

Als die vordersten Wagen in Skagen angelangt waren, brachte ein Husar die Meldung von der Anwesenheit eines feindlichen Kriegsdampfers. Sofort wurde die Infanterie beordert, gegen den Strand vorzugehen und durch ausgestellte Posten den feindlichen Dampfer zu beobachten. Außer diesem (es war der dänische Kriegsdampfer »Slesvig«, der etwa 1500 Schritt vom Ufer lag) zeigten sich wohl noch an 20 andere Schiffe, theils ankernd, theils mit vollen Segeln hin und her kreuzend, so daß man nicht genau ihre Absicht gegen uns errathen konnte. Indessen durfte man annehmen, daß das Aufhissen zweier kolossaler Fahnen (einer oestreichischen und einer preußischen) am Strande einige Aufklärung über jene Schiffe geben würde. Auf dem Deck des »Sleswig«, den wir mit unsern Fernröhren genau besahen, entstand, sobald die beiden Banner über Skagen wehten, eine lebhafte Menschenbewegung und man erkannte deutlich, wie man sich dort bemühte, über die Vorgänge am Ufer Kenntniß zu erlangen. Hierauf bestiegen wir unsere Wagen-Kolonne wieder, um nach den Leuchtthürmen zu fahren, welche ungefähr noch eine Viertelstunde nördlich Skagen liegen. Der »Slesvig«, den wir fortwährend im Auge behielten, schien nicht übel Lust zu haben, mit uns anzubinden; denn sobald er die Annäherung des Feindes bemerkt hatte, gab er das Signal zum Heizen und setzte sich in Bewegung — man konnte indeß nicht beurtheilen, ob er eine Landung beabsichtige oder nicht. Beim Auffahren aber unserer Wagenkolonne am Leuchtthurm mochte der Dampfer den mit 4 Pferden bespannten gelben Wagen des Prinzen Albrecht, der der nächste am Strande war, für ein Geschütz halten, welches ihm solchen Respect einflößte, daß er sich eilig nordwärts entfernte und sich hier erst wieder außer Schußweite vor Anker legte. Indessen hatten wir die beiden Leuchtthürme bestiegen und den höchst interessanten Anblick genossen, den das belebte Meer und die Brandung an der Nordspitze gewährten. Um aber auch wirklich die nördlichste Stelle zu betreten, fuhren wir am Strande weiter hinauf, diesmal dem Geschützfeuer des Dampfers vollständig exponirt. Unser Erstaunen war daher desto größer, als der »Slesvig« bei unserer Annäherung sofort wieder weiter ging und erst hinter der Spitze des Caps im Skagerrack wieder beilegte. Aber auch hier war seines Bleibens nicht lange; denn die Kolonne, mit ihr der gelbe Wagen, erschien auf der Nordspitze des Caps, und der »Slesvig« sah sich nun in die Nothwendigkeit versetzt, in der Flucht auf das offene Meer sein Heil zu suchen. Seine Bestürzung muß sehr groß gewesen sein; denn selbst die Ankunft eines zweiten, weit größeren Dampfers, der von Westen kam, konnte ihn nur dazu bewegen, denselben anzusprechen und ihn vor der Annäherung an das Ufer zu warnen. Beide Schiffe verließen nun, nach Norden und Süden abdampfend, die Küste und wurden von uns nicht wieder gesehen.

Als wir auf der äußersten Spitze des Caps angelangt waren, hatten wir ein imposantes Schauspiel. Während ein scharfer Ostwind die Wellen der Ostsee mit großer Heftigkeit gegen Westen anthürmte, wälzte die Nordsee ihre Wogen von der entgegengesetzten Richtung her und so entstand gerade in der Verlängerung der Capspitze der Kampf zweier Meere, der die oben erwähnte starke Brandung erzeugt. Die äußerste Landspitze wird hier so schmal, daß man mit Bequemlichkeit über dieselbe hinwegschreiten und auf diese Weise den einen Fuß in die

Ost-, den anderen in die Nordsee setzen kann. Die Leute in Skagen erzählten, daß König Friedrich VII. von Dänemark in jedem Jahre hier gewesen sei, um sich in dieser Weise zu ergötzen, was im Hinblick auf den dänischen Stolz auch wohl als Symbol der Herrschaft über jene beiden Meere gelten kann. Es fehlte natürlich nicht, daß wir Alle uns als Beherrscher der Nord- und Ostsee gerirten.

Der Prinz Albrecht hatte uns Alle zu einem Frühstück in Skagen eingeladen, und wir begaben uns nun auf den Rückweg, auf dem wir noch das Glück hatten, zwei dänische Kanonen (6 Pfünder) zu entdecken, die herrenlos am Strande standen, als gute Prise erklärt und mit den zugehörigen Blocklafetten später in Frederickshavn eingebracht wurden. Während des Frühstücks, welches in der Predigerwohnung eingenommen wurde, stellte sich uns ein dänischer, mit der preußischen Rettungsmedaille geschmückter Lootse vor. Derselbe wurde reichlich beschenkt und hat wahrscheinlich den Bewohnern von Skagen das Märchen von der Unmenschlichkeit der Preußen benommen, welches die Dänen so geflissentlich verbreitet haben. Der Prinz brachte ein Hoch auf den Kaiser von Oestreich und den König von Preußen aus, welches mit wahrer Begeisterung aufgenommen wurde. Es war 1 Uhr vorbei, als wir unseren Rückweg antraten, und zwar, gegen das Anrathen einiger Bewohner Skagens, welche uns den Strandweg an der Ostsee vorschlugen, über Gammel-Skagen (Alt-Skagen) an der Nordsee. Die Beschaffenheit dieses Weges war indeß so schlecht, daß wir schon bereuten, nicht den Uferweg eingeschlagen zu haben; doch mag dies gerade zu unserm Glück gewesen sein, denn dort hatte sich, wie wir nachher bemerken konnten, ein großer dänischer Kriegsdampfer, der wahrscheinlich von Skagen aus von der Schwäche unserer Abtheilung unterrichtet war, mit seiner Breitseite vorgelegt und hätte uns jedenfalls große Schwierigkeiten bereitet.

Als wir auf unserem Rückwege uns dem Dorfe Aalbeck wieder näherten, kam uns eine Husaren-Ordonnanz in gestrecktem Galopp mit der Meldung entgegen, daß soeben ein feindlicher Kriegsdampfer an der Landungsstelle von Aalbeck angelegt und mit einem kleineren Boote, welches mit 25 Mann besetzt war, eine Landung in Aalbeck versucht hätte. Dieselbe sei indeß von zwei Husaren und einem Infanteristen rechtzeitig bemerkt worden und nachdem diese drei Posten hinter den Dünen am Strande verdeckte Aufstellung genommen und das feindliche Boot bis auf 200 Schritt herangelassen hatten, hätte man den Feind angerufen und, da er weder beilegte noch antwortete, ein wohlgezieltes Feuer auf ihn eröffnet, was ihn zum schnellen Rückzug nöthigte, den er unter Entfaltung des Danebrogs in voller Eile antrat. Der dänische Dampfer mochte sich der Affaire bei Lundby erinnern, zeigte keine Lust zu einem zweiten Landungsversuch und verschwand in der Richtung nach der Insel Hirsholm.

Gegen 6 Uhr Abends trafen wir wieder in Aalbeck ein, verzehrten schnell ein kurzes Diner und setzten um halb 8 Uhr unsern Rückweg nach Frederickshavn fort, wo wir nach 10 Uhr eintrafen. Auch hier wurden wir mit der Nachricht empfangen, daß ein feindlicher Dampfer mit 10 Transportschiffen bei den in der hiesigen Citadelle aufgestellten Geschützen vorbeigefahren sei und von denselben zwei Schuß bekommen habe, worauf er seinen Cours seewärts gewendet hätte.

Dies war das Ende unseres abenteuerlichen Zuges. Wenn die Dänen wissen wollen, welchen guten Fang sie heute mit Leichtigkeit hätten machen können, den gefürchteten General v. Falckenstein mit seinem ganzen Stabe, so mögen sie das Kirchenbuch in Skagen einsehen, wo sie die Namen der sämmtlichen Officiere verzeichnet finden werden, welche an diesem interessanten Zuge Theil genommen haben.«

# Ueber die friesische See.*)

m 29. Juni war der Alsensund, in den Tagen vom 10. bis 14. Juli waren die Ost- und Westhälfte des Limfjord überschritten worden; Alsen und die Nordspitze von Jütland, die ganze cimbrische Halbinsel von Altona bis Cap Skagen war in den Händen der Alliirten, — nur eines fehlte noch: die friesischen Inseln. In den Tagen vom 13. bis 19. Juli (am 20. begann der zweite Waffenstillstand, der dem Friedensschluß vorausging) wurden auch sie genommen und die Inseln von ihrem Peiniger, dem vielgenannten Capitain Hammer, befreit.

Die Bevölkerung dieser Inseln, namentlich der zwei größten: Sylt und Föhr, hatte durch ihre wenigstens vorwiegend deutsche Gesinnung in Kopenhagen Anstoß gegeben und dem Capitain Hammer, der, wenn wir nicht irren, 15 Jahre lang als erster Zollbeamter auf diesen Inseln gelebt und sich jederzeit durch seine ultra-dänische Gesinnung unbequem gemacht hatte, fiel die Aufgabe zu, die Schuldigen, d. h. also die Deutschgesinnten vor Gericht zu ziehn und nach Kopenhagen zu führen. Dieser Aufgabe kam er nach.

Am 4. März, als eben das Fahrwasser offen geworden war, landete er mit 20 bewaffneten Seeleuten bei Keitum auf der Insel Sylt und verlangte die Stellung und Auslieferung aller Derer, die beim Tode Friedrichs VII. sich dem allgemeinen, »los von Dänemark« angeschlossen hatten.

*) Wir geben diesen Namen (friesische See) dem an Untiefen und Sandbänken reichen Meeresarm, der zwischen dem schleswigschen Festlande und den friesischen Inseln liegt. Die Sandbänke, die während der Ebbe als festes Land hervortreten, heißen Watten, weshalb man bei den Anwohnern auch wohl dem Ausdruck „die Watten-See“ begegnet.

IX.

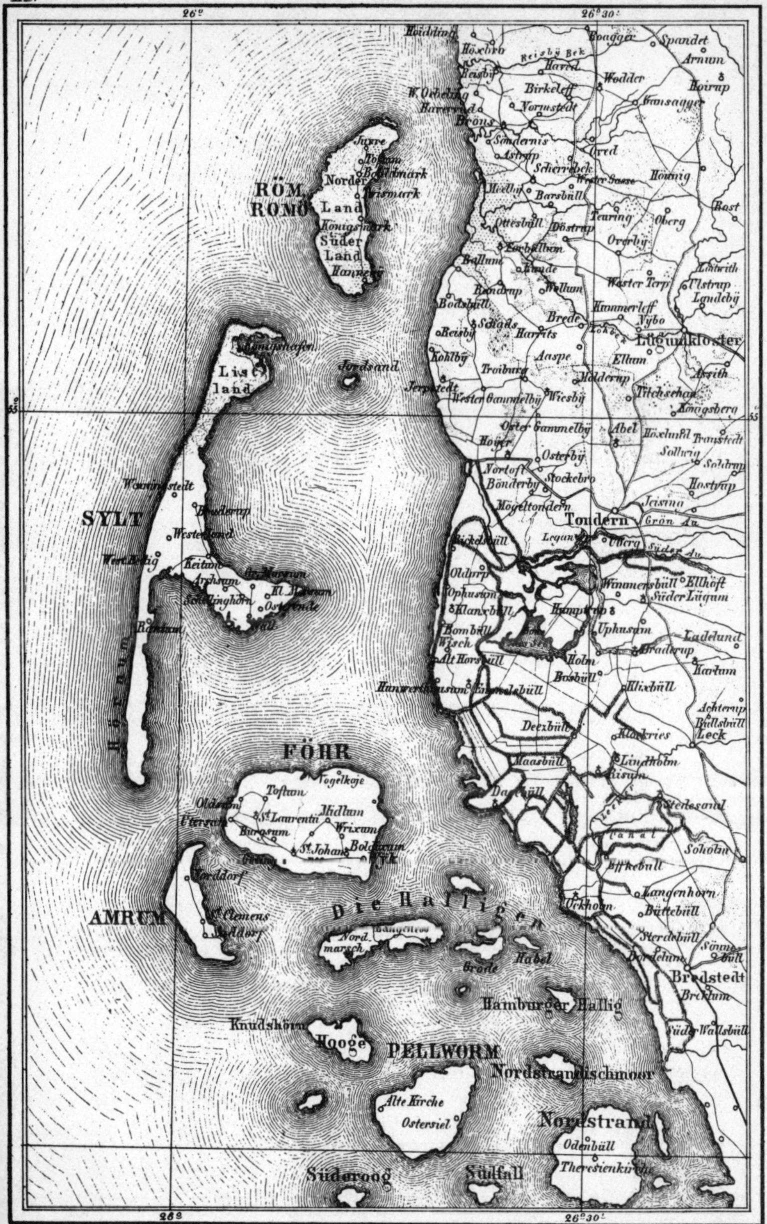


Lith. Anst. W. Loeillot in Berlin

Diese Männer erschienen jetzt vor Capitain Hammer, aber sie erschienen von ihren Freunden begleitet. Hammer forderte sie auf, dem Könige Christian IX. zu huldigen, widrigenfalls er sie nach Kopenhagen führen werde. Die Anwesenden verweigerten das; setzten auch hinzu, daß sie Gewalt mit Gewalt beantworten würden. Hammer ließ jetzt seine Mannschaften mit geladenem Gewehre vortreten und drohte, jeden erschießen zu lassen, der sich widersetzen werde. Da stellte sich ihm Capitain Lassen entgegen und rief: »Schießen Sie nur, ich werde die erste Leiche sein, Sie sind die zweite.« Hammer, auf solchen Widerstand nicht gefaßt, wollte sich jetzt nach seinem Boote zurückziehn; die Sylter vertraten ihm aber den Weg und erklärten ihm, daß er ihr Gefangener sei. Es kam schließlich zu einer Capitulation; Hammer gab auf der Landvogtei das schriftliche Versprechen ab, die Insel nicht wieder betreten zu wollen und erhielt darauf freien Abzug.

Schnöder Weise wurde diese Zusage nicht gehalten. Binnen Kurzem erschien Capitain Hammer mit verstärkten Kräften vor Sylt, setzte die vertriebenen dänischen Beamten wieder ein, bemächtigte sich der öffentlichen Kassen und zwang die Sylter, sechs Kanonenboote in See zu setzen, die noch seit dem vorigen Kriege (1848—1850) auf der Insel lagen. Von Sylt aus, nachdem ihm weitere Verstärkungen von Kopenhagen aus zugegangen waren, warf er 150 Mann auf die südöstlich gelegene, zweitgroße Insel Föhr; wohin er kam, führte er ein tyrannisches Regiment ein und viele Personen wurden als Gefangene nach Kopenhagen geschleppt.

Die Bewohner beider Inseln warteten mit Sehnsucht auf das Erscheinen der alliirten Flotte; endlich nachdem die 6 wöchentliche Waffenruhe — für die Sylter und Föhringer eine Zeit doppelter Bedrückung — vorüber war, erschien jetzt eine preußisch-oestreichische Kanonenboot-Flottille zwischen Helgoland und den friesischen Inseln und steuerte nordwärts. Diese Flottille sollte den »Hammer« einfangen und — sie fing ihn wirklich; es war dies aber keine kleine Aufgabe, da zu den Schwierigkeiten, die das Befahren der »Wattensee« überhaupt bot, noch die kam, daß Capitain Hammer (ein geschickter und energischer Seemann) alle Baken und Schiffszeichen entfernt, oder — was noch schlimmer war — vielfach falsch ausgelegt hatte. Die Lootsen, die das Fahrwasser allerdings kennen mußten, hielten mit ihrem Dienst zurück, weil sie fürchteten, wieder einmal in Hammers Hände zu fallen. Dennoch mußte es gewagt werden.

Der Feldzug, der sich nunmehr gegen Capitain Hammer eröffnete, war eine Art Treibjagd. Er steckte wie der Fuchs in seinem Bau, in einem Bau mit den verschiedensten Fährten und Ausgängen. Er war nicht eher zu fangen, als bis man ihm seine Fährten gekreuzt und seine Ausgänge verlegt hatte. Wir werden sehen, in welcher Weise dies geschah.

Zuvor vergleichen wir die Kräfte bei Freund und Feind. Capitain Hammer verfügte über eine Flottille von etwa 30 Fahrzeugen, von denen, für den Fall eines Kampfes, wohl nur 2 kleine Dampfschiffe (»Limfjord« und »Augusta«) und 6 Ruderkanonenjollen in Betracht kamen; das andere waren Zollkutter und Transportschiffe. Die Besatzung dieser Schiffe belief sich auf etwa 200 Mann, darunter Hammer selbst mit 8 Officieren.

Die Flottille der Alliirten bestand zunächst aus 4 Kanonenbooten, zu denen sich später der oestreichische Raddampfer »Elisabeth« gesellte. Die 4 Kanonenboote waren »Wall«, »Seehund«, »Basilisk« und »Blitz«, die beiden ersten der oestreichischen, die beiden andern der preußischen Marine zugehörig. Der »Blitz«, der den geringsten Tiefgang hatte, wurde für diese Expedition besonders wichtig. Unterstützt wurde dieselbe durch zwei Compagnieen steirischer Jäger, die, wie wir später sehen werden, in ebenso kühner wie geschickter Weise, vom schleswigschen Festland aus ihren Uebergang über die »Wattensee« bewerkstelligten.

Die Eigenthümlichkeit dieser ein, zwei und drei Meilen breiten »Wattensee«, die zwischen dem Festland und den Inseln gelegen ist, schuf nun, wie schon in der Kürze erwähnt, die eigentliche Schwierigkeit des Unternehmens. Es war ein Terrain, in dem der Gejagte nicht nur vollständig Bescheid wußte, sondern auch überall hin konnte, weshalb es für Schiffe, die ihm nicht überall hin folgen konnten, überaus schwer war, ihn zu stellen und zu fangen. Es glückte aber doch.

Zuvor eine Beschreibung des Terrains, ohne dessen Kenntniß die Vorgänge gar nicht zu verstehen sind. Wir glauben durch eine Parallele einer leichteren Orientirung entgegenzukommen und vergleichen — da wir doch großentheils für Binnenland-Bewohner schreiben — die »Wattensee« mit einer von vielen hundert Gräben und zwei oder drei Hauptcanälen durchschnittenen Sumpf- und Torfgegend. Eine solche wird der Mehrzahl unserer Leser vor dem Auge stehn.

Nun stelle sich der Leser mit uns auf ein Sand-Plateau und zwar an den Rand desselben, wo dasselbe, mehr oder weniger steil, nach Westen hin abfällt. Wir selbst blicken ebenfalls westwärts. Zu unseren Füßen dehnt sich ein 7 Meilen langes und 3 Meilen breites Torfmoor, das von einem chaotischen Grabengeflecht durchzogen ist, von hundert Gräben und Canälchen, die alle wieder in zwei oder drei größere Canäle münden, die nun wie Hauptadern, fast von der Breite eines Flusses, das Torfmoor durchfließen. Diese zwei oder drei Canäle nehmen ihren Abfluß wiederum westwärts und durchbrechen bei dieser Gelegenheit, an zwei oder drei Stellen, einen Hügelzug, der, parallel mit dem Plateau, auf dem wir stehen, an der entgegengesetzten Seite des Torfmoores, eben dieses Moor begrenzt und einfaßt. Jenseits dieses Hügelzuges liegt ein weiter, tiefer See und in diesen See fließen die Wasser der Canälchen und Canäle, (nachdem die letztern den Hügelzug durchbrochen) mit Hülfe von zwei oder drei Portalen ab.

Solcher Torfmoor-Gegend entspricht die Watten-See. Das Sandplateau ist das schleswigsche Festland, der See ist die Nordsee, der Hügelzug aber der zwischen dem Torfmoor, und dem See sich hinzieht, sind die friesischen Inseln, die einen Dünen-Damm, eine einzige Grenzmauer bilden würden, wenn nicht die stromartigen Canäle, in diesen Damm zwei oder drei Portale, behufs ihres Abflusses hineingebrochen hätten.

Hammer war nun der Pirat auf diesem Grabengeflecht, auf diesen Canälchen und Canälen; unbestimmbar lange mochte er sich auf diesen Zickzackstraßen, auf diesem Wasserlabyrinthe halten; von dem Augenblick an aber, wo die zwei oder drei großen Portale, die einzig und allein ein Entschlüpfen in den See hinein gestatteten, geschlossen waren, von diesem Moment an war das Umstellen und Einfangen des Piraten nur noch eine Frage der Zeit. Hammer wußte das selbst; wohl vertraut indeß (durch Kundschafter aller Art) mit dem Gang der Unterhandlungen, die mehr und mehr dem Frieden zuneigten, hoffte er, sich in dem Grabengewirr wenigstens so lange halten zu können, bis der Friedensschluß oder doch ein vorläufiger Waffenstillstand ihn aus seiner üblen Lage befreiten. In der That war er nahe daran, auf die Weise seiner Niederlage und Gefangennehmung zu entgehen; am 19. capitulirte er, am 20. wurde der Friede durch einen Waffenstillstand eingeleitet.

Wir wenden uns nun, nachdem wir bis hierher ein Bild des Ganzen gegeben haben, den Einzelnheiten zu, geben dieselben aber möglichst in der Kürze. Die Vorgänge gruppiren sich zu drei Hauptmomenten:

1. Verschließung der Lister-Tiefe (Portal I.) und Besetzung von Sylt.
2. Verschließung der Fahrtrapp-Tiefe (Portal II.) und Besetzung von Föhr.
3. Einschließung Hammers und seine Gefangennahme.

### Verschließung der Lister-Tiefe und Besetzung von Sylt.

Am 12. Juli hatten die beiden Compagnieen steirischer Jäger versucht, vom schleswigschen Festlande aus in Booten nach der Insel Sylt überzugehen. Sie waren gescheitert. Hammer lag in dem Hauptcanal, der vor Sylt sich hinzieht und im Norden Sylts, zwischen dieser Insel und der Insel Romö, in die dahinter gelegene See einmündet. Er beschoß von diesem Hauptcanal aus — der die Lister-Tiefe heißt — die oestreichischen Boote, die zur Umkehr gezwungen wurden. Es war also nöthig, Hammer zuvor aus dem Hauptcanal in südwärts gelegene kleinere Canälchen zurück zu drängen, so daß der Zugang zur Insel Sylt nicht länger von seiner Flottille beherrscht wurde. Dies geschah. Die Kanonenboot-Flottille der Alliirten erschien an der Nordspitze von Sylt, drang in den hier mündenden Hauptcanal »die Lister-Tiefe« ein und schickte die beiden preußischen Kanonenboote »Basilisk« und »Blitz« weiter vor. Sie fuhren zuerst die »Lister-Tiefe«, alsdann die Fortsetzung derselben, die »Hoyer-Tiefe« hinauf und zwangen dadurch die Flottille des Capitain Hammer, sich weiter südwärts zu ziehen. Doch blieben seine Schiffe immer noch an der mittleren Ostküste von Sylt, ziemlich in Front der Hauptortschaften Morsum und Keitum; nur die freie Bewegung nach Norden hin war abgeschnitten. Dies geschah im Lauf des 12.

Am 13. früh wurde nun seitens der steirischen Jäger die Eroberung Sylts vom gegenübergelegenen Festlande aus, die am Tage vorher gescheitert war, wiederholt. Diesmal glückte sie. Hammer war zwar immer noch in der Lage, den auf kleinen Booten übersetzenden Steiermärkern den Weg zu verlegen und that es auch; er war aber doch durch den »Blitz« und »Basilisk« in allen seinen Bewegungen gehemmt. Als er mit einzelnen seiner Fahrzeuge herankam, um die kleine Bootflottille der Steirer zu beschießen, lief diese — auf den Rath des Lootsen Andersen — absichtlich aus dem Fahrwasser auf eine Sandbank auf, wohin Hammer nicht folgen, auch mit seinen Geschützen nicht reichen konnte. Hier verblieben die Jäger-Compagnieen bis zur Ebbe. Als die Ebbe endlich kam, wurde das Fahrwasser für die Hammerschen Fahrzeuge zu flach und seicht, die nun — da nordwärts der »Blitz« und der »Basilisk« lagen — südwärts gehen mußten, um das nöthige Wasser für ihren Kiel zu finden. Durch diese rückgängige Bewegung wurden die Steirer auf ihrer Sandbank frei, schleppten ihre Boote, im Laufschritt, von der Sandbank bis zur nächsten Tiefe und gelangten mit dieser Tiefe (der Wester Ley) an die Küste von Sylt. Die eine Compagnie landete bei Morsum, die andre bei Keitum. Jubelnd wurden sie von der Bevölkerung empfangen; Sylt war genommen; Hammer hatte sich in eine zwischen Föhr und dem Festland gelegene Schmaltiefe, in die sogenannte »Föhreley« zurückgezogen; zugleich hielt er Föhr, sammt dessen Hauptort Wyck besetzt. Es handelte sich darum, ihm jetzt auch dies zu entreißen. Dazu war es nöthig, auch Portal II. zu schließen: die Fahrtrapp-Tiefe. Auch dies geschah, wiewohl sich abermals (diesmal in Folge des Wetters) große Hindernisse in den Weg stellten.

Verschließung der Fahrtrapp-Tiefe und Besetzung von Föhr.

Am 13. Abends war die Situation folgende: Hammer lag mit seiner Flottille zwischen Föhr und dem Festland in der »Föhreley«; Sylt war von etwa 200 Steirern besetzt und bei Morsum eine kleine Batterie errichtet, die die Westerley (wenn Hammer hier entschlüpfen wollte) beherrschte; zwischen Sylt und Romö, in der Lister-Tiefe, lag die Flottille der Alliirten und schloß hier das Portal I.

Der Plan ging nun zunächst dahin, von Sylt aus die Insel Amrum und von dieser aus die Insel Föhr zu nehmen; 150 steirische Jäger wurden zu dem Behuf an die Südspitze Sylts detachirt. Der Uebergang — wieder in kleinen Booten — war aber nicht möglich; der Westwind war zu stark. So mußte anderweitig Rath geschafft werden.

Dieselben 150 Jäger, die an der Südspitze Sylts vergebens ihren Uebergang nach Amrum (über die »Fahrtrapp-Tiefe«) zu bewerkstelligen gesucht hatten, erhielten jetzt Ordre, an die Nordspitze der Insel aufzubrechen. Etwa 7 Meilen Entfernung. Der Marsch wurde ausgeführt und am 16. Abends, drei Tage nach der Besitzergreifung Sylts, wurden die 150 Steirer auf den oestreichischen Kanonenbooten »Wall« und »Seehund« eingeschifft. Der »Basilisk« blieb in der Lister-Tiefe, um hier Portal I. geschlossen zu erhalten; der »Blitz« folgte dem »Wall« und »Seehund.« Alle drei Schiffe gingen nun (am 17. früh) auf offner See an der Westküste Sylts entlang und fuhren, als sie die Fahrtrapp-Tiefe im Süden der Insel erreicht hatten, in diesen zweiten Hauptcanal hinein. Der oestreichische Raddampfer »Elisabeth«, der sich ihnen unterwegs zugesellt hatte, blieb zwischen Sylt und Amrum liegen und schloß die Fahrtrapp-Tiefe. Von diesem Augenblick an war an ein Entkommen Hammers nicht mehr wohl zu denken; er hatte nur noch einen Ausweg südlich von Amrum durch die »Reuter-Tiefe«, war indessen kaum noch in der Lage, diesen einen Ausweg zu benutzen. Die Föhreley, auf der seine Flottille lag, fließt zwischen Föhr und Amrum doppelarmig dem Meere zu; die hochgelegene St. Johanniskirche auf Föhr bezeichnet die Stelle, wo dieser Gabelpunkt gelegen ist. Hier theilt sich die Wasserstraße, die Föhr im Osten und Süden umfließt, und nimmt nach Norden zu durch die Fahrtrapp-Tiefe, nach Süden zu durch die Reuter-Tiefe ihren Abfluß. In dem Augenblick, wo die Flottille an der Fahrtrapp-Tiefe erschien, war ein Entschlüpfen durch die Reuter-Tiefe allerdings noch möglich, wiewohl schwer; von dem Moment an aber, wo die Flottille innerhalb der Fahrtrapp-Tiefe bis an den Gabelpunkt auf Höhe der St. Johanniskirche vorgedrungen war, war auch der letzte Ausweg verschlossen. Am 17. früh 9 Uhr war dieser Gabelpunkt erreicht; die Gefangennahme Hammers war nunmehr nur noch eine Frage der Zeit; er hatte keine anderen Chancen mehr als die eine, daß der Friedensschluß (der stündlich erwartet wurde) eher eintreten würde, als es der Flottille möglich sein konnte, ihn zu umzingeln. Alle seine Schritte waren deshalb von diesem Augenblick an nur noch darauf gerichtet, Zeit zu gewinnen und durch klug fortgesponnene Unterhandlungen die Katastrophe hinausschiebend, sie dadurch schließlich ganz zu vermeiden. Er scheiterte aber; die Gegner durchschauten sein Spiel. Nachdem ihm eine Frist, behufs Einziehung von Nachrichten bewilligt worden war, wurden am 18. früh 250 Mann (150 Jäger, 20 Marinesoldaten und 80 bewaffnete Matrosen der »Elisabeth«) von den bis zum Gabelpunkt vorgedrungenen Schiffen gelandet und gegen Wyck in Bewegung gesetzt. Hammer, mit seiner Flottille, lag in Front von Wyck; um 6 Uhr früh — bis dahin war ihm eine Waffenruhe bewilligt worden — sollten die Feindseligkeiten wieder beginnen. Und so geschah es.

### Einschließung Hammers und seine Gefangennahme.

Am 18. um 6 Uhr früh war die Situation folgende: Sylt und Föhr waren durch oestreichische Abtheilungen besetzt; die Alliirten konnten, vom Ufer beider Inseln aus, die vorüberfahrenden feindlichen Schiffe unter Feuer nehmen; die Lister-Tiefe und die Fahrtrapp-Tiefe waren durch den »Basilisk« und die »Elisabeth« geschlossen und der Rest der Flottille war bis über den Gabelpunkt in Höhe der St. Johanniskirche vorgedrungen und hatte dadurch ein Entkommen mit Hülfe der Reuter-Tiefe ebenfalls unmöglich gemacht; Hammer und seine 30 Schiffe waren vollständig eingeschlossen und das Einzige, was ihm noch blieb, war ein Hin- und Herfahren auf dem zwischen Föhr und Sylt gelegenen Canal-Labyrinth. Aber ein geschicktes Manöver des »Blitz« nahm ihm (am 19.) die Gelegenheit dazu. Am 18. um 6 Uhr früh begannen der »Wall«, der »Seehund« und der »Blitz« ihre Beschießung der vor Wyck liegenden Hammerschen Flottille; Infanteriefeuer von der Insel aus unterstützte diese Kanonade. Einige Schiffe wurden im Laufe des Tages genommen, doch im Uebrigen keine entscheidenden Erfolge erzielt; Hammer erklärte, »er werde sich so lange halten, wie sein Proviant reiche.« Dem mußte man zuvorkommen. »Wall« und »Seehund« blieben vor Wyck in Front der Hammerschen Flottille; der »Blitz« aber dampfte am 19. Mittags auf demselben Wege, auf dem er gegen Wyck vorgedrungen war, wieder zurück, erreichte die Fahrtrapp-Tiefe, wo die »Elisabeth« lag, fuhr an dieser vorbei und drang nun (vgl. die Karte) wie am 17. von Süden her, so jetzt von Norden her in die Föhreley ein, in der Hammer mit dem Rest seiner Flottille lag. Hammer kam dadurch zwischen zwei Feuer, er hatte keinen Ausweg, auch keine freie Bewegung mehr, selbst ein Hin- und Herfahren in dem Gewirr der Kanäle war nicht länger möglich; zwischen »Wall« und »Seehund« von Süden und dem »Blitz« von Norden her auf engstem Raume eingeschlossen, blieb ihm nichts anderes übrig, als sich zu ergeben. Um 7½ Uhr Abends erschien er mit seinem ersten Officier, Lieutenant Hollby, an Bord des »Blitz« und capitulirte. Hier schrieb er auch den Befehl an seine Untergebenen, ein Gleiches zu thun. Das Wetter aber war so schlecht, daß es unmöglich war, vom »Blitz« aus diesen Befehl an die andern Fahrzeuge der Hammerschen Flottille zu überbringen. Diese hatte inzwischen für sich selbst gehandelt. Die ganze Besatzung, 7 Officiere und 185 Mann, waren an Bord des »Seehund« erschienen und hatten sich bei dem Commandeur der Flottille, Fregattencapitain Kronowetter, als Gefangene gemeldet. Das war in der Nacht vom 19. auf den 20. Zwölf Stunden später traf die Nachricht ein, daß eine vorläufige Friedensbasis gefunden und ein Waffenstillstand abgeschlossen sei.

Mit dieser kleinen, aber glänzend durchgeführten Waffenthat schloß der Krieg; auch das letzte Stück vom schleswigschen Boden war dem Feinde entrissen — Schleswig-Holstein frei.

# Schluß.

on dem Alsen-Tage an war die dänische Widerstandskraft gebrochen; die Preußen hatten einen Meeresarm überschritten, eine Vereinigung der Flotten der Alliirten stand bevor, — man fing an, wie schon S. 342 erwähnt, in Kopenhagen sich unsicher zu fühlen und dies Gefühl der Unsicherheit schuf die Geneigtheit zum Frieden. Das Ministerium Monrad trat (am 8. Juli) zurück, ein Ministerium Bluhme trat an seine Stelle. Dies war gleichbedeutend mit Frieden. In der That, der erste Schritt des neuen Ministeriums bestand in dem Ansuchen einer Waffenruhe und am 18. Juli bereits wurde zu Christiansfeld, der nördlichsten Stadt in Schleswig, eine Uebereinkunft unterzeichnet, der zufolge die Feindseligkeiten zu Land und See vom 20. Juli Mittags an bis zum 31. Juli Abends eingestellt werden sollten. Allgemein ging man davon aus, daß dieser eilftägigen Waffenruhe, die am 30. Juli auf abermals vier Tage (bis zum 3. August) verlängert wurde, der Friede folgen werde. Und so geschah es. Schon am 25. Juli waren die Bevollmächtigten Oestreichs, Preußens und Dänemarks und zwar für Oestreich Graf Rechberg und Baron Brenner, für Preußen Herr v. Bismarck und Freiherr v. Werther, für Dänemark Herr v. Quaade und Oberst Kaufmann, in Wien zu einer Friedensconferenz zusammengetreten und hatten sich am 1. August, also zwei Tage vor der am 3. ablaufenden Waffenruhe über die Friedenspräliminarien geeinigt.

Diese Friedenspräliminarien bestanden aus fünf Paragraphen, von denen der erste Paragraph die drei Herzogthümer Schleswig, Holstein und Lauenburg an den Kaiser von Oestreich und den König von Preußen abtrat, der zweite die Grenze, der dritte das Finanzielle (in den großen Zügen) regulirte, der vierte einen Waffenstillstand auf der Basis des militairischen Uti possidetis festsetzte und der fünfte die Anordnung traf, daß die Bevollmächtigten der drei Mächte sofort in die Unterhandlungen über einen endgültigen Friedensvertrag einzutreten hätten. Dieser endgültige Friedensvertrag wurde am 30. Oktober 1864 zu Wien unterzeichnet; er war lediglich eine Ausführung der in den Friedenspräliminarien vereinbarten Sätze, deren ersten (Paragraph I.) wir hier im Wortlaute folgen lassen:

»Se. Majestät der König von Dänemark entsagt allen seinen Rechten auf die Herzogthümer Schleswig, Holstein und Lauenburg zu Gunsten Ihrer Majestäten des Kaisers von Oestreich und des Königs von Preußen, indem er sich verpflichtet, die Dispositionen anzuerkennen, welche die genannten Majestäten in Betreff dieser Herzogthümer treffen werden.«

Ausgehend, nicht von dem Erbrecht des einen oder andern Prätendenten, sondern von dem deutschen Recht der Herzogthümer, (das, feierlichen Zusagen zum Trotz, auf dem Punkt gestanden hatte, durch die Einverleibung Schleswigs in Dänemark schwer verletzt zu werden) hatten die deutschen Großmächte den Kampf begonnen und das Resultat dieses Kampfes lag jetzt vor: die Herzogthümer waren deutsch, frei. Ein sechsmonatlicher Krieg, — eine fast ununterbrochene Kette größerer und kleinerer Erfolge — hatte dies glänzende Resultat herbeigeführt, glänzender, als es bei Ausbruch des Krieges die kühnsten Hoffnungen erwartet haben mochten.

Das Urtheil — und mit dieser Betrachtung wollen wir schließen — hat sich, ganz abgesehen vom Politischen, auch den militairischen Erfolgen dieses Krieges gegenüber sehr verschieden gestellt. Erste begeisterte Siegesfreude hat das, was geschah, unzweifelhaft überschätzt, indem es die schönen Thaten dieses Krieges den Großthaten ernsterer, gewaltigerer Kämpfe an die Seite setzte; Mißgunst, Neid und Widerspruchsgeist haben sich andererseits in krittelnder Verkleinerung gefallen und sind bemüht gewesen, den ganzen Kampf zu einer »militairischen Promenade«, zu einem mit Zündnadel-Gewehr und 24 Pfündern leicht erkauften Siege herabzudrücken.

Ein solcher »leichter Sieg« war nun aber dieser Kampf keineswegs. In der Gesammtheit der zur Aktion gebrachten Streitkräfte dem Feinde allerdings in dem Verhältniß von 2 zu 1 überlegen, stand dies günstige Verhältniß, in den einzelnen Episoden des Krieges (allenfalls die Operationen in Jütland abgerechnet) den Alliirten nur höchst selten zur Seite. Die Oestreicher, in den blutigen Gefechten am Königsberg und bei Oeversee, fochten im günstigsten Falle wie 1 zu 1 und vor Düppel sahen sich die Unsrigen sechs Wochen lang (bis zum Eintreffen der Brigade Raven und der Garden) einem numerisch unzweifelhaft überlegenen Gegner gegenüber. Dazu, wo immer es zum Kampfe kam, verfügte der Gegner über eine gedeckte Stellung, darunter zwei Positionen (Dannewerk und Düppel), die den Ruf der Uneinnehmbarkeit für sich in Anspruch nahmen. Und Düppel (weil hier die feindlichen Kräfte für seine Vertheidigung ausreichten) mehr oder weniger mit Recht! Dennoch fiel es. Der 18. April flocht ein neues Blatt in den vollen Kranz preußischer Ehren. Es war ein glänzender Sieg, aber **kein** leichter und alle die ihn erringen halfen, dürfen in Demuth sich dieses stolzen Tages freuen.

Und wir mit ihnen! —

Vor allem aber möge gute Saat sprießen aus dem Blute derer, die gefallen; der Aera des Haders, des stillen und offenen Krieges, folge Friede, Freiheit, frischer Wind und frische Fahrt. Die meerumschlungenen Lande sind unser, werd' es auch das **Meer**. Das walte Gott!

# Verzeichniß der Illustrationen,

## sämmtlich gezeichnet von Ludwig Burger.

## Der Krieg in Jütland.



## Der Krieg zur See.



## Der letzte Akt des Krieges.



Berlin, gedruckt in der Königlichen Geheimen Ober-Hofbuchdruckerei
(R. v. Decker).

# ANHANG

## VORBEMERKUNG

»Der Schleswig-Holsteinsche Krieg im Jahre 1864«, in Berlin 1866 erschienen, das erste von drei Werken F.s über die Bismarckschen Kriege, hat – wie das 1870er Kriegsbuch – zu Lebzeiten des Autors keine Neuauflage erfahren. Keine der drei Darstellungen war bei ihrem Erscheinen ein Publikumserfolg. Als die Neuauflage der Beschreibung des 64er-Krieges, 30 Jahre nach den geschilderten Ereignissen, endlich möglich schien, hat F. sie selbst nicht mehr gewünscht (vgl. seinen Absagebrief an den Verlag vom 17. September 1894, S. 401). Jahrzehntelang waren danach F.s insgesamt 4500 Druckseiten umfassende Kriegsbücher vergessen: auch von der Forschung wurden sie kaum beachtet. Erst in den siebziger Jahren erschienen in den Nymphenburger Verlagshandlung und im Verlag Eugen Dieterichs zwei fotomechanische Nachdrucke. Besonders beim zweiten dieser beiden Nachdrucke zeigte sich, daß die Rezeptionslage sich geändert hatte. Offensichtlich trafen ein neues Interesse für Geschichte und eine noch immer wachsende Aufnahmebereitschaft für das Oeuvre des großen Romanciers – die dem Gesamtwerk zugute kommt! – zusammen und sicherten den Kriegsbüchern erstmals auch einen buchhändlerischen Erfolg.
Die vorliegende erste Ausgabe im Taschenbuch als Band 42 der Ullstein-Edition »Theodor Fontane, Werke und Schriften«, für die das Werk auch erstmals kommentiert wurde, ist eine Originalausgabe. Anders als die bisher erschienenen Bände der Ullstein-Edition folgt sie nicht der Fontane-Ausgabe des Carl Hanser Verlags. Die Hanser-Ausgabe bringt F.s Romane, Erzählungen und Gedichte vollständig zum Abdruck (vgl. die Bände 1–26 der Ullstein-Edition), die historischen und journalistischen Schriften sowie die Briefe nur in Auswahl. Mit dem vollständigen Wiederabdruck des Buches über den deutsch-dänischen Krieg von 1864 überschreitet die Ullstein-Edition die Grenzen der Hanser-Ausgabe; 1982 wird F.s Darstellung des deutschen Krieges von 1866 folgen.
Die Einrichtung des Anhangs ist der formalen Systematik der bisher erschienenen Bände – und damit der Hanser-Ausgabe – angeglichen worden. Allerdings wurde auf einen durchgehenden Kommentar verzichtet. Die militärgeschichtlichen Details, über die bereits F. selbst sich gelegentlich nicht ohne Skepsis äußerte, haben ihr Interesse für den Leser verloren – wenn sie es jemals hatten. Personen, Örtlichkeiten und Vorgänge werden daher ganz überwiegend nur dann erläutert, wenn es sich darum handelt, die Zusammenhänge zwischen den Kriegsbüchern und dem übrigen Werk darzustellen. Solche Zusammenhänge stofflicher Art gibt es mannigfach: der Roman »Unwiederbringlich«, die nordischen Balladen, die Reiseberichte und Tagebuchaufzeichnungen aus Dänemark und das Kriegsbuch von 1864 treten unter solchem Gesichtspunkt zusammen. Die Liste läßt sich sogar noch verlängern, wenn man einzelne

Episoden in Romanen und Romanfragmente heranzieht. Eine bemerkenswerte biographische Kontinuität wird so erkennbar. Am Anfang standen Fontanes starkes Interesse, seine immer wieder geäußerte Sympathie für die skandinavische Welt. Die Zeitgeschichte verstärkte diese persönliche Neigung. Literarisch fand das seinen Niederschlag während eines langen Zeitraums und in ganz verschiedenen Formen. DerAufweis der stofflichen Zusammenhänge zwischen dem 64er-Kriegsbuch und den fiktiven Werken enthält aber auch einen ästhetischen Aspekt. Es ist kennzeichnend für F.s Technik als Romancier, daß er seinen fiktiven (Haupt-)Figuren andere zur Seite stellt, die aus der Zeitgeschichte bekannt sind. Ähnlich verfährt er mit Örtlichkeiten und Vorgängen. Diese Integration von Wirklichkeitselementen in die erfundene Welt der Poesie ist dazu bestimmt, den Roman »realistisch« zu machen, ihm in der Sicht des Lesers Glaubwürdigkeit und Naturnähe zu geben. Nicht selten handelt es sich dabei um ein stufenweises Vorgehen: Der Rohstoff wird gefiltert und durch Zusätze verändert, bis er zur Erfüllung seiner Aufgabe geeignet scheint. Eine der Quellen, aus denen F. schöpfte, ist die Stoffwelt, die ihm durch den deutsch-dänischen Konflikt nahe gebracht wurde.

Um den Autor auch persönlich zu Wort kommen zu lassen – und das schien um so mehr wünschenswert, als er bei seiner Darstellung zweifellos vielfachen Rücksichten unterworfen war –, ist nicht nur aus Briefen zitiert worden, die auf Entstehung und Wirkung des Buches Bezug nehmen, sondern auch seine erst kürzlich von Sonja Wüsten in den »Fontane-Blättern« publizierten Reisenotizen vom Mai 1864, als F. zum ersten Mal den Kriegsschauplatz besuchte, sind überwiegend zum Abdruck gelangt. Der Kommentar zu dieser Publikation wurde mit Dank benutzt. Das Tagebuch der Reise vom September 1864 findet der Leser in Band 41 unserer Ausgabe; die in der Presse veröffentlichten Reiseberichte aus Schleswig-Holstein und Dänemark sind zum größeren Teil in Band 40 gesammelt.

Das Namenregister wurde besorgt von Herrn Amtsgerichtsrat a. D. Max-Ulrich Freiherr von Stoltzenberg.

H. N.

## ABGEKÜRZT ZITIERTE LITERATUR

Briefe an Wilhelm und Hans Hertz: Theodor Fontane. Briefe an Wilhelm und Hans Hertz. 1859–1898. Hrsg. von Kurt Schreinert †. Vollendet und mit einer Einführung versehen von Gerhard Hay. Stuttgart 1971 (= Veröffentlichungen der Deutschen Schillergesellschaft. 29).

Briefwechsel mit Lepel: Theodor Fontane und Bernhard von Lepel. Ein Freundschafts-Briefwechsel. Hrsg. von Julius Petersen. 2 Bde. München 1940.

Chronik: Hermann Fricke. Theodor Fontane. Chronik seines Lebens. Berlin-Grunewald 1960.

Dichter über ihre Dichtungen: Dichter über ihre Dichtungen. Bd. 12. I. II. Theodor Fontane. Hrsg. von Richard Brinkmann in Zusammenarbeit mit Waltraud Wiethölter. München (1973).

Fontane-Blätter: Fontane Blätter. Hrsg. vom Theodor-Fontane-Archiv der Deutschen Staats-Bibliothek, Potsdam. Potsdam 1965 ff.

Freundesbriefe. Letzte Auslese: Theodor Fontane. Briefe an die Freunde: Letzte Auslese. Hrsg. von Friedrich Fontane und Hermann Fricke. 2 Bde. Berlin 1943.

Freundesbriefe. Zweite Sammlung: Briefe Theodor Fontanes. Zweite Sammlung. Hrsg. von Otto Pniower und Paul Schlenther. 2 Bde. Berlin 1910 (= Gesammelte Werke. Serie 2. Bd. 10–11).

Hendriksen: Jørgen Hendriksen. Theodor Fontane og Norden. Et Kapitel af »Det Nordiske« i tysk Opfattelse. Kopenhagen 1935.

Jessen: Karsten Jessen. Theodor Fontane und Skandinavien. Kiel 1975 (Diss.)

## ERLÄUTERUNGEN ZU DEN VERWEISEN

Seitenzahlen ohne Zusatz beziehen sich auf den vorliegenden Band.
Verweise mit Bandnummer und Seitenangabe beziehen sich auf die Ullstein-Edition »Theodor Fontane: Werke und Schriften«.

*Sämtliche Romane, Erzählungen, Gedichte, Nachgelassenes*

Bd. 1 Vor dem Sturm. Erster Band
2 Vor dem Sturm. Zweiter Band
3 Vor dem Sturm. Dritter Band
4 Vor dem Sturm. Vierter Band
5 Grete Minde
6 Ellernklipp
7 L'Adultera
8 Schach von Wuthenow
9 Graf Petöfy
10 Unterm Birnbaum
11 Cécile
12 Irrungen, Wirrungen
13 Stine
14 Quitt
15 Unwiederbringlich
16 Frau Jenny Treibel
17 Effi Briest
18 Die Poggenpuhls
19 Der Stechlin
20 Mathilde Möhring
21 Von, vor und nach der Reise
22 Balladen, Lieder, Sprüche

23 Bekenntnisse, Lebensweisheiten, Gelegenheitsgedichte
24 Frühe Gedichte, Versuche und Fragmente
25 Frühe Erzählungen
26 Prosafragmente

*Erinnerungen, ausgewählte Schriften und Kritiken*

27 Polische Korrespondenzen, Aufsätze und Berichte aus England
28 Aufsätze zur Literatur
29 Christian Friedrich Scherenberg
30 Theaterkritiken. Erster Band
31 Theaterkritiken. Zweiter Band
32 Theaterkritiken. Dritter Band
33 Theaterkritiken. Vierter Band
34 Meine Kinderjahre
35 Von Zwanzig bis Dreißig
36 Kriegsgefangen
37 Aus den Tagen der Okkupation
38 Ein Sommer in London
39 Jenseit des Tweed
40 Reiseberichte
41 Tagebücher
42 Der Schleswig-Holsteinsche Krieg im Jahre 1864
43 Der deutsche Krieg von 1866. Erster Band
44 Der deutsche Krieg von 1866. Zweiter Band

*Wanderungen durch die Mark Brandenburg*

W 1 Die Grafschaft Ruppin
W 2 Oderland
W 3 Havelland
W 4 Spreeland
W 5 Fünf Schlösser

Auf die Bände der Hanser-Fontane-Ausgabe (HF) wird durch Angabe der Abteilung (römische Ziffer) und der Bandnummer (arabische Ziffer) verwiesen. Gliederung der Ausgabe: Abteilung I: Sämtliche Romane, Erzählungen, Gedichte, Nachgelassenes; 7 Bde. (in erster Auflage 6 Bde.). Abteilung II: Wanderungen durch die Mark Brandenburg; 3 Bde. Abteilung III: Erinnerungen, ausgewählte Schriften und Kritiken; 5 Bde. (Bd. 1: Aufsätze und Aufzeichnungen; Bd. 2: Theaterkritiken; Bd. 3/I und 3/II: Reiseberichte und Tagebücher; Bd. 4: Autobiographisches; Bd. 5: Zur deutschen Geschichte und Kunstgeschichte). Abteilung IV: Briefe; 5 Bde.

# LITERATUR ZU »DER SCHLESWIG-HOLSTEINSCHE KRIEG IM JAHRE 1864«

*Textgrundlage:* Erstausgabe.

Theodor Fontane: Der Schleswig-Holsteinsche Krieg im Jahre 1864. Berlin: Verlag der Königlichen Geheimen Ober-Hofbuchdruckerei (R. v. Decker). 1866

Dem Abdruck der Reisenotizen wurde zugrunde gelegt:

Theodor Fontane: Reisenotizen aus Schleswig-Holstein 1864. Herausgegeben und kommentiert von Sonja Wüsten. In: Fontane-Blätter 4 (1979), Heft 5, S. 356–392

## *Fontane als Historiker*

Demetz, Peter: Weißer Sklave Fontane. Kriegsberichterstatter und Selbstinterpret. In: Frankfurter Allgemeine Zeitung. 23. März 1974

Fricke, Hermann: Fontanes Historik. In: Jahrbuch für brandenburgische Landesgeschichte 5 (1954), 13–22

Reich, Ernst-Lothar: Theodor Fontane als Historiker. Biographische Grundlagen, Weltanschauung und Geschichtsauffassung. 2 Bde. Innsbruck 1948 (Diss. Masch.)

Ribbe, Wolfgang: Zeitverständnis und Geschichtsschreibung bei Theodor Fontane. In: Jahrbuch für brandenburgische Landesgeschichte 20 (1969), S. 58–70

Scholz, Hans: Fontane, wie man ihn heute kaum noch kennt. Zu seinem Buch über den Schleswig-Holsteinschen Krieg von 1864 (Düsseldorf: Diederichs 1978). In: Der Tagesspiegel. Lit.Bl., Berlin, 24. Dezember 1978

## *Fontane und der Norden:*

Blessin, Stefan: »Unwiederbringlich« – ein historisch-politischer Roman? Bemerkungen zu Fontanes Symbolkunst. In: Deutsche Vierteljahrsschrift für Literaturwissenschaft und Geistesgeschichte 48 (1974), 672–703

Hendriksen, Jørgen: Theodor Fontane og Norden. Et Kapitel af »Det Nordiske« i tysk Opfattelse. Kopenhagen 1935

Jessen, Karsten: Theodor Fontane und Skandinavien. Kiel 1975 (Diss.)

Jessen, Karsten: Theodor Fontane und Dänemark. In: Fonane-Blätter 4 (1978) Heft 4, S. 226–245

Jørgensen, Sven-Aage: Nachwort zu »Unwiederbringlich«. Stuttgart 1971, S. 287–309 (Reclams Universal-Bibliothek. 9320–23)

Jørgensen, Svend-Aage: Dekadenz oder Fortschritt? Zum Dänemarkbild in Fontanes Roman »Unwiederbringlich«. In: Text und Kontext 2 (1974), Heft 2, S. 28–49

Jürgensen, Wilhelm: Theodor Fontane und Schleswig-Holstein. Biographisches, Landschaft. In: Nordelbingen 26 (1958), S. 174–183

Lohmeier, Dieter: Vor dem Niedergang. Dänemark in Fontanes Roman »Unwiederbringlich«. In: Skandinavistik 2 (1972), Heft 1, S. 27–53

Riedler, Hertha: Fontane und der Norden. In: Brandenburgische Jahrbücher 9 (1938), S. 52–55

Ritscher, Helga: Fontane. Seine politische Gedankenwelt. Göttingen 1953 (= Göttinger Bausteine zur Geschichtswissenschaft. 8)

Schrader, Ingeborg: Das Geschichtsbild Fontanes und seine Bedeutung für die Maßstäbe der Zeitkritik in den Romanen. Göttingen 1943 (Diss.)

*Allgemeine Literatur*

Dahlman, Friedrich Christoph: Geschichte von Dänemark. 3 Bde. Hamburg 1840–43

Fink, Troels: Deutschland als Problem Dänemarks. Die geschichtlichen Voraussetzungen der dänischen Außenpolitik. Flensburg 1968 (= Die deutsch-dänischen Bücher. 2)

Fischer, Friedrich von: Der Krieg in Schleswig und Jütland im Jahre 1864. Wien 1870

Holberg, Ludvig: Dänische Reichshistorie. Flensburg und Altona 1743–44

Hubatsch, Walther: Die Deutschen und der Norden. Göttingen 1959

Lauring, Palle: Geschichte Dänemarks. Neumünster 1964

## BRIEFLICHE ZEUGNISSE ZUR ENTSTEHUNGS- UND WIRKUNGSGESCHICHTE. REISENOTIZEN

### *Aus den Notizen*
### *»Reise nach Schleswig-Holstein und Düppel vom 19. Mai bis 27. Mai 1864.«*

[An Schreibweise und Interpunktion wurden keine Veränderungen vorgenommen. Flüchtigkeitsfehler wurden belassen. Zusätze des Herausgebers wurden durch eckige Klammern gekennzeichnet.]

*Donnerstag. 19.*

Mal wieder nach Hamburg. Die alten lieben Bilder in ihrem Wechsel immer wieder anziehend. Rehberge, Charlottenburg, Luch, immer saftiger, grüner, immer frischer, feuchter bis in die kleinen Flußwindungen durch Wiesenland mit niedrigen Häusern und hohen Strohdächern kommen. Mecklenburg hatte ein Uebriges gethan zum Empfang seines Großherzogs. Hamburg immer wieder schön und lachend. Die 8.er die mit sichrem Tritt durch die Straßen zogen. Dazu Blaue Reiter, Hamburger Bürgermilitair, Hamburger Contingent, Hannöversche Jäger und Preußen aller Gattungen. – Altona? Palmaille, Bundespalais mit einem Doppeladler und der Umschrift »zu den Bundeskomissairen«, dazu Doppelposten und deutsche und schleswig holsteinsche Fahnen. Die Soldat-spielenden Kinder mit Trommel und Trompete und deutschen und schl. holst. Fahnen. Der Geist ist hier ein andrer geworden. – Die Blicke hügelab der Elbe zu, Rainville.

Um 6½ nach Kiel. Bis Pinneberg sehr hübsch; ein Bild fruchtbarer holsteinscher Landschaft, Fruchtfelder, Gehöfte, Knicks, Baumgruppen; als Einfassung vielfach die *Eberesche* statt des *Heckendorns*.

Von Pinneberg bis Elmshorn, wo die große Volksversammlung war [die Proklamation des Prinzen Friedrich VIII. von Augustenburg zum Herzog von Schleswig-Holstein am 27. Dezember 1863], vielleicht noch hübscher weil mannigfacher; alle Stücke holsteinscher Landschaft sind hier zusammen: Fruchtfeld, Haide (mit abgeblühtem Haidekraut) und Torfmoor.
Von Elmshorn an hört eigentlich alle Schönheit und alles Charakteristische [auf], – ein ziemlich unfruchtbarer Höhen [?] oder Landstrich, ein Haidenmoor, aber ohne alle charakteristischen Züge zieht sich bis Neumünster hin.
Neumünster ist ein freundliches Städtchen, wohl das bedeutendste auf dieser Linie und mehr thriving als die andern (weil es Knotenpunkt ist) die Höfe, timberyards und Gärten lagern sich auch malerisch um die Häuser, dennoch wirkt das Ganze nicht recht gefällig. Ich schiebe es auf die *rothen Backsteinhäuser*, die hier ausschließlich vorherrschen. Ein Wort darüber. Unter Umständen liebe ich diese kleinen rothen Städte sehr, einmal dann wenn *viel* Holz an dem Hause selbst, sei es einfach als Fachwerk-Holz oder als Erker, Vorbau etc. auftritt; dann lieb' ich sie auch *massiv* überall da, wo Bäume in mehreren Reihen in den Straßen stehn und theils durch ihr Grün theils durch ihr Leben das *harte, rothe Steinerne* – das für den Kleinbau *nicht gemüthlich, nicht weich, nicht rund* genug wirkt – unterbrechen [. . .]
An Bordesholm vorbei, wo ein schöner See ist und die alten Könige [?] begraben sein sollen. Dann wird das Land hügliger, endlich schiebt sich eine unscheinbare Wasserspitze von rechts bis dicht an die Eisenbahn heran, es ist die äußerste Spitze des *Kieler Hafens*. – Um 9½ in Muhls Hôtel.

*Freitag d. 20.*
Flanirt in den Straßen Kiels und am Hafen. Das alte Schloß, ein ziemlich unschöner Bau [folgt Skizze] das fensterlose Parterre sehr hoch, fast die halbe Höhe des Ganzen, dann noch 3 Etagen. [Folgt Skizze.]
Bis vor dem Kriege war es von Herzog *Carl von* Schl. Holst.-Sonderburg-*Glücksburg* bewohnt. Jetzt ist es Lazareth. So sieht es auch aus. Oder Zuchthaus oder Landarmenhaus; nur die beiden schmalen Thürme, die sich anlehnen deuten auf etwas Burg oder Schloßartiges. [. . .]
Die Stadt voll von Militair, Leib Regiment und 48 er, die alte Brigade Raven, aber auch 60. 64. 35. 53. Königin Augusta, 3. und 4. Garde Regiment, westfälische Kürassiere.
Die ganze Jugend spielt Soldat. Auf allen Plätzen starke Trupps, sie sind erfinderisch und haben eine Phantasie Uniform von allem was ihnen am besten gefallen hat: schwarze Papp-Cylinder aus denen der rothe Husaren- Kolpack hängt, dazu Lanzen von den Ulanen Trommeln von der Infanterie, auf drei Mann immer ein Fahnenträger mit blau weiß roth in den Lüften.
Bald nach 11 Dampfschiff-Fahrt den Kieler Hafen hinunter. Erst: Schloß, dann Bade-Anstalt, dann Düstern-Broock,dann Bellevue, dann Holtenau, dann Friedrichsort, dann rüber nach Laboe auf der Propsteier Seite. *Laboe* ist ein wohlhabendes Schifferdorf und hat sich einen eignen kleinen Hafen angelegt; heut war dort Pfingstfest, eine Art Schützenplatz, wo die Propsteier Mädchen

in rothen Röcken und allem Pomp ihrer Nationaltracht erschienen. [. . .]
Auf der Rückfahrt in *Bellevue* abgestiegen. Sehr gutes Diner. Es ist so der Hauptvergnügungsort der Kieler und der Badegäste. Von Bellevue durch den Buchenwald von Düstern-Broock zurück in die Stadt. [. . .]
Die Buch- und Bilderläden sind mit »Bildern vom Kriegsschauplatz« überdeckt, »Hannemann-Carrikaturen« [Hannemann = Spottname für Dänen] (von einem gewissen Maler Achilles) politische Satyren, Bilderbogen aller Art, Seitenstücke zu den Ruppinern.

*Sonnabend d. 21.*.
[Es folgen Skizzen von Schloß Gottorf und von Schloß Louisenlund.]
Am Sonnabend d. 21. von Kiel nach *Schleswig*. Zuerst nach Neumünster. Dieser hüglige Landstrich namentlich nach Osten zu scheint doch sehr fruchtbar. Bordesholm am gleichnamigen See schien mir ein kleines Dorf mit einer alten Kirche ohne Thurm; – doch war es schwer zu erkennen.
Neumünster hat den früher beschriebenen Charakter vorzüglich im Neutheil an der Eisenbahn. Die alte Stadt ist freundlicher und hat etwa den Charakter guter, großer und reicher Dörfer am Oderbruchrand oder in der Nähe von Berlin. Steinhäuser die mit dem Giebel nach vorn stehn, platzartige Erweiterungen ohne eigentlich Platz zu sein, Palmaille's oder »Freiheiten« im Kleinen. Dann und wann eine Art Teich. Viele Lohgerbereien. Das Ganze unbedeutend.
*Rendsburg*. Bei der Ankunft bemerkt man alte Festungswerke; nach der Nordseite hin scheinen sie zu fehlen, nur ist hier dem Fluß eine künstliche Breite gegeben, die wahrscheinlich deckt; das *Kronwerk*, das man von der Eisenbahn aus nicht bemerkt, liegt im Westen.
Bis *Klosterkrug*, eine gute halbe Meile von Schleswig begleitete uns der aalfressende Berliner und hielt Vortrag über Düppel, die Schlechtigkeit der Dänen und die Inferiorität der schl. holst. Race.
Von *Klosterkrug* aus (das dicht hinter Jagel liegt) passirt man nun den Kern der *Dannevirke-Linie* namentlich den alten Margarethen-Wall. Vorher hat man den dominirenden *Königsberg* zur Rechten, den die Oestreicher erstürmten und dadurch die Sache auf fond entschieden [folgt Terrainskizze]. 1848 fand der Hauptkampf am alten Dannevirk, eigentlich wohl erst in dem dahinter liegenden Busdorf statt, während Bonin von der Flanke her kam, Schloß Gottorp attakirte und dadurch die Dänen zu raschestem Rückzug nach Flensburg nöthigte.
1864 nahmen die Oestreicher die mehr nach Süden hin vorgeschobenen Dörfer und Werke vor allem den *Königsberg*, der alles andre beherrschte. Zugleich, wie Bonin damals von der linken Flanke her, gingen die Oestreicher von der rechten Flanke her vor und besetzten *Fahrdorf*. Die Dänen durchstachen zwar den Damm, zwischen Fahrdorf und Haddeby; die östreichisch preußischen Batterien bei Fahrdorf brachten die dänischen Batterien auf der Möven-Insel zum Schweigen. Die Dänen, als sie von dem intendirten Uebergang bei Kappeln hörten, zogen ab. Ein etwaiger östreichischer Frontal-Angriff hätte

sich wahrscheinlich wieder gegen die Schanzen und Wälle zu beiden Seiten von *Busdorf* d. h. also in Front von Friedrichsberg und Haddeby richten müssen. Gegen 1 Uhr Ankunft in Schleswig. Die Lage ist hübsch und ziemlich malerisch; zuerst nach Schloß Gottorp.
Schloß *Gottorp* ist ein sehr stattlicher Bau, aber ohne all und jede Schönheit. Ziemlich schlimme Renaissance, ohne Roccoco zu sein. Seine historischen Erinnerungen das Beste. Es liegt auf einer Insel (wohl zum Theil künstlich) und nach der Front hin fällt das Erdreich in Böschungen ab. Am Wasser standen Oestreicher und angelten; im Rasen, windgeschützt, die Stadt und die Schlei vor sich, lagen Kranke wahrscheinlich von polnischen Regimentern in blauen Mänteln, die blauen östr. Mützen runtergeklappt, so daß sie gespenstisch, hexenhaft aussahen. Offiziere aller Art und aller Grade kamen und gingen. Auf Wache waren 35 er, bitterböse auf die 8. er. »Diese Kerle sind nur 2 mal im Feuer gewesen; sie kommen, laufen unsinnig vor, werden zurückgeschlagen, nehmen nachher mit 2 Compagnien am Sturm Theil und nun hat das Leib-Regiment alles gemacht, zieht nach Kiel, kriegt gute Quartiere, Blumen und Lorbeerkränze. Als wir in Schleswig einzogen, haben wir kaum ein Glas Bier gekriegt.« Von den Oestreichern sprechen sie wie von tüchtigen Soldaten, aber doch zugleich wie von wilden Thieren. »Tüchtig aufgezählt wird bei ihnen und die Kerle müssen sich selber die Hosen stramm ziehn, aber es sind auch Kerle danach, es geht nicht anders.«
Im Schloß (Gottorp) liegen kranke Oestreicher; aber man sieht auch Gesunde von allen Waffengattungen; ungarische Grenadiere – wunderschöne Leute – vom Regiment Alexander (oder Alexandra), steirsche Jäger mit Stutzhut und Federbusch etc. Thüren und Tafeln in der Vorhalle tragen noch zum Theil dänische Inschriften und erinnern an die alten Herrscher.
Um 2 Uhr Gang durch die Stadt. Sehr lang, eigentlich eine Straße an der Schlei hin. Die Häuser zur Linken stehen vielfach an Hügelabhängen,[b] an deren Fuß die Straße hinläuft, so daß man, wenn man aus der Thür der Häuser tritt, noch einen kleinen gepflasterten Abhang passiren muß, eh man in die Straße tritt.
Um 3½ zu Boot (Dampfschiff) um nach Missunde und nach Cappeln zu fahren. Die Ufer schön, aber doch nichts besondres. Der N. W. macht, daß wir die Fahrt aufgeben und uns entschließen ebenfalls in *Louisenlund* an Land zu gehen, wohin fast alle Passagiere wollten, um dem Prinzen *Friedrich Carl* (der in Louisenlund sein Hauptquartier hat) ihre Huldigungen durch Blumen, weißgekleidete Jungfrauen etc. darzubringen. Diese weißgekleideten Jungfrauen befanden sich mit uns an Bord; einige recht hübsch, alle munter, manierlich und ohne jede dumme Ziererei, meist reiche Bürgerstöchter. Außerdem an Bord der Sprecher des Festzuges, Herr *Burgfeldt* [?], Herr General von Hobe [vgl. S. 42], Graf Spee, mehrere Offiziere etc.
*Louisenlund*, an einer Schleibucht gelegen, ist nicht übel. Es gilt als Sommeraufenthalt zu Schloß *Gottorp* und hatte früher immer dieselben Besitzer. Die Umgebungen (Buchenwald etc.) sind reizend genug; am Schloß selbst ist eine gewisse Anspruchslosigkeit das Beste. Freundlich, hell, still, geborgen, hübsche Blicke auf Wasser und Wald, sonst aber ausgerüstet mit dem Stempel

charakterloser Langeweile.
Alles sammelte sich 1000 Schritt hinter dem Schloß vor einem Försterhause, wo auch solche sich einfanden, die zu Fuß oder zu Wagen von Schleswig gekommen waren: Gewerke,Turner, Sängerverein, Schlewig-Holsteinsche Kampfgenossen [Veteranen der schleswig-holsteinischen Armee von 1848–51], alle mit ihren Fahnen und Enblemen, dazu die Musik der 35er.
Nach der Fahne der »Schleswig-Holsteinschen Kampfgenossen« die von der Gemahlin des Erbprinzen (oder von seiner Mutter) 1849 oder 50 geschenkt wurde, suchten die Dänen ohne sie finden zu können. Man hatte das Fahnentuch aufgerollt und nach Kiel geschafft. Der sie aber dort aufbewahrte, war doch auch ängstlich, daß sie gefunden werden könnte und schnitt die 3 schleswigschen Löwen heraus. Neulich zogen die Schl. Holst. Kampfgenossen mit dieser Fahne vor den Erbprinzen; die 3 Löwen fehlten noch. Er fragte lächelnd wo sie seien? Nun wurde ihm die Geschichte erzählt. Er erwiderte heiter: »nun, die 3 Löwen habe ich; der Kieler hat sie mir seinerzeit geschickt.« Sie prangen nun wieder in der Fahne.
Um 6 setzte sich der Zug in Bewegung. Das Musikcorps vorauf. Der Zug war sehr hübsch durch die Fahnen. Man marschirte vor das Schloß. Die Damen in weiß mit blau weiß rothen Schärpen, die sehr schön aussahen, standen der Rampe zunächst; so bildete sich ein weiter Halbkreis. Ein Singrufer intonirte, dann alles still. Kein Prinz. Endlich erschien der Sprecher (Burgfeldt) und sagte: »Die Damen werden gebeten.« Er führte nun die Damen in die obern Zimmer. Hier wurden sie von Moltke [vgl. S. 308 und Anm.] empfangen. Kein Prinz da. Die Damen erschienen wieder. Endlich auch der Sprecher;[c] er sagte: »es sei schmerzlich etc. aber nichts destoweniger ein Hoch.« Er war übrigens sichtlich aigrirt. Dann ging es mit »Schleswig-Holstein« wieder zurück. Der Prinz war in dem Augenblick in den Wagen gestiegen und fortgefahren, wo der Zug sich in Bewegung gesetzt hatte.
Nun Rückmarsch zu Fuß am Schlei-Ufer hin bei heftigem Nordwest gerade ins Gesicht. Ein toller Marsch. Endlich Anschluß an die 6 oder 7 Schleswiger Philister, die Lieder singend auch nach der Stadt zurückmarschirten. Zwischen den Knicks ging es ganz gut. Der Eindruck den die Leute machten und ihre Lieder. *Alte* Cultur und ein damit verknüpftes Bewußtsein, ruhige, selbstbewußte Steifheit, aber die *alte* Cultur ist keine *hohe* Cultur; – vieles ist da was wir uns nicht mit einer Mode geben können aber unendlich vieles ist auch *nicht* da. Das Ganze hat doch einen Anflug von Krähwinkelei, überheblicher Selbstbespiegelung und Ueberschätzung, dazu furchtbare Phrasenherrschaft, weil der geistige Gehalt nicht groß ist. Daß diese Krähwinkelei weniger häßlich auftritt als in manchen mitteldeutschen Gegenden – wo auch übrigens alte Cultur ist – hat darin seinen Grund, daß die Leute in guten Verhältnissen leben. Erst wenn sich zur Krähwinkelei die ängstlich-sächsische Pfennigwirtschaft, das dumme Beriechen etc. gesellt, wird sie absolut unerträglich. – Unter den Liedern die die Leute sangen waren die bloßen *Marschir*-lieder die besten; die schwungvoll- sein wollenden waren alle entsetzlich, ebenso die Spottlieder auf Hannemann. Diese Verspottung der Dänen – wenn zum Theil auch begreiflich – ist

doch ein häßlicher Zug. Haß laß ich mir gefallen; aber die Dänen zu verspotten, ich bezweifle daß die Schl. Holst. ein Recht dazu haben.
Bei Fahrdorf der 15jährige allerliebste Junge, dessen Vater als Sergeant bei Fridericia, die Mutter als Marketenderin bei Idstedt fiel.
*Er.* Nun kommt der Däne nicht wieder.
*Ich.* Wer weiß.
*Er.* Er kann ja nicht an gegen die Preußen.
*Ich.* Aber wenn die Preußen fortgehen?
*Er.* Ja, dann kann der Däne wohl wiederkommen.
Dies ist das beste was ich in ganz Schleswig-Holstein über die Sachlage gehört habe.
Nach 10 endlich in Esselbachs Hotel. Zu Abend gegessen; todtmüde zu Bett.

*Sonntag d. 22.te*
Schlechtes Wetter. Im Hotel geblieben. Zu Tisch mit lauter Offizieren: Artillerie, 35er, ein Kaplan, Graf Spee, General v. Hobe, General v. Canstein [vgl. S. 41 u. ö.]; alles heiter und Kreuz-Zeitung lesend. Der alte Wrangel [vgl. S. 38 und Anm.] geht vorüber im Reisekostüm und wird von der Esselbach eingefangen; er kommt aber nicht in den Eßsaal.
*Einrichtung des Hôtels.* Großes Haus von beträchtlicher Tiefe; nach zwei Seiten hin freier Platz, nach der einen Breitseite hin wunderliche Nebengebäude die sich in allen Formen und Farben anlehnen, schräg nach hinten zu ein Garten mit einer schönen Blutbuche. Es besteht aus lauter großen Sälen, namentlich auch in der obern Etage. Hier ist ein großer Tanzsaal mit altmodischer Orchesterloge dicht unter der Decke; im Saale selbst eine beträchtliche Anzahl alter Oelbilder; Könige Prinzen und Prinzessinnen, die das Gespenstische des hellen, fleischfarbenen, großen Saales eher noch erhöhen. Daneben ein großes saalartiges Zimmer mit Cabinet. Im Cabinet ein Himmelbett; im Saalzimmer wunderliche Tapeten; grauer Grund auf der sich die Alhambra und Alhambra-Szenen befinden ein brennend rother Sultan, an den sich irgend eine Zaire in blau und weiß mit langen Haaren schmiegt. Er nimmt aber wenig Notiz von ihr.
Alte Nußbaum-Möbel, schwere verschossene Gardinen, Rouleaux die nicht mehr ziehn und von dem der Licht haben will, aufgewickelt werden müssen. Hohe Stehspiegel mit eingeschraubten Candelabern, deren große Glasbehänge laut klingeln und tingeln, so oft man über die Stube geht. Dazu weiß lackierte Sophas, Sessel und Spiegel, alle mit himmelblauem Damast überzogen, *die ersichtlich das Grundmobilar* bildeten, ehe knarrende Korbstühle und Berliner Schreibtische und Kommoden hinzukamen. Seitdem ist es nun eben styllos geworden. Lola Montez und ein Kinderbild von Meyer aus Bremen, Oehlenschläger, Rauch, alles hängt bunt zusammen; auf dem Ofen steht eine Büste König Friedrichs VII und ein Kupferstich von ihm hängt an der Wand. Es so schreiben
1) Die Grund-Einrichtung, Tapete, weiße Möbel, Büste Friedrich VII., schwere Gardinen, Stutzuhr.

2) Die Nußbaum-Möbel: große schwere Commode, Tisch, Stehspiegel mit Behang.

3) Korbstühle, Stickereien, Berliner Schreibtisch, Lola Montez etc.

Die untere Lokalität besteht aus einem langen Corridor, an dessen einer Seite drei mächtige Zimmer: ein Lesezimmer, ein Billardzimmer und ein großes Eßzimmer liegen; an der andern Seite liegt die mächtige Küche, nur durch Fenster und Glasthüren von dem Corridor getrennt, so daß jeder Vorübergehende »eine Frage frei hat« an alles was dort beschlossen ist.

Im Lesezimmer liegen die Hamburger und Schl. Holst. Zeitungen, wenigstens einige derselben, ferner 2 Kreuzzeitungs-Exemplare, die wohl nur mit den Preußen gleichzeitig eingerückt und an die Stelle von *Berl. Tidende* Dagbladet und Faidrelandet getreten sind. Im Billardzimmer ein Riesen-Billard; – im Eßzimmer: Die Schlacht bei Idstedt und der (zurückgeschlagene) Sturm auf Friedrichsstadt, dänische Bilder zur Verherrlichung dänischer Waffenthaten und allerdings in der Stadt Schleswig da nur möglich, wo die dänischen Offiziere ihren Verkehr hatten.

Im großen Tanz-Saal oben hängen allerhand Fürstlichkeiten und zwischen ihnen Jupiter-Taurus wie er die Europa entführt. Ein ganz dänischer Vorwurf.

Ueberall Reste alten Glanzes, aber ein Trauerflor liegt über dem Ganzen; nur die Preise grünen weiter.

Am Sonntagnachmittag gegen 3 Uhr *Fahrt nach Missunde*. [Dazu Skizze.] (Preis 4 Rhtr. was nicht allzu theuer.) Das schöne Angeln. Kostbares, frisches saftiges Hügel und Heckenland; saubre Bauernhäuser – fast immer Strohdach – die Mädchen *fahren* auf's Feld um zu melken, an dem Wagen, der aus einer Axe und einem Sitzbrett besteht, hängen 6–8 Eimer in dieser Form [folgt Skizze] inwendig roth, auswendig grün. Nicht viel Kirchen. Mitunter ein abgestochner, fast senkrechter Waldhügel, dann wieder Blicke auf die Schlei und deren jenseitige Hügel. Bald nach 5 im *Fährkrug von Missunde*. Der nette Mann, die noch nettere Frau, völlig gebildet, mit einer Sprechweise, wie sie unsre Exzellenzen sehr oft nicht haben. Alles sauber: Stube, Küche. Das Dach-Zimmer wo die Granate einschlug und durchging durch das Bett des Mannes in der darunter befindlichen Stube. – Dorf Missunde ärmlich; neun Häuser niedergebrannt, einige schon fast wieder fertig; keine Kirche. Die (Ornumer) Mühle, (Holländer oder Wassermühle). Die Windmühle heißt »Katherinen«. Wieder dieselbe Sauberkeit. – Die blauen dänischen Patronen. – Die mächtigen Feldsteine inmitten der dänischen Schanze; der tolle Nordwestwind. Die geschickte Anlage; das Hineinschießen in die Schlucht.

Die Geschichte von König Erich [vgl. S. 59 und Anm.] »Erichs-Haus« wohin sie seine Leiche brachten, jetzt durch die Dänen selber niedergerissen, – es war noch ächt und ganz hinfällig. Erschlagen wurde er in der Bucht von Luisenlund. Die Kette, die Mütze im Dom. Wo ruht er selbst? – Gegen 10 nach Schleswig zurück. Beim Thee im Lesezimmer 2 oestreichsche und ein dänischer Offizier (Benzen, verwundet bei Oeversee, Schuß an der Schläfe vorbei am Ohr heraus, also am Schädel *entlang* gegangen.)

*Montag d. 23. Mai.*
Regenwetter. In den Schleswiger Dom. Sehr schön. Der berühmte Schnitzaltar. Die Kette und das rothe Stückchen Mütze nur noch sehr klein bis 1850 war es viel größer, die Dänen haben aber kleine Erinnerungsschnipselchen mitgenommen, – so wirds immer kleiner. – Das Christuskind im weißen Hemdchen.
Neben dem Altar links: die große Grabkammer der Herzöge; vor dem Altar rechts: König Friedrich I ein schönes Monument; rechts vom Altar im Seitenschiff die Grabkammer des Generals von Arenstorff (in dänischen Diensten) Rundum an der Wand der Seitenschiffe laufen, nach außen zu, die Grabkammern alter reicher Familien darunter der Reventlows und andrer.
Um 11 Uhr nach Klosterkrug zurück, von dort nach *Flensburg*. Abgestiegen in Rasch-Hôtel. Zu Tisch mit Zedlitz-Neukirch, Langenbeck, 2 Söhnen vom Grafen Hardenberg (beide vom 18.) verschiedenen andren Aerzten und Offizieren. Gang nach Bellevue ins Johanniter-Lazareth. Das weiße Kreuz im rothen Felde. Hauptmann Ballhorn. Kostbare Aussicht. Norder- und Süder-Stadt. Der Flensburger Kirchhof. Das Dänen-Monument. Gang durch die Stadt. Die Norder-Seite, Rathhaus, Kirchen, schöne Häuser, Eisenbahn.
Am Abend im Gasthof; mit Dr. Heffter beim Thee geplaudert.
((Die Erzählungen des Dragoner-Rittmeisters vom »Räuber-Commando«. Graf Scheel-Plessen (früher Ministerpräsident). Die Haltung der Jüten dabei. Der gute Charakter der Jüten, im Verhältniß zu den Schleswigern. Die Holsteiner viel besser. Die Jüten hübsch, namentlich auch die Frauen. Graf Hardenberg giebt eine hübsche Schilderung des Düppeler Sturms und speziell der Erlebnisse einiger Compagnien vom 18. Regiment.))

*Dinstag d. 24.*
*Fahrt nach Düppel und dem Brückenkopf von Sonderburg.*
Bald nach 8 in einem offenen Wagen fort. Kostbare Fahrt am Fjord hin. Unterwegs zwei Flensburger Zimmermeister aufgenommen. Rinkenis (Seier's Gedenkstein) Gravenstein, Atzbüll, Nübel, Büffelkoppel, Wielhoi, Freudenthal (hier fangen die Approchen an und das eigentliche Düppel-Terrain). Immer weiter auf der Chaussée bis an die dritte Parallele. Marsch durch dieselbe. Die Ausfallpforten. Das Vorterrain (ein wenig wellig, einzelne niedrige Knicks) ein Rapsfeld, dann Schanze 1, die fast ganz am Abhang liegt dem Wenningbund zu. Dann nördlich hinauf, parallel mit den Parellelen geschritten, bis Schanze 2, 3 und 4. Dann in den Wagen gestiegen; auf der Chaussée weiter an Düppelmühle (die dicht zur Rechten liegt, hinter Schanze 4) vorbei, vorbei am zerschossenen Chausséehaus und an dem dänischen Barackenlager (alles *unmittelbar* rechts vom Wege) bis an den großen offnen Brückenkopf, auf den die Sonderburger Pfahlbrücke (die Laternen hat) mündet. Dicht daneben der Rest einer andern Brücke (Schiffbrücke); rechts und links Laufbrücken, die eine dem Sonderburger Schloß zu. Schöner Blick auf Sonderburg. Die 15.er. Der Verkehr mit drüben. Abfahrendes und kommendes Boot. Scene an der Brücke. Das junge Alsener Bauernpaar und

die 15.er. Der dänische Offizier (Schwede, singend) und der Corporal (blond, hübsch, Schleswiger) im Boot. Zur Anmeldung Hornsignale. Der Brückenkopf; exponirt dem Feuer von Alsen; schlimme Lage unsrer Truppen; – wie es kam, daß hier alles zusammenströmte. Alles sehnte sich nach mehr Kampf, mehr Bethätigung, so ging man weiter, fand den Feind (9. und 20. Reg. im Barackenlager) warf ihn, die Verfolger vom linken Flügel her schlossen sich an, so drängte, ohne Disposition, alles nach einem gewissen Naturgesetz und mit Unausbleiblichkeit hier zusammen. Einmal da, wollte man einen so wichtigen Punkt nicht wieder aufgeben und erlitt schwere Verluste, da der Brückenkopf offen war. Die 13.er kamen am Strand-Hügelabhang entlang; 6 Gefreite fielen und haben ihr schwarzes Kreuz am Wege; Hptm. v. Cranach ging weiter »hier sind wir die ersten«. Dann fiel auch er. Desselbigen Weges, *etwas* mehr aus dem Centrum der Stellung kamen 2. Compagnien der 18.er (Graf Hardenberg) und Augusta und Elisabeth, alle von Schanze 8 und 9 her, während die 13er von Schanze 10 kamen, die kapitulirt hatte: zugleich aber kamen Garden (3. und 4. Garde-Reg.) vom äußersten rechten Flügel her, die 35er und vielleicht auch noch Westphalen aus dem Centrum. [Folgt Terrainskizze].
Der Zustand der Approchen und Parallelen. *Was alles drin liegt.* Der Spitzberg. – Schanze *zehn* und das Blockhaus. (In den Parallelen fand ich: Tornister, Patronentasche, Wehrgehenk, Kochkesselreste, Säge, Gerätschaften aller Art, Feuerstellen, kleine Heerde in der Wandung des Grabens mit Schornsteinloch, Kommißbrot, Stiefel, Schuh, Sohlen, Mützen, Helmreste etc. etc. *Granatsplitter* und Kugeln meist in den Schanzen und dem Vorterrain, doch auch nur wenig; eine Tagelöhnerfamilie hat eine Hütte etablirt und sammelt alles als alt-Eisen.)
Die komisch-sagenhafte Figur des *Rolf Krake* [vgl. Anm. zu S. 119] der alles gemacht hat ((z. B. die Zerstörung der Brücke nach Alsen)).
Die Rückfahrt über *Broacker* nach *Ekensund.*
*Broacker*, reiches schönes Dorf, mehrere Gasthäuser, drei Lazarethe, eins im Gasthaus. Propst Carsten und Pastor Schleppegrell [vgl. Anm. zu S. 102]. Reizende Lage der Propstei. Der Propst wurde flüchtig, Schleppegrell schon vorher. Er hatte Theologie studiert, aber seine Examina nicht gemacht; trat 1848–50 als Artillerie-Offizier ein und erhielt dann die Pfarrstelle in Broacker. Sieben Töchter, schöne Mädchen, couragirte Däninnen. »Und wenn sich 10.000 Preußen die Köpfe an den Schanzen einrennen, sie werden sie *doch* nicht kriegen«. Die *Bewohner meist dänisch gesonnen.* Hauptquartier aller Correspondenten: Times, Daily-Telegraph, Illustrated London News, Hamburger Nachrichten. – Broacker, die Halbinsel sowohl wie auch speziell das Dorf waren für die Belagerung von höchster Wichtigkeit: wie einige meinen, war *die Einnahme nur dadurch möglich, daß man von Broacker aus operiren konnte.* Die bloßen Frontal-Angriffe mußten scheitern. (Beiläufig bemerkt, glaube ich dies nicht. Der Ausgang hat schließlich gezeigt, daß wenn man von Anfang an eine *ernstliche Belagerung* eingeleitet hätte, es auch ohne Broacker gegangen wäre. Das Demoliren der Schanzen war auch von den Frontalpositionen aus möglich und verbot sich's am rechten Flügel, so konnte mans vom

linken Fügel aus. Das muß man zugeben, daß das Feuer von 2 Seiten die Situation der Dänen schwieriger machte und thatsächlich wie moralisch den Effekt des Angriffs steigerte. Die Hauptschwierigkeit indeß blieb doch der Sturm selbst und eine *vierte*, wenns sein mußte eine *fünfte* Parallele, so daß die Preußen so zu sagen nur zuzuspringen brauchten hätten vielleicht mehr gefruchtet als alle Gammelmark-Batterien. Wären nämlich die Schanzen auch noch besser im Stande gewesen und dadurch widerstandsfähiger, so hätte das völlige *Nah-gerücktsein* der *preußischen Macht* und ihr umittelbarer Ansprung auf den Feind dies völlig ausgeglichen. Indeß muß es bei dem Ruhme von Broacker und Gammelmark sein Bewenden haben. Viel wichtiger war es wohl – *abgesehn vom Geschützkampf*, den ich nicht so hoch veranschlagen kann, – als Flankenstellung für die Infanterie. Hierdurch wurden alle großen Ausfälle der Dänen für diese sehr mißlich, weil sie wenn sie zuweit vorgingen jedesmal in Gefahr kamen, durch einen Flankenstoß aus Broacker abgeschnitten zu werden. Am 17. März geschah etwas ähnliches.) Jedenfalls hat nun Broacker seine Geschichte. Interessant ist sein Propst, sein Schleppegrell, seine Eigenschaft als Correspondentenherd, seine Eigenschaft als Heerlager für die halbe Armee und als Flankenposition, seine Gammelmark-Batterien, seine Kirche, sein Kirchhof, sein Observatorium, seine Lazarethe.
Die Kirche mit zwei hohen Thürmen ist gothisch, alt, einfach, schön, sauber, eher die Kirche einer mittelalterlichen Stadt als eines Dorfs.
Der Kirchhof interessant durch seine Gräber und seine Inschriften [. . .].
Das Observatorium war von höchstem Belang. Von hier aus wurde die feindliche Stellung mit dem Auge beherrscht, der Mann der auf dem Quereisen der einen Wetterfahne stundenlang ritt ist eine historische Person geworden, zugleich mythisch. Die Angaben schwankten. Nach den einen war er gleichbedeutend mit dem Schiffscapitain Bartelsen, der bei Arnis und Cappeln thätig und auch später in der Umgebung des Prinzen war. Nach andern war er ein *Conditor aus Kiel*; in Wahrheit aber war er *Kapitain Karlsen*, [vgl. S. 181 und Anm.] ebenfalls ein Schleswig-Holsteiner, ein sehr stattlicher, muthiger Mann mit einem langen grauweißen Bart.
Das Wirtshaus in Broacker, zugleich eins der Lazarethe. Die Bewohner fast alle dänisch. Die verwundeten Dänen im Lazareth. Das Hinterstübchen, der Todtengräber und die beiden Krankenpfleger (Lazarethgehilfen) die Brüderschaft trinken. Vor und Hinterküche; der Brunnen in der Küche. Mein Diner draußen auf dem Holzwagen.
Rückfahrt über *Ekensund*. Der Artillerist aus dem Mansfeldischen mit dem zerbrochenen Säbel.
*Mittwoch d. 25.*
Gang durch die Stadt. Ins Ständehaus (jetzt Lazareth) wo der zerstückelte Idstedter Löwe liegt. Viele Soldaten getroffen vom 35. und 60. vom 24. und 64. Regiment; auch einige Dänen, ein jovialer Kerl von der Insel Fünen. Um 11 Rückreise angetreten. Das Dannewerk wieder passirt; um 4 in Rendsburg. *Kronwerk, Altstadt, Neuwerk.* Abgestiegen in Pahls Hôtel, das ein wenig reducirt erscheint. Das Wetter scheußlich. Ruhig zu Hause geblieben; gelesen

und geschrieben. Unter den anwesenden österreichischen Offizieren ein Jude. [Folgt Skizze von der Lage der Stadt.]

*Donnerstag d. 26.*
Früh nach Altona. Kloppstocks Grab in Ottensen. [. . .] Nach Hamburg. Wilkens Keller. Alster-Pavillon. Die Nicolai und St. Catharinen Kirche. – Am Freitag (27.) früh nach Berlin zurück.

[Fragment:]
*Stürmer antreten.*
Wrangel gloobte nicht dran dat er se kriegen würde und sagte »Karlken, Karlken laß ok, du kriegst se nich«, unser Prinz aber sagte (hochdeutsch und mit Pathos) »eh ich meine Soldaten noch länger *vor* den Schanzen liegen sehe, will ich sie lieber in den Schanzen in ihrem Blute liegen sehn.« Und dann schloß er sich in Gravenstein ein und simulirte zwei Stunden und als er fertig war sagte Wrangel noch mal: »Karlken, Karlken laß et sind, du kriegst se nicht.« Unser Prinz sagte aber: i, ick werde se schon kriegen.

(Fontane-Blätter Bd. 4, Heft 5, S. 366 ff.)

*Aus Briefen*

*An den Verlag Rudolf von Decker* Berlin, 31. August 1864
Herr von Decker sagte mir vor ungefähr 14 Tagen, daß er behufs Edierung eines Buches über den schleswig-holsteinschen Krieg noch die Zeichenkräfte einiger Maler zu engagieren wünsche. Camphausen, Kretschmer, Rabe und Burger wurden vorläufig genannt; – darf ich Ihnen Mitteilung davon machen, daß der ausgezeichnete Schlachtenmaler Georg Bleibtreu einige Ölbilder für Österreich gemalt hat (die »Erstürmung des Königsbergs bei Schleswig« und »Gefecht bei Oeversee«) und so weit ich seine Intentionen kenne, gern bereit sein würde, einige der Illustrationen zu übernehmen. (HF IV, 2, S. 132)

*An Wilhelm Hertz* Neuruppin, 7. September 1864
Heute Nacht 4 Uhr breche ich nach Lübeck auf und gedenke von dort aus nach Kopenhagen zu gehn, sobald dies Sturmwetter vorüber ist. Hohe See werden wir ohnehin noch haben.

(Briefe an Wilhelm und Hans Hertz, S. 117)

*An Emilie Fontane* Kopenhagen, 10. September 1864
Ich bin heute früh 8½ hier in Kopenhagen eingetroffen. Wir verließen Lübeck auf dem Dampfschiff Bager gestern Nachmittag 4½, sodaß die Fahrt gerade 16 Stunden gedauert hat. Mir wurde nach Mitternacht sehr flau, doch kam ich mit genauer Not darüber hin.
Lübeck hat mich *sehr* interessiert; Kopenhagen gefällt mir auch, es ist eine bunte, muntere, malerische Stadt. Vor Mittwoch Abend werde ich nicht von hier fort können, da ich doch auch Helsingör und Roeskilde, vielleicht selbst

Ringstedt gesehen haben will. Ich hoffe abends von 7 bis 10 schreiben zu können und möchte dann wohl ein paar Briefe an Beutner resp. die Zeitung richten. Darauf muß ich Dich verweisen. Dies soll Dir nur sagen: Ich lebe, ich bin in Kopenhagen. Bis jetzt war das Wetter schlecht, heute ist es leidlich; – mit meinem Befinden geht es unberufen und unbeschrien. Bitte, laß Mama in Ruppin wissen, daß ich hier angekommen bin. Morgen will ich bei Quehl meine Visite machen. Jetzt zum Kaffee nach Krampenburg (Krampenborg oder Klampenborg), was etwa türkisches Zelt oder dergleichen vorstellt. Soll aber sehr schön sein.

(HF IV, 2, S. 132 f.)

*An Theodor Storm* Flensburg, 25. September 1864

Sie haben wohl an der Westküste keine Ahnung davon, daß ich nun schon seit 14 Tagen die cimbrische Halbinsel unsicher mache. Jetzt stehe ich als Gewölk über Husum. Eigentlich wollte ich morgen schon bei Ihnen »der keines Ueberfalls gewärtig« einbrechen, da aber »Diana« morgen früh nach Sonderburg fährt und Diana speziell meine Göttin ist, so will ich noch zuvor eine Fahrt nach Alsen machen. In Düppel war ich schon früher (Ende Mai).
Danach stünde ich auf Dinstag Nachmittag oder Abend für Husum in Sicht, da ich von der Alsenfahrt nicht vor Dinstag Mittag in Flensburg zurück sein kann.
Meine Absichten in Husum sind folgende:

1. Sie und Ihre sehr verehrte Frau auf eine halbe Stunde zu sehn.
2. In einem Boot wenigstens die nächstgelegene der friesischen Inseln zu besuchen.

Ich bitte Sie nun herzlichst, mich poste restante Flensburg, in zehn Zeilen wissen zu lassen, wie Sie über diese meine Husum-Reise denken.
Es wäre doch möglich, daß auch der allerflüchtigste Besuch meinerseits Ihnen und Ihrem Hause aus irgend einem Grunde nicht paßte, oder daß es unmöglich wäre, einmal im Husumer Gasthof ein Nachtquartier und andren Tags am Husumer Strand ein Boot zur Ueberfahrt nach Nordstrand zu finden; in jedem dieser Fälle würde ich die Reise unterlassen und meinen Besuch bei Ihnen auf andre Zeiten vertagen.
Sie erhalten diese Zeilen hoffentlich morgen Mittag; wenn Sie gleich antworten, muß Ihre Antwort spätestens Dinstag Mittag hier sein und ich kann danach, wenn ich von Alsen zurückkomme, meine Dispositionen treffen.

(HF IV, 2, S. 133 f.)

*An Alexander von Pfuel* Berlin, 12. Februar 1865

An die Wiederaufnahme der unterbrochenen Arbeiten, die alle für Band III der Wanderungen bestimmt waren, ist vorläufig nicht zu denken, da ich auserlesen worden bin, eine populäre, dabei umfangreiche und reich illustrierte Darstellung des schleswig-holsteinischen Krieges zu schreiben. Es wird mich diese Arbeit mindestens noch bis in den Herbst beschäftigen und werde ich bis dahin meine märkischen Arbeiten nicht wieder aufnehmen können.

(HF IV, 2, S. 137)

*An Wilhelm Hertz* Berlin, 21. Mai 1865

Nach tapfrem Fechten und Durchschlagen, brauchen wir in diesen Decker-Tagen, in denen das Höchste erwartet, vorläufig aber nicht das Kleinste besessen wird, abermals 100 rtl.

Könnten Sie mir sie leihen? Wenn ich nicht krank werde, so gedenke ich Ende August das M.S. abzuliefern, bei welcher Gelegenheit ich 375 rtl. erhalten würde und meine Schulden bei Ihnen bezahlen könnte.

(HF IV, 2, S. 140)

*An Rudolf von Decker* Berlin, 26. Juli 1865

Inbetreff der Croquis und gleichsam in Erweiterung der Propositionen, die ich mir zu machen erlaubte, möchte ich Ihnen heute folgendes zur weiteren Erwägung bzw. Beschlußfassung anheimgeben.

Das Buch in seiner ursprünglich intendierten Gestalt ist nicht mehr herzustellen; die Mittel werden höhren Orts verweigert oder doch nur in sehr beschränktem Maße bewilligt, außerdem fehlt es nunmehr an *Zeit*.

Was ich Ihnen nun, hochzuverehrender Herr v. Decker, unter diesen Umständen ans Herz legen möchte, ist die Frage: »täten wir nicht gut, uns von der ursprünglichen Idee (die nun doch mal unausführbar geworden ist) so viel wie möglich zu emanzipieren und etwas relativ Neues an die Stelle treten zu lassen?« Knapsen wir von dem ursprünglich als Prachtwerk gedachten Buche 7/8 ab, so macht das übrig bleibende Achtel den Eindruck einer heruntergekommenen Größe oder aber jenes unglücklichen »es ginge wohl, aber es geht nicht«, während wenn wir die Prachtwerk-Idee *ganz* fallen lassen und einfach ein *Buch* geben, das Feld noch mit Ehren behauptet werden kann. Dies Buch braucht deshalb nicht vollständig ohne alle Illustrationen und dem ähnliche Zutaten zu sein, nur die eigentlichen »Bilder«, die großen Schlacht-Tableaux etc. wären vielleicht besser *ganz* und *gar* über Bord zu werfen. Das Geld, das dadurch erspart wird, ließe sich dann vielleicht für eine reichere Anzahl Porträts und für jene Croquis, Dunby-Pläne etc. verwenden, die keinen anderen Plan verfolgen, als das Verständnis des Textes leichter, die Schilderungen selbst anschaulicher zu machen. – Mit der Bitte, mir diese Propositionen, wobei ich nur das Gelingen des Unternehmens im Auge habe, nicht übel deuten zu wollen, hochzuverehrender Herr von Decker [. . .]

(Freundesbriefe. Letzte Auslese, Bd. 1, S. 213 f.)

*An Elise Fontane* Berlin, 31. Juli 1865

Besten Dank für freundlichen Brief und freundliche Einladung, die anzunehmen allerdings außer aller Möglichkeit liegt. [. . .] ich arbeite an meinem Buche wie mit Dampf und will froh sein, wenn ich bis zum Schluß des Monats damit zu Rande bin. Angesichts einer entzückenden Natur, zweier Schwestern (als Edelsteine darin) der Wartburg und eines vielleicht zurückkehrenden Fritz Reuter, würde das Aufexencirenlassen der 6. und 7. Compagnie vierten brandenburgischen Regiments N° 24 und das Verzeichniß seiner Heldenthaten vor Düppel und später – im Cantonnement – vor Grethe, Fiek' und

Suppenschüssel, mir doch allzu schwer ankommen und wahrscheinlich arg ins Stocken gerathen. Die Verhältnisse lassen mir keine Wahl [. . .]. Wenn ich endlich die Feder bei Seite geworfen und den Koffer gepackt haben werde, will ich vergessen, daß es so etwas wie Bücher und Zeitungen giebt.

(HF IV, 2, S. 141 f.)

*An den Verlag Rudolf von Decker* Berlin, 21. August 1865
Lassen Sie mich Ihnen zunächst meinen ergebensten Dank für Ihre freundlichen Zeilen und für die so überaus gefällige Uebermittlung der 375 Rtl. sagen; – ich hoffe Ihnen mündlich diesen Dank wiederholen und bei dieser Gelegenheit zugleich allerhand Punkte betreffs des Drucks besprechen zu können. Bitte, bestimmen Sie eine Zeit. Wenn irgend möglich *Donnerstag* von 1½ bis 7 zu *jeder* Stunde die Ihnen paßt; ich kann es danach einrichten. Vorher (Dienstag und Mittwoch) würde nicht recht 'was helfen, da ich das M. S., mit dessen Durchsicht ich vor Mittwoch Abend nicht fertig bin, dabei in Händen haben muß.
Meine Wünsche, in Betreff von etwa 6 oder 8 Croquis etc., werde ich auf einem Zettel spezifiziren und mitbringen. Auf Burger's Rückkehr werde ich leider nicht warten können – bitte, dringen Sie aber nicht in ihn, um deshalb seine Rückreise zu beschleunigen. Ich hoffe alles Nötige ausreichend notiren zu können; außerdem, da er in diesen Dingen ja brillant bewandert ist, findet er sich auch wohl, nach eigener Kenntnis, darin zurecht.

(Dichter über ihre Dichtungen, Bd. 2, S. 12 f.)

*An Friedrich Wilhelm Holtze* Berlin, 26. August 1865
Mein Buch ist seit zwei, drei Tagen im M. S. fertig und morgen geh ich in die Schweiz, um mich von den Strapatzen 8monatlicher Arbeit zu erholen. [. . .] schriftlich die Bitte, daß Sie mir das lange Zurückbehalten der Bücher verzeihen mögen. Es wird nun auf vier, fünf Wochen mehr oder weniger hoffentlich auch nicht ankommen; ich brauche nämlich das mir gütigst Anvertraute noch beim Correkturmachen.

(Jahrb. d. Deutschen Schillergesellschaft, 4, 1960, S. 360)

*An den Verlag Rudolf von Decker* Berlin, 25. September 1865
Eben verläßt mich Herr Burger, mit dem ich – so weit das zwischen uns beiden abgemacht werden kann – über die bildliche Ausstattung des Buches das Nötige besprochen habe. Das, was er vorhat, scheint mir unter den obwaltenden, wenig günstigen Umständen das Beste zu sein.
Diese Zeilen haben aber noch einen andern Zweck als die vorstehende Mitteilung. Burger betrachtet das Ganze als ein verspätetes, seines ursprünglichen Lebensgeistes beraubtes, totgeborenes Unternehmen, und sagte mir, daß er sich bereits in diesem Sinne gegen Sie geäußert habe. Ich knüpfe an diese Burgersche Ansicht an. Vielleicht sieht er um einiges schwärzer als nötig, wenn indessen der Herr Minister – und zwar »nach und nach« – nur eine Abnahme von 1000 Exemplaren in Aussicht gestellt hat, so scheint mir der äußere Erfolg

des Buches allerdings keineswegs gesichert. Gestatten Sie mir in Rücksicht darauf die Mitteilung, daß meinerseits kein Weheschrei laut werden würde, wenn die Herausgabe unterbliebe. *Die Freude an dem Unternehmen ist allerseits längst dahin;* weder der Herr Minister, noch Herr v. Decker, noch Sie, noch Burger, noch ich, hängen wohl irgend länger noch an dem Buch und die Frage: »ob es überhaupt noch erscheinen soll« scheint mir allerdings, wenn nicht die Deckersche Firma über den Absatz günstiger denkt als der Illustrator und der Schriftsteller, eine wohl aufzuwerfende. Lebte ich nicht von meiner Feder, so würde ich Ihnen durch einen teilweisen Verzicht auf mein Honorar gern entgegenkommen; doch ist mir das leider nicht möglich. Das *eine* Opfer aber würde ich ohne weitere Kümmernisse bringen: ein bestes Lebensjahr (und wer weiß wie viel man deren noch hat) an ein vor der Geburt schon gescheitertes Unternehmen gesetzt zu haben. Ich füge hinzu, daß dem Herrn Minister schwerlich an dem Erscheinen des Buches gelegen sein kann. Ich weiß es nicht, aber ich habe ein Gefühl davon. –

Diese Mitteilungen würden ihr Mißliches haben, wenn ich noch bei der Arbeit wäre; sie würden eine unlustige Arbeitsstimmung verraten und wenig von der Arbeit selbst erwarten lassen. Aber die Arbeit selbst, ein paar Seiten abgerechnet, ist fertig und zwar im Wesentlichen mit Ernst und Eifer vollendet worden. Diese Betrachtungen schaden also nichts mehr. Bitte ziehen Sie sie ernstlich in Erwägung.

(HF IV, 2, S. 145 f.)

*An Ludwig Burger* Berlin, 4. Oktober 1865

Eben bin ich mit der Durchsicht des M.S., so weit ich es besitze, durch und eile meine Aufzeichnungen in Ihre Hände gelangen zu lassen.

| | |
|---|---|
| Bogen I. | Alles bis Düppel. |
| Bogen II | Düppel. |
| Bogen III | den Rest. |

Von meinen Aufzeichnungen bis zu dem Kapitel »Lagerleben« (was nur ein *Kapitel*, keine Hauptabtheilung ist) werden Sie wenig brauchen können, da mir bis dahin – einige zufällig von Decker eingetroffene Correkturbogen abgerechnet – alles Material fehlte. *Von da ab, ist aber alles in Ordnung,* überall habe ich Versionen notirt, so daß die Mehrzahl der A und D wegfallen, wo sie Ihnen irgendwie störend sind.

Benutzen Sie die Versionen, so bitte ich die einliegenden Bogen aufzuheben, damit ich, – wo es nöthig wird – später die erforderlichen Correkturen, gestützt auf diese meine Varianten, leichter machen kann.

So wie ich das M.S. der ersten Hälfte (wohl nur des ersten Drittel) in Händen habe, vervollständige ich meine heutigen Angaben von Anfang an bis zu dem Kapitel »Lagerleben« hin.

Da Ihnen die Reihenfolge gleichgültig sein wird, so läge nunmehr das Arbeitsfeld, so weit ich es beurtheilen kann, klar vor Ihnen. Der *Inhalt* – mit dem Sie ja ohnehin vollauf vertraut sind – ergiebt sich im Wesentlichen aus den Ueberschriften.

Zum Schluß die Bitte: da Decker nun 'mal *will* (was am Ende doch auch wohl das beßre ist) so auch mit möglichster Rapidität vorwärts, damit wirs am Ende noch bis Weihnachten schaffen. »Wenn schon, denn schon«. Ich hoffe in 8 Tagen mit meiner Arbeit fertig zu sein; freilich auf Ihren Schultern liegt Schwereres.

(Dichter über ihre Dichtungen, Bd. 2, S. 14 f.)

*An den Verlag Rudolf von Decker* (Herrn Schultz) Berlin, 11. Oktober 1865
An „Alsen" arbeite ich fleißig; es ist doch noch eine ganze Menge. Glücklicherweise bin ich mit frischen Kräften drangegangen. Am Sonntag Abend hoffe ich fertig zu sein. Bis Mitte nächster Woche ist das *ganze* M.S., inclusive des Alsen-Kapitels alles in voller Ordnung in Ihren Händen. Eine Stockung im Druck werde ich sicher nicht verschulden.

(Dichter über ihre Dichtungen, Bd. 2, S. 15 f.)

*An den Verlag Rudolf von Decker (Herrn Schultz)* Berlin, 2. November 1865
Herr Faktor Baumann hat die Freundlichkeit gehabt mir mitzuteilen, daß unser Buch, nach neuerdings gefaßtem Beschlusse, nunmehr erst Anfang April komm. J. versandt werden soll. Es ist mir das, aus mehr als einem Grunde, eine schmerzliche Nachricht gewesen, wenn schon ich gerne einräume, daß die Verhältnisse, die sich Juli und August so unvorteilhaft zu gestalten anfingen, kaum einen andern Ausweg gelassen haben mögen.
Für den Absatz des Buches – ich spreche da nach Erfahrungen, die ich bei meinen letzterschienenen Büchern über die Mark gemacht habe – wäre November gewiß besser gewesen als April, doch berührt dies eine Seite der Angelegenheit, von der meine Person – wiewohl einem das Maß des Erfolges nicht gleichgültig sein kann – am wenigsten betroffen wird. Wovon ich betroffen werde, das ist zunächst eine Einbuße an *Zeit*. Ich glaubte, von Mitte November an, mich ungestört einer andern größern Arbeit [»Vor dem Sturm«] widmen zu können und werde nun, weitre fünf Monate lang, Düppel-Alsen im Kopfe tragen und mit Fahnen und Revisions-Bogen mich herumschlagen müssen. Es geht nicht anders; aber es ist doch bedrücklich.
Der andre Punkt ist der Geldpunkt. Ich lebe der Hoffnung, daß mir Ihre schon bewiesene Freundlichkeit hier entgegenkommen und eine Summe, die ich spätestens bis Mitte November zu empfangen hoffte, auch bis zu diesem Termine zustellen wird. Der Wortlaut der Abmachungen ist gegen mich, die Billigkeit ist für mich. Das Ausbleiben dieser Summe, auf die ich glaubte fest rechnen zu dürfen, würde mich in eine Verlegenheit bringen, die Ihre Güte gewiß bereit sein wird mir zu ersparen.
Das M. S. ist jetzt fertig bis aufs tz mit Ueberschriften, Noten, Anmerkungen etc. Nur die kleinen Zeichnungen, soweit *ich* dieselbe machen kann, fehlen noch. Doch hoffe ich bis Montag damit fertig zu sein. Ich werde Ihnen dann, also in spätestens 8 Tagen, das Ganze überbringen oder übersenden und bitte herzlich die Ablieferung des Manuskripts in diesem speziellen Falle als gleichbedeutend mit Schluß des Druckes ansehen zu wollen.

(Dichter über ihre Dichtungen, Bd. 2, S. 16 f.)

*An den Verlag Rudolf von Decker (Herrn Schultz)* Berlin, 3. [?] November 1865
Es ist mir Bedürfniß, Ihnen für Ihre große Freundlichkeit meinen besondren Dank zu sagen. Wenn das Buch mir anderweitig manche Enttäuschungen gebracht hat, so habe ich mich doch, bei jeder Gelegenheit, Ihres freundlichen Entgegenkommens zu erfreuen gehabt. [. . .]
Das M. S., fix und fertig, schicke ich bis spätestens nächsten Mittwoch.
(Dichter über ihre Dichtungen, Bd. 2, S. 17)

*An Friedrich Wilhelm Holtze* Berlin, 6. Dezember 1865
Mein Buch ist [. . .] noch immer nicht fertig (es wird, da die Illustratoren es nicht zwingen konnten, erst zu Ostern erscheinen) [. . .]
(Jahrb. d. Deutschen Schillergesellschaft, 4, 1960, S. 360)

*An Wilhelm Hertz* Berlin, 12. Dezember 1865
Weihnachten ist vor der Thür und die rasch verlaufende Fluth der Decker'schen 750 weicht mehr und mehr einer bedrohlichen Ebbe.
(Briefe an Wilhelm und Hans Hertz, S. 125)

*An Ludwig Burger* Berlin, 20. Dezember 1865
Pardon, sehr geehrter Herr *Burger*, daß ich so spät erst antworte. Ich schrieb gleich am 15., aber der Brief war so confus, daß ich ihn nicht abschicken konnte. Ich schreibe nun heute in aller Kürze dahin:
1. Soweit ich vergleichen kann, stimmt alles genau.
2. Abdrücke habe ich noch nicht in Händen gehabt.
3. Es würde mir sehr erwünscht sein, wenn Sie, eh Sie fortfahren, vorher noch mal das Manuscript durchblättern wollten.

Dieser Punkt 3 ist nicht so schlimm, wie es klingt. Im Wesentlichen ist ja alles beim Alten geblieben; selbst das neu geschriebene Alsen-Kapitel, weil es in verschiedene Unterabteilungen zerfällt (die bisher keine Initialen erhielten) wird die getroffenen Arrangements nicht stören; *man kann's aber doch nicht genau wissen* und deshalb wär es mir lieb, Sie sähen sich, sobald die Festtage vorüber sind, die Sache noch 'mal darauf hin an.
Was von Alsen gilt, gilt auch mehr oder weniger von Düppel (18. April). Der Pastor in der dritten Parallele wird sich sehr gut anbringen lassen. Wenn ich nicht sehr irre, heißt ein Kapitel, das dem Sturm vorausgeht: »Vom 17. auf den 18. April« oder so ähnlich. Dies Sturm-Introduktions-Kapitel schließt mit einer solchen Scene, in der der Geistliche Ansprache hält. Da wäre also der beste Platz.
(Dichter über ihre Dichtungen, Bd. 2, S. 17 f.)

*An Ludwig Burger* Berlin, 23. Dezember 1865
Zu den Zeichnungen gratuliere ich Ihnen, dem Buche und mir. Niemand wird Ihnen nachsagen können, »daß das eben nur die alte Geschichte sei«. Freilich – bei einer gewissen Verbrauchtheit des Stoffes – lag hier eine Gefahr; aber um so mehr haben wir alle (Decker, ich und das Publikum) Ursach, uns bei Ihnen

zu bedanken, daß Sie die drohende Gefahr so glücklich vermieden haben. Alles ist malerisch, charakteristisch, zum Teil – wo überhaupt angebracht – frappant geistvoll, z. B. die Vignette, wo der dänische Löwe die schleswigsche Wappenhälfte mit seiner Tatze abreißt. Am Dannewerk (sehr hübsch) habe ich den Paukenstock, aus dem der Elefantenrüssel aufwächst, nicht recht verstanden; mir fehlt hier wahrscheinlich die Anschauung von etwas Tatsächlichem. Das Manuskript kann ich leider nicht schicken; es lagert schon seit länger als sechs Wochen bei Deckers. Ich werde Ihr Söhnlein dorthin dirigieren; vielleicht kann er's dort erhalten.

(HF IV, 2, S. 151)

*An Ludwig Burger* Berlin, 21. Januar 1866

Besten Dank, sehr geehrter Herr Burger, für Ihre freundliche Zuschrift und die genaue Mitteilung der von Ihnen gewählten Initialen. Inzwischen habe ich auch von Decker die ersten 6 Bogen erhalten und freue mich, wie gut sich alles ausnimmt. Auch einige befreundete Maler, denen ich die Illustrationen gezeigt, waren Ihres Lobes voll. Ob alle Ihre Bemühungen schließlich die ganze Sache herausreißen und Herrn von Decker zu seinem Gelde bringen werden, müssen wir abwarten. Vielleicht glückt's besser als wir zu hoffen wagen. – Der Druck wird jetzt rüstig fortgesetzt und in den nächsten Tagen erwarte ich, wie's im Cid heißt: »Fahnen, gute alte Fahnen.«

(Dichter über ihre Dichtungen, Bd. 2, S. 18 f.)

*An Friedrich Wilhelm Holtze* Berlin, 8. Februar 1866

Bei Gelegenheit von Raven's Tod, habe ich in meinem Buche bemerkt »der erste preußische General, der nach Scharnhorst fiel«. Wie ich auch hin und hersinnen mag, ich kann keinen finden, der, außer dem genannten, in den großen Schlachten der Freiheitskriege geblieben wäre und doch *erscheint es fast unglaubhaft*. Ich rufe, wie so oft, auch in dieser Angelegenheit Ihre Hülfe an. Kennen Sie auch keinen, so nehm ich an, es giebt keinen.

(Jahrb. d. Deutschen Schillergesellschaft, 4, 1960, S. 361)

*An Ludwig Burger* [?] Berlin, 21. April 1866

Diese ganze Woche über war ich unwohl, zum Theil bettlägrig. Das hat mich verhindert, Ihnen schon eher meine Freude über Ihre trefflichen Illustrationen auszusprechen, die nun schließlich doch noch ein in Erscheinung ansprechendes Buch hergestellt haben. Wünschen wir, daß Herr v. D[ecker] das »Zu spät« und der Zeiten Ungunst nicht allzu theuer zu bezahlen haben möge.

(Dichter über ihre Dichtungen, Bd. 2, S. 19)

*An den Verlag Rudolf von Decker (Herrn Schultz)* Berlin, 1. Juli 1866

Wie geht's mit dem Schleswig-Holstein-Buch? Ist wohl total in den Brunnen gefallen. Der arme Schriftsteller, der sich Ihnen hiermit bestens empfiehlt, ist unschuldig daran [. . .]

(Dichter über ihre Dichtungen, Bd. 2, S. 19)

*An Wilhelm Hertz* Berlin, 11. August 1866

Ich wünsche das Kriegsbuch [über den 66er Krieg] zu schreiben, einmal weil ich das Schleswigholstein Buch dadurch erst zu einem rechten Abschluß bringe, zweitens weil ich eine Lust und ein gewisses Talent für solche Arbeiten, drittens weil ich einen erheblichen pekuniären Vortheil davon habe, aber die Sache ist *mir keine Herzenssache*. Wird das Buch geschrieben – gut, wird es nicht geschrieben – auch gut; es geht der Welt dadurch von meinem Eigensten, von meiner Natur (wohl oder übel) nichts verloren; der Roman [»Vor dem Sturm«] aber darf nicht ungeschrieben bleiben. [...] So liegt die Sache. Ich möchte das Kriegsbuch schreiben, weil der Roman, wenn Gott mich leben läßt, doch *unter allen Umständen* geschrieben würde. (HF IV, 2, S. 169)

*An König Wilhelm I. von Preußen* Berlin, 23. November 1869

Allerdurchlauchtigster, Großmächtigster König!
Allergnädigster König und Herr.

Ew. Majestät geruhten huldvollst die Geschichte des 64er Krieges, die zu schreiben mir der Auftrag geworden war, entgegenzunehmen; heute bitte ich um die Gnade Allerhöchstdenselben eine Darstellung des Feldzuges von 1866 – leider zunächst nur den ersten Halbband: »Bis Königgrätz« – überreichen zu dürfen.

Ew. Majestät ehrten mich damals durch Verleihung der goldenen Medaille für Kunst und Wissenschaft; ich wage es heute mit einem ganz bestimmten Gesuch vor Ew. Majestät zu treten.

Im Jahre 1861 wurde mir auf Antrag des Cultus-Ministeriums eine jährliche Unterstützung von 300 Thalern zur Fortführung meiner ethnographischen und spezial-historischen Arbeiten über die Mark Brandenburg bewilligt. Ich empfing diese Unterstützung bis Ostern 1868, wo meine Bitte um Fortbewilligung dieser Summe abschläglich beschieden wurde.

Die Wiederbewilligung dieser sieben Jahre lang aus der Generalkasse des Cultus-Ministeriums empfangenen Unterstützung von jährlich 300 Thalern ist es, was ich heute von der Gnade Ew. Majestät erbitte. Manche drückende Sorge würde dadurch von mir genommen, ich selbst aber in den Stand gesetzt werden, meinen Arbeiten mit erneuter Frische und Freiheit mich zuwenden zu können.

Im Vertrauen auf Allerhöchstdero Huld und Gnade, verharre ich als
Ew. Majestät

alleruntherthänigster

Th. Fontane

(HF IV, 2, S. 265 f.)

*An Emilie Fontane* Auf dem Lago Maggiore, 9. August 1875

Also um 5 Uhr früh aus Chur. Ich hatte einen Platz im Cabriolet, neben mir zwei dänische Damen. Als Verfasser des »Kriegs von 1864« schwieg ich mich patriotisch aus. (Dichter über ihre Dichtungen, Bd. 2, S. 19)

*An den Verlag Rudolf von Decker* Berlin, 17. September 1894

Ich müßte nun wohl eigentlich froh sein, daß Sie das Buch noch 'mal drucken wollen, aber ich bekenne Ihnen offen, daß ich die Wiederherausgabe mit so und so vielen, vielleicht vorgedruckten fürstlichen oder ministeriellen Handschreiben, einfach schrecklich finde. Halten Sie mir dies zu gut, aber ich kann nichts andres sagen.

Und nun eine Vorrede! Ja, wenn ich auch nur den leisesten Schimmer hätte, was da wohl zu sagen wäre. Damals, vor gerade 30 Jahren, habe ich das Buch so gut gemacht wie ich konnte; jetzt seh' ich nur seine Mängel und Fehler. Und das kann ich doch in einer Vorrede nicht sagen.

Seien Sie versichert, daß ich Ihnen gern andres, Entgegenkommenderes geschrieben hätte; wie's aber liegt, ließ es sich nicht tun.

(Freundesbriefe. Letzte Auslese, Bd. 2, S. 542)

10 *Non sunt Angli, sunt Angeli* (lat.): Es sind keine Angler (Angliter), es sind Engel.

15 *Bornhöved . . . Wendepunkt in der Geschichte des Landes:* F. folgt hier einer Auffassung, die auch noch Dahlmann vertritt, von der heutigen Geschichtsschreibung aber nicht mehr geteilt wird; vgl. Jessen, S. 71.

32 Christian Julius *de Meza*: 1792–1865, dänischer General, entschied, damals bereits im Generalsrang, die Schlacht bei Idstedt (1850) für Dänemark; 1858 kommandierender General in Schleswig, bei Ausbruch des Krieges 1864 Oberbefehlshaber des dänischen Heeres; vgl. die Lebensbeschreibung S. 52 f., ferner »Unwiederbringlich«, 6. und 10. Kap. (Bd. 15, S. 45 und 74 f.) sowie das Tagebuch aus Dänemark, Eintragung vom 20. September 1864: »de Meza, ein Mann in den 70ern, ist eine künstlerisch angelegte Natur, ein Stück Genie. Er ist klein, gelb, schmächtig, mit einer gewissen Eleganz gekleidet, Spitzenmanschetten am Ärmel. Er ist leidenschaftlicher Musiker und Komponist. Seine Nerven sind so fein, daß ihm der Straßenlärm ein Greuel ist, und wenn er durch die Oestergade geht, hält er sich nach Möglichkeit die Hände vor den Ohren; in der Schlacht stört ihn aber der Kanonendonner keineswegs. So ist es auch mit seiner Empfindlichkeit gegen Zug; die Kopenhagener sagen scherzweise von ihm, ›er kann es nicht aushalten, daß im Nebenzimmer die Kommode aufsteht‹. In der Kampagne schläft er aber auf bloßer Diele. Das furchtbarste ist ihm frischgescheuerte Stuben. Eine Frau empfing ihn so, er dankte ihr, legte sich aber in seinem Mantel auf den Flur. Nach dem Rückzug aus dem Dannevirke und Oeversee setzte er sich in Flensburg gleich ans Klavier und komponierte weiter. Darüber zur Rede gestellt, sagte er: ›Ich hatte meine Dispositionen gegeben, sie persönlich auszuführen, wird doch niemand von mir verlangen.‹ Die Kopenhagener haben ihn abgebildet, wie er von Dannevirke zurückreitet, ein Fortepiano über der Kruppe, worauf er spielt.« (Bd. 41)

34 *Prinz Friedrich Karl:* Friedrich Karl, Prinz von Preußen (1828–85), 1870 preußischer Generalfeldmarschall, als Heerführer auch während der folgenden Bismarckischen Kriege wiederholt von F. erwähnt (vgl. auch die Vita, S. 42 f.); ausführlich berichtet F. über den Prinzen in »Fünf Schlösser« (W 5, S. 317 ff.). – *Feldmarschalleutnant v. Gablenz:* Ludwig Karl Wilhelm Frhr. von Gablenz (1814–74), österreichischer Feldzeugmeister, ein besonders gebildeter und tüchtiger Offizier (vgl. auch die Vita, S. 40 f., wo F. übrigens irrtümlich »Leopold« als Vornamen nennt); F. auch aus dem Feldzug von 1866 bekannt. Gablenz erschoß sich am 28. Januar 1874 wegen finanzieller und familiärer Schwierigkeiten. Der Selbstmord des Generals wird in »Graf Petöfy«, 3. Kap. als Neuigkeit mitgeteilt und erörtert, nicht ohne leitmotivische Bedeutung

für die Handlung des Romans, die durch diesen Vorgang auch präzis datiert wird (Bd. 9, S. 13 f.). – Friedrich Heinrich Ernst Graf von *Wrangel*: 1784–1877, preußischer Generalfeldmarschall, der bereits 1848 bis zum Waffenstillstand von Malmö (26. August) die gegen Dänemark kämpfenden preußischen Truppen befehligt hatte, danach zum »Oberbefehlshaber in den Marken« ernannt worden war und den Armeebefehl vom 17. September erlassen hatte, in dem er seine Truppen als Stütze der »guten Bürger« bezeichnete. In diesem Zusammenhang wird er im Briefwechsel F.s mit Lepel wiederholt erwähnt; vgl. F.s Gedicht »Vom braven Reitersmann« und Anm. (Bd. 24, S. 348 ff. und 426 f.). Vgl. auch die Vita, S. 43 ff, S. 388 und S. 393.

39 *»Graf Coronini«:* Das Regiment, das auch aus dem Feldzug von 1866 bekannt ist, trug seinen Namen nach Johann Baptist Alexius Graf von Coronini-Cronberg (1794–1876), der als Feldzeugmeister 1861 an Benedeks Stelle kommandierender General in Ungarn wurde; F. greift den Namen Coronini in »Graf Petöfy«, 3. Kap. auf: dort erscheint als Adjudant Erzherzog Albrechts ein junger Graf Coronini, zu dem Petöfy sagt: »Ich bin mit ihrem Vater, dem Grafen, jung gewesen . . .« (Bd. 9, S. 14). Mit dem Vater ist offensichtlich der oben genannte General gemeint, der allerdings beträchtlich älter sein müßte als Petöfy (vgl. auch die Anm. zu S. 34, *Gablenz*). – Eine Notiz über ein Zusammentreffen mit Offizieren vom Regiment Coronini enthält das Fragment »Sommers am Meer. Bilder und Erinnerungen« (Bd. 26).

53 *General v. Schleppegrell:* F. erwähnt den General auch in »Unwiederbringlich«, 19. Kap. (Bd. 15, S. 145); vgl. auch Anm. zu S. 102. – Frederik R. von *Bülow*: 1791–1858, dänischer General, spielte eine bedeutende Rolle im ersten Schleswig-Holsteinischen Krieg; sein Auftreten in »Unwiederbringlich«, 16. Kap. (Bd. 15, S. 114) ist offensichtlich anachronistisch.

58 *Missunde:* Vgl. F.s gleichnamigen Aufsatz, Frucht der Reise von Mai 1864. Die Geschichte von König Erich und Herzog Abel wird in diesem Aufsatz ausführlich erzählt, gestützt übrigens auf eine andere Quelle (Dahlmann); im vorliegenden Zusammenhang greift F. auf Holberg zurück (vgl. Jessen, S. 51).

59 *v. d. Tann:* Ludwig Frhr. von der Tann-Rathsamhausen (1815–81), bayrischer General, kämpfte 1848–50 gegen Dänemark (vgl. S. 411); F. feierte ihn 1850 in einem Gedicht »Von der Tann ist da!« (vgl. Bd. 22, S. 231 f. und Anm.); 1859 hatte F. den General in München persönlich kennengelernt; er sah in ihm, für seine damaligen Pläne, eine Anstellung am bayerischen Königshof zu finden, seinen »leisen Gönner«. – Wilhelm von *Willisen*: 1890–1979, preußischer Offizier, 1849 als Generalleutnant verabschiedet, letzter Oberbefehlshaber der schleswig-holsteinischen Armee 1850, bei Idstedt geschlagen; vgl. S. 411.

83 Peter Heinrich Claude *du Plat*: 1809–64, dänischer General, bei Düppel gefallen (vgl. die Lebensbeschreibung, S. 249); vgl. »Unwiederbring-

lich«, 16. Kap., wo F. »Oberst du Plat« als Teilnehmer an dem Frühstück bei Pentz einführt (Bd. 15, S. 114). Du Plat kämpfte bereits im ersten Schleswig-Holsteinischen Krieg und war danach Stadtkommandant von Altona; möglicherweise kannte F. seinen Namen in diesem Zusammenhang; in seiner frühen Novelle »Tuch und Locke« tritt ein Offizier dieses Namens auf (Bd. 25).

97 *Düppel:* Die Erstürmung der Düppeler Schanzen, das herausragende Ereignis des Krieges von 1864, hat, wie nicht anders zu erwarten, auch im Schaffen F.s am stärksten nachgewirkt. Im Kriegsbuch selbst umfaßt die Darstellung 165 von 374 Seiten. Der Reisebericht »Aus dem Sundewitt« (vgl. Anm. zu 99) hat ebenfalls Düppel im Mittelpunkt. Insgesamt fünf Gedichte befassen sich mit der vielgefeierten Waffentat: »Der Tag von Düppel« (Bd. 22, S. 234 ff.), »Einzug« (Bd. 22, S. 238 ff.), »Am Jahrestag von Düppel« (Bd. 22, S. 237 f.), »Siegesbotschaft« (Bd. 22, S. 251, das vierte Gedicht der »Märkischen Reime«) und »Die Linden stehen im ersten Grün« (Bd. 23, S. 281). Anspielungen im Romanwerk sind zahlreich, vor allem im »Stechlin« (Bd. 19, S. 167 ff.).

»Der Tag von Düppel« ist von F. noch vor dem Besuch des Kampfplatzes, an einem Tage geschrieben worden. Das Geschehen ist personalisiert. wie die gängige Form der Ballade und die patriotische Legende es will (vgl. die wesentlich zurückhaltendere Form der Darstellung des Schicksals von Pionier Klinke im Kriegsbuch). Auch das Gedicht »Einzug« reimt scheinbar bedenkenlos und gibt sich uneingeschränkt patriotisch.

99 *Sundewitt. Land und Leute:* Vgl. auch F.s Reisebericht »Aus dem Sundewitt« (Bd. 40), dessen erster Abschnitt »Von Flensburg bis Düppel« vor allem eine Beschreibung des Düppeler Schlachtfelds gab, wie es sich nach Abschluß des Waffenstillstands Mai 1864 darstellte.

102 *Pastor Schleppegrell in Broacker:* Vgl. die Figur des Pastors Schleppegrell in Hilleröd in »Unwiederbringlich«, 19. Kap. (Bd. 15, S. 145), der in F.s Roman ebenfalls ein Bruder des bei Idstedt gefallenen Generals ist (vgl. Anm. zu S. 53), aber mit anderem Werdegang: nicht für militärische Dienste, sondern für Hofdienste als Prinzessinnenerzieher ist er mit der einträglichen Pfarrstelle belohnt worden.

Bereits in seinem Reisebericht »Aus dem Sundewitt« (1864) hatte F. Schleppegrell gegen das landläufige Vorurteil verteidigt: »Die Billigkeit erheischt das Zugeständnis, daß schleswig-holsteinischer Fanatismus – der nicht voll an den dänischen heranreicht, aber doch nicht weit hinter demselben zurückbleibt – diesen Mann ein gut Teil schwärzer gemalt hat als nötig. Gleich was seine Anstellung, seine Dotierung mit einer der besten Pfründen angeht, so liegt die Sache doch nicht so, daß dänische Rücksichtslosigkeit ohne weiteres einen Artillerie-Offizier zum Pfarrer in Broacker gemacht hätte. Pastor Schleppegrell hatte vielmehr Theologie studiert, stand aber (so wird erzählt) in wohlbegründeter Besorgnis vor Klippen und Untiefen der letzten Examina, als der Krieg ihn dieser

Sorgen überhob. Daß man, nachdem der Krieg zu Ende war, die Examensfrage tolerant behandelte, wird niemanden wundern, der da weiß, welche milde Praxis, nach glücklich überstandener Kriegsgefahr, in *allen* Ländern geübt zu werden pflegt. Auch bei uns war es seiner Zeit so, und es ist ein Glück, daß es so ist. Es sind das Zeiten, in denen der *Mensch* wieder mehr gilt als das *Examen*, und solche Zeiten haben auch ihr Gutes. Was speziell unseren Schleppegrell angeht, so waren nicht alle Preußen in Broacker unbedingt schlecht auf ihn zu sprechen. Einigen Anteil an dieser milderen Beurteilung mochten seine fünf Töchter haben, schöne Mädchen, von denen jede einzelne immer dann am schönsten war, wenn sie den Preußen triumphierend versicherte: diese Schanzen werden euch die halbe Armee kosten, und ihr werdet sie *doch* nicht bezwingen.« (Bd. 40) Die Anekdote von den Töchtern des Pastors hat F. in das Kriegsbuch übernommen (vgl. S. 182 und S. 391).

111 *Barby:* Name einer gräflichen Familie in »Der Stechlin« (Bd. 19).

119 *»Rolf Krake«:* Name eines in England gebauten dänischen Panzerschiffs, das im Krieg 1864 zum erstenmal eingesetzt wurde. Die Bedrohung, die von dem neuen Kriegsschifftyp ausging (vgl. auch S. 198 f. und S. 312), ist auch im »Stechlin« gestaltet worden; »Fontane hat diesen Komplex in der Rede Kluckhuhns zu einem Symbol der existenziellen Bedrohung des Einzelnen verdichtet und hat es in den Symbolkomplex ›Heldentum‹ mit eingewoben« (Jessen, S. 106). Kluckhuhn erzählt: »Ja, Kinder, wie wir nu da so rüber gondelten, da lag das schwarze Biest immer dicht neben uns und sah aus wie' n Sarg. Und wenn es gewollt hätte, so wäre es auch alle mit uns gewesen und bloß noch plumps in den Alsensund. Und weil wir das wußten, schossen wir immer drauflos, denn wenn einem so zumute ist, dann schießt der Mensch immerzu.« Danach fährt der Erzähler fort: »Ja, Rolf Krake war eine fatale Sache für Kluckhuhn gewesen. Aber dasselbe schwarze Schiff, das ihm damals so viel Furcht und Sorge gemacht hatte, war doch auch wieder ein Segen für ihn geworden, und man durfte sagen, sein Leben stand seitdem im Zeichen von Rolf Krake. Wie Gundermann immer der Sozialdemokratie das ›Wasser abstellen‹ wollte, so verglich Kluckhuhn alles zur Sozialdemokratie Gehörige mit dem schwarzen Ungetüm im Alsensund. ›Ich sag' euch, was sie jetzt die soziale Revolution nennen, das liegt neben uns wie damals Rolf Krake; Bebel wartet bloß, und mit eins fegt er dazwischen.‹« (Bd. 19, S. 167 f.)

Bereits in seinem 1864 verfaßten Reisebericht »Aus dem Sundewitt« hat F. den Monitor erwähnt: »Das nächste Dorf ist *Atzbüll*. Neben der Kirche steht ein hölzerner Flaggenturm, dessen Balken und Bretter eine große Lücke zeigen. ›Was ist das?‹ fragen wir den Kutscher. ›Das ist vom Rolf Krake!‹ antwortet er mit einer Miene, als ob es sich um eine selbstverständliche Sache handelte. Dieselbe Antwort erhalten wir den ganzen Tag über immer wieder; überall, wo etwas Besonderes geschehen, wo ein besonders dicker Baum zerschmettert, ein *besonders* großes

Loch geschlagen, ein besonders fester Brückenbalken zerrannt oder zerstoßen ist, da ist es auch der Rolf Krake gewesen. ›Er ist ja gekuppelt‹, oder ›er ist ja ein Widderschiff‹, setzt der Erklärende gewichtig hinzu. Man könnte fast behaupten, daß der Rolf Krake – weit über Verdienst und Würdigkeit hinaus – der eigentliche poetische Held dieses Krieges geworden sei. Fabelhaft, wie der Rolf Krake des nordischen Heldenliedes, an den sich ödipusartige Sagen knüpfen, ist auch das Schiff geworden, das seinen Namen führt. Keinen Naturgesetzen, keiner Erwägung von ›möglich oder nicht‹ unterworfen, paßt er so recht zu dem phantastischen Bedürfnis der Menge und wird zu einem heroischen Überall und Nirgends, der wunderbar, wie er selber erscheint, auch alles Wunderbare getan haben muß.« (Bd. 40) – Der Name des Schiffs war der nordischen Mythologie entnommen: Rolf Krake war der Sohn des Königs Helge, der unwissentlich mit seiner Tochter Isra Inzest begangen hatte; von Gestalt zwergenhaft klein, wurde Krake ein bedeutender König.

133 *Hauptmann v. Goerschen:* F. erwähnt den Offizier und seine Beteiligung bei Düppel (vgl. auch S. 214 f.) auch in »Quitt«, 21. Kap., wobei er allerdings etwas von den im Folgenden berichteten Fakten abweicht; Kaulbars erzählt in »Quitt«: »Ich habe bei die Vierundzwanziger gestanden, Hauptmann von Goerschen, fünfte Kompanie. Haben Sie von dem mal gehört? Ich meine von Goerschens. Das heißt, es gab eigentlich zwei Goerschens, einer hieß Franz, der war auch ganz gut, aber unserer hieß Otto, und wir nannten ihn ›unseren Otto‹ und war schon mit bei Düppel, Schanze drei. Ich sag' Ihnen, die Schanze war weg wie Schnupftabak. Ja, so sind die Vierundzwanziger [. . .]« (Bd. 14, S. 145).

143 *Major Rex:* Der Name wird von F. in »Der Stechlin« wiederaufgenommen (Bd. 19), allerdings ist der dort genannte Assessor v. Rex zu jung, um im Krieg von 1864 gedient haben zu können. Rex war der Name eines Geschlechts, das viele Offiziere stellte.

153 *Generalmajor v. Raven:* Vgl. die Vita, S. 251 f. und F.s Brief an Friedrich Wilhelm Holtze vom 8. Februar 1866 (S. 399).

181 *Propst Festesen:* F. erwähnt den Geistlichen auch in seinem Reisebericht »Aus dem Sundewitt«: »Broacker, bis in die neuesten Tage hinein, hatte einen Propst und einen Pfarrer, beide fanatische Dänen, die ihr Dorf zum Mittelpunkt eines Spioniersystems machten (woraus ihnen, als dänischen Patrioten, übrigens kein Vorwurf erwachsen soll), das sich über den ganzen Sundewitt erstreckte und die Belagerten in Düppel und Alsen über jeden Schritt der Belagerer in Kenntnis erhielt. – Der Name des Propstes (*Festesen*, wenn ich nicht irre) ist seltner genannt worden [. . .]« (Bd. 40). – *Capitain Carlsen:* Vgl. »Aus dem Sundewitt«: »Der Broacker Kirchturm, das Observatorium, von dem aus die Preußen die ganze feindliche Stellung nicht nur überblicken, sondern zum guten Teil auch in dieselbe *hinein*blicken konnten, ist eine Art historischer Lokalität geworden und unzertrennlich von der Düppel-Belagerung überhaupt. Was von dem Turme gilt, gilt fast mehr noch von seinem kühnen

Besteiger, der, von der äußersten Turmspitze aus (auf einer eisernen Querstange reitend, den Wetterhahn unmittelbar über sich) halbe Tage lang hier, das Auge am Fernrohr, seine Beobachtungen machte. Die Prophezeiungen, ›daß er eher fallen würde als die Forts von Düppel‹, sind glücklicherweise nicht in Erfüllung gegangen. Er lebt – wie ich höre im besten Wohlsein –, aber wiewohl seine Existenz keinem Zweifel unterliegt, so zählt er doch, bei Lebzeiten schon, zu den mythischen Figuren. Er kommt gleich nach dem Rolf Krake. Was von Wallenstein gilt, gilt auch von ihm, ›sein Charakterbild schwankt in der Geschichte‹, und ich verließ Broacker wieder, ohne darüber völlige Gewißheit erlangt zu haben, ob der schwindelfreie Turmspitzen-Reiter ein Schiffskapitän, ein Schieferdecker oder (horribile dictu) ein *Konditor* aus Kiel gewesen sei. Erst auf der Rückreise hat mich ein preußischer Militär-Arzt, der acht Wochen lang in Broacker stationiert war, über den ›Reiter unterm Wetterhahn‹ aufgeklärt, und ich weiß nunmehr, daß die rätselhafte Figur der Schiffskapitän Carlsen war [. . .]« (Bd. 40).

182 *Was übrigens den Schleppegrell* angeht: Vgl. S. 102 und Anm.

183 *Premierleutnant v. Gerhardt . . . Lieutenant von Seydlitz:* F. hat die Gräber besucht; vgl. »Aus dem Sundewitt«, zweiter Abschnitt, »Broakker« (Bd. 40).

210 Sigvart Urne Rosenvinge *Lundbye*: 1820–64; F. führt ihn als »Kapitän Lundbye« auch in »Unwiederbringlich«, 16. Kap., ein (Bd. 15, S. 114); er gehört dort zum Kreis der Prinzessin Maria Eleonore und spielt sich als Adjutant des Königs »auf den Hof- und Lebemann« (S. 185) hin aus.

214 *Schanze V:* Die Beschreibung der Einnahme fast gleichlautend in den »Wanderungen«, »Die Grafschaft Ruppin«, »Regiment Mecklenburg-Schwerin Nr. 24« (1873) (W 1, S. 254 f.); vgl. Jessen, S. 109.

215 *Feldwebel Probst:* F. erwähnt Probst namentlich auch in »Der Tag von Düppel« (Bd. 22, S. 252) und in »Siegesbotschaft«, dem vierten Gedicht der »Märkischen Reime« (Bd. 22, S. 252). Vgl. auch Anm. zu S. 217.

217 *Tambour, schlag an:* Die Verse stammen möglicherweise von F. selbst, der sich nicht selten ohne Namensnennung selbst zitiert hat.

218 *v. Rosenberg:* Der Name kehrt wieder in »Unwiederbringlich« als Familienname Ebbas (vgl. Bd. 15, S. 113).

233 *Oberstleutnant Tersling:* 1812–98, vgl. »Unwiederbringlich«, 10. Kap., in Vincents Restaurant, und 13. Kap., den Ausflug nach Klampenborg, wo Tersling, ebenfalls als Oberstleutnant, eingeführt wird, »ein schöner großer Mann von ausgesprochen militärischen Allüren [. . .] Prinzessinnentänzer? und Kavalier comme il faut, die spitzeste Zunge, der spitzeste Degen« (Bd. 15, S. 93 und 95); tatsächlich stand Tersling 1859 als Major in Ratzeburg. Die Hofkarriere und das Duell, von denen in »Unwiederbringlich« die Rede ist, hat F. erfunden.

254 Otto von *Bismarck*: 1815–98, seit 1862 preußischer Ministerpräsident, dessen Anteil an der diplomatischen Vorgeschichte des Krieges von 1864 nicht klein ist, wird im vorliegenden Band nur zweimal kurz erwähnt – im

bemerkenswerten Unterschied zu der Aufmerksamkeit, die F. ihm in seinen seit 1880 erscheinenden Gesellschaftsromanen und in seinen Briefen aus dieser Zeit zollen wird.

262 *Die Linden stehen im ersten Grün:* Die Verse sind auch in Sammlungen der Lyrik F.s aufgenommen worden (vgl. Bd. 23, S. 281), die Zuschreibung ist aber, ungeachtet des F.schen Tons besonders der ersten Strophe, nicht vollständig gesichert; neuerdings ist sie bezweifelt worden (vgl. Jessen, S. 112).

300 *v. Wüllerstorff:* Bernhard Freiherr von Wüllerstorf-Urbair (1816–83) leitete 1857 als Kommodore die Novara-Expedition, 1865–67 Handelsminister; zahlreiche Schriften, u. a. »Vermischte Schriften« aus dem Nachlaß (1889); F. verwendet den Namen in ähnlicher Schreibung in »Effi Briest« (Geheimrat von Wüllersdorf, der Sekundant Innstettens, vgl. Bd. 17, S. 208 u. ö.).

308 Helmuth Karl Bernhard (1870: Graf) von *Moltke*: 1858 Chef des preußischen, 1871–88 Chef des deutschen Generalstabs, im vorliegenden Buch – ähnlich wie Bismarck – von F. noch eher beiläufig erwähnt.

312 *Oberst Faaborg:* 1814–64, vgl. »Unwiederbringlich«, 10. Kap., wo F. den Offizier als Gast in Vincents Restaurant auftreten läßt; Faaborg wird bei dieser Gelegenheit als »Stockdäne« bezeichnet (Bd. 15, S. 73 f.).

352 *Wir schalten hier folgende Schilderung dieser schönen Gegenden ein . . .:* F. hat sie mit geringen Veränderungen den von ihm selbst verfaßten »Reisebriefen aus Jütland« entnommen, und zwar dem Abschnitt IV, »Skive, 20. September« (Bd. 40).

# NACHWORT

*Die schleswig-holsteinische Frage*

Die Vorgeschichte des deutsch-dänischen Krieges von 1864 ist langwierig und kompliziert. F. beschreibt sie in seinem Buch in den Abschnitten »Schleswig-Holsteins Geschichte« und »Der Ausbruch des Krieges« aus preußisch-deutscher Perspektive. Überwiegend teilt er dabei, wie die Mehrzahl der bürgerlichen Intelligenz im damaligen Deutschland, die Rechtsauffassung des Deutschen Bundes. Selbstverständlich tritt F. in diesem offiziösen Werk aber niemals in Widerspruch zur Haltung der preußischen Regierung. Über einige Sachverhalte hat er zu anderen Zeiten anders geurteilt und auch mit mehr Offenheit sich ausgesprochen. So übergeht er die von ihm einst erbittert kritisierte Haltung der preußischen Regierung während der schleswig-holsteinischen Erhebung 1848/51 in seinem Buch mit Schweigen. In späteren Jahren gab er gelegentlich zu erkennen, daß an den Rechtsstandpunkten der streitenden Parteien relativ wenig gelegen war, weil es sich um ein fundamentales Problem der Macht gehandelt habe: »Gewisse Dinge [. . .] braucht ein Staat, um weiter leben zu können, und *solche* Dinge müssen auch die rivalisierenden Staaten ihrem Nebenbuhler ruhig gönnen. So brauchten wir Schleswig-Holstein. Wir mußten es haben und haben es gekriegt.« (An James Morris, 8. Februar 1897; Freundesbriefe. Zweite Sammlung, Bd. 2, S. 426) Im folgenden sei eine Zusammenfassung versucht.

Im dänischen Gesamtstaat vor 1848 nahmen das heutige Schleswig-Holstein und das 1920 zu Dänemark zurückgekehrte Nordschleswig eine besondere Stellung ein. Der König von Dänemark war zugleich Landesherr des Herzogtums Schleswig, das von der Königsau bis zur Eider reichte, des Herzogtums Holstein zwischen Eider und Elbe sowie des kleinen, politisch bedeutungslosen Herzogtums Lauenburg. Zwischen Schleswig und Holstein gab es als Überrest alter staatlicher Gemeinsamkeit noch Verbindungen in der Verwaltung.

Holstein war ursprünglich ein deutsches Lehen, Schleswig ein dänisches; unter den Schauenburgern, die Grafen von Holstein und Herzöge von Schleswig waren, hatte die gemeinsame Geschichte der beiden Länder begonnen; als König Christian I. von Dänemark nach dem Aussterben der Schauenburger das Erbe antreten wollte, verlangte ihm die schleswig-holsteinische Ritterschaft 1460 das Versprechen ab, die Länder sollten »ewich tosamende ungedeld« bleiben. Nachdem Holstein also bis 1806 zum Römischen Reich deutscher Nation gehört hatte, war es 1815 auf dem Wiener Kongreß Bestandteil des Deutschen Bundes geworden. Der König von Dänemark war als Herzog von Holstein deutscher Bundesfürst, so wie er früher deutscher Reichsfürst gewesen war. Eine solche dem Feudalzeitalter entstammende, komplizierte staatsrechtliche Konstruktion war im aufkommenden Nationalismus des 19. Jahrhunderts von vornherein problematisch. Sie geriet auch bald in Widerspruch zu den Interessen der deutschen Staaten und Parteien. Solange der Deutsche Bund noch nicht wieder über eine starke Zentralgewalt verfügte, mochte Holstein in seiner Doppelstellung verbleiben können. Änderten sich aber die Verhältnisse im Deutschen Bund, gewann von den rivalisierenden Führungsmächten Preußen und Österreich eine die Oberhand (wobei die reale Gefahr für Dänemark von Preußen ausging) oder setzten sich jene Gruppen durch, die ein auf eine Verfassung gegründetes einiges Deutschland wünschten, mußte der dänische Gesamtstaat in den Strudel der Veränderungen hineingezogen werden. Dies galt auch für eventuelle kriegerische Konflikte in Europa, an denen der Deutsche Bund beteiligt war. Einer angestrebten Neutralität Dänemarks stand die Verpflichtung Holsteins zur Stellung von Truppen entgegen.

Ein weiteres Problem war durch das unterschiedliche Erbfolgerecht gegeben. In Dänemark war seit dem 17. Jahrhundert nach dem Erlöschen des Mannesstammes die weibliche Linie erbberechtigt; galt diese Regelung auch für Schleswig-Holstein? Das war zum mindesten umstritten. Starb das Haus Oldenburg in männlicher Linie aus – wie es 1863 tatsächlich geschah –, so drohte die Loslösung beider Herzogtümer aus ihrer Verbindung mit dem dänischen Königreich.

Es gab deutsche Bevölkerungsgruppen in Schleswig und in Holstein, die eben das wollten: die Trennung der Herzogtümer von Dänemark und ihre Hinwendung zum Deutschen Bund in einem gemeinsamen deutschen Bundesstaat unter Führung des einheimischen Hauses Augustenburg. Es gab politische Kräfte in Dänemark, die dieser Möglichkeit vorbeugen wollten, indem sie Schleswig enger an Dänemark zu binden suchten, für Holstein aber weiterhin eine Sonderstellung innerhalb der Monarchie anstrebten oder aber es aufzugeben bereit waren. Aus dieser Situation heraus entwickelte sich im europäischen Revolutionsjahr 1848, in dem in Kopenhagen der letzte Fürst aus dem Hause Oldenburg, Friedrich VII., der vielverlästerte »Matrosenkönig« den Thron bestieg, der Aufstand der Schleswig-Holsteiner, der sich vorgeblich nicht gegen die Monarchie richtete, sondern behauptete, den in seinen Entschlüssen unfreien König unterstützen zu müssen.

Die Schleswig-Holsteiner fanden in ihrem Kampf Unterstützung durch Truppen des Deutschen Bundes und durch ein preußisches Korps. Die Dänen wurden bis Fredericia zurückgedrängt – da schalteten England und Rußland sich ein, für die es bei diesem Konflikt (wie auch später) um die Frage der Ostseeausgänge ging und die dort keine Veränderungen wünschten. Dem Waffenstillstand von Malmö (26. Mai 1848) folgte der Rückzug der preußischen und deutschen Truppen aus den Herzogtümern.

In seiner ersten überlieferten Äußerung über Schleswig-Holstein, in einem Brief an Lepel vom 12. Oktober 1848, äußert F. sich über diesen Sachverhalt mit großer Schärfe – seine revolutionäre politische Gesinnung veranlaßt ihn dazu, für den Rückzug Preußens noch eine andere als die außenpolitische Erklärung zu suchen: »Unsere Hohenzollern sind eben Hohenzollern; ist es Blindheit, ist es unbewußte Zähigkeit, ist es Kraft, ist es Schwäche – eine ganze Reihe von Ereignissen seit den Tagen des März führt mir den unwiderleglichen Beweis, daß man entweder *zurück will* oder doch nicht so weit *vor*, wie man

sollte und müßte. [. . .] Zuerst der dänische Krieg. Lächerlicher Köhlerglauben, sich einzubilden, man hätte diesen Krieg zur Ehre Deutschlands geführt. Die*dänische* so gut wie die *preußische* Krone sollte gegen die Bildung einer nordalbingischen Republik geschützt werden. [. . .] Es war Hokuspokus zum *Vergnügen*, nicht zur Ehre des Vaterlandes.« (Briefwechsel mit Lepel, Bd. 1, S. 126 f.) Von ähnlicher Schärfe ist ein gleichzeitiger Aufsatz F.s für die Berliner »Zeitungshalle« vom 7. November 1848 (»Einheit oder Freiheit«), der den Majoritätsbeschluß des Frankfurter Parlaments, d. h. die mehrheitliche Zustimmung zu dem Waffenstillstand von Malmö, geißelt: »Das Volk knirschte mit den Zähnen über die Beschlüsse seiner Vertreter; die erste Tat des einigen Deutschlands, dem Auslande gegenüber, war eine Schandtat, – sie schändete die Größe und den Ruhm der Nation.« (Bd. 27, S. 13 f.)
Über die politische Stimmung in Schleswig-Holstein und über die Kriegshandlungen war F. durch Lepel als Augenzeugen unterrichtet; Lepel hatte an der Schlacht bei Schleswig teilgenommen und sandte F. ernüchternde Berichte über das geringe Maß nationaler Begeisterung, das er vorgefunden hatte, sowie über die unzulänglichen militärischen Leistungen der Schleswig-Holsteiner. F. war jedoch der Meinung, Lepels Berichte seien nur ein »bereitwilliges Echo« der Meinung des reaktionären Offizierskorps (Briefwechsel mit Lepel, Bd. 1, S. 103). Als die Lage der Aufständischen sich infolge der Niederlage bei Idstedt (25. Juli 1850) entscheidend verschlechterte, reagierte F. mit einem jener vehementen Ausbrüche, die für seine Jugendjahre charakteristisch sind, und reiste nach Altona – nach späterer Darstellung, um in eines der Freiwilligenbataillone einzutreten, tatsächlich allerdings nur, um selbst Berichte zu liefern. Die Nachricht von der bevorstehenden Anstellung im Literarischen Kabinett des preußischen Innenministeriums beendete diese Episode. »Ich erinnere mich keines anderen Außenereignisses« schreibt F. im Alter über die Schlacht bei Idstedt, »das mich so getroffen hätte; ich war wie aus dem Häuschen. In einem richtigen politischen Instinkt hatte ich die Herzogtümerfrage, solange sie ›Frage‹ war, in ihrer ganzen besonderen Wichtigkeit erkannt; all die Katzbalgereien in Deutschland, offen gestanden selbst die Schicksale des Frankfurter Parlaments, hatten mich vergleichsweise kalt gelassen, aber für Schleswig-Holstein war ich vom ersten Augenblick an Feuer und Flamme gewesen und hatte die preußische Politik, die dies alles in einer unglaublichen Verblendung auf den traurigen ›Revolutionsleisten‹ bringen wollte, tief beklagt. Mein ganzes Herz war mit den Freischaren, mit ›von der Tann‹ und Bonin und als dann später General Willisen an die Spitze der schleswig-holsteinischen Armee trat, übertrug ich mein Vertrauen auch auf diesen; die Deutschen mußten siegen. Und nun Idstedt!« (»Von Zwanzig bis Dreißig«, Bd. 35, S. 364)
Nach dem Ende der Kämpfe sah die Regierung in Kopenhagen sich zu neuen Anstrengungen gezwungen, den Gesamtstaat zu sichern, da die Zustimmung der Großmächte für eine andere Lösung der dänischen Staatskrise nicht zu gewinnen war. Zum Jahreswechsel 1851/52 kamen Dänemark, Österreich und Preußen überein, daß Schleswig nicht enger mit Dänemark verbunden werden

dürfe als Holstein – drei selbständige Länder sollten durch die Monarchie verklammert werden. Im Londoner Protokoll von 1852 wurde die Erbfolge geregelt. Danach sollte Prinz Christian von Sonderburg-Glücksburg der Nachfolger des kinderlosen letzten Oldenburger werden. In Verbindung mit dieser Regelung erkannten die Großmächte den Gesamtstaat an. Der Herzog von Augustenburg erhielt für seine Ansprüche auf Schleswig-Holstein eine Abfindung.

Damit war die dynastische und, wie es schien, die außenpolitische Krise gelöst – die nationale war es nicht, sie erwies sich vielmehr zu dieser Zeit als unlösbar und als erwünschter Anlaß für neue Einmischungen von außen. In Schleswig entschloß sich die dänische Regierung zu einer unglücklichen Danisierungspolitik. Dabei handelte es sich um Verteidigung, aber auch um Wiedereroberung: Das Land war vom Süden her partiell deutsch geworden, weniger auf dem Lande als in den Städten und in der Oberschicht. 1853 verließ Theodor Storm als Opfer dieser Politik seine Heimatstadt Husum und übersiedelte nach Preußen.

In Mittelschleswig wurde in Gebieten, die sprachlich plattdeutsch waren, Dänisch als Schulsprache eingeführt, Dänisch und Deutsch abwechselnd als Kirchensprache. Der Groll über die Mißgriffe der dänischen Verwaltung blieb nicht auf Schleswig-Holstein beschränkt. Vielerorts in Deutschland bezeugte man Sympathie für die Sache der vermeintlich oder wirklich Unterdrückten. Die »Sprachreskripte« führten auch zu diplomatischen Verwicklungen.

Der langwierige Konflikt wirkte ermüdend, aber er verführte auch zu ungeduldigen Lösungsversuchen. Als die europäischen Mächte durch den Krimkrieg von der schleswig-holsteinischen Frage abgelenkt schienen, kam Dänemark mit dem Gesamt-Staatsverfassungsstatut vom 2. Oktober 1855 heraus, das sich erneut über die Rechte der Herzogtümer hinwegsetzte. Bis Ende 1858 dauerten die Verwicklungen, die sich hieraus ergaben, der Deutsche Bund drohte mit Waffengewalt. Endlich setzte Dänemark das Statut wieder außer Kraft.

F., dem die Sache der Schleswig-Holsteiner durch die Beziehungen zu Storm in Potsdam erneut nahegebracht worden war, lebte zu dieser Zeit im ministeriellen Auftrag als eine Art Presseattaché in London. Damals lernte er das Problem auch aus britischer Warte kennen, weil seine Aufgabe die Beobachtung der englischen Presse, auch Einflußnahme auf dieselbe war.

Anfang der sechziger Jahre gab es neuen Streit zwischen Dänemark, dem Bund und den Signatarstaaten des Londoner Protokolls. Erneut wurde Dänemark mit der Bundesexekution gedroht; beide Parteien rüsteten. In Kopenhagen unterschätzte man jedoch offensichtlich die Gefahr. Die sogenannte Märzdeklaration vom 30. März 1863 verkündete die Absicht der dänischen Regierung, Holstein eine besondere Verfassung und ein selbständiges Heer zuzugestehen, erwähnte jedoch Schleswig, als ob es bereits ein Teil Dänemarks sei, überhaupt nicht. Der Entwurf der neuen gemeinsamen Verfassung für Dänemark und Schleswig vom September verschärfte die Situation und erwies sich, nachträglich betrachtet, als entscheidender Schritt zum Krieg. In Bismarck, der seit

1862 preußischer Ministerpräsident war, hatte Dänemark inzwischen einen überlegenen politischen Gegner gefunden, der diesen Krieg wollte, um die strategisch wichtigen Herzogtümer auf weite Sicht für Preußen zu gewinnen. Unmittelbar nachdem die neue Verfassung am 13. November 1863 vom dänischen Parlament beschlossen worden war, starb Friedrich VII. Als sein Nachfolger, Christian IX., am 18. November die Verfassung unterzeichnete, nahmen die beiden deutschen Großmächte dies als Anlaß für ein Ultimatum, dem sich Dänemark erwartungsgemäß nicht fügte.

Für F., der 1859 nach Beginn der »Neuen Ära« nach Preußen zurückgekehrt und aus dem Regierungsdienst ausgeschieden war, hatten die Auseinandersetzungen mit Dänemark vorübergehend einiges von ihrer Bedeutung verloren. Er war nun hauptsächlich mit den »Wanderungen durch die Mark Brandenburg« beschäftigt, auch mit seinem ersten Roman (in den er in der Gestalt des Dichters Hansen-Grell seine Sympathie für Schleswig-Holstein stark zum Ausdruck brachte). Als der Krieg begann, gewann das alte Interesse freilich sofort wieder die Oberhand. Dieses Interesse ging eben weit über den politischen Konflikt hinaus.

*Fontane und der Norden*

»Anknüpfend an meinen diesjährigen mecklenburgischen Aufenthalt möchte ich noch sagen dürfen, daß der Zug nach dem Norden, der sich dann oft bis nach Skandinavien hin ausdehnt, immer größer wird«, hat F. im Alter an James Morris geschrieben. (Freundesbriefe. Zweite Sammlung, Bd. 2, S. 426) Als »ausgesprochen *nicht* südlich« hat er in dem Erinnerungsbuch »Von Zwanzig bis Dreißig« sich selbst charakterisiert und eine angebliche Äußerung A. W. Schlegels über Fouqué zur Erklärung beigefügt: »Die Magnetnadel seiner Natur [. . .] zeigt nach Norden.« (Bd. 35, S. 94) Wie er auch sonst zu tun pflegte, hat F. Schlegel sinngetreu, aber frei zitiert, mit einer Tendenz zur Anpassung des Zitats an die eigene Argumentation und Stillage. Offensichtlich zielt er auf eine unbewußte Empfänglichkeit der »Natur«. Die Magnetnadel weist auf das magnetische Zentrum. Wie frei ist die menschliche Natur, deren »Magnetnadel« in eine bestimmte Richtung weist? Ein Element von Vorherbestimmung steckt in dem Bild, wie es der Denkweise des Dichters entspricht. F. ist der Anziehungskraft des Nordens, vor allem als Autor, oft gefolgt. Es bedurfte dazu nicht des Magnetismus von Blut und Eisen der Kriege um Schleswig-Holstein. Allerdings war F.s Vorliebe immer stark historisch geprägt. Die Zeitereignisse als Auswirkungen historischer Prozesse besaßen für ihn eine besondere Faszination, und so war ihre Darstellung für ihn kein fernliegender Stoff.

Die biographische Wurzel der Liebe F.s zum Norden ist nicht schwer zu finden. In dem »autobiographischen Roman« »Meine Kinderjahre« wirft sich der Dichter selbst zum Führer auf – prätentionslos, wie es für ihn bezeichnend ist, aber doch geleitet von der Frage nach dem Geheimnis des eigenen Lebens, die in jeder Selbstdarstellung steckt. Dargestellt werden in diesem Buch ganz überwiegend die glücklichen Swinemünder Jahre von 1826 bis 1831. In der kleinen Hafenstadt an der Ostsee, die lange zu Schweden gehört hatte und damals noch überwiegend skandinavisch geprägt war, verbrachte der junge F. sein siebentes zwölftes Jahr, die, wie es scheint, unbeschwerteste Zeit seines Lebens. »Damals war ich unschuldigen Herzens und geweckten Geistes [. . .], voll Anlauf und Aufschwung, ein richtiger Junge, guter Leute Kind. Alles war Poesie.« (Bd. 34, S. 176) Gewiß hatte der Knabe noch keinen Begriff davon, was dieses »alles« war. Die Poesie Swinemündes wird in »Meine Kinderjahre« im Gegensatz zur Prosa anderer Lebensstationen betont, vor allem Neuruppins, wo »unregelmäßige Verba [. . .] die einzige Unregelmäßigkeit« bildeten, die dem Gymnasiasten begegnete. »Poetisch« im Sinne von Unregelmäßigkeit der Verhältnisse und Freiheit von schulischem Zwang waren die Swinemünder Jahre gewiß. Es ist jedoch viel mehr gemeint als nur die Abwesenheit von Zwang. Die Spiele am Bollwerk und am Strand, unter den »wundervollen Buchen« in »Störtebekers Kul«, die Bootsfahrten über das untergegangene Vineta sind wirkliche Spiele und Abenteuer, nicht verfrühte Literatur. F.s Bericht macht jedoch den Zug ins Weite bewußt, der diesen Spielen beigemischt ist. Die Poesie ist ein Synonym für diese Weite, für die Freiheit, für das Meer. Es ist die Welt des Nordens, wo dieses Meer sich ausdehnt, wo die Freiheit und das Unbekannte beginnen. F. wird es niemals vergessen.

»Ich bin Nordlandsmensch, und Italien kann, für *mich*, nicht dagegen an«, schreibt er noch zwei Jahre vor seinem Tode. (An Ernst Gründler, 11. Februar 1896) England, nicht Italien, London, nicht Rom bildeten sein wichtiges Bildungserlebnis. Tatsächlich hat F. Rom nicht »erfahren« – sowenig wie Paris oder Wien, obwohl er auch diese Städte kannte –, wohl aber Edinburgh, Schleswig und andere »nordische Schönheitsstädte«; der Limfjord und die Heide von Culloden, nicht der Lago Maggiore rührten an sein Gefühl. Immer wieder hat er sich – Romane und Romanfragmente, Balladen und Balladenentwürfe bezeugen es – vom Reiz nordischer Landschaft, Sage und Geschichte inspirieren lassen. Dabei ist interessant zu beobachten, wie ein F.scher Roman (gemeint ist »Unwiederbringlich«) durch die aus äußeren Rücksichten bewirkte Transponierung des Stoffes von Strelitz nach Schleswig-Holstein und Dänemark (Kopenhagen) seinen Charakter ändert. Der »Ton des Politisch-Satirischen« (der mit Strelitz verbunden war) entfällt, statt dessen klingt nun »nordisch Romantisches mit durch« (Bd. 15, S. 272). Der nordischen Lokalität ist für F. ein Sehnsuchtsmotiv beigemischt, ein romantischer Zug, natürlicher poetischer Adel. Sogar die Darstellung sozialer Kämpfe bleibt davon nicht unbeeinflußt. Wahrscheinlich beruhte die Faszination, die der Likedeeler-Stoff auf F. ausübte, ebensosehr auf dem Meeres- oder Seeräubermotiv als auf der gesellschaftlichen Problematik.

Charakteristisch sind in diesem Zusammenhang auch die wenigen Entwürfe, die zu »Korfiz Uhlefeld« überliefert sind; es handelt sich nach F.s Aufzeichnungen dabei um einen »wundervolle(n) Romanstoff«, dem eine »gute Szenerie: Seeland, Jütland, Schonen, Malmö, Kopenhagen, Roeskilde, Frederiksborg etc.« eignet und der ein »Tendenz-Roman: Adelsstolz gegen Königtum«

werden sollte. In »Effi Briest« absolvieren Effi und Innstetten eine Nordlandtour mit annähernd der gleichen Stationenfolge wie F. auf seiner Dänemarkreise. Der eigentliche Höhepunkt dieser Reise ist die Begegnung mit nordischer Frauenschönheit. Effi kann sich »nicht satt sehen an den großen, blauen Augen und dem flachsblonden Haar« der schönen Thora von Penz und sagt zu Innstetten, wenn sie ein Mann wäre, würde sie sich in Thora verlieben (Bd. 17, S. 212 f.).
Im Kontext solcher Sympathie müssen auch F.s Reiseberichte und Aufzeichnungen über Dänemark und Schleswig-Holstein sowie sein Kriegsbuch gesehen werden.

*Minstrel und Amateurstratege*
F., seit Juni 1860 Redakteur des englischen Artikels im Büro der »Neuen Preußischen (Kreuz-)Zeitung«, arbeitete an seinem ersten Roman (»Vor dem Sturm«) und an den »Wanderungen durch die Mark Brandenburg«, als er 1864 – wie sich zeigen sollte für länger als ein Jahrzehnt! – von diesen überwiegend historisch bestimmten Arbeiten durch die kriegerischen Konflikte der Gegenwart abgelenkt wurde. Im Winter 1863/64 sah er, wie er später in einem Brief berichtet hat, österreichische Truppen auf der Berliner Verbindungsbahn vor seiner Wohnung nach Norden fahren. Er »lief ans Fenster und sah auf das wunderbare Bild: die Lowries, die Kanonen, die Leute hingestreckt auf den Lafetten, und alles von einem trüben Gaslicht überflutet«. Das war die Wahrnehmung einer neuen Realität – die Möglichkeit der Verschiebung großer Truppenmassen mit der Eisenbahn war ja erst seit kurzem gegeben, es ergab sich daraus eine veränderte Kriegsführung. Im Mai 1864 reiste Fontane mit seinem Redaktionskollegen Dr. C. W. Heffter als Berichterstatter nach Schleswig-Holstein ab. (Vgl. F.s Notizen über den Verlauf der Reise S. 382 ff.) Es war die Zeit des Waffenstillstandes vor dem Vormarsch nach Jütland. Die beiden Redakteure besuchten die Schauplätze der Kämpfe, und zwar vor allem jene, wo preußische Truppen eingesetzt gewesen waren; sie kamen bis zu den Düppeler Schanzen. F. erhielt deswegen im Dezember des Jahres ein Erinnerungszeichen, die »Düppel-Medaille« (übrigens auch die Alsen-Militär-Medaille). Die Aufsätze »Missunde« und »Aus dem Sundewitt« sind der Hauptertrag der Reise. Die Darstellungsart erinnert an gleichzeitige »Wanderungen«-Aufsätze, besonders »Missunde« ist in der Verbindung längst abgeschlossener historischer Vorgänge mit den Zeitereignissen charakteristisch für F.s Stil.
Nach der endgültigen Beendigung der Kämpfe unternahm F. im September 1864 eine zweite Reise, die große Teile Dänemarks einschloß. Zu dieser Zeit war die Niederschrift eines Buches über den siegreich beendeten Krieg bereits geplant, allerdings noch nicht fest vereinbart. Im August hatten die Verhandlungen mit dem Verlag R. v. Decker begonnen, im Tagebuch notierte F.: »Die Verhandlungen mit Decker wegen meines Schleswig-Holstein-Buches nehmen langsam ihren Fortgang und kommen durch einen Brief von Herrn v. D. am 28. Nov. zu einem vorläufigen Abschluß.« (Chronik, S. 43) F. nutzte auch die

Septemberreise zu selbständigen Veröffentlichungen (»Reisebriefe aus Jütland«; »Roeskilde«; »Kopenhagen«); unter dem Titel »Reisen durch Dänemark und Jütland 1864« sammelte er seine und auch Zeitungsaufsätze aus fremder Feder, offensichtlich als Vorstufe einer künftigen Buchveröffentlichung, die allerdings nicht zustande gekommen ist.
Anfang 1865 ging er an die Ausarbeitung des Kriegsbuches, das als eine »populäre, dabei umfangreiche und reich illustrierte Darstellung« geplant war, wie er am 12. Februar an Alexander von Pfuel schrieb (vgl. S. 393). Er ahnte nicht, daß es sich nur um das erste und am wenigsten umfangreiche von drei Kriegswerken, um den Beginn einer jahrelangen Fron handelte. Obwohl er später einmal geäußert hat, die Bücher über die drei Bismarckschen Kriege seien ihm keine Herzensangelegenheit gewesen, hat ihn die Aufgabe zunächst doch und keineswegs nur aus materiellen Rücksichten gereizt. Sein Interesse für das Militär und für Kriegsgeschichte war groß. Nun wurde ihm die Möglichkeit eröffnet, dieses zwar keineswegs ungewöhnliche, aber für einen Poeten doch etwas verkauzte und unpraktische Interesse direkt für die schriftstellerische Arbeit zu nutzen, und zwar zu relativ sehr günstigen Honorarbedingungen. Es schreckte ihn nicht ab, daß er kein Fachmann war; gegenteils, es forderte ihn heraus. Auch als Autor der »Wanderungen« hatte er das Urteil der Historiker vom Fach nicht gefürchtet, obwohl er gelegentlich bitter unter diesem Urteil zu leiden hatte. Für seine Kriegsbücher warb er darum, »den Minstrel und Wanderer auch mal als Amateurstrategen zu respektieren«; und er wählte Ausdrücke, die zeigen, wie lockend diese Verbindung für ihn war. 1870 schrieb er an Decker, sein Buch (über den Krieg von 1866) müsse sich lesen »wie ein Roman [. . .] es muß fesseln, Interesse wecken wie eine Räubergeschichte« (Freundesbriefe. Zweite Sammlung, Bd. 1, S. 282 f.) F. hatte eine lebendige, wenngleich nicht leicht zu definierende Vorstellung davon, was an Geschichte aufzeichnungswürdig war. Ein starkes Selbstgefühl erfüllte ihn, historischen Stoff gestalten zu können, ein lebhafter Ehrgeiz, »Allerkleinstes – auch Prosaisches nicht ausgeschlossen – exakt und minutiös zu schildern und durch scheinbar einfachste, aber gerade deshalb schwierigste Mittel: durch Simplizität, Durchsichtigkeit im einzelnen und Übersichtlichkeit im ganzen, auf eine gewisse künstlerische Höhe zu heben, ja es dadurch sogar *interessant* oder doch wenigstens lesensmöglich zu machen« (an Heinrich Jacobi, 5. Januar 1895).
Bereits bei der Arbeit an den »Wanderungen« hatte F. Quellen sehr verschiedener Art und Glaubwürdigkeit gemischt, weil er der Meinung war, auf diese Weise eine frischere Darstellung der Vergangenheit geben zu können, als die akademischen Geschichtsschreiber es vermochten. Sein eigentliches Interesse galt der poetischen Wahrheit und ihrer lebendigen Behandlung. Dabei blieb der Anspruch, den er an sich selbst als Historiographen stellte, nicht jederzeit derselbe. Im »Oderland«, dem zweiten Band der »Wanderungen« hatte er sich, gestützt auf eigene Studien, vermehrt um eine gewisse Wissenschaftlichkeit bemüht, diesen Weg für die »Wanderungen« dann aber als einen Irrweg erkannt. Für eine kriegsgeschichtliche Darstellung, wenn auch populärer Art,

wie F. sie nun begann, waren Faktentreue und Sachlichkeit geboten, Quellenarbeit unerläßlich. Leider ist F.s Korrespondenz aus der Zeit der Niederschrift des Buches nur zum Teil erhalten. Wir wissen im einzelnen nicht, wer seine Informanten waren und können auch von den schriftlichen Quellen nur vermuten, daß F., wie auch bei den anderen Kriegsbüchern, Generalstabsberichte, Zeitungen, Erinnerungen und Briefe benutzte. Seine Arbeit ist, wie man geurteilt hat, »vor allem ein Werk der Redaktion, der Disposition« (Jessen, S. 58).

Man wird nicht umhin können, festzustellen, daß ihm gerade die künstlerische Gestaltung des Stoffes, die ihm so am Herzen lag, nicht gelang. Die Häufung der Detailschilderungen nährt das Interesse nicht und wirkt aktenmäßig. Mit Worten, die auch der Selbstkritik noch eine Pointe abzugewinnen bemüht sind, hat F. dies später in einer Äußerung über das 66er-Kriegsbuch selbst zugegeben. »Der unerläßlichen Rücksicht auf die Theile fällt die Rücksicht auf die Abrundung des Ganzen zum Opfer. Daß der Strom nie einfach fortfließen kann, daß es immer wieder nöthig wird, den Gang der Erzählung – meist an der interessantesten Stelle – zu unterbrechen, um sich nach detachirten Compagnieen oder abhanden gekommenen Halbzügen umzusehn, das ist es was eine völlige Abrundung fast unmöglich macht. Die Details und die Empfindung mit der sie vorgetragen werden, müssen dann dafür entschädigen.« (An Franz von Zychlinski, 22. November 1867, HF IV, 2, S. 191)

Man hat darauf aufmerksam gemacht, daß auch die Änderung gegenüber der ursprünglichen Planung sich bei der Abfassung des Buches belastend ausgewirkt hätten (Jessen, S. 58 f.). Der Verzicht auf den ursprünglich geplanten Prachtband (vgl. F.s Brief vom 26. Juli 1865, S. 394), die Entscheidung für ein volkstümliches Buch habe dem Autor zwar einige Freiheiten gegeben, wie sie der Militärhistoriker sonst nicht hat, habe aber auch Kompositionsprobleme aufgeworfen, deren Lösung nicht gelungen sei. Dem ist freilich die Frage entgegenzuhalten, ob F. für den »Prachtband« eine andere Kompositionsform überhaupt ins Auge gefaßt hatte und ob die notwendigen Reduktionen nicht überwiegend die Ausstattung des Buches betrafen. Die Schwächen des Buches haben ihre Ursache jedenfalls nicht darin, daß F. aus äußeren Gründen nicht verwirklichen konnte, was er ursprünglich plante; es handelt sich vielmehr in diesem Fall wirklich um Eigentümlichkeiten seiner Darstellungsweise, und gerade das macht sie interessant. Sie hängen mit F.s Kunstauffassung und mit den Vorzügen seiner Kunst eng zusammen, bilden sozusagen deren Negativ. Darin, daß F. es ablehnte, Bücher aus Büchern zu machen, daß er Selbständigkeit und Frische des Urteils über alles stellte, daß er bei dem, was er schrieb, an das Interesse des Lesers dachte und jede akademische Pose verabscheute, darin gründet die Kraft seines Werkes. Potentiell sind all diese schriftstellerischen Tugenden auch in den Kriegsbüchern ausgelegt. Es ist zu bedauern, daß die Ausführung in diesem Falle nicht hielt, was die Intention versprach. (Die paradoxe Erscheinung, daß in einem Werk gerade das nicht realisiert scheint, woran seinem Autor besonders gelegen war und wofür er eine besondere Begabung aufweist, ist nicht auf diesen Einzelfall beschränkt.) Die

Kriegsbücher fügen der literarischen Gesamtleistung F.s nichts Wesentliches hinzu. Um seinen literarischen Rang zu erkennen, sind sie unnötig. Für das Verständnis des großen Autors jedoch bleiben sie interessant und eigenartig; sie sind ein Teil seiner schriftstellerischen Entwicklung, den man nicht wegdenken kann.
In »Meine Kinderjahre« hat der im achten Lebensjahrzehnt stehende F. sich bei zufällig passender Gelegenheit – der Schilderung einer Begegnung mit einem jungen Offizier, dem späteren General Gebhard August von Witzleben – noch einmal zusammenhängend über die Problematik seiner Kriegsbücher geäußert. Mit dieser ebenso gerecht abwägenden wie sehr persönlichen Stellungnahme sei die vorstehende Erörterung beschlossen: »Er hieß von Witzleben und war der Sohn des Obersten von Witzleben, der, damals in Dresden wohnend, unter dem Namen A. W. Tromlitz seine im Walter Scott-Stil gehaltenen Romane schrieb. Er (Tromlitz) war als Schriftsteller sehr gefeiert, mehr als wir uns das heute denken können, sein Sohn aber wurde später mein besonderer Gönner, eine Gönnerschaft, der er, in dem von ihm redigierten Militär-Wochenblatt in anerkennenden Worten über meine die Kriege von 1864, 66 und 70 behandelnden Bücher Ausdruck gab. Er ist darin, als Militär, einzig dastehend geblieben, weil die militärischen Fachleute gegen die Schreibereien eines ›Pequin‹ ein für alle Mal eingenommen sind. Ob sie darin recht haben? Ich glaube nicht, wenigstens nicht ganz. Alle diese Dinge liegen mir jetzt weit zurück und der Wert oder Unwert dessen, was ich damals über unsere Kriege geschrieben habe, bedeutet mir nicht viel mehr. Ich darf auch hinzufügen, daß ich, auf jedem Gebiete, für Autoritäten bin, also, was so ziemlich dasselbe sagen will, das Urteil von Fachleuten bevorzuge. Trotzdem können auch Fachleute zu weit gehen, wenn sie Verständnis für ihre Sache für sich ausschließlich in Anspruch nehmen. Es gibt konventikelnde Leineweber, die die Predigt eines Ober-Konsistorialrats sehr wohl beurteilen können und es gab immer Farbenreiber, die sich sehr gut auf Bilder verstanden. In neuerer Zeit sind Auktionskommissarien an ihre Stelle getreten. Es liegt auf militärischem Gebiete nicht viel anders, wenn es überhaupt anders liegt, dessen sind die Revolutionskriege, die seit hundert Jahren geführt werden, ein beredter Zeuge. Heute noch Kellner oder Friseur und nach Jahr und Tag ein Schlachtenlenker. Und was in praxi hundertfältig geleistet wird, das kann doch auf theoretischem Gebiete nicht zu den Unmöglichkeiten zählen. Ich nenne hier, einschaltend, nur den Namen Bernhardi. Gewiß, die Laienschaft hat sich zunächst zu bescheiden, aber sie darf doch gelegentlich mitsprechen, ja selbst Vorzüge für sich in Anspruch nehmen: größere Freiheit und unbefangenes in Rechnung Stellen außermilitärischer Faktoren, vor allem der sogenannten Imponderabilien. Im letzten ist Kriegsgeschichtsschreibung doch nichts anderes als Geschichtsschreibung überhaupt und unterliegt denselben Gesetzen. Wie verläuft es? Ein reiches Material tritt an einen heran und es gilt unter dem Gegebenen eine Wahl zu treffen, ein ›Für oder Wider‹ ein ›Ja oder Nein‹ auszusprechen. Auch die Darstellung des Kriegshistorischen ist, zu sehr wesentlichem Teile, Sache literarischer und nicht bloß militärischer Kritik.

Ordnen und aufbauen können, ist wichtiger als ein reicheres Wissens- und Erkenntnismaß und alles in allem kann ich nicht einsehen, warum es leichter sein soll über den Charakter Wallensteins, als über den Gang der Schlacht bei Großbeeren ins klare zu kommen.« (Bd. 34, S. 114 f.).

# PERSONENREGISTER